실천적 정주학자程朱學者
홍대용 평전
2

• 범례

이 책에서 사용하는 텍스트는 《연기燕記》와 《을병연행록》 1·2(경진, 2012)다. 《연기》는 《담헌서湛軒書》에 실린 것이다. 아울러 한국고전번역원의 《국역 담헌서》를 참고했다. 《을병연행록》은 최근 나온 정훈식 역, 《을병연행록》 1·2를 사용했다. 홍대용의 문집인 《담헌서》는 《한국문집총간韓國文集叢刊》 a248에 실려 있다. 《담헌서》의 인용은 '〈글 제목〉, 《문집총간》a248, ○○○면'의 방식으로만 표기한다.

홍대용 평전

강명관 지음 2

실천적 정주학자
程朱學者

푸른역사

책머리에

실학자, 북학파, 개혁적 사회사상가, 지전설과 우주무한설을 주장한 과학자. 담헌 홍대용을 둘러싸고 있는 빛나는 수식어는 대개 이런 것일 터이다. 이 수식어의 타당성을 다시 길게 서술하는 것이 담헌 이해의 주류적 방식이었다. 비판적 목소리가 없던 것은 아니었지만, 주류적 이해를 넘을 수는 없었다. 비판적 입장이 유의미한 대체 해석을 제출할 수 없었기 때문이다. 주류적 이해 방식은 당연히 우수한 연구물을 쏟아 내었다.[1] 이런 이유로 실학자, 북학파, 개혁적 사회사상가, 지전설과 우주무한설을 주장한 과학자로서의 담헌을 알고자 한다면, 나아가 조선 후기 탁월한 지성으로서의 담헌을 알고 싶다면, 현재 풍부하게 제출된, 빼어난 논고와 저작들을 읽는 것으로 충분할 것이다.

이런 상황에서 《홍대용 평전》을 쓰는 것이 무슨 의미가 있을까? 미리 말하자면, 나는 실학자, 북학파, 개혁적 사회사상가, 지전설과 우주무한설을 주장한 과학자 담헌에게는 별 관심이 없다. 간단히 말해 이 책은 탁월한 실학자, 사상가, 과학자 담헌에 대해서는 말하지 않는다. 담헌에 대한 동일한 서술을 추가하고 싶지 않다는 뜻이다. 나의 의도는 담헌의 행동과 생각을 담헌 개인사의 지평에서 먼저 이해하자는 데 있다. 한걸음 더 나아가자면 담헌을 통해 18세기 후반 경화세족京華世族 지식인들의 행동과 생각을 좀 더 구체적으로 알고 싶다는 뜻이다. 이것은 아마도 조선 후기 사족 사회를 이해하는 데 약간의 도움이 될 것이다.

담헌은 다양한 분야의 글을 남겼다. 그의 문집《담헌서》에는 일반적인 시문 외에 경학經學과 심성론心性論, 역사비평, 천문학과 자연학, 수학, 음악학 등 다양한 성격의 텍스트가 실려 있다. 1765~1766년 연행의 경험을 옮겨 적은 연행록 곧《을병연행록》과《연기燕記》, 중국인 벗들과 주고받은 여러 종류의 편지 모음집도 있다. 담헌이 생산한, 혹은 그와 관계된 텍스트는 이처럼 다양하다. 앞에서 담헌의 행동과 생각을 담헌 개인사의 지평에서 총체적으로 이해하고 싶다고 했는데, 사실 이것은 상식에 속한다. 이 상식이 담헌 연구에 통하지 않게 된 건 무엇보다 그가 남긴 텍스트의 다양함 때문이다. 곧 텍스트의 다양함으로 인해 담헌은 국문학과 한문학, 사상사, 경학, 과학사 혹은 천문학사, 수학사, 한중관계사 등으로 나뉘어 연구되고 이해되었다. 이 분야들에 대한 개별적 논고를 한곳에 모은다 해도 담헌의 총체적 이해는 불가능할 것이다. 전체는 부분의 합 이상이기 때문이다. 나는 이제 담헌이 남긴 모든 분야의 텍스트를 읽고 담헌을 이해해 보려고 한다. 먼저 담헌의 경험과 행동으로 개인사를 구축構築하고 그 생애의 시간 축을 따라 그의 발언과 생각을 이해하자는 것이다.

아마 이 책에서 구성되는 담헌의 상像은 그동안 알던 것과 사뭇 다를 수도 있다. 담헌이 그리 대단한 인물이 아닐 수도 있다. 그래서 실망하거나 비난할지도 모르겠다. 하지만 상관없다. 이 책은 그저 내가 읽은 담헌일 뿐이다. 이제까지의 담헌을 높이 평가해 온 주류적 해석은 그 나름대로 의미 있는 것이고, 그것을 타당하다고 생각하거나 좋아한다면 그쪽을 따르면 될 터이다. 원래 해석은 다양할수록 좋은 게 아니겠는가?

끝으로 한마디 보태자면, 수학과 천문학을 포함하는 다양한 한문 텍스트를 읽어 내는 것은 퍽 어렵고 또 무모한 일이었다. 그런 작업이었기에 오랜 시간이 필요했고 또 부족하거나 잘못된 부분이 적지 않을 것이다. 이 평전 이후 담헌에 대한 보다 완정完整한 저작이 나오기를 기대한다.

2025년 10월
강명관

차례 ··· 홍대용 평전 2

———▶ 책머리에 ... 004

[01] 연암 그룹과 첫 벼슬 ... 12
연암 그룹과 어울리다 ǀ 1770년 4월부터 1774년 2월까지의 편지 ǀ
1774년 2월 벼슬을 시작하다 ǀ 세자익위사 시직 담헌 ǀ 손유의·등사민과의 문답 ǀ
손유의의 답 ǀ 이단관의 변화

[02] 항주에서 편지가 오다 ... 156
유금의 북경행 ǀ 끊어졌던 엄성 쪽 소식이 10년 만에 전해지다 ǀ
주문조의 편지 ǀ 엄과의 편지 ǀ 등사민과 주고받은 편지 ǀ
1779년 엄과와 주문조 등에게 보낸 편지 ǀ 연암이 보낸 편지 ǀ
영천군수가 되다 ǀ 손유의에게 보낸 마지막 편지

[03] 천문학과 수학 ... 228
서양 천문학·수학과 경화세족 ǀ 담헌의 수학과 천문학 연구 ǀ
담헌의 수학-《주해수용》 ǀ 삼각함수 수용 ǀ 천문 계산 ǀ
천문 관측기기 ǀ 음악이론 ǀ 담헌 수학·천문학의 의의

[04] 담헌 사유의 도착지, 《의산문답》과 〈임하경륜〉 ... 314

담헌 사상의 최종 도착점 | 《의산문답》의 저술 시기와 형식 |
《의산문답》을 쓴 이유 | 한역 서양서의 천문학·지구자연학과 《의산문답》 |
관점의 전환, 인물균론 | 기와 천체, 물질 |
지구는 둥글다, 그리고 자전한다 | 중심 없는 세계 | 자연학의 조정 |
인간과 역사, 화이론의 부정 | 통제된 이상국가—〈임하경륜〉

[05] 담헌의 죽음과 그가 일으킨 파란 ... 440

담헌의 죽음 | 담헌이 열었던 길이 막히다

───▶ 에필로그—'담헌 신화'를 다시 생각한다 ... 458
───▶ 주 ... 488
───▶ 찾아보기 ... 568

차례 … 홍대용 평전 **1**

──────▶ **책머리에** … 004

[01] **경화세족 담헌** … 012
충청도의 경화세족 | 아버지 홍역과 숙부 홍억 |
담헌 가문의 위상과 경제력

[02] **방황하던 10대의 한때** … 042
유소년기 | 거문고를 배우고 가희·무녀와 어울리다 |
갈등과 번민, 과거인가 학문인가

[03] **석실서원** … 058
스승 김원행 | 석실서원 | 스승에게 올린 편지 |
문경에서 벌인 당론 | 스승 김원행과 당론으로 논쟁하다 |
1753·1754년《소학》강의 | 소소한 일상

[04] **젊은 날의 공부, 경학·성리설·역사비평** … 114
성인에게도 의문을 품다 | 〈대학문의〉 | 〈논어문의〉 | 〈맹자문의〉 |
〈중용문의〉 | 〈서전문의〉 | 〈시경변의〉 | 〈주역변의〉 |
〈계몽기의〉 | 성리설을 공부하다 | 〈사론〉,《자치통감》비평

[05] **실천적 정주학자의 탄생** … 252
주필남에게 주는 글 | 실천적 정주학자의 탄생 |
화이론자 담헌

[06] 서양 천문학과 만나다 ... 278

아버지 홍역을 따라 나주로 가다 | 나경적을 만나다 |
조선의 혼천의 | 담헌이 만든 혼천의 | 연행 전 담헌 천문학의 수준 |
홍역의 부정축재 사건

[07] 북경에서 본 청의 안정과 번영, 그리고 국경을 초월한 우정 ... 316

1765년 가을 북경으로 떠나다 | 북경행의 목적 |
압록강을 건너 한 달 만에 북경에 도착하다 |
북경에서의 두 달, 1766년 1월과 2월 | 청을 바라보는 시각, 대명 의리 |
조선인의 의복과 중국인의 의복 | 청의 안정과 번영 |
청의 정치 | 중국 문명의 합리성 | 세계인을 만나는 곳, 북경 |
서양의 기기들, 일표·자명종 | 유구·몽골·회회·러시아 사람 |
천주당의 서양인 신부 | 엄성·반정균·육비 등 한인 지식인과 사귀다 |
마지막 만남과 이별 | 귀로에서 사귄 벗들 | 중국·북경 여행의 의미

[08] 편지로 이어진 우정과 북경 체험의 파란 ... 512

편지로 이어진 우정 | 1766년 여름 첫 편지를 보내다 |
1767년 1월 반정균과 엄성의 편지를 받다 |
담헌의 북경 체험에 대한 두 가지 반응 | 1767년 김종후와 논쟁을 벌이다 |
홍역과 엄성의 죽음 | 엄성이 죽기 직전 쓴 1767년 가을의 편지 |
엄성의 죽음을 슬퍼하며 답신을 보내다 |
《의례》 연구와 관련해 김종후와 2차 논쟁을 벌이다 |
1769년, 김종후와 논쟁이 이어지다 |
1769년 5월 동지사 회환 편에 육비와 반정균 등의 편지를 받다 |
김종후에게 다시 반박하는 편지를 보내다 | 1769년에 중국으로 보낸 편지

───── 주 ... 676
───── 찾아보기 ... 769

01

연암 그룹과 첫 벼슬

연암 그룹과 어울리다

1770년 2월 탈상을 한 뒤 담헌은 서울로 올라와 저전동 뒷골[後谷]에 있는 집에 머물렀다. 이후 시기가 확실한 활동은 찾아보기 어렵다. 유일한 것은 같은 해 가을 금강산으로 유람을 다녀온 일이다. 탈상을 하고 울울한 심정을 달래기 위한 것이 아니었을까? 하지만 금강산이 단지 기이하기만 하고 좁아서 볼 것이 없다면서 곧장 돌아왔다고 한다.[1] 하나 의미 있는 일은 있었다. 금강산 유람 도중 이송李淞(1725~1798)[2]을 만나 침식을 같이하며 어울렸던 일이다. 담헌의 인품에 반한 이송은 그 뒤로 유람이 있으면 늘 같이 다녔다고 회고한다.[3]

이송은 세종의 여덟 번째 아들인 영응대군永膺大君의 후손이다. 부친 이민곤李敏坤이 육진으로 유배갈 때 따라갔는데, 도중에 숙소의 화재로 아버지는 죽고 그는 살아남는다. 이때 얻은 죄책감으로 이송은 평생 벼슬을 하지 않았다.[4]* 이송은 《담헌서》 부록에 〈애오려팔영〉과 〈건곤일초정제영〉에 차운한 시를 남기고 있고, 또 담헌의 묘표墓表를

---

* 예조좌랑 만재萬材의 증손. 통덕랑 헌기軒紀의 손자. 민곤敏坤의 아들, 순천 김백련金百鍊의 사위. 판서 이연李㮚의 종형. 민곤(1695~1756) 역시 여호 박필주·도암 이재李縡의 제자였고, 세자 보덕을 역임하고 도승지에 추증되었다. 민곤은 조영국趙榮國을 탄핵하였다가 육진六鎭으로 유배 가던 길에 밤중에 객사에서 화재를 만나 죽었다. 부친을 모시고 가던 이송은 같은 방에서 자다가 창황 중에 혼자 살아남았는데, 이 일로 인하여 평생 은둔하였다. 《노초집老樵集》 12권 6책이 있다.

쓰고 있으니, 그야말로 담헌의 절친한 벗이었다. 하지만 담헌은 이송에 대해 특별한 언급을 남기지 않았다.

담헌은 원래 과거에 뜻이 없다 했고 1770년 이후 아버지의 부재로 과거에 응시하는 척할 필요도 없었다. 홍역처럼 문음으로 벼슬할 가능성이 아주 컸던 것도 과거를 외면한 이유일 것이다. 과거에 대한 관심을 끊은 그가 달리 호구를 위한 생업에 골몰한 것도 아니었다. 반정균에게 보낸 편지에서 보았듯, 그는 선비가 생계를 위한 경제 활동에 골몰하는 것을 좋게 보지 않았다. 풍부한 땅을 소유한 지주였기에 현실적으로 그럴 필요도 없었다. 그렇다고 해서 스승 김원행 혹은 석실서원의 일에 매달린 것도 아니었다. 김원행은 1770년(영조 46) 69세의 노년이었고 2년 후인 1772년에 사망한다. 김원행은 말년에 큰 의미 있는 활동을 하지도 않았고, 따라서 담헌의 입장에서는 스승을 섬기는 일에도 매일 필요가 없었다. 요컨대 담헌은 1770년 이후 특별한 사회적 활동이 없는 사람이 되었다.

뒤에 언급하겠지만 담헌은 1774년(영조 50) 2월 돈녕부 참봉에 임명됨으로써 벼슬길에 들어선다. 1770년 2월부터 1774년 2월까지 만 4년 동안 담헌이 한 일은 무엇이었던가? 황윤석의 《이재난고》에 의하면 1771년 3월 13일 현재 담헌의 집은 저전동 뒷골에 있었다. 황윤석은 또 이현직李顯直이란 인물에게서 들은 말을 옮기고 있는데, 그 말에 의하면 담헌은 과거를 포기하고 고학古學에 뜻을 두고 있는 고결한 인품을 갖춘 사람이었다. 이뿐만 아니라, 담헌은 엄박淹博한 학문을 갖추고 있고 악률에도 정통한 것으로 알려져 있었다. 이현직은 담헌을 만나 보고 싶었지만 아직 만나지 못했다 했고, 황윤석 역시 이름은 들었지만 만나지 못했다고 했다.[5] 좋게 말해 담헌은 고매한 인격의 소유자, 고학에 힘쓰는 지식인으로 널리 알려져 있었다.

주목해야 할 것은 1770~1774년까지 4년 동안 담헌이 백탑白塔 부근에 살던 박지원·이덕무·박제가·서상수徐常修·유득공 등 이른바 '연암 그룹'과 본격적으로 사귀기 시작했다는 점이다. 물론 이 시기에도 곡절이 없지는 않지만, 담헌은 중국 쪽 문인들과 끊임없이 편지를 주고받았다. 이것은 담헌이 가장 몰입한, 가치를 부여한 일이기도 했다. 4년간의 편지에 대해서는 따로 정리하기로 하고, 우선은 연암 그룹과의 관계에 대해 정리해 보자.

흔히 담헌은 연암과 오래전부터 알고 있었고, 또 이덕무·박제가 등과도 일찍부터 서로 아는 사이로 알려져 있지만, 그것은 사실이 아니다. 연암과의 관계 역시 앞에서 말한 바와 같이 북경에서 돌아와 《회우록》의 서문을 부탁한 것이 현재 알려진 최초의 접촉이고, 다른 사람과의 관계는 그 이후로 보인다. 연암이 백탑 북쪽으로 이사를 온 것은 1768년(영조 44)이었다.[6] 백탑 부근에는 1764년 이래 이서구와 이덕무가 살고 있었고, 연암은 1769년(이서구 16세)보다 몇 해 전에 이서구를 알고 있었으니, 이래저래 연암 그룹의 구성원 일부는 1768년에 앞서 몇 해 전부터 서로 알고 있는 사이였다. 박제가는 1768~1769년 어림, 곧 그의 나이 18, 19세 어림에 연암의 문학적 명성을 듣고 백탑 북쪽 연암의 집을 찾아갔고, 박제가의 존재를 이미 알고 있던 연암은 그를 기쁘게 맞이했다. 박제가는 처음 박지원을 찾았을 때 이덕무·이서구·서상수·유금柳琴·유득공이 이웃에 살고 있었다고 말했다. 이후 몇 년간 박제가는 백탑으로 놀러 오면 열흘이고 한 달이고 돌아가지 않았다. 대체로 박제가가 1768, 1769년 박지원을 찾아옴으로써 연암 그룹이 본격적으로 형성되기 시작했다고 본다.[7] 그런데 담헌은

1768~1769년 상중에 있었기에 연암 그룹과 접촉할 가능성이 없었다.

1769년 10월 반정균에게 보내는 편지에서 담헌이 이덕무에 대해 만난 적이 없는 사람이고 《선귤당농소》도 보지 못했지만, 부박하고 화려한 글들을 쓰는 것을 보아 반정균에게 도움이 될 것이 없다고 답한 것을 보면 적어도 1769년 가을까지 담헌은 이덕무와 모르는 사이였던 것이 분명하다. 1769년 가을은 물론 최소한 1770년 2월 탈상 때까지는 담헌이 청주에 머무르고 있었기에 이덕무 주변의 인물도 만날 가능성이 없었다. 또 담헌은 1770년 가을 이송과 함께 금강산 여행을 떠났으니, 이래저래 더욱 이덕무 등을 만날 수 없었을 것이다. 앞에서 말한 바와 같이 이덕무는 1768년 11월 동지사 편으로 반정균에게 편지와 《선귤당농소》를 보낸 것으로 추정되는데, 이것으로 보아 이 시기 이전에 이덕무는 담헌의 필담 곧 《회우록》과 〈항전척독〉의 편지를 구해 읽었다. 그것은 아마도 연암을 통해서였을 것이다. 담헌은 1767년 11월에 부친상을 당해 충청도 청주에서 여묘살이를 하고 있었으니, 필담과 편지가 서울에서 어떻게 유통되고 있는지 소상히 알 길이 없었을 것이다.

박제가는 백탑 부근에 살던 서상수로부터 《회우기》, 곧 《회우록》을 빌려 읽었다. 담헌이 서문을 써 달라 부탁하면서 연암에게 보낸 《회우기》를 서상수가 빌려 읽은 뒤 다시 박제가에게 빌려주었던 것이 아닌가 한다. 박제가는 서상수에게 《회우기》를 돌려보내면서 편지를 썼다. 편지에서 유득공과 함께 평소 중국을 몹시 사모해 왔지만, 《회우록》을 읽자 밥 먹을 때 수저 드는 것을 잊고 세수할 때 낯을 씻는 것도 잊을 정도로 충격을 받았다고 말한다. 박제가가 특히 충격을 받은 것은, 300년 동안 조선의 사신이 중국을 왕래했지만 한 사람의 명사名士

도 만나지 못하고 돌아왔는데, 이제 '담헌 선생'이 하루아침에 천애지기天涯知己의 우정을 맺고 돌아왔던 데 있었다.[8] 중국 땅의 경험이 아니라, 중국 지식인들과 만나고 허심탄회하게 대화하고 우정을 쌓은 것은 조선 사인士人들에게 일대 충격이 아닐 수 없었다. 박제가는 《회우기》를 읽은 뒤 얼굴도 모르던 담헌을 찾아가 납교納交하고, 필담과 주고받은 시문을 죄다 빌려다 보았다.[9] 박제가가 담헌을 찾은 시기를 특정할 수는 없지만, 담헌이 서울로 올라온 1770년 2월 이후일 것이다. 김종후의 비난과는 정반대로 자신을 찾아와 북경 벗들과의 교유에 열렬한 찬사를 보낸 이 젊은 벗에게 담헌은 큰 위로를 받았을 터이다. 담헌이 박제가와 아는 관계가 되었다면 이덕무·유득공 등 연암 그룹의 중추적 구성원과의 만남은 아주 자연스러운 일이었을 것이다. 과연 이들은 이내 아주 가까운 사이가 되었다. 뒷날 이덕무는 박지원과 함께 담헌을 "가장 뜻이 맞았던 벗"으로 꼽을 정도였다.[10]

박제가·이덕무·유득공 외에 담헌이 이 시기에 자주 어울린 인물로 신광직申光直(1738~1794)을 들 수 있다. 담헌은 1773년 7월 황력재자관 편으로 등사민에게 보낸 편지에 자작시 12수[11]를 보내면서 "경인년(1770)·신묘년(1771) 사이에 지은 것"이라고 밝혔는데, 신광직과 박지원, 홍원섭洪元燮, 유중림柳重臨 등과의 교유관계에서 쓴 것이다. 특히 신광직과 지은 시가 5수로 가장 많은데, 신광직은 부친 신소申韶를 따라서 명나라 유민遺民으로 자처하며 대명 의리를 고수하고자 했고, 북벌을 꿈꾸며 호방한 언행을 서슴지 않던 특이한 인물이었다.[12] 《담헌서》에는 〈신염재 광직의 운을 따서 짓다[次申念齋光直韻]〉,[13] 〈신염재와 함께 지어 박연암 지원에게 주다[與申念齋賦贈朴燕巖趾源]〉[14]를 남기고 있다. 후자는 등사민에게 보낸 12수에 포함되어 있다. 그런데 신광직 쪽이 자료, 예컨대 문집 같은 것을 남기지 않았기 때문에 이들의 관계에 대해 이 이상 상세히 알 수는 없다.

이제 담헌이 연암 그룹과 어울리는 장면에 대해서 약간 가벼운 쪽부터 이야기해 보자. 가장 먼저 눈에 띄는 것은 음악이다. 1772년 6월 18일 담헌의 집을 방문한 연암은 들보에 양금이 몇 개 걸려 있는 것을 보고, 시자侍者를 시켜 내려 보라고 하였다. 연암은 양금을 쳤고 담헌은 거문고로 음을 맞추어 현絃의 음가를 밝힐 수 있었다. 담헌과 연암이 음가를 밝힌 이후 양금으로 조선 음악을 연주할 수 있었다. 연암은 1780년 북경을 여행하면서 담헌이 양금 연주법을 해독하고 난 이후 9년 사이에 금사琴師로서 양금을 연주할 줄 모르는 사람이 없을 정도로 양금이 유행하고 있다고 말했다.

음악적 분위기가 감도는 이 지점에서 사람의 죽음 이야기를 꺼내는 것은 어색할 수 있지만, 양금을 해독하고 나서 스무날 뒤 담헌은 스승 김원행의 상을 당한다. 7월 7일 김원행은 71세의 나이로 사망했다. 담헌은 제문을 지어 스승의 죽음을 애도했다. 담헌이 제문에서 스승을 높이 기린 것은 당연한 일이다. 그 찬미의 말을 여기서 모두 반복할 필요는 없다. 담헌은 김원행으로부터 "묻고 배우는 것[問學]은 실심實心에 있고, 일을 하는 것[施爲]은 실사實事에 있으니 실심으로 실사를 해 나가면 과오를 줄이고 사업을 이룰 수 있다"고 들었노라고 말하고, 앞으로 노력해서 그 가르침의 은혜를 갚겠노라고 말했다.[15] 담헌이 자신의 사상적 기원이 김원행의 실심·실사 사상에 있음을 뚜렷하게 밝힌 것이다.

스승 김원행의 죽음을 제외한다면, 1772년 이후 담헌의 생활은 매우 안정적이었다. 박지원·이덕무·박제가·서상수 등과 어울려 서울

인근을 유람하기도 하고,[16] 때로는 담헌의 집에 모이기도 했다. 담헌의 건곤일초정에 대해 이덕무가 지은 시[17]에는 그리운 사람들을 만날 수 없어 그저 절강 항주의 편지만 보고 있다고 말했다. 작품 안에 양금을 연주한다는 말[18]이 있는 것으로 보아, 양금을 해곡解曲한 1772년 6월 18일 이후 쓴 시일 것이다. 이 시는 동일한 운을 사용한 유득공과 박제가의 시가 남아 있으니,[19] 아마도 이덕무·유득공·박제가가 함께 모인 자리에서 지은 것일 터이다.

함께 서화를 보는 기회도 잦았다. 확실한 시기는 확정할 수 없지만, 어느 해 여름 현원玄園이란 곳에서 연암과 그의 형 박희원朴喜源, 삼종제 박수원朴綏源, 이덕무가 모인 자리에서 왕적王迪이란 인물이 그린 〈산해도山海圖〉 장권長卷을 펼쳐 놓고 감상하는 자리에 참여하기도 했다.[20] 이들이 가장 관심이 깊었던 것은 담헌과 중국인 벗들이 주고받은 시문과 서화였다. 앞서 이덕무가 "절강 항주의 편지"를 말한 것은, 담헌의 집에서 그것들을 보았기 때문일 것이다. 이덕무는 담헌의 집에서 육비와 반정균의 글씨와 그림으로 엮은 〈항사묵희첩杭士墨戱帖〉을 보고 두 사람과 사귄 담헌을 한껏 부러워하였다.[21] 박제가 역시 담헌이 소장한 반정균의 글씨를 다룬 시를 남기기도 하였다.[22]

담헌은 귀국 직후 《간정동회우록》(원본)을 엮었고, 이것을 교정하여 《간정록》(교정한 표시가 남아 있는 교정본)으로 만들었다(3책 중 1책이 현재 숭실대에 소장되어 있다). 이후 《간정록》(교정본)을 대폭 수정하여 2책의 《간정필담》으로 정리했다. 《간정필담》은 적어도 1772년 5월까지 만들었을 것이라고 추정한다.[23] 담헌 사후 《담헌서》를 편찬하는 과정에서 《간정록》(교정본)을 다시 수정한 《간정동필담》이 만들어졌다.[24] 담헌은 탈상 이후 서울에 올라와서도 육비·엄성·반정균과 주고받은 필담과 편지 등을 정리하는 데 골몰하였고, 이 작업에는 연암 그룹의 인물, 예컨대 이덕무와 유득공 등이 참여하기도 했다.

엄성의 죽음을 안 뒤 담헌은 《회우록》에서 엄성의 말과 시를 약간 덜어 내어 이덕무에게 교감校勘하게 한 뒤 자신의 집에 간직했다고 하는데,[25] 이 책이 지금 홍대용 후손가에 남아 전하는 《철교화鐵橋話》이다.[26] 《철교화》의 글씨는 이덕무가 쓴 것이다. 그런데 이덕무는 육비·엄성·반정균의 짧은 편지를 모은 척독尺牘, 엄성의 〈애오려팔영〉과 〈양허당기〉, 자신의 짧은 평을 붙인 필담, 곧 《간정동회우록》의 일부를 발췌하여 《천애지기서天涯知己書》[27]를 따로 엮었다. 이 역시 담헌의 집에서 보았던 자료를 빌려 만든 것일 터이다. 담헌과 연암 그룹과의 만남 이후 육비 등의 시문과 서화는 이들의 중요한 관심사였다.

음악을 매개로 하는 모임도 잦았다. 금사琴師 김억金檍(1746~?)은 새로 연주할 수 있게 된 양금을 좋아하여 담헌을 종종 찾았다. 김억이 담헌을 찾은 어느 날 김용겸金用謙(1702~1789)이 달밤에 불쑥 찾아왔다. 음악회가 열렸다. 생황과 양금이 번갈아 연주되자, 흥에 겨운 김용겸은 구리 소반을 치면서 박자를 맞추고 《시경》의 〈벌목伐木〉 시를 외었다. 그러던 중 김용겸이 일어나 밖으로 나가더니, 오래도록 돌아오지 않는다. 담헌이 연암에게 "혹 우리가 실례해서 어른께서 가버리셨나 봅니다" 하고, 함께 김용겸의 집으로 가다가 수표교에 이르자, 오던 눈이 그쳐 달빛이 환히 빛났다. 김용겸은 무릎에 거문고를 빗겨 놓고 갓을 벗은 채 수표교에 앉아 달을 바라보고 있었다. 사람들은 깜짝 놀라 술상과 악기를 옮겨 가 김용겸과 함께 한바탕 연주를 하며 즐기다가 파하였다. 연암은 김용겸이 죽은 뒤 다시는 그와 같이 운치 있는 일은 없었다고 회고했다.

김억은 호가 풍무자風舞子였는데, 김용겸이 붙여 준 것이었다. 연암 그룹의 모임에는 김용겸이 종종 참여했는데, 그는 이른바 6창 중의 다섯째인 김창집의 아들이었고 김원행의 당숙이기도 했다. 연암 그룹보다는 나이가 많았으나, 연암이나 담헌을 만나면 "풍류가 호탕하고 담론이 끊이지 않았다." 그는 늘 "'농암 중부, 삼연 숙부'의 언론과 풍채를 열거하여 좌중의 분위기를 북돋웠다." 김용겸이 안동 김씨로 정통 노론이었듯, 이 모임은 대체로 노론 경화세족의 모임이었다. 한편 김용겸은 담헌을 음악에 정통한 사람으로 평가했다. 황윤석은 1779년(정조 3) 조정에서 장악원의 악기와 악장樂章을 개수하려고 할 때 첫 번째 제조 김용겸이 태인현감 홍대용과 자신을 추천했다고 하였으니, 그만큼 김용겸은 담헌의 음악에 대한 조예를 깊이 알고 있었던 것이다.[28]

담헌의 집에 있는, '봄을 머무르게 하는 동산'이라는 운치 있는 뜻의 '유춘오留春塢'에서 이런 음악회가 자주 열렸다. 음악회는 연암과 성대중成大中(1732~1809)에 의해 아름다운 산문으로 남았다. 연암의 〈여름날 밤의 잔치〉를 먼저 읽어 보자.

스무이튿날 국옹麯翁과 함께 걸어 담헌에게 갔다. 풍무風舞는 밤에 왔다. 담헌이 슬瑟을 뜯으니 풍무는 금琴으로 화답하고, 국옹은 관을 벗은 채 노래를 불렀다. 밤이 깊어지자 흘러가는 구름이 사방에서 엮이고, 더운 기운이 잠시 물러나자 줄의 소리가 더욱 맑아진다. 좌우 사람들은 단가丹家에서 장신藏神을 내관하듯, 선정에 든 승려가 전생을 돈오頓悟하는 것처럼 조용히 침묵했다. 대저 자신을 돌아보아 정직하다면 삼군三軍이 앞에 있어도 나아갈 뿐이라더니, 국옹은 노래를 부를 때면 옆에 아무도 없는 것처럼 옷을 활활 벗어부쳤다.

매탕梅宕이 언젠가 왕거미가 처마 사이에 줄을 치는 것을 보고 기뻐하며 내게 이런 말을 했다.

"오묘하군요. 어떤 때는 마치 무슨 생각이라도 하는 것처럼 어떤 때는 머뭇머뭇하고, 어떤 때는 무언가를 깨친 듯 발을 재게 놀립니다. 파종한 보리밭을 밟는 것 같기도 하고, 손가락으로 금琴의 줄을 누르는 것 같기도 합니다."

이제 담헌과 풍무가 서로 어울려 연주하는 것을 보고, 나는 비로소 왕거미를 이해하게 되었다.

지난해 여름 담헌의 집에 갔더니, 담헌은 한창 악사樂師 연延과 함께 금 이야기를 나누고 있었다. 마침 비가 쏟아질 듯 동쪽 하늘가의 구름이 먹빛과 같았고, 천둥이 한 번 울리면 용이 승천할 것만 같았다. 얼마 뒤 긴 천둥소리가 하늘을 지나가자, 담헌이 연에게 "이것은 무슨 성聲에 속하는가?" 하고, 금을 당겨 천둥소리에 맞추었다. 나도 천뢰조天雷操를 지었다.[29]

연암과 함께 담헌의 집을 방문했던 국옹 이한진李漢鎭(1732~1815)은 퉁소의 명인으로 담헌의 거문고와 짝을 맞추어 연주하던 사람이었다.[30] 풍무는 김억이고, 매탕은 이덕무다. 악사 연延은 장악원 악사 연익성延益成이다. 뛰어난 거문고 연주자였던 연익성은 담헌과 30년을 교유한 음악인이었다. 담헌은 연익성이 53세의 나이로 죽자, 제문을 써서 비록 영관伶官(樂官)에 몸을 맡기고 있었어도 뜻은 선비와 같고, 했던 일은 광대였지만 성품은 가을 물처럼 깨끗했다고 기렸다.[31] 김억은 지체가 좀 떨어지지만 집안이 부유한 여항인으로 악기를 연주할 줄 알고 풍류를 즐기는 인물이었기 때문에 담헌과 교분이 있었을 것이다.

성대중의 〈기유춘오악회記留春塢樂會〉를 보자.

홍담헌 대용은 가야금을 앞에 두고, 홍성경洪聖景 경성景性은 거문고를 잡고, 이경산李京山 한진漢鎭은 소매 속에서 퉁소를 꺼내고, 김억은 양금을 꺼내었다. 장악원 악공 보안普安 역시 국수로서 생황을 불었다. 모두 담헌의 유춘오에 모였다.
유성습俞聖習 학중學中은 노래로 가락을 맞추고, 교교재嘐嘐齋 김공 용겸은 나이와 덕망이 있어 높은 자리에 앉아 향기로운 술에 살짝 취기가 올랐다. 뭇 음악이 일어나매 뜰은 깊고 낮은 고요하고, 꽃잎은 떨어져 계단을 가득 덮고 있다. 궁성과 우성이 번갈아 연주되자 가락은 오묘한 경지로 들어갔다. 김 공이 갑자기 자리에서 내려와 절을 하니, 사람들이 모두 깜짝 놀라 일어나 피했다.
"여러분들은 괴이쩍게 여기지 말라. 우禹 임금은 좋은 말을 들으면 절을 했다 하였다. 이것은 균천광악勻天廣樂이다. 노부가 어찌 한 번 절하는 것을 아끼리오?"
홍태화洪太和 원섭元燮 역시 그 음악회에 참여하였는데, 나에게 이처럼 이야기해 주었다. 담헌이 세상을 떠난 이듬해에 쓴다.[32]

유춘오의 악회에 참여한 사람은 홍대용, 홍경성, 이한진, 김억, 악공 박보안, 유학중, 김용겸, 홍원섭이다. 홍경성과 유학중은 미상이지만, 그 나머지 인물 중 담헌과 이한진, 김용겸, 김억은 앞의 여러 모임에서 이미 나왔던 인물이다. 성대중에게 유춘오의 음악회를 전한 사람은 홍원섭으로 남양 홍씨 명문가의 후손이었다. 뒷날 성대중은 자신이 쓴 〈기유춘오악회〉를 홍원섭에게 보냈고, 홍원섭은 담헌은 죽었지만 담헌의 즐거움은 이 글이 있어 사라지지 않을 것 같다고 회고했다.[33)] 이들은 모두 경화세족의 일원이거나 서울에서 활동하는 음악인들이었다. 홍원섭은 〈김생이 그린 그림 뒤에 쓰다[書金生畫後]〉라는 글 한 편을 남기고 있는데, 담헌이 슬瑟을, 김생金生이 거문고를 연주하고, 그것을 듣는 장면을 그린 것이라 한다.[34)] 대체로 담헌 주변 사람들이 음악회를 열고 그것을 제재로 글을 쓰거나 그림을 그렸으니, 이런 음악회 자체가 경화세족의 여유로운 생활문화의 하나였다.

거문고의 명인이었던 담헌은 음악의 악률에 관해 전문적인 지식을 쌓았으며 그것은 뒷날 〈농수각의기지籠水閣儀器志〉의 〈율관해律管解〉 〈변율變律〉, 〈황종고금이동지의黃鐘古今異同之疑〉, 〈우조와 계면조의 다른 점[羽調界面調之異]〉 등의 논문으로 구체화되었다. 한편 담헌은 가곡창歌曲唱의 가사(곧 지금의 시조다)를 모은 《대동풍요大東風謠》를 엮기도 했다. 현재 이 가곡집은 없지만, 앞에 붙인 〈대동풍요서大東風謠序〉[35)] 를 통해 시조에 대한 담헌의 생각을 엿볼 수 있다.

담헌은 《시경》의 국풍國風도 본래 "풍속을 노래한 보통 말"이라고 하면서 유가가 부인할 수 없는, 시에 관한 한 최고의 경전인 《시경》의 전례를 끌고 옴으로써 시조의 존재 의의를 인정했다. 물론 담헌의 〈대동풍요서〉가 다른 가곡집과 구별되는 관점을 새롭게 제시한 것은 아니다. 앞의 유춘오의 모임에서 좌장 역할을 했던 김용겸은 담헌에 대해 역·수 두 학문에는 정통하지만, 율가로 말하자면 속악에 정통한 것 같다고 평가했다. 《대동풍요》를 엮고 서문을 쓴 것을 보건대, 김용겸의 말도 지나친 평가는 아닌 것 같다.[36)]

담헌과 연암 그룹의 관심사가 음악에만 쏠린 것은 물론 아니었다. 연암의 아들 박종채에 의하면, 연암이 담헌·정철조鄭喆祚·이서구·이덕무·박제가·유득공과 깊이 어울린 것은 1772~1773년이라고 한다.

임진·계사년(1772~1773)에 가족을 석마石馬(분당구 일대)에 있는 유안 옹의 고향 집으로 보내고 항상 전의감동典醫監洞 집에 혼자 거처하시며, 담헌 홍공 대용, 석치石癡 정공 철조喆祚, 강산薑山 이공 서구書九와 때로 서로 왕래하셨고, 무관懋官 이덕무, 재선在先 박제가, 혜풍惠風 유득공은 항상 연암을 따라 노닐었다.

담헌은 선군보다 6세 연장이다. 학식이 정밀하고도 깊었으나, 역시 과거를 폐하고 한가롭게 지냈다. 선군과 도의의 교제를 맺어 가장 친밀하고 돈독했으나, 말과 호칭은 서로 존경함이 마치 처음 교제를 시작할 때와 같았다.

선군은 항상 우리나라 사대부들이 대부분 이용후생利用厚生과 경제명물經濟名物의 학문에는 소홀하여 오류를 그대로 인습하여 거칠고 무지하기가 너무 심함을 병통으로 여기셨고, 담헌의 평소 지론도 이와 같았다. 그래서 매번 서로 만나면, 곧 며칠이고 머물면서 위로는 고금의 치란, 흥망의 까닭, 고인의 출처 대절大節, 제도의 연혁, 농공農工의 이병利病, 화식貨殖·조적糶糴과, 산천·관방關防·역상曆象·악률樂律로부터 초목·조수, 육서六書·산수算數까지 꿰뚫어 궁구하고 남김없이 이해하지 않음이 없었으니, 모두 기억하고 외울 만했다.

석치는 문학과 교양을 지녔으며 뛰어난 재주가 있었다. 무릇 기계로 움직이는 여러 기구—인중引重·승고升高·마전磨轉·취수取水 같은 종류를 마음으로 연구하고 손으로 만들어, 모두 옛 제도를 본떠 지금 시험하여 현실의 용도에 쓰이게 하려 했다. 무관·혜풍·재선은 모두 박학하고 문견이 풍부한 사람들이다. 매양 고증할 일이 있으면 말이 떨어지자마자 변증辨證을 하였고, 선군께서는 삼가 예의를 갖추었다. 매번 모여서 담론을 할 때면 시간 가는 줄도 모르고 등잔불을 밝히고 밤을 지새웠다. 강산은 나이는 제일 어렸으나 재기가 빼어난 데다 침착하고 차분하며 식견이 있어서 선군이 몹시 아끼셨다. 집안의 늙은 겸인도 종종 그때를 말하는데, 들을 만한 일이 많다.[37]

박종채는 연암의 학문적 지향이 이용후생과 경제명물 등의 실용학에 있었고, 담헌의 지론도 동일하였다고 말한다. 실용학에 대한 지향은 경화세족과 관련하여 이해할 수 있을 것이다. 17세기 중반 이후 경화세족은 국가권력을 장악했고, 담헌의 시대 곧 18세기 후반이면 소수의 가문이 권력을 독점하고 있었다. 이들은 사족 체제가 노정한 허다한 문제를 수정하려 했으니, 그 수정의 의지가 제도적 개혁 프로그램으로 나타났던 것이다. 또 앞서 지적했듯 정주학 역시 현실 문제를 포함하고 있었으니, '이용후생과 경제명물의 학문'과 정주학은 대립하지 않는다. 다만 윤리적 문제를 주 영역으로 삼는 것과는 별도로 '이용후생'과 '경제명물'의 영역에서 사족 체제가 노정한 문제를 수정하려 했을 뿐이다. 물론 그 수정의 주체는 경화세족이다. 이들이 나눈 대화와 토론의 구체적인 주제가 무엇인지를 확인할 수는 없지만, 앞의 자료를 통해 대체로 역사와 인물 비평, 국가의 제도, 경제, 지리, 국방, 천문학, 음악, 자연학, 수학 등 광범위한 영역의 구체적 문제였던 것은 분명하다. 담헌의 입장에서 본다면, 김종후와 2차 논쟁을 벌일 때 이미 율력·산수·전곡·갑병에 깊은 관심을 보였으니, 이런 주제와 쉽게 접속할 수 있었을 것이다.

박종채의 증언에서 반드시 짚고 넘어가야 할 사람은 정철조다. 정철조의 당색은 북인이지만 특이하게도 소론 박우원朴祐源과 남인 이가환을 사위로 삼았고, 스승은 담헌과 마찬가지로 김원행이었다. 이런 인연으로 아마도 담헌 및 연암 그룹과 어울리는 게 가능했을 것이다. 앞의 인용에서 눈에 띄는 것은 정철조가 인중·승고·마전·취수 등의 기계를 연구하고 제작했다는 대목이다. 이 기계들은 서양인 선교사 등옥함鄧玉函 J.Terrenz(1576~1630)의 《기기도설奇器圖說》에 나오는 것이다. 연암은 1780년 북경에 갔을 때 담헌이 정철조와 천문학과 수학에 대해 토론하던 장면을 회상하는데, 아마도 그것은 이 시기의 토론이었을 것이다. 담헌은 이미 서양의 수학과 천문학에 대해 일정한 지식이 있었기에 정철조와 토론할 수 있었을 것이다.

물론 이런 자료로 담헌의 천문학·자연학·수학에 대한 지식을 지나치게 높이 평가할 수는 없다. 후술하겠지만, 그의 천문학은 관측으로 얻은 수치와 수학에 입각한 것이 아니라, 상상력의 확장에 의한 것이었다. 그가 천문학과 자연학, 수학을 주제로 다른 사람과 토론한 흔적도 거의 보이지 않는다. 정철조와 황윤석이 거의 유일할 것이다. 담헌은 이런 학문은 아는 사람이 없다고 말했는데 이 점에 유의할 필요가 있다. 극소수만이 겨우 그 경개를 짐작하는 정도였을 뿐이다. 또한 이들이 서로 정교한 논문을 써서 의견을 주고받았던 것도 아니고, 집단적으로 토론을 한 것도 아니었다. 서양 천문학과 수학이 온전히 이해되었다고 생각하는 것 자체가 오류다. 수학과 천문학을 주제로 동일한 텍스트로 학습하고, 토론하고, 논쟁하는 그런 학계는 존재하지 않았다. 경화세족 중 극히 일부가 이런 지식에 접근할 수 있었고, 관심을 보이고 있었을 뿐이었다. 담헌 당대에 천문학과 수학은 여전히 기술직 중인이 담당하는 영역이었다. 담헌은 수학도 천문학도 홀로 공부하고 이해할 수밖에 없었다. 그 이면에는 경화세족과 지방 사족의 분리, 경화세족 내부에서도 당쟁으로 인한 당파의 분리 등이 원인으로 작용했을 것이다.

담헌의 연행 경험은 연암 그룹에 지속적인 영향력을 행사했을 것이다. 예컨대 복식의 문제를 보자. 담헌은 1770년 2월 상복을 벗었는데, 그해 봄 연암과 이덕무·유득공은 연암의 서재인 연상각煙湘閣─또는 이덕무의 서재인 선귤당蟬橘堂이라고도 한다─에서 갓에 대한 연구聯句를 지었다.[38] 이들은 대개 갓의 제도를 고쳐야 한다고 주장하는 등 갓에 대해 비판적이었다. 곧 담헌이 연암 그룹과 접촉하기 전 이미 연암 그룹에서는 조선의 복색을 명의 유제로 여기며 의미를 부여하는 것에 대해 비판적인 시각이 있었다고 보인다. 담헌은 개탄조로 1766년 2월 17일 엄성 등을 만났을 때 조선만이 보존하고 있는 의관을 중국인들이 비웃더라고 한 바 있는데,[39] 이 말은 연암 그룹에 그대로 전해졌다. 이덕무는 담헌이 북경을 유람할 때 도포를 입고 띠를 띠고 갓을 쓰고 갔더니, 사람들이 모두 손가락질을 하면서 걸승乞僧이라고 했다는 이야기를 전하며, "스스로 예의의 복장이라 일컬은 것이 걸승이란 이름만 퍼지게 하였으니 어찌 개탄하지 않으리오?"[40]라고 말한다. 연암 역시 1780년 북경에 갔을 때 역시 걸승 또는 도사라고 놀리는 말을 들었다면서 과거 담헌의 이야기를 떠올렸다.[41]

이 이야기는 의복에 대한 자신의 신념이 착오라는 사실을 담헌이 희미하게나마 깨달았다는 것을 암시한다. 담헌이 《의산문답》에서 원래 자신이 고수하던 화이론을 벗어나 복식 문제를 거론하며 오랑캐의 복식과 중화의 복식은 본질적으로 서로 다를 뿐, 동등한 가치를 지닌다고 한 건, 자기 논리의 변화도 있겠지만, 연암 그룹과 접촉하면서 받은 영향도 포함되어 있을 것이다. 연암이《열하일기》의〈허생전〉에서 오랑캐인 주제에 사대부라 일컫고, 흰옷과 상투, 도포를 예법을 차리는 것이라 하는 걸 신랄하게 비판한 사실도 아마도 그룹 내부에서 있었던 토론의 연장이었을 것이다.

    토론 과정에는 김종후와 벌인 두 차례의 논쟁도 중요한 주제로 포함되었을 것이다. 연암이〈호질〉에서 비판했던, 겉으로는 도학자이지만 실제로는 과부 동리자東里子와 간통하는 북곽北廓 선생의 위선적인 행태에는 담헌이 그토록 혐오했던 유가적 가치를 실천하지 않는 사족들의 행태가 고스란히 새겨져 있다. 담헌과 연암 그룹의 담토談討에는 위선적 사족들의 행태와 실행 가능성 없이 구호로 전락한 북벌 등에 대한 이야기도 주제가 되었을 것이다. 박제가와 이덕무, 유득공 등은 성격상 혹은 그들의 출신이 서파庶派라는 신분적 한계 때문에 그것을 언어로 옮길 수 없었지만, 연암만은 교묘한 문학적 장치를 통해 형상화할 수 있었던 게 아닐까?

    이들의 지향과 관심은 동일하지 않았을 것이다. 담헌과 정철조는 서양의 수학과 천문학, 기기에 관심을 보였지만, 연암은 이에 대한 지식이 없었다. 박제가는 1778년 북경을 다녀온 직후 저술한《북학의》에서 중국의 물질적 번영을 보고 조선 사회가 빈곤에서 벗어나기 위해서는 상업과 무역을 확대해야 하며, 중국의 제도와 기기를 수입해야 한다고 역설하고, 연암은《북학의》서문에서 이 책의 내용은 자신이《열하일기》에서 주장한 바와 일치하며 평소 토론했던 것이라고 말했다.

    담헌은 북경의 화려한 건물과 유리창에 쌓인 상품을 '사치'로 비판했다. 하지만 박제가의 판단은 정반대였다. 그는 이렇게 말한다. "중국의 궁실宮室과 수레와 말, 화려한 색채, 수놓은 비단을 보면 곧 '사치가 너무 심하다'고 한다. 중국은 사치로 망하겠지만, 우리나라는 검소함으로 인해 쇠할 것이다."[42] 아마도 담헌과 연암 그룹 사이에는 경제에 대한 견해가 거의 대척적이었다고 말할 수 있다. 연암은 〈한민명전의限民名田議〉를 지어 호부가豪富家의 토지 겸병을 해소하기 위해 국가권력으로 토지 소유를 제한할 것을 역설했지만, 담헌은 토지제도의 개혁에 대해 정전제 실시 외에는 아는 것이 없다면서 전문적인 식견을 가진 사람이 연구하기를 바랐다. 이처럼 이들 내부에서도 지향하는 학문적 관심은 달랐다.

1770년 2월 탈상을 하고 서울에 올라온 담헌은 1774년 봄 이송과 함께 강원도 양양 낙산사를 유람할 무렵까지 4, 5년 정도 남산 기슭의 서울 집에서 머무르며, 연암 그룹과 어울려 음악을 즐기는 평온한 생활을 보낸 것으로 보인다. 이 동안 담헌의 북경 체험은 연암 그룹의 구성원들에게 큰 영향력을 미쳤던 것으로 보인다. 1778년 이덕무와 박제가의 북경행, 그리고 그로부터 2년 뒤인 1780년 연암의 북경행은 모두 담헌의 북경행이 자극한 것이기 때문이다.

1770년 4월부터 1774년 2월까지의 편지

• 1770년 4월 동지사 회환 편에 받은 편지

1770년 2월 탈상을 하고 두 달이 지난 4월에 담헌은 동지사 회환 편에 등사민과 손유의, 조욱종의 편지를 받았다. 그 전해 10월에 보낸 편지의 답이었다. 등사민은 편지[43] 서두에서 담헌이 1767년 10월과

1768년 10월에 보낸 편지를 받고 부친상을 당했다는 것을 알았다면서 먼저 위로의 말을 건넸다. 이어 자신도 1767년 3월 고향으로 돌아간 뒤 어린 아들 둘이 죽는 불행을 겪었다고 하였다. 두 사람 모두 참담한 일을 겪었던 것이다. 등사민은 이어 1767년 10월 편지의 끝에 담헌이 붙여 보낸 오언고시 7수에 대해 도연명 시의 느낌이 있다고 찬사를 늘어놓았다. 상대방의 시문에 대한 이런 식의 찬사는 앞으로의 편지에 수없이 등장하는 상투어가 되었다. 염점 편지에 관한 언급도 있었다. 곧 1769년 9월에 직예성 융평현 염호鹽號에 머무를 때 겨우 한가한 시간을 얻어 이듬해 편지를 쓰고자 했는데, 그해 12월 삼하에서 주덕홰와 적운덕 두 친구가 엉겹결에 편지를 대신 보냈다는 것이었다.

등사민은 특별한 시집과 글씨를 함께 보냈다. 친구 곽집환郭執桓이 자기 정원 회성원繪聲園을 제재로 지은 〈회성원팔영繪聲園八詠〉 3본本, 하남河南의 장석송張石松이 쓴 〈자백논서子白論書〉 3본, 자신의 친구가 지은 〈인당시법印唐詩法〉, 조맹부가 쓴 두보의 시를 자신의 친구 임밀任蜜이 모사한 것 3장이었다. 또 곽집환이 아버지 곽태봉의 정원인 담원澹園의 여덟 가지 경치를 제재로 하여 읊은 〈담원팔영澹園八詠〉을 같이 보내며 화운시를 지어 달라고 부탁했다. 등사민은 자신의 작품은 내년에 골라서 보내고자 한다며, 담헌의 최근 저술도 보여 주기를 희망하였다. 곽집환의 등장은 약간 의미가 있다. 실제 등사민의 이 편지가 계기가 되어 회성원과 담원에 관한 이런저런 시문들이 담헌은 물론 연암 그룹들 사이에 지어지기 때문이다. 이 이야기는 뒤에 다시 하기로 하자.

손유의는 편지[44]에서 의례적인 인사를 한 뒤 담헌이 곧 벼슬을 한다고 하니 기쁘기 짝이 없다면서 원래의 학문을 펼치되 신중할 것을 당부했다.[45] 담헌이 곧 벼슬을 한다는 말은 앞서 말한 바와 같이 담헌이 1770년 10월에 보낸 편지의 "내년 황력재자관 편에 덧붙여 납부하겠다[明年曆官便, 當以附納]"는 말 중 '역관曆官'이란 어휘를 벼슬을 거치는 것으로 오해했기 때문이었다. 물론 이 말은 전후 맥락으로 보면, 역관曆官은 역관曆官 곧 황력재자관으로서, 벼슬을 한다는 말로 오해될 가능성이 거의 없으니, 손유의의 오해는 납득이 되지 않는다. 손유의는 이어 담헌이 부탁했던 여성 관복의 견본 제작에 드는 비용 문제에 대해 다음 편지에서 답을 하겠노라고 하였다. 아울러 반정균에 대해서도 언급했다. 담헌의 부탁으로 애쓴 끝에 지난겨울(1769) 반정균의 거처를 알아 찾아갔으나, 이미 항주로 돌아간 뒤였다고 했다. 손유의는 북경에서 회시가 있으면 반드시 반정균을 만나 볼 것이라고 했다.

조욱종의 편지[46]는 담헌이 지난해 10월에 보낸 편지를 받고 쓴 것이었다. 담헌이 편지에서 젊다는 것을 너무 믿지 말고, 벼슬을 최후의 목적으로 삼지 말라고 충고했는데, 조욱종은 늙은 부모를 봉양하기 위해 말단 관직일망정 얻기를 바랄 수밖에 없다고 하였다. 조욱종으로서는 자신의 처지를 에둘러 변명할 수밖에 없었을 것이다. 물론 담헌이 자신을 이끌어 줄 것을 바라는 말을 잊지 않았다.

• 1770년 10월 동지사 출발 편에 보낸 편지

담헌이 금강산에 갔다가 돌아온 것은 1770년 10월 전이었다. 그는 10월 서울 집에서 머무를 때 동지사 편에 반정균·육비·엄과와 등사민·손유의·조욱종에게 편지를 보냈다. 반정균과 육비로부터는 1769년 5월에 편지를 받고 10월에 편지를 보냈으니, 1770년 4월이나 5월에 다시 편지를 받아야만 했다. 또 1769년 5월 전해 받은 반정균의 편지는 반정균이 1769년 2월 1일에 쓴 것이었으니, 거의 2년 동안 반정균으로부터 소식을 듣지 못하고 있었다. 이런 상황에서 담헌이 다시 편지를 쓴 것이었다.

　반정균에게 보낸 편지[47]에서 담헌은 1769년 초봄의 편지를 받았음을 말하는 한편, 가을에 문천文泉 조군趙君(조명회일 것이다)이 동지사를 따라 편지를 가지고 갔으나 이미 항주로 돌아갔다는 말을 들었고, 정아鄭爺(미상) 또한 종적을 찾을 수 없어 편지를 맡겨 보낼 곳이 없었으므로 반정균의 과거 합격 여부도 모른다고 말하고, 내년(1771) 봄 과거를 치기 위해 북경에 오는지 물었다. 이어 손유의가 반정균의 북경 거처를 직접 찾아갔지만 역시 항주로 돌아간 뒤였다고 하였다. 담헌은 "만 리 너머 편지를 보내는 것이 이처럼 어렵지만, 이렇지 않다면 어찌 천고의 기이한 일이 되겠는가?"라고 말했다. 조선의 서울과 중국의 북경·항주 사이에서 편지를 주고받는다는 것 자체가 전례가 없는 어마어마한 사건이었고, 담헌은 자신이 그 사건의 주체라는 사실에 감동하고 있었다. 편지 내용 자체는 별게 없었다. 그동안 어떤 책을 읽었는지, 어떤 좋은 산수를 보았는지, 육비와 엄과는 모두 무탈한지 등의 안부였다. 이어 자신은 탈상 이후 서울 집에 머무르고 있으며, 학문에 진보가 없으니 한마디 하여 진작시켜 주었으면 좋겠다고 하였고, 이백석(이언용)이 내년 가을 황력재자관으로 북경에 가지만 그때는 이미 항주로 돌아갔을 것이니 연락이 되지 않을 것이다, 혹 손유의를 만나게 되면 편지를 써서 그에게 맡기면 좋겠다, 대개 이런 내용이었다. 끝으로 담헌은 반정균에게 글씨를 보내 달라고 요청하였다. 이건 좀 읽어 볼 만하다.

추루(반정균)의 서화書畵는 우리들이 보물처럼 애지중지하는데, 어찌하여 보내 주지 않습니까? 자질구레한 그림이라 할지라도 모두 지극한 보배가 되니, 꼭 좋은 비단에 세필細筆로 그릴 필요도 없습니다. 전에 보내 온 서화는 모두 장황하여 한 점도 버리지 않았습니다. 마음이 맞는 사람을 만날 때마다 반드시 향을 피우고 펼쳐 보이면 차마 손에서 떼놓지를 못합니다. 형이 이런 정경을 상상하신다면, 응당 제弟가 눈먼 소경 같다는 이유로 끝내 소원을 안 들어 주시지는 않겠지요.[48]

담헌은 반정균에게 글이나 그림은 무엇이든 보내 달라고 간청한다. 약간 비굴한 느낌이 있을 정도로 요청한 것은, 아마 당시 조선 사족들 사이에 직접 친분이 있는 중국 지식인의 글씨와 그림을 받는 경우가 거의 없어 반정균 등의 서화가 크게 화제가 되었기 때문일 터이다.

육비에게 보낸 편지[49]의 내용 역시 범상한 것이었다. 1768년 편지는 반정균을 통해서 받았을 것이다. 1767년 12월에 보낸 편지를 받고 근황을 알게 되었다, 편지에 덧붙인 〈농수각기〉를 받아 보니 혼천의가 물로 작동한다고 고친 문장이 사실과 부합하며, 문장이 뛰어나고 굳세어 자신이 만든 혼천의가 이 문장에 의지해 영원히 전해질 것이니 감사하다, 반정균의 편지에서 북경으로 갈 것이라는 말을 보고는 과거 북경에서의 모임이 떠올라 서글픈 마음이 들었다, 과거에 합격했는지 여부를 몰라 답답하다, 이어 생각해 보니 지금 쉰이 되었을 것인데 과거 공부에 바쁠 것이니 안타깝다, 대개 이런 내용이었다.

약간 의미가 있는 건 엄성에 대한 언급이었다. 엄성의 아들은 엄성의 뜻과 사업을 이을 만한지, 엄성의 시문을 간행할 계획은 있는지를 묻고, 다른 나라에 있어 그런 일을 도울 수가 없어 애달프다고 하였다. 반정균에게 보낸 내용과 같은 자신의 근황도 넣었다. 편지 끝에는 같이 보내는 우황청심환의 효능을 말한 뒤 자신의 거처 담헌의 팔경에 대해 엄성이 시를 쓴 바 있는데, 그 시를 행서 8폭으로 나누어 써 주고, 소동파의 〈표충관비表忠觀碑〉 인본印本도 쉽게 구할 수 있다면 보내 달라고 부탁하였다. 담헌이 육비에게 보낸 편지는 이것이 마지막이었다. 육비로부터도 다시는 편지가 오지 않았다.

엄과에게 보내는 편지에서 담헌은 1768년 10월 동지사 편에 엄성의 죽음을 애도하는 편지를 보냈음을 상기시키고, 반정균으로부터 소식이 없어 근황을 알지 못한다고 하였다. 나머지 내용은 엄성이 세상을 뜬 이후 자신의 삶이 즐겁지 않다는 것과 탈상 이후 자신의 평범한 근황, 엄성이 자신을 알아 준 걸 저버릴까 늘 두려워하고 있다는 것이었다. 엄성에 대한 말은 과장이 아니었을 것이다. 죽은 엄성은 이미 담헌의 삶에 깊이 들어와 있었다. 그는 엄성을 벗어날 수 없었다. 엄과에게 보낸 이 편지에 대해 담헌은 답을 받지 못했다. 담헌은 3년 뒤인 1773년(영조 49) 7월 엄과에게 다시 편지를 보냈지만, 역시 답을 받지 못했다. 엄과로부터 답이 온 것은 1777년(정조 1) 3월이었다. 그 이야기는 그쪽에 가서 하기로 하자.

등사민에게는 1769년 5월 동지사 회환 편에 받은 삼하염점의 주덕홰와 적윤덕 두 사람의 편지를 보고 고향으로 돌아갔다는 것을 알게 되었는데, 지난 4월 2년 만에 다시 편지를 받아 무척 반가웠다고 한 뒤 등사민이 아들 둘을 잃은 것에 대해 위로하고 안부를 거듭 물었다. 탈상한 뒤 집안이 조금 안정되었다는 자신의 소식도 전했다.[50] 이어 자신의 시에 대한 등사민의 높은 평가는 지나친 것이라고 겸손한 말을 한 뒤 등사민이 보낸 곽집환의 〈담원팔영〉은 '후세의 자운子雲'[51]을 기다리지 않을 것이라며 높이 평가해 마지않았다. 과도한 평가를 하기는 담헌도 마찬가지였다. 이어 그는 등사민이 보낸 〈회성원팔영〉, 〈자백논서〉, 〈인당시법〉은 동료들에게 나누어 주어 진장珍藏하게 했다고 하였고, 임밀이 쓴 두보 시 역시 조맹부체의 골수를 얻은 것이라고 치켜세웠다. 〈담원팔영〉은 정원의 경치와 주인의 이름과 뜻, 행적 등을 몰라 쓰지 못하므로 뒤에 알려 주면 화답시를 써 보내겠다고 약속했다.

손유의에게는 안부를 물은 뒤 탈상 이후 자신의 근황을 전했다.[52] 세상일에 기대하는 바 없이 오직 책만 파고 있는, 하늘과 땅 사이의 좀벌레라는, 약간 부정적인 뉘앙스로 자신의 현재 상황과 심정을 전했다. 물론 겸사일 것이다. 이어 손유의가 '역관歷官' 운운하면서 자신이 벼슬을 하게 된 것처럼 오해하게 만들어 미안하다고 사과하였다. 또 손유의에게 전에 보낸 편지(아마도 1769년 7월에 보낸 편지인 듯하다)가 전달하는 사람이 마땅치 않아 전해지지 않았다면서 원래 편지를 동봉하니, 부탁한 관복에 관한 건은 동봉한 편지를 보고 처리해 달라고 부탁했다. 반정균은 상황에 따라 만나면 될 것이고, 별도로 만나려 애쓸 것은 없다고 말했다. 손유의의 부담을 줄여 주려는 의도였다.

조욱종에게 보낸 편지[53]도 별 내용은 없었다. 보내 준 선물에 대한 감사와 과거 날짜가 다가오니 준비를 잘하고 있는지를 묻고, 탈상 이후 자신의 근황에 대해 말했다. 관직에 대한 욕망을 끊었다는 것, 물려받은 토지가 있어 수양에 매진하는 삶을 살겠다고도 했다. 조욱종이 부모를 봉양하기 위해 벼슬을 하려는 것을 이해하면서도 또 다른 길도 생각해 보라고 당부했다. 그것은 결국 자신과 같은 윤리적 완정성을 실현하는 인간이 되기를 바란 것이다. 이 편지 끝에 상중에 있을 때 자신을 찾아온 이웃 아이들을 가르칠 때 만든 〈독서부결〉을 붙이고, 그 글을 참고하기 바란다고 쓴 것 역시 독서를 통한 윤리적 완정성의 실현을 기대했기 때문일 터이다.

담헌이 반정균과 육비, 엄과에게 편지를 써 보낸 바로 그 10월의 24일, 황윤석은 청주 신원창참新院倉站에서 목천현으로 가다가 홍대용이 근방에 살고 있음을 떠올렸다.[54] 황윤석은 담헌에 대한 여러 정보를 알고 있었다. 담헌이 미상渼上, 곧 김원행 부인의 종질이고, 그의 제자라는 것, 또 문학과 재예, 식견이 속유俗儒의 그것이 아니라는 것, 연경에 자제군관으로 가서 구리 담뱃갑만 한 서양 자명종과 길을 나서면 반드시 가지고 다니는 서양 철금鐵琴을 가지고 왔다는 것, 강남의 문사인 육비와 만나 우정을 쌓아 만 리 먼 길을 넘어 지금도 편지를 주고받는다는 것, 그 편지집의 제목을 '고항서식古杭書式'이라 한다는 것 등이었다. 이어 황윤석은 부친 홍역이 나주목사로 있을 때 담헌이 동복의 나경훈羅景壎(곧 나경적이다)을 찾아가 혼의渾儀·신종辰鐘의 제도를 상세히 묻고는 뒤에 나주 관아로 불러 함께 "혼의에 스스로 소리를 내는 윤종輪鐘의 문신법問辰法을 합친, 스스로 움직이며 시간을 알리는 철혼의鐵渾儀를 만들었다"고 기록하고 있다.

담헌의 가문이 목천과 관련이 있다는 것도 언급했다. 담헌의 선조 홍진도洪振道가 녹훈錄勳되고 군君에 봉해져 이 고을에 장사지낸 뒤 여러 대 왕래했다는 것, 김원행이 임인년(1722) 화변禍變, 곧 신임옥사 이후 이 마을에서 처가살이를 했다는 것 등이었다. 황윤석은 담헌을 찾아가고 싶지만, "상후가 미녕하여" 복명하기에 바빠 들르지 못한다고 아쉬워했다. 황윤석은 10월에 어첩御牒을 봉안하기 위해 전라도 무주 적상산성赤裳山城으로 간 것인데, 이 시기 영조의 건강이 나빠져서 급히 복명해야 한다고 한 것이 아닌가 한다. 어쨌든 황윤석의 말은 대체로 알려진 것이다. 하지만 담헌이 '강희제의《수리정온》' 한 질을 구입해 왔다는 것은《이재난고》에 처음 나오는 것이다. 황윤석은 또 안휘석安輝錫이 전한 "담헌이 서실書室 천장에 성도星圖를 붙이고 정밀하게 연구하고 있다"는 말을 옮겨 두고 있다. 담헌은《수리정온》과 같은 수학책을 북경에서 구입하고, 귀국 후 천장에 별자리 그림을 붙여 두고 천문학 연구에 몰두하고 있었던 것이다.

• 1771년 4월 동지사 회환 편에 받은 편지

손유의는 담헌이 보낸, 지난겨울의 편지(1770년 동지사 편으로 보낸 편지)와 전에 받지 못했던 편지를 모두 받고, 1771년(영조 47) 2월 28일에 답장을 써서 보낸다.[55] 담헌은 1771년 4월 동지사 회환 편에 이 편지를 전해 받는다. 손유의는 동지사가 워낙 촉박하게 돌아간다고 하므로 자세한 사정은 쓰지 못한다면서, 담헌이 부탁한 문제에 대해 답한다. 첫째, 담헌이 부탁했던 여성 관복에 관해서는 올해(1771) 겨울 참작해서 마련할 것이니 기다려 달라고 했다. 이보다 중요한 반정균과 서광정을 만나는 문제는, 3월 초에 북경에 가서 소식을 알아보겠다고 약속했다. 담헌은 염점 안여지安汝止의 편지도 받았는데,[56] 지난번에 편지 전달을 맡았던 주덕홰와 적윤덕 두 사람이 마침 없고, 등사민도 다른 지방에 있어 보내 온 편지를 즉시 수신자들에게 전달했다는 내용이었다.

• 1771년 7월 황력재자관 출발 편에 보낸 편지

같은 해(1771) 7월 담헌은 황력재자관 편으로 손유의에게 편지를 보냈다.[57] 중요한 소식은 자신이 6월부터 학질에 걸려 누워 있다는 것, 여성 복식을 구입하는 비용은 이번에 파견되는 이유명李惟命에게 맡겨 보내겠다는 것이었다. 가장 중요한 내용은 반정균과 항주에 관한 것이었다. 요약하면, 반정균은 지난 2년 동안 편지를 보냈지만 전혀 반응이 없을 뿐만 아니라 종적을 찾을 수가 없다는 것, 서광정을 통하면 항주와 연결될 수 있겠지만 그는 의심과 두려움이 너무 심하여, 외국인인 나의 편지를 받으려 하지 않는다고 했다. 담헌은 반정균과 접촉할 방법을 고안해 손유의에게 말했다. 자신의 편지를 중국인들이 사용하는 편지봉투에 넣어 단단히 봉한 뒤 겉면에 손유의를 발신인, 반정균을 수신인으로 표기해 서광정에게 맡기면, 서광정이 반드시 반정균에게 전달할 것이라 했다. 염점의 안여지에게도 짧은 편지를 보냈다.[58] 등사민의 편지를 받았지만 자신이 학질을 앓고 있어 답을 쓸 수 없고, 또 등사민의 편지가 와 있다면 황력재자관 편에 전해 주었으면 좋겠다는 내용이었다.

• 1771년 10월 동지사 출발 편에 보낸 편지

석 달이 지나 담헌은 10월 동지사 편에 반정균·손유의·조욱종·등사민과 염점으로 편지를 보냈다. 반정균에게 편지[59]를 보낸 것은, 어떤 사정으로 인해 전에 보낸 편지가 전달되지 못했으리라 생각했기 때문이었을 것이다. 편지에서 담헌은 3년 동안 소식을 듣지 못했다고 하고 작년(1770)에 편지를 부쳤으나 전해지지 않았고,[60] 올해(1771) 가을(7월에 보낸 편지를 말한다) 이백석이 북경에 가서 재차 편지를 전했다고 말했다. 담헌은 손유의에게 부탁해 반정균의 소식을 알아 보게 했음을 알리며 아직 편지를 보지는 못했을 것이라고 말했다. 이어 육비와 엄과, 엄성의 아들 엄앙의 안부를 묻고, 자신은 가을에 학질로 몇 달을 고생했고 점차 노쇠해지고 있다는 등 근황을 전했다. 끝으로 가장 중요한 부탁이 있었다. 엄성의 초상과 유고, 해서로 쓴 〈담헌기湛軒記〉(반정균이 지은 것)와 육비와 엄과의 〈애오려팔영〉 화운시和韻詩, 반정균의 근작시도 보내 달라고 부탁했다.

손유의에게 보낸 편지[61]에서는 7월 황력재자관 편으로 보낸 편지를 받았는지 묻고 자신의 무탈한 소식을 전한 뒤 손유의의 숙사塾舍 학생 중 영재가 있어 과거 공부 외에 몸과 마음으로 실학實學을 하여 서로 이끄는 즐거움이 있는지 물었다. 물론 중요한 것은 반정균의 소식이었다. 곧 반정균을 만나 자신이 전에 보낸 편지를 전했는지 물었다. 또 하나 관심 사항은 여성 복식이었다. 여성 복색 문제를 이백석(이언용)에게 부탁했는데, 만나 상의한 적이 있는지도 물었다. 〈애오려팔영〉에 대한 부탁도 잊지 않았다. 곧 조욱종에게 보내는 편지를 전해 주되, 그 편지에서 조욱종에게 부탁한 〈애오려팔영〉 화운시를 손유의도 지어 보내 달라는 것이었다.

조욱종에게는 초가을 회환하는 동지사가 전해 준 손유의에게 보낸 편지를 통해 근황을 알게 되었다고 말한 뒤, 가을 동지사 편에 손유의에게 편지를 보내 전해 달라고 했는데 받았는지 궁금하다고 했다.[62] 이어 학질을 앓았다는 자신의 근황과 나이가 마흔이 되었다는 한탄 등을 늘어놓았다. 또 전에 보내 준 칠언절구 6수와 전후의 편지는 모두 장황하여 소중히 간직하고 있다고 말한 뒤, 손유의와 함께 〈애오려팔영〉의 화운시를 지어 해서로 써서 보내 주면 판에 새겨 걸겠다고 하였다. 편지 끝에는 조욱종이 보낸 칠언절구 6수에 대한 화답시를 붙였다. 등사민에게 보낸 편지[63]도 기본적으로 동일한 내용이다. 작년(1770)에 삼하에 보낸 편지를 안여지를 통해 받았는지 물은 뒤 등사민의 안부를 묻고, 학질을 앓은 자신의 소식 등을 전했다. 〈애오려팔영〉의 화답도 청했다. 해서로 써 주면 판에 새겨 걸겠다는 것, 주위의 사람들도 써 주었으면 한다는 요청이었다. 이 편지에서 각별히 눈여겨보아야 할 것은 담헌이 등사민의 생업 곧 소금판매업의 흥왕興旺 여부에 대해 묻는 장면이다.

요즘도 계속 융평점隆平店에 계시며 영업은 흥왕하고 있는지요? 농업과 상업과 같은 생재生財의 방법은 실로 가난한 집안에서 위로 부모를 모시고 아래로 처자식을 키우는 밑천이 됩니다.
예전부터 때를 만나지 못한 사람들에게 어찌 일찍이 일 없이 밥만 먹는 것에 대한 경계가 없었겠습니까! 하지만 나의 쇠로衰老함을 돌아보건대, 아마 족하의 머리털 역시 하얗게 세었을 것인데, 여전히 타향에서 장사를 하고 털끝만 한 작은 이문에 마음을 쓰고 있을 것입니다. 늘 이것을 생각할 때면 마음이 아파 탄식을 하게 됩니다.
족하의 집이 아랫사람을 결혼시키는 일에서 벗어났다면, 여덟 식구의 생계는 돈을 모으지 않고도 먹을 수 있고 입을 수 있을 것입니다. 그 외에 재물은 대개 몸 밖에 생긴 혹 같은 것일 뿐입니다.
만약 대충 갖추어진 집에서 그럭저럭 먹을 만한 것을 불안하게 여겨 재물이 많고 적은 것에 대해 애달캐달 마음을 쓰는 건, 천명을 아는 달인達人이라면 반드시 하지 않을 것입니다. 알지 못하겠습니다만, 족하는 과연 어떻게 생각하시는지요?
우리는 이제 나이 마흔이 넘었습니다. 인생의 반이 지나간 것이지요. 지금부터는 수십 년 세월이 전광석화보다 빨리 지나가 하루아침에 졸지에 관 속에 들어가고 말 것입니다. 평생 영화와 이익을 얻으려 애쓰는 것은 아무리 생각해 보아도 어찌 부처가 말하는 이른바 허망한 것이 아니겠습니까? 오직 살아서도 알려진 바 없고, 죽어서도 일컬어진 것이 없어, 하루살이가 났다가 죽는 것을 면하지 못하니, 이 것이 가장 애달플 뿐입니다.[64]

에둘러 말했지만 담헌은 등사민이 소금판매업에 종사하는 것 자체를 이해하지 못한다. 등사민이 "여전히 타향에서 장사를 하고 털끝만한 작은 이문에 마음을 쓰고 있을 것"이라고 단정한다. 담헌에게는 부모와 처자식 곧 가족의 물질적 차원에서의 생존과 관혼상제 같은 기본적 의식을 치르는 데 필요한 최소한의 재화만 필요하였다. 그 외에는 다 몸 밖의 혹 같은 것일 뿐이었다. 인생의 시간은 짧으므로 혹과 같은 불필요한 재화에 집착하는 것은 어리석은 일이다. 담헌은 은근히 등사민에게 소금판매업을 그만두고 보다 더 가치 있는 일에 몰두하기를 권유하고 있는 것이다.

담헌의 말은 일견 타당해 보인다. 그의 가치 있는 일이란 앞서 말한 바 있는 윤리적 완정성의 실현일 것이다. 하지만 담헌은 동시에 "살아서 알려지고 죽어서 일컬어지는 것"을 말하고 있다. 윤리적 완정성의 실현은 타자의 인정이란 현세적 가치를 목적으로 내장하고 있는 것이다. 엄밀하게 비판하자면 그것은 현학衒學으로 명예를 얻으려는, 담헌이 비판했던 행위와 크게 다르지 않다. 물론 여기서 담헌의 모순을 지적하려는 것은 아니다. 중요한 것은 담헌의 경제관이다. 최소한의 경제적 활동을 요구하는 담헌의 경제관은, 생계를 유지하기 위한 토지와 노비를 갖추고 있는 지주이자 노비주奴婢主로서의 경제관이다. 그는 사실상 타인의 삶의 양태와 속성을 이해할 수 없었다.

농민과 상인의 노동과 경제적 상황에 대해 아는 바가 전혀 없는, 안정된 지주로서의 삶을 기반으로 하여, 최소한의 경제 활동을 말할 수 있었던 것이다. 이것은 뒷날 〈임하경륜〉과 같은 저작에서도 그대로 반복된다.

• 1772년 4월 동지사 회환 편에 받은 편지

해를 넘겨 담헌은 1772년 4월 동지사 회환 편에 손유의의 편지[65]를 받았다. 1771년 10월에 동지사 편으로 부친 편지에 대한 답신으로 1772년 2월 26일에 쓴 것이었다. 손유의는 담헌의 학질에 대해 조섭을 잘 할 것을 당부하고, 홍억이 승지가 된 것을 축하했다. 여성 복색에 대해서는 아주 소상히 답했다. 요약하면 대개 이런 내용이다.

   부인의 관복 중 봉관鳳冠은 은, 금, 은 바탕에 도금한 것, 주보珠寶로 장식한 것 등 종류가 많아 단일하지 않지만, 그 값은 최소한 은 20~30냥이 될 것이다. 또 북경에서 파는 것은 옛날 방식인지 현재 방식인지 알 수 없다. 원령圓領은 재료의 종류 곧 비단의 종류에 따라 값이 다른데, 만드는 공임까지 합친다면 은 11~12냥이 들 것이다. 또 사용한 것과 새것의 가격 차이도 있다. 만약 옷의 양식만을 보려고 한다면, 기성품을 구입하는 것이 합리적이다. 손유의는 이어 여러 사정을 말하고 내년 봄 아니면 겨울에 부쳐 줄 수 있을 것이라 하였다. 담헌은 뒤에도 상당 기간 여성의 복색에 집착했다.

   손유의의 편지에는 담헌이 그토록 기다리던 반정균에 관한 소식이 있었다. 손유의가 1771년 모춘暮春 곧 3월에 반정균을 만났다는 것이다. 손유의의 전언에 의하면 반정균은 회시에는 합격하지 못했지만, 중서성中書省에 관직을 얻어 재직 중이었다.

추루 반공은 회시 뒤에 만났습니다. 조용히 그의 인품을 보니, 정말 족하께서 말씀하신 바와 같았습니다. 비록 춘위春闈(봄의 과거)에는 누차 불합격했지만, 이미 중서성에 벼슬을 얻었습니다. 앉아 이야기하던 중 존형의 빼어난 재덕才德에 말이 미쳐 서로 감탄해 마지않았고, 다시 만나지 못하는 것을 한스럽게 여겼습니다.

그가 제弟를 대우하는 태도는 아주 은근하였고, 결코 제를 거절하는 사람이 아니었습니다. 그러나 헤어진 뒤 보낸 편지와 시에 대해 모두 답을 하지 않을 줄 어찌 생각이나 했겠습니까? 또 중추에 두 차례 그를 찾아갔지만, 문지기가 모두 외출했다고 핑계를 댔고, 그는 한번도 다시 나를 생각해 주지 않아, 사람을 아주 어리둥절하게 만들었습니다. 이에 존형이 보내신 편지는, 제가 10월 초순에 편지를 써서 이공李公이 찾아가 회신하는 날짜를 고하고, 같이 봉하여 부쳐 보냈고, 겸하여 제의 친구에게 찾아가 회신을 받아 올 것을 간청했습니다. 그런데 지금 친구의 말에 의하면, 두 차례 그를 찾아갔으나 문지기는 다시 또 내정內廷에 입직했다고 하거나 아직 베끼지 않았다는 등의 말로 답하여, 지금까지 한 달 남짓 되도록 소식이 묘연합니다. 끝내 있는지 없는지 알 수 없고, 역시 내년에 문안할 때를 기다릴 뿐입니다.[66]

반정균은 1771년 회시에 장원으로 합격했지만, 같은 번호를 쓴 다른 거자擧子가 그의 답안을 베껴 쓴 탓에 억울하게 합격이 취소되었다.[67] 반정균이 정식으로 과거에 합격한 것은 1778년이었다.[68] 1773년 4월 동지사 회환 편에 받은 손유의의 편지에는 반정균에게 보낸 〈기추루칠십사운寄秋庫七十四韻〉이 실려 있는데, 이 시에 의하면, 반정균은 과거에 불합격했지만, 황제가 그를 좋아하여 미성薇省 곧 중서성의 벼슬을 할 수 있었다고 한다.[69] 뒷날 반정균은 《한객건연집》 발문에서 자신을 '문연각검열 충방략관총교관 사고전서분교관 내각중서사인文淵閣檢閱 充方畧館摠校官 四庫全書分校官 內閣中書舍人'으로 소개하고 있는데, 건륭제가 반정균의 글씨를 좋아하여 《사고전서》 편찬 임무를 맡긴 것이라고 한다.

문제는 이후 반정균의 행동이었다. 손유의는 반정균이 자신을 대하는 태도가 아주 은근했고 결코 거절하려는 태도가 아니었음에도 불구하고, 만남 이후 편지를 보내도 답을 전혀 하지 않는다고 했다. 손유의는 반정균이 자신을 의도적으로 피하려 했다고 말한다. 곧 8월에 두 차례를 더 찾아갔지만 문지기가 모두 외출했다고 하였고, 뒤에 따로 연락이 오지도 않았다. 담헌이 맡긴 편지를 자신의 편지와 함께 봉해 10월 초순에 친구에게 주어 답신을 받아 오게 했는데, 친구의 말에 의하면 두 차례 방문했지만, 문지기는 모두 "내정에 입직하여 답신을 쓰지 못했다"고 답했다고 전했다. '내정'은 곧 궁금宮禁으로 황제가 거주하며 정무를 보는 공간을 말한다. 반정균은 자신이 통제된, 삼엄한 공간에 있음을 접촉을 거절하는 핑계로 삼았던 것이다. 손유의는 반정균의 회답은 내년까지 기다려야 할 것 같다고 답했다.

흥미로운 것은 편지 본문 뒤에 손유의가 덧붙인 말이다. 곧 담헌에게 편지를 쓴 '오늘 새벽' 반정균의 편지를 받았는데, 담헌과 관계된 부분이 있어 따로 적어 보낸다는 것이다. 반정균의 말을 그대로 옮겨 보자.

담헌 형의 편지는 감사한 마음으로 받아 보았습니다만, 아직 답장을 할 수 없으니, 다시 받들어 보내기를 기다려야 할 것입니다. 여기에 따로 곡절이 있는데, 글로 다 쓸 수가 없습니다. 요컨대 제 자신이 근밀近密한 곳에 있다 보니, 보통의 다화茶話도 실수가 있을까 염려합니다. 앞서 견책을 받은 사람도 한 사람만이 아닙니다. 뜻밖의 일에 다시 알 수 없는 것이 있으니, 선생께서는 어떤 가르침을 주시렵니까? 만 리의 소심素心은 편지를 쓰기가 아주 어려우니, 생각하자니 서글 픕니다. 이렇게 쓰노라니 마음이 기쁘지 않습니다.[70]

반정균은 밝힐 수 없는 곤란한 이유로 인해 손유의와 접촉할 수 없었다고 해명한다. 그가 말하는 '근밀한 곳'은 아마도 황제와 지근거리에 있는 어떤 관직인 것 같으나, 구체적으로 확인할 수는 없다. 뒷날 담헌에게 보내는 편지에서 반정균은 '온실수溫室樹의 혐의'를 이유로 들었다. 온실수란 한나라 성제成帝 때 박사博士였던 공광孔光이 온실전溫室殿과 궁중에 심은 나무가 어떤 나무냐고 묻는 사람에게 대답하지 않았다는 고사에서 나온 말이다. 즉 궁중의 일은 사소한 것까지 누설되지 않아야 한다는 의미다. 반정균은 원래 겁이 많은 사람이라 궁중의 일을 누설하여 처벌을 받은 어떤 사건을 보고 지레 겁을 먹고 지나치게 조심스럽게 행동하여 외부인, 특히 조선인과 연결되는 손유의와 의도적으로 만나지 않으려 했다고 보인다. 하지만 이것이 반정균이 손유의를 만나려 하지 않거나, 담헌과의 연결을 꺼린 결정적인 이유는 아니었을 터이다. 자유롭고 감정적이고 약간은 경박한 반정균으로서는 끊임없이 도덕적 설교를 늘어놓고 또 실천 여부를 확인하는 정주학자 담헌을 피하고 싶었던 게 아닐까. 그런 심리가 분명히 있었을 것이다.

손유의의 편지에는 조욱종에 관한 소식도 있었다. 봄에 조욱종에게 보낸 편지는 즉시 부쳤지만 조욱종이 지난여름 부친상을 당해 상복을 입고 있어 과거에 응시할 수 없다는 것, 이 때문에 3월에 광평廣平 지방관의 보좌관으로 나가 연말에야 삼하로 돌아온다는 것, 내년 봄이면 반드시 스스로 답장을 써 보낼 것 등의 소식이었다. 담헌의 부탁에 대한 답도 있었다. 담헌이 1772년에 애오려의 팔경에 대한 글을 보내고 손유의에게 시를 지어 줄 것과 당액堂額을 써 달라고 부탁했던 바, 손유의가 〈애오려팔영〉의 화운시와 당액을 써서 보내 준 것이다.

- **1772년 10월 동지사 편에 보낸 편지**

답장은 역시 같은 해(1772) 10월 동지사 편으로 발송했다. 손유의와 조욱종, 엄점 세 곳이었다. 반정균은 편지 받기를 거부했기에 보내지 않았다. 손유의에게 보낸 편지[71]는 같은 해 2월 26일 손유의가 쓴 편지에 대한 답신이었다. 담헌은 먼저 안부를 묻고 여성 복색에 대한 것은 비용에 관계되는 일이니, 그만두는 것이 좋겠다고 하였다. 이것으로 여성 복색을 구입하려던 일은 없던 것이 되었다. 담헌은 이어 조욱종의 편지를 2년 동안 받지 못했고, 부친상을 듣고 매우 놀랐다며 대신 향촉을 전해 달라고 부탁했다. 중요한 것은 역시 반정균에 관한 말이었다. 담헌의 속내가 드러나는 부분이니 인용해 보자.

> 반공潘公은 근밀한 곳에 있으니 그가 이렇게 염려하는 것도 당연하겠지요. 오직 한 토막 짧은 편지로 그 뜻을 말하고 관계를 끊어 주니, 아마도 피차간에 유감이 없을 것입니다. 지금 이렇게 하지 않고 끝내 아득히 서로 소식도 듣지 못한 채 나를 유주遺珠처럼 버린다면 그것은 한이 되겠지요.

제가 반공을 만났을 때 소음篠飮 육비陸飛와 철교鐵橋 엄성嚴誠 두 사람은 모두 항주의 거인擧人으로서 함께 나와 벗이 되었습니다. 귀국한 뒤 들으니 엄군嚴君이 저세상 사람이 되었다더군요. 만 리 너머 서로 그리워하고 있었는데, 갑자기 사별하게 되어 제는 실로 동포를 여읜 것처럼 마음이 너무나도 아팠습니다.

일찍이 편지 한 통을 써서 그의 형 구봉九峯 엄과를 위로하고 철교의 영상影像과 유집遺集을 얻기를 바라고 아울러 반공에게도 편지를 보냈는데 이제 4년이 되도록 아득히 회신이 없습니다. 반공이 편지를 주고받지 않으려는 것은 형편이 또 그래서이겠지요. 다만 구봉에게서 편지를 받아 용주蓉洲에게 전해 보내는 이 일 한 가지만 수고해 주기를 바랄 뿐인데, 만약 이 또한 하려고 하지 않는다면, 몹시 무정한 일일 것입니다.

용주께 바라노니, 만약 이 반공을 만나게 된다면, 번거롭지만 나의 이 뜻을 전해 주시어 멀리 있는 이 사람이 종신토록 유감을 품지 않게 해 주시기 바랍니다. 이 일은 반공에게도 어찌 큰 덕을 쌓는 일이 아니겠습니까?[72]

담헌은 지기知己 엄성의 죽음에 망연자실했고, 그의 초상과 유고를 보기를 간절히 원했다. 항주의 엄과만이 담헌의 요청을 들어 줄 수 있었고, 반정균만이 엄과와 연결될 수 있었다. 항주와 연결된 유일한 루트라는 차원에서도 반정균은 더없이 중요한 사람이었다. 하지만 반정균은 손유의에게 보내는 편지에서 완곡하게 편지를 주고받는 것을 거절했다. 하나의 희미한 길만 남았다. 손유의가 반정균을 만나 엄성의 초상과 유고를 볼 수 있도록 엄과에게 소식을 전해 달라고 부탁하는 것이 그것이었다. 끝으로 다시 〈애오려팔영〉을 정사精寫해 보내 줄 것과 '건곤일초정乾坤一草亭' 5자도 써 주면 당액堂額으로 새겨 걸겠다고 하였다.

조욱종에게 보낸 편지[73]에서 담헌은 부친상을 당한 것을 위로하고, 광평에서 돌아왔는지를 물었다. 이어 자신의 소식과 지난 2년 동안 보낸 편지를 받았는지 묻고 회신을 보내 달라고 하였다. 엄점에 보내는 편지[74]에서 담헌은 주로 등사민의 소식을 묻고 등사민의 편지가 있다면 동지사 편에 보내 줄 것을 부탁했다.

- **1773년 4월 다시 동지사 회환 편에 받은 편지**

이후 편지는 오로지 삼하의 친구와 주고받았다. 1772년 10월 편지를 보내고 담헌은 6개월 뒤인 1773년 4월 다시 동지사 회환 편에 답신을 받았다. 손유의와, 오랫동안 소식이 끊겼던 등사민, 조욱종의 편지였다. 손유의의 편지[75] 속에는 담헌이 궁금해하던 조욱종의 소식과 부탁했던 〈애오려팔영〉 화운시, '건곤일초정' 글씨가 있었다. 조욱종이 과거 때문에 북경에 돌아와 있어서 그곳에서 쓴 편지를 보낸다고 했다. 〈애오려팔영〉과 '건곤일초정' 글씨는 수준이 낮아 마음에 들지 않을 것이라는 의례적인 겸사도 붙어 있었다.

이어 반정균에 대한 언급이 있었다. 손유의는 1771년 3월 한 번 만나고 뒤에 짧은 편지가 온 뒤로 지금까지 만난 적도, 편지를 주고받은 적도 없다고 말했다. 자신은 북경에 1년에 한두 차례 가는데 담헌에게 전달할 글이 없었기 때문에 꼭 찾아가 만나고자 했지만, 문지기가 입직했다고 한 것이 3차례나 되었고, 1772년 가을에 다시 찾아갔으나 항주로 돌아갔다고 말했다는 것이다. 손유의는 문지기가 말한 것이 사실인지 아닌지 자신은 알 수 없지만, 만약 앞으로 반정균을 대면하게 되면 담헌의 뜻을 반드시 전하겠고, 혹 엄과를 만나도 담헌에게 반드시 사정을 물어 보겠노라고 하였다. 손유의의 말로 유추하건대, 반정균은 의도적으로 손유의를 피한 것이다. 그것은 담헌을 외면한다는 의미이기도 했다.

편지 끝에는 앞서 간단히 인용한 바 있는, 반정균에게 보냈던 〈기추루칠십사운寄秋庚七十四韻〉과 담헌에게 보내는 〈애오려팔영〉 화운시가 붙어 있었다. 〈기추루칠십사운〉에는 반정균에 관해 참고할 만한 내용이 있다. 곧 손유의가 기축년(1769)에 북경에 가서 반정균을 찾다가 우연히 반정균을 아는 사람을 만나, 그에 대해 언급했더니, 그 사람이 "반정균은 과거에 불합격했지만, 황제가 좋아하여 미성微省 곧 중서성 벼슬을 할 수 있었고, 지금은 향리로 돌아갔다"고 말했다고 밝히고 있다. 손유의는 자신이 만난 반정균을 아는 사람에 대해 간주間註로 "곧 정륭호鼎隆號이고 김성金姓이다"라고 밝히고 있다.[76] 정륭호는 뒤에 담헌이 중국으로 보낸 편지를 맡기는 곳이 되는데, 아마도 항주 출신인 김씨 성의 인사가 경영하는 점포인 것으로 보인다.

이 편지에서 약간 흥미로운 것은 손유의가 1772년에 동지사 조교재趙喬梓를 만난 사실이다. 조교재는 1771년 11월 동지사 부사로 파견되었던 조영순趙榮順(1725~1775)일 것이다. 신임사화 때 죽은 노론 사대신의 한 사람인 조태채趙泰采의 손자였으니, 담헌 집안과도 그리 멀지 않은 사이였다. 손유의는 조영순이 담헌을 높이 평가하는 것을 듣고 두 차례 만나 대화를 나누었고, 앞으로 연락을 주고받자고 약속했지만 세모에 이르도록 연락이 묘연하다면서, 보내는 편지를 전달해 달라고 부탁했다. 담헌이 맺었던 중국 지식인과의 사귐이 점차 넓어지는 조짐을 보이고 있었다.

등사민의 편지[77]는 1770년 4월 이후 3년 만에 받는 것이었다. 등사민은 1771년 3월에 삼하를 통해 편지를 받았다고 하고, 담헌이 장년인데도 머리가 백발이 되고 이가 빠져 노인의 모습이 되었다는 소식을 듣고 안타까워하고 위로하는 말을 건넸다. 이어 자신의 소식을 전했다. 자신은 아들을 잃고 1770년에 딸 하나를 낳았다는 것, 첩을 얻어 아들을 낳아 후사를 잇고자 한다는 것 등이었다. 자신의 건강에 대해서도 말했다. 10년 전 변에 피가 섞여 나오는 병을 얻어 지금까지 백약이 무효이고, 360일 중 거의 반을 병마에 시달린다고 하였다. 공명에 대한 생각도 이미 재처럼 싸늘하게 식었고, 오직 약간의 이문을 얻어 잔명을 보존하려고 할 뿐이며, 때때로 시를 쓰기도 하지만 근심을 털어 내고자 하는 것일 뿐 잘 쓰려고 하는 것도 아니라고 했다. 이어 담헌이 고위직에 올라 북경에 오면 다시 만날 수 있을지, 또 담헌의 아들이 몇인지, 나이가 얼마인지, 이름과 자를 물었다. 재밌는 것은 이처럼 등사민과 담헌은 서로를 잘 모르는 상태에서 편지를 주고받고 하는 친구가 되었다는 것이다.

등사민의 편지는 나름 의미가 있었다. 이 편지로 인해 연암 그룹과 청 문인들 사이에 문학과 서화의 교환이 본격적으로 시작되었기 때문이다. 등사민은 〈애오려팔영〉은 시를 써서 보내 준 종이를 분실했으니, 다시 보내면 지어 보내겠다고 한 뒤 임공任公이 적금赤金으로 글씨를 쓴 부채 열 자루와《회성원시繪聲園詩》3부를 보낸다고 했다. 후자에 대해서는 앞에서 자세히 언급했다. 〈담원팔경시澹園八景詩〉의 '담원'은《회성원시집》저자의 별장이고, 그의 성씨와 자, 집안에 대해서는《회성원시집》의 서문, 발문에 나와 있으니, 비평하는 긴 서문을 써 달라는 부탁이었다. 아울러 홍억의 서문도 받아 달라고 했다.《회성원시집》에 해외 명류들의 이름을 열거하여 하나의 아름다운 이야기를 만들고 싶다는 것이었다.

《회성원시》의 작자는 앞서 언급한 바 있는 곽집환이다. 회성원은 곽집환의 호다. 담헌을 통해 곽집환은 연암과 이덕무, 박제가 등에게 알려진다. 담헌과 박지원은 《회성원시》에 발문과 서문을 쓰고, 박제가 등은 곽집환과 편지를 주고받는다. 등사민은 끝으로 자신은 현재 직예성 기주冀州에 속하는 신하현新河縣에 거주하고 있으니 편지를 삼하 염점으로 보내면 그곳 친구들이 모두 친절하게 처리해 줄 것이라고 했다. 그리고 조선의 시전지詩箋紙와 청심환, 중국에 없는 희귀한 책이 있으면 보내 달라고 부탁했다. 등사민은 편지 끝에다 자신이 지은 시를 여럿 써서 보냈다.

조욱종은 편지[78]에서 1770년에 부친상을 당했고 이제 3년상이 끝났다고 한 뒤, 그동안 광평의 막료가 되어 생계를 해결하고 있다가 1772년 가을 집으로 돌아와 손유의를 만나 담헌이 두 차례 보낸 편지를 건네받아 읽었다고 하였다. 칠언절구 6수(1771년 10월 조욱종이 보낸 시에 대한 화답시 칠언절구 6수)의 시를 잘 받았고, '독서에 대한 잠언[讀書箴言]'을 보고 정신이 버쩍 들었고 학생들도 감발感發하는 바가 있었다고 말했다. '독서에 대한 잠언'은 담헌이 1768~1769년 여묘살이하던 중 인근의 학생들을 가르칠 때 만든 〈독서부결〉을 말한다. 〈애오려팔영〉과 여성 복색에 대한 언급도 있었다. 〈애오려팔영〉은 화운시를 지어 보내지만 수준이 낮을 것이니 양해를 바란다고 겸사를 늘어놓았고, 여성 복색은 손유의와 약속한 게 있지만, 빈한한 선비인 탓에 마음먹은 대로 할 수 없다는 사정을 손유의가 이미 전달했다고 하니, 양해를 바란다는 내용이었다.

담헌은 7월의 황력재자관 편과 10월의 동지사 편에 편지를 보냈다. 이 두 차례의 편지는 여러모로 담헌을 이해하는 데 중요하다. 먼저 엄과·손유의·조욱종·등사민·염점에 보낸 7월의 편지를 보자.

● 1773년 7월 황력재자관 출발 편에 보낸 편지
엄과에게 쓴 편지[79]에서 담헌은 엄성을 향한 절절한 그리움과 소식의 단절로 인한 답답함을 토로했다. 먼저 1769~1770년에 반정균을 통해 짧은 편지를 보냈는데 받아 보았을 것이라 전제하고, 현재 반정균이 근밀한 곳에 있음을 구실로 통신을 거절하기 때문에 만 리 먼 곳의 엄과에게 편지를 보낼 수 없는 것이 "종신終身의 유감"이라고 말했다. 이어 엄성에 대한 그리움을 절절히 쏟아 내었다.

나는 철교가 죽었다는 것을 들은 뒤 고통이 심장을 꿰뚫었습니다. 아주 넋이 나가 도무지 사람 세상에 사는 즐거움이 없습니다. 원컨대 철교의 영상과 유집遺集을 얻어 아침저녁으로 보며 거기에 그리워하는 마음을 붙이고 남은 인생을 보내고자 합니다. 나의 이 간절한 마음을 족하께서는 마땅히 불쌍히 여기실 것입니다. 족하께서는 모쪼록 들어 주소서.[80]

엄성의 부재로 삶의 의미가 없어졌다, 엄성의 초상과 유집을 보면서 그리운 마음을 달래고 남은 생을 보내련다. 이것이 담헌의 심정이었다. 담헌은 이어 육비가 근래 어디에 있는지, 집안이 무사한지를 묻고, 편지를 전달할 방법에 대해 언급했다. 반정균의 거절 이후 편지를 전할 방법이 없지만, 대신 직예성 삼하의 한두 벗—손유의와 등사민

―을 통해 편지를 보내니, 답신은 이 루트를 통해 보내 달라는 것이었다. 담헌은 손유의에게 보내는 편지에서 엄과에게 보내는 편지의 전달 방법을 따로 말한다. 손유의에게 보내는 편지[81]는 담헌 자신과 중국인 친구들에 대한 비평을 담고 있다는 점에서 매우 중요하다. 담헌은 자신을 이렇게 말한다.

> 용주 족하! 나는 나이가 이미 마흔셋입니다. 비록 작은 나라에서 나고 자랐으나, 어려서부터 경사經史를 배우고 익히는 것과 인륜을 좋아하는 것은 천성에서 나왔습니다.
> 나라 안에서 사귀고 어울린 벗이 많지 않은 것은 아니지만, 학문하는 사람들은 높은 체하면서 뻣뻣하고, 묵객墨客들은 화려하지만 알맹이가 작고, 귀한 집안의 자제들은 교만하고 방탕한 데 빠져 있고, 한미한 집안 사람들은 자신을 낮추고 겸손하게 구는 것이 버릇이 되어 있습니다. 마음을 순수하게 갖는 자는 식견이 없고, 그 재주가 풍부한 사람은 행실이 보잘것없습니다. 이 때문에 반생을 사귀고 어울렸지만 지성으로 대하며 시종일관 변하지 않는 그런 사람은 또한 없었습니다.[82]

담헌은 여러 형태의 인격을 부정하는 방식으로 자신이 원하는 친구의 성격을 드러낸다. 그것은 학문과 예술, 가문의 배경과 상관없이 윤리적 완정성을 현실에서 실현하려는 인격을 갖춘 사람일 터이다. 또 담헌은 스스로 명언하지 않았지만, 그가 한 말의 근저에는 자신이 이미 그런 인격의 소유자라는 사실을 전제하고 있다. 사실 이것은 오만함이었다. 자신이 윤리적 완정성을 실현하는 사람이라는 이 판단은 동일하게 흠결 없는 인간을 찾으려 했으니, 친구를 쉽게 찾을 수가 없었을 것이다. 윤리적 사고와 도덕적 행동이란 준거로 타인을 평가하고, 대개의 경우 고오高傲한 태도를 취하는 것이 담헌의 성격이었을 것이다. 친구를 쉽게 찾을 수 없었다고 했지만, 실제로는 그가 감추고 있는 교만함이 친구 찾기를 불가능하게 만들었을 것이다.

담헌은 이어 자신이 북경을 여행한 목적은 사실 천하의 기사奇士를 만나려고 했던 것인데, 다행히도 항주의 세 친구를 만날 수 있었고, 그들은 재능과 진정이 있는 사람이었다고 했다.[83] 그는 이어 손유의 등에 대한 평가를 늘어놓았다. "또 족하와 매헌梅軒을 만났는데, 문장을 짓는 화려한 솜씨는 비록 조금 손색이 있지만, 덕성은 온화하고 장중하여, 더욱 '달가운 마음'으로 사모하고 있다"[84]고 했다. 앞에서 누차 말했듯 1766년 초 북경과 귀국길에서 만난 중국인과의 교유는 이후 담헌의 삶에서 거의 유일한 가치였다. 그런데 엄성의 죽음과 반정균의 통신 거절은 담헌을 좌절하게 하였다. 남은 사람은 손유의 등 삼하의 벗이었다.

편지의 이어지는 부분에서 담헌이 손유의에게 매달리는 절박한 심정이 묻어난다. "그런데 몇 년 사이에 세 사람 중 어떤 사람은 죽고 어떤 사람은 소식이 끊어져 이미 쓸쓸히 자취조차 찾을 길이 없게 될 줄은 생각지도 못했지요. 오직 귀하와 매헌은 처음 사귈 적에는 자못 심상한 것 같았으나, 연래로 갈수록 더욱 깊은 사귐이 되었으니, 그 충순한 덕과 따뜻하고 두터운 말씀에 내가 족하에게 받은 도움이 이미 적지 않습니다. 죽기 전 영원히 좋은 벗이 되는 것이 나의 소원입니다."[85] 담헌은 손유의와의 관계가 심상하게 시작되었지만, 점차 깊이 신뢰하는 관계가 되었다는 것, 자신이 손유의에게 도움이 받은 것이

적지 않다는 것을 말하고, 앞으로 길이 좋은 벗이 되자고 간곡히 부탁했다.

담헌은 손유의가 조만간 벼슬을 시작하여 지방관 곧 현령으로 발령을 받을 경우 어느 지방으로 갈지 모르니, 1년에 한 차례 편지를 주고받는 것도 불가능한 게 아닌가 하고 염려했고, 충후한 성격의 손유의는 세속의 사람들처럼 쓸쓸히 관계를 끊지 않을 줄로 믿는다고 자신의 속마음을 털어놓았다. 손유의가 이제 담헌에게 남은 유일한 희망이었던 셈이다. 이어서 보내 준 〈애오려팔영〉 화운시와 당액으로 새길 '건곤일초정' 글씨에 대한 칭송과 감사의 말을 잊지 않았다.

손유의가 연락이 없다고 했던 조영순에 대해서도 그 부자는 예전부터 자신과 혼인으로 서로 관계가 있고, 재주와 식견이 높고 오묘한 사람이라고 한 뒤 지금 변방 고을에서 일을 하고 있어 해를 넘기도록 돌아오지 않고 있으므로, 보낸 편지는 이미 부쳤고 돌아오는 인편에 답장이 오면 보내겠다고 했다.

편지 본문은 이것으로 끝난다. 《담헌서》의 〈항전척독〉도 여기까지만 싣고 있다. 《간정부편》 쪽은 본문 위에도 상당한 양의 글이 덧붙어 있다. 이 중 가장 중요한 것은 엄과에게 편지를 보내는 방법이다. 담헌은 자신이 엄과에게 보내는 편지를 중국 종이로 단단히 봉하고 따로 손유의가 엄과에게 쓰는 편지를 써서 북경에 갈 때 정릉점을 찾아가 맡기고 회신을 부탁하기를 청했다. 손유의가 엄과에게 보내는 편지로 하고 그 안에 담헌이 엄과에게 보내는 편지를 넣는다는 것이었다. 이 방법으로도 항주에 편지가 전달되지 못할 것을 걱정해 담헌은 따로 꼭 같은 형태의 부본을 만들어 항주 사람을 만날 경우 부쳐 달라고 거듭 부탁했다. 끝에는 엄과의 집이 항주부杭州府 대평문大平門 안의 내시교萊市橋 옆이라고 친절하게 주소까지 밝혀 놓았다. 손유의는 뒷날 담헌이 일러 준 이 방법대로 엄과에게 편지를 보낸다.

이어 담헌은 자신이 작년(1772)에 죽동竹衕이란 마을로 이사를 한 뒤 조촐한 초옥을 한 칸 지어 '건곤일초정'이란 이름을 붙이고 소인小引과 10운시를 지었는데, 한두 벗들이 화답시를 지어 주었다고 하면서 손유의에게도 화답시를 지어 줄 것을 부탁하고, 이어 소인과 자신이 쓴 원운시原韻詩를 붙였다. 이 긴 편지의 끝에는 손유의가 반정균에게 지어 준 장편 시의 운을 따라 지은 〈차용주기추루시운次蓉洲寄秋庢詩韻〉을 실었다. 죽동은 아마도 담헌이 1766년 겨울 이사한 서울의 이동履洞(신전골)일 것이다.[86] 건곤일초정에 붙인 소인과 시는 《담헌서》 부록에 실려 있다. 화답시를 쓴 사람은 이덕무, 박제가, 유득공 등 연암 그룹과 담헌과 같이 북경에 갔던 김재행, 1770년 탈상 이후 금강산 유람을 같이했던 이송이다.[87] 중국인은 손유의가 유일하다.

약간 덧붙여 언급해야 할 것은, 건곤일초정에 붙인 담헌의 소인 곧 짧은 서문이다. 건곤일초정은 풀로 지붕을 이은 작은 정자 이름인데, 두보의 시 〈모춘제양서신임초옥暮春題瀼西新賃草屋〉[88]에서 따온 것이다. 곧 "신세는 헝클어진 양쪽 귀밑머리요, 천지는 한 칸 초정草亭일 뿐이로다[身世雙蓬鬢 乾坤一草亭]"라는 구절의 한 부분이다. 작은 초가 정자를 천지로 여기는 것은 과장이다. 이 과장이 어딘가 꺼림칙했던지 담헌은 짧은 서문의 전반부에서 이렇게 말한다. "'추호秋毫가 크고 태산이 작다'는 것은 장주莊周의 과격한 말인데, 지금 내가 천지를 한 채 초가집으로 여기니, 내 장차 장주의 학문을 하려는 것일까?"[89] 추호를 큰 것으로, 태산을 작은 것으로 본다는 말은 《장자莊子》에 나오는 말이다. 장자는 이렇게 말한다. "천하에 추호(가을 짐승의 털)보다 큰 것이 없을 수도 있고, 태산은 아주 작은 것이 될 수도 있다."[90] 장자의 진의는 크고 작은 건 상대적일 뿐이라는 것, 다시 말해 모든 존재는 상대적이라는 것이다. 그런데 정주학자 담헌의 《장자》 인용은 문제가 된다. 그래서 다시 변명한다. "30년 동안 성인의 글을 읽었는데 내가 어찌 유학에서 달아나 묵자로 들어갈 것인가? 쇠락한 속세에 살며 상위喪威를 겪었으니, 눈을 찌푸리며 더할 수 없이 마음 아파하기 때문이지!"[91] 상위는 곧 상사喪事. 아마도 아버지 홍역과 스승 김원행, 그리고 엄성의 죽음을 차례차례 겪은 것을 두고 말한 것일 터이다. "유학에서 달아나 묵자로 들어간다"는 표현은 앞서 언급했듯, 육비가 담헌에게 보낸 편지에서 쓴 말이다. 담헌은 이 말을 진작 알았겠지만 육비가 쓴 것을 보고 일부러 쓴 것이 아닌가 한다. 어쨌든 담헌은 자신이 유학을 버리고 묵자로 들어가는 게 아니라고 말한다. 묵자 운운하는 말을 근거로 담헌의 사상이 묵자를 추종했다고 해석할 수는 없을 것이다.

조욱종에게 보내는 편지[92]에서 담헌은 소식이 끊긴 3년 동안 조욱종이 아버지와 아들을 여읜 것을 알았다면서 위로하고, 조욱종이 보내 준 〈애오려팔영〉의 화운시가 높은 수준의 오묘한 작품이라고 감사 겸 찬사를 늘어놓았다. 조욱종이 광평에서 막료가 된 소식에도 도덕적 설교를 잊지 않았다. 집안이 가난하고 연로한 어버이가 있는데도 농사도 짓지 못하고 장사도 하지 못할 경우엔 어쩔 수 없이 벼슬을 해야 하겠지만, 권세가에 빌붙어 필요 이상의 부를 누리려는 것은 자신이 조욱종에게 바라는 바가 아니라는 말이었다.[93] 담헌 자신의 현재 상황도 간단히 전했다. 이런 것은 다른 데서 찾아볼 수 없는 내용이다.

제弟는 탈상을 하고 나서 머리는 세고, 눈은 어두워져 급속도로 노쇠하고 있습니다. 이번 생에는 다시는 사방을 돌아다닐 뜻도 없습니다. 다행인 것은 '가인家人의 산업家産'으로 손님 접대와, 위로는 어버이를 섬기고 아래로 처자식을 먹여 살릴 수 있다는 것입니다. 그리고 건곤일초정과 애오려에서 편안히 누워 쉬며 내 분수를 지켜 노래하고 읊조리고, 때때로 한두 운치 있는 선비를 따라 향을 사르고 차를 마시며 천고의 일을 토론하니, 이것은 하늘이 내게 후하게 허락해 준 것으로 이것이면 충분하지요.[94]

담헌은 자신이 급속하게 노쇠하고 있지만, 한편으로는 '가인家人의 산업産業'으로 안정된 생활을 할 수 있다고 말한다. '가인의 산업'이란 구체적으로 알 수는 없으나 토지와 노비의 노동 등으로 이루어지는 가정 내부의 경제적 활동을 의미할 터이다.

등사민에게 보낸 편지[95]는 대단히 길고 복잡한 내용으로 채워져 있다. 담헌은 4월 동지사 회환 편에 1771년 12월에 쓴 편지와 시, 선물을 잘 받았고, 3년 동안 끊겼던 소식을 편지를 통해 알게 되었다고 말했다. 이어 등사민이 혈증血症을 앓고 있는 것과 자식을 잃은 것을 위로해 마지않았다. 첩을 구하는 것도 늦출 수 없는 일이기는 하지만, 늙어서 젊은 여성을 품는 건 건강을 해칠 수 있는 일이므로 조심할 것을 당부했다. 이어 자신의 상황에 대해 언급했다. 친상을 당한 뒤 인생의 허무함을 더욱 깊이 깨닫게 되어 영달의 길에 대한 욕망이 완전히 식어 버렸다고 하였다. 다만 물려받은 경제적 기반을 바탕으로 자식들의 혼인만 끝나면 도연명처럼 은자의 삶을 살 계획이라고 밝혔다. 고위직에 올라 중국에 가서 벗들을 다시 만날 가능성도 전혀 없다고 잘라 말했다. 또 과거 북한산에 마련했던 복호동 별서 역시 자신이 부친상으로 청주 향리에 내려가 있는 동안 초옥은 허물어지고 나무와 풀로 뒤덮여 있는데, 다시 수리하고 꾸밀 형편도 되지 않는다고 하였다. 복호동 별서는 1767년 10월 엄성에게 보낸 편지에서 말한 복호동에 마련했던 몇 칸의 초가를 말한다.

이어 담헌은 1771년 가을(10월)에 보낸 편지를 보았는지 물었다. 담헌은 등사민에게 〈애오려팔영〉의 화운시를 부탁했는데, 이번에는 담원澹園 곧 《회성원시》의 저자였던 곽집환 주변 문인들의 작품도 받고 싶다고 하였다. 또한 임공이 준 글씨를 쓴 부채 10자루에 대해서도 명필이라며 찬상을 늘어놓고, '선인先人의 묘지墓誌' 곧 홍역의 묘지를 임공이 써 줄 것을 부탁했다. 만약 임공이 어렵다면 등사민이나 혹 주변 사람들이 대신 써 주기를 바랐다.

담헌은 등사민에게 보낸 《회성원시》 3부 중 1부에 서발序跋을 써서 보냈다. 등사민이 서발의 형식으로 비평을 써 달라고 했는데, 그에 응한 것이다. 《담헌서》에 실려 있는 〈회성원시발繪聲園詩跋〉[96]이 그것인데 사실 비평이라고 할 만한 내용을 갖추지 못한 글이다. 담헌은 시를 제대로 배운 적이 없어 함부로 비평하지 못하고, 이덕무가 비평하고 그 아래에 쓴 것을 옮긴다고 하였다. 이덕무가 담헌의 부탁으로 《회성원시》에 대한 비평을 쓴 것은 1773년 6월 29일이었다.[97] 담헌은 1773년 4월에 받은 등사민의 편지를 받고 불과 두 달 뒤에 이덕무에게 시고의 비평을 청했던 것이다. 그런데 정작 담헌은 〈회성원시발〉에서 이덕무의 비평을 거론하지 않았다. 이덕무의 글이라고 한 부분은 다음과 같다. "담원은 선대부先大夫의 부유한 가업을 이어받아 연못과 누대, 물과 대나무 사이에서 시를 읊조리고 마음대로 노닐었다."[98] 정작 비평은 옮기지 않고 단지 곽집환이 물려받은 가문의 부를 바탕으로 여유 있는 삶을 누렸다는 말만 옮겨 놓은 것이다.

담헌은 그 시를 보고 곽집환은, 아마도 얼음과 달 같은 맑은 자태, 가을 물과 같은 깨끗한 정신의 소유자일 것이라고 말한다. 극도로 부유하고 여유 있는 삶과 그것을 배경으로 쓴 시, 맑은 자태와 깨끗한 정신이 어떻게 연결되는가? 전혀 언급하지 않는다. 이어지는 말도 아주 황당하다. 그런 자태와 정신은 자신이 본디 말하기를 바랐던 것이었으니, 곽집환은 직접 만나 사귀는 기회를 갖기 전에 이미 마음이 통했다는 것이다.[99] 시를 보고 그 사람 됨에 감동했고 그래서 직접 사귄 적은 없으나, 마음이 통한 친구처럼 여기게 되었다는 간단한 말을 참 복잡하게 엮어 놓았다. 시를 비평할 능력이 없는 상황에서, 곽집환을 만나 본 적도 없고, 그에 대한 정보도 부재한 상황에서 등사민의 부탁을 들어 주기 위해 담헌은 억지로 말을 얽고 있는 게 분명하다.

시 자체에 대해 비평할 말이 딱히 없었기 때문에 담헌은 말을 이상한 방향으로 옮긴다. "마음이 통했다면 친구로 삼아야 할 것이고, 친구로 삼는다면 사랑하고 존중해야 할 것이다. 사랑하고 존중한다면 그가 도에 나아가는 것을 더욱더 원하지 않겠는가?"[100] 담헌은 자신 있게 말할 수 있는 곳으로 곽집환을 끌고 온다. 친구로 삼았다면 그를 도, 곧 진리로 인도해야 할 것이다. 그에게 도는 당연히 유가의 도다. 담헌은 공자와 주공周公은 더할 수 없이 높은 경지의 사람인 데 반해 포조鮑照와 사조謝眺(육조시대를 대표하는 빼어난 시인들)는 낮은 수준의 사람이다. 또한 인간의 일이란 심신의 수양보다 더 절실한 건 없다. 하지만 시와 글씨는 하등으로 치는 것이다. 담헌이 하고 싶은 말은 명백하다.

담원의 재능으로 일찍부터 사률詞律을 탐닉하여 마음을 쓴 것이 많았
으니, 아름답고 훌륭하지 않은 건 아니다. 하지만 나는 그가 작은 도
에 집착하다가 원대한 경지로 가는 길이 막힐까 걱정이다.
대저 문장으로 말하자면 내가 잘할 수 있는 게 아니다. 또 아첨하는
말은 내가 차마 하지 못하는 것이다. 사랑하면 몸과 마음을 닦는 일
을 권면하고, 존중하면 공자와 주공의 도리로 나아가게 하는 법이다.
그래서 오직 화려함을 거두고 실질로 나아가고, 문장을 버리고 도학
을 밝히라고 말하는 것이다. 내가 담원에게 바라는 바는 아마도 여기
에 있을 것이다.[101]

메시지는 간단하다. 인간에게 가장 중요한 것은 윤리적 완정성의 실현이다. 시와 글씨는 상대적으로 가치가 없다. 시와 글씨에 매몰되지 말고 윤리의 실천에 매진하기 바란다는 것이다. 경직된 사고의 실천적 정주학자 담헌의 본모습이 여지없이 드러나는 장면이다. 이렇게 말하기가 약간은 면구스러웠는지 문장은 자신이 잘하는 바가 아니고, 아첨하는 말은 차마 할 수 없다고 하였다. 곧 《회성원시》에 실린 시에 대한 찬상을 함부로 늘어놓을 수는 없다는 것이었다. 하지만 담헌 역시 중국인 친구들에게 시와 산문을 지어 달라고 부탁했고, 그들의 시와 글씨에 대해 거의 반사적으로 찬상의 말을 늘어놓지 않았던가?

다른 곳에서 언급하기 어렵기 때문에 여기서 박지원과 이덕무의 《회성원시》 비평도 약간 언급해 둔다. 《연암집》에 실려 있는 〈회성원집발繪聲園集跋〉[102]에서 연암 역시 곽집환의 시에 대해서는 비평하지 않았다. 담헌과 마찬가지로 생존한 인물이기는 하지만 만난 적 없는, 따라서 별다른 정보도 없는 사람의 시집에 대해 평가하기 어려웠기

때문일 것이다. 또한 박지원 역시 시 비평에 조예가 깊은 사람이 아니었다. 그런 만큼 〈회성원집발〉에서 뜬금없이 우정에 대해 장광설을 늘어놓았는데, 그것은 기실 생존해 있지만, 대면해 본 적이 없는 인물에 대한 비평의 어려움을 에둘러 회피한 데 지나지 않았다.[103]

담헌은 이덕무가 《회성원집》의 시를 비평했다고 하였다. 이덕무의 연보는 담헌의 부탁으로 이덕무가 1773년 6월 29일 《회성원시고》를 비평했다고 적고 있다. 연보는 또 담헌이 이덕무에 의탁해 비평한 것이 '160여 단段'이고 따로 서문이 있다고 하고 있지만,[104] '160여 단'의 비평문은 현재 행방이 묘연하다. 물론 이덕무는 자신의 시화집 《청비록淸脾錄》〈곽봉규郭封圭〉에서 곽집환의 가문 내력과 풍부한 경제력, 심덕잠沈德潛·가낙택賈洛澤 등 당대 일류 명사들과의 교유, 창화唱和 등 다양한 정보를 소개한 뒤 시 6수를 예거하고 대체로 청허淸虛 쇄탈灑脫하여 이백李白의 시풍을 배운 것으로 평가했다.[105]

《회성원집》이 담헌을 거쳐 연암 그룹으로 들어온 것은 중국인들과의 교유에 대해 조선 측 문인들의 관심의 폭을 넓히는 계기가 되었다는 점에서 일정한 의의가 있다. 조선 측 문인들은 등사민을 통해 전해진 곽집환의 시에 반응했다. 박지원과 이덕무, 유득공, 이서구는 등사민의 요청에 따라 〈담원팔영〉을 지었다.[106] 박제가는 1773년 8월 2일 곽집환에게 편지[107]를 보냈고, 곽집환은 같은 해 11월 답신[108]을 보내 왔다. 의례적인 인사를 빼면 박제가는 〈담원팔영〉을 지어 보내며 태원太原 지방 명수의 솜씨로 '상우중원 와유고인尚友中原, 卧遊古人' 여덟 자를 새긴 인장을 보내 달라고 부탁했다. 곽집환은 이에 대해 인장을 새길 명수가 없어서 보낼 수 없다면서 대신 자신의 아버지 곽태봉의 유묵遺墨 2책, 지명誌銘 2본本, 도장 2매를 보내 왔다. 아울러 조선

판도朝鮮版圖 도지圖誌 전부, 박제가의 초상 등을 보내 달라고 하였다. 이어지는 짧은 편지에서는 일본지日本紙를 구할 수 있으면 좀 더 보내 달라고 부탁하였다.

다시 담헌의 편지로 돌아가자. 담헌은 등사민이 부탁한 조선의 그림은 거개 중국 그림을 본떠 그린 것으로 수준이 낮고, 조선의 산천이나 인물을 그린 것은 드물다면서 내년에 구하면 보내겠다고 약속했다. 조선의 저작물에 대해서는 책 수가 많은 것은 보낼 수 없고 초본抄本을 보내고 싶지만 일손이 모자라 걱정이라면서 가능한 한 다음에 조금이라도 보내겠다고 말했다.

이상이 편지의 본문이고, 이어서 긴 부록이 붙어 있다. 먼저 등사민이 보낸 시에 차운한 〈차문헌운次汶軒韻〉 2수를 싣고 앞의 손유의에게 요청했던 것처럼 자신이 쓴 '건곤일초정' 시에 차운한 시를 보내 달라고 부탁했다. 엄과에게 편지를 보내는 일도 부탁했다. 손유의는 이미 아는 일이었지만, 등사민은 그동안 연락이 되지 않았기에 말하지 못했던 것이다. 담헌은 자신이 북경에 가서 엄성을 사귀고 기뻐했던 일과 헤어질 때 서로 붙잡고 흐느끼며 형제가 되기로 약속했던 일을 얘기하는 한편 귀국 후 그의 죽음을 듣고 너무나 아파하며 지금도 잊지 못하고 있다고 말했다. 담헌은 엄성의 초상과 유집을 얻고 싶어 엄과에게 편지를 보낸 지 4년이 되었으나 지금까지 회신이 없다고 하였다. 담헌은 등사민에게 이번에 엄과에게 보내는 편지를 받아 만약 항주로 가는 인편이 있다면 전해 주고 답을 받아 줄 수 있는지를 물었다. 엄과의 집이 항주부 대평문 안 내시교 옆에 있다는 것도 잊지 않고 말했다. 다만 외국인이 멀리 편지를 보내는 것은 혹 사람들을 놀라게 할 수도 있기 때문에 중국 편지지에 넣어 겉면에 등사민이 엄과에게 보내는 편지로 꾸미는 것이 좋겠다고 제안했다. 아울러 곽집환 등 동료와 상의해도 무방할 것이고, 편지 한 통이 중간에 전달되지 않을 경우에 대비해 두 통을 보낸다고 하였다. 손유의에게 제안했던 방법과 동일했다.

이어 시 몇 수를 실었다. 첫 번째 시는 〈철교를 아는 벗이 시를 지어 슬퍼했는데, 그 시의 운을 따라 짓는다[友人知鐵橋事者, 有詩以悲之, 仍次其韻]〉는 제목의 오언고시다. 이 시 뒤에 "연경에서 온 반가운 편지[京國傳芳信]"로 시작되는, 엄성이 죽기 전에 쓴 시 2수가 실려 있다. 담헌은 시 끝에 "두 수의 시는 철교가 죽기 한 달 전 복주에서 부친 것입니다. 그 사람을 대략 상상할 수 있기에 덧붙여 아룁니다"라고 썼다.[109] 마지막으로 첩을 얻은 등사민이 화락한 삶을 살기를 기원하는 내용의 시 3수를 붙였다.

담헌은 자신이 포함된 연암 그룹 인사들도 소개하고 아울러 그들의 부탁도 전했다. 연암 그룹에 대한 흥미로운 자료를 포함하고 있어 옮겨 둔다.

① 담원澹園 시집의 서문과 팔영八詠은 여러 벗들에게 부탁하여 같이 짓도록 했습니다. 아울러 여러 벗들의 나이를 덧붙여 보냅니다. 공부에 정밀하고 성근 차이는 있지만, 모두 해외의 기이한 선비들입니다. 이낙서李洛書[이서구]는 나이 21세이고, 이잠부李潛夫는 18세인데, 문장이 아름답고 박식하니, 또한 기재입니다. 다만 여러 사람들이 '팔경'으로 글제를 정한 것이 상세한 내용을 알지 못한다고 하므로 지은 작품이 뜻에 맞지 않는 것이 유감입니다.

② 선귤蟬橘은 이형암李炯菴[이덕무]의 당호입니다. 박연암[박지원]이

지은 기문은 담원의 글씨로 편액을 새겨 걸고 사모하는 마음을 표하고 싶다고 합니다. 이낙서 형제의 여섯 편액, 연암의 연상각烟湘閣 편액은 모두 담원의 글씨를 원합니다. 임공任公이나 다른 명사도 괜찮습니다.

③ 제弟의 팔영시 전자篆字 글씨는 친구가 대신 쓴 것입니다. 담원의 시와 형암의 서문은 박재선朴在先[박제가]이 쓴 것이고, 연암의 글은 이낙서가 쓴 것입니다.

④ 이형암이 부탁한 당액은 원래의 서찰을 덧붙여 보내는데, 한 번 웃을 만합니다.

⑤ 계부季父[홍억]는 관직에 있어 담원 시에 서문을 지어 올릴 수 없고 단지 완상했을 뿐입니다.

⑥ 삼일자三一子는 성품이 깔끔하고 굳으며 범속하지 않은, 제의 외우畏友입니다. 시학詩學이 자못 높은데, 근래에 시고를 깡그리 태워 버리고 시명詩名을 얻는 것을 바라지 않았습니다. 팔영 역시 강요하다시피 한 뒤에야 대충 지은 것이기 때문에 득의작이 아닐 것입니다.

⑦ 연암과 형암은 서로 형제처럼 지내는 사이입니다. 두 사람은 제弟와 좋아하고 숭상하는 것이 비록 같지는 않지만, 맑고 넓고 툭 트인 성품이라 또한 사랑하고 존중하는 바입니다. 이 때문에 우정이 더욱 도탑습니다.[110]

* 편의를 위해 [ ] 속에 본명을 넣었다.

이서구·이잠부·이덕무·박지원·홍억·삼일자에 대한 소개 및 서로 요청했던 글씨와 시에 대한 언급이다. 이 중 이잠부와 삼일자는 누군지 알 수 없다.[111] 이 자료에서 중요한 것은, 연암과 이덕무에 대한 담헌의 발언이다. 두 사람은 마치 형제처럼 지내는 사이이고, 자신은 두 사람과 좋아하고 숭상하는 것이 다르지만, 사랑하고 존중하는 사이라는 것이다. 연암과 이덕무는 공히 산문작가로 이름을 날렸던 문인 기질이 승한 사람이었고, 담헌은 그 반대였다. 약간 더 확대하자면, 경제와 상업에 대한 태도, 중국의 물질문명을 보는 관점도 담헌은 연암과 이덕무, 박제가와 사뭇 달랐음이 분명하다.

담헌은 편지의 마지막에 자작 시문을 잔뜩 싣고 있다. 등사민의 요청에 응한 것인데, 앞서 언급한 바 있는 신광직과 어울려 지은 시를 포함한 시 12수다. 시에 등장하는 인물을 꼽으면 신광직과 박지원, 홍원섭洪元燮, 유중림柳重臨 등이다. 시를 싣고 나서 담헌은 "오른쪽 몇 수는 경인년(1770)·신묘년(1771) 사이에 지은 것이다. 거칠기가 이와 같은데, 여러 차례 말씀하셨기에 감히 추함을 가리지 못하고 올립니다. 모쪼록 형께서 가르쳐 주십시오"[112]라고 하였다. 이 말에 이어 〈회성원시발〉 등이 실려 있다.[113]

7월에 편지를 보내고 석 달 뒤인 1773년 10월 담헌은 다시 손유의, 조욱종, 등사민에게 편지를 보냈다. 메신저인 염점에도 간단하게 썼다. 7월의 편지가 길고 복잡했으므로 10월의 편지는 간단한 편이었다. 먼저 각각에게 말한 바를 간단히 요약하고 이 세 편지에서 담헌이 공통적으로 말하는 바를 언급해 보자.

손유의에게 담헌은 감기를 오랫동안 앓고 있지만 다른 일은 없다고 말한 뒤, 그와 조욱종의 나이와 아들의 수, 선조 중 사서史書에 나오는 인물을 알려 주고, 동향의 사우士友 중 '심신성정心身性情'의 학문을 하는 사람의 저술을 보내 주기를 부탁했다.[114] 조욱종에게는 병을 오래 앓고 있어 편지를 길게 쓰지 못하고 먹과 종이를 보낸다고 하였다.[115] 등사민에게는 7월에 보낸 긴 편지를 받아 보았는지, 앓고 있는 혈증의 차도에 대해 물었다. 이어 곽집환을 근래 만났는지, 그의 부친인 곽태봉의 벼슬과 사책에 이름이 오른 조상을 알려 달라고 요청했다. 또 손유의에게 부탁했던 것처럼 천하에 도학으로 이름이 알려진 종사宗師가 될 만한 인물과 등사민의 사우 중 세속적 출세를 버리고 실학實學에 뜻을 둔 사람의 저술을 알려 줄 것을 청했다.[116]

약간 특이한 것은 손유의에게 보낸 편지에 써 있는 이덕무의 소원이다. 담헌은 이덕무가 당액을 간절히 바라고 있는데, 굳이 멀리서 명수를 찾을 것은 없고, 등사민이 직접 써 주기를 바란다고 하였다. 이덕무의 부탁을 전하면서 담헌은 이덕무는 박학하고 호고好古하는 사람으로서 등사민의 시와 편지를 늘 완상하고 사랑하여 손에서 떼놓지 못하는 터라 등사민 글씨의 한 점, 한 획이라도 옥처럼 받들 것이라고 하였다.[117]

세 사람에게 공히 물었던 건 천문학과 수학, 병학에 관한 것이었다.

악률樂律·산수算數·성상星象·병기兵機와 같은 예술의 학문은 또한 유자儒者가 마땅히 공부해야 할 바입니다. 존형尊兄께서도 일찍이 탐색하시어 얻은 바가 있다면, 모쪼록 외국 사람을 낮게 여기지 마시고 그 대강을 조금이라도 보여 주시기 바랍니다. 제弟는 실로 몇 년 동안 배우기를 원했으나 작은 나라의 고루한 신세라 괴롭게도 계발할 방도가 없습니다. 그래서 대방가에게 질문을 하는 것입니다. 존형께서 만약 겨를이 없다고 사양하신다면, 사우士友 중 이런 책에 대해 공부를 하고 또 남을 가르치는 데 게으르지 않은 사람을 소개시켜 줄 수 있는지요? 짧은 편지로나마 논란하여 멀리서 인증을 받는다면, 스승

에게 직접 가르침을 받는 것보다 못하지 않을 겁니다. 어찌 생각하시는지요?[118] (손유의에게)

제弟는 평소 지나치게 좋아하는 것이 있어 자못 의상儀象·산술算術의 공부에 마음을 쏟고 있습니다. 규비規脾와 비례척比例尺 두 가지 물건은 기계의 정밀성이 가장 중요한 법이라, 여러 차례 공사貢使를 통해 흠천감과 천주당 두 곳에서 구하고자 했지만, 끝내 구하지 못했습니다. 들으니 존형께서 근래 북경 근처에 살고 계시니, 혹 이것들을 구할 수 있는지요?[119] (조욱종에게)

율력·의상儀象·산술·병기兵機 등 예술의 말업末業은 서투르건, 익숙하건, 얕건, 깊건, 만약 능히 마음으로 독실히 좋아하고 실질적으로 공부를 한 사람이라면, 곧 제弟가 듣고 배우기를 원하는 사람일 터입니다. 존형께서 가르쳐 주십시오. 어쭙잖은 생각이지만, 우리 유자의 실학實學은 본디 훈고 한 가지 길에 국한되지 않을 것입니다. 반평생 동안 책을 읽어 자못 섭렵한 것은 있으나, 작은 나라의 어쭙잖은 지식이기에 내게 쌓인 갑갑함을 누군가 풀어 주기를 바라고 있습니다. 만약 높은 식견을 가진 대방가가 있어 나의 어리석은 정성을 불쌍히 여기시어 문자로 이해하기 어려운 문제에 대해 질문하는 것을 허락하시어, 이상理象의 정온精蘊, 학술學術의 편정偏正, 신심身心의 절실함, 예술의 넓고 깊음에 대해 만 리 먼 길로 편지를 주고받으며 멀리서 서로 인증을 한다면, 군자의 인재를 기르는 즐거움을 느낄 수 있을 것입니다. 먼 지방에서 찾아오는 벗을 동포로 여기는 뜻은 화華·이夷가 차이 나지 않을 것입니다. 어떻게 생각하시는지요?[120] (등사민에게)

담헌은 1768~1769년 김종후와의 2차 논쟁에서 처음 율력·산수·전곡·갑병에 대한 관심을 보인 바 있다. 또한 앞서 검토한 박종채(연암의 아들)의 증언에 의하면 연암이 담헌·정철조·이서구·이덕무·박제가·유득공 등과 가장 가까이 어울리던 1772~1773년에 담헌과 제도의 연혁, 농공農工의 이병利病, 화식貨殖·조적糶糴과, 산천·관방關防·역상曆象·악률로부터 초목·조수, 육서六書·산수 등에 이르기까지 깊이 토론했다고 한다. 바로 손유의·조욱종·등사민 세 사람에게 위의 질문을 던질 그 무렵이다. 그러니까 담헌은 이 시기에 천문학과 수학 등의 학문에 집중하고 있었던 것이다. 다만 천문학과 수학의 연구는 어떤 한계에 부닥친 게 아닌가 한다. 곧 실용학을 무시하는 조선 학계의 풍토는 담헌을 좌절하게 만들었다. 편지에서 보듯 담헌은 수학과 천문학 등의 방면에서 중국 학계와 접속하기를 간절히 바랐지만, 정확한 루트를 알지 못하고 있었다. 만약 북경에 머무르고 있을 때 엄성과 육비, 반정균이 고증학자 전대흔의 재전제자再傳弟子라는 말의 의미를 정확하게 알았더라면 그들에게 물어 천문학과 수학을 배울 루트를 찾았을 것이다. 하지만 담헌은 거기까지 생각하지 못했다.

1774년 2월 벼슬을 시작하다

홍역의 상을 치르고 담헌은 과거를 완전히 포기했다. 1767년 엄성에게 보낸 편지에서 담헌은 자신도 과거 때가 되면 혹시나 하는 마음을 버릴 수 없다고 속내를 털어놓은 바 있었다. 과거를 싫어하고 끊임없이 비판하면서도 과거에 대한 미련을 버릴 수 없었다. 과거 응시는 한편 자신의 존재감 확보 혹은 명예를 위한 것이기도 하였고, 한편 아버지와 가문의 바람에 부응하는 길이기도 하였다. 이런 까닭으로 담헌은 과거에 매달려 왔다. 하지만 1767년 11월 홍역의 죽음을 계기로 과거에 대한 생각을 완전히 접게 된다.

과거를 포기했다 하여 관직을 얻을 가능성이 없어진 건 아니었다. 앞서 여러 차례 언급한 바와 같이 유력한 경화세족은 문과에 합격하지 않아도 가문의 힘으로 음직을 얻을 수 있었다. 담헌 가문 역시 문과에 합격하지 않은 인물들은 거의 예외 없이 지방 수령직을 얻었다. 담헌도 예외는 아니어서 1774년 2월 그는 돈녕부 참봉에 제수되어 벼슬길에 들어섰다. 이후 1783년 사망할 때까지 10년 동안 그는 호사스러운 자리는 아니었지만, 관직을 떠난 적은 한순간도 없었다. 중국 벗들과 편지를 주고받은 것 외에 골몰할 일이 생긴 셈이다. 그의 관직에 대한 서술에 앞서 특별하게 1774년 1월에 온 편지부터 언급해 보자.

1774년에도 당연히 편지가 왔다. 1월의 편지는 손유의의 편지뿐이고, 5월의 편지는 손유의·조욱종·등사민·엽점의 편지였다. 담헌이 1월에 편지를 받았다는 것은 좀 의아한데, 《간정부편》에 '갑오(1774) 정월'로 확실히 적혀 있기 때문에 믿을 수밖에 없다. 아마도 별사別使 편에 전해진 것이 아닌가 한다. 이 편지는 담헌이 1773년 7월에 부친 편지의 답이다.

먼저 손유의는 부족한 것이 많은 자신을 지기知己로 인정해 준 것에 대해 감사의 뜻을 표했다. 보낸 편지에서 담헌은 손유의가 지방관이 될 경우 편지를 주고받지 못할 것을 걱정했는데, 손유의는 삼하와 북경에 친지들이 많다면서 그 사람들을 통해 편지를 전하면 된다고 담헌을 안심시켰다. 엄과에게 편지를 보내는 문제에 대해서도 답했다. 담헌이 바라는 대로 두 통의 편지를 만들어 한 통은 정륭선점鼎隆線店에 맡기고, 하나는 즉시 항주로 부치겠다고 했다. 다만 담헌의 간절한 마음은 자신이 대신 쓸 수 없으니, '그 사람' 곧 반정균이 여전히 북경에 있다면 직접 찾아가 두 통을 전하고, 회신 역시 얼굴을 보고 받아 오겠노라고 하였다.

담헌이 보낸 '건곤일초정'에 붙인 〈소인小引〉과 10운시 등에 대해서도 비평하였다. 이 비평은 약간 의미가 있다. "보내 주신 여러 작품을 보니, 풍미가 진인晉人보다 못하지 않습니다. 하지만 그사이에 시대를 아파하는 말이 있으니 피하고 꺼리는 것이 마땅할 것 같습니다. 어쭙잖은 견해는 이와 같은데, 모르겠습니다만 높은 식견으로는 어떻게 생각하시는지요?"[121] 진인 곧 진晉나라 사람은 도연명을 말한다. 손유의는 담헌의 〈건곤일초정〉 시와 〈소인〉에서 그의 피세避世 의식을 읽어 냈던 것이다. 편지의 끝은 〈건곤일초정〉에 차운한 시 〈화건곤일초정시和乾坤一草亭詩〉였다.

담헌은 1774년 봄 이송과 함께 강원도 낙산사를 유람했다. "바다와 하늘이 서로 맞붙고 저녁달의 달빛이 물에 흐를 때" 담헌이 거문고를 탔다. 연주가 한창인데, 누가 절간 문을 두드렸다. 담헌이 선공감 감역監役에 임명되었음을 알리는 사람이었다. 담헌은 그다음 날 서울로 떠났다.[122] 원래 담헌은 1774년 2월 23일 돈녕부 참봉에 임명되었으나,[123] 그는 정장呈狀하여 "돈녕의 자격이 없다"는 이유로 전례를 따라 벼슬을 갈아 줄 것을 요청했고 그 요청은 그대로 수리되었다.[124] 돈녕의 자격이 없다는 말은 일종의 관용어로 보인다. 곧 돈녕부는 왕의 친족과 외척의 친목을 도모하기 위해 설치한 관청이므로 당연히 그 직임 역시 왕의 친족이나 외척이 맡아야 할 것이었다. 따라서 이에 해당하지 않는 사람이 돈녕부로 발령이 나면 으레 "돈녕의 자격이 없다"는 말로 벼슬을 갈아 줄 것을 요청했다. 사실 종9품 말직 돈녕부 참봉은 실제 사무가 있는 것이 아니라 경화세족의 입사로入仕路로 이용되고 있었다. 이송은 이후 담헌이 10년간 내외 관직을 역임하는 동안 전처럼 어울려 놀지 못했다고 아쉬움을 토로했다.

이 지점에서 따져야 할 것은 관직에 대한 담헌의 태도다. 그는 과거에 응시하는 것 자체를 맹렬히 비판했는데, 그 과거는 관직을 얻기 위한 게 아니었던가. 과거 응시를 비판했다면 문음으로 관직을 얻는 것도 비판해야 할 것이었다. 게다가 세상을 피하네, 어쩌네 하던 담헌이 아닌가. 하지만 관직이 주어지자 그는 어떤 변명도 없이 즉시 달려갔다.

선공감은 토목과 영선營繕(건축)을 맡는 관서다. 권력이 쏠린 관서는 당연히 아니다. 선공감의 관직 역시 대개 과거에 합격하지 못한 경화세족의 입사로로 이용되었다. 이렇게 일단 관직으로 들어서면 지방관으로 나갈 수 있었다. 입사入仕도 담헌의 의지와 상관없이 이루어진 것이 아닐 터이다. 담헌은 과거를 포기한 뒤 아마도 음직을 도모했을 것이고 그의 집안 혹은 그의 집안과 연계된 어떤 사람이 관례대로 움직였을 것이다. 담헌 자신도 선공감 감역에 임명될 걸 미리 알고 있었을 것이다. 하지만 감역은 대단히 중요한 업무가 있는 관직은 아니고 또 관례적인 자리였기에 담헌은 감역을 지내면서 아무런 정보도 남기지 않았다.

선공감 감역으로 있던 시기였을 것이다. 1774년 5월 회환하는 동지사 편으로 손유의의 편지[125]가 전해졌다. 1773년 10월에 보낸 편지의 답신이었다. 같은 해 12월 마지막 날 편지를 받았다고 말하고 감기에 걸려 고생한다는 소식에 대해 너무 책을 많이 읽어 그런 게 아니냐며 건강에 유의하라고 당부했다. 담헌이 물었던 자신의 세계世系에 대해서도 언급했다. 원래 동오東吳의 후손, 곧 삼국시대 오나라 손씨孫氏의 후손이라는 것, 사책에 실린 인물은 많지만 그들의 적통은 아니라는 것, 명초부터 분파를 이루고 독서하는 가문이 되었으나 현관顯官은 없다는 것, 자기 부친 대에 삼하에 적을 두게 되었다는 것, 벼슬길에 첩경이 없는 것은 아니지만 재주와 재물이 모두 모자란다는 것 등이었다. 현재 어머니는 81세, 숙부와 백부는 없고, 형제도 없다, 단지 학생들을 가르치며 수업료를 받아 생계를 꾸려 나갈 뿐이다, 올해 나이는 42세, 딸 둘, 아들 하나가 있는데, 아들은 이제 두 살이라는 것 등이었다. 이어 손유의는 담헌의 가족 상황을 물었다.

    손유의의 편지는 천문학과 군사학, 음악학에 대한 장문의 에세이를 포함하고 있는데, 이에 대해서는 뒤에 따로 다루기로 하고 먼저 간단한 것들을 몰아서 언급한다. 흥미로운 사실은 손유의가 지난 편지에서 담헌이 재자賫咨의 직임을 맡았다고 말한 것을 보았다면서 언제 오는지 정확하게 알려 달라고 했던 것이다.[126)] 황력재자관 운운하는 것은, 1769년 담헌이 동지사 편에 보낸 편지에서 부인 관복의 견본을 만드는 데 드는 비용을 알려 주면 "내년 황력재자관 편에 부쳐 보내겠다고 한 것[明年歷官便, 當以附納]"뿐인데, 5년 뒤에야 이 말을 하는 것은 너무나 이상하다. 중간에 어떤 오류가 있었는지 알 수 없다.

    엄과에게 편지를 보내는 문제도 다시 언급했다. 편지 한 통은 담헌이 말해 준 방법대로 봉하여 조욱종에게 부탁해 정륭점에 맡겼고, 또 반정균이 북경에 있는지도 알아 보게 하였으며, 나머지 한 통은 항주로 가는 인편을 찾지 못해 자신이 갖고 있으며 두세 달 안에 꼭 부치겠다고 하였다. 이덕무가 부탁한 당액은 친구가 쓴 것인데, 자신이 쓴 것보다 수준이 훨씬 높다고 하였다. 물론 이덕무가 자신의 글씨를 애호하는 데 대한 감사의 말도 잊지 않았다.

담헌은 지난 편지에서 신심성정身心性情의 학문과 악률·산수·성상·병기와 같은 예술에 대해서 알려 달라고 한 바 있는데, 손유의는 이에 대해서도 답했다. 먼저 심신성정의 학문에 대해서는 자신이 교유하는 사람이 많지 않고, 저작이 있기는 하지만 고인의 말을 주워 모은 것에 지나지 않는다고 사양했다.[127]

예술의 학문으로 말하자면 본디 유자가 마땅히 공부해야 할 바입니다. 다만 제弟는 이것저것 읽어 대책對策을 쓰는 자료로 삼을 뿐이고, 실제로는 마음을 써서 연구한 적은 있지 아니합니다. 연구해서 무언가 깨친 사람도 평소 서로 좋게 지내는 사람들 중에는 또한 드뭅니다. 이제 평소 보는 책문 한두 가지를 써서 올립니다. 기대하는 바에 만에 하나나 맞을지 모르겠습니다.[128]

이 말에 이어 〈칠정취사七政聚舍〉, 〈주한당송명성취부고周漢唐宋明星聚附考〉, 〈훈련訓練〉, 〈역법曆法〉, 〈율력律曆〉, 〈종률鐘律〉[129] 등의 글이 실려 있다. 천문학과 역법, 군사학, 음악학에 관한 대책문이었다(작자는 미상이다). 이것들은 당시 유가 지식인들의 상식에 해당하는 것이고, 당시 담헌이 골몰하던 서양 수학과 천문학에 뿌리를 두고 있는 지식은 아니었다. 뒷날 《의산문답》에도 손유의가 제공한 지식은 원용되지 않았다. 손유의는 뒤에 격언 몇 조목을 붙였는데, 좋은 것을 고르고 마땅한 것을 따르면 또한 도움되는 바가 있을 것이라고 하였다.[130]

이 격언은 이른바 〈주자가훈〉으로 알려진 것인데, 편지에는 실려 있지 않다.

조욱종은 1773년 12월에 삼하로 돌아와 편지 두 통(1777년의 7월과 10월에 보낸 것)을 받았다고 하고, 담헌의 건강을 물으며 자신은 새해 들어 눈병을 앓고 있어 길게 답을 쓸 수가 없다면서 양해해 달라고 하였다.[131] 담헌이 10월에 부탁한 규비規牌와 비례척比例尺은 여러 곳에 알아 보고 구하면 보내겠다고 하였다. 손유의를 통해 담헌이 질문한 자신의 가계에 대해서 언급했다. 원래 송나라 태종의 후예라는 것, 사서史書에 이름을 남긴 사람으로 조충국趙充國, 조맹부 같은 사람이 있지만 직계로 연결되지는 않는다는 것, 청대에 들어서 삼하로 옮겨 대대로 경독耕讀을 하면서 서례書禮를 전해 왔다는 것이다. 요컨대 지식계급의 지위를 잃지 않은 집안이라는 것이다. 가족 상황도 간단히 전했다. 자신의 나이는 32세, 형은 2명, 아들은 둘이다. 조욱종은 어린 아들을 위해 담헌에게 글씨 잘 쓰는 사람의 솜씨로 법첩法帖 하나를 써 달라고 부탁했다. 끝으로 담헌의 평소 시문이 있다면 보여 줄 것도 부탁했다.

조욱종은 가난한 탓에 벼슬을 얻어 생계를 해결하려 했지만 실패했고 현재는 학생을 가르치는 여가에 자신의 공부를 위해 현재 북경에 머무르고 있다고 하였다. 학생을 가르친다는 것은 숙사塾師가 직업이라는 의미일 것이다. 〈건곤일초정〉 시에 대해서도 언급했다. 즉시 화답하는 시를 지으려 했으나 평소 고시古詩 짓는 데 서투르고 눈병이 있어 지을 수가 없다, 뒤에 배율排律로 화답시를 짓겠다고 하면서 담헌의 양해를 구했다.

등사민의 편지[132]는 아주 짧았다. 1773년 12월 4일 같은 해 7월 담헌이 보낸 편지를 받았는데, 같이 보낸 12수의 시, 홍역의 묘지는 대충 읽고 자세히 보지 못했으며, 상세한 답장은 1774년 봄에 보내겠다고 했다. 다만 담헌이 요청했던 문제에 대해서는 언급하였다. 홍역의 묘지를 써 달라고 부탁한 임공任公은 평양平陽에서 가정교사로 있는데, 지금은 집으로 돌아갔고 내년 3월에 돌아오기에, 홍역의 묘지는 다른 사람에게 쓰게 하여 내년 삼하를 통해 보내겠다는 것이었다. 나머지는 소소한 문제였다. 여러 사람이 써 주기를 청한 당액은 글자 크기를 알려 줄 것, 담헌이 지어 보낸 〈담원팔영〉은 전자篆字를 판독하기 어려우니 해서楷書로 써서 보내 줄 것, 〈애오려팔영〉은 여러 친구들이 지었지만 수합하지 못했고 자신도 쓰지 못했기에 내년에 보내 주겠다는 것, 엄과에게 보내는 편지는 담헌이 바라는 대로 봉투에 따로 넣어 보내고 기필코 답서를 받아 내겠다는 것 등이었다.

하나 특별한 것은 시문에 나타나는 담헌의 성격에 대한 평가였다. 그 평가는 이렇다. "그러나 우리가 교분을 맺은 이래로 전후로 하신 말씀을 전체적으로 보건대, 늘 불평한 가운데 불만스런 말씀이 드러났습니다. 성세盛世에는 원망하는 백성이 없는 법이니, 모쪼록 오형吾兄께서는 삼가시기 바랍니다."[133] 이것은 손유의가 담헌의 건곤일초정에 붙인 〈소인小引〉과 10운시 등을 보고 붙인 비평과 다를 바 없었다. 사실 유수한 경화세족 담헌의 세상에 대한 불평은 누가 보아도 이해하기 어려운 것이었다.

5월의 편지를 받고 1774년 10월 담헌은 다시 답신을 보냈다. 상대는 손유의·조욱종·등사민과 염점이었다. 손유의에게 보내는 편지는 상당히 중요한 것이다. 편지는 손유의에게 청의 제도와 중국의 문화, 역사에 관한 22개 문목問目을 싣고 있다.[134] 담헌은 자신의 물음에 대한 손유의의 답을 1775년 4월 회환하는 동지사 편에 받는다. 이 물음과 답은 그 편지를 읽으면서 다루기로 하자. 편지의 서두에서 담헌은 지난해 11월의 편지와 올해 정월의 편지, 먹, 붓, 인석印石 등에 대해 감사를 표하고, 손유의와 자신이 여관에서 잠깐 만났을 뿐인데 편지에 힘입어 해가 갈수록 믿음과 우정이 깊어지고 있으니, 삼생의 기연이요 천고의 이적異蹟이라 했다. 하지만 담헌은 특유의 겸손한 어조로 자신의 문장과 행실이 천박해 이룬 바가 없는 것이 친구에게 누가 될 뿐이라 했다. 1774년 1월에 받은 편지에서 손유의가 "시대를 아파하는 말이 있으니 피하고 꺼리는 것이 마땅할 것 같다"고 말한 데 대해 변명했다.

용容은 본래 시문을 좋아하지 않습니다. 몇 년 전부터 병중에 무료히 있던 중 우연히 《소명선시昭明選詩》를 보고 비로소 흔연히 좋아하게 되었습니다. 비단 재주가 모자랄 뿐만 아니라, 천성이 본디 고집스럽고 꽉 막힌 탓에 성급하고 망령된 말이 많습니다.
게다가 궁하게 지내고 울분도 있어 이따금 분개한 마음을 드러내어 제 분수를 편안히 여기고 정기를 기를 수가 없습니다. 이것이 본디 병의 근원이요, 시학詩學이 허물이 된 것은 아니지요. 이런 가르침을 받들고 감히 조심하며 자신을 되돌아보지 않을 수 있겠습니까? 대개 시는 충원冲遠한 경지를 귀하게 여기는 법이지요. 차라리 졸렬할지언정 교묘함은 없어야 할 것입니다. 또 반드시 온유돈후한 마음을 근본으로 삼아야 할 것이니, 보내 주신 〈건곤일초정제영〉과 〈애오려제영〉과 같은 작품이 바로 그런 것이지요. 거듭 마음으로 감복합니다.[135]

원래 근본적 정주학자였던 담헌은 이미 언급한 바와 같이 시를 짓지 않는 것을 원칙으로 삼고 있었다. 그러기에 귀국길에 등사민과 손유의에게 시를 지어 준 것도 마음이 쓰여 1766년 엄성에게 편지를 보낼 때도 자신이 하는 수 없이 시를 짓게 되었음을 변명했었다.

"궁박하게 지내고 울분도 있어 이따금 분개한 마음을 드러내었다"는 말 중에서 궁박하다는 말은 물론 경제적인 상황을 두고 한 건 아닐 터이다. 지난 몇 해 동안 득의의 시기는 1766년 1, 2월 북경에 있을 때와 돌아와 그 경험을 반추하고 있을 때뿐이었다. 아버지의 죽음, 이어 전해진 지기 엄성의 죽음, 그리고 그 죽음에 대해 아무것도 알지 못하는 답답함, 달려가지 못하는 데서 오는 절망감, 김종후와 두 차례에 걸친 논쟁 등은 모두 담헌을 답답하게 만들었을 것이다. 그는 우연히 《문선文選》의 시를 본 것을 계기로 시를 짓기 시작했고 이로써 울울함을 털어 보려고 했던 것이다.

이어지는 부분에도 흥미로운 것이 적지 않다. 언제 벼슬을 할지, 또 벼슬을 할 경우 외국 사람과 통신하는 데 문제가 있을 수 있다면 미리 알려 주어 방도를 강구할 수 있도록 해야 하고, 반정균처럼 사람을 내버려서는 안 될 것이라고 하였다.[136] 내심 반정균에게 엄청나게 실망했던 것이다. 나머지는 거의 덕담에 가깝다. 손유의의 집안 내력과 현재 숙사로 생을 영위하는 태도를 높이 평가하고, 자신에게 준 격언(곧 〈주자가훈〉)도 일용할 가르침이 될 것이라며 감사의 뜻을 표했다.[137] 보내 준 시와 당액도 모두 친구들에게 전했다면서 대신 감사의 말을 전했다. 이어 손유의의 세계世系를 의식해 자신의 집안과 처지에 대해서도 말했다. 곧 자신 역시 동방東方의 의관세족衣冠世族이지만, 가문의 학문을 이어받지 못해 일생을 헛되이 살았고, 부친상을 당한 이후 벼슬에도 마음이 식어 과거 공부를 그만두고 분수에 따라 한 가롭게 살고 있을 뿐이라고 하였다. 겸사가 섞인 말이지만, 사실과 크게 다르지 않았다.

한편 담헌이 다시 중국에 오면 만날 수 있을 것이라는 손유의의 오해에 대해서도 말했다. 손유의가 말한 '뇌자의 직[賚咨之職]' 곧 황력재자관은 지위가 낮은 역관의 몫으로 사족은 맡지 않는 것이라고 하였다. 사족은 오직 과거에 합격한 고위직만 사신으로 혹은 그 사신의 자식이나 조카만 수행하여 중국에 갈 수 있으니, 자신은 과거를 포기했을 뿐 아니라, 후자의 경우로 이미 갔다 왔으니 다시는 압록강을 건널 수 없을 것이라 했다. 담헌은 불교의 윤회설이 거짓이 아니라면, 죽은 뒤 중국에서 사람으로 태어나 남은 인연을 마칠까 한다고 했다. "쓰다가 이 말을 하게 되니, 마음이 서글퍼 눈물을 쏟지 않을 수 없다"고 하였으니 담헌도 다시 중국 땅을 밟을 수 없는 처지에 절망감을 느꼈던 모양이다.

손유의가 담헌의 요청에 응해 보내 준 천문학과 군사학에 대한 대책문에 대해서도 반응했다. "율력에 관한 여러 대책문들 역시 들어 보지 못했던 것들을 들을 수 있었으니, 박람강기에는 퍽 도움이 됩니다. 다만 고거考據가 비록 넓다고는 하더라도 끝내 절실한 견해가 드무니, 공거公車의 문자가 거개 이와 같은 것이 많은 법이지요. 또한 개탄스런 일입니다."[138] 아무 도움이 되지 못했다는 것을 에둘러 말한 것이었다. 최신 지식의 영역에 몰입해 있는 담헌에게는 과거의 대책문이 쓸모가 없었을 것이다.

조욱종에게 보낸 편지[139]는 범상한 안부 편지였다. 눈병의 차도 여부 등을 묻고 지난여름 주보선周步仙을 통해 북경에 머무르며 학생들을 가르치고 있다는 소식을 들었다 하고, 이어 벼슬을 할 가능성이 있는지를 물었다. 조욱종이 태종의 후손이라는 말을 듣고서 더욱 존경한다고 듣기 좋은 말을 늘어놓는가 하면, 큰아들이 《주역》과 《서경》 같은 어려운 경서를 읽고 있으니 앞으로 큰 진전이 기대된다고 덕담을 건넸다. 이어 자신은 서제庶弟 2명과 3녀 1자가 있으며, 아들은 11세로 이름은 장원長遠이라 한다고 밝혔다. 시문을 보여 달라는 요청에 대해서는 30세 이전 저술이 제법 있었으나 모두 태워 버렸다고 하면서 거절했다. 〈건곤일초정〉 시는 과도한 평가를 받아 부끄럽다고 하면서 화답시를 지어 주기를 부탁했다. 어린 아들을 위해 법첩을 써 달라는 조욱종의 부탁에 대해서는 뒤에 보내 주겠다고 답했다.

등사민에게 보낸 편지[140]는 상당히 의미가 있는 것이었다. 《간정부편》은 등사민의 근황에 대해 이렇게 묻는다. "임분臨汾(지금의 산시성山西省 린펀시)은 생각건대 선향仙鄕일 것이니, 이미 돌아가셔서 소나무와 국화를 찾고 다시는 객지에서 살면서 식화殖貨하는 계책은 세우지 않으시겠지요?"[141] 곧 등사민이 돌아간 임분은 신선이 사는 곳과 같으니, 다시는 객지에서 돈벌이 할 계획을 세우지 않았을 것이라는 말이다. 그런데 여기서 식화殖貨 곧 돈벌이란 말이 마음에 걸렸는지 〈항전척독〉에서는 지워 버렸다.[142] 담헌이 돈을 버는 경제 활동에 대해 극도로 부정적이었음이 여기서도 역력히 드러난다. 그의 경제관은 정말 최소한의 것이었다. 그는 이어 이렇게 말한다.

가난이 비록 선비의 상사라고 하지만 또한 인생의 지극한 불행입니다. 허노재許魯齋는 학생들에게 먼저 생계를 해결하는 데 힘쓰라고 가르쳤으니, 깊은 의의가 있습니다. 비록 직접 농사를 짓고 장사 일을 하는 가운데서도 만약 의리義理를 앞세우고 이익을 뒤로 여긴다면, 무엇을 하든 학문이 아니겠습니까. 늘 가난하고 천하게 살면서 인의仁義를 말하기 좋아하여 자신과 집안을 편안하게 살리지 못하는 경우가 있는데, 군자는 이와 같지 않아야 합니다. 오로지 부자가 되는 데 뜻을 둔다면 옳지 않은 것입니다.[143]

담헌은 윤리적 완정성의 실현이 부의 추구보다 선행해야 한다고 주장한다. 오직 부만을 추구하는 삶은 정당하지 않다. 하지만 "가난하고 천하게 살면서 인의를 말하기 좋아하면서" 자신과 가족의 물질적 생활을 돌아보지 않는 것 역시 정당하지 않다. "가난하고 천하게 살면서 인의를 말하기 좋아하면서"는 사마천이 《사기》〈화식열전貨殖列傳〉에서 한 말을 따 온 것이다.[144] 담헌의 말은 일견 타당하다. 하지만 담헌의 경제관은 곱씹어 볼 만한 여지가 있다. 부만 추구할 때 윤리를 저버리게 된다는 것이 담헌의 주장이지만, 그가 살았던 사회에서 오직 부만 추구하는 사람이 현실적으로 존재할 수 있을 것인가? '부만 추구하는 사람'이란 상상된 존재일 뿐이다. 또한 담헌이 말하는 가족을 위한 최소한의 경제라는 것은 사실상 그가 지주로서, 노비주로서 안정된 생활 기반이 있는 사족이기 때문에 할 수 있는 말이었을 터이다. 그는 인구의 대부분을 차지하는 농민의 부, 공공의 부에 대해서는 전혀 사고하지 않는다. 그가 관심을 두었던 것은, 지주로서, 노비주로서 안정된 경제적 기반 위에서 실현 가능한 윤리적 성취였을 뿐이다.

이어 그는 자신의 삶에 대한 태도를 밝힌다. 자신은 10세부터 고학古學에 뜻을 두었고 장구章句나 따지는 우활한 유자儒者가 되지 않을 것이라고 결심했고, 아울러 동시에 '군국경제軍國經濟'의 사업을 하고 싶어 했다고 한다. 전자는 인격의 윤리적 완성을, 후자는 그럴듯한 말로 포장되어 있지만 세속적 출세를 의미한다. 담헌은 후자에 대해 이렇게 말한다. 과거에 여러 차례 불합격했고, 37세에 부친상을 당한 뒤로는 정신이 시들고 의지가 꺾여 벼슬에 대한 욕망이 끊어졌기에 과거 공부를 포기했으며, 이제 마음을 씻고 고요함을 지키며 다시는 영리榮利와 세속사에 마음을 쓰지 않는다는 것[145]이다. 담헌은 당시 〈애오려〉와 〈건곤일초정〉을 짓고 한가롭게 살던 자신을 변호했다. 하지만 결정적으로 그는 '군국경제의 일'을 하기 위한 전제조건으로 반드시 통과해야 할 과거에서 누차 실패하였다. 그 실패는 현실적으로 그가 고학에 뜻을 두고 과거 공부에 힘을 쏟지 않았기 때문이거나, 과거 합격을 둘러싸고 이루어지는 경화세족 내부의 경쟁이나 거래에 실패했기 때문일 것이다. 세속적 욕망을 끊고 담박하게 생활하는 것처럼 말하고 있지만, 담헌은 자기 내부의 모순을 그대로 드러냈다. 이어지는 문장을 보자. 그는 〈건곤일초정제영〉의 〈소인〉에 "늘 불평한 가운데 불만스런 말씀이 드러났다"는 등사민의 지적에 대해 이렇게 말한다.

> 하지만 반평생 계획했던 바가 끝내 녹아 사라지지는 않았습니다. 비록 문을 닫고서 거문고를 뜯고 책을 읽으며, 시정時政을 입에 올리지 않고 제목除目을 귀에 담지는 않으니, 담박하고 고요하지 않은 것이 아니지만, 그 안을 살펴보면 혹 수심과 분노가 마음을 태웁니다. 이것을 시구詩句에 드러내어 억지로 한가하고 싱거운 상투적인 말을 하지만, 싸우려는 진짜 마음을 덮지 못합니다. 그런데 존형尊兄의 혜안이 한 번 비추어 진정한 나의 속마음을 끄집어 내셨습니다. 가르침이 이에 이르렀으니, 정문일침頂門一針이라 오장五臟에 깊이 새겨 두겠습니다.[146]

담헌이 남긴 글 중에서 과거 실패와 관료로의 출세가 좌절된 심정을 이렇게 솔직히 드러내고 있는 것도 없을 것이다. 시정時政은 당시의 정국政局 혹은 정치 동향, 제목除目은 왕이 임명하는 관리의 명단이다. 담헌은 정치 동향과 어떤 사람이 어떤 관직에 임명되는지에 대해 관심을 보이지 않는다고 말하지만, 이는 도리어 그것에 강렬한 관심을 갖고 있다는 뜻이다. 정치 동향은 무슨 거창한 게 아니라 정치권력의 작동과 향배일 것이며, 제목은 그것에 따른 관직의 분배와 관련될 것이다. 겉으로 그의 생활은 담박하고 고요하게 보이지만, 이런 문제에 대한 불만으로 수심과 분노가 들끓는다는 것이다. 〈건곤일초정제영〉〈소인〉의 세사世事에 분노하고 실망한다는 말은 바로 이런 차원에서 나온 것이 분명하다. 그것은 무슨 거룩한 의미를 갖는 게 아니다. 등사민은 담헌의 불만을 예리하게 지적했고, 담헌은 그 지적을 그대로 수용했을 뿐이다.

편지의 나머지 부분은 소소한 내용이었다. 첩에게서 아들을 얻기를 바라지 말고 차라리 형제의 자식을 양자로 삼아 늙어 봉양을 받는 게 좋을 것이라는 충고, 〈애오려팔영〉을 지어 주어서 감사하고, 주변의 우인들까지 같이 지어 보내 준다고 하는 데 대해서 더 감사한다는 인사, 전에 부탁한 작은 초상화를 꼭 보내 달라는 것, 서화와 글씨를 많이 보내 주면 벗들과 나누어 가지고 보물로 삼겠다는 것 등이었다. 끝으로 항주에서 회신이 있었는지를 물었다. 이어 곽담원郭澹園의 시에 차운한 시와 소소하고 잡다한 질문을 늘어놓았다. 끝으로 챙기지 않을 수 없는 부분은 손유의에게 보낸 22개의 문목을 따로 써서 보냈다고 했다.[147]

세자익위사 시직 담헌

담헌은 1774년 11월 28일 세자익위사 시직에 임명되었다.[148] 이날부터 1776년 3월 10일 정조가 왕위에 오를 때까지 약 1년 3개월 남짓 그는 시직으로 있었다. 세자익위사는 세자가 왕이 되는 그날 폐지되기 때문이다. 시직으로서의 근무 일기가 곧 〈계방일기桂坊日記〉인데, 이것은 검토할 만한 내용을 상당히 포함하고 있다. 한편 담헌이 시직으로 있던 시기에도 청나라와 편지가 오갔다. 이 편지들 역시 담헌의 사상을 이해하는 데 중요하기 때문에 이어서 따로 다루기로 한다.

조선시대 세자를 위한 관청에는 강학을 맡는 세자시강원(종3품 아문)과 시위를 맡는 세자익위사(정5품 아문)가 있다. 시직은 세자익위사의 정8품직이다. 비록 품계는 낮고 무반직이지만, 세자시강원의 벼슬과 함께 문벌이 좋은 집안에서 극선極選하는 청직淸職이다. 이 부분에 대해서는 영조의 말을 참고로 들어보자.

1775년(영조 51) 11월 13일 영조는 세자익위사 관원들의 명단을 보고 홍대용이 누구냐고 물었다. 영의정 한익모韓翼謨가 '재신宰臣 홍재洪梓의 5촌 조카'라고 하고, 홍인한洪麟漢이 '전 승지 홍억의 조카'라고 하자, 영조는 "계방(세자익위사) 벼슬을 따로 고르지 않을 수 없지. 내가 사복嗣服(즉위)하기 전에도 계방은 역시 극선하였지"[149]고 했다. 세자익위사의 관료는 경화세족 중에서 인물을 고르고 골라 임명하는 자리였던 것이다. 물론 이 시기 정조는 영조의 손자 곧 세손이었기 때문에 관청의 이름은 세손시강원과 세손익위사로 바뀌어 있었다. 시직은 엄밀히 말해 세손익위사 소속이다. 어쨌거나 담헌의 집안이 유력한 경화세족이 아니었다면 시직에 선발될 수 없었을 터이다. 또 담헌에 대한 높은 평판도 이유가 되었다. 담헌은 경학을 하는 선비로 평가받았던 것이다. 덧붙여 언급할 게 있는데, 황윤석 역시 세손익위사의 좌익찬左翊贊에 임명되었다가 곧 체직되었다.150) 만약 황윤석이 좌익찬으로 머물렀으면 담헌과 함께 서연에 참여했을 것이다.

　세손시강원이 문과에 합격한 사람들로 채워졌다면, 익위사는 주로 음직이 맡는 직임이라는 점에서 다를 뿐이었다. 세손익위사는 다른 말로 계방桂坊이라고도 하며, 시위侍衛가 목적이지만 사실상 서연에 참여하여 시강원의 궁료와 다를 바 없었다. 담헌의 친구 김이안도 1775년 3월 27일 익위가 되었다가151) 병조참판 홍재와 상피相避가 된다는 이유로 갈렸다가 같은 해 11월 13일에는 홍대용과 함께 다시 세손익위사 벼슬을 하고 있었다.152) 담헌의 당숙 홍재는 공조참판, 한성부 우윤, 병조참판을 지낸 인물인데, 홍재 누이의 아들이 김이안, 다시 말해 홍재의 누이가 김원행의 부인이었다. 홍재는 이래저래 정조와도 관계가 있었다. 사도세자는 혜경궁 홍씨에게서 정조를, 숙빈 임씨한테서 은언군 인䄄, 은신군 진䄅, 경빈 박씨에게서 은전군 찬䝺을 얻었는데, 은신군이 홍재의 손녀사위였다.

　담헌이 시직이 되었을 때 정조는 23세 청년이었다. 마흔넷의 담헌과는 21년의 차이가 있었다. 정조는 이때 서연을 통해 사서와《서경》,《시경》,《예기》등 경전과《강목綱目》,《당감唐鑑》,《송감宋鑑》,《속강목續綱目》등 역사서,《심경》,《근사록》,《주문초선朱門抄選》,《주자봉사朱子封事》등 성리서와 주자의 글을 이미 읽은 터였고, 당시 서연에서는《성학집요》를, 소대에서는《주자서절요》를 읽고 있었다.

　〈계방일기〉는 1774년 12월 1일부터 1775년 8월 26일까지의 것이다. 담헌이 입시했던 날과 읽었던 텍스트는 다음과 같다.

〈표 1〉 담헌의 서연 입시일과 텍스트

연월일	입시자	텍스트
1774. 12. 1	보덕輔德 한정유韓鼎裕 사서司書 신재선申在善	〈여유공보與劉共父〉
1774. 12. 4	한정유, 홍대용	〈답한무구答韓無咎〉[153] 〈여예국기與芮國器〉 〈답정경망答鄭景望〉
1774. 12. 12	필선弼善 서유신徐有臣 겸사서 신재선	〈답원기중答袁機仲〉
1774. 12. 14	문학文學 유의양柳義養 사서 안정현安廷鉉	〈답주익공필대答周益公必大〉[154]
1774. 12. 19	빈객賓客 정존겸鄭存謙 필선 이숭호李崇祜, 겸사서 신재선	〈답강원적영答江元適泳〉 2통[155]
1774. 12. 25	겸보덕 한정유, 설서說書 이태영李泰永	〈답황문숙答黃文叔〉
1775. 1. 21	겸문학 정민시鄭民始, 겸사서 홍국영	〈답위원리答魏元履〉 3통
1775. 1. 22	겸문학 정민시, 겸사서 홍국영	《성학집요》〈형내장刑內章〉
1775. 1. 29	겸필선 오재소吳載紹 겸사서 홍국영	《성학집요》친친장親親章
1775. 2. 16	보덕 이진형, 겸사서 홍국영	《성학집요》위정장爲政章
1775. 2. 18	보덕 이진형, 겸사서 홍국영	〈답정윤부答程允夫〉
1775. 3. 28	겸필선 이보행李普行 겸사서 임득호林得浩	〈답채계통答蔡季通〉
1775. 3. 29	겸필선 이보행, 겸사서 임득호	〈답채계통〉
1775. 4. 8	필선 이진형, 사서 홍국영 사어司禦 김근행金謹行	
1775. 4. 9	필선 이진형, 사서 홍국영	〈답유성지答游誠之〉
1775. 8. 26	겸필선 이보행, 겸사서 임득호	〈답정전사答程正思〉 〈답왕성가答汪聖可〉
1774(영조 50) 12. 1·4 14·19·25		《주자서절요》 《성학집요》
1775(영조52) 1. 21·22·29 2. 16·18 3. 28·29 4. 8·9		

1774년과 1775년에는 텍스트가 없는데, 《일성록》을 찾아보면 역시 《주자서절요》와 《성학집요》다. 여기에 등장하는 사람은 모두 경화세족 가문 출신이었다. 가장 눈에 띄는 사람은 역시 홍국영이다. 홍국영은 정조가 정적을 물리치고 왕위에 오르는 데 결정적 공을 세웠고, 그 공은 담헌이 시직으로 있었던 그 시기에 이루어졌다.

홍국영이 정조를 처음 만난 것은 1772년 9월 26일이었다고 한다.[156] 그런데 《영조실록》에 의하면 홍국영이 한림소시翰林召試에 정민시와 함께 선발된 것은 1773년 4월 1일이다.[157] 1773년 내내 홍국영은 가주서로 입시하고 있다. 정조는 홍국영이 1773년 여름 한림翰林으로서 집경당에 입시할 때 자신을 시좌하면서 행동거지가 단정하고 풍모가 청명하여 이미 그가 길한 사람임을 알았다고 했다. 1773년 12월 22일 홍국영은 세손시강원 설서로 임명받은 참이었는데, 즉시 사은하지 않아 문제가 되었다.[158] 1775년 1월 6일 홍국영은 검사서가 되었다.[159]

담헌이 시직이 되고 열흘 뒤 곧 12월의 7일 평안도 감사 홍인한이 우의정이 되었다. 정조의 《존현각일기尊賢閣日記》가 1775년 2월 5일부터 시작된다는 점에 유의할 필요가 있다. 홍인한이 우의정이 되고 본격적으로 세손 정조와 갈등을 일으키기 시작했던 시점이다. 정조는 1775년 6월 10일 홍인한 무리가 홍국영을 헐뜯었다고 말하고 있다.

담헌이 홍국영과 전혀 연결될 터수가 없는 것은 아니었다. 담헌이 〈홍백능에게 주는 설[贈洪伯能說]〉을 썼던 그의 친구 홍백능洪伯能(홍낙순洪樂舜)은 김원행의 사위였고, 또 한편으로는 홍국영의 7촌 숙부이기도 했다. 좁은 경화세족 사회라 알 만한 사람이면 모두 친인척으로 모두 연결되고 있었다. 다만 담헌은 홍국영에 대해 어떤 언급도 남기지 않았다. 이유는 알 수 없지만, 윤리적으로 자신을 엄격하게 다스렸던 담헌이기에 권력을 추구하는 홍국영을 가까이하지 않았을 것이다. 그 외 등장하는 인물과도 약간씩은 관련이 있었다. 한정유는 영의정 한익모의 셋째 아들이자, 홍대용의 사촌동생 홍대응의 처남이었다. 이태영은 한산 이씨로 홍대용의 처와는 8촌간이었다. 서유신은 아버지 서지수徐志修가 영의정, 조부 서명균徐命均이 좌의정, 증조부 서종태徐宗泰가 영의정을 지낸 명문 벌열(노론)이었다. 경연과 서연은 목적이 동일했다. 경전과 사서, 성리서를 읽고 유가의 진리를 내면화한 군주를 만드는 것이 목적이었으니, 그 과정에서 어떤 주제의 토론이 벌어졌는지 어떤 대화가 오갔는지 하는 것은 굳이 말할 필요조차 없다. 다만 경연과 서연에서 꼭 유가의 진리만이 논의되는 건 아니었다. 경전의 한 구절을 빌미로 화제가 다른 곳으로 번지기도 하고, 거기서 왕(혹은 세자)과 신하 사이에 미묘한 생각의 차이를 확인할 수도 있다. 〈계방일기〉의 대화는 유가의 정치 원리와 도덕에 맞는 이야기를 주제로 삼고 있지만, 때때로 그것을 살짝 벗어난 유의미한 화제를 찾을 수도 있다. 다만 〈계방일기〉에서 우리가 찾는 것은, 정조나 다른 서연관이 아닌 오직 담헌의 생각과 행위들이다.

담헌은 1774년 12월 1일 시직으로 처음 야대에 입시했다. 보덕 한정유와 사서 신재선이 같이 입시했다. 세손—정조는 전날 배운 《주자서절요》 3권의 〈육승상서陸丞相書〉를 읽고, 한정유는 〈유공보劉共父에게 준 편지〉를 읽었다. 〈육승상서〉란 아마도 3권이 아닌 3책의 〈여진승상與陳丞相〉일 것이다. 다만 정조는 복습의 의미로 읽었을 뿐이고 토론은 없었다. 〈유공보에게 준 편지〉는 호대원胡大原·유공劉珙·장식張栻 등이 이정二程의 문집을 편찬하는 과정에서 호안국胡安國(호대원의 아버지)이 바꾼 것이 분명한 이정의 글을 원래 상태로 고치지 못하겠다고 고집하자, 주자가 그 부당성을 지적한 편지다. 한정유는 별로 토론에 부칠 만한 것이 없다고 하고, 편지 끝에 주자가 장식의 "혹 이치에 맞지 않으면 가르쳐 주시기 바랍니다[或不中理, 却望指敎]"란 말에 대해 "'저도 고치기를 꺼리지 않으려 합니다[某不敢憚改]'라고 한 말에서 주자의 학문이 큰 것을 볼 수 있다"고 말하자, 정조가 담헌에게도 의견을 물었다. 이에 담헌은 "춘방春坊의 아뢴 말이 매우 좋습니다. 소위 학문이란 별다른 방법이 없고 착하지 않음을 알면 빨리 고쳐서 착함에 따를 뿐이라는 것입니다"라고 답했다.

정조와 담헌은 처음 보는 사이였다. 정조는 담헌에게 "계방은 곧 지난달에 새로 제수된 홍 시직洪侍直인가? 학업이 매우 독실하다고 들었다"라고 했다. 담헌이 세손익위사에 임명될 무렵 세손 주변에서 담헌에 대한 인물평이 오갔을 것이고, 대체로 담헌은 학업에 독실한 사람, 과거나 벼슬에 관심을 두지 않고 오직 학문에 열중하는 사람으로 평가되었다. 한정유가 다른 점은 모르지만, 담헌이 경학에 넉넉하고 또 과거에 응시하는 선비는 아닌 줄 안다고 거들었다.

정조가 전날 토론했던 '형기지사形氣之私'의 뜻을 다시 생각한 결과를 묻자, 한정유는 정조의 생각이 타당하다고 답했다. 정조는 담헌이 경학을 하는 사람이니, 이 문제에 견해가 있을 것이라면서 전날 있었던 토론의 내용을 일러 주고 견해를 물으라 했다. 요지는 주자가 《중용》의 서문에서 구사한 '형기지사'의 '사私' 자와 '인욕지사人欲之私'의 '사' 자의 의미가 각각 다르다는 것이었다. 〈중용서문〉의 해당 부분을 보자.

일찍이 이렇게 논한 적이 있다. 심心의 허령지각虛靈知覺은 하나일 뿐이지만, 인심人心과 도심道心의 다름이 있다고 한 것은, 혹은 '형기의 사'에서 나오고, 혹은 성명性命의 올바름[性命之正]에 근본을 두어 지각知覺이 되는 것이 같지 않기 때문이다. 그러므로 혹은 위태하여 편안하지 않고, 혹은 미묘해 보기 어렵다. 그러나 사람은 이런 형체(신체)를 갖고 있지 않음이 없으므로 상지上智라 할지라도 인심이 없을 수 없고, 또한 이 성性을 가지고 있지 않음이 없으므로 하우下愚라 할지라도 도심이 없을 수 없다. 두 가지가 방촌方寸(마음) 사이에 섞여 있어 다스릴 방법을 알지 못한다면, 위태함은 더욱 위태해질 것이고, 은미한 것은 더욱 은미해질 것이다. 천리天理의 공변 됨이 끝내 '인욕의 사'를 이기지 못할 것이다.

정精은 두 가지 사이를 살펴 섞지 않는 것이고, 일一은 본심本心의 올바름을 지켜 떠나지 않는 것이다. 이것에 종사하여 조금도 사이에 끊어지지 않아 반드시 도심을 항상 한 몸의 주체가 되게 하고, 인심이 늘 그 명령을 듣는다면, 위태함은 편안함이 되고, 은미함은 드러나서 동動·정靜과 말하고 행하는 것에 절로 과·불급의 잘못이 없게 될 것이다.[160)]

정조는 '형기지사'의 '사'는 신체적 생존욕으로, '인욕지사'의 '사'는 비윤리적 욕망으로 보았으니, 일견 타당성이 있었다. 또한 두 차례 나오는 '이자二者'는 각각 그 지시 대상이 다를 것이라고 하면서 담헌에게 의견을 물었다. 담헌은 생각해 보고 뒷날 답하겠다고 말했다.

정조는 이어 《중용》 1장의 "천명위지성天命之謂性, 솔성지위도率性之謂道, 수도지위교修道之謂敎"에서 '솔率' 자의 의미를 물었다. 주자의 《중용장구》에는 '솔率은 따른다는 말이다[率, 循也]'라고 되어 있을 뿐 더 이상의 설명은 없었다. 정조는 보다 확실한 의미를 물었고, 담헌은 "이 '솔' 자는 지극히 말하기 어렵습니다. 범범하게 본다면 공부에 들어가는 길인 것 같지만, 선배들은 모두 그렇지 않다고 했습니다"라고 했다. 정조가 "이 '솔' 자는 사실 공부라고 말해서는 안 될 것이다. '큰 길을 따른다'는 말처럼 단지 '성性에 따라서 행하는 것을 곧 도道라고 한다'고 했을 뿐이다"라고 하자, 담헌 역시 "신이 선배에게 들은 바도 또한 예교睿敎처럼 '성'에 따라 행한다고 했습니다"라고 맞장구를 쳤다.[161]

편지의 내용, 곧 호안국이 이정의 글을 고친 데 대한 문답이 있었으나, 주자의 정론이 있는 이상 그 잘못은 더 말할 필요가 없다는 담헌의 말에 더 이상의 논란은 필요치 않았다. 이어 주자가 편지에서 이정의 문집을 고쳐서는 안 되고 원래 상태를 보존해야 하는 근거로 정명도의 태도를 들었던 것에 대한 논란이 있었다. 즉 이정의 어록을 보면 두 사람과 학자들 사이에 의견일치를 보지 못하는 곳이 있으면, 정명도는 "다시 생각해 볼 점이 있다"고 했고, 정이천은 "옳지 않다"고 했는데, 정명도의 유연한 태도를 따른다면 이정의 문집은 손을 대지 않고 그대로 두는 것이 옳다는 것이다.

이 부분이 토론 자료가 되었다. 정조가 이천의 근엄함을 초학자들이 본받아야만 할 것이라고 하자, 담헌은 먼저 엄격하면 끝에 가서 온화할 수 있지만, 먼저 온화하면 반드시 절제 없이 휩쓸리는 데 이를 것이라 하였고, 정조 역시 동의를 표했다. 다만 담헌은 이천과 같이 투철한 자기 견해가 없으면 무슨 일이든 성급하게 결론을 내리지 않는 명도의 신중한 태도를 취해야 할 것이라고 말했다. 하지만 정조는 초학자라도 명백하게 자신할 것이 있으면 곧장 "옳지 않다"고 말해도 상관이 없지 않을 것이라 말했고, 담헌은 자신의 말은 곧 늘 망설이고 결정을 내리지 말라는 뜻은 아니었다고 말한다.

이정에 관한 이야기는 계속된다. "굶주려 죽을지언정 여자가 절개를 바꿀 수 없다"고 말했던 이천의 딸이 개가한 것은 모순이 아니냐고 정조가 물었고, 담헌은 그 가르침은 옳지만, 개가는 중국에서 통상적으로 있는 일로 수치로 여기지 않았으니, 특이한 정절이 있는 사람이 아니라면 개인에게 맡기는 것이 옳다고 했고 정조 역시 그 말에 동의했다. 담헌은 아마도 중국에서 엄성 등과의 대화에서 교훈을 얻었을 것이다.

또 정이가 형 정호의 종통을 빼앗은 것이 화제에 올랐다. 이 문제는 앞서 담헌이 김종후와 논쟁할 때 나온 주제였다. 어쨌거나 이 난처한 사건에 대해 담헌은 현자賢者(정이천)를 위해 덮어 두는 게 옳을 것이라 했고, 이에 정조는 그 말이 좋지만 그 이유를 종내 모르겠다고 했다. 이에 담헌은 문적을 본 적이 없으나, 선배들로부터 '태중太中의 유언' 곧 태중대부太中大夫였던 정호·정이의 아버지 정향程珦의 유언이 있어서 그랬다는 말을 들었다고 변명했다. 정조도 그런 말을 들은 적이 있다 하였고, 담헌이 "비록 그런 유언이 있었다 할지라도……"라고 말하는데, 정조가 "역시 난명亂命이었을 것이다"라고 했다. 담헌 역시 그 말에 동의했다. 대개 서연은 이런 식으로 이루어졌다. 텍스트를 읽은 뒤 대의를 파악하고, 특별히 언급할 가치가 있는 부분에 대해서 토론하는 것이 서연의 일반적인 진행 방식이었다. 토론은 꼬리를 물고 이어졌으며, 연관성이 있는 주제로 확대되기 일쑤였다.

12월 4일 〈한완구韓完㕮에게 답한 편지〉와 〈예국기芮國器에게 준 편지〉와 〈정경망鄭景望에게 답한 편지〉를 읽었다. 대단한 의미를 갖는 토론은 없었다. 하지만 담헌의 도덕적 완정성이 드러나는 부분이 있었다. 〈정경망에게 답한 편지〉에서 주자가 채확蔡確을 채신주蔡新州라고 일컬은 것을 보고 정조가 왜 소인배 취급을 하는 채확을 채신주라고 했는가를 묻자, 담헌은 옛사람 말투는 그런 것이 많다면서 진晉나라 때는 왕돈王敦을 대장군이라 했고, 주자 역시 진회秦檜를 동창東窓이라 불렀던 예를 들었다. 상대가 정적이거나 소인이라 해서 호칭까지 폄하하지 않았다는 것이다. 정조는 그런 것이 옛사람의 충후한 어법이라고 답했다. 하지만 정조는 장돈章惇을 지나칠 정도로 관대하게 용서했던 범순인范純仁이 바다에서 풍파를 만나자 여러 아들에게 "이 역시 장돈이 한 짓인가?"라고 했다는 고사를 끌어대며, 그 말은 너무 지나친 말이 아닌가라고 하자, 담헌은 이렇게 답한다.

> 군자는 소인에 대해 악이 드러나기 전에는 포용하여 그 마음을 고치게 합니다. 그 악이 이미 드러난 뒤에는 반드시 미워하여 통렬히 끊는 일을 조금도 늦출 수가 없습니다. 하물며 겉으로 충후한 뜻을 보이고 속으로는 음흉하게 자기만 살고자 하는 사욕을 이루는 자야 말해 무엇하겠습니까?[162]

윤리적 완정성의 실현을 추구하는 담헌의 성격이 그대로 드러나는 부분이다. 눈에 띄는 것은 왕안석과 사마광에 대한 평가였다. 정조는 "원우元祐 시대의 모든 어진이"가 왕안석의 신법을 폐기한 것은 지나쳤다고 평가했다. 왕안석이 고집스런 성격으로 국사를 그르치고, 그의 신법이 폐단이 많았던 건 인정하겠지만, 면역법免役法과 보갑법保甲法 등은 주나라의 유제로서 왕안석 개인의 창안이 아니라는 것이었다. 정조는 구법당의 영수 사마광이 왕안석에 대한 증오심으로 채경蔡京이 어떤 인물인지 알지 못하고, 채경이 5일 만에 신법을 폐기한 것을 통쾌하게 여긴 것은 오류이며, 그 오류는 사마광이 재상으로서의 업적에도 불구하고, 학술이 부족하고 또 함양涵養과 치지致知에 실패한 것이 그 원인이라고 지적했다. 담헌 역시 그 말에 다음과 같이 동의했다. "함양에 공부가 없으면 치지가 반드시 정밀하지 않을 것이고, 치지가 이미 정밀하지 않으면, 일의 처리가 진선盡善할 수 있겠습니까? 대저 학문과 사업은 반드시 함양을 근본으로 삼아야 할 것입니다."[163]

12월 12일 필선 서유신과 검사서 신재선이 참여했다. 〈원기중袁機仲에게 답한 편지〉가 이날의 텍스트였다. 원기중은 원추袁樞란 사람인데, 주자는 원추에게 보내는 편지 11통을 남기고 있다. 편지의 내용은 《주역》에 관한 논란이었다. 원추는 고집이 센 사람이었던 듯 주자의 자세한 설명에도 불구하고 계속 편지를 보냈고, 주자는 아홉 번째 편지에서 "앞으로는 입을 닫고 담론하지 말고 각각 자기의 설을 지켜 복희와 문왕이 나오기를 기다려 물어 보는 게 나을 것입니다"[164]라고 답했다. 정조는 주자가 끝까지 원추를 설득하지 않은 이유를 물었고, 담헌은 원추가 주자의 견해를 받아들일 생각이 없었으니, 주자의 그 말이 타당하다고 답했다.

〈원기중에게 답한 편지〉의 내용 검토는 사실상 없었고, 12월 1일 정조가 던졌던 '형기지사', '인욕지사'의 두 '사' 자와 두 '이자'의 의미와 지시 대상이 동일한가 아닌가 하는 문제가 논란이 되었다. 담헌은 두 '사' 자는 정조의 의견에 동의했고, 두 번째의 '이자'가 천리와 인욕을 지시한다는 정조의 견해에 대해서는 앞의 이자와 마찬가지로 '인심'과 '도심'을 가리키는 것이라고 답했다. 의견이 대립되자 정조는

"입을 닫고 담론하지 말고 각각 자기의 설을 지키자"는 말 그대로라고 하면서 웃었다.

이어 '유정유일惟精惟一'의 '일一' 자의 의미에 대해 정조와 서유신, 홍대용 사이에 토론이 있었다. 논란 끝에 서유신이 "옛날 비록 이 말이 없었더라도 또한 무엇이 해롭겠습니까?"[165]라고 했다. 과거에 없던 새로운 해석이라도 나쁠 것은 없다는 말이었다. 하지만 정조의 의견은 달랐다. "새로운 의론을 내는 데 힘쓰는 것은, 경전 공부의 큰 병통이고, 끝내 자신할 수 없는 것"이라 했다. 정조는 아마도 이 시기 북경에서 수입되던 경학의 새로운 조류를 이미 인식하고 있었는지도 모를 일이다. 담헌은 정조의 말에 적극 동의했다. 훈고, 즉 경전에 사용된 어휘의 의미를 정확하게 파악하려는 노력만으로는 끝내 경전을 완전히 이해할 수 없다, 경전은 절실한 실천으로서 비로소 완전한 이해에 도달할 수 있다는 것이 담헌의 견해였다.[166] 실천적 정주학자 담헌의 면목이 고스란히 드러나는 대목이다. 실천이 없으면 도와 자신이 둘로 분리되는 것이라면서, 정조의 말에 적극 찬동했다.[167]

서연을 통해서 담헌은 훈고에 몰두하는 경전 공부에 반대하고 실천을 통해서 경전의 본래 의미를 깨닫고 체화하고자 하는 정주학자 본래의 모습을 뚜렷이 했다. 이것이 진정 담헌이 추구하는 바였다. 담헌은 정조에게 깊은 인상을 남겼다. 12월 14일의 텍스트는 〈주익공에게 답한 편지〉[168]였다. 이 편지의 내용은 다음과 같다. 재상 여이간과 이부원외랑 범중엄은 정치적으로 대립했다. 범중엄은 여이간에 의해 외직으로 쫓겨났다가 뒷날 다시 여이간에 의해 용도각 직학사에 임명되어 내직으로 들어왔다. 범중엄은 인종의 명에 따라 감정을 풀었다고 한다. 구양수는 범중엄의 신도비를 지으면서 범중엄과 여이간이 생전에 원한을 풀었다고 썼는데, 범중엄의 아들 범순인은 신도비에서 그 구절을 삭제했다.

주필대는 주자에게 보내는 편지에서 여이간을 옹호하는 논리를 펼쳤다. "여이간은 재주와 덕망을 겸비한 사람을 등용하고자 했으므로 덕망만 있는 범중엄과 구양수 등을 등용하지 않은 것이었는데, 그것을 알지 못한 범중엄·구양수가 여이간을 지나치게 공격했다. 뒤에 범중엄이 등용되었지만 원한을 푼 것은 결코 아니었다. 구양수는 자신이 여이간에 대해 말한 것을 후회한다고 했고 범중엄의 비문에서 범중엄이 원한을 푼 것처럼 썼다. 범순인은 아버지가 원한을 풀지 않은 것을 알기에 구양수의 노여움에도 불구하고 그 부분을 삭제한 것이다." 주자의 편지는 주필대의 말을 조목조목 반박하는 내용이었다.

이 편지에 대해 특별한 의견을 묻는 정조에게 담헌은 다만 주자가 인물을 공평하게 논한 것이 볼 만하다고 답했다. 담헌은 원래 범중엄을 내몰았던 여이간이 뒷날 다시 그를 등용한 것은, 뉘우침이나 깨달음으로 인한 것이 아니라, 지혜와 술수가 넉넉하여 범중엄을 다시 등용해 자신의 집안과 국가를 모두 이롭게 만들고자 하는 계책일 뿐이라고 평가했다. 악을 조장한 것과 비교하면 훌륭하다 평가할 수 있겠지만, 그 마음 씀씀이가 선하지 못한 것은 시종 같다는 것이었다. 담헌은 주자가 그의 공을 인정하면서도 그의 마음은 죄를 준 것이라고 평가했다.[169] 정주학적 원리가 작동하는 순간이었다. 정조는 "'마음을 죄罪주었다……' 하는 말은 정말 옳은 말이오. 군자가 사람을 논할 때 후하게 대할 곳에는 비록 후하지만, 악을 미워할 때는 또한 엄하지 않은 적이 없었소"[170]라고 담헌의 의견에 찬동했다. 담헌의 완정한 논리와 명쾌한 해석은 감탄스러운 것이었다. 유의양이 담헌이 새로 들어 왔지만, 글도 잘하고 들은 것이 많고 박식하여 고문顧問으로 삼을 만하다[171]고 하자, 정조 역시 찬동하며 글을 볼 때 다른 관점에서 의문을 제기하는 게 중요한데 자신은 그런 의심을 낼 줄 몰라 물을 수가 없다고 말했다.[172]

〈계방일기〉에 남은 서연에서의 담헌의 말은 평소 자신의 신념과 다름이 없었다. 12월 19일 빈객 정존겸·필선 이승호·겸사서 신재선이 참여했고, 텍스트는 〈강영江泳에게 답한 편지[答江元適泳]〉 두 통이었다. 정존겸 등이 문의를 말한 뒤 담헌의 차례가 왔다. 담헌은 평소 소신을 말했다.

> 신은 따로 아뢸 것이 없습니다. 다만 아래 편지에서 논한 것은 전적으로 격치格致에 있습니다. 이때 상산학象山學이 한창 성하였으므로 주자가 격치 공부에 대해 늘 반복해 마지않았던 것이니, 그 사세가 그러했습니다. 다만 이 때문에 말학末學들이 잘못하여 훈고에만 치우친다면, 그 폐단은 육학陸學보다 심하고 도리어 주자의 뜻과 어긋나게 될 것입니다. 후세의 주자를 배우는 사람들은 반드시 먼저 격치에 힘쓰고 함양과 실천 공부로 그것을 이어야만 반드시 지知·행行 한 쪽에 치우치는 폐단이 없게 될 것입니다. 그런 뒤에야 주자의 본뜻을 잃지 않을 것입니다.[173]

〈강영에게 답한 편지〉는 《주자서절요》에 두 통이 실려 있는데, 앞의 편지는 주자가 스승 이동李侗을 만나 학문의 정도를 알게 되었다는 사실과 강영이 편지로 물었던 〈무극재기無極齋記〉, 〈사잠士箴〉, 〈삼요서三要書〉의 의문처에 대한 답으로 이루어져 있고, 뒤의 편지(곧 담헌이 말하는 아래 편지)는 성문聖門, 곧 공자의 학문은 격물에서 치지에 이르며, 일용 사물 안에서 시비와 가부를 가려 정의精義 입신入神의 경지에 나아가는 것임을 말하고 있다.

담헌은 이 편지에서 독서와 강학을 제2의第二義의 것으로 파악하는 육상산陸象山의 학설이 유행하고 있기에, 주자가 물物마다 갖추고 있는 '리理'를 차근차근 밝혀서 궁극의 '리'에 도달하고자 했던 격물치지를 주장했던 것이라고 말한다. 즉 당시의 컨텍스트를 통해 이 편지의 의미를 밝혔다. 다만 담헌의 강조점은 인용문의 후반부에 있다. 즉 단계적으로 '리'를 밝히고자 하는 태도가 경전에 있어서 어휘의 이해, 곧 훈고에 치우치는 게 되어서는 안 된다는 것이다. '물'을 꼭 사물이라고 이해할 필요는 없다. 공부의 가장 중요한 단계인 경전 역시 '리'를 알아야 하는 물일 뿐이다. 여기서 독특한 담헌의 표현에 주목할 필요가 있다. 그는 "말학들이 잘못하여 훈고에만 치우친다면[末學之失, 偏於訓詁]"이라고 말하고 있다. 말학과 훈고에 대한 비판은 담헌의 신념으로, 경전 속 말단적 어휘의 의미에만 집착하는 것은 담헌에 의하면, 육학보다 열등한 것이며, 궁극적으로 주자를 배신하는 것이다. 격치와 아울러, 함양과 실천을 동반하여, 지와 행이 균형을 잡는 것이 주자학의 본령인 것이다.

12월 15일 텍스트는 〈황문숙에게 답한 편지[答黃文叔]〉였다. 황문숙은 1195년 당대의 권신 한탁주韓侂冑를 탄핵했다가 무주지사로 좌천되었던 황도黃度를 말한다. 주자 역시 벼슬을 그만두고 집으로 돌아와 있다가 황도가 보낸 편지를 받고 이 답장을 보낸 것이다. 주자는 편지에서 황도에게 인심과 도심을 잘 살펴 도심의 순수함을 지켜서 최종적으로 군주를 바로잡고 나라를 안정시키기를 바랐다.

한탁주의 권세가 불꽃처럼 성하고 주자 자신은 파직을 당했음에도 불구하고 주자가 임금의 마음을 돌리고 유자儒者를 보호하기 위해 권면했던 것을 상기시키며, 속인들은 그것을 우활하다고 여기겠지만, 충군애국하는 군자의 마음은 하루도 천하를 잊은 적이 없기에 그런 것이라고 했다. 담헌은 "이 같은 도학과 충후함을 그 시대에 끝내 펼칠 수 없었으니, 정말 천고의 한입니다"라고 하면서 주자가 당시 관료로 뜻을 펼치지 못한 것을 안타까워했다. 정조는 "과연 그렇소. 그 당시 그 말은 실로 우활한 듯하지만, 현자의 마음을 더욱더 잘 볼 수 있소"라 답했다.[174)]

이어지는 이야기는 주자로부터 촉발된 이야기들이었다. 정조는 주자 이야기에 송시열을 떠올렸다. 송시열이 효종의 만사를 주자의 송효종 만사의 운을 따라 짓고, 주자가 지은 〈감춘부感春賦〉의 운을 따라 지은 동일한 부賦가 있으며, 주자의 〈무이구곡武夷九曲〉에 짝하여 〈화양구곡華陽九曲〉이 있으니, 짝이 맞는 것이 아니냐고 했다. 정조는 감탄했지만 감탄할 것도 없는 일이었다. 송시열은 오직 주자를 진리로 알고, 주자를 의방한 사람이니 말이다.

정조는 참석한 사람들에게 화양동에 간 적이 있는지를 물었고, 담헌만 자신의 전장이 청주에 있고 또 화양서원의 재임齋任을 지낸 적이 있어 여러 차례 왕래했다고 답했다. 화양동의 산수가 무이산과 비교해 어떠하냐는 물음에 담헌은 모두 구곡이 있지만, 화양동은 10리밖에 되지 않아 무이구곡의 10분의 1밖에 되지 않을 것이라 답했다. 이어 만동묘와 화양서원의 창건 유래와 제향 등에 대한 간단한 대화가 있었다. 담헌이 만동묘는 송시열의 유지를 받들어 권상하權尙夏가 세운 것이라 하자, 정조는 권상하도 문묘에 종사하는지 물었고, 아직 하지 않고 있다는 한정유의 답에 문묘에 종향하지 않으면 권상하를 권선정權先正이라 부를 수 없는지 물었다. 한정유가 문묘 배향에 구애됨이 없이 선정이라 불러도 무방할 것이라 답했다.

대화는《우암집尤庵集》으로 이어졌다.《우암집》의 간행 연대와 간행 주체를 묻는 정조에게 담헌은 송시열의 손자 송무원宋婺源이 간행을 주관했다고 하자, 정조는 다시 궁중에 10질이 있고 또 종이가 아주 품질이 좋은 것으로 보아 조정의 명령으로 간행했을 것이라 답했다. 정조는《우암집》에 깊은 관심을 보였다. 오류가 많은《우암집》의 수정이 불가능한지, 그리고 서문이 없는 이유를 물었다. 담헌은 수정론이 있지만 워낙 중차대한 일이라 맡을 사람이 없고, 서문 역시 감히 쓸 사람이 없었다고 답했다.

정조는 문묘에 배향되지 않았지만 선정으로 불린 조헌趙憲을 떠올리고, 이이·성혼과 비교했을 때의 학문 수준을 물었다. 담헌은 "학문은 견줄 수 없지만, 지극히 공정했던 혈성血誠과 오륜을 온전히 갖춘 것은 천고에 짝을 찾을 수 없고, 그의 실천이 이와 같으니 그의 학문을 알 수 있다"고 답했다. 역시 실천이 평가의 기준이었다. 이어 정조가 조헌이 임진왜란을 예측했던 통찰력에 대해 말했고, 담헌은 그 통찰력은 조헌이 스승으로 섬긴 이지함에게서 나왔을 것이라고 답했다. 정조는 다시 이지함이 학문으로 얻은 군건한 힘[定力]이 탁월했다고 하자, 담헌이 "제주에서 있었던 여색女色 이야기입니까?"라고 묻고, 정조가 그렇다고 답했다. 정조의 말에 담헌은 특유의 실천론을 꺼냈다.

이런 분들의 성취가 이러했던 것은 모두 실심實心으로 실학實學을 했기 때문입니다. 실천하지 않고 공언空言에만 힘썼다면, 당시 그 사업

을 이룬 게 없었을 것이고, 후세에 드리울 이름이 없었을 것입니다. 이른바 학문이 아닐 것입니다.[175]

담헌의 실심과 실학은 오직 실천을 통해서 구현된다. 실천이 결여된 모든 것은 공언에 불과하다! 이에 정조는 이렇게 답했다.

정말 그러하오. 공자께서도 "공언은 일에 실천하여 깊고 절실하고 분명하게 드러내는 것만 못하다"[176] 하셨소. 하지만 공언도 없애 버릴 수 없는 때가 있소. "10년 동안 실천했지만 이루는 것이 없다면 관문을 닫고 약조를 끊는 건 가능할 것이다" 하였으니, 이런 빈말은 또한 후세에 대의를 밝힌 것이고 지금까지도 그 말을 의지하고 있소.[177]

정조는 담헌의 실천론에 동의하지만, 빈말도 없을 수 없다고 하면서 '10년 운운' 하는 말이 빈말이지만, 후세에 대의를 밝힌 것이고 이 때문에 지금까지 유효하다고 말한다. 이에 대해 담헌은 "그것은 빈말이 아닙니다"[178]라고 단호하게 말한다. 정조가 빈말이라고 인용한 '10년 운운'은 송시열의 말이다. 송시열은 1649년 효종이 즉위할 때 주자의 〈기유봉사己酉封事〉를 의방하여 이른바 〈기축봉사己丑封事〉를 올리는데, 거기에 문제의 구절이 있었다. 송시열은 5, 6년 혹은 10, 20년 동안 와신상담의 의지를 늦추지 말고 우리 힘의 강약을 살피고 청나라 형세의 성쇠를 관찰한다면, 무력으로 청의 죄를 묻고 중원을 쓸어서 신종 황제의 은혜에 보답은 못 할지라도 "관문을 닫고 약속을 끊어" 명분을 바로잡고 이치를 밝힐 수 있을 것이라 말한 바 있었다.[179] 곧 힘을 기른다면 청과의 외교관계를 끊고 청에 대한 굴욕적 항복 조약을 무효화할 수 있을 것이라는 주장이었다. 말 같지도 않은 소리였지만, 이것이 바로 노론의 대청 인식의 기저이자, 북벌론의 이론적 근거였다.

정조는 송시열이 주장하는 바의 대청 인식을 실현 가능성이 없는 빈말로 여기고 있었다. 그것은 사실상 모든 사람이 암묵적으로 동의하는 바이기도 했다. 노론의 당론인 이상, 명분을 쥐고 있는 쪽이 그쪽이므로 공개적으로 부정할 수 없을 뿐이었다. 한데, 담헌은 정조의 견해를 '빈말'이 아니라면서 정면에서 반박했다. 담헌이 노론의 당론을 의식하여 반박한 것으로 보이지는 않는다. 자신 역시 송시열의 주장이 실현 가능성이 없는 것에 불과하다고 생각했다면, 굳이 정조 앞에서 반박할 필요가 없었을 것이다. 엄정한 성격의 담헌은 송시열의 대청 인식과 북벌론에 깊이 찬동하고 있었다. 이후 대화는 임진왜란 때 성혼이 가까운 곳에 있으면서도 파천播遷하는 선조를 찾아가지 않았다고 무고한 이홍로李弘老의 이야기와 효종이 《심경心經》을 애독했다는 이야기, 태묘의 제례악이 오류로 점철되어 있어 고쳐야 한다는 이야기, 효종의 존호尊號, 추상追上한 태조의 존호, 박세채의 《남계집南溪集》에 관한 이야기, 새로 간행한 《주자대전》의 교정에 관한 이야기 등으로 이어졌다.

해가 바뀌어 1775년이 되었다. 1월 21일에 서연이 열렸다. 지난해 12월 19일에 서연이 있었으니, 거의 한 달 만이었다. 홍국영이 서연을 연 지 오래라고 청하여 연 것이었다. 이날의 텍스트는 〈위원리魏元履에게 답하는 편지〉 3통이었다. 주자는 첫 번째 편지에서는 《춘추》를 공부하겠다고 하는 위섬지魏掞之에게 《춘추》보다는 《논어》를 읽을 것을 권한다. 두 번째 편지는 경전을 읽을 때 자신의 학설을 세우고

자 하는 마음이어서는 안 된다는 것을 말하고, 이어 소열제昭烈帝(유비)는 "권도만 알았고 정도를 몰랐다"는 위섬지의 말에 대해 권도도 정도도 모두 잘못되었다고 주장했으며, 마지막으로 제갈량과 장량張良에 대한 인물평을 덧붙였다. 춘방이 문의를 다 말한 뒤 담헌은 첫 번째 편지의 《논어》를 읽어 맛을 느끼면, 나머지 경전은 대나무가 칼에 쪼개어지듯 절로 알게 될 것"[180]이라는 부분을 인용하고 자신의 주장을 펼쳤다. "《논어》란 책은 읽지 않은 사람이 없지만, 여러 경서를 칼로 대나무를 쪼개듯 이해하는 사람은 들어 본 적이 없었습니다. 독서를 이처럼 하지 않으면 실로 유익함이 없을 것입니다. 어찌 《논어》뿐이겠습니까? 무릇 독서란 반드시 이와 같이 되고자 노력한 뒤에야 참으로 독서한다고 말할 수 있을 것입니다."[181]

담헌의 주장은 역시 실천론이다. 경전의 내용을 실천으로 완전히 체화하는 것이 독서라는 것이었다. 이 말에 정조는 자신이 《논어》의 "바르게 타이르는 말을 따르지 않을 수 있겠는가[法語之言能無從乎]"라는 부분이 어느 편에 실려 있는지 찾아도 기억해 낼 수 없었다면서 자신은 《논어》를 진정으로 읽은 사람이 아니라 하고, 담헌에게 이 말의 정확한 출처를 아느냐고 물었다. 담헌은 자신도 모를 뿐 아니라, 노사숙유老士宿儒라도 기억해 내지 못하는 경우가 있다면서, 독서의 본질은 그런 기억에 있는 것이 아니라 문장의 뜻이 마음속에 푹 젖어 드는 데 있는 것이라고 거듭 주장했다. 담헌은 경전을 훈고와 기송의 방법으로 공부하는 것을 워낙 타기시했으니, 자신의 신념을 여기서도 그대로 관철하고 있다.

담헌은 두 번째 편지의, 독서할 때 자신의 학설을 세우려고 하면 안 된다는 부분에도 주목했다. 주자는 이렇게 말했다. "독서할 때 학설을 세우려고 하는 마음을 먼저 먹으면, 이 한 생각이 먼저 밖으로 내달린 것입니다. 어찌 맛이 있겠습니까?"[182] 담헌은 이 구절을 인용하고, "저서는 초학자의 일이 아니니, 이런 마음을 갖는 순간 마음은 바깥으로 내달립니다. 역시 독서의 경계로 삼아야 마땅합니다"[183]라고 했다. 담헌 특유의 실천주의가 도달할 당연한 귀결이다.

정조는 여기에 대해 답이 없었고, 뜬금없이 장량과 제갈공명의 인물평과 앞서 출처가 기억나지 않는다고 말했던 '법어法語'가 《논어》 어디에 실려 있는지를 물었다. 장량과 제갈공명에 대해 담헌이 간단히 답한 뒤 정조는 《논어》의 정문正文(주해를 뺀 본문)이 세자시강원에 있다는 홍국영의 말에 담헌에게 《논어》를 가져오게 하여, 그것이 〈자한子罕〉에 실려 있다는 대답을 들은 뒤 《논어집주대전論語集註大全》도 가져오게 했다. 그리고는 담헌이 책 읽는 소리를 들은 적이 없다면서 읽으라 했다. 읽기를 마치자 담헌에게 '손여巽與'란 말의 뜻을 물었고 담헌은 간단히 답했다.

모양이 별로 좋지는 않았다. 마흔다섯의 담헌이 세손이기는 하지만 스물넷 먹은 정조의 명으로 두 번이나 들락거렸던 것이다. 세자시강원에 《논어》의 정문이 있다고 한 홍국영은 28세, 정민시는 31세였다. 뒷날 제왕으로 엄청난 저술을 남긴 정조는 초학자가 저술에 마음을 먹는 건 옳지 못한 일이라는 담헌의 말이 귀에 거슬린 것일까?

다음 날도 서연이 열렸다. 갑자기 텍스트가 《성학집요》로 바뀌었다. 5권 정가正家 〈형내刑內〉를 읽었다. '형내'는 사족가에서 여성(아내)를 통제하는 방법을 서술한 것으로 《주역》과 《시경》에서 여성 혹은 부부와 관련된 짧은 텍스트를 따 와서 열거한 뒤 주자의 경전 주해를 첨가한 것이다. 그런데 이미 상식화된 내용이라 주자의 주해는 읽지 않앉다. 이에 담헌이 긴요한 것은 주해와 율곡의 해설에 있는데, 읽지 않는 것은 너무 크게 줄인 게 아니냐고 반문했다. 정민시가 경서도 모든 주해를 다 읽지 않고, 또 〈형내〉의 주해는 다른 경전에 실려 있으니 생략해도 무방할 것이라 하자, 담헌은 특유의 원칙을 내세웠다. 훈고의 성격이 있는 주해라면 생략해도 무방할 것이지만, 《성학집요》의 주해는 사실상 경전과 역사를 광범위하게 인용한 것이라 볼 만한 게 많고 토론할 부분도 바로 여기에 있다는 것이었다.

담헌은 《성학집요》를 《반계수록》과 함께 조선 사람들의 저술 중 경세經世하는 데 유용한 것으로 꼽았다. 따라서 《성학집요》란 텍스트를 누구보다 환히 알고 있었다. 정조는 '시사侍事' 곧 당시 영조를 곁에서 모시는 일 때문에 서연이 중간에 끝날까 하여 읽지 않았을 뿐 그럴 의도는 없었다면서 궐내에 들어가서 시간이 날 때 읽을 것이라고 답했다. 이 말로 홍국영과 약간의 실랑이가 있었다. 홍국영은 서연 때도 읽지 않는 정조가 궐내에서 자세히 읽을 리 없다고 반박했고, 정조는 웃으면서 자신이 홍국영을 헛말로 속인 적이 없지만, 홍국영이 자신을 이렇게 믿지 못한다면서 민망한 일이라고 했다. 정조는 바빠서 서연을 마칠 수밖에 없지만, 담헌의 말은 아주 좋다고 높이 평가했다.

서연은 오랫동안 중지되었다가 2월 16일 다시 열렸다. 역시 《성학집요》의 1장 총론이었고, 담헌이 준비한 부분은 총론 중 〈위정爲政〉의 '위정지본爲政之本' 중에서 '기자왈황건기유극箕子曰皇建其有極'부터 '각언위정지본各言爲政之本'[184]이었다. 내용은 《서경》 주서周書의 〈홍범洪範〉과 《논어》 〈위정〉의 한 단락이었다. 이날은 전날 담헌의 제안에 따라 해설까지 모두 읽었고, 서연에 참여한 모든 사람이 《성학집요》의 총론이야말로 가장 중요한 것이라는 데 동의한 뒤 토론이 시작되었다.

　율곡은 〈위정지본〉에서 《논어》 〈위정〉의 "정치를 덕으로 하는 것은 비유하자면 북극성이 제자리에 있고 뭇별이 북극성을 향해 도는 것과 같다"란 공자의 말을 인용하고, 이어 여러 문헌에서 인용한 설명을 추가했는데, 그중에서 가장 긴 부분은 주자의 〈무신봉사戊申封事〉에서 인용한 것이었다. 여기에 "후비后妃에게는 관저關雎의 덕이 있고, 후궁들 중에 미색이 많다는 비판이 없다"[185)]는 대목이 초점이 되었다. 즉 왕이 궁중을 엄숙하게 다스린다면, 정비正妃는 관저의 덕이 있고, 아름다운 후궁이 많다는 비판도 없을 것이라는 뜻이다. 이 구절에 대해 정조가 "여총女寵의 해는 이루 다 말할 수 없으니, 여색은 정말 가까이 할 수가 없군요"[186)]라고 하자, 홍국영이 여색에 대한 지나친 경계는 불교와 같을 수 있고, 출산 자체를 불가능하게 만든다는 취지로 반박하였고, 정조는 가부장적 도덕이 내면화된 여성이라면 가까이하지 못할 이유가 없다고 했다. 논란은 남성이 도덕적 자세를 견지하면 여성을 감화시킬 수 있는가 여부를 두고 벌어졌다. 정조는 불가능한 경우가 있다는 쪽이었고, 홍국영과 이진형 등은 가능하다는 쪽이었다. 담헌은 남성이 엄격한 도덕적 자세를 견지하여 여성을 감화시키되, 그래도 감화되지 않은 경우는 별도의 조치가 있어야 한다고 주장했다.

　계속해서 송대의 인물과 역사가 토론거리가 되었지만, 크게 중요한 내용은 없다. 주의해서 볼 것은 왕안석에 대한 평가다. 왕안석은 1774년 12월 4일에도 한 차례 토론 주제가 된 적이 있었다. 보덕 이진형이 신종이 왕안석을 등용한 것은 천고의 쾌사라고 하자, 정조가 이유를 물었다. 이진형은 당시 정호와 정이보다 명성이 높았던 왕안석이 만약 등용되지 않았다면 실패하지 않았을 것이고, 그렇다면 왕안석은 그의 무능을 숨기고 유종儒宗이 되어 대현大賢으로서 자신들의 존경을 받았을 것이니, 왕안석의 실패를 초래케 한 신종의 등용이야말로 쾌사라는 것이었다. 담헌의 견해를 묻자, "천고의 한스러운 일"이라고 답했다. 삼대 이후 유자儒者가 정권을 잡은 그 절호의 기회를 왕안석이 우소迂疎한 학문과 고집스런 성격으로 놓쳐 버린 탓에 후세에 유자를 써서 개혁을 추진하는 일을 꺼리는 결과를 가져왔기 때문이라 했다. 담헌은 보통 유가의 지식인이 그랬던 것처럼 왕안석을 실패한 인간으로 보았다.

이틀 뒤인 2월 18일 다시 서연이 열렸고, 다시 《주자서절요》로 돌아왔다. 〈정윤부에게 답한 편지[答程允夫]〉가 텍스트였다. 《주자대전》에 실린 같은 제목의 13통의 편지 중 일부를 절록切錄한 것이다. 절록했다 하더라도 소철蘇轍의 학문 비판, 성리학의 요어要語에 대한 해설, 불교와 성리학의 차이 등 광범위한 문제를 다루고 있다. 다만 이날 토론 대상이 된 것은, "성性은 사생死生이 없다[論性無死生]"란 부분이었다. 이 부분이 포함된 부분은 다음과 같다.

정순程洵(程允夫) 몸에는 죽고 사는 것이 있지만 성에는 죽고 사는 것이 없으므로, 귀신의 감정이 곧 사람의 감정입니다.
주자 죽고 사는 것과 귀신의 이치는, 이치를 궁구하는 것이 지극하지 않으면 이르기가 쉽지 않습니다. 그와 같이 논한다면 불교의 설에 빠질까 우려스럽습니다. 성에는 진실로 죽고 사는 것이 없습니다. 그러나 '성'이라는 말을 자세히 이해해야지 정신과 지각으로 보아서는 안 됩니다.[187]

정조는 "불교[釋氏]의 설에 빠질까 두렵다"고 한 주자의 말이 무엇을 의미하느냐고 물었다. 담헌은 불교의 논리를 이렇게 설명한다. 불교는 '성性'을 '심心'으로 본다. 아울러 불교의 윤회설에 따르면 인간은 영원히 윤회하기에 인간의 '심' 곧 '성'은 영원히 소멸하지 않는다. 따라서 사람은 죽어도 귀신이 되기에 귀신의 '감정情'은 역시 사람의 감정과 같다는 정순의 논리가 성립한다. 담헌은 주자의 논리를 따라 성은 본디 사·생이 없다고 한다. 성은 개별적인 인간 주체에 내재하는 '리理'일 뿐이다. 만약 사와 생이 있다고 한다면, 그것은 지각을 갖는 생명이 된다.[188] 보편법칙인 '리'는 사와 생이 있을 수 없다. 이것이 주자의 논리이고, 또한 담헌의 논리다.

이에 정조는 "지각을 버리고 '성'을 말할 수는 없지 않으냐?"[189]고 반문한다. 담헌은 정조의 말이 무엇을 의미하는지 이해할 수 있다고 말한 뒤 정조의 말을 반박한다. 담헌은 지각은 '심'의 기능이고, '성'은 '리'라고 말한다. 따라서 '리'는 '리'일 뿐이고 '심'은 '심'일 뿐이다. 이것은 앞서 〈답서성지논심설答徐成之論心說〉에서 자세히 논한 '심'은 온전히 '기'일 뿐이라는 담헌 본래의 생각이다. 담헌은 '리'와 '기'는 '불상리불상잡不相離不相雜'의 관계에 있다는 원론을 정조에게 다시 일깨운다.

정조는 자신 역시 '불상리不相離'를 말한 것이지만, 지각을 겸하여 성으로 본 오류를 범했다며 자신의 오류를 인정했다. 정조는 다시 '리'와 '기'의 선후에 대해 물었다.[190] 담헌은 '리'와 '기'는 있다면 같이 있는 것이고, 본래 선후를 나눌 수 없다는 성리학의 원론을 다시 되풀이했다.[191] 정조는 그렇게 보는 게 가장 타당할 것이라면서 거듭 담헌을 높이 평가했다. 담헌은 그것은 자신의 독창적 견해가 아니라,

주자의 학설이라고 말했다.[192]

　이상은 성리설에 대해 흔히 할 수 있는 토론이었다. 그런데 정조가 성리설을 아무리 강론한다 해도 심신과 일용日用에 절실한 것이 못 된다고 한 말이 담헌의 속내를 다시 드러내는 계기가 되었다. 극히 추상적인 용어의 개념과 상호관계를 따지는 성리설의 비현실적 관념성은 다산이 집집마다 '왈리왈기日理日氣' 한다고 지적했듯, 현실과는 사실상 무관한 것이 되고 있었음이 이 시기 조선 학계의 현실이었다. 담헌은 그 비현실성을 누구보다 비판했던 사람이다. 그는 정조의 말에 이렇게 답했다.

　예교睿敎가 극히 타당합니다. 일상생활에서 당연히 행해야 할 일을 간절히 묻고 가까이 생각하여 일에 따라 몸소 실천한다면, 성리性理 또한 별다른 것이 아니고 일상생활에 흩어져 있는 것입니다. '지'와 '행'이 나란히 나아간다면 일원一原의 큰 근본인 성性과 천도天道에 활연관통豁然貫通할 수 있을 것입니다. 하지만 초학자가 앉아서 성·명命을 말하는 것은 무익할 뿐만 아니라 해롭기까지 할 것입니다.[193]

　일상의 생활 속에서 유가의 도덕이 실천된다면, 그것이 곧 성과 천도에 통할 수 있는 길이라는 것, 현실과 삶에 근거하지 않고 오직 성리학의 관념만을 논하는 것은 초학자에게 필요치 않고 오히려 해로울 수 있다는 것은, 실천적 정주학을 지향하는 담헌의 단골 비판 소재였다.
　담헌의 말에 정조는 자공子貢도 만년에야 성과 천도를 들었다 하며 초학자가 순서를 뛰어넘어 성리설을 논할 필요는 없다 했다. 정조는 거듭 담헌의 말이 타당하며 꽉 막힌 주장을 펼치지 않는 사람이라고 높이 평했다.[194] 3월 28일 〈채계통蔡季通에게 준 편지〉를 텍스트로 삼았을 때도 형기形氣를 논한 적이 있었던 듯한데, 정조는 "이기론理氣論은 끝내 그 긴요하고 절실한 줄 모르겠소. '이기를 따지는 것은 초학자의 급무가 아니라'는 계방의 말이 아주 좋습니다"[195]라고 담헌의 말을 높이 평가했다.

　3월 28일 〈채계통에게 준 편지〉를 검토할 때 《주자대전》을 직접 확인해야 할 일이 있었다. 누가 《주자대전》을 가지고 와야 했다. 계방, 곧 담헌이 하는 것이 전통이었던 모양이다. 정조는 1월 21일과 29일 담헌이 두 차례 왕래한 것을 두고 홍국영이 서연의 체통에 어긋난다고 말했던 사실을 상기시키며 그 말이 타당한 것 같다면서 《주자대전》을 가져오는 일을 그만두게 했다. 3월 29일의 텍스트도 동일했다. 이날은 텍스트의 내용과는 별 상관없는 이야기가 주류를 이루었다. 돈의 단위 종류, 광은鑛銀·내은萊銀(동래를 통해 들어오는 왜은倭銀)의 구분, 조선에서 소금과 무쇠를 만드는 방법, 금의 생산 여부 등에 대해 정보를 확인하는 차원의 짧은 대화가 잠시 오가다가, 정조는 담헌에게 북경에 가 보았는지 물었다.

　담헌이 1765년 동지사행 때 서장관 홍억의 자제군관으로 갔다 왔다고 대답했고, 정조는 서생이 군복차림을 했으니 쉬운 일이 아니었겠다며 웃었다. 이어 정조는 담헌이 본 북경에 관심을 드러냈다. 북경 사람들이 상업만 일삼느냐고 물었고, 담헌은 북경은 그렇지만 시골은 조선보다 더 농사에 힘쓴다고 답했다. 북경의 사람들이 주로 산벼山稻를 먹는다는데 사실인가를 묻자, 북경 동쪽은 모두 밭농사를 지으며 산벼도 그중 하나인데 맛이 없다고 답했다. 정조는 건륭제가 두 번째 황후인 우라나라를 폐위한 사건에 대해서도 물었다. 1766년 2월 17일 담헌이 엄성과 반정균에게 물었던 사건이었다. 담헌은 황후의 유폐에 대해 만관滿官 아영가阿永阿만이 침묵을 깨고 간했지만 결국 혹독하게 형신을 받고는 변방에 충군되었다고 말했다. 정조는 '가혹한 정령政令'이라고 평했다. 하지만 숙종이 인현왕후를 폐출할 때 박태보朴泰輔가 간언 끝에 형을 받고 귀양지로 가다가 죽은 일을 생각하면 정조는 그런 말을 할 처지도 아니었다.

공부에 열심이었던 정조는 유리창의 서점가에 대해서도 물었다. 그는 당시 북경에서 책을 수입하고 있었기 때문에 유리창 서점가의 규모가 궁금했을 것이다.

유리창에 예닐곱 개의 서사가 있어 과연 직접 가 보았는데, 사방에 판자로 시렁을 설치해 놓았고, 책을 종류대로 표지를 정확히 붙여 질서정연하게 배열해 두었습니다. 한 서점에 간직한 책만 해도 적어도 몇 만 권 아래는 아니었습니다.[196]

정조의 답은 없었다. 아마도 충격이었을 것이다. 정조는 창춘원과 원명원에도 가 보았는지 물었다. 담헌의 답은 역시 담헌다웠다. 대화를 그대로 옮긴다.

"신은 창춘원을 보고서, 강희康熙는 참으로 근고에 영특하고 뛰어난 임금이라는 것을 알았습니다. 60년 태평을 누린 것도 까닭이 있었습니다."
"무슨 까닭이오?"
"창춘원은 담장의 높이가 두어 길을 넘지 않고, 담장을 돌아보아도 높은 기와는 보지 못했습니다. 문틈으로 엿보았더니 그 제도가 극히 누추하고 소박했습니다. 대저 황성皇城의 장려함을 버리고 거친 들판에서 겸손하게 살면서 궁실이 이처럼 낮고 좁았으니, 백성들이 지금도 성군으로 일컫습니다. 그가 영특하고 뛰어난 인물임을 알 수 있습니다."

"원명원은 창춘원에 견주어 어떠하였습니까?"

"크고 사치스럽고 화려한 것이 창춘원의 백 배나 되었고, 서산西山 같은 곳은 원명원의 열 배나 되었습니다. 이처럼 궁실의 사치와 검소를 보아 임금의 현부賢否와 세운의 승강升降를 점칠 수 있습니다. 게다가 서산은 누각과 대사臺榭가 강을 따라 40리를 이어 경성京城 서쪽까지 이어졌습니다. 그 위치와 구조는 극도로 교묘했지만, 실제로는 아이들 장난 같은 것입니다. 백성의 고혈을 짜내어 무익한 놀이에 바쳤으니 당시에는 원망을 샀고 후세에는 웃음거리가 되었으니, 천고의 감계鑑戒거리가 될 수 있을 것입니다. 강안江岸의 누각도 근래에는 자못 칠이 벗겨졌으니, 생각건대 시들한 나머지 다시는 즐겨 놀지 않는 듯합니다."[197]

담헌의 창춘원과 원명원에 대한 평가는 이미 《연기》와 《을병연행록》에서 확인한 바 있다. 검소한 창춘원에서 강희제가 근고 이래의 영걸한 군주라는 것을 확인할 수 있었지만, 사치스런 원명원과 서산 등은 '생민의 고혈'을 짜낸 착취의 결과라고 말한다. 정조가 누각들이 정말 칠이 벗겨지고 떨어졌느냐고 묻자, 담헌은 그것은 '필연적 이치'라고 답한다. 담헌은 인간의 감각적 욕망은 영원히 충족될 수 없는 것으로, 천하를 동원한 사치로 유연遊宴을 한다 해도 그것이 일상이 되면 보다 강력한 자극을 원하는 법이라고 말했다. 그 사례로 담헌은 수양제와 진후주陳后主의 경우를 꼽았다. 담헌은 원명원과 서산 등에서 더 나아갈 수 없는 욕망의 극한치를 보았고, 그 이상의 사치는 불가하다고 여겼다. 제왕의 사치를 경계하는 것은 유가 특유의 논리이고 담헌의 소론 역시 그것에 바탕한 것이지만 또한 극단적이다. 건륭제의 정치 역시 세금이 낮고 부역도 가벼우며 화·이가 모두 안정되어 있으며, 입국 원칙인 간략함과 절검이 여느 왕조에 비해 훨씬 우월한 것으로 평가하지 않았던가. 담헌의 사고는 유가적 근본주의라 부를 정도로 어떤 극단성이 있었다.

화제는 청의 국방력으로 옮겨갔다. 성지城池가 어떠했는가를 묻는 정조에게 담헌은 대여섯 길의 높은 성벽 위에 안팎으로 성가퀴가 있고, 조선과는 달리 양면이 깎아지른 절벽 같은 성벽 위에는 10마대馬隊가 달릴 수 있는 넓고 평평한 길이 있다고 답했다. 정조는 이런 축성 방식 때문에 공격하기 쉽지 않겠다고 응했다. 북벌론을 의식하여 그것이 불가능함을 말한 것이었다. 담헌은 한걸음 더 나아갔다. "성이나 해자가 험한 것은 본디 믿을 게 못 되지만, 세력과 힘이 서로 대적할 만해야 하는 것이니, 공격하는 건 실로 쉽지 않을 것"이라고 했다.[198)] 조선의 능력으로는 북벌이 현실적으로 불가능하다는 말이었다.

정조는 담헌이 북경을 여행할 때의 속내가 궁금했는지 담헌에게 일기日記, 곧 북경 여행기가 있는지 물었다. 담헌은 "아직 없다"고 답했다. 이것을 보면, 이 시기까지 완성된 형태의 여행기는 없었다. 이어 이야기는 중국인에 대한 평가로 번졌고, 담헌이 자신이 만난 선비들의 시문과 서화가 절묘했다고 했다. 정조가 필담을 했는가 묻자, 담헌은 그렇다 하고 한인漢人은 재예 있는 사람이 많고 만인滿人은 성품이 질박한 사람이 많아, 인품을 논하자면 만인이 한인보다 낫다고 평했다. 이 발언은, 자칫하면 화이론을 건드릴 수 있었기에 담헌은 선인의 일기에 그런 구절이 있다고 덧붙였으니, 이것이 그가 북경에 가기 전에 보았던, 청인淸人은 순실淳實한 사람이 많고 한인은 그와 반대라는 김창업의 《노가재연행일기》에서 가져온 것일 터이다.[199] 이에 정조는 한인이 문승文勝한 폐단이 있기 때문이고, 문승의 폐단 때문에 중국, 곧 한인이 다시 떨칠 수 없을 것이라고 말했다.

이어 정조는 몽골이 용감하고 사나워 두려운 존재라는 말을 들었다면서 사실인지를 물었다. 정조는 아마도 귀국하는 사신들이 전하는 북경 소식을 통해 한인과 만인, 몽골인에 대한 정보를 갖고 있었을 것이고, 그것을 담헌에게 확인한 것으로 보인다. 담헌은 자신이 몽골 추장을 만난 이야기를 하면서 금수에 가깝지만, 잠자리에서도 온돌을 사용하지 않았고, 미천한 자는 겨울밤에도 괴로움을 느끼지 않고 수레에서 노숙을 했다며 몽골인의 사납고 강인함은 두려워할 만한 것이라고 답했다. 문승文勝, 과도한 문명화, 그것과 동반한 사치 등이 중국 몰락의 원인으로 생각했던 담헌은 노숙하는 몽골인의 강인함에 깊은 인상을 받았는데, 이 생각은 최종적으로 《의산문답》과 〈임하경륜〉에서 선명하게 정리된다.

북경의 관등官等과 서울의 관등에 대한 가벼운 대화 이후 정조는 담헌에게 북경 세폐미歲幣米의 양을 물었다. 담헌이 명 때 1만 석이던 것이, 순치順治 때 9천 석으로 감했고, 옹정 때는 더 감했으며, 현재는 4, 5포包에 지나지 않는다 했다. 정조는 세폐미의 감소로 재정이 여유가 있을 것이라고 하자, 담헌은 감소되는 분량을 따로 모아야 감축의 효과가 있을 것인데, 만약 일반 경비에 섞어 넣어 버리면 1~2년 뒤에는 감축의 효과가 전혀 없을 것이라 답했다. 이 말에 정조는 당시 국가재정의 부족을 지적하면서 그 원인을 물었다.[200] 겸필선 이보행이 "민결民結의 잡탈雜頉이 반을 넘으니, 정공正供이 이미 크게 줄어들었습니다. 하지만 용도는 갈수록 더욱 넓어지니, 그럴 수밖에 없는 상황입니다"[201]라 답했다. 잡탈, 곧 여러 가지 이유로 일반 백성이 소유한 전지에 대한 면세가 반이 넘기 때문에 가장 중심이 되는 경상세經常稅 자체가 축소되었으나, 그에 반해 지출은 팽창하므로 재정이 부족하다는 것이다. 임병양란 이후 조선 정부는 전체 수세 대상 토지의 면적과 비옥도를 완전히 파악하는 데 실패하였고, 이로 말미암아 영정법永定法과 비총제比摠制를 실시하여 실제 토지에 대한 조사와 수세 권한을 지방관과 향촌 세력—토호와 대지주, 아전층—에게 넘겼다. 이것이 세수 부족의 근본 원인이었다. 아울러 정부의 비용은 폭발적으로 증가했다. 법정 정원을 초과한 각 관청의 중·하급 관리와 하예下隸들이 늘어남으로써 이들이 재정을 잠식했던 것이다.

재정 집행 자체도 모순투성이였다. 정조는 한편에서는 재정 부족으로 정3품 당상관이 정9품 사용司勇의 녹봉을 받는, 전에 없던 일이 일어나고 있지만, 궁중의 궁녀에게 드는 비용은 한정이 없을 정도라고 지적했다. 궁중의 미곡과 장醬을 관장하는 관서인 사도시司䆃寺는 정치권력이라고는 한줌도 없는 관서지만, 정조는 이곳의 월봉이 늘기만 하고 줄지는 않는다고 들었다 말한다. 재정이 이런 식으로 소모되었지만, 정부는 그것을 통제할 수 없는 것이 현실이었다. 정조의 말을 받아 겸사서 임득호가 불쑥 내뱉은 말은 재정 부족의 문제점을 그대로 드러낸다.

도성의 백성들이 농사도 짓지 않고 장사도 하지 않고 입에 풀칠을 하며 그럭저럭 살아갈 수 있는 것은, 대개 이런 후한 봉록이 흘러나가 넘치는 것에 의지하기 때문입니다. 어느 것인들 나라의 교화와 은택이 아니겠습니까?[202)]

임득호는 비농비상非農非商의 서울 주민이 결국 비정상적으로 유출된 국가재정에 생활을 의지하고 있는 현상을 국가의 교화와 은덕이라고 말한다. 어떻게 보면 인정이 있는 말이겠지만, 국가를 통치하는 입장에서는 재정의 유출, 생산층에 대한 비생산층의 기생을 정당화하고 있다는 점에서 한심하기 짝이 없는 소리다.

재정 부족은 조선 후기 사족 체제의 문제와 모순을 그대로 드러내는 것이었다. 국가는 토지에 대한 지배권 확보에 실패했고, 재정을 소모하는 비생산층의 팽창을 막을 방법을 찾지 못하고 있었으니, 사족 체제의 온전한 유지를 위해서는 재정 부족 문제를 해결해야만 했다. 담헌은 과연 어떤 말을 했던가?

생산하는 사람이 많고 먹는 사람이 적은 것이 나라를 다스리는 큰 원칙입니다. 이른바 유민遊民과 관직을 요행으로 여기는 것은 나라를 좀먹고 백성을 병들게 하는데 마땅히 이에 대해 깊이 생각하셔야 할 것입니다.[203)]

담헌의 "생산하는 자가 여럿이고 소비하는 자가 적은 것이 나라를 다스리는 큰 법"이란 말의 근거는 《대학》의 전傳 10장이다. "재물을 생산함에 큰 도가 있으니, 생산하는 사람이 많고 먹는 사람이 적을 것이며, 생산하는 것을 빠르게 하고 쓰는 것을 천천히 하면 재물은 항상 풍족할 것이다."[204] 주자는 이 부분에 여대림呂大臨의 말을 주석으로 가져다 붙였다. 그 서두를 인용하면 이러하다. "나라에 유민遊民이 없으면 생산하는 사람이 많은 것이요, 조정에 요행으로 여기는 벼슬이 없으면 먹는 사람이 적은 것이다."[205] 여대림의 유민과 용관冗官에 대한 지적은 담헌의 생각과 일치한다. 역으로 담헌의 경제관은 《대학》에 근거한 유가의 기본적 경제관을 인용한 것이다. 경전에 출처가 있는 이 말은 누구도 부인할 수 없었다. 정조가 "계방의 말이 정말 옳다"고 답한 것도 이 때문이었다. 하지만 문제는 원칙의 확인에 있는 게 아니었다. 경전의 진리에 근거하되, 유민과 용관을 제거하는 방법과 정책의 문제에 대해서는 담헌은 침묵하고 있었다. 오직 유민에 대한 분노만 표시했을 뿐이다.

4월 8일은 초파일이었다. 궁중에서도 등불을 달았다. 이날은 텍스트를 읽지 않고 영조의 사찬賜饌과 동궁에서 마련한 소찬을 먹고 한담을 나누었다.

4월 9일에는 정식으로 서연이 열렸다. 이날의 텍스트는 《주자서절요》의 〈유성지에게 답한 편지[答游誠之]〉였다. 이 편지는 원래 마음을 다스리는 것이 주제였기에 이날의 토론과 대화 역시 '마음을 다스리는 법'이었다. 홍국영이 마음을 항상 침착하고 고요하게 유지하고 경솔하고 조급하게 갖지 말 것을 청하자, 담헌은 이 말에 이어 정조에게 그 말을 실제로 받아들여 실천하기를 권유했다. 정조와 홍국영, 담헌 사이에 대화는 계속 이어졌지만, 결론은 결국 마음을 수양해야 한다는 것으로 낙착되었다. 다만 이 부분에서 담헌과 정조의 성격을 짐작할 수 있어 흥미롭다. 정조는 담헌의 말에 일단 동의하면서도 인품이 침착하고 조용한 경우 떨쳐 일어나는 것이 적고 나약함이 많다며, 그런 사람은 강한 성격의 사람이 변화에 훌륭히 대처해 일을 잘 처리하는 것만 못하다고 말했다. 정조 자신의 성격이 강함을 드러낸 것이다. 담헌도 사람의 기氣는 강한 것을 부드럽게 만드는 경우는 있어도 부드러움을 강하게 만들기는 어렵다면서, 온순한 아이는 자라서 성취하는 경우가 드물고 가정에서 꼿꼿한 자가 조정에서 풍절風節을 세우는 경우가 많다는 논리로 정조에 동의했다.[206] 담헌 자신의 성급하고 비타협적인 성격을 은근히 합리화한 것이다.

이날도 북경에 관련된 대화가 있었다. 정조는 텍스트에 대한 토론이 끝난 뒤 《북경진신편람北京縉紳便覽》을 꺼냈다. 담헌이 북경에서 팽관과 오상을 만나기 위해 구입했던 그 책이었다. 정조는 담헌에게 《북경진신편람》을 보았느냐고 물었고, 담헌은 그렇다고 답했다. 담헌은 그 책의 관직제도는 명대의 것을 그대로 따른 것이며, 그 제도 속에서 천하의 큰 규모를 볼 수 있다고 말했다. 하지만 정조는 중국의 규모에 비해서 관직이 적다 하였고, 담헌은 조선의 10배가 넘으니 그것도 많다고 생각한다고 했다. 정조는 조선 내외 관원의 총수를 물었고, 관안官案을 가져와 세어 본 결과 내직은 900여 명, 외직은 670여 명으로 도합 1,500여 명이었다. 담헌도 이 사실을 처음 알았던 듯, 이렇게 많은 줄 몰랐다며 "재정이 부족한 것도 이상할 게 없다"[207]고 하였고, 정조 역시 "정말 용관이 많다"고 했다. 이어 《진신편람》의 이름 밑에 '만주', '봉천'을 써서 만주인 관원과 한인 관원을 구별하는 방법과 중국은 관직을 자주 갈지 않기에 '진신안'을 연초에 한 번 인쇄해도 무방하다는 것, 북경의 당보塘報처럼 조선에서도 조보朝報를 인쇄하자는 제안 등의 화제가 이어졌다.

흥미를 끄는 대목이 있다. 정조가 북경 벼슬아치들의 녹봉이 너무 적은 것 같다고 했고, 담헌은 자신도 그 이유를 모르겠지만, 왕자들의 녹봉은 매년 쌀 1만 곡, 은 1만 냥이므로 너무 후하다고 했다. 이에 정조는 결코 후하지 않다면서 조선이야말로 면세전을 수천 결씩 끌어안고 있으니, 후한 것이 아니냐고 반문했다. 궁방이 광대한 면세 절수지折受地를 가지고 있음을 지적한 것이었다.

8월 26일이 마지막 서연이었다. 텍스트는 《주자서절요》의 〈정정사程正思에게 답한 편지〉와 〈왕성가汪聖可에게 답한 편지〉였다. 〈정정사에게 답한 편지〉는 《주자대전》에 모두 20통이 실려 있는데, 《절요》는 1·16·17·20의 일부를 절록했다. 대체로 궁리窮理·치지致知·역행力行 등 주자학의 공부론이 주 내용이었다. 〈왕성가에게 답한 편지〉는 실천에 관한 충고로 이루어진 짧은 편지다. 이 중 토론 대상이 된 것은 〈정정사에게 답한 편지〉 16에 실린, 선종禪宗에 대해 주자가 비판한 부분이었다. 불교 곧 이단과 관련하여 정조는 "무릇 이단의 학문은 또한 반드시 그렇게 된 이유를 밝힌 뒤에야 배척해 물리칠 수 있다. 그렇지 않다면 어떻게 그 마음을 설복시킬 수 있을 것인가?"라고 말했다.[208] 이단이 발생한 이유를 정확히 알아야 이단을 설복시킬 수 있다는 말은 담헌의 이단론과 관련하여 아주 흥미로운 대목이다. 〈정정사에게 답한 편지〉에 있는 "옛날에 선종을 배웠다舊學禪宗"란 센텐스의 주체가 주자인지 물었다. 이보행은 그렇다고 대답했지만, 사실 이 문장의 주체는 축회祝穤란 사람이었다. 주자는 축회가 과거 선종을 배웠기에 그 학설이 오류인 줄은 알지만, 개인적으로 좋아하는 데서 벗어나지 못하고 있음[209]을 지적하고 있기 때문이다. 오류는 지적되지 않았고, 정조는 이어 고명한 사람이 불교에 물든 이유를 물었다. 담헌은, 불교가 마음을 논하며 만든 말이 기경奇警하여 깨달음을 쉽게 만들기에 내수內修에 지나치게 몰두한 현자들이 불교에 빠진다고 답했다. 불교가 마음이 작동하는 시스템을 쉽게 설명하기에 내적 욕망을 다스리는 사람이 쉽게 빠진다는 것이었다. 이 말을 실마리로 하여 정조는 《능엄경》 같은 경전이 그 말이 매우 좋고, 그것을 읽는 선비도 많이 있다는 말을 들었는데 사실인지를 물었다. 이보행이 이덕수가 불교 경전을 많이 읽었고 그 외에는 보지 못했다고 답하자, 정조는 이번에는 담헌에게 불경을 읽은 적이 있는지 물었다. 담헌은 젊었을 때 《능엄경》과 《원각경》 등 불경을 읽은 적이 있다고 답했다. 이어 조선과 중국의 도교에 관한 이야기가 이어졌지만, 그다지 중요한 내용은 없다.

다시 주제는 〈정정사에게 답하는 편지〉 16의 구절로 돌아왔다. 정조는 "성시省試에 합격하고 하지 않고에 대해서는 다시 마음에 두고 계시지 않으실 줄 압니다"[210] 란 구절을 지적하면서 주자 당시에도 과거의 합격 여부를 큰일로 여긴 줄 알겠다 하자, 이보형은 정정사가 과거에 불합격했기에 주자가 그런 말을 했을 것이라 했다. 화제는 과거로 옮겨 갔다. 정조는 과거에 대한 욕망을 떨쳐 버리는 것은 보통 사람이 할 수 없는 일이라면서 담헌에게 언제 과거를 그만두었는지 물었고, 담헌은 4, 5년이 되었다고 답했다. 정조가 과거를 그만두는 게 어렵지 않았느냐고 하자, 담헌은 재능이 모자라고 또 정문程文에 익숙하지 않아 달가운 마음으로 과거를 포기했으며, 고상한 뜻이 있어서 그런 건 아니라고 답했다. 2장에서 말했듯, 담헌은 과문科文에 재능이 없었을 수도 있고, 한편으로 과문 공부에 의미를 발견하지 못했을 수 있다. 하지만 아버지 홍역이 사망하기 전까지 과거에 응시했던 것도 사실이다. 정조는 담헌의 학문 조예를 자신이 깊이 아는 바, 충분히 과거에 합격할 수 있지만 과거 자체를 달갑게 여기지 않아서 그럴 것이라고 말했다.

이날 서연은 담헌의 성격을 단적으로 확인할 수 있는 흥미로운 이야기로 끝났다. 이괄의 난에 대한 대화가 끝나고 이단잡서異端雜書에 관한 화제가 이어졌는데, 정조는 "열국列國과 진秦나라 때 아마도 잡서가 많았을 것이니, 진시황이 저지른 분서의 폐단도 괴이할 것이 없다"[211)]고 했다가, 이 말이 책을 불사른 것을 정당화할 수 있기에 다시 웃으며 "이 일은 말하기 어렵다. 만약 진시황의 분서를 당연한 것으로 말한 듯이 잘못 전해지면, 어찌 말이 되겠는가?"[212)]라고 덧붙였다. 이에 담헌은 "진시황이 잡서를 태우지 않았다면, 세상에 도움이 되지 않는 제자백가의 말들이 한갓 이목만 어지럽혔을 뿐이니, 태운들 무슨 해가 될 것이 있었겠습니까?"[213)]라 했다. 담헌의 직정적이고 근본주의적 성격이 그대로 드러나는 장면이다. 이 말은 뒤에 《의산문답》에서 반복된다. 또 훈고를 맹렬히 비판했던 담헌은 정주학적 진리 외의 지식이 불필요하다는 입장을 갖고 있었던 사실도 확인할 수 있을 것이다. 이 부분은 손유의와 등사민에게 보낸 편지 속 북경 유리창에 흘러넘치던 서적을 비판한 대목에서 다시 검토해 보자.

〈계방일기〉는 1774년 12월 1일부터 1775년 8월 26일까지 다루고 있다. 1775년(영조 51) 11월 20일 영조가 세손에게 대리청정을 시키려 한다는 말을 꺼내자 홍인한이 동궁은 노론·소론, 이조판서·병조판서, 조정의 일 등 세 가지를 알 필요가 없다는 삼불필지설三不必知說로 반대했지만, 곡절 끝에 정조는 12월 7일 대리청정을 시작했다. 심상운沈翔雲은 12월 21일 "죄인의 자식은 군왕이 될 수 없다[罪人之子, 不爲君王]"는 8자흉언과 관계된 상소를 올렸으니, 정조의 왕위 계승은 순탄치 않았다. 이 시기 정조는 즉위를 반대하는 홍인한, 정후겸 등의 반발에 직면해 있었고, 목숨까지 위태로운 지경이었다. 정조를 지키고 왕위에 올린 사람은 홍국영을 위시한 세자시강원 세력이었다. 정조는 즉위한 뒤 이들을 우익으로 삼았다. 예컨대 홍국영과 서명선 등은 권력을 잡고 출세를 거듭했다. 하지만 정조와 지근거리에 있었던 담헌은 지방관으로 평생을 보냈다. 아마도 담헌이 과거 출신이 아니라는 점이 결정적인 하자였을 것이다. 과거에 합격한 뒤 예문관 홍문관 등의 청직과 사관 벼슬을 거치는 것이 일반적인 출세 코스였다. 담헌은 그 코스를 밟을 수 없었다.

손유의·등사민과의 문답

1774년 10월 편지를 보내고 두 달 뒤인 1775년 2월 담헌은 다시 손유의와 등사민에게 편지를 보냈다. 중국 소주蘇州 출신의 표류민을 돌려보내기 위해 북경으로 가는 사신단이 있었기 때문이었다. 담헌은 손유의에게 10월에 보낸 편지를 받았는지와 새해 안부를 묻고 자신의 근황을 전했다. 이 근황을 전하는 부분은 읽어 볼 만한 가치가 있다.

> 지난겨울 외람되게도 사적仕籍에 이름을 올려 세자익위사 시직이 되었습니다. 8품직이고 동궁의 관속입니다. 벼슬은 비록 낮지만, 경전을 늘어놓은 곳에서 동궁을 아주 가까이에서 모시니, 자못 맑고 영광스러운 자리라고들 합니다. 저 대용은 이미 노쇠해지기 시작했고 오랫동안 벼슬에 대한 생각을 끊었는지라, 벼슬을 소홀히 여기고 바라

지 않았던 것은 말할 필요조차 없지만, 그래도 연로한 어버이의 마음을 조금이나마 위로할 수 있게 되었습니다. 또 때때로 연석筵席에 올라 경사經史에 대해 답하는 것을 직임으로 삼았으니, 그래도 학구學究의 본색은 잃지 않은 것이라 하겠습니다. 다만 학술이 정밀하지 않아, 우러러 고문顧問을 받들지 못할까 하는 것이 부끄럽습니다."[214]

이 편지는 세손익위사 시직이 되었을 때 담헌의 심리를 드러낸 유일한 글일 것이다. 겸손한 어조를 띠고 있지만, 세손익위사 시직이 된 것에 대한 만족감이 흘러넘친다. 사족 사회에서 관직은 개인을 평가하는 절대적 기준이었다. 이제 〈건곤일초정〉〈소인〉에서 불평을 드러냈던 담헌은 사라지고 없다. 손유의에게 급히 편지를 보낸 것 역시 자신의 명예로운 벼슬을 하게 되었음을 알리고 싶어서였을 것이다. 담헌은 임시 사신단이 급히 출발하게 되어 길게 쓰지 못한다 했고, 그런 사정을 조욱종에게도 알려 달라고 부탁했다.

등사민에게 보내는 편지[215]에서 담헌은 3년 동안 소식이 막혔다면서 10년을 앓던 병은 차도가 있는지를 묻고 이어 자신이 사적仕籍에 올랐다고 말했다. 얼마 되지 않은 녹봉에 연연하지 않아야 하겠지만, 연로한 어버이의 마음을 조금이나마 위로할 수 있어 벼슬하는 기쁨이 없지 않다는 것이었다.[216] 이어 지방관을 할 수도 있을 것이라는 희망도 말했다. "몇 년 근사勤仕하면 혹 작은 고을의 수령 자리를 얻어 군민君民을 애써 다스리는 책임을 맡을 수도 있으니, 곧 중국의 지현知縣과 같은 것이지요."[217] 담헌은 시직을 거친 뒤 현감이나 군수 등의 수령직을 얻기를 은근히 기대하고 있었다.

이어 임공任公은 근래 어디서 무엇을 하고 있는지, 곽집환은 때때로 만나는지, 그리고 지난해 10월에 보낸 편지를 받았는지 물었다. 그리고 마침 북경에 가는 사신이 있어서 편지로 안부를 묻는다고 하면서 끝을 맺었다. 그런데 이 뒤에 덧붙인 부록에서 담헌의 심리를 엿볼 수 있어 흥미롭다. 담헌은 세손익위사 시직이 어떤 자리인지 등사민에게 다시 설명을 붙인다. "제弟가 하는 벼슬인 시직은 곧 동궁의 관속으로 주연冑筵(왕세자를 교육하는 서연書筵)에서 가까이 모시면서 경전을 펼쳐 놓고 토론하는 벼슬입니다. 비록 품계는 낮지만 영예로운 벼슬이라고 일컫습니다. 다만 학문의 방법을 알지 못해 고문顧問에 도움이 되지 못하는 것이 부끄럽습니다."[218] 담헌이 하고 싶은 이야기는 바로 이것이었을 것이다. 비록 낮은 벼슬이지만, 왕세자(실제로는 왕세손)를 가르치는 명예스러운 자리라는 것이다. 자랑하고 싶은 마음이 물씬 배어 나온다.

 2월에 편지를 보내고 석 달 뒤인 1775년 4월 담헌은 등사민과 손유의, 조욱종의 편지를 받았다. 등사민은 편지[219]에서 1773년 연말에 자신이 보낸 편지를 받아 보았을 것이라 하고, 이어 자신은 1774년 2월에 자신이 사는 마을에서 담헌의 편지와 선물을 잘 받았다고 하였다. 이 편지는 담헌이 1773년 7월에 보낸 것일 터이다. 이어 담헌의 시에 대한 찬상을 늘어놓고 지난 몇 해의 소식을 전했다. 1773년 1년은 집에서 지냈고, 지금은 직예성 신하新河에 있는데 가난과 병으로 고생 중이라는 것, 첩은 아름다운 여자를 원하는 것이 아니라 단지 자신과 함께할 사람을 찾는데, 가난한 탓에 1년을 찾았지만 찾을 수 없었다는 것, 따라서 나이는 들어가는데 후사後嗣가 묘연하게 되었다고 탄식했다.

 담헌이 바라는 소식도 전했다. '철교의 편지', 사실은 엄과에게 보내는 편지는 1774년 9월에 인편을 통해 보냈으며 만약 답신이 있다면 내년 봄에 보낼 수 있을 것이라 했다. 박제가 등에 대해서도 언급했다. 박제가 등은 모두 해외의 명류名流로서 직접 만나기는 어렵지만, 모두 좋게 지낼 것을 바라고, 자신의 애모하는 마음을 전한다고 하면서 곽집환이 박제가에게 보내는 편지와 물건을 보내니 답을 달라는 것이었다. 〈애오려팔영〉은 여러 동인이 짓기는 하였으나 아직 모으지 못했고 자신도 아직 짓지 않았으니, 내년에 지어 함께 보내겠다고 하였다. 홍역의 묘지는 임공이 쓴 것을 보낸다고 하였다. 끝으로 담헌이 납총納寵한 것을 멀리서 축하한다고 하고 있는데, 납총은 첩을 들이는 걸 이르는 말이다. 무언가 오해가 있었던 게 아닌가 한다. 혹 담헌이 벼슬한 것을 두고 한 말인 듯 보이기도 하지만, 확실하지는 않다.

 손유의의 편지[220]는 1775년 2월에 쓴 것으로 담헌이 1774년 10월에 보낸 편지에 대한 답신이다. 10월의 편지가 중요한 것은 손유의에게 물었던 22가지 문목에 대한 답[221]이 실려 있기 때문이다. 동일한 담헌의 문목에 대한 등사민의 답은 1777년 3월에 전해진 편지에 있으니, 뒤에 다루기로 하자.

 손유의는 10월의 편지를 12월 말에 받았다 하고, 그 전의 편지에서 '역관歷官', '재자齋咨' 등의 말이 있어 다시 만날 줄 알았는데, 지난 편지를 통해 중국에 올 수 없다는 것을 알게 되어 아주 낙망했지만 그래도 1년에 한 차례 편지를 받을 수 있어 다행이라고 하였다. 이것은 앞서 말한 바와 같이 손유의의 일방적 착각이었을 뿐이다. 손유의는 아울러 자신이 언제 벼슬을 할지는 모르지만 하게 되면 미리 연락을 드리겠노라 했다. 또 자신이 지어 보낸 〈팔경시〉는 부득이 지은 것인데 너무 칭찬을 해 주어 고맙다고 말하고,[222] 〈주자가훈〉의 말이 좀 천박하지 않느냐는 지적에 대해서는, 그것이 주자의 것인지 진위는 가리기 어렵지만, 그 말이 천박하고 촉급한 것은 혹 수준이 낮은 사람을 쉽게 이해시키려고 한 걸지도 모른다고 답했다. 앞서 편지에서 말한 격언은 〈주자가훈〉이었던 것이다.

또 〈애오려팔영〉을 판각해 주어 고맙다고 하고, 조욱종이 운남 지방에서 벼슬을 하게 되어 수습 과정 중에 있다는 소식을 전했다. 어머니의 나이가 많은데도 불구하고 만 리 먼 곳에서 벼슬을 할 수밖에 없는 것은, 빈한한 가세 때문이라 하였다. 조욱종에게 보내는 담헌의 편지는 자신이 갖고 있으며 조욱종의 집에서 조욱종에게 편지를 보낼 때 같이 보내겠다고 하였다.

담헌이 가장 궁금해하는 엄과에게 보내는 편지에 대해서도 언급했다. 지난봄(1774년 봄) 담헌의 방법대로 편지를 보내고 8월에 정륭호鄭隆號에 사람을 보내 확인했지만 회신은 없었고, 그 뒤 다시 여러 차례 사람을 보내 확인했지만 소식이 끝내 묘연하다는 것이다. 손유의는 엄과도 반정균과 같은 이유로 편지를 받지 않으려는 경우가 아닌가 하고 조심스레 말했다. 다만 올해 북경의 회시에 응시하는 항주 사람이 있다면 그 인편을 통해 편지가 올지 모르겠다고 약간의 희망을 남겼다. 조교재에 대해서는 그가 외직에 있는 줄 몰랐다면서 다시 편지를 써서 보내니, 전달해 달라고 부탁했다. 또 담헌의 편지를 전해 준 정도이丁道彝(도이道彝는 자, 실명은 미상)와 두 차례 필담을 했는데 퍽 만족스러웠다고 하면서 보내는 편지를 전해 달라고 부탁했다.

조욱종의 편지[223]는 달리 특기할 만한 내용이 없었다. 봄에 눈병이 낫지 않아 대충 편지를 써서 보냈다는 것, 1765년 처음 만나고부터 9년이 되었는데 여전히 지기知己로 대우해 주고 멀리서 올바른 도리로 격려해 주는 데 대해 감사한다는 것이었다. 거기에 가을에 운남에서 작은 벼슬을 하여 어버이를 모실 수 있게 되었다는 것 등 소소한 소식이었다.

손유의의 답

이제 1775년 4월에 받은 손유의의 편지 중 가장 중요한 부분, 곧 담헌이 손유의에게 보낸 22가지 문목에 대한 답변을 검토해 보자. 앞서 언급한 바와 같이 손유의의 답변은 네 곳에 실려 있다. 《중사中士》, 《간정부편》에는 (5) 회부回部에 대한 질문을 제외하고 21개 답이 있다.[224] 《연항시독》의 손유의의 편지에도 답이 실려 있으나 3조목에 불과하여[225] 거론할 가치가 없다. 문제가 되는 것은 《담헌서》《杭傳尺牘》의 〈여손용주서與孫蓉洲書〉[226]에 실린 답이다. 첫째 지적해야 할 것은 문목의 누락이다. (4) 육계肉桂, (7) 인주印朱에 대한 문목 자체가 실려 있지 않다. 곧 〈여손용주서〉는 20개의 문목만 싣고 있다.[227] 20개 문목 중 19개 문목에는 "손유의의 답에 이르기를[孫答曰]"이란 말이 붙어 있다. 다만 (5) 회부에 관한 문목에는 "등사민의 답에 이르기를[鄧答曰]"만 있고, (6) 중국의 서적 간행 방법에 대해 묻는 문목에는 '손유의의 답에 이르기를'과 '등사민의 답에 이르기를'로 시작되는 답 2개가 있다. 곧 〈여손용주서〉는 손유의의 답을 위주로 하고, 등사민의 답 2개를 덧붙인 것이다. (5) 회부에 대한 질문에 단 손유의의 답이 없는 것은, 《중사》에 실린 손유의의 원래 편지에 답이 없었기 때문이다. 또 (6)에 대한 답이 2개인 것은 등사민의 답도 의미가 있다고 생각했기 때문일 것이다. 등사민의 답에 대해서는 뒤에 다시 다루기로 하고 여기서는 일단 원래의 문목 22개에 대한 손유의의 답변을 검토하기로 한다.

질문 형태를 보기 위해 첫 번째 문목을 그대로 옮기고 나머지는 필요한 경우 요약하기도 한다.

(문1) (1-1) 본조本朝의 작질爵秩은 종인부宗人府에 친왕親王·군왕郡王·보국공輔國公의 위차位次가 있습니다. 이것은 황제와 얼마나 가까우냐 머냐에 따라 품계와 호칭을 달리하는 것으로 들었습니다. 아무리 큰 공덕이 있다 하더라도 공公은 왕王이 될 수 없고, 군郡은 친親이 될 수 없다고 하는데, 정말 그런 것인지요. 친親·군왕郡王·공公을 구별하는 데는 마땅히 일정한 제도가 있을 것입니다. 그것을 듣고자 합니다.[228]

(1-2) 패륵각라貝勒覺羅란 칭호는 무엇을 의미하는가?

담헌은 청 제국 최고의 귀족계급에 대해 묻고 있다. 손유의의 답은 이렇다.

(답1) 군왕·친왕·보국공의 작질은 실로 친속의 소밀疏密에 의한 것이므로 아무리 큰 공덕이 있다 해도, 정해진 제도를 넘어 봉할 수 없는 것은 족하께서 말씀하신 바와 같습니다. 대개 친왕은 적자嫡子나 적형제嫡兄弟가 아니면 봉하지 않고 모두 그 작위를 세습합니다. 군왕은 당형제堂兄弟로 봉하고, 보국공 및 패자貝子·패륵은 단계적으로 감등減等하는데 역시 모두 세습하는 것입니다.

(답2) 각라라는 호칭은 종실의 호칭인데, 모두 황제와는 복服이 없는

먼 종친입니다.[229]

대체로 이런 방식이다. (1-2)에 대해서 간단히 설명을 붙여 보자. 패륵은 만주말 바일러beile의 음역이다. 본디 족장, 부락장을 의미하는 것으로 그 지위는 군왕郡王의 아래고 패자貝子의 위다. 각라는 만주어 '기오로Gioro'를 한자로 옮긴 것이다. 청 태조 누르하치의 성은 애신각라愛新覺羅, 곧 아이신 기오로Aisin Gioro인데 아이신은 만주말로 황금을 뜻한다. '황금의 기오로'란 뜻이고 누르하치가 나라를 세운 뒤 자신의 가까운 친척을 여타의 '기오로' 일족과 구분하기 위해 '아이신'이란 수식어를 붙여 '아이신 기오로'로 성씨를 삼았다.[230] 따라서 일반 누르하치의 직계가 아닌 친척들, 곧 누르하치의 백조부伯祖父·숙조부叔祖父·백부·숙부의 후손들을 말한다. 손유의가 지금 황제와는 복服이 없는 먼 친척이라고 한 것은 타당하다.

담헌은 주로 청의 제도에 대해 묻는다. 이어지는 문제를 요약해 보자.

(1-3) 작질의 가급加給에 어찌하여 차이가 나는 것인가? (2) 관운장을 주공周公이나 공자처럼 높이는 이유는 무엇인가? (3) 공거법貢擧法의 구체적인 내용과 팔고문八股文에 대해 알려 주기 바란다.

(3)이 끼어든 것이 약간 두서가 없기는 하지만, 대체로 청의 관직과 관원을 선발하는 방법에 대해 묻고 있다. 청나라 지배계급의 구성에 대해 묻는 것이지만, 동시에 조선의 관료예비군인 사족의 입장에서는 당연한 물음이기도 하다. 손유의 역시 효렴이었기에 (3)에 대한 답이

가장 길고 자세했다. 그 자신이 관료를 지망하는 지식분자였기에 당연히 과거제도에 대해서는 소상히 알고 있었을 것이다. 다만 청은 명의 과거제도를 거의 고치지 않았기에 달리 특별하게 새로운 사항은 없다.

이어 약재 중 육계肉桂가 특별히 비싼 이유를 물었고(4), 회부回部는 어떤 부락이며, 회흘回紇 또는 회회回回란 명칭 중 어느 쪽이 옳은지 물었다(5). 앞서 지적한 바와 같이 《담헌서》(〈항전척독〉)에는 (4)가 없고, (5)는 손유의가 아예 답을 하지 않았기에 등사민의 답만 싣고 있다. 다음은 중국 서적을 판각하는 방법과 토판土板 사용 여부(6), 인주를 만들 때 사용하는 기름에 대한 긴 답이 붙어 있다(7). 물론 앞서 언급한 바와 같이 《담헌서》(〈항전척독〉)에는 (7)이 없다. 나머지 문목을 요약하면 다음과 같다.

(8) 중국에서 장천사張天師 후손들의 도교가 성행하는 이유.
(9) 북경에서 본 광대들의 환술幻術은 어떻게 하는 것인가?
(10) 의자에 앉는 법은 언제 시작되었는가?
(11) 중국에서 밥을 먹을 때 숟가락을 사용하지 않는 것은 언제 시작되었는가?
(12) 중국 직예성 동쪽 소는 코를 뚫지 않는다. 이곳만 그러한가?
(13) 조선의 여성 노동과 중국 여성 노동이 다른 이유는 무엇인가?
(14) 태서인泰西人의 학문과 그 폐해에 대해 어떻게 생각하는가?
(15) 화약의 기원, 조총의 발명자는? 중국에서 조총의 사용 역사, 현재 상황은 어떠한가?
(16) 대나무 화살이 원칙인데, 언제 나무로 바꾸었는가? 나무 화살이

대나무 화살보다 나은가?

(17) 양모涼帽의 홍영모紅纓毛는 말, 코끼리, 얼룩소 중 어떤 짐승의 털인가?

(18) 각궁角弓이 검은 이유는 무엇인가, 우각牛角의 생산 지방은 어디인가?

(19) 중국의 사찰은 크고 사치스럽지만 승려는 적었다. 국가에서 승려의 수를 제한하는 것인가? 북경과 봉천 등의 누런 옷을 입은 나마喇嘛의 무리는 승려의 기품과 도량이 없었다. 이들의 언어와 모습은 몽골과 같은데, 과연 어떤 종족인가?

(20) 내각內閣부터 국자감國子監에 이르기까지 몽골인이 많은데, 언제부터 내부來附한 것인가, 관원 선발제도에 따른 것인가?

(21) 중국의 묘지 역시 풍수서風水書와 지관地官을 따라서 정하는가?

(22) 아동은 무슨 책부터 가르치는가? 육경六經의 가르치는 순서는 어떤 것이고, 처음 읽히는 역사책, 습자책은 어떤 것인가?

이 질문에 대해 손유의는 모두 답했다. 그중 약간의 의미가 있다고 여겨지는 몇 가지를 검토해 보자.

(7) 중국 서적을 판각하는 방법과 토판土板 사용 여부. 담헌은 조선에서 서적의 판각은 극히 어려운데, 중국은 자질구레한 패설稗說과 시문詩文까지도 모두 인쇄하여 널리 배포한다면서 그것이 가능한 이유를 물었다. 많은 인쇄물을 얻을 수 있는 철활자鐵活字나 목질木質이 단단한 배나무, 대추나무 목판을 조선에서는 인쇄에 쉽게 동원할 수 없는 사정을 의식한 것이었다. 담헌은 이런 것은 얻기 어려운 것으로 생각된다고 하면서 비용이 적고 사용이 편리한 토판으로 인쇄한 것이냐

고 물었다.

손유의는 별달리 편리한 방법은 없고 배나무·대추나무·느릅나무·아가위나무로 목판을 만든다는 것, 송나라 때 동판銅版을 만들었고, 청도 역시 우연히 만들었다는 것, 글씨나 그림은 모두 석각石刻을 사용한다는 것을 말하고 이어 북경, 강소성, 절강성 등지에서 각각 책을 판각하는 데 드는 비용을 언급했다. 담헌은 유리창과 융복사의 수많은 서점과 거창한 서적 시장에 충격을 받고 그 많은 인쇄물이 어떻게 생산되었는지 궁금했을 것이다. 하지만 손유의의 답에 의하면 조선과 결정적으로 다른 인쇄술은 없었다. 담헌은 토판의 가능성을 물었지만, 손유의는 토판 같은 것은 없다고 답했다. 재미있는 것은 이에 대한 등사민 쪽의 답변이 사뭇 그 성격이 다르다는 점이다. 이에 대해서는 뒤에 따로 언급하겠다.

도교의 성행 곧 부적으로 복을 빌고 재액을 물리치는 풍습의 성행과 그것의 효험 유무를 물었던 것은, 이단의 배척에 민감했던 실천적 정주학자 담헌으로서는 당연한 일이었을 터이다. 손유의는 부적과 주문으로 비를 빌고 요사妖邪를 제거하여 민생에 도움이 없지 않다고 답했다.[231] 손유의의 답은 아마도 그에게 약간은 충격이었을 것이다.

(13)의 조선과 중국의 여성 노동이 다른 현상에 대한 질문은 유교적 가부장제에 완전히 포획되어 있는 18세기 조선 사족 남성의 근본주의적 시각을 그대로 보여 준다. 질문을 요약하면 이렇다. "옷짓기와 베짜기는 원래 부인의 일이다. 가난한 서민들의 경우, 물을 긷고 들밥을 내가는 것 역시 남자의 일이 아니다. 이런 일은 고전에서 이미 그 사례를 찾아볼 수 있다. 그런데 직예성 동쪽 지방은 여성의 노동이 신발 바닥을 깁는 일에 그치고 다른 일에는 간여하지 않는 것은 무엇 때

문인가?"²³²⁾ 여성이 여성에게 주어진 노동을 하지 않는다는 게 그에겐 너무나 이상했던 것이다.

사실 이 질문을 구체적으로 이해하기 위해서는 담헌보다 45년 전 연행했던 이의현李宜顯의 《경자연행잡지庚子燕行雜識》를 볼 필요가 있다. 이의현은 담헌과 같은 말을 하고 있다.

> 모든 크고 작은 일은 남자가 모두 그 수고로움을 도맡아서 하였다. 수레를 끌고 밭을 갈고 나무 섶을 지고 오는 일 외에 물을 길어 오고 방아 찧고 곡식을 심는 것으로부터 베를 짜고 옷을 짓는 일에 이르기까지도 모두 남자가 하였다. 여자는 문밖에 나오는 일이 드물었고 하는 일은 신의 밑바닥을 꿰매는 데 불과할 뿐이었는데, 촌의 여자는 곡식을 키질하고 밥을 짓는 등의 일을 간혹 스스로 하기도 하였다.²³³⁾

조선에서 여성의 노동으로 규정된 걸 중국에서는 남성이 도맡아 하고 있다는 것이다. 그러니까 원래 성별로 규정된 노동은 존재하지 않는다는 사실은 중국을 여행하는 조선의 남성 지식인들을 충격에 빠트렸고, 담헌 역시 같은 충격에 빠졌던 것이다. 이에 대한 손유의의 답은 옷짓기, 베짜기, 차 끓이고 밥 짓는 것은 여성 노동이기는 하지만, 현실에 있어서 그것은 남성의 것이 되기도 하고, 직예성 동쪽에서만 그런 것도 아니라고 답했다.²³⁴⁾ 원칙이라고 하는 것은 현실 속에서 언제든지 변할 수 있다는 답은 담헌의 사고에 충격을 주지 않았을까? 《의산문답》에서 문화의 상대성을 역설하니까 말이다.

(14)는 서양학에 대한 조선 지식인들의 전형적인 물음이다. 이 물

음에 대한 《중사中士》 속 손유의의 답은 '천주학[天主之學]'으로 시작되는데, 〈항전척독〉의 물음은 '태서인의 학문[泰西人之學]'으로 시작된다. 원래 '천주학'으로 시작된 질문을 뒤에 '태서인의 학문'으로 고쳤다. 물음은 약간 엉뚱하다. 중국에서 태서인의 학문을 종교로 믿어 그 해가 전통적인 이단, 예컨대 도교와 불교보다 심하다는 것이다. 하지만 산술과 의상儀象 곧 수학과 천문학의 정밀함은 중국에서 발명하지 못한 것이다. 이 문제에 대해 어떻게 생각하는가?[235]

담헌시대에 천주교는 중국에서 금지되어 있었다. 주지하다시피 예수회와 도미니크 수도회·프란체스코 수도회 사이에 벌어진 전례典禮 논쟁의 결론은 청에 대한 내정 간섭으로 여겨졌고, 강희제는 1721년 천주교 포교를 금지했다. 담헌이 이 편지를 보내기 1년 전(1773)엔 예수회가 아예 폐지되어 중국에서의 천주교 성장이 큰 타격을 입었다.[236] 손유의의 답 역시 그런 현실을 반영한 평범한 것일 뿐이었다. 현재 천주학을 금지하기 때문에 신봉하는 사람을 찾을 수도 없고, 관계된 책을 볼 수도 없다고 하고, 다만 수학과 천문학은 중국에서 발명하지 못한 것이라는 답이었다. 상식의 확인일 뿐 담헌에게 도움이 될 만한 정보는 없었다.

(15), (16), (18)은 담헌의 군사학에 대한 관심을 반영한 것일 터인데, 손유의는 별달리 가치 있는 답을 하지 않았다. (19) 중국 불교와 승려에 대한 질문의 대답은, 승려의 수준과 수는 사찰의 경제력과 지역에 따라 다르고, 국가에서 출가를 금하는 법은 없다고 답했다. 또한 '나마'라는 명칭은 청조 이후 생긴 것이며 전에는 호승胡僧·서번승西藩僧이라 불렀는데, 지금은 수준이 떨어진 자가 많고 거개 몽골인이라고 했다. 다만 그중 '활불活佛'이라 일컫는 대라마大喇嘛는 과거와 미래

의 일을 알기 때문에 심상하게 논할 수 없다고 하였다.[237] 도교와 불교 등 다양한 종교를 인정하는 손유의의 답은 근본주의적 정주학자 담헌의 사유에 강한 흔적을 남겼을 것이다.

약간 엉뚱한 것은 (21)이다. 담헌은 중국의 묘지 역시 풍수서와 지사[地官]를 따라서 정하는지를 묻는데, 손유의 역시 그렇다고 답했다. 담헌의 장례 방법에 대한 관심은 뒷날 《의산문답》에서 극적으로 되풀이된다. 그때 다시 말하도록 하자.

담헌의 질문 중 가장 중요한 것은, 청의 지배층, 곧 만인滿人의 구성 및 지배시스템이다. 당시 조선의 사족 체제는 불과 100만 명도 되지 않는 적은 인구에서 출발한 청이 누르하치 이후 어떤 과정, 어떤 조직을 통해서 대륙의 지배자가 되었는가, 그 과정의 특수성에 대한 정보, 특히 청의 지배계급에 대한 정보가 충분하지 않았던 것 같다. 청을 오랑캐라며 멸시하는, 혹은 증오하는 태도와 혹은 명 체제의 붕괴에 대한 개탄은, 감정적인 대응이었을 뿐 청 체제에 대응하는 정확한 태도는 아니었다. 북벌을 실행하건 하지 않건, 무엇보다 적대적 존재라고 믿고 있는 청에 대한 정보의 부재야말로 조선 지배층의 무능을 그대로 드러내는 것이었다. 하지만 그에 대한 문제의식조차 없었던 것이 더욱 한심한 일이 아닐 수 없었다. 담헌의 이 질문은 그런 차원에서 중요한 의미를 갖는다. 하지만 담헌의 질문조차 그리 주도면밀하지 않았고, 손유의의 답도 함량 높은 정보라고 할 정도는 아니었다.

1775년 8월 담헌은 다시 손유의의 편지를 받았다.[238] 4월로부터 불과 넉 달 만에 또 편지가 온 것이다. 의례적 인사 후 손유의는 담헌이 세자익위사 시직이 된 것을 축하하고, 약간은 쓸쓸한 자신의 근황을 전했다. 또 조욱종이 지난해 섣달 운남으로 떠난 뒤 늦봄에 도착할 예정이고, 따라서 답서가 1년 동안 없을 것이라는 것, 그의 집안에 변고가 많아 평안하지 않다는 사실을 말했다. 엄과의 회신은 누차 알아보았으나 끝내 아무 소식이 없다고 전했다.

담헌은 1775년 윤10월 동지사 편으로 등사민, 손유의, 조욱종 세 사람과 염점에 다시 편지를 보냈다. 등사민에게 보내는 편지에서 담헌은 1774년 12월 신하新河에서 보낸 편지를 4월 동지사 회환 편에 받고 무척 기뻤노라고 말한 뒤 등사민의 질병과 쓸쓸한 생계, 두 아들이 죽어 후사가 끊어진 것을 위로했다. 이어 지난해 10월과 올해 2월에 보낸 편지를 받아 보았는지 묻고, 자신은 전과 다름없는 시간을 보내고 있다고 말했다. 다만 온 가족이 홍진을 앓아 결국 제부弟婦 한 사람이 죽는 일이 있었다고 하였다.

나머지는 글씨와 시문을 주고받은 일이었다. 곽집환이 박제가에게 주는 글씨는 즉시 전해 주었고 회신을 써 달라고 해서 같이 부친다는 것, 나머지 사람들도 박제가처럼 급작스레 편지를 보내지는 못하지만 시를 쓰고 서문을 써서 보낸다는 것이었다. 이덕무의 경우 평어評語를 써 줄 것을 간곡히 바랐지만 아무런 말이 없으니 몹시 궁금해한다고 하였다. 이어 담헌은 등사민 등에게서 편지가 왔을 때 박제가와 이덕무의 반응에 대해서 이렇게 썼다.

4월 중 편지가 왔을 때 제弟는 즉시 글을 띄워 여러 사람을 부른 뒤 촛불을 밝히고 둘러앉아 편지를 열었습니다. 오직 초정楚亭(박제가)만 편지를 받들고 환호작약하였고, 나머지 사람들은 머쓱하게 서로 바라보았습니다. 각각 지어 증정하는 시문을 들고서 그 어구를 점검하여 혹 기휘忌諱에 저촉되어 죄를 얻을까 두려워하였습니다. 비록 제

弟라고 하더라도 또한 한탄함이 없지 않았습니다.[239]

　중국에서 오는 편지에 담헌 주변의 인물들이 민감하게 반응하던 분위기를 짐작할 수 있다. 담헌은 이어 〈애오려팔영〉을 미루지 말고 여러 사람에게 다시 부탁해 써 주기를 바란다고 말하고, 임공이 홍역의 묘지를 써 준 것에 대해 더할 수 없이 감사하다고 말했다.
　손유의에게 보내는 편지에서 담헌은 2월 19일, 5월 13일 양일의 편지를 모두 받아 보았다고 하고, 등사민에게 전한 홍역 소식을 전했다. 또 자신이 보낸 문목에 대해 상세히 답해 주어 고맙다고 하고, 조욱종이 먼 운남성에서 벼슬하는 것을 위로했다. 또 주좌州佐가 어떤 부府, 어떤 주州의 어떤 관직인지 물었다. 엄과에 대해서도 말했다. "구봉九峯이 오랜 시간이 지나도록 끝내 회신하지 않는 것은 무슨 이유가 있을 것입니다. 그렇기는 하지만 나는 나의 마음을 다할 뿐입니다. 그 사람에 대해 어떻게 하겠습니까? 절강 사람들은 남을 가볍게 칭찬하고 신의가 적다고 하는 말을 《서호지西湖志》에서 찾아볼 수 있습니다. 그 사람들에게 서운하게 생각하지 않을 수 없습니다."[240] 담헌은 이렇게 서운함을 드러냈다.
　자신의 익위사 시직에 대해서도 다시 한마디 보탰다. 아주 낮고 자질구레하기는 하지만 세자의 강연에 참석하는 지극히 명예로운 직임이라는 것, 10년을 그 자리에 있어도 유감이 없으며, 빛나는 요직 같은 것은 바라는 바가 아니라는 것이었다. 아울러 그는 손유의가 지현知縣이라도 하기를 간절히 바란다고 하였다.
　조욱종에게 보낸 편지[241]에서는 1774년(갑오년) 10월에 남긴 편지는 보았다 하고, 이어 손유의에게 물었던 것처럼 운남의 어떤 지방에 있는지, 주좌가 어떤 벼슬인지, 어떤 일을 맡는지, 봉급은 얼마인지, 어느 정도 지나면 승진하는지를 물었다. 이어 운남의 풍속을 물었는데, 특별한 품질의 보이차가 있는지도 물었다. 끝으로 자신이 동궁을 모시는 시직 벼슬을 하고 있음을 알리고, 몇 년 후에는 지방관으로 나갈 수 있을 것이라 하였다.[242]

이단관의 변화

1776년 3월 10일 정조는 왕위에 올랐다. 정조의 즉위에 반대하는 세력을 제거하는 과정에서 정국은 소용돌이쳤다. 하지만 담헌은 혼란스러운 정국과 아무 관계가 없었다. 즉위하는 날 정조는 세손시강원과 세손익위사를 폐지했다. 그는 이제 세자가 아니었고 그에게는 아직 가르칠 세자가 없었다. 1774년 11월 28일부터 1년 3개월가량 담헌이 맡았던 시직 직임 역시 당연히 없어졌다. 한 달이 채 되지 않은 4월 7일 담헌은 통례원 인의引儀에, 같은 달 21일에 예빈시 주부主簿에 임명되었다. 그리고 이어 6월 20일 사헌부 감찰監察이 되었다. 사헌부 관원은 모든 관료의 비위를 조사, 탄핵하고, 왕에 대해 간쟁할 수 있었지만, 그것은 종5품 지평持平의 소관이었을 뿐이다. 정6품 감찰의 정원은 13명이었는데, 그중 5명이 음관의 몫이었다. 담헌에게 다섯 자리 중 하나가 주어진 것이다.

담헌이 감찰이 되고 두 달이 지난 8월 4일, 황윤석이 일기에 자신과 동문이라면서 대정동으로 홍대용을 찾아갔지만 만나지 못했다는 기록을 남기고 있다. 일기 중간에 "계방에서 특교特敎로 승륙陸六하였다"고 짧은 간주間註가 있는데,[243] 여기서 '특교'란 말은 아마도 정8품 시직이었던 담헌을 정조의 특별한 명령으로 종6품직으로 올린 것, 곧 승륙을 의미할 터이다. 통례원 인의와 예빈시 주부는 모두 종6품직이다. 조선시대 관직체계에서 7품 이하는 참하관參下官으로 부르며 조회에 참여할 수가 없다. 따라서 승륙을 해야만 참상관(종6품 이상, 종3품 이하)이 되고 지방관으로도 나갈 수 있었다. 정조는 서연에서 담헌을 눈여겨보았을 것이고 그에 대한 호감의 표시로 종6품 인의와 주부로 올리고 이어 정6품 사헌부 감찰에 임명했을 것이다.

다시 황윤석으로 돌아가자면, 그가 다수의 동문 중 담헌을 특별히 의식한 것은 담헌이 천문학과 수학에 조예가 있다고 알려졌기 때문일 터이다. 다음 날 황윤석은 다시 담헌을 찾았다. 담헌은 황윤석을 보고 깜짝 놀랐고 이어 역학易學부터 《율력연원》에 이르는 긴 대화가 이어졌다. 담헌으로서는 말이 통하는 대화 상대를 비로소 만난 셈이었다. 황윤석을 붙들어 두고 싶었다. "이것은 실로 평생 토론해 보기를 원하던 바지만, 입을 열어 같이 말할 사람이 없습니다. 노형께서 봄에 온 것은 우연치 않은 일인데, 금방 왔다가 금방 가신다니 너무나도 한스럽습니다."[244] 이어지는 말은 좀 애매한데, 황윤석이 서울에서 벼슬할 가능성이 있으니 머무르라는 뜻으로 이해된다. 만약 서울에 머무른다면 자신도 공부에 도움을 받을 수 있을 것이라는 말이었다.

황윤석은 사실 영조의 인산因山에 참여하기 위해 서울로 온 것이었다. 돌아갈 날이 머지않았다고 거절하자, 담헌은 거듭 머무르기를 권했고 황윤석은 승낙할 수밖에 없었다. 이날 담헌은 《역상고성 후편曆象考成後編》을 보여 주며 빌려줄 것을 약속했고, 이어 육비가 쓴 〈농수각기〉를 보여 주었다. 황윤석은 담헌이 지은 농수각이 청주 장명역촌

長命驛村에 있고, 농수각이란 명칭은 두시杜詩의 '일월농중도日月籠中鳥, 건곤수상평乾坤水上萍'에서 따온 말이라는 것, 농수각에는 혼천의 2좌座가 있는데 홍역이 나주목사로 있을 때 나경적과 안처인이 만든 것이라는 것, 1766년 북경에서 육비 등을 만나 지금도 편지를 주고받는다는 것을 말하고(물론 육비 등과 이때는 편지를 주고받지 않았다!), 이어 담헌이 〈태서건상곤여도泰西乾象坤輿圖〉도 가지고 있는데, 그 건상乾象은 성전星躔이 5, 6도 차이가 난다고 하였다.[245]

담헌은 7일 황윤석을 찾아가 다시 《주역》〈홍범〉 상수象數의 설'에 대해 토론했다. 이어 담헌은 황윤석에게 다음 날 저녁 대궐 밖 곡반哭班에 참예하려면 식사을 하고 말을 먹여야 할 텐데, 자신의 집이 대궐에 가까우니 하루를 머물며 대화하자고 청했다. 황윤석은 평소 서울 사대부의 집에 유숙하는 법이 없지만, 담헌은 동문의 벗이기에 따르겠다고 하였다.[246] 8일 황윤석은 대정동 담헌의 집으로 갔다. 이어 이덕무와 박지원, 박제가가 찾아왔다. 황윤석은 담헌과 함께 연암 그룹을 만난 것인데, "다문박식多聞博識하여 말할 만한 사람들"[247]이라고 평가했다. 9일에도 황윤석은 담헌의 집에서 이덕무·박지원·박제가와 대화하였다. 담헌은 늦게 퇴궐해 돌아와 이야기를 나누었다. 담헌은 자신이 소장하고 있는《역상고성》상편과 후편,《수리정온》,《팔선대수표八線對數表》,《대수천미표對數闡微表》등 당시 최신의 천문학 서적과 수학책을 보여 주었다. 아울러 남회인南懷仁 곧 페르난디드 페르비스트의 〈태서곤여전도〉8첩 병풍을 보여 주었다.[248] 이 시기 담헌은 이런 책과 지도를 보면서 계속 천문학과 수학에 지적 관심을 쏟고 있었다. 같은 분야에 상당한 지식과 관심이 있었던 전라도 고창의 선비 황윤석으로서는 꿈에서도 가질 수 없는 그런 책들이었다. 황윤석은 8월 10일 김이안에게 보내는 편지에서 이제 담헌을 만났고 왕래하게 되었으니 이번 서울 행차는 결코 무의미하지 않다고 말했다.[249]

사헌부 감찰로 담헌이 어떤 업무를 수행했는지는 별로 알려진 바 없다. 파란 없는 평범한 생활이 지속되었을 것이다. 하지만 그의 머릿속에서는 의미 있는 변화가 일어나고 있었다. 이제 이 변화에 대해 검토해 보자. 1776년 4월 동지사 회환 편으로 손유의의 편지가 왔다. 등사민과 조욱종으로부터는 소식이 없었다.[250] 손유의는 이백석이 전해 주는 편지를 보고 모두 편안하다는 소식을 알게 되었다고 한 뒤, 담헌의 청고한 인품에 맞는 청고한 관직을 맡았다면서 축하하고 빛나는 요직은 절로 할 수 있을 것이라고 덕담을 건넸다. 그리고 지난 편지에 "다시는 압록강을 건널 수 없을 것[不能重渡鴨水之語]"이라는 말을 보고 크게 낙망했다고 하였다. 편지에는 특별한 내용이 없었다. 이덕무가 자신의 시를 호평해 주어 고맙고 직접 만나 보고 싶지만 그럴 수 없어 안타깝다고 했다. 엄과로부터는 끝내 회신이 없고, 지난해 찾아가 본다는 것 역시 뜻대로 되지 않았다는 것, 반정균 쪽을 다시 접촉해 보는 것이 어떻겠느냐는 의견이었다.

담헌이 궁금해하던 조욱종의 벼슬에 대해 언급했다. 주좌州佐는 주판州判과 같은 말로 종7품직이고, 현재 성도부成都府의 염장대사鹽場大使로 있다고 하였다. 또 조욱종의 장형長兄이 사망한 뒤 그의 가세가 급격히 기울어 경제적으로 어렵고 가족들도 흩어지게 되었다는 것 등이었다. 손유의 자신의 근황도 언급했다. 올해 숙사를 그만두고 향리에서 취관就館(가정교사, 막료)하였고, 성내에서는 수응할 일이 너무 번거로워 시끄러움을 피해 조용한 데로 갈 계획을 세웠는데, 노인과 어린아이까지 여전히 숙사塾舍에 있어 장래 집을 옮길 수도 있으나 결국은 성을 벗어나지 않을 것이니, 편지는 염점에 계속 맡겨 달라고 했다.

담헌은 1776년 10월 다시 등사민, 손유의에게 편지를 보냈다. 조욱종은 운남에 있었기 때문에 편지를 보낼 필요가 없었다. 등사민에게 보내는 편지[251]에서 담헌은 3년 동안 소식이 끊어져 너무 그립다 하고, 자신이 계속 보낸 편지가 염점에 있을 것인데 보았는지, 혈증은 치료되었는지, 수염과 모발은 얼마나 세었는지를 물었다. 이어 사헌부 감찰이 된 자신의 소식을 전했다. 담헌이 자신의 벼슬에 대해 말하는 것은 아주 드문 일이니, 여기서 인용해 보자.

폐방弊邦(조선)은 불행하게도 올해 3월 별안간 국휼國恤을 당하였고, 사왕嗣王이 즉위하셨으니, 슬픔과 경사가 겹쳤습니다. 제弟는 지난여름에 사헌부 감찰로 승진했는데, 조의朝儀를 바로잡는 직임이니 옛날의 전중어사殿中御史 같은 것이지요. 지위와 사람들의 기대가 가볍지 않으니, 제는 실로 그 직임에 맞지 않습니다. 다만 조만간 고을 하나를 얻어 군민을 다스리는 데 노력하여, 임금의 알아 주심에 보은하고 겸하여 고을살이의 봉록에 의지하여 어버이를 봉양하기를 바랄 뿐입니다. 또 종이와 먹을 살 자금을 마련해, 보고 듣는 것을 기록해 뒷사람을 기다리고자 합니다. 나에게 20년이 주어져 이 일을 이룬다면, 나의 뜻과 소원이 끝나게 되는 것이지요.[252]

담헌은 자신이 사헌부 감찰이 되었음을 알리며 감찰이 과거 중국의 전중어사와 같은 무거운 임무를 띤 관직이라고 말한다. 자신이 맡은 감찰직이 꽤나 흡족했던 것이다. 조만간 고을 하나를 얻을 수 있다는 것은, 감찰을 거친 뒤 지방 수령으로 나가는 게 관례로 이미 굳어져 있었음을 의미한다. 이어 담헌은 곽집환과 임공의 안부를 묻고, 여러 사람이 화운한 〈애오려팔영〉도 보내 달라고 하였다. 항주의 엄과에게 보내는 편지를 전했는지도 확인했다. 끝으로 등사민 집안의 내력과 선조 중 이름이 있는 사람도 알려 달라고 하였다.

손유의에게 보낸 편지에서 담헌은 손유의가 자신을 높이 평가해 준 것에 감사의 뜻을 표하고, 향거鄕居는 계획대로 되고 있는지를 묻고 새 거처는 구성洵城[253]과 거리가 얼마나 되는지, 마을의 이름은 무엇인지, 인심은 어떤지를 묻고, 또 수업하는 학생들이 똑똑하여 가르칠 만한지를 물었다. 이어 사헌부 감찰이 되었다는 자신의 소식을 전했다. 내용은 등사민에게 보내는 편지와 다를 것이 없었다. 감찰의 중요성에 비추어 자신의 능력이 모자란다는 겸사를 늘어놓았다. 또 자신은 벼슬길에 들어섰지만, 손유의는 아직도 벼슬하지 못하고 있음을 의식하여, 그가 가난한 데다 늙은 어버이가 있으니 아무 벼슬이라도 해야 할 터인데, 향시에 합격한 지 12년이 지난 지금도 벼슬을 얻지 못하고 있는 사실이 안타깝다면서 위로해 마지않았다. 담헌 자신은 벼슬이 청현직淸顯職이기는 하지만, 끝내 음로蔭路에서 나온 것이니, 조만간에 그만두고 지방의 외직이나 지내야 할 것이라고 말한다. 곧 임금을 가까이 모시는 요직은 본래 자신의 길이 아니고, 지난 편지에 손유의가 담헌 자신에게 바란 "임금을 바로잡고 나라를 경영하는 것" 역시 자신이 맡을 바가 아니라는 말이었다. 자신은 과거 문자에 익숙하지 않아 여러 번 과거를 쳤지만 합격하지 못했고, 지금은 포기한 지도 오래되었다는 것이다. 이어 주련柱聯으로 쓸 것이라면서 '일월농중조, 건곤수상평日月籠中鳥, 乾坤水上萍'을 써 달라고 부탁했다. 앞서서 보았듯이 이 구절은 농수각이란 명칭이 유래한 두보 시[254]의 한 부분이었다.

손유의에게 보낸 이 편지는 담헌 사상과 관련하여 상당히 중요한 것인데, 그것은 편지 후반부에 붙어 있는 7개의 문목 때문이다. 이 문목은 등사민에게도 같이 보냈다. 손유의와 등사민은 모두 답을 했지만, 그 답은 그리 중요하지 않다. 담헌의 문목 자체가 담헌 사유의 전환을 드러낸다는 점에서 중요한 것이다. 손유의와 등사민의 답은 뒤에 다시 다루기로 하고 여기서는 담헌의 문목 자체에 집중해 보자.

(1) 맹자는 양주楊朱와 묵적墨翟을 막고, 한자韓子(한유韓愈)는 불교와 노장老莊을 배격했고, 주자는 진량陳亮과 육상산을 물리쳤습니다. 유자는 이단에 대해 이처럼 엄격했습니다. 그런데 공자는 노자를 스승으로, 원양原壤을 벗으로 삼았고, 광간狂簡을 인정했습니다. 다만 "이단을 전공하면 해롭다" 하고, 또 "후세에 일컬을 사람이 있겠지만, 나는 하지 않는다"고 하였습니다. 이런 말씀은 앞의 여러분들에 견주어 느슨한 것에 그치는 정도가 아닙니다. 이것은 어떤 의미의 말씀인지요?[255]

1766년 초 북경에서 만난 엄성과 육비, 반정균에게 담헌은 오로지 '정주학자'로 인식되었다. 이단과 관련하여 담헌은 이단을 물리쳐야 한다는 생각에 사로잡혀 있었다. 그런 그의 완강한 생각에 변화의 균열을 낸 것은 엄성이었다. 앞서 살핀 바와 같이 엄성은 죽기 직전인 1767년 가을에 써서 보낸 편지에서 이단은 이미 주류가 아니며 앞으로 주류가 될 가능성도 없다는 것, 또한 이단에 대한 비판과 공격이 결코 이단을 소멸시킬 수 없었다고 지적했다. 그렇다고 해서 이단이 정주학적 진리를 소멸시킬 가능성도 없었다. 요컨대 담헌의 이단에 대한 비판은 쓸모없는 것이라는 말이었다. 또한 이단의 사유에는 취할 점도 있으니, 이단을 적극 공격하지 않고 국지적으로 방치하는 것이 차라리 현실적인 태도라는 것이 엄성의 입장이었다.

엄성이 아니었다면 담헌은 반론을 제기했을 것이다. 하지만 비판을 한 사람은 담헌이 깊이 신뢰했던 엄성이었다. 담헌은 엄성의 논리도 논리지만 그 인간됨과 진지함에 먼저 설득되었을 것이다. 엄성이 그 편지를 끝으로 사망하지 않았다면, 상호간 이단에 대한 깊은 토론이 전개되었을 터이다. 하지만 엄성은 사망했고 이단 문제는 담헌 스스로 풀어야 했다. 위 문목 (1)은 담헌이 풀어야 할 이단에 대한 고민이 어느 지점에 먼저 형성되어 있는지를 드러낸다. 맹자는 양주와 묵적을 비판하였고 한유는 불교와 노장을 배척했으며, 주자는 진량과 육구연을 배척했다. 널리 알려진 유가 혹은 정주학자가 비판한 대상이다.

담헌은 엄성의 주장을 수용하기로 한 것으로 보인다. 그는 수용의 논거를 만들 필요가 있었다. 담헌은 공자의 말을 끌어와 이단 비판에 의문을 표한다. 곧 《공자가어孔子家語》를 인용해 공자가 이단인 노자를 스승으로 섬겼던 역사,[256] 공자가 노자의 부류로 예법을 벗어나 살았던 원양과는 벗이었다는 사실,[257] 또 천하를 돌아다니며 뜻을 펴고자 하다가 좌절하자 자신의 고향 노나라로 돌아가고자 하면서 "광간狂簡한 오당의 소자"를 성취시켜 후세에 자신의 도를 전하려고 했던 것[258]을 먼저 들었다. 또한 공자가 이단에 대해 "이단을 전공專攻하면 해로울 뿐이다"[259]라고 말했을 뿐 더 이상 비판하지 않았던 사실, 《중용》에서는 "은벽한 것을 찾고 괴이한 일을 하는 것을 후세에 일컬을 사람이 있겠지만, 나는 하지 않는다"[260]라고 말한 걸 들면서 담헌은, 공자의 이단 비판이 '완만한 것'이었다고 이해한다. 곧 공자가 이단 비판에 느슨하였고 그리 적극적이고 단호하지 않았다는 것이다. 이것은 다분히 전략적이다. 만약 담헌이 이단을 비판하는 쪽에 선다면, 그는 위의 인용을 이단 비판의 중요한 논거로 채택했을 것이다. 따라서 담헌 내부에 이미 이단에 대한 태도의 변화가 일어났고, 그것을 합리화하기 위해 아무도 부인할 수 없는 권위인 공자의 말과 태도를 인용한 것이다. 이것은 근본주의적 정주학자의 입장에서 이단을 인정하기 위한 책략이 아닐 수 없다.

이어 담헌은 양주와 묵적을 이단으로 지나치게 배격하는 것에 대해 회의하는 질문을 던진다.

(2) 양씨楊氏의 위아爲我는 소부巢父·허유許由·장저長沮·걸닉桀溺의 부류지만, 청고淸高한 태도로 세속과 절연한 것은 완고한 사람을 염치있게 만들기에 충분하였습니다. 묵씨墨氏의 겸애兼愛와 근검·절용은 세상의 급한 사정에 대비해 위로 시속을 구제하고 아래로 사사로움을 잊을 수 있게 만들었으니, 또한 보통 사람들보다 훨씬 현명한 것입니다.
두 사람의 도를 너무 지나치게 실천하면 혹은 홀로만 외로이 행하게 되고, 혹은 몸을 지치게 만들어 보통 사람들은 반드시 견디지 못하겠지만, 천하를 바꾼다는 것은 걱정할 필요가 없습니다. 금수로 배척하는 건 혹 지나친 일이 아닌지요?[261]

담헌은 양주의 위아사상爲我思想을 소부·허유·장저·걸닉으로 구성되는 은자의 계보에 연결시킨다. 소부와 허유는 요 임금 시대, 장저와 걸닉은 춘추시대 초나라의 은자다. 요 임금이 허유에게 임금 자리를 양보하려 하자 그는 더러운 소리를 들었다면서 시냇물에 귀를 씻었고, 허유는 그 말을 듣고 자신의 소가 그 물을 먹을까 봐 상류로 가서 물을 먹였다고 한다. 공자가 지나가다가 자로를 시켜 부근에서 밭을 갈고 있던 장저와 걸닉에게 나루터의 위치를 물어 보게 하자, 두 사람은 어지러운 세상이 바뀌지 않을 것이 명백한데 공자는 왜 쓸데없이 천하를 돌아다니면서 벼슬을 구하며 세상을 바꾸려고 하느냐고 넌지시 비꼬았다. 담헌은 네 사람을 천하의 혼란을 알면서도 자신의 이로움만을 추구한 극단적인 '위아爲我'로 해석한 것이다.

이제 세 번째, 문목 (3)으로 넘어간다. 담헌에 의하면 위아에는 "청고하여 세속과 절연한 것은 완고한 사람을 염치 있게 만들기에 충분하였다"는 긍정적인 속성이 있다. 묵자의 '겸애'와 근검 절용 역시 "세상의 급한 사정에 대비해 위로 시속을 구제하고 아래로 사사로움을 잊을 수 있게 만들었다"는 긍정적 속성이 있다. 극단적인 위아와 겸애는 분명 문제를 야기하겠지만, 그것이 천하를 바꿀 가능성은 없다. 그렇다면 이들을 "금수와 같다"고 배척하는 것 또한 지나친 일이 아닌가? 이런 논리로 담헌은 한나라 초기 문제文帝와 경제景帝 시대의 정치적 방향이 노자가 말한 '무위이화無爲而化'의 정치론을 따랐던 것과 선불교의 논리가 상산학과 양명학에 스며들었던 것을 이단의 학문이라며 그 유행을 문제삼을 필요가 없다고 말한다.[262]

이단으로 배척했던 양주와 묵적을 보는 시각 역시 달라졌다. 그들의 사상과 실천의 긍정성을 적극 인정하면서 그들이 세상을 바꿀 가능성이 없는 소수파임을 지적한다. 양주와 묵적이 세상을 바꿀 가능성이 없다는 것은, 곧 주류 이데올로기인 유학 내지는 정주학에 위협적인 존재가 될 수 없음을 말한다. 그렇다면 그들의 사유가 사회의 국소부에 존재하고 사상의 긍정성을 실현하도록 내버려 두면 그만일 뿐이다. 도리어 그들을 비판하여 그들의 존재를 부각시킬 필요가 없다. 이 사고는 엄성의 사고를 보다 세련된 형태로 가공한 것이다.

이런 논리로 담헌은 드디어 주자의 이단론에 닿는다(4). 주자는 "강서江西의 돈오頓悟와 영강永康의 사공事功을 극력 다투어 분변하지 않으면 이 도가 밝아질 길이 없다"[263]라고 말한 바 있었다. 상산 육구연은 강서성 출신이다. 그의 학설이 독서와 궁리를 통한 진리의 점진적인 깨달음을 주장하는 주자와 각립하여, 자신의 마음에 내재하는 진리를 깨달아야 함을 주장한 것이 선종의 '돈오'와 유사했기에 주자가 '강서의 돈오'라고 표현한 것이다. 영강은 절강성 영강 출신인 진량을 가리킨다. 진량은 주자의 학문이 갖는 지나친 관념적 성격, 곧 현실 문제에 상대적으로 소홀한 것을 비판하여 사공事功, 곧 학문의 현실적 효용성을 강조했고, 어떤 일의 도덕적 의도보다는 결과의 성공에 가치를 부여해야 한다고 주장했다. 주자는 진량의 주장을 "왕도와 패도, 의리와 사리私利를 구분하지 않는 것[王霸幷用, 義利雙行]"이라 비판했다.

이 부분에 대해 담헌은 앞에서 이단의 긍정성을 인정하던 논리를 그대로 적용한다. "강서의 돈오와 영강의 사공은 이단이라면 이단이겠으나, 다만 의리를 밝게 분변分辨하여 세상을 맑게 하기에 충분하였고, 토복討復할 계책을 품었으니 어지러운 세상을 평정하기에도 충분했다."[264] 그것이 이단이기는 하지만 긍정적인 기능이 분명히 있다는 것이다. 육상산의 학문(강서의 돈오)과 진량의 사업(영강의 사공)은 정통 정주학자의 입장에서는 이단이다. 하지만 전자는 윤리성을 제고했고 후자는 요遼, 금金 등 이적을 물리치고 고토를 회복할 구체적인 방책을 제시했다. 싸잡아 이단으로 몰아쳐서 부정할 수는 없다. 이단의 공격에 앞장선 정통 정주학자들이 현실에서 어떤 의의와 성취도 거두지 못한 것보다 도리어 이단이 실천하는 모습이 훨씬 의미가 있는 것 아닌가. 이어서 그는 특유의 '오곡과 돌피'의 논리를 꺼낸다. "세상의 유자들이 정학正學이라고 외치며 그저 옛 자취만을 그대로 따르고 끝내 아무런 실용이 없는 데 견준다면, 익지 않은 오곡이 돌피[稊稗]만도 못한 것과 다를 게 무엇이 있겠습니까?"[265] 이단의 긍정적 속성에 기반한 실현과 정학이 실현되지 못한 것의 대비. 담헌은 이렇게 이단을 인정했고 이에 대해 등사민은 "높고 높고 옳고 옳습니다. 지극히 높습니다"라고 답했다.

그렇다면 원래 정주학의 공격 지점이었던 이단의 부정적 속성은 어떻게 구제할 것인가?

(5) 오늘날 이단 배격은 이단이 끼치는 폐단을 말하지 않은 경우가 없습니다. 하지만 천하의 일로서 폐단이 없는 경우가 있었는지요? 선양禪讓의 폐단은 찬탈이 되었고, 방살放殺의 폐단은 시역弑逆이 되었고, 제작制作의 폐단은 사치가 되었고, 역빙歷聘의 폐단은 유세遊說가 되었습니다. 성인聖人의 대중지정大中至正함을 소인이 빌려다 뒤집어쓰는 것이 이와 같으니, 이단의 폐단이 어찌 말할 가치가 있겠습니까?
이런 이유로 청담淸談을 하면서 허무를 높이 받드는 것은 노자를 헐뜯는 도적이요, 복 받기를 바라고 윤회를 믿는 것은 선가禪家의 외마外魔입니다. 이제 청담을 버리고 도덕을 실천하며, 복을 받기를 바라지 말고 타고난 심성을 찾는다면, 쇠란한 시대의 문제, 경제와 속된 세상의 왕양명과 육상산이 너무나도 기이하고 현명한 경우가 되지 않겠습니까?[266]

이단의 부정적 속성에 대한 비판을 넘기 위해 담헌은 모든 사상은 다 말폐가 있다고 말한다. 이단에 말폐가 있듯, 성인의 대중지정한 사고에서 나온 행위도 말폐가 있다. 달리 말해 정학도 말폐가 있다는 것이다. 요·순이 각각 순과 우에게 왕위를 선양한 것은 결국 찬탈의 명분을 만들었고, 탕왕이 걸왕을, 무왕이 주왕을 내쫓고 죽인 것은 결국 시역하는 구실을 만들었다. 출중한 능력을 갖추고 자신을 등용할 왕을 찾아 천하를 돌아다녔던 역빙歷聘의 문화는 결국 교묘한 언설로 이익을 보장해 줄 자리를 찾는 유세객을 낳았다. 원래 이 모든 것은 선량한 의도에서 출발했으나 결국은 소인에게 악행의 구실을 만들어 주었을 뿐이다.

이단의 유폐라는 것도 이와 다르지 않다! 따라서 부정적 속성에 집중하여 이단을 공격하기보다는 그 부정적 속성을 제거하고 본래의 긍정적 속성을 발휘하게 하는 것이 더 중요하다. 청담을 일삼고 허무를 숭상하는 것은 노자의, 복전과 윤회를 믿는 것은 불교의 부정적 속성이다. 이를 덜어 내고 도덕과 심성에 집중한다면, 도가道家를 믿었던 문제·경제는 물론이고 정주학과 대척적인 주장을 펼쳤던 왕양명과 육상산도 이 쇠란한 시대, 타락한 세상에서는 도리어 기이하고 현명한 사람이 될 수 있을 것이다!

담헌의 논리는 완벽한 것으로 보인다. 하지만 담헌이 지적한 노자의 청담과 허무는 노자의 '부정적' 속성이 아니라, 노자의 '본질적' 속성이다. 복전과 윤회도 불교의 부정적 속성이라 단정할 수 없다. 따라서 이것들을 노자·불교의 부정적 속성으로 판단하고 그것을 유가의 부정적 유폐와 동일시한 것은, 이단의 존재와 가치에 대한 전면적·일방적 부정을 넘어서기 위한 담헌의 전략적 판단이다. 담헌은 계속 이단을 '구제'하고자 한다. 이제 담헌은 이단을 정주학으로 수렴하는 단계에 도달한다.

(6) 그러므로 이단의 학문이 비록 다양하지만 마음을 맑게 하고 세상을 구제하여 '수기치인修己治人'으로 귀착되기는 일반一般인 것입니다. 나의 입장에서는 내가 좋아하는 것을 따르고, 남들에게는 그들이 선한 일을 하도록 허락한다면 무슨 안 될 것이 있겠습니까?
꼭 같이 만들기 어려운 것이 물物입니다. 그중에서도 마음이 가장 심하지요. 사람에게는 각각 좋아해 높이 치는 것이 각각 있으니, 누가 그것을 하나로 통일할 수 있단 말입니까? 그러니 그 선을 각각 실천하여 각각 그 능력을 발휘하여 요컨대 사욕을 제거하고 풍속을 선하게 만든다면, '대동大同'에 무엇이 해롭겠습니까?[267)]

담헌은 다양한 갈래의 이단은 결국 마음을 맑게 하고 세상을 구제하려 한다는 점에서 동일하다고 말하고, 그 동일성은 '수기치인'으로 요약될 수 있다고 말한다. 차이가 아니라 동일성의 차원에서 양주와 묵적, 노장과 불교, 육왕학과 사공학은 유학의 '수기치인'으로 수렴된다는 것이다. 이로써 이단은 이단이 아니고 유학 곧 정주학에 포섭되었다. 담헌은 마지막으로 인간의 마음이야말로 단일하게 만들 수 없는 것으로 사람마다 각각 좋아하고 높이 평가하는 바가 있으니, 어떤 사람도 그것을 통일할 수 없다고 지적한다. 각각 스스로의 가치관에 따라 그 가치관에 내장된 선善을 실천한다면 사욕을 버리고 사회적 선을 이룩할 수 있을 것이고, 그것이 대동大同에 이르는 길이라고 말한다. 담헌은 학문에 뜻을 둔 유자는 이단 배격을 성학聖學의 출발점으로 삼는데, 자신은 이 점이 아주 갑갑했다고 하면서 손유의와 등사민에게 자신의 견해에 대한 답변을 요청했다.[268]

담헌은 자신이 학문을 시작하면서 정주학의 이단 배척이 갖는 문제를 생각한 듯이 말하지만, 그건 사실이 아닐 것이다. 그는 엄정한 정주학자로 일관했고 정주학의 진리성을 의심하지 않았다. 위의 이단을 인정하는 논리 역시 정주학의 진리성을 전제한 뒤 이단의 이질성을 제거하거나 보류하여 포섭하려는 것이었다. 물론 이 정도의 변화마저도 이단에 대해 유연한 태도를 가지라는 엄성의 충고가 없었으면 불가능했을 것이다.

담헌은 손유의에게 보내는 편지에서 물음의 형식으로 자신의 생각이 바뀌었음을 고백했다. 이 전환이 일회적인 우연한 일이 아니었음은 다른 글을 통해서도 확인이 된다. 원중거元中擧는 1763년(영조 39) 통신사행의 서기로 일본에 파견되었을 때 일본인의 증별 시문을 받아 《일동조아日東藻雅》란 책으로 엮은 바 있었다. 담헌은 그 책에 발문 곧 〈일동조아발日東藻雅跋〉을 썼다.

> 이伊·물物의 학문은 비록 그 내용을 자세히 알 수 없지만, 요컨대 몸을 닦고 백성을 구제하는 것이었으니, 곧 성인의 무리인 것이다. 그 학문을 따라 다스리는 것이 또한 옳지 않으랴? 하물며 망령스레 성명性命을 말하고 부질없이 불로佛老를 배척하며, 참을 가장하여 거짓을 파는 건 우리의 학문에 아무런 이로움이 없는 것이니, 어찌 저 익은 돌벼로도 충분히 흉년을 구제할 수 있는 것과 같겠는가? 현옹玄翁

의 "정학正學을 밝혀 사설邪說을 그치게 한다"는 것이 급선무라고 할 수는 없다.[269]

이伊·물物의 학술이란 이토 진사이伊藤仁齋(1617~1705)와 오규 소라이荻生徂來(1666~1728)를 말한다. 이 두 사람의 학문에 대해 원중거는 아마도 정학이 아닌 것으로 치부하면서 "정학을 밝히고 사설을 없앤다"고 말했던 것 같다. 담헌은 그 점을 의식하여 일단 진사이와 소라이의 학문적 성격에 대한 판단을 유보하면서 그 요체는 결국 몸을 닦고 백성을 구제하는 것이니, 사소한 차이를 무시한다면 결국은 성인의 무리라고 말한다. 그는 특유의 '돌파' 논리를 반복하면서 사설을 물리치는 것이 급선무라고 할 수 없다고 주장한다. 앞서 인용했던 손유의에게 보낸 편지에서 보인 사고의 전환이 그대로 반복된 것이다.

원중거는 이덕무와 아주 가까운 사람이었다. 그는 연암과 이덕무, 박제가 등과 한 그룹이었다. 담헌은 1770년 2월 이후 연암 그룹과 접촉하기 시작했으니, 아마도 그 이후 《일동조아》를 읽고 발문을 썼을 것이다. 앞의 손유의에게 보내는 편지가 1776년 6월 이후의 것이니, 〈일동조아발〉 역시 이 어림에 쓴 것이 아닌가 한다.

원래 담헌은 엄성과 육비 등의 불교적·육왕적 학문을 비판했고, 그들을 설득해서 정주학으로 돌아오기를 강렬하게 바랐다. 하지만 이제 담헌은 인간의 개인적 다양성을 인정하면서 사상의 다양성을 용납해야 한다고 말한다. 이러한 변화는 어디서 비롯되었는가? 엄성은 담헌에게 마지막으로 보낸 편지에서 이단의 존재를 용납할 것을 정중하게 설득한 바 있다. 엄성은 불교와 양명학을 옹호하기 위해 담헌과 각립하려고 이단의 용납을 주장한 게 아니었다. 담헌의 충고대로 정주학으로의 회귀를 선언하면서 이단의 용납을 주장했던 것이다.

담헌은 엄성의 충고를 접수한 것으로 보인다. 이뿐만 아니라 김종후와의 논쟁도 그의 생각에 변화를 일으킨 계기가 되었다고 보인다. 김종후에게서 확인한 실천 없는 강퍅한 정통 유가의 엄격함도 이단의 진실성을 깊이 사유하게 한 계기가 되었다. 또 다른 계기도 생각해 볼 수 있겠는데,《의산문답》에서 역설된 지구가 둥글다는 설은 상대주의를 낳게 했다. 또한 그가 접속한 연암은 공안파公安派의 문학이론에서 상대주의를 받아들이고 있었다. 담헌은 문학에 냉담했지만, 아마도 연암과의 대화는 그로 하여금 일종의 가치 상대주의를 인정하게 했을 것이다. 물론, 담헌이 이단을 인정한다고 해도 그가 정주학의 진리성을 포기한 것이라 볼 수는 없다.

02

항주에서 편지가 오다

유금의 북경행

1777년(정조 1) 1월 24일 담헌은 의빈부儀賓府 도사都事에 임명되었다. 1776년 6월 20일 사헌부 감찰에 임명되었으니, 6개월 후의 정기 인사에서 자리를 옮긴 것이다. 이즈음에 북경에서 담헌과 관련 있는 사건 하나가 일어나고 있었다. 이 문제를 언급해 보자. 이단에 대한 질문을 포함한, 손유의에게 보내는 편지는 1776년 동지사 편으로 보낸 것이었다. 이 사신단은 '진하겸사은사進賀兼謝恩使'도 겸하고 있었다. 그런데 이 사행단에는 담헌과 관계 있는 사람이 있었다. 이 시기 담헌이 어울리던 유득공의 숙부 유금柳琴(1741~1788)이다. 서형수와 서유구는 각각 〈기하실기幾何室記〉란 글을 남기고 있는데, 유금의 '기하실'을 기념한 기문이다. '기하'란 말이 《기하원본》에서 유래했음은 물론이다. 서유구와 그의 중부 서형수는 각각 〈기하실기〉를 써서 유금이 전공한 수학과 기하학이 몰가치하다는 당대의 보편적 인식에 항변하고, 유금이 서호수徐浩修에게서 기하학을 배운 사람이라 밝히고 있다.

1776년 11월 유금은 진하겸사은사의 부사 서호수를 따라 북경으로 갔다. 사신단은 11월 3일 정조에게 하직 인사를 올렸고, 12월 26일 북경에 도착했으며, 1월 내내 북경에 머물렀다가 2월 3일 출발하여, 1777년 3월 24일 복명했다. 이 사신단에 끼어 간 유금에 의해 중간에 끊어졌던 북경-서울 사이의 지식인 교류가 다시 이어졌다. 유금은 이덕무·유득공·박제가·이서구 등 4명의 시 400여 수를 모은 《한객건연집韓客巾衍集》을 가지고 가서, 이부상서 이조원李調元과 반정균의 서문을 받고 북경에서 간행할 것이라는 약속을 받아 온다.[1] 이 시집이 중요한 의미를 지니는 건, 애초 이덕무 등이 북경의 명사에게 평어나 서문을 받기 위해 의도적으로 보냈기 때문이다. 담헌 쪽의 기록은 없지만, 유금이 북경에서 반정균을 만나려 했던 것을 보면, 분명 담헌의 부탁을 받았을 것이다. 물론 유금은 반정균을 직접 만나지는 못했다! 뒷날 반정균이 담헌에게 보낸 편지에 의하면, 원래 유금과 만나기로 약속했지만 갑자기 국휼國恤 곧 국상을 당해 관청에서 20여 일 숙직하는 탓에 만나지 못하고 편지를 대신 부치려 했으나 그것도 끝내 하지 못했다는 것이다.

이덕무에 의하면 반정균을 찾을 수 없었던 유금이 단문端門(궁전의 남문, 곧 정문을 말한다. 자금성의 오문午門을 가리키는 듯하다) 밖에서 마주친 단아한 풍모의 이조원에게 불쑥 말을 붙였다고 한다. 두 사람은 의기투합하였고 이후 유금은 여러 차례 이조원의 집을 방문하여 필담을 나누었다.[2] 물론 이것은 유금의 말이다. 이조원 쪽의 기록에 따르면, 유리창의 서점에서 이조원의 《황화집皇華集》을 보고 그의 저술을 사모한 유금이 집을 찾아왔기에 필담을 나누게 되었다고 한다.[3] 하지만 담헌이 유금을 통해 반정균과 접속하려 했던 걸 생각한다면 이덕무의 말이 맞을 것이다. 유금은 이조원에게 반정균에 대해 물었던 바, 자신과 가장 가까운 사이며, 1771년 회시에 장원으로 합격했으나 억울하게 합격이 취소되었다는 말을 전했다.[4] 이조원은 다양하고 풍부한 저작을 갖고 있는 빼어난 학자였다.[5] 다만 아쉽게도 유금과 이조원·반정균이 어떤 대화를 나누었는지는 기록이 남아 있지 않아 더 이상 알 수 없다.

1777년 3월 하순에 돌아온 유금으로 인해 담헌과 이덕무, 박제가 등 주변 인물들에게 큰 변화가 일어났다. 유금은 《한객건연집》의 서문과 평문을 얻어 왔고, 북경에서 이조원을 만난 사실과 반정균의 소식을 전했다. 유금의 귀국, 그리고 《한객건연집》의 서문과 평문에 열렬히 반응한 사람은 당연히 사가四家, 곧 이덕무·박제가·유득공·이서구였다. 이덕무와 박제가는 이조원 등에게 편지를 보내기 시작했는데, 이에 대해서는 뒤에 다시 언급하기로 하자. 소식을 들은 담헌은 반정균이 자신을 잊지 않은 것은 기뻐했지만, 사신 편에 편지를 보내지 않은 걸 섭섭하게 여겼다. 하지만 그가 편지를 받지 않았던 것은 아니다. 그해 말 반정균으로부터 편지가 왔던 것이다. 어쨌든 1777년은 북경과 서울이 다시 연결되어 청–조선 사이의 인적 교유가 확장되었다는 점에서 퍽 의미가 있는 해였다. 실제 이듬해인 1778년 이덕무와 박제가는 북경 땅을 밟고 그 인사들을 직접 만나기도 하였다. 이제 시간을 따라가면서 1777년 담헌이 경험했던 사건을 구성해 보자.

3월 하순 귀국한 사신단은 등사민과 요예문姚禮文, 엄과 등의 편지를 담헌에게 전해 주었다. 이때 반정균의 편지도 전해 준 것으로 이해하고 있지만, 사실이 아니다. 그 편지는 그해(1777) 겨울에 왔을 것이다. 반정균의 편지는 뒤에 언급하기로 하고, 우선 가장 중요한 등사민의 편지[6]를 읽어 보자.

등사민은 1777년 1월 삼하를 거쳐 온 편지 1통(담헌이 1776년 10월에 보낸 편지와 그 전의 22개 문목 편지)을 읽었다고 말한 뒤, 청반淸班으로 승진한 것을 축하하고, 외직에 임명된 경우에도 소식을 계속 주고받을 수 있는지를 물었다. 담헌이 세손익위사 시직에서 사헌부 감찰로 옮긴 것과 장래에 지방 수령직으로 나가기를 기대한다고 말한 것을 두고 한 말일 터이다. 이어 자신의 근황을 전했다. 묵은 병[血症]이 완치되었고 수염과 머리카락은 세었지만 정신은 멀쩡하다는 것, 첩을 데리고 직예성의 고성현故城縣을 유람했고, 여러 일도 잘 처리하고 있지만 다만 자식이 없는 것이 마음에 걸린다는 말이었다.

담헌의 부탁에 대해서도 언급했다. 〈애오려팔영〉은 친구의 작품 10~20편 정도를 모았지만 2년 전 집을 나설 때 미처 가지고 오지 않아 늦게 보냄을 이해해 주고, 자신이 보내는 시는 시라고 말할 수 없는 수준이니 양해해 달라고 하였다. 담헌이 문목으로 물어 본 것에 대해서도 답했다. "하문하신 여러 문제는 원래 편지지에 주석을 다는 것처럼 답했습니다. 말이 길어지는 것은 따로 조목별로 답했습니다. 보시고 만약 의견과 맞지 않은 것이 있다면, 가르침을 내려 주시기를 빕니다."[7] 등사민은 이단에 대한 담헌의 질문에 동의하지 않는 답을 쓴 것이 자못 마음에 걸렸는지, 이어 다시 "보내 온 서찰 중 조금이라도 뜻과 같지 아니한 경우는 곧 직필로 답해도 괴이한 일이 아니니, 만약 의리와 어긋나는 것이 있으면 가르침을 내려 주시는 게 어떻습니까?"[8]라고 거듭 말하고 있다.

엄성에 대한 언급도 있었다. 곧 엄과 등이 보낸 편지가 자신에게와 있어 동봉하니, 엄과의 편지를 읽으면 전말을 알게 될 것이라 했다. 곽집환이 8월에 사망했다는 소식도 전했다. 편지가 상세하지 못한 데 대해서도 변명했다. 자신이 있는 고성현은 삼하로부터 700리 떨어진 곳으로 담헌의 편지를 전해 준 사람이 답서를 즉시 써 주기를 바라므로 자세한 사정을 다 쓰지 못한다는 것이었다.

편지의 본문은 이렇게 끝나고 이어 담헌이 보낸 문목에 대한 답변이 시작되었다. 그런데 등사민은 앞서 언급했듯, 두 가지 방식으로 답을 하였다. ① 원래 편지에 주석을 단 것처럼 답한 경우, ② 답이 길어져서 따로 답한 경우가 그것이다. ①은 《중사》에 실려 있고[9] ②는 위 편지의 본문[10]에 실려 있다. 먼저 ①을 살펴보자.

문목 (1)에 대해서 등사민은 "견문이 좁은 초야의 사람이라 아는 바가 없다"고 하며 답하지 않았다.[11] 이하 (2), (15), (16)은 아예 답이 없다. (3) 공거법에 대해서는 따로 조목별로 답하겠다고 했는데, 그것은 ②에 실려 있다. (4)와 (7) 역시 ②에 실려 있다. (5) 회부에 대한 질문에는 "원래 회흘回紇의 부류로서 중국에 들어와 당나라 태종 때 번성했으며, 사책史冊을 보면 알 수 있다"[12]고 간단히 답했다.

(6)의 인쇄법에 대해서는 토판 같은 것은 없고 당보塘報만 활자를 사용해 수시로 인쇄하지만, 역시 목활자이고 철활자는 아니라고 하였다. 또 판각 비용은 한 글자마다 은銀 2~3푼인데, 값이 일정하지 않고 또 아주 비싸 거부巨富나 서방書坊(출판업자)이 아닌 가난한 사람은 책을 인쇄할 수 없다고 답했다.[13]

(8)의 도교에 대한 질문은 자신은 북경에 살고 있어 정보가 없기 때문에 답할 수 없다고 하였다. (13)에 대해서는 "도시에 사는 사람들(여성들)은 음식을 만들고 차리는 일을 하지 않고, 시골에 사는 사람은 늘 물을 긷고 방아를 찧는 일을 합니다. 또한 지역에 따라 다르지 않다"[14]고 답했다. 도시 거주 여성은 조리와 같은 전통적인 의미에서의 여성 노동을 하지 않지만, 시골에서는 한다는 의미로 읽힌다. 다만 이 역시 여성 노동에 대한 담헌의 생각과는 달랐을 것이다.

등사민의 답은 대체로 매우 간략했다. (14) 천주교와 수학, 천문학에 대한 질문에 대해서는 중국인들이 절대로 믿지 않고 있으며, 자신도 '그 설說'을 얻고자 했으나 얻을 수 없었다고 답했다. 아마도 천주교와 수학, 천문학에 대한 텍스트를 구해 보려 했지만, 구하지 못했다는 의미로 이해된다. (17)의 양모涼帽의 털이 무슨 털이냐는 질문에는 '바로 이것'이라는 애매한 답변만 남겼고,[15] (18)의 각궁의 검은 뿔이 어떤 소의 것이냐는 질문에도 역시 "물소의 뿔이며 남방에서 생산된다"[16]라고 짧게 답했다. (19) 중국의 사찰과 불교, 라마에 대한 질문에는 승려를 제한하는 법은 없고, 라마는 청의 북쪽 지역 화상和尙이고, 서방 쪽 사람이 아니라는 취지로 답했다.[17] (20) 몽골인에 대한 질문도 "확실히 알지 못한다"[18]고 답했다. (21) 묘지를 고르는 법에 대한 답은 좀 길었다.

> 묘지를 정하는 법은 북경에 가까운 지방은 그리 중시하지 않지만, 산서山西·하남河南·양강兩江 지역은 아주 많이 따집니다. 이것은 확실히 알맹이 있는 이치이고, 전현前賢이 글을 써서 이루어진 법이 있기까지 하니, 제弟 역시 이 도리를 아주 좋아합니다.[19]

지역에 따라 풍수지리학 신봉의 정도가 다르다는 것이다. 평원이 많고 산이 드물어 풍수지리를 따질 조건이 형성되어 있지 않은 것이 북경 일대에서 풍수지리학을 중시하지 않은 이유일 것이다. (22) 아동을 가르치는 책과 그 과정課程에 대한 답은 약간 길었다. 사서四書를 먼저 익히고 자질이 우수한 학생은 육경을 읽는다는 것이었다.[20]

편지의 본문에도② 담헌의 물음에 대한 답이 실려 있었다. 먼저 등사민 자신의 집안 내력에 대해, 선대가 농업과 상업에 종사했고 아버지 세대에도 현달한 사람이 없다고 하였다. 하지만 명 태조 주원장이 주희를 조상으로 끌어대지 않은 것처럼 자신도 유명인을 조상으로 끌어대고 싶지 않다고 하였다. 다만 자신이 지은 선조(아버지의 선비先妣)의 행장에 세계世系가 자세하여, 동국의 저명한 분에게 시사詩詞를 지어 줄 것을 요청하려 했는데 마침 가져오지 않아 보내 드릴 수가 없다고 하였다. 이어 조선에 정조가 즉위했으니 담헌이 좋은 방책을 건의하기를 바라고 자신에게도 알려 달라고 했다. 조선의 인재 선발제도에 대해서도 물었다.

이어지는 내용은 정연하지 않은데, 모두 담헌의 문목에 대한 답이다. 곧 인재 선발제도에 대한 물음에 이어 중국의 식기와 수저의 종류와 재료에 대해 한참 언급하는데, 이것은 담헌의 첫 번째 문목 (11)과 관계가 있는 것일 터이다. 하나 특기할 점은 자신이 담헌을 만났을 때 담헌이 사용하는 식기와 수저가 모두 구리로 만든 것이었다면서, 조선의 부자와 가난한 자들의 식기와 수저에 대해 상세히 알려 달라고 요청했다는 것이다. 이어 《시경》 이후 한시가 형식과 수사에 몰두하여 시의 본질을 상실한 역사를 요약하고 담헌의 시야말로 홀로 고조古調에 가까운 작품이라고 평가했다. 담헌은 1773년 10월 답장에서 간단히 답을 한다.*

다음으로 청의 과거제도와 팔고문, 공생貢生, 감생監生에 대한 상세한 설명이 이어지는데, 이것은 앞의 문목 (5)에 대한 답으로 워낙 길기

---

* 담헌의 답을 간단히 소개한다. 곧 조선의 밥그릇, 찬그릇, 타구, 요강은 모두 구리로 만들어 쓰는데, 귀인의 주기酒器와 수저는 혹 은을 쓰지만 가난한 사람은 자기를 쓰고 색과 품질이 거칠고 둔하다는 것이다. 또 관요官窯에서 만든 것이 낫고, 중국제나 일본제를 쓰기도 한다. 또 《시경》 이후 한시의 역사에 대한 등사민의 발언에 대해서는 기본적으로 찬동한다고 했는데, 다만 자신의 시에 대한 과도한 평가는 바라는 바가 아니라고 하였다.

때문에 따로 자세히 설명하겠다고 한 것이다. 이어 공자의 "단단하고 흰 바탕은 가할 것도 없고 불가할 것도 없다"는 말을 인용한 한 단락이 이어지는데, 이것은 담헌의 이단관에 대한 조심스런 비판이다. 이 부분은 뒤에 이단관을 다룰 때 같이 다루기로 한다. 중국 인쇄·출판업의 발달, 곧 다종의 서적이 대량 인쇄, 출판되는 것에 대한 비판적 언급도 있는데, 이것은 문목 (6)에 대한 답변의 일부다. 이어 (7)의 인주에 대한 답변도 짧게 실려 있다. 이 뒤에는 등사민 자신이 지은 〈애오려팔영〉이 실렸다. 편지는 조선의 옥과玉瓜(앞에는 王瓜) 씨앗과 화초 씨앗을 보내 달라는 부탁으로 끝난다. 이 중에서 꼭 언급해야 할 것은 서적 출판(6)에 대한 답이다. (6)은 ①에서 이미 답한 바 있는데 미진했던지, 다시 소상한 답을 덧붙이고 있다.

오대五代에 이르러 풍도馮道가 글자를 새기는 방법을 고안해 내자, 대추나무·배나무로 만든 목판으로 한꺼번에 만 장을 찍어 내었습니다. 그래서 배우는 사람들은 손으로 글을 쓰는 수고에서 벗어나게 되었고, 천하에는 손으로 쓰면서 하는 공부가 적어졌습니다. 서적이 넘쳐 나자, 이루 다 말할 수 없는 문제가 나타났습니다.

근래에는 돈 있는 집안에서 다른 책에서 짧은 말과 글을 훔쳐 내어 즉시 목판에 새겨 책을 찍고서는 떠벌리며 팔아먹는데, 그것이 패관稗官·야사野史·여요閭謠·이사俚詞에까지 번집니다. 시문詩文을 망치고 어지럽히는 것이 이와 같지 않음이 없으니, 부박한 글이 많아지면 많아질수록 올바른 도리는 더욱더 묻혀 버립니다. 처음에는 겨가 많고 쌀이 적었으나, 오래되면 겨만 있고 쌀이 적게 되는 법이지요. 이 어찌 목판이 빌미가 되었기 때문이 아니겠습니까? 제弟는 일찍이 풍도는 신하의 도리란 것이 없었을 뿐만 아니라, 또 실로 문자의 죄인이라고 생각했습니다. 형께서 목판에 대해 물으셨기에 우연히 이 일에 대해 한탄하게 된 것입니다. 우리 형께서는 어떻게 생각하시는지요?[21]

풍도(882~954)는 오대五代 때 당唐·진晉·거란·한漢·주周 다섯 왕조의 여섯 황제를 섬긴 인물로 지조 없는 인간의 상징이었다. 요는 이 비루한 풍도로부터 시작된 인쇄술의 발달이 몰가치한 서적의 범람을 초래한 결과 시문을 어지럽히고 정대한 이치를 덮어 버렸다는 것이다.

이상에서 담헌이 보낸 첫 번째 22개의 문목에 대한 답이 끝나고 "맹자가 양주와 묵적을 물리치고[孟子距楊墨]"로 시작되는 7개의 문목과 이에 대한 답이 이어진다. (7)번 문목에 대한 답은 "소제 등사민 절하며 묻습니다[小弟閔拜質]"라는 문장으로 끝난다. 따라서 이 7개의 문목과 답은, 담헌과 등사민의 것이다. 문목 7개 중 (1)~(3)에 대해서는 등사민의 답이 없고, (4)는 "높고 높고 옳고 옳습니다. 지극히 높습니다",[22] (5)는 "이 말은 전현前賢이 일찍이 말했습니다"[23]라고 극히 간단히 답하고 있을 뿐이다. (6)과 (7)은 약간 길다.

(6) 소부巢父와 허유許由의 부류는 세상을 피하고 세속과 관계를 끊었으니, 아마도 남을 다스릴 마음이 없었을 것입니다.[24]

(7) 남의 단점을 말하는 사람이라 해서 꼭 그 자신이 유능하고 잘난 것은 아닐 것입니다. 언젠가 보았더니, 서툰 의원이 뻐기면서 다른 의원을 깔보며 하지 못하는 말이 없었는데, 곁에 있던 식견 있는 분이 냉소를 머금더군요. 우리 형께서는 이 문제에 대해 높은 식견을 가지고 계십니다.[25]

약간 긴 답이 있으나 물음을 충분히 만족시키지는 못한다. (7)에 대한 짧은 답이 끝나고 이어 문제 전체에 대한 총괄적인 답이 조금 이어진다.

① 이단과 성학聖學은 처음은 털끝만 한 차이지만, 결국은 천 리나 서로 벌어지게 되는 법이니, 따라서 분별을 엄격하게 하지 않을 수 없습니다. 그러므로 전현前賢들 중에는 이단을 맹수나 독사처럼 미워한 분들도 있었으니, 대개 처음부터 엄격히 다스리지 않는다면 뒷날의 폐해가 이루 다 말할 수 없을 것이라고 생각했기 때문이었습니다.

② 사실 오늘날 치의緇衣(먹물 옷, 곧 승려가 입는 옷)의 무리는 불씨佛氏를 높이 받드는데, 불씨의 무리로서 처자식이 있다면 본디 화상和尙이 아닌 것입니다.

③ 지난 역사를 읽으면 난신적자는 태반이 글을 읽어 이름을 이룬 자들입니다. 하지만 어찌 성인께서 사람들더러 난신적자가 되라고 가르쳤겠습니까? 그런데 자지子之와 연왕燕王 쾌噲는 명분을 빌려 왕의 자리를 주고받았고, 조조는 주제넘게 자신을 주나라 문왕에 견주었으며, 왕망과 동탁은 감히 정벌을 한다고 떠벌렸습니다. 이 외에 모든 성학이란 이름을 빌려 천하의 인물이 된 사람을 다 헤아릴 수가 없을 정도입니다. 성인의 경서를 보고 결국 이런 무리가 되었던 것이니, 경서는 세상을 속이고 이름을 훔치는 자료였습니다.

④ 말이 이 지경에 이르매, 성인을 배운 사람을 거절하자니 이루 다 거절할 수가 없게 되었습니다. 그러니 어느 겨를에 이단을 배우는 자까지 같이 거절할 수가 있겠습니까?

⑤ 결국은 기초를 단단히 세우고 우리 형께서 말씀하신 대로 '수기치

인'에서부터 공부를 해야 할 것입니다. 그러면 진선盡善한 데 가깝지는 않다 하더라도 단연코 큰 차이가 나는 데 이르지는 않을 것입니다. 소제小弟 등사민이 절하며 여쭙니다."[26]

등사민은 담헌의 주장에 동의한다. 이단의 말폐처럼 유가 역시 말폐가 있었다는 담헌의 지적에 ③의 예로 호응한다. 성인의 경서를 읽은 자들의 말폐다. 이런 이유로 이단을 공박하는 곁길로 나갈 겨를이 없고④, 오직 유가 스스로 먼저 '수기치인'에 집중해야 할 것이다. 등사민은 담헌이 바랐던 답을 해 준 것이다. 아마도 담헌은 손유의·등사민 두 중국인 친구의 답으로 자신의 소론에 대해 자신감을 가지게 되었을 것이다.

1777년 3월 담헌에게 전해진 편지에는 등사민이 말했듯, 요예문이 등사민에게 보내는 편지[27]가 있었다. 요예문은 처음 등장하는 사람인데, 중간에서 편지 전달을 맡았던 사람이다. 요예문→등사민 편지의 겉봉투에는 "영노映老 현내질賢內姪에게 인편을 찾아 기주冀州 신하현新河縣 염점鹽店으로 편지를 전하여 등사민이 받아 보게 할 것"을 써 놓았다. 곧 처조카 심영산沈映山이란 사람에게 인편을 찾아 봉투 안의 편지를 신하현 염점의 등사민에게 보내라는 부탁이다. 편지 내용은 다음과 같다.

요예문은 작년에 헤어지고 1년이 지나 여름이 되었다고 한 뒤, 등사민이 보낸 편지를 엄과의 마을에 가서 대면해 전달했다고 하였다. 아울러 엄과 등에게 보낸 편지 역시 모두 받아 보았던 사실을 확인했다고 하였다. 자신은 현재 엄과의 편지 한 통을 받아 간직하고 있으나 여러 가지 일로 즉시 길을 떠나지 못하고 있는데 얼마 전 심영산이 진문津門의 영경호永慶號로 가는 길이 있어 이 편지와 엄과의 편지를 동봉해 보낸다는 것이었다. 편지는 4월 13일 썼다.

동봉한 엄과의 편지[28]는 등사민에게 보내는 것이었다(이 편지는 1773년 3월 담헌에게 전해진 것이다). 엄과는 항주로 돌아온 요예문을 통해 등사민과 담헌의 편지를 받았다고 했다. 담헌이 간절히 보기를 원했던 엄성의 소상小像과 유고遺稿에 대해서도 말했다. 초겨울에 손유의로부터 편지가 와서 보내 달라고 했다는 것이다. 엄과는 손유의는 담헌과 생사를 같이하는 친구이니 그것들을 담헌에게 전했을 것이라고 하였다. 즉 엄성의 소상과 유고를 손유의에게 보냈다고 한 것이다. 등사민이 엄과가 자신에게 보낸 편지를 읽으면 전말을 알게 될 것이라고 한 건 바로 이를 두고 한 말이었다.

《간정부편》에는 엄과의 편지에 덧붙여 삼하 염점의 편지[29]와 손유의 제자 서충徐忠이 쓴 짧은 편지가 실려 있는데, 후자는 약간 언급할 필요가 있다. 곧 손유의가 금년에도 북경과 100리 정도 떨어진 사령沙嶺에서 아이들을 가르치기 때문에 일정이 바쁜 조선 사신단 쪽 사람이 그곳으로 가서 편지를 받을 수 없어 5월에 손유의가 집으로 돌아가면 보낼 것이라는 소식이었다.[30] 서충의 편지에 이어 반정균이 1777년 1월 17일 《한객건연집》에 쓴 발문[31]과 이덕무의 시에 대한 짧은 비평이 실려 있다. 발문은 자신이 만난 담헌이 정주학을 독실히 믿는 사람이라 시로써 이름을 내고자 하지 않았다는 것, 헤어진 후 다시 만나지 못하게 되었고, 또 최근 편지도 끊어진 지 몇 해가 되었음을 먼저 말하고, 이어 유금이 《한객건연집》에 대한 비평을 요청해 왔기에 그 사연을 이렇게 쓴다고 하였다. 정작 시에 대한 주목할 만한 평어評語는 없고 자신과 담헌의 관계에 대해서만 짤막하게 쓴 것이다. 하나 주목할 것은 반정균이 자신을 '문연각 검열 충방략관총교관 사고전서분교관 내각중서사인文淵閣檢閱 充方畧館摠校官 四庫全書分校官 內閣中書舍人'으로 소개하고 있다는 것이다. 그는 중서성 소속으로 당시 《사고전서》를 편찬하는 소임을 맡고 있었던 것이다. 이덕무 시에 대한 비평 역시 시 자체에 대한 평어는 없다. 짤막한 것이라 직접 옮겨도 무방할 것이다. "담헌은 동방의 고사高士다. 이별하고 10년이 지났는데, 죽을 때까지 다시는 만나지 못할 것이다. 철교가 땅에 묻힌 지도 이미 오래라 이 시 몇 줄을 읽노라니, 슬픔이 울컥 올라와 나도 몰래 눈물이 마구 흐른다."[32] 이덕무의 시에서 무엇을 읽었는지는 모르나, 반정균은 담헌과 철교와의 인연이 떠올라 눈물을 쏟았다.

담헌은 3월의 편지 중에서 등사민의 편지와 그가 함께 보낸 요예문·엄과의 편지를 통해 항주와 연락이 되지 않았던 이유와 엄성의 소상과 유고의 소재를 알게 되었다. 이제 다시 그들과 접속할 가능성을 가지게 된 것이었다.

담헌은 즉각 반응하여 4월에 손유의에게 편지[33]를 보냈다. 편지에서 담헌은 정군丁君—아마도 역관일 것이다—이 귀국했는데, 사신단이 워낙 급히 돌아왔기에 회답을 받지 못했다고 말한다. 보통 동지사는 4월에 귀국하는데 이 사신단은 앞서 언급한 바와 같이 3월 24일 복명했다. 그러니까 손유의가 있는 삼하를 보통 사신단보다 빨리 통과했던 것이다. 늘 비슷한 시기에 사행이 통과하기를 기다렸던 손유의는 사신단이 1월에 삼하를 통과할 줄 몰랐다. 사신단이 전해 준 편지 중에 당연히 있어야 할 손유의의 편지가 없는 것은 이 때문이었다. 만약 손유의의 편지가 있었다면, 엄과가 말한 것처럼 손유의는 엄성의 소상과 유고를 같이 전해 주었을 것이다.

마음이 급한 담헌은 먼저 궁금한 것부터 물었다. 엄과로부터는 아직 소식이 없는지, 얼마 전 등사민이 보낸 편지를 보니 1775년 1월 25일에 봉한 엄과의 편지가 있었는데 그 편지에서 '초겨울'이라고 한 것은 1774년 10월이었으니, 이제 이미 4년이 지났다. 엄과는 소상과 편지를 보냈다고 했지만, 만 리 먼 길이라서 중간에 유실되었을 수도 있다. 담헌은 손유의가 다시 마음을 써서 찾아볼 것을 간곡히 청했다. 편지 끝에는 조욱종과 그 가족의 근황을 물었다. 약간 의미 있는 건 반정균에 대한 것이었다. 담헌은 반정균을 다시 만난 적이 있는지를 묻고, 자신에게 전해진 반정균의 편지에 대해 간단히 언급했다. "지난번 사행 중 시권詩卷을 가지고 가서 어떤 사람을 통해 추루秋庫로부터 비평을 받아 낸 사람이 있었습니다. 그 소인小引과 평어에서 제弟를 언급하였는데, 그 속마음이 간곡하고 예전의 정의情誼가 그으윽하였으니, 또한 감탄할 만하였습니다."[34] 유금이 《한객건연집》을 가지고 이조원을 통해 반정균으로부터 받아 낸 〈한객건연집발〉과 이덕무의 시에 자신에 대한 언급이 있는 걸 말한 것이다. 담헌의 말을 유심히 살피면, 반정균의 편지는 이때 담헌에게 전달되지 않았음이 분명하다. 담헌은 서충에게도 편지[35]를 써 보내면서 자신의 짧은 편지를 즉시 손유의에게 전해 주고, 답을 받아 사행 편에 부쳐 달라고 신신당부하였다.

편지를 보내고 지루한 기다림이 있었다. 다만 유금을 통해 《한객건연집》의 발문을 받은 사람들은 달랐다. 그들은 북경으로 편지를 보내는 데 여념이 없었다. 이덕무는 《아정유고》에 이조원에게 보내는 편지 3통을 남겼는데,[36] 첫 번째 편지에서('계동桂洞'에 사는 사신 편에 보낸 편지) 이조원과 반정균이 자신을 알아 주니 평생의 한이 조금이나

마 풀리는 것 같다고 감사의 뜻을 밝히고, '선귤蟬橘'이란 자신의 호를 적은 편액과 〈선귤당기蟬橘堂記〉 그리고 《청장관집》의 서문을 써 달라고 부탁하며, 몇 가지 의문 사항에 대한 문목을 보낸다. 이조원의 답신이 도착했고, 그는 다시 감사의 편지와 문목을 보낸다.[37]

이덕무는 1777년 초여름 반정균에게도 편지[38]를 보냈다. 먼저 담헌을 통해 육비·엄성·반정균에 대해 들었던 사실과, 1768년 역관 이백석을 통해 《선귤당농소》를 보내 높은 평가를 받은 일 등을 열거했다. 그리고 이번에 유금을 통해 이조원의 《한객건연집》 서문과 반정균의 〈수필평서手筆評序〉를 받아 감격스럽다고 한 뒤 담헌이 손유의를 통해 반정균에게 편지를 보냈지만 전달이 되지 않았던 일에 대해 공무로 바빴을 것이라고 추측했다. 다음 엄성의 유고 양과 간행 여부, 엄성의 형 엄과의 안부, 엄성의 기일 등을 알려 달라고 부탁했다. 그리고 칠언절구를 폐백으로 보내니 화답해 달라는 것, '청장관靑莊館'이란 세 글자를 써 줄 것, 〈청장관기靑莊館記〉와 〈청장관집서靑莊館集序〉를 지어 줄 것을 부탁했다. 또 당시 문단의 종주였던 원매袁枚에게 혹 소개하여 서문과 기문을 지어 달라고 할 수 있는지도 물었다. 반정균의 초상화를 보내 주면 향을 피우고 절을 하면서 회포를 풀겠다는 좀 우스꽝스러운 부탁도 있다. 담헌과 김재행의 소식도 전했다. 담헌은 의빈부 도사가 되었다는 것, 김재행은 날이 갈수록 궁해지지만 아직 기운이 꺾이지 않았다는 것 등이었다. 이어 중국 학문의 최근 경향, 육왕학의 유행 여부, 이용촌李榕村·육가서陸稼書·탕잠암湯潛菴의 학문, 《사고전서》 편집에 관련된 정보, 중국에서 간행된 조선 책의 종수, 《고려도경》의 간행 여부 등을 물었다.

이덕무가 보낸 편지를 읽고 반정균은 답을 썼다.[39] 이덕무는 감격해 다시 편지를 썼다.[40] 그는 앞으로 철석 같은 교분을 맺자고 제안하고, 2~3년 안에 자신이 북경에 가서 만날 수 있기를 기대한다고 했다. 담헌이 7월 2일 태인현감이 되었다는 소식도 전했다. 이하는 여러 가지 부탁이었다. 초상화를 잊지 말고 보내 줄 것, 자신이 새로 지은 호 단좌헌端坐軒에 대해 기문을 써서 전에 약속했던 〈청장관집서〉와 함께 보내 줄 것, 이조원에게 보낸 시에 대해서 비평해 줄 것, 그 밖의 영명왕永明王의 최후 사적, 왕요봉汪堯峯·모기령 등에 대한 질문 등이었다.

더 극적인 반응을 보인 사람은 박제가였다. 서상수에게 《회우기》를 돌려주면서 중국에 가기를 간절히 염원했던 박제가는 이조원에게 보내는 편지에서 중국의 산천과 여러 제도, 수레와 배의 제작기술, 농사법 등을 보고 싶다면서 사신을 따라 중국에 가기를 간절히 바랐다.[41] 그는 위로와 격려를 담은 이조원의 답장을 받았고,[42] 다시 편지를 보낸다.[43] 이조원에게 편지를 보낼 때 반정균에게도 보내었던 바,[44] 반정균 역시 답장을 보낸다.[45] 박제가는 이제 북경행을 열망한다. 홍대용과 유금 등이 전한 북경과 북경 지식인들과의 인적 관계망 형성이 박제가의 열망에 불을 지폈던 것이다.

담헌은 1777년 7월 2일 태인현감이 되었다. 신임 수령과 변장邊將을 불러 보는 자리에서 정조는 담헌을 보고 반가워했다.

태인현감 홍대용이 앞으로 나아가자, 상이 직임과 성명을 물었다. 홍대용이 우러러 대답하자, 상이 "너는 일찍이 계방을 거쳤구나. 한 번 이직한 뒤로 오랫동안 볼 수 없었는데, 이제야 비로소 보는구나"라고 했다. 이어 물러가라고 명했다.[46]

정조는 사뭇 반가워했지만, 여러 지방관을 함께 불러 보는 자리라 더 이상 말을 할 계제가 아니었다. 정조와의 재회는 이렇게 끝났다.

태인현감은 담헌의 첫 수령직이었다. 지방 수령으로서 담헌이 태인 곧 지금의 전라북도 정읍에서 어떤 일을 경험했는지는 알 수가 없다. 등사민 등에게 보낸 편지에서 번잡한 공무에 시달리는 괴로움을 토로하고는 있지만, 당시 지방 농민의 상황, 경제적 처지 등에 대한 관찰은 전혀 보이지 않는다. 하나 기억할 만한 것은 가난한 이덕무를 불러 태인 관아에서 지내라고 권유한 사실이다. 이덕무는 그것을 순순히 받아들일 사람이 아니었다. "공문公門에서 기식하는 것이 어찌 내 집에서 마음 편히 있는 것만 하겠는가?"[47]라며 간단히 거절했다.

이 시기 담헌에게 중요한 것은 역시 중국인 친구들이 전하는 소식이었다. 담헌은 4월에 편지를 써서 부치고 여섯 달이 지난 10월[48]에 손유의로부터 2통의 편지를 받았다. 첫 번째 편지[49]는 1776년(병신년) 10월에 보낸 편지에 대한 답장이었다. 손유의는 정공丁公이 구성衢城을 지나면서 전해 준 편지를 읽고 담헌이 사헌부 감찰이 된 사실을 알았다 하고, 담헌의 말처럼 장래 지방 수령직을 맡으면 백성들에게 충분한 은택을 입힐 것으로 생각한다면서 축하와 덕담을 건넸다. 이어 자신의 근황을 전했다. 스스로 '의숙義塾'이라고 표현한 학교에 일이 너무 많아서 지난봄에 성에서 50리 떨어진 현의 사령沙嶺이란 마을로 취관就館했는데, 관도는 3명으로 아주 우수하지는 않지만 가르칠 만하다고 하였다. 아울러 자신이 거주하는 집은 예전 그 장소에 그대로 있고, 옮기고는 싶지만 성안을 벗어나지 않을 것이라고 말했다. 이어 과거와 사환에 대해 길게 썼지만 결국 과거에 계속 응시해서 벼슬을 하려는 생각은 없다고 했다.

　조욱종 소식도 전했다. 조욱종이 편지를 보내 와 소식을 대신 전해 달라고 부탁했다고 하였다. 담헌이 조욱종에게 보낸 1776년과 1774년의 편지는 북경에 있는 아들에게 전하라고 했지만, 실제 전하지 못했고, 조욱종에게 회신할 때 같이 부치려 한다고 말했다.

　편지의 뒷부분은 "성性을 따르는 것을 도道라고 한다. 성은 본래 동일한 것이다[率性之謂道, 性本同也]"로 시작되는 담헌의 이단론에 대한 손유의의 반론이 실려 있다.[50] 손유의와 등사민의 답은 스타일이 다르다. 등사민은 답을 쓰건 쓰지 않건, 긴 답이건 짧은 답이건 간에 7개의 문목을 하나씩 나열한 뒤 전체적인 답을 끝에 쓰고 있는데, 손유의는 문목을 나열하지 않고 하나로 뭉뚱그려 답을 쓰고 있다.[51] 이렇게 본문이 끝나고 정주학의 입장에서 이단으로 보는 양주·묵적·불교·노장 등 다양한 이단에 대한 손유의의 논설이 이어진다. 손유의의 주장을 요약하면 다음과 같다.

　그는 먼저 "성을 따르는 것이 도[率性之謂道]"라는 《중용장구》 1장을 인용한다. 이에 따라 성은 동일한 것이므로 도 역시 동일해야 할 것이다. 하지만 기질의 차이로 인해 도에 차이가 나게 된다. 이것이 양주·묵적·불가·노장의 차이가 있게 된 까닭이다. 이들은 도 곧 진리가 아니기에 맹자·한유·주자 같은 사람들이 이단을 공박했다. 노장을 따랐던 문제·경제와 심학을 주장했던 육상산·왕양명이 치세를 이루고 높은 경지를 이를 수 있었던 것은, 타고난 자질과 노력도 있지만 그들의 도가 공자의 도와 전적으로 어긋나지 않았기 때문이다. 양주의 청고함과 묵적의 근검은 그들이 주장하는 도의 일부이고 존중할 만하다. 하지만 그들의 도를 추구한다면, 결국은 전체적으로 큰 해독을 끼칠 것이다. 요컨대 이단에게 일정하게 취할 가치가 있음을 이유로 이단을 용납할 수는 없다는 주장이다. 담헌이 이단이 갖는 부분적 긍정성을 적극 인정했다면, 손유의는 전체가 갖는 부정성을 부각한 것이었다. 물론 담헌과 손유의는 유가의 절대적 진리성을 의심하지 않았다.

이단론이 끝나고 〈우서又書〉[52]라고 하여 다른 편지가 시작되는데, 이 편지에서 손유의는 1777년(정유년) 3월 담헌이 받은 편지에 왜 자신의 편지가 없었는지를 밝혔다. 원래 정군丁君과 2월 보름경에 만나기로 했지만, 정군이 약속보다 앞서 5, 6일경에 왔고 자신이 쓴 편지를 전할 수가 없었다는 것이다. 이어 손유의는 4월에 써서 보낸 편지를 받고 편안한 근황을 알았고 담헌이 벼슬하느라 학문에 열중할 겨를이 없어 고민스럽다는 말에 대해 "벼슬하면서 여가가 있으면 학문을 한다"는 《논어》의 한 구절을 들어 지나친 겸사라고 덕담을 건넸다. 중요한 것은 담헌이 가장 궁금해하던 엄과의 근황이었다. 엄과가 등사민에게 보낸 편지를 보고 전에 보낸 두 편지 중 하나가 도착했음을 알았다고 하였다. 그런데 손유의는 실제 편지를 받은 적이 없었다. 그래서 그는 "다만 갑오년(1774) 초겨울 이미 제弟에게 답장을 보냈다고 했으니, 누구의 손에 머물러 있는지 모르겠습니다"[53]라고 했다. 손유의는 엄과의 편지를 받지 못했음이 확실하다. 이어 손유의는 1775년 추동秋冬에 두 차례 정륭점鼎隆店을 찾아가 물어 보았으나 모두 편지가 없다고 하였다. 정륭점에서는 거듭 부탁을 받았기 때문에 편지가 오면 중간에 사람을 넣어 반드시 손유의에게 전하려고 했다는 것이다. 하지만 편지는 오지 않았다. 손유의는 담헌의 부탁대로 가을에 짬을 내어 다시 정륭점을 찾아가는 한편 혹시 엄과의 편지가 반정균에게 가 있을지도 모르니, 한번 찾아가 보겠다고 약속하였다. 아울러 담헌이 보낸 편지에 "반정균이 구의舊誼를 잊지 않았다"는 말이 있는데, 편지에 대해 한마디도 하지 않은 건 그가 처한 상황 때문에 하지 못한 것이 아닌가 한다고 추측했다. 끝으로 조욱종으로부터는 편지가 없어 전할 소식이 없다고 하였다.

편지의 본문은 이것으로 끝나고 이어 소소한 부탁이 이어졌다. 조선의 과거제도에 대해 알려 달라는 것, 친구들에게 부탁해 글씨를 써서 보내 달라는 것, 조명회趙明會에게 보내는 답신을 전해 달라는 것, 이백석에게 따로 편지를 부치지 못하니 안부를 대신 전해 달라는 것이었다. 또 담헌의 시에 도연명의 느낌이 있다고 찬상하고 근작近作을 보내 달라고도 하였다. 담헌이 부탁한 대련對聯은 자신이 도저히 쓸 자신이 없어 친구에게 대신 쓰게 하여 보낸다고 하였다.

담헌은 손유의의 편지를 받은 바로 그달(10월) 동지겸진주사 편에 답장을 보냈다. 담헌은 1년 동안 편지를 받지 못해 우울했는데 공사貢使의 회환 편에 편지 둘을 동시에 받고 뛸 듯이 기뻤다고 말한 뒤 손유의의 안부를 물었다. 이어 태안현감이 되었다고 자신의 근황을 전했다. 담헌의 관직에 대한 소감은 드무니, 말을 그대로 옮겨 보자.

제弟는 초가을에 임금의 은혜를 입어 태인현감에 제수되었습니다. 태인현은 서울에서 남쪽으로 600리 떨어진 곳에 있습니다. 고을 하나를 얻어 어버이를 봉양하게 되었고, 그곳으로 가는 길에 고향에 들러 선영에 성묘를 할 수 있으니, 영예에 감격함이 지극합니다. 다만 민사民事의 중임으로 인해 밤낮 전전긍긍하니 잠과 밥이 달지 않아, 몇 달 사이에 수염과 머리털이 모두 하얗게 세었습니다. 반평생 고라

니나 사슴처럼 자유롭게 살던 사람이라 아마도 답답하게 이 자리에서 오래 있지는 못할 것 같습니다.[54]

이렇게 한편으로 좋기는 하지만, 지방관으로서 업무를 처리하는 삶은 자신에게 맞지 않다며 하소연하고, 학문도 쇠퇴한다는 늘 하던 말을 늘어놓았다.

중요한 것은 역시 엄과의 소식이었다. 구봉의 편지는 어디엔가 머물러 있을 것이라고 하면서 그중 엄성의 문고와 소조小照 곧 초상화가 가장 아깝다고 하였다. 따로 각별히 찾아봐 달라는 부탁도 잊지 않았다. 자신의 이단론에 대한 손유의의 답변에 관해서도 언급했다. "별지로 다시 해 주신 말씀은 문로門路가 순정純正하고 지론이 평실平實하니, 감히 수긍하지 않을 수 있겠습니까?"[55] 곧 손유의의 정통적 논지에는 동의한다는 말이었다. 물론 담헌은 할 말이 남아 있었다. 하지만 동생의 결혼 등 속사로 바빠 찬찬히 답을 쓸 겨를이 없다며 다음 해에 다시 회답하겠노라고 약속했다. 하지만 담헌은 다시는 답하지 않았다.

손유의가 부탁한 글씨에 대해서는 뒤에 찾아서 보내기로 하고 우선은 자신이 갖고 있는 '일본적급비판日本蹟及碑版' 한 매를 보낸다 하였다. 정군丁君과 이백석에게서 편지가 오면 즉시 전해 주겠다 하고, '농수각' 대련은 필법이 전에 비해 더욱 청고하여 감사할 뿐이라고 하였다.

등사민에게도 편지를 보냈다. 1777년 3월에 보낸 편지에 대한 답이다. 이 편지는 먼저 《간정부편》과 〈항전척독〉에 실린 것이 차이가 좀 있다. 두 곳의 편지는 앞부분은 같지만, 뒷부분이 다르다. 먼저 동일한 앞부분부터 언급한다. 먼저 담헌은 등사민의 묵은 병 곧 혈증이

치료된 것과 첩을 얻어 생활상의 도움을 받고 자식을 둘 가능성이 있게 된 것을 축하했다. 이어 태인현감이 되었다는 자신의 근황을 전했다. 내용은 손유의에게 말한 것과 같았다. 또 등사민이 보내 주겠다고 한 그 친구들의 〈애오려팔영〉도 빨리 보내 주면 판각해서 책으로 묶어 보내겠다고 하였다.

이단론에 대해 등사민이 비평한 것에 대해서도 언급했다. "별지로 여쭌 것에 대해 조목조목 진지하게 답해 주시고 귀머거리와 소경 같은 사람을 깨우쳐 주어 공부에 적지 않은 발전이 있었다"[56]고 고마움을 표했다. 곽집환에 대해서도 "꽃은 피었지만 열매를 맺지 못하는 경우[苗而不秀]"라며 그의 조사早死를 안타까워하였다. 그런데 바로 이 부분부터 두 곳의 편지가 달라지기 시작한다. 〈항전척독〉 쪽은 곽집환에 대해 언급하는 부분이 "갑자기 이 놀라운 소식을 듣자 기운이 위축되었습니다. 구원九原[저승]에서 어찌하면 다시 살려 낼 수 있을까요?"[57]라는 말로 끝나지만, 《간정부편》 쪽은 "갑자기 이 소식을 들으니, 나도 모르게 목 놓아 조문하지 않을 수 없었습니다"[58]로 끝난다. 이후 편지의 구성과 내용이 사뭇 달라진다. 《간정부편》 쪽이 내용이 훨씬 풍부하고 다채롭기 때문에 먼저 《간정부편》 쪽을 검토해 본다.

곽집환에 대한 언급에 이어 담헌은 엄과와 요예문의 편지에 대해 언급했다. 두 사람의 원래 편지를 읽어 사정을 다 알았지만, 손유의가 매년 보내는 편지에는 회신이 없다고 했으니, 중간에 어디선가 편지가 머물러 있을 것이라, 그게 실로 안타깝다는 것이었다. 이어 등사민이 아들에게 보낸 붓과 먹에 대해 이미 아들에게 주었으며 감사하다는 뜻을 표했다.

편지 본문은 사실상 여기서 끝나고 나머지는 별로 긴요하지 않은 것들이다. 다만 서적에 대한 다음 언급은 꼭 읽고 넘어가야 한다.

중고中古 이래 책이 많을수록 학문의 수준은 낮아졌습니다. 기송과 열람에 지치고, 근본을 버리고 말단으로 달려가 천하의 영재를 깡그리 그르치고 만 것입니다. 이제 높은 견해를 듣고 보니, 저의 뜻과 꼭 맞습니다. 또 풍도를 '문자의 죄'를 따져 죽이고 싶다는 말은 지론이 높고 원대하여 속유俗儒가 미칠 수 있는 바가 정말 아닙니다. 다만 도도하게 흐르는 저 강물은 막을 수도 돌릴 수 없으니, 물결을 밀어 더 일어나지 않게만 할 뿐이지요. 제弟가 일찍이 어떤 사람에게 준 편지에서 저서著書의 폐단을 참람되게 논한 바 있는데, 그 편지를 덧붙여 보내니 따로 가르침을 내려 주시기 바랍니다.[59]

말했다시피 《간정부편》 쪽을 옮긴 것이다. 담헌은 중국 서적을 판각하는 방법과 토판 사용 여부를 물었고, 등사민은 이에 대해 답하면서 목판 인쇄의 발명자인 풍도를 비난했는데, 담헌은 그것을 탁월한 견해라고 열렬히 반응했다. 텍스트를 외우거나 박학을 추구하는 것이 도리어 학문을 해친다는 게 담헌의 지론이었는데, 등사민에게서도 동일한 논리를 발견하고 퍽 만족스러웠던 것이다. 위 인용문에서 밑줄 친 부분을 제외한 앞부분은 〈항전척독〉에 실려 있다. 그런데 맨 앞부분 '중고中古 이래' 바로 앞에 '함기배실이函寄拜悉而'란 다섯 글자가 붙어 있다. "보내신 편지를 다 읽었습니다. 그리고"란 뜻이다. 편지의 맨 앞이 아니라, 중간에 이런 말은 들어갈 필요가 없다. 이것은 이 편지가 상당 부분 오염되었음을 의미한다. 위의 밑줄 친 부분에서 담헌은 저서의 폐단을 논한 편지를 덧붙여 보낸다고 했는데, 이것은 아마도 김종후에게 보낸 것일 터이다. 김종후의 편지는 당연히 문제가 될 것이니, 나중에 빼버렸을 것이다.

끝으로 등사민이 보내 준 〈애오려팔영〉의 〈구단사곡鷇壇射鵠〉 중 3, 4구의 "우습구나, 상商나라 무을武乙이, 활 당겨 하늘을 쏘는 것이[堪笑商武乙, 彎弓只射天]"라는 부분이 비유가 적절하지 않다고 하여 고쳐서 다시 써 주기를 바랐다.[60]

● 반정균의 편지

흔히들 1777년 3월 사은사의 회환 편으로 등사민의 편지를 받았을 때 반정균의 편지도 같이 받은 듯 알고 있지만, 사실이 아니다. 물론《간정부편》정유년(1777) 3월 등사민, 요예문, 엄과 등의 편지 묶음 끝에 반정균이《한객건연집》에 쓴 〈반추루한국건연집발潘秋庫韓國巾衍集跋〉과 이덕무의 시에 대한 평어인 〈반추루형암원정시평潘秋庫炯菴園亭詩評〉이 실려 있으므로, 이때 반정균의 편지도 전달된 것으로 오해할 수도 있겠지만, 편지 안에 담헌이 의빈부 도사가 되었음을 축하하는 말이 있는 데 주목해야 한다. 담헌이 의빈부 도사에 임명된 것은 1월 24일이고 이때 유금은 북경에서 반정균을 만나려 하던 참이었다. 따라서 유금은 담헌이 의빈부 도사가 된 것을 몰랐으므로 반정균에게 알려 줄 수가 없다. 또 반정균을 직접 만났던 것도 아니었다.

담헌이 의빈부 도사가 된 것을 알린 사람은 이덕무였다. 이덕무는 1777년 초여름 반정균에게 편지①를 보냈고 그 편지에서 담헌이 의빈부 도사가 되었다고 말했다. 반정균은 이덕무에게 답장②을 썼고, 그것을 읽은 이덕무는 다시 답신③을 보내며 담헌이 7월 2일 태인현감이 되었다고 전했다. 그러니까 반정균이 담헌에게 보낸 편지는 1777년 초여름 이덕무의 편지에 실린 담헌의 소식을 듣고 쓴 것이다. 시기는 확정할 수 없지만, ②를 보낼 때 같이 보냈다고 여겨진다. 그것은 아마도 1777년 가을일 가능성이 크다.

반정균의 편지[61]는 여러 차원에서 의미가 있었다. 반정균은 먼저 이별하고 10년이 흘렀으며 소식이 성글어진 것은 5~6년이 되었다고 말하고 자신이 매일 비성秘省에 나가고 있을 즈음에 손유의가 담헌의 편지를 가져왔다고 말했다. 이것은 손유의가 반정균을 찾아간 1771년의 일을 말하는 것일 터이다. 반정균은 온실수溫室樹의 혐의에 관계될까 두려워하여 오랫동안 답을 하지 못했노라고 털어놓았다. 그런데 이제 자신이 비성이 아닌 바깥에서 직임을 맡고 있어 조금씩 필묵으로 말을 주고받을 수 있게 되었고, 올해 봄 유금이 찾아와 이조원을 통해 만나려고 했으나, 갑자기 국휼(국상)이 있어 만나지 못했다고 하였다. 또 편지도 써 놓았으나 끝내 부치지 못해 부끄럽다고 하였다. 이 편지는 유금을 통해 부치려고 했던 것으로 보인다.

반정균은 비성에서 근무하고 궁중의 비밀을 누설하는 죄를 지을까 걱정했기 때문에 답을 하지 않았다고 하지만, 그것이 다는 아닐 것이다. 그렇다면 이런 사정을 손유의에게 처음부터 소상히 말하고 담헌이 엄과에게 보내려는 편지를 전할 방법을 일러 주었어야 했다. 하지만 그렇게 하지 않았다. 뒤에 유금이 와서 이조원과 접촉하자, 그것을 계기로 자신의 존재를 숨길 수 없게 되자 마지못해 다시 연락을 한 것이 아닌가 한다.

반정균은 담헌이 의빈부 도사가 된 것을 축하한 데 이어 담헌의 학문에 대해 말했다. "근래 어떤 책을 저술하셨습니까? 생각건대 정주학의 깊은 경지에 오르셨을 것이고, 심신心身 성명性命의 공부에 반드시 큰 소득이 있을 것입니다." 반정균에게 담헌은 엄정한 정주학자로 인식되었기 때문에 굳이 정주학을 언급한 것이다. 이어 자신의 공부에 대해서도 말했다.

제弟는 집에 있을 때 정자와 주자의 책을 섭렵하였습니다. 석전釋典에 대해서도 대략 엿본 바가 있고, 자성自性이 긴절緊切한 곳에서도 자못 들어갈 만한 문이 있음을 깨달았습니다. 이른바 제일의第一義(최종적 진리)가 여기에 있는 것이지요. 성인의 책을 돌아보건대, 그 정미精微한 곳은 동일한 의체義締입니다. 그래서 비로소 세유世儒들이 분분하게 다투고 따지는 것이 모두 '잘난 체하고 교만하게 굴며 객기로 명성을 좋아하는 일'에 속하고, 성해性海(진리의 바다)를 거슬러 올라간 적이 없으며, 일체 배운 바가 눈앞에 닥친 큰일에 대해 전혀 믿을 수 없는 것임을 알게 되었습니다. 족하께서는 어떻게 생각하시는지요? 또한 제가 알고 이해한 것이 옳다고 여기시는지요?[62]

교사에게 숙제 검사를 받는 학생처럼 반정균은 맨 먼저 정자와 주자의 책을 공부했노라고 말했다. 자성自性은 불교 용어로 인간이 본래부터 갖추고 있는 불성佛性을 말한다. 그것은 진리의 내재성內在性을 강하게 표방한다. 물론 반정균이 '자성이 긴절한 곳'이란 말을 어떤 맥락에서 사용했는지는 알 수 없지만, 그는 자신이 정주학이 아닌 불교에서 깨달은 바 있고 유가의 성인들이 말한 것 역시 불교와 동일한 진리라고 말한다. 담헌이 정주학의 진리성을 확인하고 불교와 노장이란 이단을 포섭하려 했다면, 반정균은 불교의 입장에서 유학을 포섭하려는 것이었다. 이어 반정균은 세상의 유자들이 시끄럽게 따지는 것은 진리를 깨달은 것이 아니라, 자만심의 발로이고 객기로 명예를 추구하는 행위이며 눈앞에 닥친 큰일을 해결하는 데 전혀 믿을 수 없는 것이라고 말한다. 사실상 유학을 비판한 것이다. 이것은 모두 담헌이 정주학자라는 것을 의식해서 쏟아 낸 말일 것이다. 담헌의 반응이 궁금하겠지만 담헌은 이 편지에 대한 답을 보내지 않았다.

이어지는 편지의 내용은 잡다하다. 벼슬에 몰린 자신이 언제 세속사를 벗어나 보다 나은 사람이 되기에 노력을 쏟을지 모르겠다고 하는가 하면, 이어 전에 담헌이 타던 금琴이 뒷날 구라파에서 만든 것임을 알았다고 하기도 하였다.

반정균은 약속했던 책도 이때 보냈다. 담헌은 1767년 가을 《소자전서》와 《천문유함》(곧 《천학초함天學初函》의 오기)을 구했으면 한다 했고, 반정균은 이에 대한 답장에서 《천학초함》의 목록은 본 적이 없으나 혹 그중 일부라도 얻게 되면 함께 보내겠다고 약속한 바 있었다. 그 《천학초함》의 일부를 비로소 구했던 것이다. 이 책은 퍽 중요한 것이니, 편지를 그대로 옮겨 보자.

또 찾아보라고 하셨던 《천학초함》은 뒤에 절반을 구했습니다. 《산지算指》, 《수법水法》, 《천문략天文略》 등 몇 종은 그냥 둘 만하지만, 그 초성超性을 말한 곳은 불경한 말이 많고, 야소耶蘇의 사적에 이르러서는 황탄荒誕함이 많습니다. 서양인들은 여러 나라를 두루 돌아다니며 야소의 학문을 전하려고 하지 않음이 없습니다. 만약 그들의 말을 따르면 반드시 배운 바를 깡그리 버려야 하니, 저들은 그 파측叵測한 마음을 몰래 행할 수가 있게 됩니다. 여송呂宋(필리핀)이 겸병된 것이나, 일본이 그 원수가 된 것은, 모두 확실한 전문傳聞입니다. 이런 이유로 해서 우리나라에 서양 사람이 있기는 하지만, 관상觀象·산후算候를 시키는 데 불과하고, 그 사설邪說에 대해서는 엄금하고 있습니다. 그래서 사람들은 감히 익히지도 않고, 또한 믿는 사람도 없습니다. 동방은 성인의 교화에 젖어 예악과 법도를 닦고 밝히지 않음이 없으니, 사설이 들어갈 길이 없습니다. 족하께서 그 책을 보고자 하신다면, 또한 박람에 자료가 되고 예술에 노니는 데 제공할 뿐이겠지요. 제弟가 두려운 마음으로 이것을 언급하는 건, 애오라지 그 의심하는 바를 알려 드리고자 하는 것일 뿐입니다.⁶³⁾

반정균은 《천학초함》의 절반 정도를 구했고, 그중에서 《동문산지同文算指》, 디아스의 《천문략》, 울시스의 《태서수법泰西水法》 등 기편器篇의 서양 과학서는 괜찮지만, 이편理篇의 천주교에 관한 부분은 불경하고, 예수에 관한 이야기는 황당무계한 것이라고 비판했다.

반정균의 말에서 놀라운 부분은, 필리핀이 식민지가 되었다는 사실과 일본이 천주교를 박해한 사실을 전하고 있다는 것이다. 필리핀은 1565년부터 천주교를 믿는 스페인의 식민지가 되었고, 일본이 1587년부터 천주교를 박해했다는 것을 알리고 있는 것인데, 아마도 조선은 이 사실을 전혀 몰랐고, 담헌 역시 반정균의 말이 무엇을 의미하는지 정확하게 알 수 없었을 터이다. 물론 담헌의 반응을 헤아릴 길도 없다. 《소자전서》도 아마 이때 같이 받았을 것이다. 《천학초함》은 완질을 갖추지 못해 따로 사연을 갖추어 써야 했지만, 전질인 《소자전서》는 굳이 말할 필요가 없었을 것이다. 반정균이 담헌에게 보내는 《천학초함》과 《소자전서》는 《의산문답》에 드러난 담헌의 천문학·자연학 연구에 크게 기여했을 것이다.

반정균은 전에 보내 주기로 했던 여성의 복식에 대한 자료는 오랫동안 약속을 지키지 못해 미안하지만, 어떻게 하든 꼭 보내겠다고 다시 다짐하였다. 다만 각 성省마다 풍속과 제식製式이 일치하지 않아 도설圖說을 만드는 데 어려움이 있어서, 빨리 보낼 수는 없다고 하였다. 물론 이 시기 담헌은 이 문제에 관해 흥미를 완전히 잃고 있어 별 소용이 되는 말은 아니었다.

반정균은 홍억과 홍대응의 안부를 묻고, 홍대응 시고詩稿의 서문은 다음에 보내겠다고 하였다. 자신은 양친이 다 평안하고 자식들도 글을 조금 지을 줄 알아 가정에 자못 즐거움이 있지만, 벼슬을 하느라 집으로 돌아가지 못하는 것이 늘 서글프다고 했다. 담헌이 궁금해하는 육비와 엄성의 문집에 대해서도 소식을 전했다. 육비는 다시는 산을 나오지 않고서 시와 그림, 술과 차로 유쾌한 삶을 살고 있고, 엄과는 "마음을 대승大乘의 정정定靜·지관止觀에 두고 있다"하고, 그 조예가 종소문宗少文·뇌차종雷次宗* 한 무리에 그칠 바가 아니라는 것이었다. 엄성의 유고는 편집되어 있지만 아직 판각을 하지 못하고 있고, 아들 역시 문장에 능하다는 것이었다. 유금이 가져온 《한객건연집》에 대해서도 한마디 했다.

《건연집》 속 네 분 군자의 작품을 제弟는 거칠게 한 번 읽었습니다.

---

* 종소문宗少文은 위진남북조시대 남조의 송나라 사람 종병宗炳을 말한다. 소문少文은 그의 자이다. 금琴과 서화를 좋아했고, 노장학老莊學에 깊은 조예가 있었다. 뇌차종雷次宗 역시 남조 송나라 사람으로 동진東晉의 승려 혜원慧遠에게서 불교를 배웠고, 유학에도 밝았다. 혜원이 백련사白蓮社를 만들 때 참여했다. 반정균은 육비가 서화와 불교에 빠진 것이 이 두 사람의 경지와 같다고 말한 것이다.

하지만 하루 저녁이란 짧은 시간에 몰려 그 오묘한 경지를 죄다 파악할 수는 없었습니다. 제가 쓴 서발序跋은 너무 허술해 마땅하지 않은데, 지난번에 무관懋官(이덕무)과 초정楚亭(박제가) 두 선생께서 은근하고 두터운 편지를 보내 주시어 감동했습니다. 하지만 지나치게 칭찬하신 것이라 부끄러움만 더합니다. 이곳에는 제弟와 같은 사람은 헤아릴 수 없이 많은데, 제공諸公께서 이렇듯 인정해 주시니, 제가 족하의 벗이기 때문입니다. 이른바 그 사람을 사랑하여 지붕 위의 까마귀에 이른다는 것이지요.(64)

앞서 살핀 바와 같이 《한객건연집》에 대한 반정균의 비평은 별 내용이 없었다. 반정균 역시 그 점을 알고 있었다. 문제는 담헌의 반응이었다. 담헌은 반정균의 편지에 답하지 않았다. 10월에 손유의와 등사민에게 보내는 편지에도 반정균에 대한 말은 전혀 없었다. 혹 10월에 편지를 보낸 뒤 반정균의 편지를 받았기 때문이 아닌가 할 수도 있지만, 그 뒤에도 반정균에 대한 언급은 없었다. 아마도 반정균이 그동안 자신을 피했던 것, 거기에 반정균이 불교에 기울어진 것이 담헌의 얼굴을 돌리게 한 게 아닌가 한다.

끊어졌던 엄성 쪽 소식이 10년 만에 전해지다

담헌의 태인현감 시절은 별다른 사건 없이 평온하게 흘러갔다. 황윤석의 《이재난고》에 의하면, 홍대용은 1778년 6월 지방 수령에 대한 평가에서 '상'의 평가를 받고 있다. 같은 시기 금산군수로 재직 중이던 담헌의 친구 김이안 역시 '상'을 받았다.[65] 하지만 서울의 친구들과 만나는 시간은 줄어들 수밖에 없었다. 가장 뜻이 맞았던 연암은 담헌이 태인현감이 된 그 이듬해인 1778년에 개성의 연암협으로 가속을 데리고 들어갔다. 정조의 등극에 결정적인 공을 세웠던 홍국영이 권력을 휘두르자 그를 비판했던 것이 원인이었다. 연암은 친구 유언호俞彦鎬의 충고를 따라 연암협으로 이거하여 화를 피하고자 했다.

친구들과의 관계는 성글어졌지만, 1778년 7월 10년간 알 수 없었던 엄성 쪽의 소식이 전해지는 기쁨이 있었다. 이덕무와 박제가가 북경에 갔다가 돌아오는 길에 손유의를 찾아가 엄성의 친구 주문조와 형 엄과가 보낸 편지를 가지고 온 것이다. 1778년 3월 27일 서울을 출발한 사은진주사의 상사는 채제공, 부사는 정일상鄭一祥, 서장관은 심염조沈念祖였다. 이덕무는 심염조, 박제가는 채제공을 수행했다. 담헌에 의해 촉발된 북경에 대한 두 사람의 동경이 현실화된 것이다.

이덕무와 박제가가 북경에 도착한 것은 5월 15일이었다. 두 사람은 담헌과 유금이 뚫은 길을 확장했다. 그들은 반정균과 이조원뿐 아니라 당낙우唐樂宇 등 다른 중국 지식인과도 사귀게 되었다. 두 사람의 북경 체험 역시 따로 다룰 만한 가치가 있지만, 여기서는 일단 담헌에 집중하자. 5월 23일 이덕무와 박제가는 반정균을 찾아갔다. 반정균은 성찬으로 두 사람을 대접했고, 필담을 나누었다. 이덕무는 반정균이 1778년 "등제登第하여 서길사庶吉士가 되었다"고 말하고 있다. 곧 과거에 합격하여 한림이 되었다는 말이다. 다만 이덕무와 박제가는 담헌이 했던 것처럼 필담을 수습해 남기지 않고 있다. 분명 담헌에 대한 이야기가 오갔을 터이지만, 그 내용은 전혀 알 수가 없다. 다만 한 가지 주목해서 보아야 할 이야기가 있다. 이덕무의 손자인 이규경이 전하는 이야기다. 이규경의 《오주연문장전산고五洲衍文長箋散稿》에 의하면 이덕무는 담헌의 우주관을 북경의 지식인들에게 전했다고 한다.

> 선배 담헌 선생께서 일찍이 "해와 달, 별에는 각각 하나의 세계가 있는데, 중원의 인사들과 자못 논란했다" 하였다. 그러나 이것은 담헌의 독창이 아니다. 호인胡寅의 《영녕원윤장기永寧院輪藏記》에서, 부처가 세계에 대해 논한 부분에 이르기를, "하늘에는 당堂이 있고, 땅에는 옥獄이 있다. 해와 달에는 각각 궁궐이 있고, 별의 구역에는 이수里數가 있다"고 하였다. 담헌은 혹 이것을 보지 못하고 독창이라 한 것일 터이다. 왕고王考(이덕무)께서 연경에 갔을 때 마침 담헌의 설을 꺼냈더니, 여러 명사들이 모두 "중원 사람들도 이런 논의를 한 것이 있다" 하였는데, 담헌과 우연히 같은 것이었다고 한다. 그 사실을 따져 보면 그리 신기할 것도 없다.[66]

이규경은 이렇게 말했지만, 이덕무의 〈연행기〉에는 담헌의 천체관에 대한 언급이 전혀 없다. 아마도 이덕무 가문에서 전해져 오는 이야기일 것이다. 이 자료에서 흥미로운 건, 담헌의 "해와 달과 별에 각각 하나의 세계가 있다"는 발언을 중원 인사들과 논란하였다는 부분이다. 이것은 담헌이 1766년 2월 북경에 있을 때를 말한 것으로 보이는데, 《연기》와 《을병연행록》에는 그런 논란을 전혀 찾아볼 수 없다. 또한 이것은 다만 각 천체가 지구와 같은 하나의 세계를 이루고 있다는 발언일 뿐이다. 이덕무가 북경 인사들에게 꺼냈다는 담헌의 설 역시 같은 유의 것이 아닌가 한다. 담헌은 아마도 1770년 이후 연암 그룹과 어울릴 때 천문학에 대해 토론하면서 각 천체가 따로 하나의 세계를 이룬다는 주장을 펼쳤을 것이고, 이덕무는 그것을 신기하게 여겨 북경에 갔을 때 그곳의 지식인들에게 말했을 것이다. 하지만 지구가 회전한다는 지전설은 전혀 언급되지 않았다. 지전설은 2년 뒤인 1780년 박지원이 북경에 갔을 때 비로소 북경의 지식인에게 꺼낸다. 담헌의 지전설은 아마도 1778년 이후에 완성되었을 것이다.

● 등사민의 편지

이덕무와 박제가가 북경 시내를 돌아다니면서 이조원과 반정균을 만나고 있던 바로 그 5월에 담헌은 동지사 회환 편으로 등사민의 편지[67]를 받았다. 이 편지와 함께 엄과가 등사민에게 보낸 편지, 손유의가 엄과에게 보낸 편지도 전해 받았다. 먼저 등사민의 편지를 보자. 별다른 내용은 없었다.

  1월 15일 천진天津의 여사旅舍에서 삼하를 거쳐 온 편지를 받았다고 한 뒤 지방 수령(태인현감)이 된 것을 축하하고, 직무를 잘 수행하여 높은 자리로 올라가기를 바랐다. 등사민은 자신이 쓴 〈애오려팔영〉은 졸작인데 지나친 상찬을 받아 부끄럽다며 의례적인 겸사를 늘어놓은 뒤 문제가 되었던 〈구단사곡彀壇射鵠〉 중 3, 4구의 "우습구나, 상商나라 무을武乙이, 활 당겨 하늘을 쏘는 것이![堪笑商武乙, 彎弓只射天]"라는 표현은 '무을이 활을 가지고 있었지만, 잘 쓰지 못했던 것'을 말하는 것으로 비比도 아니고, 의擬도 아니라고[68] 해명했다. 담헌이 계속 보내줄 것을 청했던 다른 사람들의 〈애오려팔영〉은 가져오지 못해 다음에 부치겠다고 하였다. 편지 본문은 여정이 촉박해 길게 쓰지 못한다는 말로 끝났다.

  이어 잡다한 말을 약간 두서없이 늘어놓았다. 관직에 있는 담헌과 편지를 주고받는 것이 혹 조선에서 문제를 일으키지 않을까 걱정하는가 하면, 〈애오려팔영〉은 임공의 글씨로 써서 보낸다 했고, 또 조선 꽃의 씨앗을 보내 달라고 거듭 요청했다. 손유의는 계속 삼하에 있는데 편지 부치기가 편함에도 불구하고 회신이 없는 이유를 모르겠다면서 자신이 사정을 알아 보고 알려 주겠다고 했다. 또 앞으로의 자기 일정에 대해 간단히 언급했다. 10월에 조선의 사신이 삼하 염점에 온다면 선물과 편지를 그곳에 두고 갈 것이라는 것, 자신은 금년 후반 산서山西로 돌아갔다가 내년 봄이나 여름에 직예성으로 올 수 있을 것이라며 내년 봄에 편지를 보내면 즉시 회답할 수 없을 것이라 했다.

등사민의 편지는 이것으로 완전히 끝나는데 하나 언급하지 않은 게 있다. 담헌이 보낸 '저서의 폐단'을 비판한 편지에 대한 등사민의 반응이다. 등사민은 이렇게 말한다.

> 우인友人에게 보내는 편지 2통은 수백 마디 말을 반복하는 가운데 근본을 중시하고 말단적인 것을 억제하는 것을 갖추어 볼 수 있었습니다. 진실된 본령이고 진실한 학문이라, 그 내용과 형식이 서로 어울려 도도하게 흐르며 멈추지 않았으니, 한유韓愈·유종원柳宗元의 남은 학파였습니다. 마땅히 따로 자세한 비평을 써서 올리겠습니다.[69]

이렇게 말은 했지만 등사민은 뒤에 다시 비평을 보내지 않았다. 중요한 것은 김종후에게 보낸 편지를 다시 등사민에게 보낸 담헌의 심리다. 그것은 등사민에게 동의하는 답변을 받아 내고, 그럼으로써 김종후와의 논쟁에서 얻은 상처를 치유하고자 한 것이 아니었을까?

등사민의 편지와 함께 엄과가 1774년에 등사민에게 보낸 편지[70]

도 받았다. 편지에서 엄과는 자신이 모친상을 당해 슬픔을 안고 있던, 추위가 한창인 봄에 등사민의 편지와 그 편지 안에 봉해져 있는 담헌의 편지를 받았다고 했다. 엄과는 편지를 읽고 담헌이 엄성의 유집 및 유상遺像을 바란다는 것을 알고 1771년 북쪽에 갈 때(아마도 북경으로 갈 때인 듯하다) 가지고 갔지만, 전달해 줄 사람을 찾지 못해 도로 가지고 왔다고 했다. 그런데 다시 등사민의 편지가 왔고 그 편지에 동봉된 담헌의 편지에서 "이번에 편지를 전하는 사람에게 다시 답신을 보내신다면 인편이 없는 것을 걱정할 것이 없다"[71]고 했기에 자신이 등사민에게 이 편지를 보낸다고도 했다. 이어 엄과는 동생 엄성과 담헌의 깊은 우정에 대해 절절히 말하고 자신이 담헌을 직접 만나볼 수 없는 것이 더할 수 없는 유감이라고 하였다. 엄과는 편지와 함께 엄성의 유집 5책, 유상 1본, 신·구의 답서 4함函을 보냈다. 편지를 쓴 것은 1774년 6월 15일이었다. 엄과는 편지 끝에 자신의 친구가 북경에서 정륭점이란 점포를 열고 있는데, 그 친구의 항주 집은 자신의 집과 1리가 채 되지 않는다면서 편지는 정륭점을 통해서 연락할 것을 당부했다.

 손유의가 엄과에게 보내는 편지[72]도 읽어 보자. 1777년 9월에 쓴 것인데, 발신인은 손유의로 추정된다. 손유의는 먼저 '어제' 정륭점에 가서 엄과의 1774년 회답서를 받았다고 말한다. 드디어 엄성의 유고와 유상이 손유의의 손에 들어온 것이다. 이어 손유의는 자신이 정륭점을 찾아간 적이 있다고 말한다. 1775년 두 차례 정륭점을 찾아갔으나 두 번 다 회신이 없다고 했고, 이후 2년 동안(1777년까지) 북경에 가지 않아서 직접 정륭점을 찾아간 적은 없다, 다만 여러 차례 친한 친구들에게 찾아가게 했지만, 역시 답신이 없다고 했다.

 1777년 여름 담헌의 편지를 받았는데, 그 편지에서 담헌이 '1775

년 신정에 엄과가 등사민에게 보낸 편지가 있음'을 언급했다. 엄과가 등사민에게 보낸 이 편지는 바로 앞에서 검토한 엄과가 1774년 6월 15일에 써서 보낸 편지일 것이다. 항주에서 북경까지는 거리가 상당히 멀기 때문에 6월 15일의 편지는 6개월이 지나 1775년 신정에야 등사민에게 도착했을 것이다.

손유의는 이어 담헌에게서 받은 편지의 내용을 직접 인용하였는데, 이는 사실 등사민이 엄과에게 보내는 편지다. 원래 등사민은 '등사민→엄과의 편지'를 담헌에게 보냈고, 담헌은 그 편지를(혹은 그 내용의 일부를) 다시 손유의에게 보냈다. 손유의는 '등사민→엄과의 편지'를 인용했다.

초겨울에 이미 삼하현의 모처某處에서 제弟의 편지를 찾아 부쳤고, 가을에 도성(북경)에 가서 직접 찾아가 답신을 드렸습니다. 지금 존찰尊札은 파손됨이 없지는 않으나, 다행히도 잃어버린 것은 없습니다. 족하와 홍공洪公이 몇 해 동안 편지로 소식을 묻지 못한 것은 실로 제弟가 도성에 가지 않았기 때문이니, 저의 부끄러움을 이루 다 말로 표현할 수가 없습니다. 보내신 편지는 초겨울 아니면 내년 봄 반드시 봉하여 부치겠습니다. 만약 홍공의 답신이 있다면 또한 반드시 부탁하신 바대로 정류점을 경유해 족하께 이르도록 하겠습니다.[73]

등사민은 1774년 6월 15일에 쓴 편지를 정확히 받았다고 엄과에게 답신을 보냈는데, 손유의는 담헌의 편지에서 바로 이 부분을 읽고 엄과의 편지가 정류점에 도착해 있었음을 알았다. 등사민의 말을 따르면 편지는 등사민이 찾아간 것이 된다. 그런데 손유의는 여름에 담헌의 편지를 받고 "어제 정릉점에 가서 선생(엄과)의 1774년 회신을 받았다"고 하였다. 그렇다면 등사민은 어떤 사정이 있어 편지를 가지고 오지 않았던 것인가? 어쨌든 엄과의 편지와 엄성의 유고, 유상은 손유의에 의해서 전해진다. 1778년 2월 16일 이덕무가 삼하에서 손유의를 만나자, 손유의는 염점에 가서 엄성의 유고, 유상 등을 찾아가라고 하였고, 과연 이덕무는 17일 염점에서 그것들을 가지고 귀국한다.

하나 이상한 것은, 손유의의 편지가 위의 인용에 이어 "이런 사람이 어찌 이 지경에 이르렀는가?[乃如之人, 何至于斯]"로 시작되는 대련對聯을 인용하고 이 대련이 서설徐雪晴이 자신에게 준 것인데, 이제 "이 사람에게 전해 준다"로 끝난다는 것이다.[74] 앞부분과 전혀 맥락이 이어지지 않을 뿐만 아니라, 으레 편지 끝에 쓰는 안녕히 계시라는 의미의 투어套語도 없다. 곧 이 편지의 주제인 엄과의 편지와 엄성의 유고, 유상에 대한 언급이 당연히 더 있어야 하는데도 불구하고, 전혀 언급이 없다. 이 편지는 어딘가 이상이 있는 것이 분명하다.

● **이덕무, 박제가의 귀국과 엄성의 유고·유상**

이덕무와 박제가가 서울을 향해 북경을 떠난 날은 6월 16일이었다. 그날 저녁 이덕무는 통주通州에서 손유의를 만났다. 손유의는 이덕무에게, 담헌이 부탁한 엄성의 문집과 초상화를 구해 삼하 염점의 오씨에게 맡겨 두었으니 찾아가라고 하였다. 오씨는 손유의가 맡겼던 문집과 초상화를 손유의의 종제 손가연孫嘉衍의 집에 가져다 두었다. 이덕무는 그것을 찾아 돌아왔다.

이덕무가 압록강을 건넌 것은 윤6월 14일, 서울에 도착한 것은 7월 1일이었다. 이덕무가 귀환하여 전한 북경 소식은 삽시간에 서울의 경화세족 사이에 퍼졌다. 황윤석은 7월 10일의 일기에서 이만운李萬運을 통해 이덕무가 반정균을 만났으며 그로부터 청조의 시작을 담은 《비사秘史》 6책을 받아 왔다는 말을 들었다.[75] 당연히 담헌도 이 이야기를 들었을 것이다. 다만 이때 담헌은 서울이 아니라 태인에 있었다. 이덕무는 담헌에게 편지를 보내어 손유의를 만난 사실을 전했다. 당연히 엄성의 《소청량실유고》와 엄성의 초상도 보냈을 것이다. 이때 같이 전달된 것은 주문조·엄과·엄앙·반정균이 각각 다른 시간에 쓴 편지 묶음이었다. 이 편지 묶음으로 담헌은 그간 엄과가 담헌에게 편지를 보내기 위해 얼마나 애썼는지 알게 되었다. 편지를 쓴 시기를 정리해 보자.

- 주문조, 1768년 봄 정월 25일
- 엄과(1), 1770년(경인년) 12월 15일
- 엄과(2), 1774년 하지 후 10일
- 엄앙, 1774년 6월
- 반정균(→ 홍대응), 1778년 6월

이 편지들을 읽어 보면 소식이 끊겼던 저간의 사정을 이해할 수 있을 것이다.

주문조의 편지

엄성이 죽었다는 소식은 육비와 반정균에 의해 다섯 달 만에 전해졌지만, 그것은 너무나 간략했다. 엄성이 죽었다는 소식을 전한 육비와 반정균 역시 그 죽음을 곁에서 지켜본 게 아니었다. 엄성과 같은 동리에 살았던 엄성의 친구 주문조는 엄성의 죽음을 옆에서 지켜본 사람이었다.

주문조는 편지[76]에서 먼저 우정에 대한 이야기를 잔뜩 서술하고, 이어 자신를 소개한다. 주문조는 엄성보다 세 살 어렸고 편지를 쓸 당시 34세였다. 그는 자신이 16세에 아버지를 여의고 홀로 독서를 했다는 것, 그리고 자신의 집은 엄과·엄성의 집과 불과 수십 보 거리에 있으며, 두 사람과는 골육보다 더 가까운 사이라고 했다. 1766년 엄성이 북경에서 담헌과 사귄 뒤 가지고 온 시문과 편지 등을 보고 크게 감동했으며 그래서 담헌을 만나고 싶었다는 것 등을 소상히 털어놓았다.

주문조는 이어 담헌이 가장 궁금해했던 엄성의 죽음을 다음과 같이 전했다. 1767년 봄 엄과와 엄성은 민閩, 곧 복건 지방에 머물렀는데, 여름에 엄성은 장기瘴氣, 곧 풍토병에 걸렸고, 가을에는 학질을 앓았다. 장기는 축축하고 습한 곳에서 생기는 풍토병이다. 구체적으로 어떤 병인지는 모르지만 엄성은 객지의 풍토가 맞지 않아 아팠고, 거기에 학질까지 앓았다. 학질은 100여 일을 끌어 회생의 가망이 없는 지경에 이르렀다. 병이 극도로 심해진 윤7월에 엄성은 담헌이 1766년 9월에 쓴 편지를 받았다. 이 편지는 그해 11월 동지사 편에 보낸〈철교에게 준 편지[與鐵橋書]〉일 것이다. 주문조는 3,600여 마디에 이르는 담헌의 편지와 2,600여 마디의 엄성의 편지는 모두 정대한 학문과 탁월한 식견, 정확한 의론을 구비하고 있기에 옛사람에게서도 쉽게 찾을 수 없는 것이라 평가했다.

엄성이 답장을 쓴 9월은 병이 극도에 달한 시기였다면서 주문조는 담헌에게 "족하께서 그 문자를 본다면, 오래 세상에 있을 사람이 아닌 것 같지 않으냐?"고 묻는다.[77] 엄성은 편지를 쓰고 20일 만에 사망한다. 주문조는 엄성이 죽기 직전 담헌을 절절히 그리워했음을 이렇게 전했다.

몹시 위독한 날 저녁 제가 병상 옆에 있었더니, 철교가 이불 속에서 족하의 편지를 꺼내 주면서 읽으라 하였습니다. 다 읽고 나자 눈물을 뚝뚝 흘렸고, 또다시 이불 속에서 족하께서 주신 먹을 찾았습니다. 예스러운 묵향을 좋아했던 것이지요. 먹을 꺼내어 향을 맡더니 곧 이불 속에 감추었습니다. 그때 이미 손이 떨리고 기운이 뒤집혀, 눈은 감기고 입은 비뚤어져 지탱할 수가 없었습니다. 아아, 오랫동안 병을 앓고 있음에도 그 정성의 깊음이 이와 같았던 것입니다.[78]

엄성은 항주로 돌아온 지 20일 만에 사망했다. 엄성은 주문조가 담헌의 편지를 읽는 소리를 듣고 담헌이 보낸 먹의 향기를 맡으며 세상을 떠났다. 엄성의 최후를 그린 이 부분은 아마도 담헌의 가슴을 찢어 놓았을 것이다. 엄성의 죽음 뒤에 남은 이야기가 있었다. 엄과는 엄성이 죽었다는 편지가 전해지자, 그날 즉시 한겨울 삭풍을 뚫고 실족하면 목숨을 잃는 천인절벽을 넘어 복건으로 달려갔다. 주문조는 아우를 찾아가는 형 엄과의 참담한 행역行役을 전하며 담헌 역시 그것을 함께 알아 주었으면 한다고 당부했다.

주문조는 이어 엄성의 문집에 대해 말했다. 엄성이 평생 쓴 시와 산문을 모두 8권으로 정리해《소청량실유고》로 엮고, 담헌 등과 주고받은 시와 산문, 척독은 1책의《일하제금합집日下題襟合集》으로 수습해 뒤에 붙였다고 하였다.[79] 이어 엄성의 아들 엄앙이 열두 살이라는 것, 엄앙이 너무 어려 엄과가 자신의 둘째 아들 엄신嚴晨을 엄성의 양자로 삼았다는 것을 말했다. 주문조는 담헌이 엄성에게 "1년에 한 차례 편지를 주고받되, 만약 편지가 없다면 혹 죽었을 것이다"라고 말했던 것을 떠올리면서 이제 엄성이 죽었으므로 다시는 편지를 받아 볼 수 없을 터이지만, 엄성이 세 살 아래인 자신을 아우로 대했으니 담헌 역시 자신을 아우로 여겨 달라고 부탁했다. 한 아우를 잃고 한 아우를 얻으면 그나마 위로가 되리라는 것이었다. 끝으로 주문조는 자신이 담헌이 엄성에게 보낸 편지와 엄성이 그린 담헌의 초상을 세밀히 보니, 가슴에 답답함[忸鬱]이 있고, 몸에 허약한 병이 있는 것 같다며 건강에 유의하기를 빌었다.[80] 주문조는 편지를 직접 보내지 않고 엄과에게 맡겼을 것이다.

    주문조의 편지는 엄성의 소식을 가장 정확하게 싣고 있고, 또 엄성의 담헌에 대한 깊은 우정을 남김없이 드러내는 것이었지만, 담헌은 이 편지를 앞에서 말한 바와 같이 제때 받을 수 없었다. 담헌이 이 편지를 받은 것은 10년이 지난 1778년이 되어서였다.

엄과의 편지

엄과의 편지 (1)[81]은 먼저 홍역의 죽음을 맞은 담헌을 위로한 뒤 담헌이 엄성의 죽음을 듣고 보낸 제문과 제물에 대해 말을 꺼냈다. 제문과 제물이 도착한 그날은 엄성의 담제禫祭(초상을 치르고 27개월 만에 지내는 제사)를 지내는 날로서 이날 상복을 벗고 엄성의 신주를 조상의 사당에 들일 예정이었다. 엄과는 엄성의 벗들을 불러 제사를 지냈다. 초헌은 엄과가 담헌을 대신해 올리고 담헌의 제문을 읽었다. 아헌은 장자 창神(엄과의 장자)에게 김재행을 대신하여 올리게 하고 그의 제문을 읽게 하였다. 종헌은 엄성의 벗들이 올렸다. 제사에 참여한 사람들은 제문을 읽는 소리를 듣고 감동했고 엄성과 담헌의 우정을 칭송하였다.

이렇게 담제를 지낸 날의 분위기를 전한 뒤 엄과는 엄성의 유고에 대해 언급했다. 주문조가 유고 정리를 맡아 문집을 완성했다고 했는데, 문제는 유고를 전달하는 방법이었다. 엄과는 자신이 향시에 합격(1770)하여 회시를 치기 위해 북경으로 가면서 《철교전집鐵橋全集》을 가지고 가서 담헌에게 보낸다고 하였다. 곧 엄과는 엄성의 문집 《철교전집》을 가지고 1770년에 북경으로 갔다. 아울러 그는 엄성의 초상에 대해서도 말했다. 해강奚岡이란 이름의 친구에게 부탁해 그린 소상을 장책粧冊하여 보낸다면서 비록 엄성의 모습과 똑같지는 않겠지만, 그 초상을 통해 엄성을 생각해 달라고 부탁했다.[82] 이 책자는 지금까지 《철교유조책鐵橋遺照冊》이란 이름으로 전해지고 있다. 이어 엄과는 엄성의 아들 엄앙 역시 잘 성장하고 있다고 말했다.

담헌이 보낸 《성학집요》, 《농암잡지》, 《삼연잡록》, 《철교유타》에 대해서도 언급했다. 모두 "참으로 독서한 사람들의 유식한 말씀"[83]이라고 평가했다. 《철교유타》는 《철교전집》에 없는 글을 싣고 있어 전집을 보충할 수 있게 되었다고 고마움을 표했다. 담헌이 알려 달라고 한 엄성이 죽을 때의 상황은 《철교전집》의 외집과 동봉하는 주문조의 편지에 상세하다고 하면서 그것들을 보라고 하였다. 육비의 소식도 전했다. 육비는 북경에서 회시에 응시했고 반정균은 1769년 회시 이후 필법이 정해精楷하다고 하여 중서中書의 벼슬을 하고 있는 중이며 역시 회시를 기다리고 있다고 했다. 편지의 마지막은 담헌에게 증정하는, 엄성의 시에 차운次韻한 시[84]였다.

주문조가 1768년에 쓴 편지와 엄과가 1770년에 쓴 편지가 담헌에게 바로 전달되지 않았던 것은 두말할 필요가 없다. 그 사정을 쓴 것이 엄과의 편지 (2)[85]다. 두 번째 편지는 1774년 하지夏至 10일에 쓴 편지다. 편지의 서두에서 엄과는 자신의 어머니가 1774년 정월 14일에 사망했고 자신이 지금 상중이라고 알렸다. 이어 엄성의 유고와 소상에 대해 언급했다. 자신이 1771년 회시를 치기 위해 북경에 갔을 때 《철교유집》을 갖고 갔지만, 전달할 인편을 찾지 못해 그냥 가지고 돌아왔다는 것이다. 하나 이상한 점은 엄과와 반정균이 서로 아는 사이였는데도, 반정균을 찾아가 부탁할 생각을 하지 않았다는 사실이다. 4년 뒤 엄과가 다시 편지를 쓰게 된 것은, 담헌의 편지를 받았기 때문이었다. 곧 1774년 봄 북경에서 항주로 돌아온 어떤 사람이 삼하 손유의의 편지를 전했는데, 그 편지에는 담헌이 1773년 겨울에 보낸 편지가 함께 있었다. 엄과는 담헌의 편지에 1769년과 1770년 담헌이 두 차례 반정균을 통해 편지를 보냈다고 하지만 자신은 받지 못했는데, 그것은 아마도 반정균이 벼슬살이를 하느라 너무 바빠서 그랬을 것이라고 말했다. 이것을 보면 반정균에게 담헌의 편지가 갔음에도, 반정균이 전달하지 않은 것일 수도 있다. 어쨌든 엄과는 담헌이 신임하는 손유의라는 새로운 메신저를 얻게 된 데 대해 기뻐해 마지않았다.

손유의의 편지를 보고, 손유의와 담헌의 교도交道가 엄성과 다름이 없음을 알았고, 앞으로 편지를 주고받을 수 있는 정확한 길이 생겼다고 평가했다. 하지만 걱정도 있었다.

비록 그러하나, 병술년부터 지금까지 헤아려 보면 장차 10년을 넘을 것입니다. 중간에 편지는 손가락을 꼽아도 몇 번 되지 않고, 내가 보낸 편지는 몇 년을 지체하며 머물러 누차 부쳤다가 누차 막혔으니, 한 번 전달되기도 어려웠으매, 이제부터 나와 족하는 점차 나이가 들어가고 세월은 지난 10년 세월처럼 쉽게 흐를 것이라, 다시 몇 차례 소식을 접할지 또 모를 일입니다. 그 성글고 잦고, 어렵고 쉽고 하는 데에는 거의 혹 다행과 불행이 있으니, 정말 미리 헤아리기 어렵다는 말이 그럴싸하군요. 말이 이에 미치자, 붓을 던지고 크게 탄식하지 않을 수 없습니다. 인편이 있으면 소식을 전할 것이고, 인편이 없으면 덕을 생각하겠다는 현제賢弟의 이 말을 나는 종신토록 패복佩服하며 잊을 수가 없을 것입니다.[86]

또한 엄과는 자신의 구구한 정성으로 말하고자 하는 것은 이미 1770년 10월의 편지에 다 말했기에 덧붙이지 않는다 하였다. 그리고 자신의 속마음은 1770년 12월의 편지에 다 말했으니 편지를 보라 하고, 엄성의 시문집과 《일하제금집》에 관해 언급했다. 동일한 형태와 사이즈로 장정한 5책이었는데, 아마도 주문조가 정리한 《소청량실유고》(또는 엄성이 1771년 북경에 가지고 갔던 《철교유집》) 4책에 《일하제금집》 1책일 것이다. 엄과는 이 5책은 엄성의 수고본手稿本, 주문조가 손으로 베낀 부본에 담헌에게 지금 보내는 책까지 포함하여 세상에 3부만 있는 것이라고 하였다. 아울러 엄성의 유상遺像을 그린 책엽冊葉 1본을 덧붙여 보낸다고 했다. 주문조가 1768년에 쓴 편지와 자신이 1770년에 쓴 편지는 《일하제금집》에 이미 들어갔지만, 그 원본을 보낸다고 했다. 엄앙에 대해서도 약간 언급했다. 벼슬에 뜻을 두고 경의

經義를 공부하고 있고 동자시童子試에 응시했으나 생원生員이 되지 못했다는 것, 또 담헌에게 서찰을 써서 보내게 하고 과업課業으로 지은 경의 한 편도 올려 보내라고 했다는 것이다. 편지 본문은 이것으로 끝나는데 끝에 육비의 소식이 짤막하게 붙어 있었다. 그는 1772년 북경에서 향리로 돌아왔고 근래에는 삼구현三衢縣에서 강의講義하는 일을 맡고 있으며 다시는 회시를 보지 않고 서호에서 여생을 마칠 계획이라 했다.

엄과의 명으로 엄앙 역시 1774년 8월 편지[87]를 보냈다. 엄앙은 9년 전 북경에서 항주로 돌아온 엄성이 담헌과 사귄 내력을 대략 말해 주었던 것을 기억하고 있다고 하고, 멀리서 제물을 보내 준 것에 감격했으며 훈계의 말씀도 뼈에 새기고 있다고 말했다. 엄앙은 서숙書塾에서 과제로 지은 것이라면서 경의經義 1편도 같이 보냈다.

등사민과 주고받은 편지

담헌은 엄과의 편지 2통과 주문조의 편지를 읽고 그동안의 모든 사정을 알 수 있었을 것이다. 편지를 받은 것이 1778년 7월이었으니 담헌의 성격으로 보아, 답장을 써서 보냈다면 아마도 그해 10월의 동지사행에 보냈을 것이다. 하지만 이 편지는 1778년 10월 동지사행에 부치지 않았다. 〈항전척독〉에 등사민에게 보내는 편지(1778년 5월 받은 등사민의 편지에 대한 답신)[88]가 남아 있다. 편지 본문에 자신이 "관직에 있은 지가 만 1년이 넘었다"[89]는 표현이 있고, 이어 지방관에게 주어진 업무 수행을 토로하는 것으로 보아, 이 편지는 태인현감으로 부임한 1777년 7월 이후 1년이 지난 시점에 쓴 것이다. 곧 이 편지는 1778년 10월 동지사 편에 부쳤음이 분명하다. 하나 납득할 수 없는 것은 이 편지에 엄과와 주문조 등의 편지나 엄성의 유고와 초상에 대한 언급이 전혀 없다는 사실이다. 〈항전척독〉에는 이 편지에 이어 엄과·주문조·엄앙·손유의에게 보내는 편지가 차례로 실려 있다. 5통의 편지는 오로지 〈항전척독〉에만 실려 있어 다른 참고할 자료가 없다. 그런데 엄과·주문조·엄앙은 물론이고, 맨 끝의 손유의에게 보내는 편지에도 엄과와 주문조 등의 편지, 그리고 엄성의 유고와 초상에 대한 언급이 있는데, 등사민의 편지에만 그런 언급이 없다는 것은 너무나도 이상하다.

　추정건대 등사민에게 보내는 편지는 7월 엄과의 편지를 받기 전에 이미 써 놓았을 것이다. 담헌은 당시 태인에 머무르고 있었으니, 5월에 등사민의 편지를 받고 답장을 써서 서울로 보내어 10월에 부치도록 했을 것이다. 이어 7월 말이 되어서야 엄과와 주문조의 편지를 받았을 것이다. 답신을 쓴 곳도 태인이었을 것이다. 등사민에게 보내는 편지를 보면 자신이 현감으로서의 격무에 시달린다고 호소하고 있으니, 답신을 쉽게 쓸 수 없었을 것이다. 또한 엄과에게 보낸 답신은 손유의나 등사민, 조욱종에게 보내는 여느 편지와는 달랐다. 엄성의 죽음이 주제로 놓여 있었기 때문에 정성을 들인 자취가 역력하다. 또한 서울과 달리 태인에서 편지를 썼다면 서울까지 전달하는 시간이 필요하다. 요컨대 엄과와 주문조 등에게 보내는 편지는 1778년 10월 동지사 편으로 발송되지 않았다. 그렇다면 해를 넘겨 1779년에 보냈음이 분명하다.

　담헌은 엄과에게 보내는 편지에서 엄성이 세상을 떠난 지 13년이 되었다고 했으니, 편지를 쓰는 현재의 시점은 1779년이다. 아울러 주문조에게 보내는 편지에서 자신은 엄성보다 한 살이 많아 이제 49세라고 하였다. 역시 편지를 쓰는 시점은 1779년이다. 그런데 엄앙에게 주는 편지에서는 병술년(1766)에 엄앙이 10세란 말을 들었고, 편지를 열어 읽는 지금 엄앙의 나이가 22세라고 하고 있으니, 편지를 읽고 쓰는 현재는 1778년이다. 종합하면 담헌은 1778년 7월 엄과와 주문조의 편지를 태인에서 읽고 1778~1779년 사이에 답장을 써서 1779년 10월 동지사 편으로 보냈을 것이다.[90]

이제 등사민의 편지부터 읽고 뒤에 엄과와 주문조 등에게 보내는 편지를 몰아서 읽어 보자. 담헌은 등사민이 산서山西로 간다고 했는데 아마 도착했을 것이라고 한 뒤 자식을 얻기 위해 노년에 얻은 젊은 여성(첩)을 얻었을 터이지만, 마음을 빼앗기고 건강을 잃지 말고, 또한 아들을 잃은 본부인의 마음을 다치지 않게 해야 할 것이라고 충고했다. 이어 지방관으로서의 자신의 고충을 말했다.

제弟가 거관居官한 지도 이미 1년이 되었습니다. 수만 석 곡식이 들고 나는 것과, 수천 경頃의 세금을 매기는 것과, 부역과 공물 대신 받는 돈과 포와, 하천을 치고 제방을 쌓는 방법과, 선비에 대한 교육과, 도둑 대비 등 8천 호 백성의 고락을 한 몸에 걸머지고 있습니다. 물난리나 가뭄을 당하거나, 옥송을 판결하거나, 세금을 독촉하거나, 백성을 부릴 적에 마음이 아프고 머리가 지끈거려 실로 멀리 달아나 숨고 싶지만, 그럴 수도 없으니, 이제야 고인古人, 일사逸士들이 궁하고 천한 것을 달게 여기고, 벼슬을 사람을 옭아매는 것으로 여긴 게 정말 이유가 있었다고 생각합니다.

대개 고래등 같은 집에서 떡 벌어지게 차려 놓은 상을 받거나, 노래하는 기녀와 놀거나, 사냥을 다니는 즐거움은 모두 내가 하는 것이 아니랍니다. 그러니 노심초사하면서 정강이 털이 모지라지고 앉은 자리가 따스해질 겨를이 없도록 돌아다니는 것은, 먼 일에 힘쓰고 가까운 것을 소홀히 하며 자신을 버리고 남에게만 베푸는 데 가깝지 않겠습니까?

모쪼록 문헌汶軒은 나를 위해 한 말씀해 주시기 바랍니다. 다만 문헌은 아직 관리가 되어 보지 않아, 실제 일을 경험하지 않았으므로 필시 제弟의 말이 옳다고 여기시지는 않을 것입니다.[91]

담헌은 지방 행정의 격무를 호소한다. 국가권력이 백성에게 집행되는 현장과 현실은 엄청나게 복잡하고 바쁘게 돌아갔던 것인데, 담헌은 거기서 벗어나려는 생각을 내비친다. 복잡하고 바쁜 업무를 마주할 때면 "마음이 아프고 머리가 지끈거려 실로 멀리 달아나 숨고 싶다"고 말한다. 안정된 지주로서, 교양인으로서, 현실과 대면하지 않으며 여유 있는 삶을 누리던 경화세족 담헌의 성격이 여지없이 드러나는 장면이다. 담헌의 이런 정신세계는 지방 행정을 철저하게 관찰하여 치밀한 보고서 《목민심서》를 남긴 정약용과는 다르다. 이뿐만 아니라 면천군수로 있으면서 농서 《과농소초課農小抄》를 올리고 한전론限田論을 골자로 하는 토지개혁론인 〈한민명전의限民名田議〉를 쓴 박지원과도 다르다.

담헌은 이어 등사민이 언급한 구단시毆壇詩에 대해서도 간단히 비평했다. 구단시의 마지막 두 구가 비比도 아니고 의擬도 아닌 것은 자신도 알고 있지만 무을武乙의 하늘을 쏜 일[射天事]은 본래 욕되고 패역한 일이라 웃을 만한 게 못 된다는 것이었다. 이어 〈애오려팔영〉을 임공이 해서로 써서 보내 주고, 다른 사람의 작품 역시 모아서 보내 주면, 판각해 인쇄본을 보내 주겠다고 하였다. 지방관으로 있으면서 외국인과 편지하는 걸 염려한 데 대해서는 아무 일도 없을 것이라고 안심시켰다. 끝으로 등사민이 보낸 〈환희선도歡喜仙圖〉는 기이하고 장쾌한 대방가大方家의 작품이라고 평가했다.

황윤석과의 관계도 약간 언급할 필요가 있다. 1778년 10월 담헌은 황윤석 딸의 결혼을 축하하는 의미로 유기鍮器를 보내면서 편지도 같이 보냈는데, 거기에《역상고성 후편》전질을 찾아 보내겠노라고 하였다.[92] 이보다 앞서 담헌과 황윤석 사이에는 편지 왕래가 있었다. 황윤석은 1777년 11월 26일 담헌에게 편지를 보내는데, 이것은 같은 해 8월 13일 담헌이 보낸 편지를 읽고 쓴 것이었다. 이 편지의 핵심 내용은《역상고성 후편》은 이미 읽었으나 전편을 보지 않고는 이해가 되지 않는다면서《역상고성》을 빌려 달라는 것이었다.[93]

1778년 2월 13일 황윤석은 태인의 담헌을 찾아갔다. 담헌은 이달 그믐에 서울의 서반촌西泮村 혹은 사복시司僕寺로 황윤석을 찾아가겠다고 하였다.[94] 이달 황윤석은 효경교孝敬橋 근처 임정동林井洞 박경유朴景兪의 집에 담헌의 편지를 보내 담헌이 빌린《수리정온》전질을 찾아 보내게 했다. 그런데 박경유가 보낸 책은 조선 활자로 인쇄한 조선본《수리정온》이었고, 원래 담헌이 빌렸던 당본唐本 곧 중국본《수리정온》이 아니었다. 박경유의 말에 의하면 담헌이 중국본《수리정온》을 다른 데 두고 자신의 집에 있는《수리정온》을 중국본으로 착각한 것 같으니, 담헌에게 편지를 보내 물어 보라고 하였다.[95]

1778년 11월 2일 황윤석이 쓴 일기에는 담헌이 고종사촌형 김치익에게 보내는 편지가 실려 있다. "황도사 윤석胤錫은 집사가 일찍이 이름을 듣고 만나기를 원하던 사람입니다. '수력數曆' 전함全函을 빌려 보고자 하니, 의심치 말고 빌려주셨으면 합니다. 그가 돌려주기를 기다려 간직하면 어떻겠습니까?"[96] 김치익에게 '수력' 전체를 빌려주라고 부탁하고 있다. '수력'은 《수리정온》과 《역상고성》이다.

황윤석은 11월 7일 종부시宗簿寺 대문 밖 장생전동으로 김치익을 방문한다. 원래 김치익이 황윤석을 몹시 만나고 싶어 했지만, 황윤석은 김치익의 집안에 대신, 곧 김치인金致仁이 있음을 의식해 일부러 그와의 만남을 피했다. 1778년 봄 황윤석은 공례公禮로 김종수金鍾秀를 만났는데, 그 자리에 마침 김치익이 있었다. 얼굴을 모르는 사이라 그가 김치익인 줄 몰랐는데, 돌아와 알아 보니 '그 문중의 학자 김치익'이라는 것이었다. 위의 편지는 태인을 지날 때 담헌이 써 준 소개 편지였다. 황윤석은 담헌의 편지를 들고 김치익을 찾아가《수리정온》 32책, 《역상고성》 18책을 빌려 온다. 황윤석은 이날 일기 끝에《수리정온》의 목록을 잔뜩 적어 놓았다.[97] 이듬해 7월 15일 황윤석은 김치익에게《수리정온》과《역상고성》을 편지와 함께 보내며 홍대용에게 전해 달라고 부탁했다.[98]

황윤석은 홍대용에게서 천문학과 수학책을 빌렸고, 그와 천문학과 수학에 대해 토론하였다. 1778년(정조 2) 6월 15일 일기에서 황윤석은 자신에 대한 담헌의 평가를 기록하고 있다. 담헌은 서울 중부中部의 봉사奉事 박지원朴知源에게 이렇게 말했다고 한다. "우리들은 서울에서 나고 자라 스스로 희귀한 책을 자못 많이 보았다고 하지만, 오히려 시골에 있는 이 사람만 못하다네. 대개 엄박淹博한 것으로 말하자면, 보통 사람들보다 훨씬 뛰어나다네."[99]

1779년 엄과와 주문조 등에게 보낸 편지

1778년 7월 1일 서울에 도착한 이덕무는 담헌에게 편지를 보내 자신이 반정균과 만난 사실을 알렸다. 태인으로 편지가 전해진 것은 7월 말이거나 8월 초일 것이다. 편지를 받은 담헌은 큰 기쁨에 젖었을 것이다. 엄과와 엄앙, 주문조·반정균·손유의의 편지를 읽은 담헌은 해를 넘겨 1779년 답장을 쓴다. 이 편지들을 검토해 보자. 가장 먼저 검토할 것은 손유의에게 보내는 편지[100]다.

담헌은 1778년 동지사가 돌아올 때 항주에서 보낸 편지와 1778년 1월 25일에 손유의가 부친 편지는 받았지만, 1778년 황력재자관 편에 보낸 편지의 답장을 받지 못했다고 말한다. 담헌은 이덕무가 돌아온 뒤 손유의의 고아함과 후덕함을 극구 칭찬했고, 시간이 없어 오랫동안 이야기할 수 없었던 것을 아쉬워하더라는 말을 전하고, 이덕무와 박제가는 젊지만 박학하고 또 인망이 두터운데 손유의 쪽에서도 직접 만날 기회를 놓쳐 유감일 것이라 말했다. 자신의 소식도 전했다. 자신은 어머니를 모시고 관직에 있으면서 큰 오류를 저지르고 있는 것은 아니지만, 3년 동안 공무에 머리를 썩인 나머지 돌밭과 띠집으로 돌아갈 날만 기다리고 있을 뿐, 벼슬이 올라 먼 앞날을 계획하는 것은 없다고 말하고 있다. 담헌은 다른 사람에게 보내는 편지에도 이런 말을 반복한다.

이어 항주에서 보낸 편지와 엄성의 유고·초상화를 모두 손유의를 통해 받게 되어 고맙다는 인사를 전했다.

절강의 편지는 다행하게도 족하의 도움으로 철교의 유상과 유고를 삼가 받들게 되어 여러 해 두고 맺힌 회포를 위로할 수 있었습니다. 이 기쁨을 무엇에 비길 수 있으리오. 서호西湖의 세 분은 재질과 학술이 정말 탁월하여 과거의 만남은 정말이지 기이한 인연이었습니다. 제弟와 같은 사람은 다른 습속의 이방인인데도 불구하고 그 우매함을 불쌍히 여겨 그릇되이 이끌어 주고 격려해 준 것입니다. 어찌 감히 스스로 잘난 체하며 그분들과 동등하다고 말할 수 있겠습니까?

철교가 죽음과 삶 사이에서 보여 준 은혜와 사랑으로 말하자면, 천륜과 다를 바가 없습니다. 《제금집題襟集》을 보면 죽음에 임해서도 연연한 심정을 펼친 것이 이처럼 애달팠으니 족하께서 보셔도 마땅히 마음이 서글플 것입니다. 제처럼 이런 알아줌과 사랑을 입은 사람이야 어떤 마음이 들겠습니까?[101]

담헌은 이 편지에서도 엄성이 죽을 때 자신에게 보여 준 사랑에 대해서 감격해 마지않았다. 담헌은 손유의에게 엄과와 주문조 등에게 보내는 편지를 같이 보내고, 《간정필담》은 한가할 때 소일거리로 본다면 진부한 이야기보다는 나을 거라 말했다.

주문조에게 보내는 편지[102]에서 담헌은 그를 현제賢弟라고 부르며, 엄성의 형 엄과를 자신의 형으로 삼고, 주문조는 엄성의 동생이니 자신의 동생으로 삼는 게 마땅하다고 말한다. 이어지는 문장은 주문조의 우정론에 대한 답이다. 담헌은 우정은 뜻[志]과 도[道]를 같이할 경우 맺어지므로, 뜻과 도가 같다면 천 년 전 사람도 벗을 삼는데 같은 세상에 살고 있는 사람이야 벗이 되는 것은 두말할 나위가 없다고 말한다. 담헌의 우정론은 길게 이어지지만, 결국 진실되게 우정을 나눌 사람을 만날 수 없었기에 북경에서 그런 사람을 찾아보려고 한 것이었으며, 다행히도 하늘의 도움으로 엄성·반정균·육비와 만나 벗이 될 수 있었다고 했다.

담헌은 그중에서도 특히 엄성과는 형제가 될 것을 약속하여, 과오를 고쳐 주고 성취를 격려해 주기를 평생 기대했건만, 헤어진 뒤 2년 만에 그가 죽고 말았다고 했다. 담헌은 엄성이 복원福阮에서 보낸 수천 마디의 긴 편지는 천고의 독특한 견해여서 사람을 심취하게 하고 기운을 용솟음치게 했건만, 졸지에 좋은 벗이 세상을 떠나 그 편지에 답할 길이 없다고 말한다. 담헌은 엄성의 죽음을 전한 주문조에게 슬픔을 절절히 토로하며, 엄성의 유상과 유고를 보옥처럼 받들어 자신의 답답한 마음을 펴 보려고 하고 자신이 죽은 다음에야 엄성을 그리워하는 마음이 그치게 될 것이라고 말했다.[103]

담헌은 주문조에게 북경에서 7일 동안 나눈 필담과 주고받은 편지를 정리하고, 끝에 엄성에게 마지막으로 보낸 글을 붙여 《간정필담》 3책으로 엮었다면서, 《일하제금집》의 잘못된 곳, 빠진 곳을 고칠 수 있으면 고치고, 혹은 외집으로 삼았으면 하고 바란다고 했다. 또 베껴 쓸 때 잘못된 곳은 고칠 겨를이 없었다고 하고, 《일하제금집》의 오자도 적어 보낸다면서 그것은 중국과 외국의 초서를 쓰는 법이 달라 잘못 생긴 오류이므로 훗날 인편이 있으면 본 글자를 있는 모양 그대로 베껴서 보내 주면 보는 즉시 알아서 고치겠다고 하였다. 또한 《일하제금집》은 외국 사람이 등장하는 글이라 혹 꺼리고 헐뜯을 사람이 있을지 모르지만 충분히 이서異書가 될 만하니, 간추려 《철교유집》에 붙여 판각할 것을 바란다고 했다.

담헌은 예의 엄격한 정주학자로서의 당부를 주문조에게도 아끼지 않았다. 주문조의 문기文氣가 너무 빼어나고, 필획이 화려하고 윤택하여 임하林下의 춥고 수척한 태도가 없어서 만약 그가 관료로 출세한다면 사람들을 핍박할 수도 있을 것이라면서 10년 이래 주문조가 이룩한 성취와 기허期許한 것이 어떤 경지에 있는지 묻고 있다. 담헌의 말 중에서 주목해야 할 것은 다음과 같은 말이다.

> 인생의 궁달窮達은 본디 정해진 천명이 있어 다른 사람과 같이 선을 행하건 홀로 행하건 경우에 따라 분수대로 다할 뿐일 것일세. 우리 유가의 실학實學이 본래 이런 것이네.
> 만약 반드시 문을 열고 학도를 가르치며 자기와 다른 사람을 배척하고 몰래 승심勝心을 드러내어 거만스럽게 유아독존의 마음을 먹는 자는 근세 도학의 법도로서 정말 염증이 나는 일이네. 오직 실심實心·실사實事로써 날마다 실지實地를 밟아 먼저 이 진실한 본령을 둔 뒤에야 무릇 주경主敬·치지致知·수기修己·치인治人의 방법에 조치할 바가 있게 될 것이고, 공허한 그림자로 귀착되지 않을 것이네. 낭재朗齋의 평생 학술에서 그 정론定論을 듣기를 원하네.[104]

담헌은 실천적 정주학자로서 예의 실학·실심·실사·실지에 대해 말한다. 아울러 자신과 다른 것을 배척하고 남을 이기려는 승심을 경계할 것을 당부했다(이 부분을 쓰면서 그는 김종후를 떠올렸을 것이다). 그의 이단관은 일정한 변화를 보이고 있었지만, 실천적 정주학자로서의 본령은 전혀 달라지지 않았다. 이 편지는 1779년도에 쓴 것이다. 담헌은 이로부터 4년 뒤인 1783년에 사망했으니, 그는 만년에 이르기까지 자신의 사상적 기저를 바꾸지 않았다. 이단관의 변화도 역시 철저한 정주학자로서의 기반 위에 가능한 셈이었다.

담헌은 자신의 소식도 간단히 전했다. 자신은 일찍이 성현의 글을 읽고 늦게는 산수 자연 속에 묻힐 생각으로 몇 칸 초가집을 지어 그 속에서 살며 세상의 그물을 벗어나려고 했으나, 1774년부터 뜻밖에도 벼슬길에 들어섰고, 집에 노모가 계신 이유로 현감이 되었다고 했다. 녹봉으로 노모를 모시는 것은 영화스럽고 다행한 일이었지만, 자신의 성글고 게으른 성품이 관리 일을 하는 데 적합하지 않아 쏟아지는 공무는 평소의 생각과는 너무나 어긋나 보잘것없는 공부도 날이 갈수록 잊어버리게 되었다면서, 엄성이 자신에게 바라던 바를 생각하면 부끄럽기 짝이 없어 늘 답답하고 우울하다고 했다. 이런 이유로 자신은 오히려 벼슬에 오래 있을 수 없고, 조만간 벼슬을 그만두고 돌아가 애오려에서 마음대로 저술을 하고 시를 읊조리면서 지낸다면, 다시 바랄 수 없을 정도로 만족스러울 것이라 했다.

담헌은 자신이 지은 시를 주문조에게 증정하겠다는 말로 편지를 끝맺었다. 원래 자신이 시를 배우지 않은 건 엄성도 잘 알고 있던 바인데, 북경에서 귀국한 뒤 사람들에게 이끌려 억지로 한漢·위魏의 고시를 본떠 시를 짓기 시작했고, 일부러 잘난 체하느라 고시를 지은 것이 아니라, 고시는 율시처럼 골치 아프게 평측과 배우排偶를 따지지 않고 입에서 나오는 대로 진솔하게 쓰면 되기 때문이라고 했다. 하지만 관청의 일에 쫓겨 시를 지을 겨를이 없어 주문조가 보낸 두 율시에 대해서는 화답하지 못하고 근래에 지은 시문 수십 편을 대신해 보낸다고 하였다. 아울러 차후 편지를 보낼 길이 막연하지만 서로 잊지 않고 모색하면 길이 있을 것이라며 끝을 맺었다.

엄과에게 보내는 편지[105]는 그동안 주고받은 편지의 행로에 대한 언급이 있어 정리할 필요가 있다. 담헌은 1770년 등사민과 손유의를 통해 엄과에게 편지를 보냈다. 엄과는 1775년 신정新正에 요예문을 메신저로 삼아 등사민에게 답서를 보냈고, 요예문은 심영산을 메신지로 하여 등사민에게 편지를 보냈다. 1777년 첫여름에 등사민이 보낸 위의 두 편지를 받고 담헌은 1770년에 보낸 2통의 편지가 엄과에게 전달되었음을 알았다. 앞에서 말한 바와 같이 엄과는 손유의에게 유상과 유고를 보냈다고 했으므로 담헌은 손유의에게 물어 보았으나, 아직 오지 않았다고 했다. 이 사실에 관련된 편지는 현재 남아 있지 않다. 그러던 중 1778년 가을 비로소 편지와 유고, 유상을 받았다. 담헌은 그때의 감정을 "놀랍기도 하고, 기쁘기도 하고, 슬프기도 하여 어떻게 마음을 가눌 길이 없다"[106]라는 말로 표현했다. 이어 담헌은 엄과의 모친상을 위로했다. 편지의 중심은 역시 엄성이었다.

철교鐵橋가 저세상 사람이 된 지도 하마 13년입니다. 거친 언덕, 이슬 젖은 풀 속에 천고의 세월을 보내게 되었지요. 아무리 나고 죽고 하는 일에 정해진 명命이 있어, 조금 오래 살거나 조금 일찍 죽거나 기뻐하고 슬퍼할 것도 없다지만, 그래도 감정이 모인 것이 우리 같은 사람들이라, 호수나 바다같이, 서로 그리는 마음이 한마디 창자에 맺혔으나, 저승과 이승의 길이 막혀 그 얼굴과 그 목소리가 날이 갈수록 아득히 멀어지니, 이 어찌 사람으로서 견뎌 낼 수 있는 일이겠습니까?
철교의 혈성血性이 지극히 좋은지라, 세상을 떠날 때 반드시 남긴 말이 있을 것이라 생각하여, 앞서 보낸 편지에서 임종 때임에도 불구하고 남긴 말이 있을까 물었던 것입니다. 그런데 이제 낭재의 편지와 《제금집》의 서문을 읽어 보니, 나도 모르는 사이에 놀라 창자가 찢어지는 것 같았고, 울음 섞인 눈물이 마구 흘러내렸습니다. 아아, 제弟가 어떤 사람이기에 철교로부터 이런 마음을 얻은 것인지요?[107]

"창자가 끊어지고 울음과 눈물이 한꺼번에 쏟아졌다"는 담헌의 말은 수사적 표현이 결코 아니었을 것이다. 엄성과의 깊은 우정은 담헌의 사상에 깊은 영향을 끼쳤다. 아마도 담헌은 엄성과 대척적인 지점에 있는 사람으로 김종후를 상상했을 것이고, 당대 조선의 사족들에게서 수많은 김종후를 보았을 것이다. 뒷날 《의산문답》의 허자는 아마도 엄성과 대척지점에 있던 '김종후들'의 형상물일 것이다. 담헌은 엄성의 초상에 대해서도 길게 말했다.

백묘白描로 사람의 초상을 그리면 핍진하기 어려운 법입니다. 이제 이 화첩의 모습은 언뜻 보면 같아 보이지 않습니다. 하지만 오랫동안 어루만지며 보면, 그 모습과 점점 친해집니다. 기이하고 빼어난 자태, 수려하고 깔끔한 풍모, 너그럽고 곧은 기미, 깎아지른 듯한 기운이 화첩을 열면 눈부시게 나타나, 마치 기침 소리를 직접 듣는 것만 같습니다. 나감羅龕(엄성의 초상을 모사한 해강奚岡의 호)은 본디 철교의 얼굴을 알지 못하는 사람인데, 어찌 필력이 이와 같을 수 있단 말입니까? 나는 철교의 영혼이 반드시 몰래 도와주었고, 그 도움에 힘입어 동방으로 정신을 보냈으리라 생각합니다. 그렇겠지요? 아닌지요? 향을 사르면 향기가 올라가 신령이 이른다고 하는데, 정말 그런 이치가 있는지요? 그런 이치가 있고 없는 것은 내가 알 수 있는 게 아닙니다. 오직 감실龕室을 만들어 거기에 철교의 초상을 모시고, 차와 술로 강신降神하되 전적으로 고요하게 섬기면, 어렴풋하고 엄숙한 곳에서 반드시 장차 보이는 것 같고 들리는 것 같을 터입니다.

이로부터 10, 20년간 마음을 깨끗이 씻고 귀의하면, 형제의 정을 다 바칠 수 있고, 처음부터 끝까지 우정을 온전히 다 나눌 수 있을 것입니다. 또 살아서 다음을 같이하였으니, 죽어서도 마땅히 같은 곳으로 돌아갈 것입니다. 신의 이치가 어긋나지 않는다면, 혹 이 소원을 이룰 수 있을 것입니다.[108]

남아 있는 엄성의 초상은 선묘線描drawing다. 담헌은 얼핏 보아 닮지 않은 선묘에서 엄성을 찾아내고, 그것은 엄성의 영혼이 찾아왔기 때문이라고 말한다. 남은 생애 동안 엄성의 초상을 감실에 모시고 그의 혼령에 귀의하여, 죽은 뒤 한 곳에서 만날 것을 바란다고 했으니, 이보다 더 절절한 우정은 없으리라.

이어 엄성의 문집과 《일하제금집》의 편집에 쏟은 정성과 노력에 대한 감사, 엄과의 향시 합격에 대한 축하, 하지만 엄성이 과거에 몰입하는 걸 바라지 않았을 것이라는, 과거에 대한 부정적인 입장에서의 충고, 엄과의 부친에 대한 건강 축원, 엄앙의 영민함에 대한 감탄 등의 말이 이어졌다. 엄과의 질문에 대해서도 답했다. 이이李珥와 김창협, 김창흡에 대한 간단한 소개였다. 앞으로의 편지 왕래에 대해서도 언급했다. 손유의를 통해 가끔 편지를 보내겠다는 것, 서로 나이가 벌써 50, 60이 되었으니, 잦지도 않을 편지에 대해 지나치게 걱정할 필요가 없다는 것이었다.

호칭에 대해서도 담헌은 언급했다. 아마도 담헌은 제弟니 형兄이니 하는 말은 사람을 사귀는 데 있어서 범칭이기는 하지만, 우형愚兄과 현제賢弟란 말은 이성異姓이 천륜과 같은 관계를 맺을 경우에 해당하는 말로 한때의 객기로 경솔하게 맺을 수는 없는 것이며, 한 번 그 관계를 약속하면 곧 골육과 같은 사이가 되어 종신토록 그 은애를 잊을 수 없는 것이니, 붕우 간의 신의는 마땅히 이와 같아야 한다고 말한다. 담헌은 1766년 북경에서 엄성·반정균·육비와 우정을 맺었을 때도 자신은 육비의 고아함과 반정균의 영달함에 감복하고 그들을 사랑한 것이 엄성과 다름이 없었지만, 오직 엄성과 자신 둘만 아우와 형이란 관계를 맺었다고 했다. 곧 천륜과 같은 정의는 구차하게 약속할 수 없기 때문이었다는 것이다. 담헌은 엄과에게 이런 관계는 필담 속에 있으니, 반정균도 양해하고 있을 줄 알고 있다고 했다. 담헌은 엄과에게 이 점에 대해서 어떻게 생각하느냐고 반문한다. 아마도 1770년 엄과가 담헌에게 엄성과 엄과에게만 제弟와 형이라고 부르는 것에 대해 무어라 말한 것 같고, 또 그것은 반정균과 비교해서 이상하지 않으냐고 말한 것 같다.

　자신의 근황도 전했다. 자신은 원래 천성이 꼿꼿하여 남과 타협하지 않고 세상 사람들처럼 과거에 꼭 합격하겠다는 의지도 없던 데다가 부친상을 당한 뒤로는 세상 길에 마음이 아주 식어 버려 벼슬길은 아예 단념하고 독서를 하며 본래 뜻을 찾으며[讀書求志] 자연 속에서 생을 마치려 했다는 것이다. 1774년 뜻하지 않게 동궁의 관속官屬으로 뽑혔는데, 어머니의 나이가 70이라 벼슬을 가려서 할 형편이 아니었다고 말했다. 1777년 7월 태인현감이 되었고 지금까지 조심스럽게 법을 지켜 일을 그르치지는 않았지만, 8천 호가 되는 고을이 번화한 지역이고 또 현감의 문서 처리 같은 업무가 많아 평소 자신의 계획과는 어긋난 것이 많다면서 조만간 벼슬을 그만두고 애오려로 돌아가려고 한다고 했다.[109] 앞의 등사민에게 보낸 편지에서 한 말과 크게 다르지 않았다. 물론 이런 말을 하는 과정에 온갖 변명과 겸사를 늘어놓았던 것은 두말할 필요가 없다. 편지는 엄과와 주문조가 〈애오려팔영〉의 차운시를 써 달라는 부탁, 엄성의 문집에 실린 〈연강피우도烟江避雨圖〉를 보니 그림의 그 장소로 마음이 달려가는 것 같다면서, 비슷한 풍의 묵화 서너 장을 그려서 보내 달라는 부탁과, 편지를 전달할 메신저 손유의의 아름다운 마음을 알아 달라는 말로 끝났다.

편지는 이렇게 끝났지만, 다루지 않은 것이 있다. 편지 후반부에 담헌 사상과 관련하여 대단히 중요한 부분이 있어 따로 떼어서 살핀다. 담헌은 작년에 본 반정균의 편지(1773년 3월 수신)에 "엄과가 대승大乘의 정정定靜·지관止觀에 마음을 두고 있다"라고 한 부분을 거론하면서 이렇게 말한다.

> 대개 유가와 불교의 논쟁은 본디 분분했습니다. 제弟도 철교도 또한 일찍이 대략 논변을 해서 때로는 인가를 받기도 했습니다만, 지금 생각해 보면 객기로 이기려 덤비는 일이라, 강학講學하는 사람의 틀에 박힌 짓이었다 하겠습니다.
> 저는 근자에 세상 일을 두루 겪은 끝에 자못 깨달은 게 있습니다. 대개 각각 자기가 좋아하는 것을 따르되, 마음을 맑게 만들고 세상을 구제하는 데로 돌아간다면 유가·불교를 따질 것 없이 모두 어질고 뛰어난 군자가 되는 데 해롭지 않다는 것입니다. 오직 인륜을 끊고 공적空寂으로 도피하는 데 이르지 않는다면 또한 곧 성인의 문도이겠지요.[110]

담헌은 엄과의 불교를 문제삼고 있으면서도 과거 불교와 양명학을 이단으로 파악하고, 그것으로부터 벗어나기를 주문했던 것과는 달리

각자 자기가 좋아하는 바를 따라서 마음을 맑게 하고 세상을 구제하는 목적을 수행한다면 유교나 불교를 가릴 것 없이 현군자賢君子가 될 것이라고 말한다. 다만 인륜을 끊고 공적으로 도피하는 것만 아니라면, 성인의 무리가 될 것이라고 말한다. 이것이 담헌이 유학의 진리성을 포기하는 증거가 될까? 그렇지는 않다.

그러나 심心을 말하고 성性을 말하는 불교의 묘오妙悟는 유가의 책에도 본디 모자라지 않습니다. 완역玩繹하고 복용服用하면 그 정밀하고 깊은 내용은 한이 없을 것입니다. 그런데 만약 그것을 버리고 다른 것을 찾는다면, 혹 높은 것을 좋아하고 신기한 것을 좋아하는 것을 면하지 못할 터이니 이 마음에 병이 드는 것이 작지 않을 것입니다. 그렇다면 유문儒門의 이단이 될 뿐만이 아니라 또한 선가禪家의 외마外魔가 될 것입니다. 구봉께서는 자신을 돌아보건대 어떻게 생각하시는지요? 들어가는 문로와 공부의 절차 등에 대해 그 경개를 대략 보여 주시어 고루한 생각을 깨우쳐 주시는 것도 해롭지 않을 듯합니다.[111]

담헌은 여전히 심과 성을 말하는 것과 석씨의 묘오는 모두 유서儒書에도 결코 부족하지 않으니, 이것을 연구하고 실천할 경우 정밀한 의미가 끝없을 것인데, 이것을 버리고 다른 것을 찾는 건 높은 것을 좋아하고 신기한 것을 좋아하는 데로 귀착됨을 면하지 못한다는 것이다. 곧 담헌은 유가의 진리성, 곧 정주학의 진리성을 최후의 순간까지 포기하지 않았다.

엄성의 아들 엄앙에게도 편지[112]를 보냈다. 담헌은 엄앙이 현재 22세일 것(곧 이 편지는 1778년에 개봉된 것이다)이라고 하며 지금 보내는 답신은 언제 전해질지 모르겠지만, 그때는 이미 장성했을 터라고 한 뒤 엄앙이 보낸 편지의 글씨가 단정하고 경의經義, 곧 과거 답안지의 경전 해석이 훌륭하다면서 엄앙에게 엄성의 기풍이 있다고 칭찬했다. 또 엄앙의 공령문을 보고도 아주 우수한 경지에 도달했다면서 칭찬을 아끼지 않았다. 이어 자신이 1768년 거상 중에 학생들을 가르칠 때 만든 〈독서부결〉을 보내며 학문에 도움이 될 것이라고 말했다. 담헌은 마지막으로 과거와 벼슬보다는 엄성이 그랬던 것처럼 도덕적 인격을 완성하기를 바랐다.[113]

희한하게도 담헌이 편지를 보낸 대상은 손유의와 엄과·엄앙뿐이고, 반정균에게는 보내지 않았다. 다른 편지에도 담헌이 반정균에게 편지를 보냈다는 정보를 전혀 찾을 수 없다. 북경을 다녀온 유금이 《한객건연집》의 발문을 보여 주자 이덕무와 박제가는 환호했고, 반정균에게 편지를 보내고 답신을 받았다. 반정균은 담헌에게도 편지를 보냈다. 하지만 담헌은 다시는 반정균에게 편지를 보내지 않았다. 1778년 이덕무와 박제가가 북경에 가서 반정균을 만났고, 돌아와 반정균에 대한 소식을 전하였음은 두말할 필요도 없을 것이다. 하지만 정작 엄과와 엄앙, 주문조, 손유의에게 편지를 보내면서도 반정균에게는 편지를 보내지 않았다. 반정균에 대한 언급도 하지 않았다. 아마도 담헌은 반정균의 마지막 편지를 읽고 마음을 깨끗이 접은 듯하다.

북경에 편지를 보낸 1779년에도 담헌은 계속 태인현감으로 있었다. 황윤석은 같은 해 8월 23일에는 태인을 지나는 길에 담헌이 전주의 전라도 감영에 가 있다는 말을 들었다. 아마도 황윤석은 담헌을 찾아가려 했던 것으로 보인다. 이 자료는 동복의 안처인이 나경훈羅景燻(나경적의 오기)의 제자로서 역시 윤종輪鐘(자명종)을 만들 수 있다고 말하고 있다. 아마도 담헌 때문에 자명종과 나경적, 안처인을 동시에 떠올린 것으로 보인다.[114] 8월 29일에는 황윤석이 어머니가 밀시蜜柹를 먹고 체기가 약간 있다며 편지를 보내어 꿀을 구하였고 담헌은 꿀과 소주, 육포도 함께 보냈다.[115] 황윤석이 8월에 목천木川현감이 되어 9월 1일 태인현에 오자, 홍대용은 "민民도 역시 목천의 구묘민丘墓民입니다"라며 황윤석을 보고 갔다.[116]

연암이 보낸 편지

연암이 담헌에게 보낸 편지 4통이 남아 있다. 《연암집》 3권 공작관문고孔雀館文稿에 〈답홍덕보서答洪德保書〉 아래에 (2)~(4)가 연속적으로 실려 있다. 따라서 이 편지는 모두 담헌의 편지에 답한 편지다. 원래 이 편지는 8통이었으나 4통만 남아 있고, 또 4통의 편지도 연대순으로 정확하게 배열되었는지는 의문이다. 첫 번째 편지는 "우리들이 이별한 지 문득 3년이 되었다"는 말이 있는 것으로 보아, 연암이 연암협으로 들어간 지 3년이 되었다는 것이다. 3년이라면 정조 4년인 1780년이 될 수밖에 없다. 연암은 1778년 연암협으로 들어갔고, 1780년 서울로 다시 나와 5월에 북경으로 갔다. 담헌이 영천군수에 임명된 것은 1779년 12월 25일이고, 사은謝恩한 것은 1780년 2월 28일이었다. 따라서 이 편지는 적어도 1780년 2월 28일 이후, 연암이 서울로 돌아오기 전에 보낸 것이다.

연암의 아들 박종채에 의하면, 담헌은 영천에 있을 때 개성 연암협에 있는 박지원에게 소 두 마리와 농기구 다섯 가지, 줄 친 공책 20권,

돈 200민縖을 보내며 "산중에서는 밭을 사 경작하지 않을 수가 없을 테고, 또 책을 저술하여 후세에 전해야만 합니다"[117]라고 했다고 한다. 영천에서 담헌이 편지를 보낸 게 사실이라면, 1780년 2월 28일 이후부터 그해 5월 사이일 수밖에 없다. 하지만 이것은 물리적으로 불가능한 일이다. 더욱이 연암은 "얼어붙은 벼랑, 눈 덮인 계곡"에서 담헌의 편지를 받아 보았다고 하고 있으니, 한겨울이 분명하다. 담헌이 영천에 부임한 즉시 편지를 보냈다 해도 편지가 도착할 무렵이면 봄이다. 추측건대 연암의 편지에 문제가 있거나 박종채의 기록에 오류가 있을 가능성이 크다.

〈홍덕보에게 답함〉(1)에서 연암은 객기가 늘면 정기가 줄어드는 법으로, 성인은 객기를 없애어 정기를 키우라는 가르침을 주었다고 말한 뒤 자신은 늘 객기가 성한 게 병통이었지만, 최근 객기가 없어지자 정기까지 아울러 사라져 옛날의 뜻과 기운은 찾아볼 수 없는 축 처진 늙은 농부가 되고 말았다고 고백한다. 담헌의 편지를 보지 못해 정확한 내용은 물론 알 수 없지만, 아마도 담헌은 연암이 자신의 재능을 주체하지 못하는 성향에 대해 충고한 것으로 보인다. 왜냐하면 연암이 이렇게 말하고 있기 때문이다. "지금 별지에 권면해 주신 말씀을 받드니 저도 모르게 부끄러워 땀이 얼굴을 덮었습니다. 그래서 다만 이렇게 말씀드리는 것입니다."[118] 연암은 담헌의 지적, '축 처지게 된 원인'이야말로 객기라고 지적한 것이라면서, 자신을 위한 절실한 충고를 바라고 있다.

두 번째 편지(2)의 주제는 우정이다. 연암 자신은 명예와 이익, 권세를 따르는 벗을 버리고 진정한 벗을 찾아보니 한 사람도 없었다고 말한다. 연암이 아마도 담헌에게 우정에 대해 이렇게 묻는 것은, 연암협에서 외로이 지내며 담헌을 한없이 그리워했기 때문일 것이다. 하지만 문제는 담헌의 태도에도 있는 것으로 보인다.

> 생각하건대 형이 벗을 사귀는 한 가지 일에 대해 혈성을 가지고 있음을 잘 알고 있습니다. 하지만 구봉九峯 등 여러 사람이 하늘가와 땅의 모퉁이에서 어렵게 편지를 보내는 건 천고의 기이한 일이라 할 수 있을 것입니다. 하지만 이 생애 이 세상에서는 다시는 만날 수 없을 것이니, 꿈속의 일과 다르지 않을 것이며, 실로 진취眞趣가 드물겠지요. 우리나라 안에서 한 번 만나 서로 숨기고 꺼리는 것 없이 지낼 수만 있다면, 또한 천 리 길을 말을 몰아가는 것도 어렵지 않을 것입니다. 알지 못하겠습니다만, 형도 이런 벗을 아직 보지 못했는지요? 아니면 이런 생각을 가슴속에 끊어 버리셨는지요? 지난날 많은 이야기를 했을 때도 이런 말씀은 드린 적이 없기에 지금 마침 한 줄기 울적한 마음에 여쭈어 보는 것입니다.[119]

연암은 담헌이 벗과의 우정에 대해 혈성血性이 있는 줄 알고 있고, 엄과 등 중국인 벗과 수천 리를 넘어 편지를 주고받는 것이 '천고의 기이한 일'이라고 말한다. 하지만 그것은 이 세상에서는 다시는 직접 만날 수 없으니, '꿈속의 일'과 다를 것이 없어 '진취眞趣'가 거의 없을 것이라고 지적한다. 연암은 아마도 직접 대면하여 대화를 나눌 수 없는, 그 인간 됨을 몸으로 느낄 수 없는 우정에 몰입하는 담헌이 못마땅했던 것으로 보인다.

1766년 귀국 이후 담헌에게 '벗'이란 엄성과 육비, 반정균 등 중국인일 뿐이었다. 1805년 북경에 갔던 김선민金善民(1772~1813)은 홍대용에게서 반정균의 이름을 물리도록 들었다고 하였다.[120] 담헌의 입에서 중국인 벗들의 이름이 떠난 적이 없었던 것이다. 연암은 그것이 불만이었다. 연암은 조선 땅 안에 그런 벗이 있다면 천 리를 멀다 않고 찾아가겠다면서, 담헌에게 그런 벗을 본 적이 있는지 묻는다. 아니면 국내에서는 그런 우정을 찾을 길을 끊어 버렸는지 묻는다. 담헌은 아마도 연암에게 중국인 친구들과의 우정에 대해서 끊임없이 말했을 터이고, 연암은 다시는 만날 수 없는 그들과의 우정을 비현실적이라 생각했을 것이다. 연암은 담헌에게 자신이 유일한 벗이라고 생각했을 텐데, 중국인과의 우정을 말하는 담헌에게 그 이야기를 직접 하지 못하고 편지를 통해 전하고 있는 것으로 보인다.

세 번째 편지(3)에서 연암은 담헌에게 이덕무와 박제가, 유득공의 북경 체험과 그들이 규장각 검서관이 된 소식을 전하고 있다. 세 사람은 1779년 6월 검서관이 되었으니, 이 편지는 그 이후에 쓴 것이다. 또 연암은 북경에 가지 않았으니, 1779년 6월 이후 1780년 5월 이전에 쓴 것이다. 연암은 담헌에게 세 사람이 검서관으로 적은 녹봉이나마 받게 된 것이 몹시 다행한 일이라고 소식을 전하고, 이들의 중국 체험에 대한 자신의 소회를 말했다. 이덕무 등은 "다만 돌아온 뒤로 마음과 눈이 더욱 높아져 백에 하나 마음에 맞는 것이 없고, 미간에 때로는 날카로움과 기이함이 드러나 맴돌기까지 했다"[121]는 것이다. 연암은 담헌의 《간정동필담》을 보고 자신이 직접 그곳을 가 보고, 중국인들과 대화를 나눈 것 같아 신기할 게 없어 일부러 중국 이야기는 꺼내지 않았는데, 이덕무 등은 그것을 너무나 이상하게 여기더라는 것이다.

연암이 이들의 중국 이야기를 침묵시켰는데, 그 과정은 이렇다. 유득공은 1778년 가을 심양을 다녀왔다. 유득공은 길에서 황제를 보았고, 그 모습을 연암에게 묘사하자, 연암은 "바로 진시황의 부본副本이 네"라 하였다. 유득공이 어떻게 알았느냐고 하자, 연암은 "《삼재도회 三才圖會》의 제왕상帝王像을 보고 알았다"고 답했다. 세 사람은 웃고 다시는 중국 이야기를 자랑하지 않았다. 담헌과 유금·이덕무·박제가·유득공이 차례로 중국에 다녀온 뒤 꺼내는 중국 이야기에, 경험을 공유하지 못한 연암은 퍽 곤혹스러웠을 것이고, 기지를 발휘해 그들을 침묵시켰던 것이다.

연암은 이 이야기를 전하고, 세 사람이 신분은 낮으나 규장각 검서관으로 정조를 가까이하는 직임에 있게 되자, 평소 그렇지 않아도 쏟아지던 시기와 질투가 더 쏟아진다면서 그들이 사람 사귀는 것도 끊고 술도 조심하며 책의 교열에만 몰두하기를 바라지만, 자신들의 뜻과는 달리 상황이 그렇게 되지 않고 있다는 걱정을 담헌에게 전하고 있다.

네 번째 편지(4)는 아마도 1779년에 쓴 듯하다. 연암은 1771년 연암협을 답사하고 그곳에서 살려 했는데, 이 편지에서 그렇게 마음먹은 지 9년이라 했으니, 아마도 1779년에 쓴 편지로 보인다. 편지 내용은 대수롭지 않다. 자신의 거처와 연암협의 풍경 등을 묘사한 것이다. 끝에 1778년 7월에 사망한 형수 공인恭人 이씨를 집 뒤에다 장사지냈다는 이야기를 간단히 전하고 있다. 이 편지는 뒷부분이 없어졌기에 정작 중요한 이야기는 알 수 없다.

영천군수가 되다

태인현감 시절 담헌은 달리 기록할 만한 사건이 없었다. 평범한 나날

이 이어졌던 것으로 보인다. 오랫동안 끊겼던 북경과도 소식이 이어졌다. 담헌은 1779년 12월 25일 영천榮川군수에 임명되었다. 담헌은 1780년 2월 28일 사은하고 영천으로 떠났다. 영천은 지금의 경상북도 영주다. 1781년 5월 22일 도산서원을 방문했다는 기록[122]이 남아 있을 뿐 영천군수 담헌의 행정이나 치적, 혹은 생활에 대해서는 전혀 알려진 바가 없다.

이해에 특기할 것은 연암의 북경행이다. 담헌과 유금, 이덕무·박제가·유득공 등 가장 가까운 벗들이 잇달아 중국을 다녀오자, 연암은 경험의 공유에서 소외되었고, 그것이 북경행을 재촉했을 것이다. 연암은 1780년 5월 서울을 떠나 6월 24일 압록강을 건넜고, 8월 1일 북경에 도착했다. 북경 도착하기 하루 전인 7월 20일 연암은 삼하현 손유의의 집을 찾았으나, 손유의가 산서 지방의 관사館師로 갔다는 말을 듣고 담헌의 편지와 선물을 두고 떠났다. 하나 이상한 것은 담헌이 연암에게 반정균에게 보내는 편지를 맡기지 않았다는 점이다. 더욱 이상한 것은 박지원이 북경에 가서 만나는 사람에게 반정균을 아는가를 물어 보았지만, 직접 반정균을 만나려 하지 않았다는 사실이다.

손유의에게 보낸 마지막 편지

담헌은 1779년 주문조·엄성·엄앙에게 보내는 편지를 손유의 편으로 보냈다. 이어 1780년 손유의에게도 편지[123]를 보냈다. 이 편지에서 담헌은 1779년 1월과 1780년 1월에 손유의가 보낸 편지를 이백석 편에 받았음을 말하고, 손유의가 1778년 10월 모친상을 당했음을 비로소 알았다면서 위로의 뜻을 전하고 있다.

담헌은 이어 자신이 1780년 1월 영천군수로 이직했는데, 고을이 작고 녹봉은 적어 한가롭게 지내기는 좋지만, 폐단이 많아 백성과 아전이 살기가 너무 어렵기에 그들을 보살피고 폐단도 고치려 하지만 그래도 곤궁한 처지를 면하지 못하고 있다고 하였다. 벼슬과 녹봉을 버리고 집으로 돌아와 편히 쉬는 것만 못하다는 것이다. 이것이 지방관으로서의 담헌 자신에 대한 최초이자 마지막 언급일 것이다.

엄과와 반정균에 대한 언급도 있었다. 엄과는 1781년 북경의 회시에 응시할 예정이고, 손유의 역시 북경에 갈 것이니, 한 번 만나볼 것을 권했다. 반정균에 대해서는 그가 근밀한 곳에 있으므로 두려워하고 조심스럽게 행동하는 것은 본디 당연하다고 하면서, 이어 손유의의 "각각 그 옳은 것을 행한다"고 한 말과 "공성孔聖을 인용하여……"라고 한 말을 들며, 이 말이 고명하고 상쾌하여 의리가 뛰어나 읽어보면 가슴을 시원하게 한다고 평가했다. 이 말이 실린 편지는 전해지지 않는데, 거기에 손유의가 반정균이 쉽사리 속내를 털어놓고 어울리지 못하는 걸 두고 각각 그 옳은 것을 행할 뿐이라고 평가한 말을 담헌이 높이 평가한 것이다. 담헌은 여기에 한마디 덧붙인다. "천하는 한 집안이요, 사해는 한 형제입니다. 의리에 의거할 만한 것이 있고 자취에 혐의할 만한 것이 없다면 마음을 같이하는 사귐과 벗들과 함께 학문하는 즐거움을 그냥 버릴 수 있겠습니까? '사람들이 말이 많은 것이 또한 두려울 뿐이다'라고 하셨는데, 세밀히 가르쳐 주신 것이 정말로 옳습니다."[124] 이것은 아마도 화이론을 깨뜨리는 데 적절한 도구가 되었을 것이다.

조욱종에 대해서는 그가 벼슬길에 나선 이래 끝내 집으로 돌아가지 못하고, 사신이 되고 말았음을 안타깝게 여기고 뒤에 따로 편지를 보내어 위로하겠다고 말하고 있다.

가장 흥미로운 것은 박지원에 관한 것이다. 박지원은 문장과 인품, 인망이 훌륭한 사람으로 자신의 외우畏友이며, 때를 만나지 못해 좌절했지만 기개와 도량이 크고 넓은 인물이라고 높이 평가해 마지않았다. 박지원은 담헌 자신과 손유의의 우정을 이미 충분히 알고 있으며 손유의를 몹시 흠모하고 있다는 것이다. 이어 박지원이 포의布衣로 그 족형인 상사上使를 따라 북경에 간다며 꼭 한 번 만나 보기를 권하고 있다. 만약 만나 본다면 문사文詞만 빼어난 사람이 아님을 알게 될 것이라고도 했다. 손유의는 이덕무에게도 편지를 보낸 모양이다. 담헌은 이덕무에게 그 편지를 전달했으니, 아마 이덕무로부터 답장이 있을 것이라 말하고 있다.

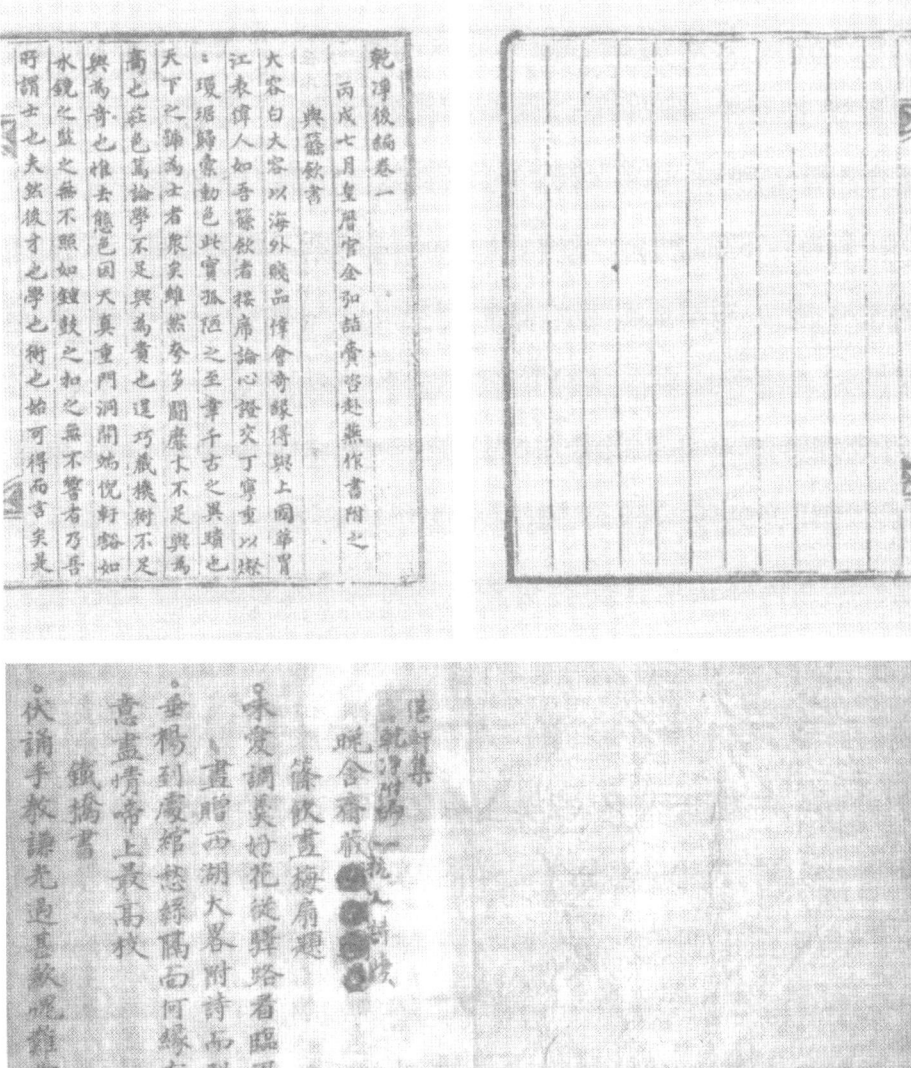

《간정부편》.
주로 손유의·등사민·조욱종의
편지를 중심으로 엮은
서간집.

03

천문학과 수학

영천군수가 담헌의 마지막 관직이었고, 또 그의 개인사 속 마지막 정보라고 할 수 있다. 담헌은 영천군수를 그만둔 직후인 1783년 사망하기 때문이다. 이제 그의 죽음에 관련된 이야기만 남았다. 다만 그의 죽음에 대해 말하기 전 따로 반드시 언급해야 할 것이 있다. 곧 담헌의 천문학과 수학, 그리고 그의 국가경영론 혹은 사회사상이다. 오늘날 담헌은 김석문金錫文과 함께 지전설을 주장한 학자로 기억된다. 또한 그는 《주해수용》이란 수학책을 남기기도 하였다. 이로 인해 그는 조선 후기를 대표하는 과학자로 알려져 있다.

한편《의산문답》의 결론 부분에서 담헌은 화이론을 부정한다. 그의 북경행을 이끌었던 동기 중 하나였던 중화와 이적의 차등론을 스스로 부정했던 것이다.《의산문답》의 화이론 부정은 한국 사상사에서 중국 중심주의 부정, 나아가 민족주의의 주체적 성립으로 평가받았다. 아울러 국가경영론 혹은 사회사상을 담은 〈임하경륜〉의 일부 주장은 신분제를 부정한 것으로도 해석되었다. 지전설과 화이론의 부정, 신분제의 철폐로 요약되는 담헌의 사상을 평가하는 대주제는 명료하게 하나로 수렴된다. 그것은 '자생적 근대'다. 담헌의 삶과 사상에서 20세기 사람들은 스스로 근대를 향해 진보했던 한국사의 발전 동태를 읽어 냈다. 하지만 이 독해가 담헌의 삶과 그가 남긴 텍스트를 엄밀하게 읽은 결과인지는 의문이 아닐 수 없다.

이제 담헌이 도달한 마지막 사고의 지점을 확인하여 다시 평가할 필요가 있다.

서양 천문학·수학과 경화세족

담헌이 1759년 나경적을 통해 만난 것은 두 가지였다. 첫째 서양의 천문학과 수학, 둘째 자명종이었다. 자명종 역시 서양에서 유래한 것이었으니, 결과적으로 그는 나경적을 통해 '서양' 혹은 '서양의 문화'와 접촉한 것이었다. 물론 1759년 이전 한역 서양서를 읽었을 가능성이 없지는 않지만, 구체적으로 확인할 수 있는 건 전혀 남아 있지 않다. 이제 담헌의 천문학과 수학에 대해 논하기 전 조선의 서학 수용에 대해 간단히 서술할 필요가 있다.

가톨릭 포교를 위해 1583년 9월 중국 광동성의 조경肇慶에 발을 디딘 마테오 리치는 우여곡절 끝에 자명종에 관심이 많았던 명 신종神宗을 알현하고 북경에 거주해도 좋다는 허락을 받는다. 1601년 5월 그는 북경에서 포교와 함께 서양 서적을 번역하기 시작했다. 그가 번역한 천주교 교리서, 기하학·수학·천문학·지리학·세계지도와 같은 저작물, 그리고 자명종 같은 서양 기기에 대한 정보는 임진왜란 이후 명에 파견된 사신단에 의해 조금씩 조선에 알려지기 시작했다. 이수광의 《지봉유설》에는 〈곤여만국전도〉가 수입되었다는 사실과 비록 명 문인의 저술을 인용하기는 했지만, 서학과 마테오 리치에 대한 정보가 실려 있고, 허균 역시 1614·1615·1616년에 걸친 두 차례의 북경행에서 서양과 기독교에 대한 정보를 얻었다고 한다. 하지만 서양인과 직접 만난 것은 1631년(인조 6) 진주사進奏使로 북경에 파견된 정두원鄭斗源이 처음이었다.

이때 후금後金(뒤의 청)이 요동 지방을 점령하고 있었으므로 정두원은 황해를 건너 산동반도의 등주登州를 거쳐 북경을 왕래했다. 정두원은 등주에서 육약한陸若漢Rodriguez, Jean(1561~1633)을 만난다. 육약한은 마테오 리치의 친구로서 마카오에 머무르고 있다가 명 황제의 요청으로 명군에게 화포 사용법을 가르치기 위해 등주에 와 있었다. 선교사로서 포교의 기회를 얻으려 했던 육약한은 정두원에게 《치력연기治曆緣起》 1책, 《천문략天文略》 1책, 《이마두천문서利瑪竇天文書》 1책, 《원경설遠鏡說》 1책, 《천리경설千里鏡說》 1책, 《직방외기職方外記》 1책, 《서양국풍속기西洋國風俗記》 1책, 《서양국공헌신위대경소西洋國貢獻神威大鏡疏》 1책, 〈천문도남북극天文圖南北極〉 2폭, 〈천문광수天文廣數〉 2폭, 〈만리전도萬里全圖〉 5폭, 〈홍이포제본紅夷砲題本〉 등을 선물한다.[1] 정두원이 가지고 온 책과 지도는 그야말로 서학의 대표적인 성과물들이었다. 아마 이 책들은 궁중에 간직되어 외부에 공개되지 않았을 것이다.

그중에서 조선 정부의 비상한 관심을 끈 것이 있었다. 곧 담헌이 매료된 서양 천문학 서적이었다. 서광계·용화민龍華民Nicholas Longobardi 공저의 《치력연기》는 숭정 연간 서양 역법으로 개력改曆되는 과정의 일부(곧 1644년 1월까지)를 담은 것으로 조선 쪽에서는 이 책을 통해 개력의 필요성을 감지했다.[2] 《이마두천문서》는 마테오 리치의 《건곤체의乾坤體義》로 추정되는 바, 상·중권은 열대·온대·한대의 지구 기후대, 9중천설九重天說, 4원소설四元素說, 일식과 월식의 원리, 천체들의 크기, 대기 굴절 현상 등 서양 천문학의 기초를, 하권은 변·선·면적·평원平圓·타원橢圓 등 서양 기하학의 기초 개념을 서술하고 있다. 양마락陽瑪諾Emmanauel Diaz이 지은 《천문략》 역시 《건곤체의》와 거의 동일한 서양 천문학의 기초 개념을 소개하고 있으며, 아담 샬의 《원경설》은 망원경의 원리, 망원경으로 관측한 결과 얻은 천체에 관한 새로운 지식들을 두루 소개하고 있다. 《천리경설》은 천리경에 부속된 망원경 설명서나 간단한 조작법으로 추정된다. 《직방외기》는 남북 아메리카와 아프리카를 포함하는 세계지도와 그에 따른 지리 정보, 그리고 서양 천문학의 기초 개념을 소개한 세계 지리지였다. 〈천문도남북극〉은 조선에 최초로 들어온 서양식 천문도였다.[3]

정두원은 귀국할 때 서양 천문학을 배워 오라면서 역관 이영후李榮後를 남겨 두고 온다. 개천설蓋天說과 혼천설渾天說만 알고 있던 이영후는 《천문략》에 실려 있는, 프톨레마이오스 천문학의 우주관인 12중천설十二重天說을 접하고 큰 충격을 받는다.[4] 즉 이영후와 육약한(로드리게즈)과의 접촉이 프톨레마이오스 천문학을 처음 인지하는 계기가 되었다. 이상의 서양 천문학서는 조선 후기 천문학에 큰 영향을 끼친다.

중국의 역법은 원래 계산 착오가 누적되면 다시 교정하는 전통을 가지고 있었다. 1368년에 명의 공식 역법으로 채택된 대통력大統曆은 시간이 지나면 지날수록 수치의 오류가 쌓여 중엽 이후부터 개력의 필요성이 제기되었다. 1610년 11월 대통력이 일식 예보에 실패한 것을 계기로, 마테오 리치 이래 당시 지식인들 사이에 알려져 있던 서양 천문학에 입각해 개력이 추진되었다. 정두원이 귀국한 해인 1631년 서양인 신부 등옥함鄧玉函Jean Schreck, 나아곡羅雅谷Jacques Rho, 탕약망(아담 샬)은 중국인 학자이자 관료인 서광계·이지조의 협조를 얻어 서양 천문학서를 편찬하여, 1631년부터 1월부터 1634년 12월까지 다섯 차례에 걸쳐 황제에게 바친다. 이것이 저 유명한 《숭정역서崇禎曆書》

(135권)다. 《숭정역서》 완성 뒤 10년인 1644년 명나라가 멸망하고 청이 들어서자, 아담 샬은 청나라 정부를 설득해 《숭정역서》 개편 작업에 착수해서 100권의 《서양신법역서西洋新法曆書》를 완성한다.

《서양신법역서》는 건륭제 때에 《신법산서新法算書》로 개칭된다. 《신법산서》는 천문학 일반(《측천약설測天約說》), 수학·기하학·측량학(《대측大測》, 《비례규해比例規解》, 《주산籌算》, 《기하요법幾何要法》, 《측량전의測量全義》), 일식·월식(《측식략測食畧》), 태양과 달, 오성의 운행(《일전력지日躔曆指》, 《월이역지月離曆指》, 《월이표月離表》, 《오위역지五緯曆指》, 《오위표五緯表》), 항성(《항성표恒星表》, 《항성역지恒星曆指》, 《항성출몰표恒星出沒表》), 망원경의 제작과 사용법(《원경설遠鏡說》), 서양 천문학의 개요와 역사(《신법역인新法曆引》, 《역법서전曆法西傳》) 등으로 구성되어 있다. 곧 천문학의 개요와 서양 천문학을 이해하기 위한 수학과 기하학, 측량학, 7정七政과 항성의 운동에 관한 정보, 서양 천문학의 역사 등이 그 줄기를 이루고 있다.

《신법산서》는 독립된 저작을 모은 것이었으므로 상호간 충돌하는 지식을 담고 있기도 하였다. 즉 이 책은 프톨레마이오스(프톨레미)의 12중천설과 티코 브라헤의 천체구조론을 모두 싣고 있다. 특히 《오위역지》는 프톨레미Claudius Ptolemy(약 85~약 165)의 천동설을 폐지하고 티코 브라헤의 우주구조론을 공식화한다고 말하고 있다. 하지만 《오위역지》와 서양 천문학의 역사를 서술하고 있는 《역법서전》은 프톨레미, 알폰소 10세Alfonso X, el Sabio(1221~1284), 코페르니쿠스Nicolaus Copernicus(1472~1543), 시몬 스테빈Simon Stevin(1548~1620), 지오반니 마치니Giovanni Antonio Magini(1555~1617), 티코 브라헤, 갈릴레오 갈릴레이Galileo Galilei(1564~1642) 같은 천문학자와 그들의 학설을 모두 소개하면서도 코페르니쿠스와 갈릴레이의 지동설은 빼거나 이름을 밝히지 않은 채 소개하여 부정했다. 요컨대《신법산서》는 서양의 천문학을 상당히 왜곡된 상태로 전하고 있었다.

청은 1645년 시헌력時憲曆이란 이름으로《서양신법역서》의 역법을 국가의 공식 역법으로 채택한다. 청나라가 시헌력을 채택하자 조선 정부는 새로운 역법에 조선의 역법을 일치시켜야만 했고, 이에 시헌력을 정확하게 이해하려고 줄기차게 노력했다. 1644년 9월 청의 군대를 따라 북경으로 간 소현세자는 아담 샬과 교유하는 동안 조선의 역법을 바꿀 필요성을 피력했다. 이어 봉림대군을 수행했던 한흥일韓興一이 1645년 6월 귀국하여 시헌력으로 역법을 바꿀 것을 건의했고, 그 내용을 검토한 관상감 제조 김육金堉도 이에 강력하게 동의했다. 하지만 시헌력을 이해하는 것은 쉽지 않았다. 시헌력은 기본적으로 지구설地球說에 기초한 서양의 우주론, 프톨레마이오스, 코페르니쿠스, 티코 브라헤 등의 행성운동이론, 구면삼각법을 비롯한 서양 기하학, 그리고 상한의象限儀, 기한의紀限儀, 호시의弧矢儀, 망원경 등을 비롯한 새로운 관측기기와 관측기법들이 적용된 역법이었다.[5] 따라서 조선 사람들이 이 새로운 역법을 익히는 일은 쉽지 않았다. 국가, 곧 조정은 시헌력을 이해하기 위한 노력을 시작했고, 그것은 수많은 시행착오를 겪는 과정이기도 했다.[6]

조선은 1648년(인조 26) 2월 사은사 홍주원洪柱元이《서양신법역서》를 구입해 온 것을 시작으로 서양 역법을 배우기 위해 북경 천주당에 사람을 파견하는 등 우여곡절을 거쳐 1653년(효종 4)에야 비로소 서양 역법을 따른 역서를 작성해 사용하기 시작했지만, 1705년(숙종 31) 6월 역산曆算에 착오가 생긴 것을 발견하여, 그해 겨울 관상감 관원 허원許遠을 북경에 보내어 서양 역법을 배우게 한다. 미진한 부분을 완전히 익히기 위해 1708년(숙종 34) 겨울 다시 허원을 북경으로 보내 흠천감 관원 하군석何君錫으로부터 본격적인 역법 지식을 습득해 오게 했다. 허원은 3년 뒤인 1711년(숙종 37)에《현상신법세초류휘玄象新法世草類彙》를 작성하는데, 이 책자로 인해 조선은 티코 브라헤의 천문학을 적용한 시헌력을 완벽하게 이해할 수 있었고, 앞으로 200년 동안은 고칠 게 없을 것이라면서 자부심을 드러내기도 했다.

1732년(영조 8) 2월 관상감관觀象監官 이세징李世澄이 청에서 새로 제작된 만세력을 구입해 왔다. 이것은 24절기와 합삭合朔(일식), 현망弦望(초승달과 보름달) 등이 조선에서 만든 역曆과 차이가 났다. 이는 1711년에 작성된《현상신법세초류휘》의 "200년 동안 오차가 없을 것"이라는 예측을 뒤엎는, 난처한 상황이었다. 이것은 청에서《서양신법역서》를《역상고성曆象考成》체제로 개정했기 때문이었다.《역상고성》은《율력연원》이란 거대한 총서 속에 포함된 책이었다. 1713년 강희제는 서양 선교사를 배제하고, 하국종何國宗·매각성梅殼成 등 중국인 학자에게 율려律呂와 역산曆算에 관한 총서를 편찬하라고 명한다.[7] 1721년 수학서인《수리정온》이, 이듬해인 1722년에는 천문학서인《역상고성》상·하편(출판은 1723년이다)과 율려, 곧 음악에 관한 이론서인《율려정의》상·하편, 속편 1이 완성되었다.《역상고성》은 이른바 '강희갑자원법康熙甲子元法'으로서 옹정 4년(1726)부터의 시헌력은 전부 이 법을 따른 것이다.《역상고성》의 천문학은《신법산서》와 기본적으로 동일했다.[8] 다만 그 체계는 아주 달라졌다. 독립된 저술들을 묶은《신법산서》와는 달리《율력연원》은 수학과 기하학을《수리정온》으로 독립시켰고, 천문학은《역상고성》으로, 거기에《신법산서》에 없는《율려정의》를 추가한 것이다. 이로써 중복된 지식과 정보를 잡다하게 늘어놓았던《신법산서》가 깔끔하게 정리되었다.

조선 조정에서는 오차를 교정하기 위해 다시 북경에 관상감 관원을 파견하여《역상고성》을 구입해 와서 습득하기 시작했다.《역상고성》,《수리정온》,《율려정의》를 한꺼번에 수입한 것은 1730년(영조 6)이었다.[9] 1736년(영조 12) 청이《수리정온》에 의거해 책력을 만들자, 1737년(영조 13) 관상감은《수리정온》을 익히지 않을 수 없다면서 그 중 일부를 조선에서 인쇄할 것을 요청해 왕의 허락을 받았다. 하지만 청력淸曆과의 차이는 여전히 발생했다. 그것은 청에서 1730년 6월 1일 발생한 일식에서《역상고성》에 의한 추산이 잘못된 것을 발견하고 1742년《역상고성》의 일전日躔(태양의 운행궤도)와 월리月離(달의 운동, 달과 행성의 각거리)를 계산하는 방법에 타원법을 적용하고, 지반경차地半徑差와 청몽기차淸蒙氣差의 수치는 티코 브라헤의 관측 결과보다 정확한 카시니Jean Dominique Cassini(1625~1712)의 관측 결과를 수용해 새로《역상고성 후편》을 만들었기 때문이다. 이후 시헌력은 오직《역상고성 후편》에 의거했다.

조선 측에서는 역관을 파견해 쾨글러Ignatius Kögler(대진현戴進賢, 1680~1746)에게 직접 새로운 역법을 배우고,《역상고성 후편》을 수입하여 익히는 등 여러 노력을 거쳐 1760년대 초가 되면 시헌력에 의한 천문역산학을 거의 온전히 운용할 수 있었다. 1645년 한흥일이 시헌력으로의 개력을 주장하고부터 한 세기를 약간 넘긴 뒤에야 조선은 비로소 새 역법을 온전히 이해할 수 있게 된 것이다. 그리고 1769년에 편찬에 착수, 1770년(영조 46)에 완성된《동국문헌비고》〈상위고象緯考〉에 와서《역상고성》의 천문 지식은 물론이고 케플러의 타원궤도에 대해서 기술하고 있는 것에서 보듯,《역상고성 후편》(1742)의 내용도 포함되어 시헌력이 완전히 이해되었다.[10] 이것이 1758년 담헌이 나경적을 만나고 1765년 12월 북경에 도착했을 무렵 조선의 천문역산학 수준이었다.

하지만 이 시기 관상감의 시헌력 이해에는 상당한 문제가 있었다. 곧 관상감에서 필요한 것은 정확한 역서의 제작을 위한 천문역산이었고 천체의 체계와 운동을 구조적으로 파악하는 데는 관심이 부족하였다.《동국문헌비고》의〈상위고〉역시《역상고성 후편》의 내용까지 포함하고 있지만, 우주의 구조에 대해서는 여전히《건곤체의》에서 처음 제시되었던 12중천설이 소개되어 있을 뿐이며 티코의 신도新圖, 곧 우주 구조에 대해서는 언급조차 없었다.[11] 그것은 지식인들의 몫이었다. 무엇보다 지구가 둥글다는 지원설地圓說은 상식과 경험에 비추어 너무나 이질적인 것이어서 충격이 아닐 수 없었다. 서양 천문학서와 지리서 혹은 청대 지식인의 문집, 예컨대 지원설은 물론 9중천론, 티코 브라헤의 우주 구조론 등 17세기 초까지 중국에 소개된 서양 천문학에 대한 개략적 논의를 담은 이광지李光地의《용촌집榕村集》[12] 등을 통해 서양의 천문학을 접한 지식인들 사이에 먼저 논란이 되었던 건 땅이 둥근 것이 사실이냐는 것이었다. 조선 지식인들의 서양 인식의 역사를 다룰 때 늘 거명되는 김만중·정제두·김석문·이익·김시진金始振·남극관南克寬·황윤석·홍대용·서명응·서호수·정약용·이가환·유희柳僖 등은 '지구설地球說'에 대한 견해는 서로 달랐지만, 지구가 둥글다는 서양 천문학의 주장 자체는 모두 충분히 인지하고 있었다.[13]

그러나 서양 천문학이 기성의 동아시아 천문학 지식을 송두리째 대체한 것은 아니었다. 조선시대 지식인들의 자연 이해의 틀은 송대

성리학, 특히 주희의 자연 인식에 기반하고 있었다. 그것은 대개 세 가지 전통으로 나누어 볼 수 있는데, 첫째, 장재張載의 기일원론적 자연 이해는 원초적 기氣로 충만한 태허를 우주 생성의 물질적 원인으로 제시한 후 기에 내재한 자발적인 운동에 의해서 우주 만물이 생성·변화·소멸된다는 논의였다. 두 번째, 주돈이의 태극太極(또는 리理) 개념에 근거를 둔 자연 이해는 태극이라는 비물질적·형이상학적인 우주의 궁극적 근원을 제시하면서 이 태극으로부터 음양이 생겨나고 음양으로부터 오행이 생겨나고, 다시 음양과 오행의 작용에 의해 만물이 생겨나는 과정과 그 원리를 말하는 것이었다. 세 번째, 소옹의 상수학적 자연 이해는 가장 수비학數秘學적인 측면이 강한 역학적易學的 사유체계에 토대를 둔 것이다. 이 세 가지 상이한 방식의 자연 이해는 성리학을 종합했다는 주희에 의해서 계승되어, 이후 유학자들이 자연을 이해하는 근간이 되었다.[14]

1697년(숙종 23)에 저술한 《역학도해易學圖解》에서 지전설을 주장한 김석문의 경우를 보자. 김석문은 지구의 모양이 구형球形이라는 것을 포함해서 천체들의 배치와 궤도를 서양 천문학 지식에 의거해 이해했다. 그 지식이란 《항성역지》, 《오위역지》, 《시헌력법》, 《칠정역지七政曆指》 등 《서양신법역서》에 수록되어 있는 서양 천문서에서 인용한 것이었다.[15] 특히 그가 도입하고 있는 티코 브라헤의 우주체계는 아담 샬의 《원경설》(1626)에서 처음 다루어진 이후 나아곡의 《오위역지》에서 본격적으로 소개되면서 중국과 조선의 역산가들에게 가장 믿을 만하다고 알려진 우주체계였다.[16] 하지만 김석문이 서양 천문학 지식을 인용했다 하더라도, 그의 우주론과 지전설의 근거는 서양 천문학과는 전혀 달랐다. 김석문은 주돈이·장재·주희의 천문학을 인용하고, 소옹의 상수학에 기반하여 서양 천문학을 융해한 것이었다. 요약하면, 상수학의 지평에서 서양의 천문학을 통합한 것이라고도 말할 수 있다.[17] 서양 천문학을 그 자체로 이해하는 게 아니라, 기존의 성리학적 자연 인식 혹은 우주론의 지평 위에서 정보적 지식으로 인용해 융해하는 것은 김석문만이 아니라, 다른 지식인들도 마찬가지였다. 그런 지적 작업은 정제두·이익·서명응·서호수·정약전·정약용·유희·이규경·최한기 등의 우주론에서 충분히 찾아볼 수 있다.

또 하나 지적해야 할 것은 이들이 모두 경화세족이라는 사실이다. 《지구고증地球考證》, 《의상질의儀象質疑》 등 천문학 서적을 저술하고(전하지는 않는다) 《서포만필西浦漫筆》 등에서 지구설을 주장하며 서양 천문학에 대한 신뢰를 보인 김만중(1637~1692)은, 이른바 광김光金(光山金氏)으로서 국반國班이라고도 하는 최고의 경화세족이었다. 또 그는 1720년 숙종의 죽음을 알리는 고부사告訃使로 북경에 갔을 때 천주당을 방문하여 독일인 신부 이그나티우스 쾨글러와 포르투갈인 신부 요세프 사우레즈Saurez, J.(소림蘇霖, 1656~1743) 등과 만나 서양 천문학과 천주교에 대해 토론했던 이이명의 장인이기도 하다. 서양 천문학에 대한 김만중의 발언으로 유추하건대 그는 《서양신법역서》와 《천학초함》을 소유했거나 최소한 보았던 것으로 추정된다.[18] 이이명의 서양 천문학에 대한 관심도 아마 이 책들을 접한 데서 유래한 것일 터이다.

김석문 역시 청풍 김씨로 그의 가문은 조선 후기 경화벌열 중의 하나다. 김석문은 1644~1645년 시헌력을 도입하자고 주장했던 김육의 족손이다. 거슬러 올라가면, 김육과 김석문은 모두 김식金湜의 후손이다. 그리고 같은 항렬인 김석주金錫胄(김육의 손자)는 《서양신법역서》와 같은 서양 천문역산학에 대한 책을 읽었음이 확실한데,[19] 아마도 김석문은 같은 가문인 그의 책을 빌려 보았을 것이다. 김석주가 활동했던 숙종 때의 인물인 남인의 거두 윤휴尹鑴(1617~1680)도《서양신법역서》를 보았음이 분명하다. 그가 1664년(현종 5)에 쓴 글에,《역법서전》에 실린 프톨레미(프톨레마이오스)에서 갈릴레이에 이르는 서양 천문학자의 이름이 실려 있다.[20] 숙종 때 인물인 최석정崔錫鼎 역시《서양신법역서》와《천학초함》을 열람했다는 증거가 뚜렷하다.[21] 물론 이것만으로 그가 이 책들을 '소유'했는지는 확증할 수 없지만, 최석정이 당시 대표적인 장서가로 소문났음을 상기한다면 소유했을 가능성이 크다.

18세기 들어《율력연원》과《역상고성 후편》의 완성 이후 국가기관이 아니고 이 책을 구입할 수 있었던 것은 오직 경화세족뿐이었다. 1766년 3월 15일 담헌이 귀국길에 올라 십삼산十三山에 머무르던 바로 그날 황윤석은 서울에서 서호수를 만난다. 서호수의 집안은 그야말로 경화벌열이라 부를 만한 집안이었다. 양관兩館 대제학을 지낸 서명응이 그의 아버지, 정조의 등극에 결정적인 공을 세웠던 서명선이 그의 숙부였다. 서호수는《기하원본》,《동문산지》,《팔선진수八線眞數》,《삼각비례》등 서양 수학서를 섭렵하지 않은 것이 없었다. 황윤석은 서호수가《수리정온》,《역상고성》과 같은 서양 역법에 정통하다는 사실을 특기하고, 이 책들은《율려정의》와 함께《율력연원》을 이루며,《칠요표》는 또《역상고성》의 일부라고 말한다. 대화를 마친 뒤 황윤석은 "사람이란 서울에 살지 않을 수 없다는 말이 정말이로구나!"[22] 라고 말한다. 전라도 흥덕현興德縣(지금의 고창)의 사족이었던 황윤석으로서는 서울의 정보 독점에 대해서 감탄어린 유감을 표시한 것이겠지만, 한편으로는《수리정온》을 위시한 최첨단의 수학에 대한 연구는 경화세족이 독점했다는 사실을 방증하는 것이기도 했다.

1767년 12월 9일 현재 황윤석은 조인숙趙仁叔이란 사람의 말을 옮기고 있는데,《수리정온》은 관상감에는 없으며, 서명응·이맹휴李孟休·홍계희洪啓禧와 이름을 잊어버린 어떤 사람의 집에 있다고 하였다. 홍계희와 서명응 집안에서는 마테오 리치의《기하원본》도 소장하고 있었다. 이들은 모두 거대한 경화세족 가문이었다. 황윤석은 당대 최고의 수학자로 홍양해洪量海[23]와 이길환李吉煥을 꼽았고, 조사朝士로는 서호수, 중로인中路人(중인)으로는 문광도文光道를 꼽았다. 문광도는 홍양해에게서 수학을 배웠다. 홍양해는《수리정온》에 정통하였고 '동국의 이마두利瑪竇'로 불리기도 하였다. 서호수는 연경에서 구입해 온《율력연원》을 홍양해에게 빌려주기도 했다.[24]

한편 서호수는 문광도에게서 산학을 배웠다고 한다. 이길환은 항렬자로 미루어 보건대 아마도 수학에 능했던 이익·이가환 집안일 것이다. 황윤석은 이덕무의 입을 빌려 1778년 당시 서울에 서양 수학을 전문적으로 연구하는 사람으로 위의 서명응·서호수 부자에 이벽·정후조鄭厚祚를 추가했다.[25] 정후조의 형으로 이른바 연암 그룹의 일원이었던 정철조鄭喆祚는 평생 '서양의 역상지학曆象之學'을 공부했고, 또《수리정온》,《역상고성》두 책을 정밀히 연구하였다. 수학과 천문학에 뛰어났던 이가환은 정철조의 매부였고,《기하원본》의 소장자이기도 했다.[26] 황윤석이 교유했던 소론계열의 정경순鄭景淳 가문 역시 경화세족으로 천문역산학에 관심이 높았다. 황윤석은 정경순의 아들인 정동기鄭東驥(1750~1787)와 사촌 정동유鄭東愈(1744~1808)를 통해 천문역산학과 관련된 많은 자료를 빌릴 수 있었다. 그중엔《수리정온》의 일부도 있었다.[27] 역범易範과 율력·전병田兵·관직·산수算數 등에 관해 황윤석과 담토했던 김용겸 역시 율력 쪽으로는《송사》율력지律曆志와 강희제가 편찬한 《율력연원》 100권, 산학 쪽으로는 명인明人의 《산학통종 算學統宗》, 《상명산법詳明算法》, 서양인의 《기하원본》, 강희제 때 편찬한 《의상지儀象志》 같은 책을 보지 않은 것이 없다고 했다. 특히 《율력연 원》은 자신의 족질 김선행金善行이 연경에서 구입한 것이라 했다.[28] 대체로 《수리정온》과 같은 수학서의 소유자들은 예외 없이 경화세족들이고, 그들은 스스로 수학에 관한 저술을 남기기도 했다.[29]

담헌의 수학과 천문학 연구

담헌은 북경에서 《율력연원》 및 《역상고성 후편》과 페르비스트의 〈태서곤여전도〉를 구입해 왔다. 담헌이 앞의 두 책을 북경에서 구입한 것은, 당시 북경에 전해진 서양 천문학과 수학에 관한 정보를 대부분 입수했음을 의미한다. 1776년(정조 원년) 반정균이 보낸 《천학초함》을 1778년(정조 2)에 받았으니, 담헌은 이제 서양 천문학과 수학에 관한 자료를 대부분 가지게 된 셈이었다. 아마도 담헌은 귀국 직후부터 《율력연원》에 빠져들었을 것이다. 1768년 가을 이후, 1769년 어림에 《의례》와 관련하여 김종후와 2차 논쟁을 벌일 때 담헌은 율력·산수·전곡·갑병의 중요성을 말한다. 앞에서 지적했듯 이 용어는 담헌이 전에 쓰지 않던 것이었다. 또 이 어휘들의 의미는 논쟁의 문면에서는 찾을 수 없다. 아마도 '율력'이란 말은 《율력연원》에서, 산수는 《율력연원》이 포함하고 있는 《수리정온》의 수학과 아울러 《주해수용》에서 그가 정리한 중국과 조선의 실용수학이 다루고 있는 문제에서 가져온 것일 터이다.

김종후와 2차 논쟁이 벌어졌을 때 담헌은 시묘살이를 하고 있었는데, 아마 그는 이때 이 책들을 읽었을 것이다. 1770년 10월 24일 황윤석은 청주 신원창참新院倉站에서 목천현으로 가다가 홍대용이 근방에 살고 있는 것을 떠올리고, 담헌에 관해 아는 사실들을 늘어놓았다. 그중 담헌의 천문학·수학 연구와 관련하여 꽤나 유의미한 게 있다. 황윤석은 김원행이 담헌의 종고모부라는 사실과 그의 문학과 재예, 견식의 탁월함을 말하고, 연행에서 양혼에게서 받은 시계와 양금, 항주의 문사와 사귄 사실 등을 꼽고, 담헌이 북경에서 《수리정온》 한 질을 구입해 온 것을 특기했다. 2년 전 김보은金報恩(이름은 미상, 보은報恩은 보은현감이란 뜻이다)에게 들은 이야기였다.[30] 이어서 안휘석安輝錫이란 사람의 말을 전했다. "홍군은 서실 천장에 성도星圖를 붙여 연구하는 마음이 가장 정밀하다." 곧 담헌은 자신의 서재 천장에 별자리 그림을 붙여 놓고 천문학 연구에 열중하고 있었던 것이다. 이 천문학 연구란 것이 곧 《율력연원》의 천문학이자, 《수리정온》의 천문수학이었음은 두말할 필요가 없다.

담헌은 1770년 2월 탈상을 한 뒤 그해 가을 금강산으로 유람을 갔고, 1771년 3월 서울 저전동 뒷골에 머무르고 있었다. 그 뒤 1772~1773년 어림에 담헌은 박지원·정철조·이서구·이덕무·박제가·유득공 등과 어울렸다. 박지원은 1780년 북경에 갔을 때 관상대를 찾아가 여러 천문의기를 멀리서 보고, 정철조의 집에서 본 것과 같다고 말한다. 이어 담헌과 정철조의 집을 방문했을 때 담헌과 정철조가 적도의 남·북극 등 천문학 문제를 화제로 새벽까지 토론하는 것을 옆에서 지켜보았으나 자신은 알아들을 수가 없었다고 말하고 있다. 담헌이 탈상 뒤 서울에 올라와서 천문학과 수학 연구에 골몰했던 사실을 추측할 수 있는 자료다. 또한 1778년 이덕무와 박제가가 북경에 갔을 때 중국 지식인에게 전한 '해와 달과 별이 각각의 세계를 이루고 있다는 설', 그리고 박지원이 1780년 연행 때 화젯거리로 가져갔던 지전설 역시 이 시기에 토론했던 것일 터이다.

이른바 연암 그룹과의 관계에서 담헌의 수학, 천문학 연구에 관련된 자료는 이상이 전부다. 이 외에 황윤석의 《이재난고》에 약간의 자료가 남아 있을 뿐이다.

앞서 언급한 바와 같이 황윤석은 1776년 8월 5일 사헌부 감찰로 있던 담헌을 대정동으로 찾아갔지만 만나지 못하고, 그다음 날 방문해서 처음으로 만나게 된다. 앞에서 약간 언급한 자료인데, 여기서 좀 더 자세히 살펴보자. 역학易學에 관한 토론이 이어지다가 화제가 《율력연원》에 이르자 담헌은 책을 직접 가지고 왔다. 황윤석이 수학과 천문학에 상당한 식견이 있다는 것을 확인한 담헌은 이렇게 말했다.

> 이것은 실로 평생 토론해 보기를 원하던 바지만, 입을 열어 같이 말할 사람이 없습니다. 노형께서 봄에 온 것은 우연하지 않은 일인데, 금방 왔다가 금방 가신다니, 너무나도 한스럽습니다.[31]

담헌은 《율력연원》을 연구해 왔지만 서로 토론할 상대가 없었는데, 대화가 될 만한 황윤석이 금방 왔다가 떠나는 것이 적잖이 아쉽다고 말하고, 어차피 영조의 졸곡에 참여하고자 한다면 자기 집이 대궐에 가깝다면서 머무르라고 권했다. 황윤석은 승낙했다. 담헌은 "이런 문자는 반드시 마땅히 가합한 사람에게 맡겨야 합니다"라고 하며, 《역상고성 후편》 7책을 빌려주겠다고 약속했다. 그리고 육비가 지은 〈농수각기〉도 보여 주었다. 황윤석은 담헌의 집에 혼천의가 둘 있다고 말하고 있는데, 아마도 처음 제작한 것과 수정한 것일 터이다. 또 "홍대용은 태서泰西의 〈건상곤여도乾象坤輿圖〉를 가지고 있었는데, 그 건상도는 성전星躔이 이미 5~6도度의 차이가 난다고 한다"고 말하고 있다. 이것은 최석정이 〈서양건상곤여도이병총서西洋乾象坤輿圖二屛總序〉[32)]에서 언급하고 있는, 아담 샬이 제작한 〈건상곤여도〉와 동일한 것일 터이다.

담헌은 8월 7일 황윤석을 찾아가 다시 '《주역》〈홍범洪範〉 상수象數의 설'을 논하고 8일 저녁 집으로 와서 유숙할 것을 권했다. 대궐과 가까워 산반散班에 참여하기 쉬울 것이라는 이유였다. 그리고 식사와 말을 먹이는 것은 자신이 잘할 터이니, 하루 저녁 조용히 대화를 나누자고 하였다. 황윤석은 거절하지 않았다. 8일 담헌의 집을 찾았고, 거기서 그는 먼저 와 있던 박지원과 이덕무·박제가를 만났다. 황윤석은 그들을 다문박식한 사람으로 평가했다. 황윤석은 9일 흥화문 밖 산반에서 곡한 뒤 다시 담헌의 집으로 갔다. 이덕무와 박지원이 와 있어 대화를 나누었다. 담헌이 궐내의 곡반에 참여했다가 돌아왔고 황윤석에게 아침 죽을 대접하면서 이렇게 말했다.

> 관직에 몸이 매여 좋은 모임을 어기게 되었으니, 정말 애석합니다. 존형께서 이번에 떠나시면 남쪽 북쪽으로 갈라져 소식이 묘연하겠지요. 만약 다행히 복직하시면 다시 만날 수 있겠지만, 일이란 뜻처럼 되지 않으니, 어찌할까요?[33)]

동문이자 천문학과 수학에 관해 대화가 통하는 황윤석을 떠나보내기가 무척 아쉬웠던 것이다. 이날 담헌은 황윤석에게 《역상고성》 상·

하편과 《수리정온》, 팔선대수표八線對數表, 대수천미표對數闡微表를 보여 주고, 〈태서곤여전도〉도 보여 주었다. 〈태서곤여전도〉는 강희 갑인년(1674)에 서사西士 남회인南懷仁이 증수增修한 8첩 병풍으로 적도赤道를 그은 지도가 둘, 하늘의 반쪽을 그린 그림 하나가 있었다.[34] 황윤석이 담헌과 만난 1776년 8월이면, 담헌이 북경에서 돌아온 지 만 10년이 되는 해이다.

담헌은 아마도 이 10년 동안 《역상고성》에 포함된 수학과 천문학연구에 몰두했을 것이다. 이제 담헌의 천문학과 수학의 연구가 어떤 정도의 수준이었는지를 가늠해 보자.

담헌의 수학―《주해수용》

담헌의 수학과 천문학에 대한 연구는 《주해수용籌解需用》과 《의산문답》으로 귀결된다. 이 중 《의산문답》의 천문학은 그의 사상이 도달한 최후의 단계를 검토하면서 다루기로 하고 여기서는 일단 《주해수용》만 거론하기로 한다. 《주해수용》의 인용서목에 《율력연원》과 《수리정온》이 포함되어 있으니, 당연히 북경에서 귀국한 뒤 저술한 것이겠지만 그 저작 연도는 분명하지 않다. 다만 《율력연원》, 《수리정온》에 대한 검토가 끝난 뒤에 이루어졌을 것이니, 그의 나이 40대에 이루어진 것임에는 분명하다. 어떤 연구는 《주해수용》이 1773년(영조 49), 곧 43세에 쓴 것이라 하고 있지만,[35] 그 근거는 밝히지 않고 있다.

어쨌든 이 책을 검토하면 담헌의 수학과 천문학에 대한 지식의 정도를 측정할 수 있을 것이다. 먼저 편차를 보자.

- 외집 4권, 《주해수용》 총례總例, 《주해수용》 내편 상上
- 외집 5권, 《주해수용》 내편 하下
- 외집 6권, 《주해수용》 외편 하, 〈농수각의기지〉

먼저 지적해야 할 것은, 외집 6권이 '《주해수용》 외편 하'로 되어 있다는 것이다. 원래 '《주해수용》 외편 상'이 있었지만, 어떤 이유로 인해 결락된 것으로 보인다.

외집 4·5·6권 모두 수학을 다룬 건 아니다. 여기서 먼저 전반적인 내용을 요약해 보자. 《주해수용》 중에서 순수한 수학이라고 할 수 있는 부분은, 외집 4·5권뿐이다. 6권은 4·5권의 수학을 이용하여 해와 달, 5성五星, 지구의 크기와 거리 등을 측정하는 천문학적 측량 문제를 다루고 있다. 아울러 외집 6권에는 〈농수각의기지〉가 실려 있는데, 여기에는 통천의統天儀[곧 혼천의다], 혼상의渾象儀, 측관의測觀儀, 구고의句股儀, 규의圭儀 등 담헌이 직접 제작한 천문 관측기기의 제도와 운용법에 대해 서술하고 있다. 규의에 이어지는 〈율관해律管解〉, 〈변율變律〉, 〈황종고금이동지의黃鍾古今異同之疑〉, 〈우조와 계면조의 다른 점[羽調界面調之異]〉 등을 싣고 있는데, 이것은 음악에 관한 내용이다.

서로 상관성이 희박한 수학과 천문학, 음악을 한 저술에서 동시에 다루고 있는 것은 부조화의 느낌이 없지 않다. 외집 4·5권의 수학이, 특히 삼각비를 이용한 측량법이 외집 6권의 천체 측량으로 이어지는 것이야 어색하지 않지만, 통천의 이하 천문 관측기기에 대한 서술 뒤에 별다른 해명 없이 음악에 관한 서술이 이어진다는 건 아무래도 부자연스럽다. 율관의 길이와 음의 고저 사이에 있는 비례적 관계를 수학적으로 나타낼 수 있기에 음악과 수학의 연결을 생각할 수도 있다. 하지만 이런 차원에서 담헌이 《주해수용》에서 수학과 천체 측량, 음악을 연결시킨 건 아닌 것으로 보인다. 여러 논자들이 지적하듯, 《율력연원》이 《수리정온》에서 수학을, 《역상고성》에서 천문학을, 《율려정의》에서 음악을 다룬 걸 염두에 두고 《주해수용》을 수학과 천체 측량, 음악으로 구성했다고 여겨진다.[36)]

《주해수용》의 수학, 천체 측량, 음악에 대해서는 뒤에 상세히 논하기로 하고, 《주해수용》의 서문을 통해 담헌의 저술 의도를 읽어 보자.

(1) 공자께서는 일찍이 위리委吏가 되어 이렇게 말했다. "회계를 적절하게 해야 할 뿐이다." 그러니 회계를 맡은 사람이 산수를 버리고 회계를 어떻게 할 수 있으랴? 사씨史氏는 공자 문하에 제자諸子들이 성대했음을 말하면서 '육예六藝에 정통한 사람'을 일컬었다. 옛사람이 '실용實用'에 힘쓴 것이 이와 같았으니, 공씨가 가르친 바를 알 수 있다.

(2) 산법算法은 《구장산술九章算術》에서 처음 시작되어 대대로 그것을 부연했는데, 그 방법이 다양했다. 하지만 각자 책을 쓰는 게 병통이라 상세하고 간략한 것이 일치하지 않았고, 왕왕 기이한 것을 자랑하고 은미한 것을 찾아 거의 '미장迷藏의 유희'에 가까웠다.

(3) 집에 있으면서 일이 무료한지라 오늘날의 실용에 적합한 것을 골라서 내 뜻을 약간 붙여 한 책으로 꾸몄으니, 그 곡두斛斗·단필段匹의 비율을 아울러 현재의 법과 통하게 만들어 실용과 회계에 맞게 한 것이다.

(4) 또 이 법을 익히는 사람이 마음을 가라앉히고 조용히 생각한다면

충분히 양성養性할 수 있을 터이고, 깊이 궁리하고 사색한다면 지혜를 쌓을 수 있을 것이다. 그 공이 어찌 금슬琴瑟이나 간편簡編과 다르겠는가?

(5) 아아, 하늘에는 만 가지 조화가 있으나 음과 양을 벗어나지 않고, 역易에는 만 가지 변화가 있으나 강剛과 유柔를 벗어나지 않으며, 산술에는 만 가지 방법이 있지만, 승乘과 제除를 벗어나지 않는다. 음과 양이 자리를 바로잡으면 어지럽지 않고, 강과 유가 번갈아 쓰이면 문장을 이룬다. 자리를 바로잡는 것은 하늘을 본받은 것이고, 번갈아 쓰임은 역을 본받은 것이다. 하물며 승과 제의 방법이랴! 만약 이로 말미암아 끌어내고 펼치며 작은 도를 보고 큰 덕을 깨닫는 건 그 사람에게 달린 것일 터이다.[37]

조선의 수학은 실용수학이었던 바, 사족 체제는 그것을 기술직 중인 중 계사計士 집단에 맡겼다. 담헌은 사족인 자신이 수학을 연구하는 것을 변명해야만 했다. (1)에서 그는 공자가 '위리委吏'가 되었을 때 "회계는 마땅히 처리해야 한다"고 했던 말과 공자 문하에 육예 가운데 하나로 수학이 포함되어 있던 사실을 정당성의 근거로 삼는다. 담헌은 그것을 "옛사람이 실용에 힘쓴" 증거로 삼았다. 하지만 그가 굳이 이렇게 변명할 필요까지는 없었을 것이다. 주자가 벌써 수학에 몰두했던 전례가 있기 때문이다. 주자는 수학의 몇 가지 전문적 주제에 대해서도 상당히 잘 알고 있었다. 그는 직각삼각형의 세 변 사이를 구하는 이른바 '구고법설句股法說'을 채원정에게 보내는 편지에서 언급했고, 구고법의 출처인 《주비산경周髀算經》과 《구장산술九章算術》의 판본상 차이에 관해 이야기한 적이 많았다.[38]

어쨌거나 수학을 '실용'의 차원에서 접근하는 근저에 놓인 것이 담헌의 실심·실천 사상이었음은 두말할 필요가 없을 것이다. 하지만 이것이 한편으로 담헌 수학의 성격을 제한하는 구실도 하였다. 담헌은 이어《구장산술》이래 수학의 전통을 "기이함을 드러내고 희한한 것을 찾는" 미장지희迷藏之戱(숨바꼭질)라고 비판했으니, 곧 수학서의 문제가 종종 의도적으로 해解를 찾는 과정을 난해하게 만든다는 것이다. 담헌은 이런 난해성을 비교하며 '실용과 회계'에 적절하게 사용할 수 있는 수학서를 저술했다고 말한다. 곧《주해수용》은 재래의 수학서가 지닌 무용한 난해성을 넘어 곡斛·두斗, 단段·필匹[곡·두는 곡물의 부피를, 단·필은 피륙을 세는 단위다]이란 현실적 계산에 사용하고자 하는 의도로 저술하였다는 말이다.

담헌은 공자의 말에서 수학 연구의 필요성과 정당성을 끌어내고 한편 난해한 비실용적 수학 전통을 비판하며《주해수용》이 실용과 회계에 사용할 수 있다고 말했지만, 수학은 여전히 사족의 세계에서 비본질적인 학문일 수밖에 없었다. 그는 다시 수학 연구의 유용성을 덧붙인다. (3)에서 그는 수학은 양성, 곧 인격의 수양과 지식의 확장을 가져올 것이라고 주장한다. 수학이 지식의 확장을 가져온다는 것이야 당연한 일이지만, 수학 문제를 푸는 과정의 깊은 사색과 궁리, 그 결과를 수양의 과정으로 본 것이다. 이것은 담헌만의 생각이 아니라,《기하원본》을 엮은 서광계의 생각이기도 했고 조선의 이황이나 이규경 같은 지식인의 생각이기도 했다.[39] 윤리적 완정성의 실현을 추구했던 그의 학문적 지향에는 수학도 포함되었던 것이다.

회계와 실용에 사용할 수 있는 수학서란《주해수용》이 기대고 있는 중국·조선 수학의 일반적 성격이었다. 하지만 '실용'에서 수학의 존재 의의를 찾는 것은 수학의 본질적 부분, 곧 순수 논리로 이루어지는 수학의 추상성을 배제하는 결과를 가져왔다. 예컨대 그는 《수리정온》의 첫 부분을 이루는 유클리드의 《기하원본》을 보았겠지만, 이 책의 정의·공준·공리·명제 등에서 출발하는 연역적 사유체계, 그리고 거기서 출발하는 순수 수학에는 아무런 관심이 없었다. 물론 《기하원본》의 번역이 서양 수학의 연역적 성격을 완전히 옮기지 못한 것이 사실이라도 해도, 여전히 서양 수학의 연역적 성격 자체는 동아시아의 독자에게 큰 충격이었을 것이다.[40] 하지만 담헌은 전혀 그에 반응하지 않았으니, 이것은 담헌의 수학이 여전히 동양 수학의 '실용성'에 지배되고 있었음을 의미한다.

담헌 스스로 서문에서 말한 바와 같이 《주해수용》은 새로운 수학적 진리를 탐구한 저술이 아니었다. 그것은 담헌이 살았던 시대와 사회의 실용적 목적에 봉사하기 위한 책이었다. 이런 이유로 《주해수용》은 무슨 새로운 수학사적 발견을 담은 대단한 수학책일 수는 없다. 《주해수용》은 아라비아 숫자, 기호(문자), 필산 등으로 이루어지는 현대 수학과는 철저히 다른 언어(한문)와 표현으로 구성되어 있기에 거기서 어떤 당혹감 내지 신비감까지 느낄 수 있지만, 그 수준이 높은 것은 결코 아니다. 사실상 《주해수용》의 수학은 대부분 중국의 전통 수학과 일부 한국 수학을 인용해 편집한 결과물일 뿐이다. 그 증거로 《주해수용》이 인용하고 있는 텍스트를 보자(〈표 1〉 참고).

송대의 수학자 양휘의 저작은 보통 《양휘산법》으로 알려져 있다. 《적기수법》은 《양휘산법》에 포함된 것이다. 곧 《양휘산법》은 다음 5종 7권의 책으로 구성된다. 《승제통변본말乘除通變本末》(원제는 《승제통변산보乘除通變算寶》)(3권), 《산법통변본말》(상), 《승제통변산보》(중), 《법

〈표 1〉《주해수용》의 인용서

국가	저자	책명
송宋	양휘揚揮	《적기수법摘奇數法》
원元	주세걸朱世傑	《수학계몽數學啓蒙》
명明	정대위程大位	《수학통종數學統宗》
청淸	장수성蔣守誠	《수법전서數法全書》
조선	경선징慶善徵	《상명수결詳明數訣》
〃	박율朴繘	《수원數原》
서양	이마두利瑪竇 구전口傳 명明 이지조李之藻 연역演繹	《혼개통헌渾盖通憲》
〃		《수리정온數理精蘊》
〃		《율력연원律曆淵原》

산취용본말法算取用本末》(하), 《전무비류승제첩법田畝比類乘除捷法》(2권), 《속고적기산법續古適奇算法》(2권)이다. 《적기수법》은 맨 끝의 《속고적기산법》이다.[41] 이 책은 앞의 책이 가감승제와 토지의 면적 계산 등을 다루고 있는 것과는 달리 마방진魔方陣을 다루고 있다.

주세걸의 《수학계몽》은 원대의 계몽적 수학서로, 정확한 명칭은 《산학계몽算學啓蒙》이다. 전반적으로 일상에 적용할 수 있는 실용 문제를 싣고 있지만, 끝부분에서는 일원방정식인 천원술天元術을 집중적으로 소개하고 있다. 《양휘산법》과 《산학계몽》은 명나라 안지제安止齊의 《상명산법詳明算法》과 아울러 《경국대전》에 실린 바 조선의 산사算士 선발 시험과목이었다. 이런 이유로 담헌은 아마도 이 책들을 구입하는 데 별 어려움을 겪지 않았을 것이다.

정대위의 《수학통종》의 정확한 명칭은 《신편직지산법통종新編直指

算法統宗》으로, 출간 이래 중국과 조선, 일본에서 가장 영향력이 있는 수학책이었다. 이 책의 특징은《구장산술》의 목차를 따라 보다 풍부한 유형의 다양한 문제와 그 해법을 제시하되, 모든 계산은 주산에 의거하고 있다는 데 있었다.[42] 이상 2종의 수학서는 널리 알려진 것이나, 장수성의《수법전서》만은 담헌이 북경에서 구입한 듯한데 그 내력을 전혀 알 수 없다.

조선의 수학서로는 중인 출신 수학자인 경선징(1616~?)의《상명수결》과 박율(1621~1668)의《수원》을 꼽고 있는데 각각 적지 않은 문제가 있다. 경선징의 수학서로는 현재《묵사집默思集》이 알려져 있을 뿐인데 그 내용을 아무리 살펴보아도 '상명수결'이란 단어조차 보이지 않는다. 경선징에게《상명수결》이란 다른 저술이 있었는지도 알 수 없다. 박율의《수원》은《산학원본算學原本》이란 이름으로 현재 고려대학교에 목판본 3권 1책이 소장되어 있다.[43] 황윤석의《이수신편理藪新編》에 실린《산학본원算學本原》은 바로 박율의《산학원본》을 수정하여 자신의 책으로 만든 것이다.

이어지는 것은 서양의 수학서이다. 맨 앞에 실린《혼개통헌》의 정식 명칭은《혼개통헌도설》로《천학초함》에 실려 있다. 담헌은 반정균이 기증해 준《천학초함》에서 이 책을 읽었을 것이다. 이 책은 혼천의 구조에 대한 설명부터 서양 천문학 전반에 관한 지식을 도해와 함께 다루고 있고, 부록으로 측량술을 다루고 있는 바, 이것은〈농수각의기지〉의 '부잡법附雜法'에 그대로 인용된다. 담헌이 이 책을 인용서목에 올린 데는 그만한 이유가 있었던 것이다.《혼개통헌도설》에 이어《율력연원》과《수리정온》이 열기되어 있는데, 사실상《율력연원》이《수리정온》을 포함하므로 따로 밝힐 필요가 없다. 사실 이런 점을 보면

《주해수용》이란 텍스트는 무언가 정교하지 않은 느낌이 든다. 앞서 수학서의 이름을 정확하게 밝히지 않은 것도 그렇다.《주해수용》'외편 상'이 결락된 것까지 포함하면 이 책은 담헌이 철저히 교정을 본 엄밀한 의미의 저서가 아닐지도 모른다. 이제 이 책의 내부로 들어가 보자.

먼저 〈총례〉를 본다. 〈총례〉는 맨 앞에 구구단이 실려 있는 데서 짐작할 수 있듯, 앞으로 전개될《주해수용》의 내용을 이해하기 위한 기초적인 계산법과 공식—예컨대 원의 면적을 구하는 공식—등을 아주 간단히 소개하고 있다. 그 목차를 같은 성격의 것끼리 묶으면 다음과 같다.

A. (1) 구구수九九數, (2) 구귀가九歸歌
B. (3) 근하유수斤下留數, (4) 석하유수石下留數, (5) 필하유수匹下留數
C. (6) 석두율石斗率, (7) 근양률斤兩率, (8) 필척률匹尺率
D. (9) 전결률田結率, (10) 승제결乘除訣, (11) 법실결法實訣, (12) 정위결定位訣, (13) 당귀결撞歸訣
E. (14) 방원승제율方圓乘除率

처음 보는 말이지만 내용은 전혀 어렵지 않다. (1)과 (2)는 구구단, (3)~(5)는 나눗셈으로 석石을 두斗로, 근斤을 냥兩으로, 필匹을 척尺으로 나눌 때 수치를 밝혀 놓은 것이다. (6)~(8)은 부피, 무게, 길이의 단위와 단위 상호간의 환산법을 밝히고 있고, (9)에서 (13)까지는 조세租稅의 단위와 승법과 제법, (14)는 원의 둘레, 지름, 면적을 구하는 공식과 원에 내접하는 정삼각형, 정삼각형에 내접하는 원의 면적이라든가

구의 부피를 구하는 방법 등 각 도형과 입체의 길이, 면적, 부피 등을 구하기 위한 간단한 공식을 소개하고 있다.

(13)의 당귀결까지는 계산, 특히 실용적인 계산을 하기 위한 규칙들을 정리해 놓았다. 다만 (14)의 방원승제율은 조금 복잡하다. 이 부분은 원의 직경, 반경, 둘레, 면적을 구하는 공식과 원에 내접, 외접하는 정삼·사·육각형의 넓이, 정육면체에 내접하는 구의 부피, 좁쌀을 여러 형태로 쌓았을 때 부피를 구하는 공식 등을 열거하고 있다. 가장 간단한 공식 형태를 하나 들자면 이러하다. "반경구적半徑求積, 자승삼인自乘三因"은 반경, 곧 반지름으로 적積 곧 원의 면적을 구하려면 반지름을 자승自乘(제곱)해서 3을 곱한다는 뜻이다. 이것은 $S=\pi r^2$을 표현한 것인데, 다만 이때 π값으로 3.14가 아니라 3을 취했을 뿐이다. π값을 3으로 하는 것은《구장산술》에서 시작되었으며, 이것을 일반적으로 고법古法이라 부른다. 담헌의 고법 운운 역시《구장산술》에서 가져온 말이다. 후술하겠지만 담헌은 재래의 π값을 알고 있었고, 당연히 서양 수학의 π값도 알고 있었다. 여기서 π값으로 3을 제시한 데 대해서도 나름의 원칙을 세워 두었다. 즉 방원승제율의 서두에서 담헌은 계산을 정수精數와 조수粗數로 나누어 전자는 역산曆算과 심률審律에, 후자는 양전量田·상공商功에 응용할 수 있는 것으로 파악했다. 말하자면 정밀한 계산이 반드시 필요한 분야와 어림수만 파악해도 상관없는 분야에 따라 각각 계산법을 달리할 수 있다고 밝히고 있다.[44]

담헌은 아마도《주해수용》내편 상부터 본격적인 수학이라고 생각했던 것 같다. 내편 상의 내용을 간단히 들어 보자. (1) 승법乘法(비比) 8문제, (2) 인법因法(연산連算, 비比) 8문제(연산, 비), (3) 가법加法(곱셈, 비, 비율) 8문제는 모두 곱셈을 다루되, 전통적인 3격산三格算으로 곱셈하는 방법을 설명하고 있다. (4) 상제법商除法(비) 8문제, (5) 귀제법歸除法(나눗셈, 비) 8문제, (6) 작구하환법作九下還法(부록, 분수의 나눗셈) 3문제, (7) 구귀법九歸法(자연수의 나눗셈, 비) 8문제, (8) 정신제법定身除法(자연수의 나눗셈, 비) 6문제는 주로 나눗셈을 다룬 것이다. (9) 4율법四率法(비례식, 제곱근) 9문제는 a:b=c:d → d=bc/a의 관계를 이용한 문제 풀이이며, (10) 지분법之分法 24문제는 분모가 다른 분수의 덧셈, 곱셈의 방법이고, 여기에 부속된 (11) 약분법約分法 2문제는 문자 그대로 약분법에 대한 설명이다. 이상에서 (9)를 제외하면 모두 《구장산술》이래 중국 수학서에서 다루고 있는, 상식이 된 내용이다. 담헌이 특별히 밝혀 낸 것은 없다.

이하의 여러 문제 역시 중국과 조선의 전통 수학에서 늘 다루던 문제와 그 풀이법이다. (12) 양전법量田法 5문제는 정사각형, 직사각형, 직각삼각형, 이등변삼각형의 밭[圭田], 사다리꼴의 밭[梯田] 등 다각형의 넓이를 구하는 방법을 다루었다. 여기에 부속된 (13) 해부법解負法 1문제는 전지 면적에 따른 세금 계산 방법을 다루었다. (14) 쇠분법衰分法 5문제는 《구장산술》의 속미, 균수와 같이 비례와 관련하여 등급별로 배분하는 방법을 설명하고 있다.[45] 그 해법은 지금의 연립1차방정식, 등차수열, 2원1차연립방정식을 이용한다. (15) 영육법盈朒法 5문제 역시 연립1차방정식, 2원1차연립방정식을 다루고 있다. (16) 면적법面積法 5문제는 정사각형, 직사각형, 원형, 활꼴 모양, 정삼각형 땅 모양의 면적을 구하는 방법을 다룬다. 실제 과세 대상이 되는 전지의 면적을 구하는 걸 염두에 둔 문제다. 이것은 사실상 (12) 양전법과 같이 다루어져야 사항이다. (17) 체적법體積法 18문제는 정방체(정육면체), 장방체(직육면체), 대방체臺方體, 정사각뿔, 방전方箭의 묶음, 정원체正圓

體, 장원제(원기둥), 돈원체(원뿔대), 원전圓甎 묶음의 부피를 구하는 방법, 네 가지 방법으로 쌓아 올린 좁쌀·성城·담장·개천·제방 등의 체적을 구하는 방법을 다룬다. 이 역시 전통 수학에서 늘 다루던 문제들이다. (18) 개방법開方法 15문제는 방정식과 제곱근을 다룬다. 예컨대 다음 문제는 제곱근을 구하는 문제다. "제곱한 면적 361척의 한 변의 길이를 구하라." 이 외에 직사각형의 면적이 주어지고, 가로와 세로를 더한 길이가 주어질 때 가로와 세로의 길이를 구하는 문제, 원의 넓이를 알고 지름과 둘레를 아는 방법, 원형인 주둔지의 면적으로 둘레와 지름을 아는 방법, 정육면체의 체적을 알 때 한 변의 길이를 구하는 법 등 다양한 문제와 풀이법을 다루고 있다. 면적을 알고 한 변의 길이를 구하는 건 제곱근을 구하는 것으로 개평방開平方이라 부르고, 체적을 알고 한 변을 아는 건 3제곱근을 구하는 것으로 개입방開立方이라 부른다.[46] (19) 군영개방법軍營開方法 5문제는 (18)의 개방법과 동일하되, 문제의 제재를 군영軍營에서 구하고 있을 뿐이다. (1) 군인 1명이 차지하는 점령지를 4보라 할 때 17,956명이 점령하는 총면적은?, (2) 면적을 아는 정사각형 주둔지의 한 변의 길이는?, (3) 원형 주둔지의 면적을 알 때 둘레와 지름은?, (4) 언월형偃月形 주둔지의 면적을 알 때 현과 시矢의 길이는?, (5) 면적이 정해졌을 때 주둔지를 각각 이등변삼각형으로 만들려 한다. 그 등변의 길이는?

그 외 (20) 잡법雜法 3문제는 닮음과 비례식을, (21) 경칭칭중물법輕秤稱重物法은 무게를 계산하는 법을, (22) 대추지본중법大錘知本重法 16문제는 등비수열, 비, 비율, 소수의 나눗셈, 1차방정식, 원 둘레, 피타고라스 정리 등을 다루고 있다. 여기서 서로 다른 원주율이 다루어진다. 지름이 100척일 때 원의 둘레를 고율古率, 휘율徽率, 밀률密率, 신율

新率로 각각 구하는 문제를 내고 있는데, 이것은 각각 다른 π값을 의미한다. 즉 고율은 3을, 휘율은 157/50=3.14을, 밀률은 22/7를, 그리고 서양에서 수입한 314159/100000=3.14159를 신율이라 하였다.

이상에서 언급한 수학은 담헌 자신이 인용서목으로 밝힌 중국과 조선의 수학서 내용을 편집한 것으로 별반 신기할 것도 없다. 예컨대 한 전지의 면적을 고율·휘율·밀률로 계산하는 건, 《산학계몽》에 실려 있는 문제다.[47] 곧 이상의 내용은 넓게 보아 이미 《경국대전》에서 규정한 계사計士 선발용 텍스트인 《상명산법》, 《산학계몽》, 《양휘산법》의 범위를 벗어나지 않는다. 다만 (9)의 4율법만은 중국 수학이나 한국 수학에 없던, 서양 수학에서 빌려온 것이었다. a:b=c:d에서 a, b, c, d를 각각 1율, 2율, 3율, 4율이라 하는 바, a, b, c가 기지既知의 것일 때 d를 구하는 것이 4율법이다. 그것은 이미 아는 바와 같이 d=bc/a를 통해 d의 값을 찾을 수 있는 것이다. 담헌은 "4율법은 서양의 비례이다. 이것은 넓게 사용되고, 소수를 서로 바꾸는 데 이 법을 항상 사용한다"[48]고 하면서 4율법을 높이 평가했다. 4율법에는 모두 9문제가 실려 있는데, (1)에서 (6)까지는 a:b=c:d의 관계에서 d=bc/a를 구하는 단순 비례의 문제이지만, (7)~(9)는 연비례의 문제다. 연비례는 a:b=b:c처럼 연쇄비가 같은 비례식을 말한다. 이 식에서 a, b, c를 각각 1율[首率], 2율[中率], 3율[末率]이라 하고, 비례식을 연비례3율이라 부른다. 만약 a:b=b:c=c:d의 식이라면 a, b, c, d를 각각 1율, 2율, 3율, 4율이라 하고, 비례식은 연비례4율이라 한다. 대개 1율의 값과 a, b, c, d의 관계를 지정하고, 2·3·4율의 값을 구하는 문제가 된다.

(7) 1율이 100,000인데 상련비례율相連比例率을 만들려고 한다. 1율과

4율의 수를 합한 것과 2율을 3배한 수와는 똑같다고 한다. 2율, 3율, 4율은 각각 얼마인가?[49]

(8) 1율이 100,000인데 상련비례율을 만들려고 한다. 1율과 4율의 수를 합한 것과 2율의 배와 3율의 수를 합한 것이 꼭 같다. 이때 2율, 3율, 4율은 각각 얼마인가? 익실귀제법과 감실귀제법을 사용한다.[50]

(9) 연비례의 첫률이 10만이고 이것을 중률과 말률末率에 나누려고 한다. 각 율의 수는 얼마가 되는가? 이분중말선理分中末線[51]

위의 (7)과 (8)은 연비례4율, (9)는 연비례3율로서, 이것은 모두《수리정온》하편 권16의 〈할원팔선割圓八線〉 일부를 옮겨 온 것이다. (7)은 〈신증안분작상연비례4율법新增按分作相連比例四率法〉의 첫 번째 문제, (8)은 〈안분작상연비례4율우법按分作相連比例四率又法〉에서 인용한 것이고, (9)는 〈이분중말선〉의 첫 번째 문제다.[52] 〈할원팔선〉은 원에 내접하는 다각형 한 변 길이의 절반을 구하여 정현正弦, 곧 삼각함수의 사인 값으로 삼고, 그것을 토대로 하여 일반각의 여덟 가지 삼각함수 값을 구하는 방법을 기하학적으로 다루고 있다. 여기서 연비례 계산법이 대단히 중요한 도구로 사용된다. 연비례가 비례에 속하므로 담헌은 〈할원팔선〉 쪽에서 연비례를 옮겨 온 것이다.[53]

다만 연비례의 정의에 대해 담헌은 아무런 언급도 하지 않았다. 연비례3율은 2차방정식으로, 4율은 3차방정식으로 풀어야 하는데《수리정온》은 과정을 도형으로 예시하고 기하학적인 설명을 덧붙이고 있지만, 담헌은 단지 대수적 해법을 요약해서 옮기고 있을 뿐 그 구체적인 과정 일체를 생략하고 있다. 담헌은 연비례의 일반적 해법 또는 해법의 과정을 중요시한 게 아니라, 단지 결과로서의 방법에 주목했다. 이것은 담헌의 서양 수학 이해와 수용이 상당한 문제를 내포하고 있음을 의미한다.

이 문제는 《주해수용》 내편 하에도 그대로 적용된다. 《주해수용》 내편 하의 순서는 다음과 같다.

(1) 천원해天元解

(2) 기윤해朞閏解

(3) 천의분도天儀分度

(4) 구고총률勾股總率

(5) 평구고平勾股

(6) 비례구고比例勾股

(7) 중비례구고重比例勾股

(8) 삼각총률三角總率

(9) 팔선총률八線總率

(10) 십호정현十弧正弦

(11) 팔호정현八弧正弦

(12) 원의율圓儀律

(13) 구의율矩儀律

(14) 평구고平勾股 12문제((14)부터 (19)까지는 앞의 4부터 13까지의 실제 응용문제이다)

(15) 비례구고比例勾股 21문제

(16) 중비례구고重比例勾股 6문제

(17) 원의圓儀 18문제

(18) 부附. 방의方儀 7문제

(19) 구의矩儀 17문제

먼저 지적해야 할 것은, ⑴~⑶과 ⑷ 이하는 성격이 아주 다른 분야라는 점이다. ⑴ 천원해는 '천원술' 곧 방정식의 풀이법이란 뜻이다. 천원술의 풀이는 '천원 하나를 세운다'는 뜻의 '입천원일立天元一'로 시작된다. 이것은 현대 수학의 방정식에서 미지수 X를 설정하는 것과 같다. 이것은 원래 송대의 수학자 진구소秦九韶의《구장대연술九章大衍術》에서 시작되었고 이후《수시초授時草》및《사원옥감四元玉鑑》같은 수학서에서 자주 사용되었다. 하지만 그것을 집중적으로 쓴 것은 원대 수학자 이야李冶(1192~179)의《측원해경測圓海鏡》이었다.[54] 이후 천원술은 대개 방정식의 해법이란 의미로 사용되었다.

⑴ 천원해는 당연히 방정식 문제를 다루고 있지만 담헌이 만든 문제가 아니다. 주세걸의《산학계몽》하권에 실린 '개방석쇄문開方釋鎖門'(모두 34문제)의 8번 문제에서 34번 문제까지 그대로 옮긴 것이다. 예컨대 다음과 같은 문제다. 예 1) 직사각형 밭의 넓이가 a이고, 가로와 세로의 합이 b일 때(혹은 가로와 세로의 길이의 합이 b일 때) 밭의 가로와 세로를 구하라. 예 2) 정사각형 밭과 원형 밭의 합이 a인데 정사각형 밭의 변과 원형 밭의 지름의 길이가 같다. 이때 변의 길이와 지름의 길이를 구하라. 이와 같은 2차방정식은 물론 3차·4차방정식까지 다양하게 다루고 있다.[55]

《산학계몽》의 방정식 문제를《주해수용》이 고스란히 옮겨 놓은 것엔 적지 않은 문제가 있다. 이 문제에 대해서는 뒤에 상세히 논하기로 하고, 먼저 ⑵ 기윤해와 ⑶ 천의분도에 대해 먼저 언급해 두자. 기윤해와 천의분도는 모두 천문학과 관련된 문제를 모은 것이다. 예컨대 다음과 같은 문제, "1년 동안의 윤일閏日이 10과 827/940일일 때 3년, 5년, 19년 동안의 윤일은 각각 얼마인가?"(朞閏解), 혹은 자명종과 통천의에서 각각의 톱니가 다른 톱니바퀴가 맞물려 있을 때의 회전 수를 계산하는 방법이 실려 있다. 예컨대 통천의의 갑륜甲輪에는 작은 톱니 80개, 을륜乙輪에는 작은 톱니 60개, 큰 톱니 8개, 병륜丙輪에는 작은 톱니 54개, 큰 톱니 6개, 정륜丁輪에는 작은 톱니 50개, 큰 톱니 6개가 있다고 하자. 갑륜이 1회전 할 때 5시간이라고 한다면, 각각의 바퀴가 1회전 할 때는 각각 몇 시간이며, 또 하루에 각각의 바퀴는 몇 회전을 하는가? 이 문제를 푸는 방식을 담헌은 앞의 내편 상에 실린 분모가 다른 분수의 덧셈, 곱셈의 방법인 지분법之分法과 약분법으로 풀고 있다. 담헌은 혼천의를 만들 때 이 계산법을 요긴하게 사용했을 것이다.

앞의 '천원해'가 2·3·4차방정식의 풀이를 다룬 데 이어 지분법과 약분법으로 천체와 자명종·통천의의 운동에 관련된 문제를 다루는 것은 어딘가 맥락에서 벗어난 듯한 느낌을 준다. 특히 앞의 천원해 문제들이 사각형, 원, 사각뿔대, 원뿔대, 정사각형뿔, 원뿔, 정육면체, 구 등에 관련된 길이와 부피 등을 다루고 있는데, 그다음에 갑자기 천문학과 관련된 분수와 약분 문제가 나오는 건 상당히 어색하다. 다시 천원해로 돌아가면, 납득하기 어려운 점을 다수 찾을 수 있다. 먼저 지적할 문제는 '천원해'가 《산학계몽》의 문제를 전혀 옮겨 놓지 않고 해법만 싣고 있다는 것이다. 왜 문제를 옮기지 않았는지 이해할 수 없다. 게다가 해법도 《산학계몽》과는 다르다. 《산학계몽》은 널리 알려진 것처럼 '입천원일立天元一'로 시작되는 천원술의 해법을 그대로 사용하고 있지만, 담헌은 증승개방법增乘開方法을 따르고 있다. 증승개방법은 송대의 수학자 가헌賈憲(1010~1070)이 고안한 것으로, 더하고 곱하는 것을 반복하여(곧 현대 수학의 '조립제법'과 동일한 것이다) 다항방정식의 해를 구하는 방법이다.[56] 문제는, 천원술 곧 방정식의 풀이법은 담헌이 보았던 《수리정온》에서도 치밀하게 다루고 있다는 사실이다. 《수리정온》 하편 31권 말부末部 1부터 36권 말부 6까지 차근방借根方이란 이름 아래 방정식을 광범위하게 다루고 있다. 《율력연원》을 편찬한 매각성梅瑴成이 차근방이 곧 천원술이라 지적했듯, 천원술과 차근방은 사실상 동일한 방정식이었다. 하지만 양자는 물론 차이가 있었다. 예를 들자면, 《수리정온》은 다항식을 다음과 같이 표현하고 있었다.

정위표定位表[57]

前	眞數	根	平方	立方	三乘方	四乘方	五乘方	六乘方	七乘方	八乘方	九乘方
後	〇	一	二	三	四	五	六	七	八	九	十

이것은 1, 2차방정식은 물론 3차방정식 이상의 고차방정식을 표현하기 위한 방법이다. 예컨대 $2+3x-4x^2-5x^3+4x^4$을 사삼승방四三乘方 소오입방少五立方 소사평방少四平方 다삼근多三根 다이진수多二眞數로 나타낸다. '다多'는 플러스(+), '소少'는 마이너스(−)에 대응한다. 이것을 식으로 나타낼 수도 있다.[58]

四三乘方—五立方—四平方⊥三根⊥二眞數=〇

이 방법은 과거의 천원술이나 증승개방법에 비해 훨씬 간편했지만, 담헌은 전혀 따르지 않았다. 또한《수리정온》의 차근방에 대해서 어떤 언급도 비평도 남기지 않았다. 담헌과《율력연원》을 화제로 삼아 수학과 천문학에 대해 토론했던 황윤석이 자신의 책《산학본원》에서,《산학계몽》 속 천원술의 '천원일'은《수리정온》의 차근방과 이름은 다르나 실제로는 같은 것이라고 했던 사실[59]을 떠올리면《수리정온》 차근방에 대한 담헌의 침묵은 납득하기 어렵다.

담헌이《수리정온》을 제대로 이해하지 못했는지, 아니면 이해하고도 쓸모없다고 평가했는지는 추측하기 어렵다. 둘 다 이유일 수도 있다. 그 자신 문제 풀이가 난해한 비실용적 수학이라 비판했듯《수리정온》 차근방을 무용한 것으로 판단했을 수도 있다. 그럼에도 그의《수리정온》에 대한 이해 수준이 전반적으로 온전하지 않았던 것 또한 사실이 아닌가 한다.

담헌의 서양 수학의 수용 양상은 (4) 구고총률부터 (19) 구의까지의 기하학 부분에서도 확인할 수 있다. 이 부분은 또한 (4) 구고총률에서 (13) 구의율까지가 한 세트이고, (14) 평구고에서 (19) 구의까지가 한 세트다. 전자는 이론을 다룬 것이고, 후자는 이 이론에 바탕을 둔 실제 문제. 한편 전자는 (4) 구고총률에서 (7) 중비례구고까지가 한 세트이고, (8) 삼각총률에서 (13) 구의율까지가 한 세트다. 전자의 (4) 구고총률은 이어지는 (5) 평구고, (6) 비례구고, (7) 중비례구고의 총론이다. 여기서 담헌은 '구고'는《구장산술》에서 비롯된 것으로 서양의 직각삼각형과 같다고 한 뒤[60] 구고에는 평구고, 비례구고, 중비례구고가 있다고 소개한다. (5)는 피타고라스 정리를 이용하여, 직각삼각형의 두 변의 길이를 알 때 나머지 변의 길이를 구하거나 직각삼각형에 내접하는 원의 지름 등을 구하는 문제를, (6)과 (7)에서는 직각삼각형의 닮음비를 이용해 변의 길이를 구하는 방법을 소개하고 있다. 이것 또한 기존의 중국 수학서에서 충분히 다루어진 문제들이다.

이상에서 살핀 바와 같이 담헌은 서양 수학으로 전통 수학을 대체한 것이 아니었다. 담헌의 수학은 여전히 동아시아 전통 수학 위에 축조되어 있었다. 서양 수학은 필요한 부분만 선택적으로 수용하고 있었다. 담헌이 각별히 주목하여 선택한 것은 '삼각비'였다. (8) 삼각총률三角總率, (9) 팔선총률八線總率, (10) 십호정현十弧正弦, (11) 팔호정현八弧正弦, (12) 원의율圓儀律, (13) 구의율矩儀律이 바로 그것이다. 삼각비는 직각삼각형의 피타고라스 정리로만 다루던 재래 기하학의 범위를 대폭 확장했던 것이다. 담헌은 (8) 삼각총률의 서두에서 서로 만나는 두 직선이 이루는 것을 각角이라 하고, 각의 종류에는 직각, 둔각, 예각이 있으며, 삼각형의 내각의 합은 180도라는 것을 말한다.

(1) 삼각형에 있어서 작은 각의 맞변[대변對邊]은 반드시 짧고 길이가 긴 변의 맞각[대각對角]은 반드시 크다. 곧 변과 각은 서로 대對이며 각이 정분定分하고 있으면 서로 비례하므로 그 수를 가히 알 수 있다.
(2) 대체로 한 각에 8선八線이 있으며 비례와 4율이 있으므로 3각과 3변 중에 3개를 알면 그 나머지를 가히 구할 수 있다(다만 3개의 각만 안다면, 3개의 선분은 기준이 없으므로 그 길이를 알 수 없다. 그런데 혹 아는 각이 아는 2개의 선분 사이에 있고, 선과 각이 대가 없을 때는 그 낀 각의 비율로써 추지할 수 있다).
(3) 이것을 다시 총괄하여 말하면 이미 알고 있는 것의 대를 1율로 하고 구하려는 것의 대를 2율로 하며, 알고 있는 것을 3율로 하며, 구하

려는 것을 4율로 한다면 모든 물物의 높이·깊이·넓이·거리나 천지의 형체·칠정七政의 전도 등을 앉아서 구할 수 있으니 이것을 삼각총률이라 한다.[61]

밑줄 친 부분이 담헌이 말하고자 하는 핵심이다. 곧 삼각형의 3각과 3변 중 3각만 아는 경우를 제외할 때, 여섯 가지 조건 중 세 가지 조건을 안다면 나머지 세 조건을 8선, 비례, 4율의 법칙을 이용해서 알아 낼 수 있다는 것이다. 8선, 비례, 4율 중 비례와 4율은 이미 언급한 바 있다. 8선이 문제인데, 그것은 곧 오늘날의 삼각함수다.

비례는 삼각형의 각 변과 마주 보는 변의 길이가 비례적 관계에 있음을 뜻하는 것으로 곧 삼각함수의 사인sin 법칙과 코사인cosine 법칙 등을 의미한다. 4율은 앞의 4율법이다. 담헌은 다시 (3)에서 4율법 등으로 모든 사물의 높이·깊이·넓이·거리나 천지의 형체, 칠정七政의 전도 등을 쉽게 구할 수 있다고 말한다. 그의 수학 연구가 측량과 천문학의 계산에 있었음을 짐작할 수 있다. 담헌의 8선과 비례, 4율은 《수리정온》의 다음 부분에서 가져온 것이다.

- 권14, 면부 4. '삼각형三角形'
- 권15, 면부 5. '할원割圓'
- 권16, 면부 6. '할원팔선割圓八線'
- 권17, 면부 7. '삼각형변선각도상구三角形邊線角度相求'

《수리정온》하편 면부面部 4·5·6·7의 소제목이 각각 '삼각형', '할원', '할원팔선', '삼각형변선각도상구'[삼각형의 변과 선의 길이와 각도를 구하는 방법]인 것이 그 근거다. 그러므로 담헌의 '삼각총률', '팔선총률', '십호정현', '팔호정현' 등을 알기 위해서는 《수리정온》 권14에서 17까지의 내용을 알 필요가 있다.

'삼각형'은 피타고라스 정리를 이용해 삼각형의 면과 선을 구하는 법이라는 간단한 서문이 앞에 있고, 이어 12개의 문제를 제시하고 있다. 정·예각·둔각삼각형의 변 길이를 알 때 중수선을 구하는 법(1·2·3), 둔(예)각삼각형의 세 변의 길이를 알 때 형외形外의 수선을 구하는 법(4), 이등변·둔각삼각형의 세 변의 길이를 알 때 면적을 구하는 법(5·6), 둔(예)각삼각형의 세 변을 알 때 내접하는 정사각형 한 변의 길이를 구하는 법(7), 정삼각형 변의 길이를 알 때 내·외접하는 원의 지름을 구하는 법(8·9), 정삼각형 변의 길이를 알 때 내접하는 원의 지름을 구하는 법(10), 예각·둔각삼각형의 각 변 길이가 주어져 있을 경우 외접하는 원의 지름을 구하는 법(11·12) 등이다. 첫 번째 문제를 보자.

등변삼각형이 있다고 하자. 각 변은 10척尺이다. 중수선中垂線의 길이는 얼마인가?

중수선의 길이는 $\sin 60° \times 10(尺) = \sqrt{3}/2 \times 10 = 5\sqrt{3}$이다. 삼각함수로 간단히 풀 수 있는데, 《수리정온》의 경우는 좀 복잡하다. 원문을 그대로 옮기면 다음과 같다.

(1) 저변底邊(밑변) 10척의 반인 5척을 구勾로 하고, 양요兩腰(두 변)의 1변인 10척을 현弦으로 삼아, 구와 현으로부터 고股를 구하여, '8척 6

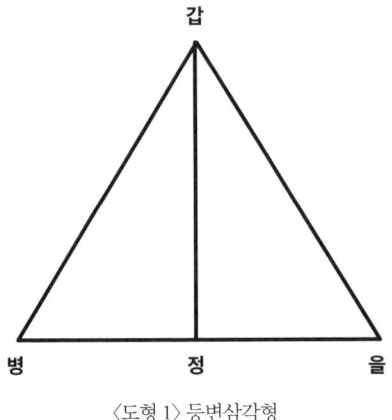

〈도형 1〉 등변삼각형

촌 6분 영零 2호豪 남짓'을 얻는다. 이것이 곧 중수선이다.

이렇게 풀이한 뒤 도형을 이용하여 다시 문제를 풀이하는 방식을 취한다.

⑵ 도형의 갑·을·병 삼각형에서 갑·을과 갑·병의 양요가 (길이가) 서로 같다면, 그 저변(밑변)의 을·병의 두 각이 반드시 서로 같다《기하원본》2권 제9절을 보라]. 지금 구하는 수선이 갑·정이라면, 갑·을·병 삼각형을 고르게 나누어 두 개의 직각삼각형으로 만들 수 있다. 그리고 갑·정·을과 갑·정·병은 모두 직각이고, 또 각도도 같다. 그러므로 나눈 두 직각삼각형은 동식형同式形(합동)이고, 갑·정이란 수선은 또 두 삼각형이 공유하는 변의 선이니, 나눈 밑변의 을·정과 정·병이 어떻게 같지 않겠는가? 그러므로 을·병의 저변 절반을 구勾로 삼고, 갑·을과 갑·병 두 변의 한 변을 현弦으로 삼아, 고股를 구하

면 중수선이 된다.

이어서 또 다른 풀이법이 있다.

(3) 저변 10척의 반인 5척을 제곱하여 25척을 얻고, 3을 곱하여 75척을 얻어 이것을 개방開方하면 '8척 6촌 6분 영 2호 남짓'을 얻으니, 곧 중수선이다. 대개 현弦이 구勾에 비해 1배 더 크면, 현의 자승지방自乘之方은 4배 크고, 연비례連比例의 1위位를 격한 상가相加의 비례가 된다《기하원본》 7권 5절을 보라]. 구勾와 현弦으로부터 고股를 구하는 법에 의해, 현을 제곱한 방적方積인 4배에서 구를 제곱한 방적 1배를 빼면, 나머지는 3배가 되니, 곧 고의 제곱한 방적이다. 이것은 중수선의 제곱한 방적이고, 구를 제곱한 방적의 3배다. 그러므로 밑변의 절반을 제곱하여 3을 곱하면, 곧 중수선을 제곱한 방적과 같다. 개방하면 중수선의 길이를 얻는다.

《수리정온》의 원래 서술법을 보이기 위해 직역하였다. 이런 방법으로 문제에 대해 간단한 서술식 풀이법을 제시하고, 이어 도형을 이용한 풀이를 제시하는 것이 일반적이다. 그 외에 다른 방법이 있을 경우 (3)처럼 덧붙여 제시한다. '삼각형'의 두 번째를 보자.

예각삼각형이 있다고 하자. 대요大腰(긴 변)는 122척, 소요小腰(짧은 변)는 112척, 밑변은 150척이다. 중수선이 얼마인지 구하라.

이에 대한 풀이법은 다음과 같다.

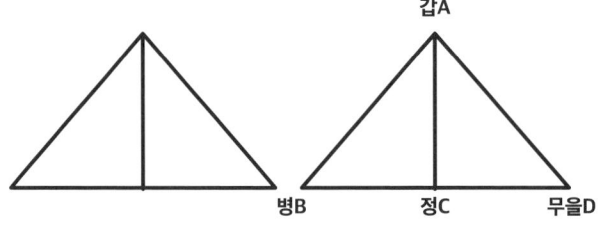

〈도형 2〉 예각삼각형 1

밑변 150척을 1율로, 대요 122척을 소요 112척과 합하여 얻은 234척을 2율로, 대요 122척에서 소요 112척을 빼서 얻은 10척을 3율로 삼아, 4율 15척 6촌을 얻는다. 이것을 '밑변의 교較'로 삼고, 밑변 150척에서 이것을 빼면 134척 4촌이 남는다. 이것을 반으로 나누면 67척 2촌으로 구勾가 된다. 소요 112척을 현으로 삼아 고股 89척 6촌을 얻으면 곧 중수선의 길이다.

이 문제는 'sin(을)×갑·을'로 간단히 풀 수 있지만, 여기서는 4율법으로 이등변직각삼각형의 밑변을 구한 뒤 다시 피타고라스 정리를 이용하여 수선의 길이를 구하는 방식을 쓰고 있다. 이를 현대식으로 풀이하면 a:(b+c)=(b−c):d로부터 d=(b+c)(b−c)/a를 얻어, (a−d)/2를 밑변으로 c를 빗변으로 하는 직각삼각형의 나머지 변을 구한 것이다.

이어서 〈도형 3〉을 제시하고 기하학적으로 문제를 풀이한다.

도형과 같이 갑·을·병의 삼각형이 있다고 하자. 갑·을이 대요, 갑·병이 소요, 을·병이 밑변, 갑·정이 구하는 중수선이다. 갑을 중심으로 삼고 병을 경계로 삼아(갑·병을 반지름으로 삼아) 원을 그려 대요

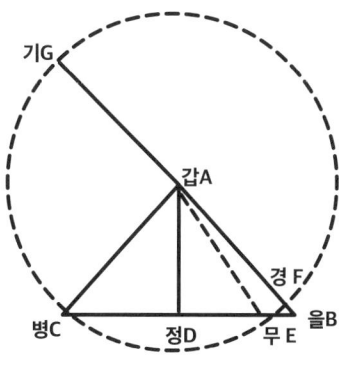

〈도형 3〉 예각삼각형 2

갑·을을 경庚에서 자르고 을·병을 무戊에서 자른다. 또 대요 갑·을을 연장하여 기己·사巳에 이르게 하여 갑·기의 선을 그으면, 갑·병의 소요와 서로 같게 된다. 그러면 기·을은 두 요腰의 화和(합)가 되고, 경·을은 두 요의 교較(차)가 된다[대개 갑·경과 갑·병은 같다. 때문에 경·을이 두 요의 교가 되는 것이다].

을·병은 밑변의 화和(합)이고, 을·무는 밑변의 교較(차)다[대개 정·병은 정·무와 같다. 그러므로 을·무는 밑변의 교가 된다]. 이제 밑변의 합인 을·병을 두 요의 합인 을·기와 견주면, 을·경이란 두 요의 차이와 같고, 을·무란 밑변의 차이와 견주면, 전비례轉比例의 4율이 된다[《기하원본》 9권 제8절에 의하면, '원 밖의 한 점에서 원 안으로 그은 두 선이 있을 때 이 두 전선全線의 비례는 원 밖의 두 단段이 돌아가며 서로 견주어지는 비례와 같다' 하였다]. 그러므로 을·병을 1율, 을·기를 2율, 을·경을 3율로 하면, 4율인 을·무를 알 수 있다. 을·무를 알면 밑변 을·병에서 을·무를 빼어 병·무를 얻는다. 병·무를 반으로 나누어 구勾인 정·병을 얻는다. 갑·병을 현으로 하여 고股 갑·정을 얻으면 중수선이 된다.

글만으로는 쉽게 이해되지 않는다. 따라서 오늘날 수학으로 다시 풀이해 보자. 〈도형 3〉의 갑을 A, 을을 C, 병을 B, 정을 D, 무를 E, 기를 G, 경을 F라 하면, CG=AC+AG=AC+AB이므로 두 변의 합과 같다. CF=AC−AF=AC−AB이므로 두 변의 차이와 같다. 여기서 중요한 것은 EC의 길이를 구하는 것이다. EC의 길이가 정해지면 BE와 그것의 절반인 BD의 길이를 알 수 있기 때문이다. AB의 길이는 이미 알고 있으므로 BD의 길이를 알면 피타고라스 정리를 이용해 AD의 길이를 알 수 있다. EC의 길이는 닮음비를 이용해 쉽게 구할 수 있다.

　삼각형 CEG와 삼각형 CBF는 각 C를 공유한다. 또 현 EF를 공유하므로 그 원주각 CGE와 CBF는 같다. 결국 두 삼각형은 세 각이 모두 같으므로 닮은꼴이다. 따라서 BC:CG=CF:CE가 성립한다. 여기서 CE의 값은 CF×CG/BC로 구할 수 있다. 이것은 위에서 말한 4율의 관계와 같다. 즉 이 문제에 대한 《수리정온》의 해법 (1)은 이 도형을 통한 해법을 알아야만 비로소 이해할 수 있는 것이다. 위에서 말한 바와 같이 '삼각형'의 해법은 기본적으로 도형을 통한 기하학적 해법이다. 우선 이 점에 유의해 두자.

　권15 〈할원割圓〉의 경우는 원에 내·외접하는 다각형 한 변의 길이를 구하는 문제 네 가지를 제시하고 있다. 다각형 한 변의 길이를 알면, 그 다각형 전체 변의 길이를 알 수 있다. 만약 다각형 변의 수가 증가하면 할수록 그 전체 변의 길이는 원의 둘레에 근접하게 된다. 만약 무한하게 증가하면 곧 원의 둘레가 된다. 다각형 중에서 변의 길이를 가장 간단하고도 확실하게 알 수 있는 것은 육각형과 사각형이다. 내접하는 육각형의 한 변의 길이는 반지름 r과 같고, 원에 내접하는 정사각형 한 변의 길이가 각각 $\sqrt{2}r$이다.

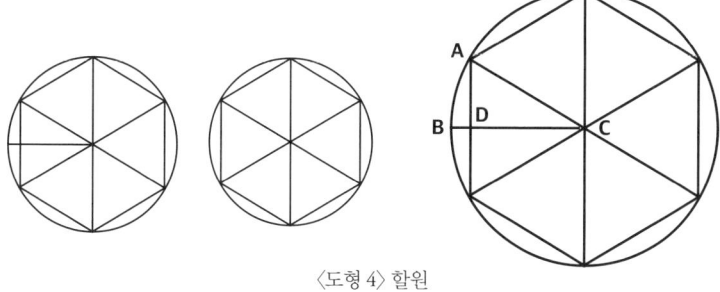

〈도형 4〉 할원

    이 확실한 수치에서 출발하여 '할원'은 각각 내·외접하는 6(2n)각형과 내·외접하는 4(2n)각형의 변의 길이를 구하고 있다. 문제는 "원의 지름을 2조라 할 때 내접하는 육변형, 내접하는 사변형, 외접하는 육변형, 외접하는 사변형을 이용하여 계산하기 시작한다면 원의 둘레는 얼마인가?"이다. 이 네 가지 경우 중 첫 번째를 보자. 원의 지름이 2조(2,000,000,000,000)이므로 반지름은 1조(1,000,000,000,000)이고 이것이 한 변의 길이다. 이것의 절반 곧 5천억(500,0000,000,000)을 구勾로 삼아서 피타고라스 정리를 이용해 고股를 구하면 866,025,403,784이 된다. 그것은 〈도형 4〉의 CD의 길이다. 여기서 BD와 AD의 길이는 알고 있는 것이므로 삼각형 ABD에서 다시 피타고라스 정리를 이용해 AB의 길이를 알 수 있다.

    이런 방식으로 25,769,803,776변형의 한 변의 길이가 121이라는 것을 계산해 내고, 둘을 곱하여(25,769,803,776×121) 변의 총길이 6,283,185,307,179를 얻었다. 이것은 6(2n)각형의 n이 32임을 의미한다. 이것은 원지름의 공식 2πr으로 계산한 값(2×1,000,000,000,000×π)

과 소수점 아래 12자리까지 일치한다.

'할원'은 도형을 통해 동일한 방식으로 외접하는 $6(2^n)$각형, 내·외접하는 $4(2^n)$각형의 n이 32가 될 때까지의 한 변의 길이와 변 전체의 길이를 구하고 있다. 이런 복잡한 계산은 원의 길이를 구하는 것 그 자체를 목적으로 삼지 않는다. '할원'에서 내접하는 도형의 한 변의 길이를 '통현通弦'이라고 하는 바, 그것의 절반은 곧 정현正弦(sin)이 된다. 〈도형 4〉에서 선분 기·신辛이 통현이고 그것의 절반이 곧 사인이다. 서문은 정현의 값을 알면 정시正矢·정절正切·정할正割·여현餘弦·여시餘矢·여절餘切·여할餘割, 곧 8선의 값을 모두 알 수 있다고 말한다. 곧 '할원'이 원을 $6(2^n)$각형, $4(2^n)$각형으로 분할하여 피타고라스 정리[句股法]를 이용해 통현을 구한 건 곧 삼각함수를 끌어내기 위한 전제였던 것이다.

권16 〈할원팔선〉은 도해를 통해 8선, 곧 삼각함수에 대해 본격적으로 논한다. 〈할원팔선〉에 제시하고 있는 〈도형 5〉를 보자. 단위 원을 4등분한 원을 4상한四象限이라 하는 바, 8선은 4상한을 자르는 여덟 가지 선분이다. 이것을 다음과 같은 용어로 표현한다.

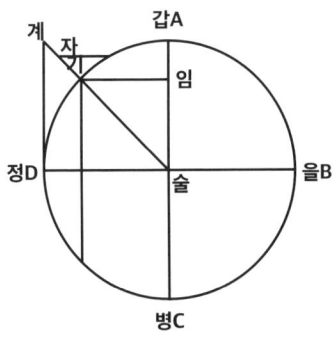

〈도형 5〉 할원팔선

정현 己庚AD=rsinθ, 여현 壬己DE=rcosθ, 정시 庚丁AC=r−rcosθ, 여시 甲壬EF=r−rsinθ, 정절 癸丁CH=rtanθ, 여절 甲子GF=rcotθ, 정할 戊癸BH=rsecθ, 여할 戊子BG=rcscθ(*이 중 정시와 여시는 오늘날 삼각함수에는 없다.)

이상 8선의 삼각함수 값에서 가장 중요한 것은 정현(사인)과 여현(코사인) 그리고 정절(탄젠트)이다. 그 외의 것은 모두 이것으로부터 구할 수 있다. 〈할원팔선〉의 서문에 이어 6종六宗과 3요三要, 2간법을 요약한 짧은 해설이 있고, 이어 각각에 대한 소상한 설명이 이어진다.

'6종'은 6·4·10·3·5·15변형(각형)을 이용하여 8선의 값을 구하는 방법이다. 이 경우 중심각이 각각 60·90·36·120·72·24°인 특수각이기에 한 변의 길이에 상응하는 통현의 길이를 쉽게 구할 수 있다. 예컨대 6변형의 1변은 원의 반지름과 같고, 4변형의 1변은 $\sqrt{2}r$이다. 10변형의 1변은 반지름이 만드는 연비례連比例3율三律의 중률中律을 이룬다(이에 대해서는 후술한다). 이것을 근거로 하여 각각 3변형, 5변형, 15변형의 1변의 길이도 쉽게 구할 수 있다. 이렇게 통현을 알면 그것의 2분의 1인 정현을 쉽게 구할 수 있다. 곧 이 여섯 가지의 정다변형은 삼각함수표를 만드는 근원이 되기에 '6종'이라 부른다는 것이다.

'6종' 뒤에는 '이분중말선理分中末線'이 있다. 부기된 간단한 해설에 의하면, 이분중말선은 서양의 법이다. 한 선분의 길이를 수율이라 하고, 그것은 길고 짧은 두 개의 선분으로 나눌 때 긴 쪽을 중률, 짧은 쪽을 말률이라 한다면, 선분 전체의 길이(수율)와 긴 선분(중률), 짧은 선분(말률)은 연비례3율의 관계에 있도록 한다는 것이다. 이것을 '이분중말선'이라 하는데, 이른바 '황금분할'에 해당한다.

'이분중말선'의 첫 번째 문제는 수율을 10만으로 하여 연비례3율로 나눌 때, 중률과 말률을 더한 것이 수율과 같다면, 중률과 말률은 각각 얼마인가를 묻는다. 즉 100,000:b=b:c이란 연비례의 관계에서 b+c=100,000이라면 b와 c는 얼마인가라는 문제이다. b^2=100,000c, b+c=100,000의 연립2차방정식을 풀면 b는 61,803, c는 38,197이다. 이어 지름을 20만으로 할 때 내접하는 10·5·15변형의 한 변의 길이를 묻는다. '이중분말선'은 방정식의 풀이 과정을 말로 반복하고, 이어 도형을 통해 기하학으로 설명한다. 설명이 복잡해서 줄이지만 '이분중말선'은 연비례의 관계를 이용해서 10·5·15변형의 한 변의 길이를 구하고 결과적으로 그것의 절반인 정현의 값을 구하는 방법이다. 이어서 연비례4율법을 이용해 원에 내접하는 18·9·14·7변형의 한 변의 길이를 구하는 방법을 서술한다.[62] 이것은 3차방정식을 푸는 매우 복잡한 계산 과정을 거치는데, 《수리정온》은 역시 그것을 기하학으로 자세히 설명하고 있다.

이와 같이 6종으로 6·4·10·3·5·15변형, 10·5·15변형, 18·9·14·7변형의 한 변의 길이, 나아가 정현의 값을 구할 수 있다. 그 외 일반각의 통현과 정현을 구하는 방법을 논한 것이 3요와 2간법이다.

3요는 ① 어떤 호의 정현(사인)의 값을 알 때 여현(코사인)을 구하는 법, ② 어떤 호(각)의 정현·여현을 알 때 그 호의 배가 되는 호(각)의 정현과 여현을 구하는 법, ③ 어떤 호(각)의 정현·여현을 알 때 그것의 반이 되는 호(각)의 정현과 여현을 구하는 법이다. 이것은 $sin2\theta+cos2\theta=1$에서 유도된 정현과 여현의 관계 공식 $cos\theta=\sqrt{1-sin^2\theta}$(①)과 아래와 같은 배각공식(②) 및 반각공식(③)에 해당한다.

② 배각공식

(ㄱ) $\sin 2\theta = 2\sin\theta\cos\theta 0$

(ㄴ) $\cos 2\theta = \cos^2\theta - \sin^2\theta = 2\cos^2\theta - 1 = 1 - 2\sin^2\theta$

(ㄷ) $\tan 2\theta = \dfrac{2\tan\theta}{1-\tan^2\theta}$

③ 반각공식

(ㄱ) $\sin^2\dfrac{\theta}{2} = \dfrac{1-\cos\theta}{2}$

(ㄴ) $\cos^2\dfrac{\theta}{2} = \dfrac{1+\cos\theta}{2} \rightarrow \cos\dfrac{\theta}{2} = \sqrt{\dfrac{1+\cos\theta}{2}}$

(ㄷ) $\tan^2\dfrac{\theta}{2} = \dfrac{1-\cos\theta}{1+\cos\theta}$

3요는 탄젠트(ㄷ)는 언급하지 않고 사인과 코사인에 해당하는 (ㄱ), (ㄴ)에 대해서만 소상히 언급하고 있다. 그리고 끝에 어떤 호(각)의 정현을 알 때 그것의 3분의 1에 해당하는 정현의 값을 구하는 방법을 소개한다. 그것은 $3\sin\dfrac{\theta}{3} - 4\sin^3\dfrac{\theta}{3} = \sin\theta$로 표현된다.[63]

2간법은 '같지 아니한 두 호의 정현과 여현으로 더하고 뺀 정현을 구하는 법'과 '두 호의 거리가 60° 전후의 각도일 때 그 두 정현의 차이를 얻으면 곧 떨어진 호의 정현이다'라는 법을 이용한 것으로 곧 다음과 같다.[64]

① $\sin(\alpha \pm \beta) = \sin\alpha\cos\beta \pm \cos\alpha\sin\beta$

② $\sin\alpha = \sin(60+\alpha) - \sin(60-\alpha)$

이상의 방법으로 45분 간격으로 120개의 정현을 얻을 수 있다.

'팔선상구八線相求'는 정현과 여현을 알 때 나머지 정시正矢·정절正切·정할正割·여시餘矢·여절餘切·여할餘割을 구하는 방법에 대해 말하고 있다. 정절(탄젠트)은 $\tan = \frac{\cos\theta}{\sin\theta}$로 간단히 구할 수 있고, 정시AC=r−rcosθ, 여시EF=r−rsinθ이므로 별문제가 되지 않는다. 나머지 여절 GF=rcotθ, 정할BH=rsecθ, 여할BG=rcscθ은 모두 사인, 코사인, 탄젠트의 역수, 곧 1/tan, 1/cos, 1/sin이다. 팔선상구는 곧 사인과 코사인의 값을 알 때 나머지를 구하는 방식을 간단히 설명하고 있다. 마지막으로 '구상한내각선총법求象限內各線總法'은 위의 6종, 3요, 2간법 등을 사용하여 1상한의 도度, 분分, 초抄 단위까지 8선의 값을 구할 수 있음을 간단히 요약하고 있다.

마지막으로 '삼각형변선각도상구三角形邊線角度相求'를 간단히 검토하자. 여기에는 모두 14문제가 실려 있다. (1)에서 (7)까지는 직각삼각형의 한 각(나머지 한 각은 저절로 알 수 있다)과 한 변의 길이를 주었을 때 나머지 한 변, 또는 두 변의 길이를 구하거나, 두 변의 길이를 주었을 때 나머지 각의 크기를 구하는 문제이다.[65]

(1) △abc에서 ∠b=90°, ∠c=57°이고, bc=5장일 때 ab의 길이는?

먼저 그림을 보자. 이 그림에서 ∠병이 57°이므로 변 갑·을의 길이는 tan57°×5로 간단히 구할 수 있다. 1.5399×5=7.6695이다. 하지만 《수리정온》은 4율법을 통해서 그 값을 구한다. 즉 다음과 같다.

∠병이 57°이므로 ∠갑은 33°이다. ∠갑은 이미 알고 있는 각으로

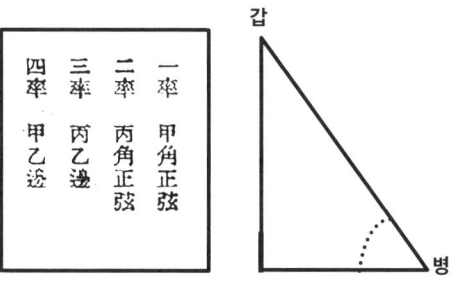

〈도형 6〉 삼각형변선상구각도三角形邊線相求角度

정현(사인)은 54464이다. 이것을 1율로 삼는다. ∠병은 할 수 있는 각이고 그 정현은 83867이다. 이것을 2율로 삼는다. 변 을·병은 5장이고 이것을 3율로 삼는다. 구하려는 변 갑·을은 4율이 된다. 54464 : 83867=5 : X(4율)로부터 X=83867×5/54464. 곧 7.6993장이다.

이 계산에서 삼각함수를 이용하는 것이 독특한데, 그 이유를 다음과 같이 밝히고 있다.

〈도형 7〉에서 △'병·정·무'는 한 상한象限이다. 기·무는 ∠병의 정호正弧이고, 을·경은 ∠병의 정현이다. 정·기는 ∠병의 여호餘弧이고, ∠갑의 정호다. 신·기는 ∠병의 여현이니 곧 ∠갑의 정현이다. 그러므로 ∠병 57°의 여호는 33°이고, ∠병 57°의 여현餘弦은 33°의 정현이 된다. △기·경·병은 △갑·을·병과 닮은꼴이기 때문에 ∠갑의 정현 병·경(곧 신·기)은 ∠병의 정현인 기·경과 비례적 관계에 있고, 그것은 기·병과 갑·을이 비례적 관계에 있는 것과 같다. 따라서 이 네 선분 사이에는 4율의 비례가 성립한다.

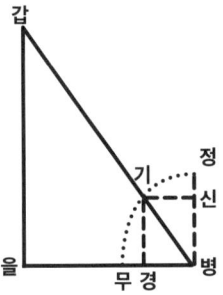

(도형 7) 삼각형변선상구각도2 三角形邊線相求角度2

이것으로 위의 문제 풀이에서 4율법을 도입한 이유가 밝혀졌다. 이에 이어 다른 풀이법도 있다.

반지름 1만을 1율로 할 때 ∠병의 정절正切(탄젠트)은 153986이다. 이것을 2율로 하고, 병·기 5장을 3율로 한다. 10000:153968=5:X(갑·을의 길이)이고 따라서 X=7.6984 설명은 다음과 같다.

⊿ '병·정·무'를 한 상한象限으로 하여, 기·무를 끊어 기·경을 긋는다면 ∠병의 정절이 되니, 병·무가 반지름이 된다. ⊿기·경·병은 ⊿갑·을·병과 닮은꼴이다. 그러므로 병·무의 반지름은 기·경의 정절과 비례적 관계에 있고, 이것은 병·을이 갑·을과 비례적 관계에 있는 것과 같다. 이에 4율이 성립한다.

(8)에서 (16)까지의 문제는 예각삼각형과 둔각삼각형에서 3각과 3변의 길이 중 세 가지 수치를 제시하고, 지정하는 각과 변의 길이를 구하는 문제다.[66] 모두 삼각함수를 이용한 4율법으로 풀고 있다.

삼각함수 수용

《주해수용》이란 책 자체가 여러 수학서를 편집한 것이므로 '삼각총률'도 편집이다. '삼각총률'에는 모두 14개의 문제가 실려 있는데, 그것은 위《수리정온》의 '삼각형', '삼각형변선각도상구'에서 옮겨 온 것이다. 담헌의 문제를 이해하기 위해 먼저《수리정온》이 어떤 문제를 어떻게 풀이하고 있는지를 살필 필요가 있다. '삼각형'은 모두 12문제를 싣고 있는데, 첫 번째 문제는 앞에서 검토한 바 있는 "등변삼각형이 있다고 하자. 각 변은 10척尺이다. 중수선中垂線의 길이는 얼마인가?"이다. 담헌이 이 문제와 풀이를 어떻게 옮기고 있는지를 보자. 문제는 다음과 같이 바뀌었다. "등변삼각형의 중수선을 구하라"(이등변삼각형도 같다["等邊三角, 求中垂(兩等邊同)"].《수리정온》'삼각형'에서는 문제에 변의 길이가 주어져 있지만, 담헌은 생략해 버렸다. 문장도 극도로 압축했다. 풀이는 매우 간단하다.

① 밑변의 반을 구勾로 하고 한 요腰를 현弦으로 하여 그 고股를 추리한다.[67]
② 또 밑변의 반을 제곱하고 3을 곱하여 개방開方하면 역시 얻을 수 있다.[68]

앞에《수리정온》속 삼각형 문제 풀이 (1), (2), (3)을 기억할 것이다. 담헌은 (1)과 (3)을 취하고 (2)는 생략해 버렸다. (1)과 (3)도 구체적인 수는 삭제하고 극도로 압축해 놓았다. 이 문제만 그런 것이 아니라, '삼각총률' 이하의 모든 기하학이 동일하다. 문제 (1)의 직각삼각형의 경우야 매우 간단하기에 이해에 장애가 없을지는 몰라도, 복잡한 기하학의 경우 도형은 절대적으로 필요하다. 《수리정온》의 기하학은 모두 상세한 도형을 싣고 앞의 방식대로 도형에 갑·을·병 등의 문자를 부여해 각과 변, 체적을 구분하고 있지만, 담헌은 이것을 완전히 무시했다. 답 역시 자세한 설명 과정을 생략하고 결과만 공식처럼 압축해 놓았다.

이제 다른 문제를 하나 더 검토해 보자. '삼각형'의 두 번째 문제는 "예각삼각형이 있다고 하자. 대요大腰(긴 변)는 122척, 소요小腰(짧은 변)는 112척, 밑변은 150척이다. 중수선이 얼마인지 구하라"는 것이었다. 담헌은 이 문제에서 구체적인 수치를 생략하고 '예각삼각형의 각 변의 길이를 알고 수선을 구하라'라고 압축한 뒤 답을 제시했다.

> 밑변을 1율로 하고 나머지 두 변의 합을 2율로 하며 또 두 변의 길이의 차를 3율로 하고 추리하여 얻은 것을 4율로 한다. 이 4율은 두 밑변의 차, 즉 저교底較가 된다. 이 4율의 값을 밑변에서 감한 나머지의 절반을 구勾로 하고 소요小腰를 현弦으로 하여 고股를 얻는다. 이것이 곧 수선이다.[69]

앞서 제시한 《수리정온》 '삼각형'의 첫 번째 해법에서 구체적인 수치를 모두 없애면, 위와 같은 담헌의 해법으로 간단히 정리된다. '삼각형'은 위의 해법을 제시한 뒤 그것을 입증하는 도형을 제시하여 그 과정을 명징하게 보여 준다.

'삼각형'에는 위의 방법 외에 또 다른 두 번째 방법이 소개되어 있다.

대요 122척을 제곱하여 14,884척을 얻고, 또 소요 112척을 제곱하여 12,544를 얻는다. 제곱한 두 수를 빼면 나머지가 2,340척이 된다. 이것을 밑변 150척으로 나누어 15척 6촌을 얻어, 밑변의 교로 삼아, 밑변 150척에서 뺀 나머지는 134척이 된다. 이것을 반으로 나누면 67척 2촌으로 구勾가 된다. 소요 112척을 현으로 하여 고股 89척 6촌을 구하면 중수선이 된다.

이 풀이를 담헌은 이렇게 옮기고 있다.

또 양변의 길이를 각각 제곱하여 서로 빼고 그 나머지를 밑변의 길이로 나누어 그것을 저교底較로 하며, 그 값에 밑변의 길이를 뺀 나머지의 절반을 구勾로 하고 소요를 현으로 하여 고를 추리하여 역시 구할 수 있다.[70]

동일한 내용이지만, 구체적인 수치를 없애고 문장을 압축했다. 이렇게 해를 구하는 방법은 사실 코사인 제2법칙 $b^2=c^2+a^2-2ca\cdot\cos B$에서 유도되는 식 $c\cdot\cos B=(c^2+a^2-b^2)/2a$와 같은 것이다. 이 식이 유도되는 과정에 대해 《수리정온》은 여러 도형을 제시하면서 길고 자세한 설명 과정을 거치고 있다. 하지만 담헌은 그 과정 모두를 일체 생략해 버렸다.

담헌은 (8) '삼각총률'에서 모두 14문제를 다루고 있는데, 《수리정온》의 '삼각형'에서 9문제, '삼각형변선각도상구'에서 5문제[71]를 취하고 있다. 각 문제는 직각, 둔각, 예각삼각형에서 각과 변에 주어진 조건에 따라서 나머지 각과 변, 수선의 수치, 내접원·외접원의 지름을 구하는 방법을 설명하고 있다.[72] 이 모든 문제를 모두 앞서 예시한 바와 같이 《수리정온》의 구체적인 수치와 도형을 통한 해법을 모두 생략하고, 압축된 언어로 해법만 간단하게 서술했을 뿐이다.

여기서 짚고 넘어가야 할 것은, (8) '삼각총률'의 11~14번 문제를 권17 면부 7의 '삼각형변선각도상구'에서 옮겨 오고 있다는 사실이다. 11번째 문제부터 이미 삼각함수가 이용되고 있었다. 곧 11번부터 14번까지의 문제 풀이에서 담헌은 정현正弦(사인), 여현餘弦(코사인), 정절正切(탄젠트), 여할餘割(코시컨트), 여절餘切(코탄젠트)을 이용한다. 하지만 그는 이 개념에 대해 어떤 설명도 하지 않고 다만 (8) '팔선총률'의 서두에서 8선과 비례, 4율만 알면 모든 사물의 높이·깊이·넓이·거리, 천문학적 계산을 할 수 있다고 한 바 있다. 그런데 비례와 4율은 앞에서 언급한 바 있지만, 담헌은 8선에 대해서는 개념조차 정의하지 않았다. 이것은 《주해수용》이 주도면밀한 수학 학습서가 아님을 의미한다. 요컨대 담헌은 《수리정온》의 '삼각형'을 《주해수용》으로 옮기면서 도형으로 설명하는 과정 일체를 생략해 버리고, 풀이법 역시 원래의 것을 극도로 압축했다. 담헌의 방법은 기하학에 미숙하거나 4율법을 알지 못하면 전혀 이해할 수가 없다. 즉 이미 수학에 상당한 지식이 있거나 《수리정온》을 읽고 이해한 사람이 아니라면, 담헌의 수학은 이해하기조차 어렵다. 즉 담헌의 방법은 수학에 해박한 사람에게나 필요할 수 있는 정리된 공식일 뿐이지, 새롭게 수학을 익히거나 혹은 수학적 해명을 요구하는 사람에게 필요한 것은 아니라는 뜻이다.

(9) '팔선총률'은 《수리정온》의 〈할원〉과 〈할원팔선〉을 옮겨 온 것이다. 담헌은 먼저 8선에 대해 이렇게 말하고 있다.

경經에 '원은 방方에서 방은 구矩에서 나온다. 구는 곧 구고勾股다'라 하였다. 대체로 원호圓弧의 형세는 자주 변하여 측정하기 어렵다. 반드시 방으로 하여 재야만 그 수치를 알 수 있다.

그 방법은 또한 간단하니 곧 할원팔선割圓八線이다. 직선으로서 원호를 나누면 모두 구고勾股에 귀일하게 된다. 그때의 정현正弦이나 통현通弦은 서로 상쇄하여 나머지 선을 얻을 수 있다. 6종六宗·3요三要·2간二簡 등 여러 방법은 모두 갖추어진 추법推法으로 입표立表에 정밀하고 검용檢用에 모자람이 없다. 이를 만든 양공良工의 수고로움이란 그 은혜 넓고도 깊다. 이젠 그 법칙을 모아 팔선총률이라고 명명한다(무릇 팔선표에 있어서 간략함을 택하려면 반지름을 10만으로 하고 정밀함을 취하려면 천만으로 반지름을 한다. 단 가장 정밀함을 취하려면 반드시 할원본법割圓本法을 사용하라. 이 역시 조금 나머지는 있지만 거의 차가 없다).[73]

특수각이 아닌 일반각에서의 삼각함수 값을 구하는 방법에 대해 말하고 있다. 현대 수학에서는 테일러Taylor정리 1에서 매클로린Maclaurin 급수를 이용해 정밀한 근사값을 구하지만 담헌은 기하학적 방법으로 삼각함수 값을 구하고 있다.

(9) '팔선총률八線總率'에서 담헌은 $30°$, $45°$, $60°$ 등의 특수각이 아닌 일반각의 삼각함수 값을 구하는 방법을 언급한다. (9) '팔선총률'의 첫머리에서 담헌은 원의 지름을 알고 6분원六分圓, 3분원, 4분원, 10분원, 5분원, 15분원(6종)과 18분원, 9분원, 14분원, 7분원의 각 통현(6종의 신증)을 구하는 방법을 소개하고 있다. 이것은 《수리정온》의 〈할원팔선〉을 옮긴 것이다. 그런데 《수리정온》은 삼각함수에 대해 언급하기 전 먼저 '할원'에서 원에 내·외접하는 $6(2^n)$각형, 내·외접하는 $4(2^n)$각

형의 n의 수를 계속 크게 만들어 한 변의 길이와 변 전체의 길이를 구하는 방법을 도형을 통해 엄밀하게 논하고, 이것을 바탕으로 한 변의 길이(곧 통현)를 알아 내어 결과적으로 그것의 2분의 1 값인 정현의 값을 알 수 있음을 말하고 있지만, 담헌의 경우 '할원'에 대해서는 전혀 언급하지 않고 곧바로 '할원팔선'을 언급한다. 아마도 '할원'이 '할원팔선'과 중복된다고 생각했을 것이다.

이미 누차 지적했듯 담헌은 《수리정온》의 논리적 문제 풀이 과정과 기하학적 논증에는 별 관심이 없었고, 오직 그 결과에만 관심을 두었다. (9) 팔선총률은 6종을 구하는 방법도 동일한 방법으로 옮긴다. 그는 '8선'이 서양에서 유래한 개념임을 말하고 있지만, 정작 8선이 조선에 처음 소개되는 것임에도 불구하고 '8선' 자체에 대해서는 전혀 언급하지 않는다. 《수리정온》이 〈할원팔선〉에서 8선에 대해 소상히 언급한 것과는 완전히 다른 태도다. 그는 6종을 구하는 방법에 대해서도 앞서 '할원팔선'의 소상한 설명과 도형을 통한 논리적 설명을 완전히 배제하고 오직 결과를 계산하는 법만 제시한다. 예컨대 6·3·4분원의 통현(곧 정현의 2배)을 구하는 법은 이렇다.

- 6분원의 통현을 구하면 원의 지름의 절반이다.
- 3분원의 통현을 구하면, 원의 지름을 현弦으로 반지름을 구勾로 하여 고股를 구할 때 이 고가 곧 통현이다.
- 4분원의 통현을 구하려면, 반지름의 제곱을 다시 배로 하여 개평하면 된다.

《수리정온》의 길고 자세한 논리적 설명, 도형은 모두 생략되고 앙

상한 공식만 남았다. 왜 이런 공식이 도출되었는지에 대한 설명이 없으므로 이것은 단지 암송 대상이 될 뿐이다. 5분현을 구하는 방법에는 대종교수법帶縱較數法, 18분현을 구할 때는 익실귀제법益實歸除法, 14현을 구하는 방법에는 익실益實 겸 감실귀제법減實歸除法을 이용한다고 말하고 있지만, 그것의 구체적인 계산 예는 모두 생략하고 있다 (이런 이유로 해서 실용성은 오히려 제한적일 수밖에 없다).

이하 3요와 3요의 신증에 대해 언급하고 있는데, 위에서 살핀 바와 같이 《수리정온》은 6종 뒤에 '이분중말선'에 대한 소상한 언급이 있었다. 담헌은 이것을 완전히 생략했다. 《주해수용》에서 〈이분중말선〉은 내편 상의 (9) '4율법四率法'의 아홉 번째 문제인 "연비례의 첫 율이 10만이고 이것을 중률과 말률末率에 나누려고 한다. 각 율의 수는 얼마가 되는가?"에서 간단히 다루었을 뿐이다. 물론 이 역시 도형을 통한 기하학적 설명이 아닌 결과만을 서술적으로 나타낸 것이었다. 이분중말선은 삼각함수의 값을 구하는 데 있어 필수적인 사항임에도 불구하고 담헌은 아예 생략해 버렸다.

이하 3요와 3요의 신증은 앞에서 언급한 삼각함수의 $\sin^2\theta + \cos^2\theta = 1$에서 유도된 정현과 여현의 관계 공식 $\cos\theta = \sqrt{1-\sin^2\theta}$(①)과 배각공식(②), 반각공식(③)을 서술적으로 나타낸 것이었다. 예컨대 "본호本弧의 정현과 여현을 알고 반호半弧의 정현을 구하여라"는 반각공식은 "정현을 고股로 하고, 여현餘弦을 반지름에서 뺀 차를 구勾로 하며 현을 추득推得한 후 그것을 반으로 나누면 된다"라는 식으로 풀이했다. 당연히 도형은 생략했다. 삼각함수의 덧셈정리인 2간법 역시 도출되는 대수적, 기하학적 과정을 생략하고 오로지 결과의 공식만을 요약해 옮기고 있을 뿐이다.

(10) '십호정현'은 30°, 60°, 45°, 18°, 36°, 12°, 10°, 20°, 12°54′25.5″, 25°42′51″의 정현 값을 제시하고 있다. 30°는 50000(0.5를 5만으로 표시하고 있다), 45°는 70000(0.70167811965)이다. 이 수치를 밝힌 것 외에 일체 다른 설명이 없다. 이어지는 (11) '팔호정현'은 위의 십호정현에서 12°54′25.5″, 25°42′51″의 정현 값을 빼고, 나머지 각도를 크기순으로, 곧 60°, 45°, 36°, 30°, 20°, 18°, 12°, 10°의 순으로 다시 배열한 것이다. 그리고 여기에 더하여 반각공식, 2간법 등을 이용하여 일반각의 정현 값을 구하는 방법을 다루되, 분·초 단위의 정현 값을 구하는 방법에 대해 간단히 언급하고 있다.[74] 물론 구체적 계산 과정은 생략되어 있다. 이어 정현을 알고 나머지 칠선의 값을 구하는 방법을 정리하고 있다.[75] 이것들은 모두 〈할원팔선〉의 '팔선상구'와 '구상한 내각선총법'을 극도로 압축한 것이다.

《수리정온》은 앞서 검토한 바와 같이 '삼각형변선각도상구三角形邊線相求角度'를 싣고 있지만, 담헌은 이 부분에 대해서는 모두 옮겨 오지 않았다. 다만 이미 지적한 바와 같이 (8) 삼각총률의 14문제 중 후반부 5문제는 '삼각형변선각도상구'에서 옮긴 것이다.

천문 계산

담헌의 수학은 그 자체로 이미 실용성을 갖지만, 후반부의 삼각형과 삼각함수는 이어지는 《주해수용》 외편 하와 긴밀한 관계를 갖는다. 《주해수용》 외편 하는 천문 계산에 관한 내용이다. 서문 격인 〈측량설測量說〉을 보자.

① 대개 하늘은 만물의 시조이고, 태양은 만물의 아버지이고, 땅은 만물의 어머니이고, 별과 달은 만물의 제부諸父다. 하늘과 땅의 기운이 어울려 만물을 낳고 기르니 그 은혜가 한없이 크고, 숨길을 불어넣고 물기를 적셔 주어 길러 주니 은택이 한없이 두텁다. 하지만 죽을 때까지 하늘을 이고 땅을 딛고 살면서도 천지의 체상體狀을 알지 못하니, 이것은 죽을 때까지 믿고 의지하면서도 부모의 나이와 생김새를 알지 못하는 것과 같다. 어찌 옳다고 할 수 있을 것인가?
② 만약 나는 하늘이 높고 멀리 있다는 것만 알고, 땅은 두텁고 넓다는 것만 알고 있을 뿐이라고 한다면, 이것이 어찌 나는 아버지가 남자일 뿐이고, 어머니는 여자일 뿐이라고 말하는 것과 다르겠는가?
③ 그러므로 천지의 체상을 알고자 한다면 의구意究할 수 없고 이색理索할 수 없다. 오직 기기器機를 만들어 측정하고 수를 계산하여 추리해야 한다. 측정하는 기기는 여러 가지이지만, 곱자와 컴퍼스를 벗어나지 않는다. 수를 추산하는 방법은 여러 가지이지만 구고법句股法으로 귀결된다. 측정하고 추산하는 순서는 반드시 첫째 변방辨方이고, 둘째 정척定尺이다. 변방은 남·북극의 양극을 재는 것이고, 정척은 땅을 측량하는 것이다. 먼저 지구地球를 측정하고 다음으로는 여러 천체를 측정하면 무릇 천지의 체상에 대해 그 경개를 알 수 있을 것이다.[76]

하늘과 태양, 지구(땅), 별과 달은 인간의 삶을 가능하게 하는 천체다. 그것은 비유컨대 부모와 같다. 부모에 의지하여 삶을 영위한다면 부모에 대해 알아야 하는 것이 옳다. 옛부터 내려온 중국과 조선의 하늘과 지구에 대한 인식은 높고 멀다거나 두텁고 넓다는 따위의 막연한 것이었다. 성리학은 해와 달, 별 등 천체는 음양오행으로 만들어지는 것이라 생각했으니, 그것은 측정이 가능한 게 아니었다.[77] 따라서 그 천체의 성질은 음양, 오행으로부터 연역되는 것이었지, 객관적인 물체로 존재하여 관찰 대상이 될 수 있는 건 아니었다.

담헌의 천지에 대한 인식은 이와는 확연히 구별된다. 담헌의 천체에 대한 인식은 ③에서 말하고 있듯, 천지의 '체상體狀'에 관계된 것이다. '체상'은 곧 하늘과 태양, 지구, 별과 달과 같은 천체의 크기와 길이, 부피 등의 구체적인 '물리량'을 갖는 '물질로서의 형상'이다. '물리량을 갖는 체상'이란 발상은 서구 천문학에서 유래한 것이었다. 중국의 천문학에서 천체 간의 물리적 거리는 관심의 대상이 아니었다. 이에 반해 마테오 리치는 《건곤체의》에서 지구의 둘레, 지구 표면에서 지구 중심[地心]까지의 거리, 지심에서 각 중천重天까지의 거리, 별과 지구의 크기를 구체적인 수치로 나타냈다.[78]

마테오 리치의 천체 측정과 그 수치는 천체에 관한 중대한 인식의 전환이었다. 천체는 관측기기를 통해 측정될 수 있고 물리량으로 표현될 수 있는 물질적 대상이라는 인식은 동아시아에선 전에 없던 것이다. 담헌이 천체에 대한 인식에서 "의구意究와 이색理索이 불필요하다"는 것은 매우 중요한 말이다. 의구는 아마도 자의적인 탐구, 이색은 순수한 관념적인 사색을 의미할 것이다. 이런 자의적이고 주관적 사색만으로는 우주의 구체성을 인식할 수 없다. 천체에 관한 인식은 오직 기기, 곧 관측기기를 통한 관측과 수학적 계산을 통해서 얻을 수 있다. 담헌은 의기와 수학에 의한 관측과 계산으로 천지 만상萬象의 이치를 남김없이 알아 낼 수 있다고 확언했다.[79] 물론 과거에도 관측기기에 의한 천체의 관찰은 있었지만, 그것은 담헌이 말한 물리량에 상응하는 것은 아니었다. 관측기기는 사각형과 원형으로 이루어진 것이며, 수학적 계산은 직각삼각형을 이용한, 곧 피타고라스 정리와 삼각함수로 수렴된다. 천체의 체상을 파악하기 위한 순서는 남극과 북극을 측량하고, 지구를 측량하고, 이어 다른 천체를 차례로 측량하는 것이다. 담헌은 이 순서에 따라 천지의 체상을 파악할 수 있게 된다고 말한다.

이어 담헌은 천문학적 계산을 위한 기초인 방위의 구분[辨方], 척도[定尺], 계산상 작은 숫자의 처리에 관한 약속[定率], 천문 관측기기의 제작[製器] 등을 언급하고, 이어 본격적으로 천문학적 계산에 돌입한다. 먼저 '변방'을 보자. 변방은, 막대기를 세워 해 그림자를 표시하고 그것을 연결해 동·서와 남·북 방향을 정하는 방법을 소개하고 있다. 이 방법은 《역상고성 상편》 권4에 실린 '남북진선南北眞線'의 것을 옮기고 있다. 정척定尺은, 천문 계산에 필요한 척도에 대한 언급이다. 보步는 척尺에서, 이里는 보에서 나왔다고 말하고, 서양의 구법은 250리를 지구의 1도로 하였으나, 시헌력에서는 200리를 1도로 함을 말하고 있다. 이 척도의 가장 기준이 되는 것을 '보천척步天尺'으로 명명하고, 이것이 측량의 기준으로서 칠정의 대소 근원도 이것에 의해 표현된다고 한다. 정률은 천문 계산에서의 소여小餘에 대한 약속이다. 즉 특정 단위 아래의 숫자(소수점과 같다)를 많이 취하면 계산은 정확해지겠지만, 그 계산 과정이 너무 복잡하고 어렵기 때문에 역법曆法처럼 대단히 정밀한 수를 얻는 경우가 아니라면 소여를 너무 많이 취하지 않고 적당히 올리고 버린다는 것이다. 예컨대 원주율은 3.14159를 취할 뿐이고, 그 나머지는 버린다.

'제기'는 방원의方圓儀, 상한의象限儀, 구의矩儀, 구척矩尺 4종의 관측기기를 만드는 방법에 대한 설명이다. 상한의는 상한象限 곧 원의 4분의 1의 형태를 갖는 측정기구다. 서양의 사분의四分儀와 동일한 것으로 서양 천문학이 수용된 이후 가장 널리 쓰이던 천문 관측기기였다. 그 제작법은 《신법산서》에 실린 《측량전의測量全義》에 실려 있다.[80] 담헌이 이 책을 보았는지는 확실하지 않지만, 상한의가 그렇게 복잡한 기기도 아니었으니 제작법의 이해에 별반 어려움이 없었을 것이다. 구척은 보통 목수들이 사용하는 곡척曲尺, 즉 기역자로 꺾인 자를 말한다. 구의는 곡척을 두 개 합하여 사각형의 형태로 만든 것이다. 〈농수각의기지〉의 〈구고의勾股義〉에서 담헌은 "고헌古憲을 상고하여 두 개의 구矩를 합하여 반방半方으로 하여, 명명命名하되 구고의라고 한다"고 말하고 있는 것으로 보아 아마도 구의는 구고의와 같은 것으로, 담헌이 창안한 것이 분명하다. 방원의는 외부는 반원이고 그 안에 가로가 세로의 2배인 직사각형을 안치한 것이다. 이것은 아마도 《혼개통헌도설》의 〈구고현도도설勾股弦度圖說〉의 〈그림 1〉을 보고 만든 것이 아닌가 한다.

또한 이것은 《천학초함》에 실린 《측량법의》의 맨 처음에 나오는 측량기기, 곧 '구도矩度'를 2개 합친 것과 같다. 〈그림 2〉가 참고가 되었을 것이다.

구척을 제외한 3종의 의기에는 각도가 새겨져 있었다. 방분의는 크기를 달리해 제작될 수 있는데, 크게 제작할 경우 반원과 직사각형에 도度·분分·초秒까지 표시해 두었다. 아울러 방원의의 중심에는 움직일 수 있는 막대기, 곧 유표遊表가 설치된다. 유표는 속이 빈 대롱으로 그 안에 줄을 넣고 추를 늘어뜨려 각도를 측정할 수 있다. 실물이 남지 않아 정확하게는 알 수 없지만, 아마도 아스트롤라베와 유사한 기능을 하는 것이 아닌가 한다.

상한의는 정확하게 방원의의 2분의 1이며, 각도를 새기는 법과 유

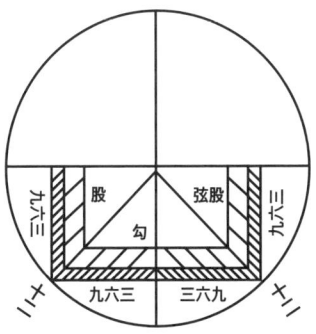

〈그림 1〉 이지조李之藻·이마두利瑪竇, 〈구고현도도설勾股弦度圖說〉,
《혼개통헌도설渾蓋通憲圖說》 권하.

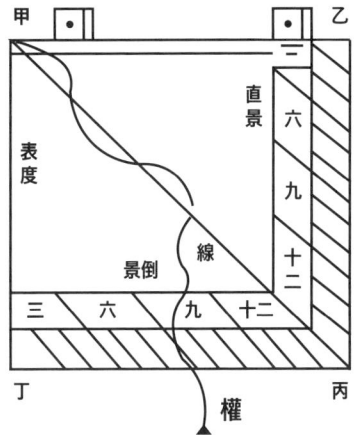

〈그림 2〉 이마두利瑪竇, 〈구도勾圖〉, 《측량법의測量法儀》

* (참고) 〈그림 1〉의 〈구고현도도설勾股弦度圖說〉의 출처는, 주유쟁朱維錚 주편主編《이마두중문저역집利瑪竇中文著譯集》, 푸단대학출판사復旦大學出版社, 2001, 400면. 〈그림 2〉의 〈구도勾圖〉는 같은 책, 589면.

표를 설치하는 것은 방원의와 똑같다. 담헌은 상한의는 크게 만들기가 어렵고 휴대가 불편하다면서 작은 상한의를 제작하되, 따로 분分과 초秒를 나타내는 작은 사이즈의 분의·초의를 만들어 같이 설치하여, 이것을 통해 관측 수치를 얻을 수 있다고 했다.[81]

구의는 두 개의 구矩, 곧 곱자 둘을 직사각형 형태로 합한 의기다. 한쪽 구矩의 모서리에는 막대기[表]를 설치하고, 한쪽 구는 구고勾股를 사용한다. 〈구고의〉에 의하면, 가로를 구句, 세로를 고股라 하고, 2개의 구와 고에 각각 12도를 표시하고, 각 도는 모두 12분으로 세분되었다. 여기에도 규통䂓筒이 부착되어 있다 했으니, 역시 관측을 하는 용도로 쓰인 것이다. 구척은 보통의 장인이 쓰는 곡척과 동일하다. 큰 것은 고股가 30척, 구句가 3척이고, 작은 고가 4척, 고가 3척이다. 보천척을 기준으로 하여 촌寸·분分이 표시되어 있다.

'양지量地'는 지구의 지름과 둘레를 측정하는 몇 가지 방법을 논하고 있다. 그중 가장 힘써 말하는 건, 기리거記里車를 이용하여 직접 지구의 둘레를 측정하는 것이다. 즉 정교한 톱니를 장착한 기리거를 운행하고, 바퀴의 회전 수를 계산하여 지구의 1도에 해당하는 거리를 파악하면, 그것을 근거로 하여 지구의 지름과 둘레의 정확한 수치를 얻고 다시 그 수치에 근거해 천체의 팔선八線(各天之八線)과 칠정七政(해와 달, 오성)의 크기와 원근을 파악한다는 것이다.

'측북극'은 북극 고도를 재는 세 가지 방법을 소개하고 있다. '측지구測地球'는 지구의 반지름을 구하는 방법 세 가지, 척수尺數를 표시한 새끼줄, 구의矩儀, 막대기(노몽) 등으로 두 지점 사이의 거리를 파악한 뒤 4율법으로 지구의 반지름을 구하는 방법을 소개하고 있다. 여기에 더하여 지심地心 각도와 삼각함수표를 이용해 지구의 반지름을 구하는 방법도 소개하고 있다.

'천지경위도天地經緯度'는 천구를 12궁宮으로 나누고, 매 궁을 30도, 1도를 60분, 1분을 60초로 나누되, 남·북의 세로선을 경도經度, 적도와 평행한 가로선을 위도緯度라 부른다는 것을 말하고 있다. '지평경차地平經差'는 지구의 표면에서 천체를 측정할 경우, 항성은 워낙 멀어서 고려할 바가 없지만, 태양과 달, 오성과 지구의 거리는 지표에서의 거리이지 지심地心에서의 거리가 아니다. 따라서 칠정과의 거리를 측정할 때 이 점이 반드시 고려되어야 한다는 것이다. 원래 《역상고성》 하편 권4에서는 그 계산 과정을 아주 구체적으로 다루고 있으나 담헌의 경우 그 원칙만 요약하고 있을 뿐이다.

담헌이 《주해수용》을 통해 가장 말하고 싶었던 것은, 맨 끝의 '지측地測'과 '천측天測'이다. 담헌이 반드시 알아야 한다고 말했던 지구와 하늘에 대한 지식은 바로 '지측'과 '천측'의 문제 풀이를 통해서 얻는 지식이다. '지측'은 모두 18개의 문제다. 한 문제에서 복수의 답을 요구하는 경우가 많기 때문에 실제 문제는 이보다 많은 셈이다. 하지만 문제의 유형은 단순하다. 예컨대 첫번째 문제는 이렇다.

> 북위 37도와 36.5도 사이를 기리거를 타고 지나는 동안 기리거에 장착한 북이 12번, 종은 123번 울렸다고 할 때 위도 1도에 해당하는 거리와 지구의 지름, 지구의 둘레를 구하라.

이것은 간단한 수학으로 답을 구할 수 있다. 흥미로운 것은, 이 문제의 경우 수레가 얼마를 갔을 때 북과 종이 울리는가를 먼저 알려 주어야 하는데, 전혀 언급이 없다. 문제는 대개 이런 식이다. 일정한 조건을 주고 지구의 지름 혹은 반지름을 구하거나 둘레, 체적, 면적을 구하는 것이다. 특히 지구의 지름·반지름을 구하는 문제가 7개로 가장 많다. 그 외에는 특정한 두 지점 사이를 구척으로 측정하여 일정한 수치를 얻고 그것을 이용해서 거리 혹은 높이 등을 구하는 문제가 대부분이다. 이 과정에서 피타고라스 정리, 삼각함수, 4율법 등이 이용되었다.

 '천측'은 달과 태양, 5행성과 지구와의 관계에 대한 22개의 문제로 구성되어 있다. 달과 태양에 관한 문제를 먼저 다루고, 5행성에 관한 문제가 이어진다. 달·태양에 관한 문제는 다음과 같다. 달·태양과 지심과의 거리, 비탈거리[斜遠], 달·태양의 지름·둘레·체적·시경視徑을 구하는 문제가 있고, 이어서 하짓날 태양과 지심과의 거리를 알 때 동짓날 태양과 지심과의 거리를 아는 방법, 태양과 지구의 관계에서 특정한 각도와 거리를 알고 있을 때 지구의 반경차半徑差 및 해와 지심선地心線 사이의 높이를 아는 방법 등이다. 이어 금·수성과 지심과의 거리, 일심日心과의 거리, 포일행권包日行圈의 이수里數, 금·수성이 지구와 가장 높을 때의 거리와 금성이 지구와 가장 낮을 때의 거리를 구하는 문제가 이어진다. 화성·목성·토성·노인성에 대해서는 지심과의 거리를 구하는 문제만 있다. 이런 문제들은 기본적으로 지구와 천체 사이를 직각삼각형이란 도형적 관계로 파악하여 원의圓儀 등을 이용한 관측으로 특정한 각의 각도를 얻고, 거기에 이미 알고 있는 거리 등을 기지수로 삼은 뒤 피타고라스 정리와 삼각함수표, 그리고 4율법을 이용하여 미지수를 알아 내는 방법을 이용하여 풀었다.

천문 관측기기

《주해수용》의 맨 마지막은 〈농수각의기지〉이다. 곧 농수각에 간직한 의기儀器에 대한 기록이란 뜻이다. 앞서 언급했듯이 (1) 〈통천의〉, (2) 〈혼상의〉, (3) 〈측관의〉, (4) 〈구고의〉, (5) 〈부잡법〉, (6) 〈규의명〉, (7) 〈율관해〉, (8) 〈변율〉, (9) 〈황종고금이동지의〉, (10) 〈우조와 계면조의 다른 점〉 등 10편의 글이 실려 있다. 의기는 원래 천문 관측기기를 말하는 것이니, 엄밀하게 말한다면 (1) 〈통천의〉, (2) 〈혼상의〉, (3) 〈측관의〉, (4) 〈구고의〉, (5) 〈규의명〉에서 서술 대상으로 삼고 있는 통천의, 혼상의, 측관의, 구고의, 규의만이 의기다. (7) 〈율관해〉의 율관은 음악에 관련된 것이다. 그 외의 글들은 모두 의기와 율관에 딸린 일종의 해설문이다. 다섯 의기 중 통천의는 이미 앞에서 여러 차례 언급한 바 있고, 구고의 역시 앞서 간략히 언급한 바 있다. 천문학과 관련하여 남은 것은 혼상의, 측관의, 규의다. 이에 대해 먼저 언급하고 이어 (7) 〈율관해〉 이하의 음악 관련 기구에 대해 언급하겠다.

혼상의, 측관의, 구고의, 규의 등은 담헌이 1766년 북경에서 돌아온 뒤 만든 것으로 보인다. 〈측관의〉에서 담헌은 서양에서 유래한 천문 관측기기에 대해 이렇게 말하고 있다.

> 오직 그 기器와 수數가 교밀巧密하며 그것을 만드는 데 공비工費가 격심하게 많이 들고 번잡하여 소국[下國]의 인민으로서는 힘이 없어서 연도燕都에 한 번 가서 천관天官에 일차 질의하고, 아울러 대의臺儀를 바라보았으나, 끝내 그 상세한 것을 얻지 못하였다.[82]

이것으로 북경에서 돌아온 뒤에 측관의를 만들었음을 알 수 있다. 혼상의도 혼천의를 만들었을 때 전혀 언급이 없었으니, 귀국 후 만든 것이 분명하다.

《연기》의 〈관상대〉에 의하면, 그는 1766년 3월 1일 북경을 떠나는 날 관상대를 찾아가 관원이 출근하기 직전 혼천의, 혼상의, 간의 등을 볼 수 있었다. 그는 돌아와서 천문학을 연구하면서 혼상의를 만들었던 것으로 보인다. 혼상의는 둥근 천구의 표면에 별을 그린 것이다. 다만 혼상의는 세종 때 만들어진 것이 낡았다 하여 중종 때 복제한 것, 그리고 임진왜란 이후 선조가 임시로 복구한 것 외에는 제작된 흔적이 없다. 도산서원에 이황이 만들었다고 전해지는 혼상의가 망가진 형태로 남아 있기는 하지만, 이것은 《서경》의 '선기옥형'에 관한 기사를 이해하기 위해 만든 간단한 것이었을 뿐이고 천문시계라고 말할 수 있는 정도는 아니다.

혼상의는 혼천의와 마찬가지로 3환 직교 구조의 양층이다. 내층의 삼진의는 종이를 발라 둥근 천구天球의 형태로 만들고, 경經과 위緯를 6등분 한 뒤 천구의 별을 그려 넣었다. 다만 어떤 별자리가, 어떤 별들이 몇 개였는지는 알 길이 없다. 황도와 백도도 표현했다.

> 구리실로 구슬을 매달아서 해와 달의 형태를 나타내고 은하銀河를 나타났다 사라지게 하여 천상天象에 아울러 합친다. 이것을 회전시키고 멀리서 바라본다면, 마치 사람의 몸이 하늘로 올라가 천체를 내려다 보는 것 같을 것이다.[83]

어떤 형태인지 선명하게 알 수는 없지만, 아마도 천구 바깥에 구리

실로 바퀴 둘을 설치하여 황도와 백도로 삼고 거기에 각각 태양과 달을 꿰어 운행궤도로 삼은 것으로 추정된다.[84]

혼상의는 통천의와는 달리 물의 힘으로 움직이는 수격식水激式이다. 물로 얻은 동력이 통천의와는 달리 천구의 남극을 중심으로 천운환으로 전달되었다. 혼상의의 천구는 톱니 359개의 천운환과 맞물린 8개 톱니의 작은 바퀴를 통해 움직인다. 작은 바퀴가 45회전 하면, 천운환은 1회전 하고, 톱니 하나가 더 돌아간다. 이것은 곧 앞서의 통천의와 같은 방식으로, 태양일과 항성일의 차이를 반영한 것이다. 다만 담헌은 세차에 의한 천구와 황도 간의 상대적인 이동을 뚜렷하게 나타내어, 혼상의의 천구는 1태양년, 즉 365.25일에 360회 돌아가는데, 통천의의 삼진의가 같은 기간 동안 366.26회전했던 것과 차이를 보인다.[85]

측관의는 무엇인가? 혼천의에는 육합의·삼진의·사유의와 망통望筒 등이 있어 관측을 돕지만 너무 복잡해 제작과 활용이 편리하지 않았다.[86] 측관의는 이 혼천의를 평면의 의기儀器로 만든 것이다. 기록을 토대로 복원한 그림은 〈그림 3〉과 같다.[87]

측관의는 내반內盤과 외반外盤이 결합된 구조를 취하고 있는데,[88] 삼진의의 삼진환, 적도환, 황도환이 측관의 내반의 극선, 적도선, 절기선으로 표시되고, 육합의의 지평환과 자오환은 외반의 지평선과 천정선 및 수선으로 바뀌었다. 사유의의 망통은 지평의 양단에 세운 표表가 된다. 측관의를 조작하여 지극地極(남극·북극)의 출입도, 절기, 일출·일입 시각, 오늘의 절기, 남중고도南中高度, 일전日躔(태양이 연주운동年週運動을 하면서 황도상黃道上에서 점하는 위치)의 거적도距赤道, 현지의 적도고도 등을 구할 수 있었다.

간평의를 언급하고 있는 문헌은 웅삼발熊三拔P. S. de Urisis이 편찬한

《간평의설簡平儀說》이다. 담헌은《간평의설》에서 측관의의 제도와 용법을 대부분 가져왔다. 다만 내반內盤의 절기선과 시각선의 작법은 웅삼발 쪽이 아주 간단하고 담헌 쪽은 매우 상세한데, 이것은 담헌이 나아곡의《비례규해比例規解》를 인용한 것으로 보인다. 곧 담헌의 측관의는 웅삼발의《간평의설》을 따르되《천문략》과《비례규해》를 부분적으로 참조한 것이라 할 수 있다.[89]《간평의설》은《사고전서》의〈표도설〉에 부기되어 있다. 현행 영인본《천학초함》에도〈표도설〉이 실려 있으나《간평의설》은 없다(사전에는《천학초함》에 실려 있다고 한다). 담헌은 아마도 다른 루트를 통해서《간평의설》을 본 게 아닌가 한다.[90]

〈그림 3〉 측관의 복원 모델

(6) 〈규의명〉은 규의圭儀란 의기에 대해 붙인 명사銘辭다. 칠언시의 형식을 빌고 있기에 워낙 이해하기가 어렵다. 다만 규의는 규표圭表를 개량한 것이다. 규표는 해가 남중할 때 막대기의 그림자를 측정해 1년의 길이를 측정하고 24기氣를 알기 위한 관측의기다. 담헌의 규의는 서양의 의기를 보고 개량한 것으로 여겨진다.[91]

(5) 〈부잡법〉은 마테오 리치가 구술한 걸 이지조李之藻가 옮긴 《혼개통헌도설渾蓋通憲圖說》의 맨 마지막 부록에 실린 측량술을 그대로 옮긴 것이다. 문제는 (1) 거울을 설치해 높이를 측량하는 법[置鏡量高], (2) 두 개의 표表(막대)를 이용해 높이를 구하는 방법[兩表求高], (3) 네 개의 표를 이용해 높이를 구하는 방법[四表求高], (4) 두 개의 표로 멀리 있는 것과의 거리를 구하는 방법[兩表求遠], (5) 네 개의 표로 멀리 있는 것과의 거리를 구하는 방법[四表求遠], (6) 구척矩尺으로 멀리 있는 것과의 거리를 구하는 방법[矩尺求遠], (7) 짧은 막대기로 강물의 넓이를 구하는 방법[短竿量河] 등이다. (2)의 그림을 보면 알겠지만, 피타고라스 정리로 간단히 알 수 있다.

음악이론

담헌은 〈농수각의기지〉 끝부분의 〈율관해〉와 〈변율〉, 〈황종고금이동지의〉에서 음악이론에 관해 언급하고 있다. 음악이론 역시 정주학의 학문적 관심에 포괄되는 것이었다. 황윤석은 "율려律呂의 학문은 유의하는 선비들이 없지만, 《성리대전性理大全》에 실린 《율려신서律呂新書》 한 권은 어찌 주부자朱夫子와 채원정이 같이 정정訂定한 것이 아니란 말인가?"라고 반문했다. 음악이론 역시 정주학의 학문적 범위에 포함되는 것이었다![92] 담헌의 음악이론에 대한 탐구 역시 이런 맥락에서 나온 셈이다.

〈율관해〉와 〈변율〉, 〈황종고금이동지의〉는 12율의 황종음을 구하는 방법, 〈우조와 계면조의 다른 점〉은 우조와 계면조의 유래에 대해 간단히 논한 글이다. 다만 전자에 있어서 담헌은 그 방법으로 수학을 채택하고 있다. 즉 수학적 방법으로 율관의 정량적 속성을 알아 내고자 한 것이다. 중국과 조선의 '삼분손익법三分損益法'에서 음악과 수학의 관계를 추찰할 수 있지만, 담헌의 경우 보다 정확한 길이와 체적을 구하고 있으니, 이것은 아마도 서양의 방법을 참고한 것으로 보인다.[93]

〈율관해〉는 12율을 이루는 율관律管의 길이와 체적을 구하는 문제로 이루어져 있다. 맨 먼저 황종黃鐘의 관管의 길이가 9촌, 관을 가로로 잘랐을 때 원의 면적은 9푼分이라면, 원의 지름과 둘레, 관 전체의 체적을 구하는 문제를 제시하고 있다. 현대적 풀이는 다음과 같다.

면적이 9이기 때문에 $S=\pi r^2$로 구할 수 있다.
$9=\pi r^2=9 \rightarrow r^2=9/\pi=2.866 \rightarrow r=\sqrt{2.866}=1.69$
지름=1.69(반지름)×2=3.38
둘레는 $2\pi r$이므로 2×3.14×1.69=10.1632
체적은 원의 면적×길이이므로 0.9×9=8.1. 즉 8척 1촌이다.

그런데 담헌은 이런 방식을 이용하지 않고 4율법을 이용해 먼저 둘레를 구한다. 1억을 1율, 12억 56,637,062를 2율, 면적 9를 3율, 4율을 미지수 X로 하고, X의 제곱근을 구하면 그것이 곧 둘레라는 것이다(1억이란 숫자는 소수점 이하의 표현법을 몰랐으므로 수의 단위를 크게 했기 때문이다).

$100000000 : 1256637062 = 9 : X$

$X = 1256637062 \times 9 / 100000000$

$1256637062 / 100000000 = 12.56637062$이므로,

$X = 12.56637062 \times 9 = 113.09733558$

$\sqrt{113.09733558} = 10.63472310781997$

10.63472310781997가 둘레다. 담헌은 둘레를 '1촌寸 영6리 3모 5사絲 약'이라고 밝히고 있는데, 이 수치와 정확하게 일치한다. 둘레를 알면 둘레=2πr로 지름을 알 수 있다. 10.635=2πr, r=10.635/2π를 계산하면 r=1.69634이다(π는 3.14). 지름은 1.69634×2=3.38668이다. 앞의 계산과 같다.

다만 문제는 담헌이 여기에서 2율에 쓴 12억 56,637,062의 근거를 알 수 없다는 것이다. 또 4율법의 원리도 알 수 없다. 원주율로 어떤 수치를 택했는지도 미상이다. 역으로 계산해 보면 담헌이 사용한 원주율은 3.141847886561837인데, 이 원주율은 그가 말한 고율古率, 휘율徽率, 밀률密率, 신율新率 어디에도 해당하지 않는다.

이어지는 문제는 간단하다. 황종이 정해지면, 그다음에 황종의 길이를 3분한 뒤 1을 덜어 내어[三分損一(2/3)] 임종林鍾을 얻고, 임종을 3분한 뒤 1을 더하여[三分益一, 4/3] 태주太簇를 얻는다. 이렇게 하면 임종은 황종보다 5도 높은 음이 되고, 태주는 임종보다 4도 낮은 음이

된다. 그 뒤에 다시 삼분손일, 삼분익일을 거듭하여 차례로 남려南呂·고선姑洗·응종應鐘·유빈蕤賓·대려大呂·이칙夷則·협종夾鍾·무역無射·중려仲呂 등 12율을 차례로 얻을 수 있다. 〈율관해〉는 황종의 길이가 9, 지름이 3푼 3리 8모 4강으로 주어졌을 때 임종 이하 각 율관의 길이와 체적을 구하는 것을 묻고 있다. 이는 간단한 계산으로 알 수 있다.

〈변율〉은 중려의 관의 길이가 주어졌을 때 삼분익일하여 황종을 만든다면, 그 황종관의 길이와 체적을 묻는 문제로 시작하여, 황종의 길이를 주고 삼분손일하여 임종을, 임종을 삼분익일하여 태주를, 태주를 삼분손일하여 남려를, 남려를 삼분익일하여 고선을, 고선을 삼분손일하여 응종을 만들었을 때 각각의 관의 길이와 체적을 구하는 문제이다. 〈율관해〉 자체가 무슨 대단한 것은 아니다. 삼분손익법은 아악계의 12율을 산출하는 방법으로 상식이 된 것인데, 정작 그 율관의 길이와 체적을 엄밀하게 계산한 경우는 없었으니, 〈율관해〉는 율관의 정량적 속성을 알기 위해 제출한 문제인 셈이다.

황종은 기본음이기 때문에 황종의 음을 정하는 것은 음악에서 가장 중요하다. 황종을 어떻게 정할 것인가? 담헌은 황종을 정하는 방법을 논하는 사람이 많지만, 세 가지 어려움이 있다고 한다. 심성審聲, 후기候氣, '기장을 포개어[累黍] 율관의 장단을 정하는 법'이 그것이다. 여기서 율관의 장단, 곧 길이를 정하는 것이 가장 중요하다. 율관의 길이가 확정되지 않으면 후기를 할 수 없고, 후기를 할 수 없으면 심성을 할 수 없기 때문이다.

담헌은 이어 심성과 후기, 누서累黍를 차례로 논한다. 심성은 음조를 변별하는 것, 또는 궁·상·각·치·우 등 5성을 변별하는 것을 말한다.[94] 다만 이 맥락에서 담헌은 심성을, 소리를 살펴 황종을 정한다는 의미로 구사하고 있다. 담헌은 인간의 음성, 금수의 울음소리도 가능성이 있지만 역시 자연의 진성眞聲에서 황종을 찾는 것이 가장 타당할 것이라고 말한다. 자연의 진성이란 예컨대 천둥소리, 바람 소리를 말한다. 담헌은 여기서 "음·양이 치우치면 바람이 되고, 갖추어지면 천둥이 된다"는 증자의 말을 인용한다. 하지만 황종은 11월에 해당하고 동지와 상응한다. 동지는 《주역》 64괘 중 복괘에 해당한다. 팔괘로는 위가 곤괘☷, 아래가 진괘震卦☳이다. 즉 맨 아래의 효가 양효이고 그 위의 다섯 효는 모두 음효다. 담헌은 복괘를 음이 소멸하기 시작하고 양이 올라오는 효라고 말한다.[95] 따라서 이것은 음·양이 치우쳤다고 말할 수 없다는 것이다. 하나마나 한 말이지만, 자연의 소리를 듣고 기본음인 황종을 정하는 것은 실로 불가능한 일이라는 것이다.

후기候氣는 한대의 역학자 경방京房이 고안한 법이다. 갈대 속청을 태워 얻은 재를 황종에서 응종에 이르는 12개의 율관에 채우고 3중으로 밀폐된 방안에 12방위에 따라 그 율관을 각각 땅에 묻되, 나무로 누르고, 안은 낮게 밖은 높게 하여 그 끝을 땅과 나란하게 한 뒤 얇은 비단으로 덮어 둔다. 열두 달의 절일이 되어 그 절일의 기氣가 이르면 재가 날아오른다. 예컨대 11월의 절일인 동지가 되면(곧 동지의 기가 이르면), 동지에 상응하는 황종관의 재가 그 기에 반응해 날리는 것이다. 이로써 동지란 절기가 되었음을 안다는 것이다. 이것이 일반적인 후기법이다. 그런데 명대의 자료에 의하면, 후기법은 오직 낙양의 광야에서만 가능한 법으로서 황토지대에서 객토를 2~3척 파낸 뒤 3중의 토실土室을 짓고 12율관을 비스듬히 묻은 다음, 백로白鷺 때 하내河內의 갈대를 태워 얻은 재를 사용한다는 것이다.[96]

재를 채운 율관을 땅에 묻는 이유는 절일의 기운이 밖에서 이를 때 땅의 기운이 상응하는 것을 재의 움직임으로 관측하기 위해서다. 이 때 후기가 이루어지는 땅의 상태가 문제가 된다. 땅에는 높은 곳과 낮은 곳이 있고, 흙의 밀도 역시 장소에 따라 달라지기 마련이다. 이것은 후기하는 장소의 기의 상태가 각각 다를 수 있고, 따라서 관측의 대상이 반응하는 기 역시 달라질 수 있음을 의미한다. 담헌은 먼저 이것을 지적했다.[97]

계절과 기의 상태 역시 정확하게 상응하지 않는다. 물[水] 역시 기로 이루어진 것인데 수위가 아직 낮아지지 않았지만 기는 이미 줄어든 경우가 있다. 즉 어떤 경우 통상적으로 수위가 낮아져야만 하는 시간인데도 수위는 여전히 높은 상태에 있기도 한다. 하지만 시간적으로 이미 기는 쇠잔한 상태다. 초목도 '기'로 이루어진 것인데, 초목이 아직 시들지 않았는데도 '기'가 벌써 떠나 버린 경우도 있다. 초목은 아직 푸르지만 계절이 이미 바뀐 경우다. 예컨대 황종관은 동지와 상응한다. 따라서 동지가 되면 양陽의 기氣가 처음 움트므로 이에 따라 황종관의 재가 날려야 하지만, 동지의 기가 반드시 동지란 계절에 상응해서 움직이는 것은 아니기 때문에 황종관의 기가 날리지 않을 수도 있다. 이런 이유로 특정한 절기에 기의 움직임이 정확하게 대응하지 않으므로 관찰의 결과 역시 정확하지 않을 수 있다는 것이다. 따라서 흙의 성질이나 기의 반응에 따른 변수를 고려하지 않고 황종관을 묻는 것만으로는 후기候氣가 불가능하다는 것이다.

정확한 후기는 낙양 일대에서만 이루어진다는 말도 반박한다. 이미 서양 천문학과 지리학을 알고 있던 담헌은 이렇게 말한다. 낙양 일대 곧 그의 표현에 의하면 영천穎川·양성陽城 일대는 천하의 중심이 아니다. 중국은 천하의 100분의 1이며 적도의 북쪽에 위치하고 있기 때문이다. 담헌은 이렇게 하여 기운의 움직임을 관찰하여 율관의 정확도를 알 수 있다는 견해를 비판했다.

이제 남은 것은 가장 중요한 기장을 포개어 율관을 만드는 방법이다. 담헌은 기장의 낟알을 모아서 일정한 체적을 담을 수 있는 황종관을 만들고 그로부터 나머지 11율의 율관을 제작하는 재래의 방법이 비합리적이라고 비판한다. 곧 기장의 크기는 풍흉, 땅의 비옥도, 종자에 따라 달라질 수 있기 때문에 기장으로 율관을 제작하는 것 자체가 불가능한 일이라는 것이다. 이하 기장으로 율관을 제작하는 데 따른 모든 논의는 어떤 것도 타당하지 않다. 예컨대 담헌은 기장을 가로로 쌓는가, 세로로 쌓는가에 따라 율관의 길이가 달라짐을 지적하면서, 기장을 사용하여 황종관을 만드는 방법 자체가 전혀 합리적이지 않다고 주장한다. 또한 거문고의 현을 이용하여 황종의 음을 정할 수 있다는 견해도 비판한다. 거문고 현의 굵기에 따라 얼마든지 소리가 달라질 수 있기 때문이다.

담헌은 8음 중 금음金音이 맨처음 음이 되고 12율 중에서 황종이 근본이 된다는 이유로 금속으로 황종의 소리를 구할 수 있다면서, 금속 악기 중 편종編鐘으로 황종음을 찾을 가능성을 떠올린다. 하지만 제작에 있어 표준 사이즈를 확정할 수 없고 삼분손익법을 정확하게 적용할 수 없다는 등의 이유로 편종을 이용하는 법 역시 채택하지 않는다.[98]

그렇다면 어떤 방법으로 황종의 음을 정할 수 있을 것인가? 담헌은 양금洋琴을 사용하자고 주장한다. 그는 먼저 양금의 2괘棵는 음·양을, 철현鐵絃 4가닥을 1줄로 하는 것은 4시四時를, 12현絃은 12월을, 2괘로 현이 셋으로 나뉘는 것[三品]은 천·지·인 3재三才를 상징하는 것이라 소개하고, 근래에 추가된 변궁變宮·변치變徵로 인해 12율과 4청성淸聲

이 3품에 명확하게 표현되어 있을 뿐만 아니라, 양금의 조현調絃이 편리하며 음의 상생相生 원리도 분명하다고 주장한다. 또 비록 극미한 오류가 생길 수는 있지만, 기장이나 거문고 줄이 균일하지 않은 것과는 비교가 되지 않을 정도로 정확하다고도 한다. 곧 양금을 제외하고는 정확한 율律을 만들 수 없다는 것이다. 추측건대 비가변적 성질을 갖는 양금의 철현鐵絃에서 보다 정확한 음音을 얻을 수 있다고 생각했기 때문일 것이다. 다만 그는 양금을 이용해서 황종음을 알아 내는 방법에 대해서는 말하지 않고 있는데, 그것은 아마도 양금의 12율을 따르면 된다고 본 것으로 여겨진다.

〈우조와 계면조의 다른 점〉은 한국 음악의 특징 중 하나인 우조와 계면조에 대한 간단한 언급이다. 즉 조선 속악에서 쓰는 우조와 계면조는 중국에는 없는 것이라는 걸 먼저 말하고, 이어 우조와 계면조의 유래에 대해 언급하고 있다. 우음羽音 곧 우조는 천지간의 자연성自然聲으로서 바람 소리, 천둥소리, 하늘과 물에서 나는 소리[天水地籟]를 말한다. 계면율界面律 곧 계면조는 전혀 다른 유래를 갖는다면서 담헌은 속설을 인용한다. 중국에 인질로 잡혀간 외국의 태자가 본국의 음악을 듣자 비탄한 마음에 쏟은 눈물이 얼굴에 경계를 이루었기에 계면조라고 불렀다는 것이다. 이어 몇 년 전 자신이 자연악自然樂을 들었을 때 강조腔操(곡조)가 기미를 따라 변하여 완전히 다른 율이 되는 것을 보고 중국에도 우조와 계면조가 있을 것이라고 말한다. 이것은 무엇을 지적한 것인지 알 수 없다.

마지막으로 12율의 '격팔상생법隔八相生法', 예컨대 황종에서 8을 격하여 임종이, 임종에서 8을 격하여 태주가 생기는 법을 그림으로 간단히 그려 두고 있다. 이것은 우조와 계면조와는 상관이 없다.

담헌 수학·천문학의 의의

《주해수용》은 담헌이 북경에서 돌아온 뒤 1770년대를 통과하면서 저술한 것으로 보인다. 1776년 8월 황윤석을 만났을 때《역상고성》을 함께 연구할 사람이 없다고 토로하는 것을 염두에 둔다면, 1770년대 내내 그는 수학과 천문학 연구에 몰입했던 것으로 보인다. 그가《의산문답》에서 자신 있게 지원설의 타당성을 입증하기 위해 지전설과 우주무한설을 주장하고, 또 음양설과 분야설 등 재래의 자연학을 과감하게 부정한 것은 아마도 수학과 천문학 연구에서 얻은 자신감에 기초했다고 여겨진다.

담헌의 수학과 천문학이 동시대 조선 학자 혹은 지식인에게서 쉽게 찾아보기 어려운 내용으로 채워진 것은 사실이다. 하지만 그렇다고 해서 그 수준을 과장할 필요는 없다. 담헌의《주해수용》은 새로운 지식의 지평을 열고 있는 저술은 아니다. 이 책이 담고 있는 수학 지식의 대부분은 중국과 한국의 기존 수학서 내용을 편집한 것이었다. 담헌에 대해 "적어도 수학의 사고에 있어서는 조금도 새로운 것이 없다"[99]는 평가는 냉정하지만 정확한 것일 터이다. 기존의 수학책을 편집한 것이기에《주해수용》은 당대에 꼭 필요한 책도 아니었다. 물론 여기에《수리정온》에서 끌어온 서양 수학이 첨가되기는 하였다. 하지만 그 역시《수리정온》전체에 대한 이해와 요약, 또는 인용이 아니라, 삼각형과 삼각함수에 관련된 극히 일부를 옮겨 온 것에 지나지 않았다. 담헌은《수리정온》중 삼각함수와 4율법에 대해서는 확실히 알았던 것으로 보인다. 하지만 다른 부분에 대해서는 언급을 남기지 않았다. 그는 사실상《수리정온》의 수학을 이해하지 못했을 것이다. 아니면 대강 훑어 보고 무용한 것이라 생각했을 것이다.

《주해수용》은 재래의 중국·조선 수학에는 없던 《수리정온》의 삼각함수와 4율법은 선택했지만, 그 외의 것은 중국·조선의 수학에서 그대로 옮겨 왔다. 예컨대 방정식의 경우 《수리정온》이 아니라 주세걸의 《산학계몽》에서 옮겨 왔다. 그것도 문제는 옮기지 않고 해법만 싣는 불친절한 방식으로 말이다. 수학에서 가장 기초가 되는 계산법, 곧 가감승제의 경우 역시 《천학초함》에 실려 있는 《동문산지》 같은 서양 수학서는 물론 《수리정온》까지 모두 현대에도 쓰이는 필산을 채택했지만(다만 아라비아 숫자를 한자로 바꾸었다), 담헌은 여전히 산목算木을 사용하는 재래의 계산법, 삼격산을 채택했다. 뿐만 아니라 담헌은 삼각함수의 수용에 있어서도 도형을 제시하고 치밀한 논리 전개를 거쳐 결과에 이른 《수리정온》의 모든 과정을 생략하고, 일종의 공식이라 할 결과만 제시했다. 서양의 학문을 서양의 것으로 온전히 이해하고자 하는 게 아니라, 그에겐 전통적 학문 혹은 사상의 지평에서 선택적으로 이해하고 있다는 것, 달리 말해 그에겐 전통적 학문과 사상이 서양의 학문을 이해하는 지평이 되고 있다. 중간의 논리적 과정을 생략했던 것은, 꼭 《수리정온》의 수용에서만 나타난 것은 아니다. 《산학계몽》의 방정식을 옮기면서도 담헌은 그 풀이 과정을 생략했다. 수학적 원리를 추구하지 않고 계산법에만 주목하는 건 뜻밖에도 담헌 사상의 '실천성'과 연관될 것이다.

담헌은 수학적 진리 그 자체를 추구하고자 한 것이 아니었다. 중국과 조선의 전통 수학이 그러하였듯, 담헌에게도 수학은 '실용' 수학이었다. 《주해수용》 내편의 문제가 전곡, 군사에 관한 실용적인 문제인 것처럼 담헌은 그것이야말로 '실용적', '실천적'인 학문의 본령이라고 생각했다. 1768년 김종후와 논쟁할 때 의례 연구를 비판하면서 그것은 세상에 쓰일 수 있는 "율력·산수·전곡·갑병보다 못하다"고 했을 때 '산수', '전곡', '갑병'이란 바로 《주해수용》에서 그가 다루고 있는 전곡·갑병에 대한 수학적 계산 능력이라는 의미로 읽을 수 있다. 전곡을 생산하는 일, 갑병을 제작하는 일과 관련된 것이 아니라, 그것을 실제 계산하는 것, 운용하는 것과 관계되는 것이고, 그것은 지배계급인 사대부가 마땅히 해야 할 일이라는 의미였다. 동시에 그것은 이런 차원에서의 '실용적'인 것이기에 사유만에 의해 구성되는 추상적인 과학으로서의 수학은 배제될 수밖에 없었다. 그는 수학을 학문으로 연구한 것이 아니라, 실용에 필요한, 곧 천문학과 국가의 경영에 필요한 실용으로서의 수학을 이해한 것일 뿐이었다.

《주해수용》의 마지막 부분이 천문학으로 끝나는 것 역시 의미심장하다. 외편 하의 〈측량설〉 이하 〈천측〉까지의 천문학, 그리고 〈농수각의기지〉의 천체 관측기기가 목적하는 바는, 지구와 달, 태양, 5행성의 물리량을 측정하는 것으로 귀결된다. 이에 관련된 문제와 계산은 이미 서양 천문학에서 밝혀진 바였다. 또 담헌이 읽었던 《역상고성》의 천문 계산에 비해 그의 천문학적 계산이 우월한 것도 전혀 없었다. 《역상고성》은 이미 구면삼각법을 사용하고 있으나, 담헌의 천문학에는 구면삼각법이 전혀 이용되지 않고 있다. 《역상고성》의 구면삼각법은 홍길주洪吉周(1786~1841)의 《호각연례弧角演例》에 와서야 이해되었다. 과연 담헌이 《역상고성》을 완벽하게 이해했는지 의심하지 않을 수 없다. 그의 천문학 수준은 《역상고성》의 수준을 훨씬 밑돌았다.

담헌 천문학의 최종적 결과는 《의산문답》에 거두어져 있는데, 새로운 천체의 발견이 없을 뿐더러 천체의 운행에 관한 새로운 관측 결과의 수학적 계산도 없다. 이는 새로운 천문 현상에 대한 발견을 가능하게 하거나, 나름의 독창적인 천체관을 반영한 것은 아니었음을 의미한다. 또한 그가 만든 혼천의는 정확하게 천체를 관측하는 용도로 제작된 것도 아니었다. 이미 천체관이 확립되어 있는 이상, 그것을 활용해 하늘을 본들 육안에 의한 관측과 다를 바가 없었다. 그의 관찰에 의해 새롭게 발견된 천체나 천문 현상은 없었던 것이 그 증거다. 실제 담헌은 천체를 천장에 그려 놓고 천체에 대해 관찰했다.

담헌의 천문학은 18세기 후반 조선 지식사의 컨텍스트 위에서 약간 유의미한 것이 될 터이다. 가장 큰 의의는 담헌이 천체를 계산이 가능한 입체적·물리적·기하학적 공간으로 생각했다는 점이다. 재래의 중국과 조선 천문학은 지구와 태양, 달, 그리고 행성과 여타의 천체를 측정 가능한 공간에 있는 물리적인 실체로 생각하지 않았다. 부피와 면적, 둘레, 지름, 상호간의 거리, 각도를 갖지 않았다. 존재하지만 물리량을 갖지 않았다. 중요한 것은 그것들의 운동과 시간이었을 뿐, 부피와 거리, 각도는 묻지 않았다. 구면 위 천체의 운동을 시간의 차원에서 측정하는 것만 물었다.

담헌은 서양의 천문학을 수용하여 우주를 관념적으로 이해하는 것이 아니라, 물리적 실체로 인식하고, 그것을 입체적·기하학적인 차원에서 인식하기 시작했다. 여기서 재래의 중국과 조선 우주론에 부분적 수정이 가해지게 되었다. 유학이 늘 그러하였듯 그것은 새로운 우주론을 유학의 범주 내에서 녹여 낼 것이었다. 이로 인해 그의 마지막 저술 《의산문답》에서의 다소 과감한 질문과 답이 가능했던 것이다.

담헌의 천문학과 수학은 그 학문 자체의 발전을 지향한 것이 아니었다. 동양의 과학 전통이 원래 그렇거니와 담헌 당시의 수학 역시 여전히 실용성에 지배되고 있었다. 특히 담헌의 시대는 토지의 사적 소유로 말미암아 농민의 토지로부터의 이탈이라는 사회 문제가 제기되었고, 그 해결을 고민하는 과정에서 토지의 측량, 곧 양전과 개량改量에 대한 요구가 분출하였다. 이것은 곧 기하학의 현실적 필요성을 높이고 있었다. 담헌의 기하학이 서양의 기하학을 받아들이면서도 실용을 추구했던 데에는 바로 이런 현실적 이유도 작용했던 것으로 보인다. 또 그것은 담헌이 지향한 '전곡과 갑병'의 학문세계의 성격이기도 하였다.

04

담헌 사유의 도착지,
《의산문답》과
〈임하경륜〉

담헌 사상의 최종 도착점

이제까지 항주와 다시 소식이 이어진 1779년까지 담헌의 생애를 살폈다. 담헌은 같은 해 12월 25일 영천군수에 임명되고 3년이 지나 1783년 10월 23일 사망한다. 영천군수직은 그의 죽음과 긴밀한 관계가 있으므로 뒤에 따로 다루기로 하고, 이제 담헌이란 인물이 20세기 이후 주목받은 가장 중요한 근거인 《의산문답》과 〈임하경륜〉이란 텍스트에 주목해 보자.

담헌이 살았던 18세기 후반 북경에서 중국 지식인과 국경을 초월한 우정을 나눈 것과 《율력연원》, 《천학초함》 등 서양의 천문학·자연학과 수학 서적을 연구한 것은 조선 사족 전체는 물론 좁은 경화세족 사회 내에서도 매우 드문 일이었다. 그럼에도 담헌이 만약 《의산문답》과 〈임하경륜〉이란 두 편의 글을 남기지 않았다면, 그는 20세기 이후 그리 크게 주목받지 못했을 것이다. 냉정히 말해 담헌은 길지 않은 두 텍스트로, 좀 더 좁혀 말하자면 《의산문답》 한 편으로 주목할 만한 조선 사상가의 반열에 올랐다.

《의산문답》은 지구자전설과 우주무한론, 나아가 "중화도 없고 오랑캐도 없다"는 화이관을 부정하는 발언으로 널리 알려져 있다. 자전설과 우주무한론으로 인해 담헌은 전근대적 우주관을 끝장낸 '조선의 코페르니쿠스'로 평가받는다. 또한 화이론의 부정은 중국 중심의 동아시아의 국제질서를 부정하는 내재적 민족주의의 신호탄으로 읽혔다. 그런가 하면 〈임하경륜〉의 특정 부분은 전근대적 신분제의 해체를 주장하는 것으로 이해되기도 했다. 요컨대 담헌의 지전설, 우주무한론, 화이관의 부정, 신분제에 대한 언급은 모두 조선의 사상사에서 '내재적 근대'를 알리는 중대한 징표로 해석되었다. 담헌의 주장은 과연 근대적 의미를 갖는 것일까? 담헌의 자전설 등을 서구의 지동설과 동일하다고 볼 수 있을 것인가. 요컨대 《의산문답》과 〈임하경륜〉은 정확하게 해독되고 있는 것일까?

약간 다른 방향에서 질문을 던져 보자. '지전론과 우주무한론, 화이관의 부정, 신분제에 대한 언급은 18세기 조선 지식사의 맥락에서 또 담헌 개인사의 맥락에서 어떻게 이해될 수 있는가?' 이 질문에 대한 답은 아마도 앞의 해석과는 사뭇 다른 결과에 도달할지도 모른다. 이 점에 유의하면서 이 두 텍스트를 찬찬히 읽어 보자.

《의산문답》의 저술 시기와 형식

《의산문답》의 저술 시기는 정확하게 밝혀진 바 없다. 43세(1773)에 썼다는 견해도 있지만,[1] 그 근거는 분명치 않다. 담헌이 확신에 찬 어조로 천문학에 관한 장대한 언설을 풀어 놓고 있음을 고려한다면, 《의산문답》은 그의 천문학과 자연학 연구가 완숙해진 뒤에 쓴 것이 분명하다. 앞서 언급한 바대로 담헌은 1766년 북경에서 《율력연원》과 《역상고성》, 〈태서곤여전도〉를 구입해 귀국하였다. 1770년 10월 황윤석은 담헌이 서실 천장에 성도星圖를 붙여 놓고 천문학을 연구하고 있다는 안휘석의 말을 전하고 있는데, 이것으로 보아 담헌은 귀국 이후 줄곧 천문학 연구에 열중했음이 분명하다. 또한 《의산문답》의 화이론 부정은, 자연히 북벌론 비판으로 이어지게 될 것이다. 이 점을 약간 살펴보자.

세자익위사 시직으로 재직하고 있을 때였다. 1774년 12월 19일 〈강영에게 답한 편지[答江元適沐]〉 2통[2]을 검토하던 중 송시열의 북벌 주장을 빈말로 여기는 정조의 발언에 대해 담헌은 "그것은 빈말이 아닙니다"라고 단호히 반박했다. 북벌을 공언空言으로 보는 세손의 말을 정면에서 반박하는 담헌의 태도로 보아 이 시기까지 그는 화이관을 그대로 유지했다고 보인다. 그런데 1776년 6월 20일 이후 사헌부 감찰로 재직 중에 손유의와 등사민에게 보낸 편지에서 담헌은 과거의 경직된 이단관에서 벗어나 이단의 존재를 인정하는 유연한 태도를 보이고 있음을 고려할 필요가 있다. 물론 윤리적 완정성의 실현을 추구하는 실천적 정주학자로서의 사상적 기반을 포기한 것은 아니지만, 1776년 어림부터 정주학의 일부, 특히 천문학과 자연학, 화이관에 대한 비판적 사유가 시작되지 않았을까?

한편 이덕무와 박제가가 1778년 5·6월 북경에 체류할 때 해와 달과 별은 각각 하나의 세계를 이룬다는 담헌의 새 천문학설을 소개했다는 사실에 주목해 보자. 이덕무는 분명 전에 듣지 못했던 새로운 학설이었기에 이것을 중국 인사들에게 소개했을 것이다. 요컨대 담헌은 1778년경 새로운 우주론으로 진입해 있었던 것이다. 이런 깨달음은 아마도 이단관의 변화와 동시에 진행되었을 터이다. 즉 1776년 이후 담헌의 사상에 본격적으로 모종의 변화가 발생하기 시작했다. 그런데

1780년 열하에 간 박지원이 8월 13일 중국인 기풍액奇豊額과 담헌의 지전설을 주제로 대화를 할 때 기풍액이 담헌의 저서 여부를 묻자 박지원은 아직 지은 책이 없다고 답한다.[3] 그런가 하면 이어 왕민호王民皞와 토론할 때도 담헌에게 아직 저서가 없으며, 자신이 담헌의 지전설을 믿어 의심치 않자 담헌이 대신 지전설을 주제로 글을 쓸 것을 권했지만 끝내 쓰지 못했다고 하였다.[4]

박지원의 말로 보아 담헌은 1780년까지 지전설에 관한 저술이 없었다. 담헌은 1783년에 사망했으니, 지전설을 담고 있는 《의산문답》은 1780년에서 1783년 사이에 쓰였음이 분명하다. 곧 담헌은 1776년 어림부터 사상적 변화를 경험했고, 그 변화를 1780~1783년 사이에 《의산문답》에 정리한 것으로 보인다. 한편 연암은 〈홍덕보묘지명〉에서 담헌이 지구의 자전을 처음 밝혔으나 그에 대한 저술은 하지 않았다면서, 만년에는 지전을 더욱 믿어 의심하지 않았다고 말했다.[5] 곧 담헌은 만년에 와서야 지전설을 확신하게 되었던 것이다. 다만 담헌은 1778년 이후 태인현감, 영천군수로 외직으로 나가 있었고, 그때 저술한 《의산문답》을 연암은 볼 기회가 없었기에 지전에 대한 저술이 없었다고 말했을 것이다.

《의산문답》은 실옹實翁과 허자虛子의 대화로 이루어져 있다. 대화라는 문체에 특별한 의미를 부여할 것은 없다. 특정한 주제를 중심으로 한두 인물 간의 대화를 기록하는 것은 오랜 전통을 가지고 있다. 유가의 《논어》와 《맹자》도 대화록이다. 물론 《의산문답》의 우언적寓言的 발상, 상대주의적 상상력을 《장자》의 서술 방식을 차용한 것으로 보기도 한다. 곧 광대한 세계와 그 속에 존재하는 다양하고 이질적인 존재들을 우화 소재로 이용하여, '우리' 사회가 지닌 상식의 보편성에 의

문을 던진 《장자》의 전략을 홍대용이 그대로 이어받았다는 것이다.[6] 하지만 그것이 자연학을 둘러싼 대화라는 점에서 한편 그가 읽었던 한역 서양서도 참고가 되었을 것이다. 예컨대 《천학초함》의 〈기인畸人〉, 《천주실의天主實義》, 《태서수법泰西水法》의 일부(5권의 〈수법혹문水法或問〉), 《천문략天問略》과 같은 주요한 천주교 서적과 천문학 서적은 대화로 이루어진 저작들이다. 또 후술하겠지만 담헌이 보았으리라 추정되는 유예游藝의 《천경혹문天經或問》과 같은 저작들, 특히 천문학 서적은 대화로 이루어져 있으니, 담헌의 《의산문답》 역시 이런 형식을 차용했을 가능성이 크다. 그리고 최종적으로 지구가 둥글다는 사실에 대한 생각을 거듭한 결과 상대주의에 도달했을 터이고, 아마 《장자》도 참고가 되었을 것이다.

《의산문답》을 쓴 이유

담헌은 왜 만년에 《의산문답》을 썼을까? 《의산문답》의 첫부분을 읽으며 이 문제를 먼저 검토해 보자. 《의산문답》은 독서 30년에 천지와 성명性命의 오묘한 이치와 3교三敎의 진리를 깨달은 허자虛子가 북경에 가서 두 달 동안 지식인들과 대화를 나누었으나 비웃음을 당하고 돌아오는 장면에서 시작된다. 북경에서 중국 지식인들과 두 달 동안 대화를 나누었다는 것은 바로 1766년 1월과 2월 담헌이 겪은 일이다. 허자의 형상에는 일정하게 젊은 담헌이 포함되어 있다. 북경에서 허자의 말에 귀를 기울이는 사람은 없었다. 허자는 귀국길에 의무려산에 오른다. 의무려산은 담헌이 1766년 3월 17일 올랐던 곳이다. 의무려산에 대한 기록은 《연기》〈도화동〉과 《을병연행록》 3월 17일 조에 있지만, 담헌은 이 산의 입구인 도화동이 "북경 연로의 제일 승경"이라고만 했을 뿐, 달리 심각한 의미를 담지는 않았다. 그렇다면 왜 의무려산인가.

의무려산은 요동반도 위쪽의 요하 건너편에 있는 산이다. 강을 경계로 삼으면 요하를 중심으로 요동반도 오른쪽과 왼쪽이 나뉘고, 땅으로 경계를 삼으면 의무려산을 중심으로 요동과 중국 땅이 나뉜다. 즉 의무려산을 경계로 하여 만주와 중국이 구분되는 것이다. 담헌은 《의산문답》에서 이런 이유로 의무려산은 "오랑캐와 중국의 접경지대에 있다"고 말했다. 담헌은 의무려산의 위치를 말하면서 자신이 앞으로 말할 주제를 암시한다. 오랑캐와 하화夏華, 곧 이적과 중화의 구분에 대한 논의임을 넌지시 말하고 있는 셈이다.

《의산문답》에서 이야기의 실마리를 끌어내는 사람은 허자다. 허자는 은거하며 30년 독서한 끝에 천지의 조화, 성명의 미묘함, 오행의 근본, 유·불·도의 오의를 철저히 깨달은 사람이다. 그 결과 그는 인간과 사물의 이치에 통달하게 된다. 허자는 세상에 나가 사람들에게 자신의 깨달음을 말하지만 웃음거리가 된다. 이에 허자는 북경으로 가서 60일을 머무르며 대화를 하지만, 역시 알아주는 사람을 만나지 못한다. 그는 세상을 벗어나 살 결심을 하고 돌아오던 중 의무려산에 올랐다가 실옹實翁을 만나 대화를 나눈다. '허자'와 '실옹'이란 인물 설정의 유래는 담헌의 스승인 김원행으로부터 시작된 실심實心으로 실사實事를 실천한다는 실심사상에서 나온 것일 터이다. 실옹은 실심사상을 형상화한 인물이며, 허자는 그 대척적인 지점에 있는 인물이다.

실옹은 자신을 현자라고 말하는 허자에게 현자란 무엇이냐고 되묻는다. 허자의 답은 이러했다.

> 주공周公과 공자의 사업을 높이 받들고 정자와 주자의 말을 익혀 정학을 부지하고 사설邪說을 물리치며, 인으로 세상을 구제하고 명철함으로 몸을 보전하는 사람이 유문儒門에서 말하는 현자입니다.[7]

주공과 공자, 정자와 주자의 학문을 신념하고 이단을 물리치며, 정치에 종사해 세상을 구제하고 자신의 인격을 완성하는 자, 곧 전형적인 정주학자의 형상이 허자가 말하는 현자다. 하지만 실옹은 허자의 말을 반박한다.

> ⑴ 나는 네가 도술道術에 미혹되어 있는 것을 정말 잘 알겠구나. 아아! 슬프다. 도술이 망한 지 오래로다. 공자가 죽은 뒤 제자諸子가 그것을 뒤죽박죽으로 만들었고, 주자 문하의 말학인 여러 유자들이 그것을 어지럽혔다. 그 사업은 높이 받들되 그 참다움은 잊었고, 그 말은 익히되 그 본의는 상실했다.
> ⑵ 정학을 부지한다는 말은 실로 긍심矜心에서, 사설을 물리치는 것은 실로 승심勝心에서, 세상을 인으로 구제한다는 것은 실로 권심權心에서, 명철보신하겠다는 것은 실로 이심利心에서 비롯된 것이다. 네 가지 마음이 서로 이어져 진의眞意는 날이 갈수록 없어졌다. 천하가 홍수가 흐르듯 날이 갈수록 허虛한 지경으로 내달린다.[8]

⑴ 공자 사후 그의 제자와 주자 문하의 말학이 유학의 진리, 본의를 상실했다는 말은 20대 이래 담헌의 신념이었다. 실심과 실천을 학

문적 목적으로 삼았던 김원행의 사상을 따랐던 담헌은 경전의 기송과 훈고에만 매달리거나 사장詞章, 곧 시와 산문 창작에 몰두하여 정작 실천을 배제하는 동시대 유학자들의 행태를 맹렬히 비판했던 바, 그 비판은 1766년 2월 3일 엄성과 반정균을 처음 만났을 때도,[9] 같은 달 23일 육비를 처음 만났을 때도[10] 계속되었다. 귀국 후 1766년 11월 동지사 편으로 육비에게 보낸 두 번째 편지와 1768년 가을 이후 의례 연구와 관련해 김종후와 벌인 2차 논쟁에서도 같은 내용과 표현이 반복되었고, 1774년 12월 19일 시직으로 서연에 입시하여 주자의 〈강영에게 답한 편지〉를 두고 토론이 있었을 때도 담헌은 정조에게 동일한 내용을 진술했다.

(2)의 정학을 주장하는 것은 긍심矜心에, 사설을 물리치는 것은 승심에, 세상을 구제하겠다는 인仁은 권력을 지향하는 마음[權心]에, 인격적 수양은 이심利心에 근거한다는 발언은 이미 유례가 있다. 1776년 10월 엄성에게 보낸 두 번째 편지에서 담헌은 성인의 경지를 바라는 실심에 대립하는 이심, 명심名心, 승심, 영리함, 염아恬雅 등 다섯 가지를 비판한 바 있었다. 이것은 뒷날 반복적으로 나타났다. 《의산문답》에서 신선이 되기를 바라는 사람의 마음을 '이심'이라고도 비판했고, 특히 승심의 경우는 혹독하게 비판했다. 그는 "셋째, 승심勝心이다. 도학道學보다 높은 것은 없으니, 다른 학술은 낮은 것이 된다. 표치標致를 높은 것으로 여기는 자"라고 말했다. 담헌은 1766년 엄성에게 두 번째 편지를 쓸 때까지 승심을 갖는 자를 특정하지 않았다. 아마 승심을 갖는 자를 특정한 것은 김종후와 두 차례 논쟁을 벌인 뒤일 터이다. 김종후는 담헌과의 논쟁에서 추호도 물러서지 않았고 심지어는 송시열과 김원행 등 외부의 권위를 빌려 담헌을 이기려 하였다. 승심

을 갖는 자가 담헌 앞에 출현한 것이다. 의례 연구와 관련해 김종후와 벌인 2차 논쟁에서 담헌은 "저서 역시 남에게 이기려고 힘을 쓰거나 박학을 자랑해서는 안 될 것"이라고 말한 바 있다. '이기기에 힘쓴다'는 말은 곧 승심을 염두에 둔 표현이다.

이 지점에서 허자에 대한 담헌의 어조를 잠깐 살펴보는 일도 흥미로울 것이다.

> 지금 너는 옛날에 들은 말에 집착하고, 승심에 익어 입에서 나오는 대로 남의 말을 막고, 도를 듣기를 바라니 또한 잘못이지 않은가?……옛날에 들은 말에 집착하는 자와는 도를 말할 수 없고, 승심에 익숙한 자는 쟁론할 수 없다 하였다. 네가 도를 듣고 싶으면 네가 옛날에 들은 말을 씻고 너의 승심을 제거하고, 너의 속마음과 네 입을 비워라.[11]

담헌은 허자에게 계속 승심에 젖은 자라면서 승심을 버리라고 말한다. 담헌은 김종후와 벌인 첫 번째 논쟁의 끝에서 김종후에게 그가 대의를 펼친다면, 만약 북벌에 나선다면 자신은 몸을 바쳐 그의 의심을 풀어 주겠다고 말했고, 비굴할 정도로 자세를 한껏 낮추어 논쟁하려는 의사가 없음을 밝힌 바 있었다. 자존심 강한 담헌으로서는 어쩔 수 없이 패배를 인정한 셈이었다. 이 패배는 아마도 담헌에게 강력한 트라우마가 되었을 것이다. 그가 1779년 주문조에게 보낸 편지에서도 승심을 갖지 말 것을 정중하게 부탁하며 새삼 다시 '승심'을 언급한 것 역시 이 트라우마의 연장으로 보인다.

담헌이 《의산문답》 전반에 걸쳐 허자를 경멸적인 어조로 형상화한 것은 그 트라우마를 치료하기 위한 방법으로 보인다. 사실 허자는 예의를 지키는 사람이고, 실옹에게 명백한 오류를 저지른 적이 없다. 그럼에도 담헌의 분신인 실옹은 허자를 신랄하게 비꼬고 조롱한다. "겸양하는 척 꾸미고 거짓으로 공손한 체하고, 오로지 '허虛'로써 사람을 대하는"[12] 인물, "얼굴이 쭈그러지고 머리털이 흰 자" 등으로 허자를 형상화한다. 허자가 사악하거나 비도덕적인 일을 저지른 인물이 아님에도 불구하고 담헌이 허자를 조롱하고 경멸하는 것은, 김종후를 의식하였음이 분명하다. 《의산문답》의 마지막이 화이론의 논리 자체를 해체하는 것으로 끝나는 사실 역시 김종후와의 논쟁에서 얻은 트라우마를 치유하고자 하는 것이었을 터이다. 요컨대 《의산문답》을 쓰게 된 동기의 가장 아래쪽에는 김종후에 대한 보복 심리가 있었다고 보인다. 추가하자면, 허자의 형상에 대해서 담헌과 연암은 생각을 공유했을 것이다. 사실 연암의 〈호질虎叱〉에 나오는 북곽 선생 역시 '허자'의 형상일 것이다.

한역 서양서의 천문학·지구자연학과 《의산문답》

허자는 담헌이 비판하고자 하는 인물의 형상이지만, 그를 통해 담헌이 유학이나 정주학 자체를 비판하거나 부정한 것은 아니다. 여러 차례 언급했듯 허자는 사실 흠 잡을 데 없는 유가 지식인이다. 그는 예술과 천문학, 병기, 제사, 수학, 음악학에 이르기까지 광범위하게 섭렵한 인물이다. 물론 이 여러 분야 역시 육경六經을 준거로 삼고 정자·주자의 학설을 절충한 것이다.[13] 허자의 학문은 유학 전체를 포괄

하며 그는 유가의 지적 범위의 한계까지 지식을 축적한 인물이다. 담헌은 그것을 부정하지 않는다. 담헌은 유자의 학문에 강령이 갖추어졌다고 평가하면서 다시 무엇을 묻고자 하느냐고 되묻는다. 허자는 대도大道에 대해 듣고자 한다고 말하고, 실옹은 대도를 설파한다. "이제 내 너에게 대도를 말해 주되, 반드시 먼저 본원本源부터 시작하려 한다."[14]

허자의 지식은 이미 완결된 것이므로 그에게 다시 들어야 할 대도란 있을 수 없다. 대도가 필요 없으므로 실옹이 말하는 본원 또한 필요 없다. 그럼에도 실옹 곧 담헌이 '본원'을 말하는 것은 의도적이다. 실옹이 말하는 본원은 다름 아닌 물질적 존재의 본질이다. 이하 실옹은 존재의 기원적 본질로서의 기氣로 가득찬 태허太虛를 설정하고 이어 장대한 천문학-자연학을 펼친다.《의산문답》의 내용을 정리해 보자.

(a) 허자와 실옹의 만남
(1) 허자가 실옹을 만나자, 실옹이 허자를 비판한다.
(2) 실옹이 이천시물以天視物의 관점으로 인성과 물성이 같다고 주장함人物性同論.

(b) 천문학
(3) 태허와 기
(4) 지원설地圓說: 지구가 둥글다면 대척지對蹠地에 사람이 살 수 없다는 반박에 대해 지구는 무한한 공간에 떠 있기 때문에 상하, 사방의 방위가 있을 수 없고, 따라서 위에서 아래로 추락하는 일 자체가 있을 수 없다고 주장함(우주무한설). 이에 부기하여 지구가 둥글기 때문

에 지구의 모든 곳은 중심이 될 수 있다고 주장함.

⑸ 대척지설을 반박하기 위한 또 다른 논거로 지구가 자전할 때 '기氣'가 지구의 표면 쪽으로 쏠려 인간과 사물이 지구의 중심으로 향한다고 주장함(지전설地轉說).

⑹ 우주의 무한히 많은 성계星界는 각각의 독립된 성계이고, 지구는 그중 하나의 천체일 뿐이므로 지구는 우주의 중심이 아님을 말한다. 결과적으로 지구가 우주의 중심이라는 생각을 비판함.

⑺ 신선이 되어 태양과 달에 가 보고 싶다는 허자의 말에 대해 실옹은 신선술의 가능성을 부정하지 않지만, 그조차 사리私利를 좇는 인간의 욕망에서 나온 것이라고 비판한다.

⑻ 모든 천체는 자전과 공전을 할 수 있지만, 지구만은 자전만 하고 공전은 하지 않는다고 말함.

⑼ 오행을 오성五星과 연관 짓는 것은 아무 근거가 없고, 지구에서 인간의 행위와 별의 배치, 곧 분야分野가 상호 감응하는 관계에 있다는 분야설分野說을 비판함. 별자리는 인간의 자의적인 구성일 뿐, 객관적으로 존재하는 것은 아니라고 함.

⑽ 하늘, 곧 천구는 회전하지 않는다. 천구의 북극과 남극은 자전하는 지구의 남과 북의 축일 뿐이다.

⑾ 유성·요성妖星(재해의 징조로 나타나는 별, 혜성과 같은 별)·혜성·패성孛星(꼬리 없는 혜성)의 형성, 출현의 이유.

⑿ 화성이 태양을 중심으로 공전하면서 태양의 빛을 반사하여 빛난다는 것, 화성에도 삭·망이 있음을 밝힘.

⒀ 일식과 월식을 음양설로 설명하는 것을 비판하고, 태양·지구·달의 상대적 위치에 의해서 일어나는 현상임을 밝힘.

(c) 지구자연학

(14) 바람, 구름, 비, 눈, 서리, 우박, 번개, 우레, 무지개 등 대기의 변화와 관계된 기상 현상에 대해 실명함.

(15) 태양과 달의 위치에 따른 '겉보기 크기apparent size'가 달라지는 현상을 청몽기차淸蒙氣差, 곧 대기의 굴절 현상으로 설명함.

(16) 하루와 1년의 기온 차이, 지역에 따른 기후 차이의 이유를, 태양이 지평에 대해 23° 기운 황도黃道를 따라서 운행하기 때문이라며 음양론을 부정하고 태양의 빛이 지구 사물이 생성되는 근거라고 주장함.

(17) 허자가 태양의 빛이 사물 생성의 근거라는 주장을 부정하고 오행론을 주장하자, 오행론은 다양한 원소설元素說 중 하나일 뿐이며, 오행을《주역》의〈하도〉,〈낙서〉와 연관시킨 것은 확실한 근거가 없다고 반박함.

(18) "하늘은 서쪽과 북쪽이 가득 차지 않고 땅은 동쪽과 서쪽이 가득 차지 않는다"는 그릇된 상식에 대해 전자는 지구가 둥글다는 사실을 알지 못한 데서 오는 오류이고, 후자는 지형이 우연히 그런 것을 일반화한 오류라고 비판함.

(19) 낮과 밤, 또 그 길이는 경도와 위도에 따라 달라진다고 설명함.

(20) 바닷물이 가뭄과 장마에도 증감이 없고 짠 이유와 바닷물의 운동(밀물, 썰물)에 대한 설명.

(21) 지진에 대한 간단한 설명.

(22) 온천과 염정鹽井이 불과 물의 부딪힘에 의해 생긴 것이라고 설명함.

(23) 장의葬儀와 풍수

(d) 인간학

(24) 역사, 화이론 비판

(a)의 (1)과 (2)에 대해서는 이미 언급했다. 이하 (3)에서 (24)에 이르기까지 가장 많은 분량을 차지하는 것은 (b) 천문학과 (c) 지구자연학이다. (2)는 (b)의 천문학과 (c)의 지구자연학을 다루기 위한 기본적인 시각에 대한 고찰이다. 따라서 《의산문답》은 기본적으로 천문학과 지구자연학 저술이다. 남은 것은 (d) 인간학의 역사, 화이론 비판인데, 이것은 천문학과 지구자연학과 어울리지 않는다. 아마도 담헌은 물질적 존재의 본질을 다루는 천문학과 지구자연학 위에서 인간학을 정초하려는 의도를 갖고 있었을 터이다. 그리고 마지막이 화이론을 부정하는 언설로 끝난 것은, 허자 곧 김종후의 신념을 비판함으로써 자신의 중국인 벗들과 우정, 특히 엄성과의 우정을 구제하려는 의도에서 비롯된 결과로 보인다.

《의산문답》처럼 천문학과 지구자연학을 주제로 하는 완결된 저술은 조선의 지식 전통에서는 대단히 이례적인 것이다. 담헌은 왜 천문학과 지구자연학을 주제로 하는 저술을 썼던 것인가? 이제 내용을 상술하면서 이 문제를 살펴보자. 물질적 존재의 근원으로서 태허와 '기'로부터 출발하는 담헌 천문학(3)의 일성은 지구가 둥글다는 지원설이고, 우주무한론과 지구의 자전을 설파하는 지전설은 지원설地圓說(4)을 입증하기 위해 고안된 것이다. 지원설은 알다시피 서양 천문학으로부터 가져온 것이다. 이미 알려질 대로 알려진 사실이지만 일단 확인해 두자. 이후 담헌은 은하와 천체의 여러 성격에 대해 논하기 시작한다.

담헌은 우주의 무한성을 주장하며 지구가 우주의 중심이 될 수 없음을 주장한다. 이하 문제들은 대개 몇 가지로 묶을 수는 있다. 첫째 태양과 지구, 달, 화성 등 태양과 행성, 위성의 형태, 운동과 위상에 관련된 문제들, 곧 (4), (5), (6), (8), (10), (12), (13)이 그것이다. 여기서 담헌은 천체의 운동에 대해 말하되 티코 브라헤의 천체 구조, 곧 티코 체계(수정천동설)를 그대로 가져와서 지구는 자전만 하고 공전은 하지 않는다거나(8), 천구의 남극과 북극은 실제로는 지구의 자전축임을 말하기도 하고(10), 화성 역시 태양을 중심으로 공전하고 태양 빛을 반사하며 위상 변화를 일으킨다고 한다(12). 일식과 월식은 태양, 지구, 달의 위상에서 발생하는 현상일 뿐이며 음양설과는 무관하다고 주장한다(13). 담헌의 월식론은 중국과 조선의 지식인들에게 가장 큰 영향력을 행사했던 주자의 월식론인 암허설暗虛說을 부정하는 것이었다.[15]

담헌은 또 태양과 달의 위치에 따른 겉보기 차이는 청몽기차淸蒙氣差, 곧 대기 차에 의해 발생한다고 설명한다. 《역상고성》 권4의 〈청몽기차〉는 티코 브라헤가 처음 청몽기차의 존재를 알렸다고 말하고 그 현상의 이유를 밝히고 있는데, 담헌은 아마도 이 부분을 참고했을 것이다. 나아가 담헌은 하루와 1년의 계절 차이, 지구상의 상이한 기후대의 존재는 태양이 황도를 따라 운행하기 때문이라고 설명한다. 이것은 티코 브라헤의 체계를 따른 결과 실제 지구가 공전 면에 대해 지구의 자전축이 23° 기울어져 있다는 사실을 알지 못했기 때문에 불가피하게 황도를 따라 운행한 것이라고 설명했을 터이다. 밤과 낮의 바뀜, 길이가 경도와 위도에 따라 달라진다는 것은 결국 지구가 원형이라는 사실에서 추리된 것이다. 굳이 말할 필요조차 없겠지만, 담헌의 천문학에는 한역 서양서의 천문학 지식이 깊이 들어와 있다. 다만 항성·행성·위성이 아닌 천체, 곧 유성·요성·혜성·패성은 기의 운동 형태나 속성, 존재 방식에 따라 생성된다고 설명한다. 이것은 장재의 기학氣學에 근거한 것이다.

(c)의 지구자연학 부분을 보자. 바람, 구름, 비와 눈, 서리, 우박, 우레, 무지개 등 대기의 변화와 관계된 기상학적인 현상의 원인에 대한 설명(14), 해수의 성질(가뭄에도 마르지 않고 장마에도 넘치지 않음, 추위에도 얼지 않음, 해수의 짠맛), 운동(밀물과 썰물) 등 해양학적 현상에 대한 설명(20), 지진(21), 온천과 염정에 대한 설명(22) 등은 지구자연학에 해당한다. 《의산문답》은 그동안 지전설과 우주무한론, 화이론 비판 등을 초점으로 이해되었고, 지구자연학 부분에 대한 논의는 드물었다. 조선의 지식인들이 접촉했을 가능성이 있는, 지구자연학을 한데 다룬 서적은 《주자어류》와 《성리대전》이다. 곧 《주자어류》는 권1과 권2에서, 《성리대전》은 27권에서 "일월日月, 성신星辰, 전뢰雷電, 풍우설박상로風雨雪雹霜露, 음양陰陽, 오행五行, 사시四時, 지리地理(潮汐附)"[16] 등의 천문학과 자연학을 일괄하여 다루고 있다.

《성리대전》은 1427년, 《주자대전》은 1513년에 간행되고, 이어 《주자어류》가 1575년에 간행되었지만, 이 책의 지구자연학은 조선 지식인들에겐 큰 관심 대상이 아니었다. 조선 지식인들의 주자학 혹은 성리학에 대한 이해는 《주자대전》이 간행되기 전 깊은 수준에 도달하지 못하고 있었고, 이들은 또 사단칠정론四端七情論과 같은 마음과 윤리를 둘러싼 주제 곧 심성론에 집중하고 있었다. 곧 윤리적 인간이 어떻게 가능한가를 이론적으로 정치하게 따지는 문제에 몰입했던 것이다. 《성리대전》에 실린 자연학 서적인 《정몽正蒙》 기학氣學과 《황극경세서皇極經世書》의 상수학적象數學的 자연학은 큰 관심 대상이 아니었고, 또 이해하기도 어려웠다.

그렇다 해서 지구자연학에 대한 논설이 전혀 없는 것은 아니었지만, 전면적·총체적인 저작은 없었다. 곧 《의산문답》은 조선 최초의 전면적인 지구자연학 저술이다. 《의산문답》의 지구지연학이 《주자어류》와 《성리대전》을 의식하지 않은 건 아니지만, 이 두 텍스트의 존재가 《의산문답》의 자연학을 추동한 것은 아니라고 생각된다. 예컨대 '염정'을 보자. 염정은 조선에는 자연적으로 존재하지 않았고,* 따라서 육지의 우물이 소금물을 뿜어 내는 이유를 찾을 필요도 없었다. 그런데 왜 담헌은 염정을 《의산문답》의 지구자연학에 포함시킨 것인가?

앞서 말했듯 담헌은 서양의 천문학-자연학을 소개하는 한역 서양서 여러 종을 읽었는데, 이 책들은 거의 예외 없이 아리스토텔레스의 4원소설四元素說에 입각하고 있었다. 예컨대 알폰소 바뇨니는 《공제격치空際格致》에서 화·기·수·토의 4원소의 성질과 그에 속한 물상物像을 다양하게 다루고 있다.

- 불에 속한 물상[火屬物像]—불꽃[火爂], 봉화[火烽], 미친 불[狂火], 뛰는 양불[躍羊火], 불기둥[垂線火], 머리털에 붙는 불[拈頂火], 쌍불과 혼불[雙火單火], 유성과 운성[流星隕星], 나는 용[飛龍], 우레[雷], 번개[電], 우레의 실체[雷降之體], 우레의 기이한 체험[雷之奇驗], 혜성, 은하[天河].
- 공기에 속한 물성[氣屬物像]—대기의 특이한 색[空際異色], 무지개[虹蜺], 구름 동굴[雲窟], 위광[圍光], 떨어지는 나뭇가지[墜條], 여러 개의

---

* 자연적 '염정鹽井'은 아마도 거의 없었을 것이다. 물론 '鹽井'이란 문자는 있지만, 인위적으로 소금물을 모아 소금을 굽는 곳으로 보인다. 또한 '염정'이 모든 사람에게 인지될 정도로 광범위하게, 혹은 인상적으로 존재했던 것은 아니라고 생각된다.

해[多日之象], 바람[風].
- 물에 속한 물상[水屬物像]─비와 구름[雨雪], 바람과 비의 징조[風雨預兆], 안개, 눈, 우박[雹], 얼음[氷], 이슬과 서리[霜露], 벌꿀[蜜飴], 해수의 운동[海之源波], 바다의 밀물과 썰물[海之潮汐], 강과 하천[江河], 물의 냄새와 맛[水之臭味], 온천溫泉.
- 흙에 속한 물상[土屬物像]─지진[地震], 땅속의 불[地內火].[17]

언뜻 보기에도 《의산문답》의 자연학이 다루고 있는 제재와 비슷함을 발견할 수 있을 것이다. 담헌은 《공제격치》를 읽었던 것인가? 《공제격치》는 예수회 선교사 바뇨니Alphonsus Vanoni(중국명은 고일지高一志, 1566~1640)가 아리스토텔레스의 《기상학Meteorologica》를 저본으로 1633년에 북경에서 편찬한 문헌으로, 고대 그리스의 물질이론인 4원소설에 근거한 서양 중세의 기상학 또는 지구과학 내용을 담은 개론서였다.[18] 조선에서는 1749년 무렵 안정복과 윤동규尹東奎 등 이익의 제자들이 《공제격치》를 가장 빨리 접했다. 1749년에 안정복이 윤동규에게 이 책을 보내면서 언급했던 것이다.[19] 《공제격치》는 이후 남인 지식인들 사이에 일부 읽힌 것으로 보인다. 곧 1790년 '오행설'을 묻는 과거시험 답안에 정약전이 4원소설을 논의한 것[20]은 아마도 《공제격치》에 근거한 것일 터이다.

바뇨니의 《공제격치》는 한 예에 불과하다. 실제 여타의 서양 과학서들 역시 정도의 차이가 있을 뿐 4원소설에 입각해 자연학을 구성하고자 하였다. 예컨대 담헌이 보았던 웅삼발의 《태서수법》은 5권에서 4행의 하나인 수水에 관련된 중국인의 질문과 서양인의 대답을 싣고 있는데, 수의 본소本所, 해수가 짠 이유, 염정, 소금, 조석潮汐, 바닷물의 부력, 샘, 우물, 비, 바람, 구름, 설화雪花가 여섯 모인 이유(곧 눈의 결정이 육각형인 이유), 찬물 그릇에 이슬이 맺히는 이유, 비가 올 징후 등을 논하고 있다.[21] 여기에는 '염정'이 나온다. 요컨대《의산문답》의 '염정'은 한역 서양서의 자연학에 뿌리를 두고 있다.

16세기 이래 한역 서양서의 천문학–자연학은 중국과 조선의 지식인들에게 큰 충격을 주었다. 예컨대 연암이 열하에서 만난 중국 지식인 왕민호는 "우리 유가는 근세에 와서 땅덩이가 둥글다는 설을 자못 믿고 있습니다. 대저 땅덩이가 네모나고 고요하며, 하늘이 둥글고 움직인다는 것은 우리 유가의 명맥인데, 태서인들이 어지럽혀 놓았습니다. 선생은 어느 설을 따르시는지요?"[22]라고 물었다. 서양의 지구설地球說이 유가의 명맥인 천원지방설天圓地方說을 어지럽혔다는 것이다. 한역 서양서의 지식이 중국 지식인들의 천문학과 자연학 상식에 던진 충격을 엿볼 수 있다. 다만 중국의 경우 유연하고 다양하게 대처한 느낌이 없지 않다. 명과 청은 서양 선교사에게 관상감을 맡겨 역법을 개정하고 티코 브라헤의 천체 모델을 수용했다. 뒷날 전례 논쟁으로 억압하기는 하지만, 일단은 천주교 선교의 자유를 주었다. 중국 지식계의 반응도 당연히 있었다. 명대에 이미 서양의 자연학에 반응하여 서양의 과학, 천문학을 수용 혹은 비판하면서 새로운 자연학을 구성하는 지식인들의 저작이 나오기 시작했다. 방이지方以智는《물리소지物理小識》에서 서양의 4원소설과 천문학 등을 중국의 전통에서 비판적으로 흡수하여 천문학과 기상학, 지질학 등에 걸친 새로운 방대한 자연학을 구성하였다.[23] 이후 중국 지식계의 서양 자연학에 대한 반응은 다양한 형태로 전개되었다.

조선의 경우도 시차를 두고 동일한 반응이 나오기 시작했다. 다만 그것은 전면적인 반응은 아니었다. 앞서 지적한 바와 같이 천문학과 지구자연학은 조선 지식인들의 주요 관심사가 아니었을 뿐더러 한역 서양서의 천문학과 지구자연학을 접한 것은 소수 경화세족들이었으며, 경화세족의 내부는 연암이 〈회우록서〉에서 밝혔듯 극심하게 분열되어 있었다. 즉 천문학과 지구자연학을 공동의 학문적 주제로 삼는 '학계'가 존재하지 않았다. 서양의 천문학과 지구자연학을 수용하고 이해할 기회가 있었던 지식인들은 극히 예외적인 소수였다. 이들은 한역 서양 과학서의 지식을 이해하는 순간 이 새 지식이 전통적 천문학과 충돌한다는 것을 깨달았다. 서양의 지식 중 보다 설득력이 있을 경우, 그것은 과거 지식의 수정을 요구했다. 아버지 이하진李夏鎭이 북경에서 가져온 다양한 종류의 한역 서양서를 섭렵했던 이익은 〈일식과 월식에 대한 변증[日月蝕辨]〉에서 이렇게 말한다. "《주자어류》는 문인門人들의 잡다한 기록에서 나온 것인데, 꼭 모두가 실상을 알아 낸 건 아닐 것이고 혹 한때 우연히 미처 조관照管하지 못한 것을 언급한 것일 터이다. 배우는 사람들이 따져서 바로잡지 않을 수 없다."[24] 이익은 이어 《주자어류》에 실린 주자의 일식·월식론[25]을 비판하는데, 그 근거는 양마락陽瑪諾 Emmanuel Diaz Junior(1574~1659)의 《천문략天問略》이다. 요컨대 서양 천문학을 읽고 이해한 이익은 《주자어류》가 주자의 말을 문인들이 듣고 옮긴 것이라는 조심스러운 전제를 달아 그것의 수정을 요구했다. 요컨대 주자학의 천문학–자연학은 한역 서양서의 천문학–자연학으로 인해 수정이 불가피했다. 이익은 《성호사설》에서 광범위한 분야에 걸쳐 서양의 천문학–자연학에 대한 논설은 물론 《천문략》와 같은 한역 서양서에 발문[26]까지 썼다. 이익은 한역으로 알려진 서양의 천문학–자연학에 본격적으로 반응한 최초의 조선 학자일 것이다. 다만 이익의 《주자어류》 수정이 주자학 전체에 대한 비판과 부정은 아니다.

《의산문답》 역시 동일한 맥락에서 나온 것일 터이다. 담헌은 허자에게 이렇게 말한다. "대저 하늘이 둥글고 땅덩이가 네모나다는 것은 어떤 사람이 그것의 덕을 두고 한 말이다. 또 너는 고인古人이 전하여 기록한 말을 믿는 것보다는 눈앞의 실경實境을 따르는 것이 낫지 않겠느냐?"[27] 여기서 고인이 전하여 기록한 것[古人傳記]이 반드시 주자의 자연학이라 단정할 수는 없겠지만, 《주자어류》를 포함하는 광범위한 정주학의 자연학을 포함하는 것은 물론이다. 곧 《의산문답》은 서양의 천문학-자연학에 대한 학문적 반응으로 집필된 것이며, 한편으로 그것은 《주자어류》 등 과거의 자연학에 대한 비판과 수정을 함축한다. 이익의 서양 자연학-천문학에 대한 반응이 《성호사설》 전체에 걸쳐 짧은 논설로 흩어져 단일한 체계를 이루지 못했다면, 《의산문답》은 단일한 저작으로 천문학-자연학을 일관되게 다뤘다. 물론 《의산문답》이 특정한 한역 서양서에 반응했다고 지적할 수는 없을 것이다. 다만 어느 정도 추측해 볼 수는 있다. 앞서 방이지에 대해 간단히 언급했는데, 방이지의 저술을 담헌이 보았을 가능성은 없다. 방이지 학파의 저술은 19세기에 와서야 비로소 유통되고 열람되었다.[28] 다만 방이지의 자연학은 청나라 초 유예游藝의 《천경혹문天經或問》으로 계승되는데, 담헌은 《천경혹문》을 보고 그것에 대응하여 《의산문답》의 자연학을 구성했을 가능성도 약간은 있다. 《천경혹문》 3권에서 다루고 있는 내용을 소개해 보자.[29]

분야分野, 연월年月, 역법曆法, 노을[霄霞], 바람·구름·비·이슬·안개·

서리[風雲雨露霧霜], 눈·싸라기눈[雪霰], 우박[雹], 천둥과 번개[雷電], 흙비[霾], 혜성[彗孛], 무지개[虹], 햇무리와 달무리[日月暈], 해와 달이 겹쳐 보임[日月重見], 바람과 비가 올 징조[風雨徵], 하늘이 열림[天開], 지진[地震], 바다[海], 바닷물[鹹水], 온천[溫泉], 밀물과 썰물[潮汐], 망기[望氣], 야화[野火], 점후[占候], 사행과 오행[四行五行], 지리[地理](장례에 관한 것), 수[數], 별이 떨어져 태어남[星降生].

이는 《의산문답》의 목록과 유사하며, 특히 분야설이나 지리(장례)에 관한 것을 포함하고 있음이 주목된다. 담헌은 《천경혹문》이나 〈수법혹문〉을 포함하고 있는 《태서수법》, 나아가 《공제격치》와 같은 서양 과학서를 보고, 자신의 자연학을 구성하여 《의산문답》에 제시한 것으로 보인다. 만약 그가 화이론 비판만을 목적으로 삼았다면 그렇게 길고 자세한 자연학을 서술할 필요는 없었을 것이다.

요컨대 《의산문답》은 담헌이 이해한 서양 천문학과 지구자연학에 대한 반응이다. 다만 하나 언급해야 할 건 천주교이다. 한역 서양서의 천문학과 지구자연학은 당연히 천주교 교리를 포함하고 있지만 담헌은 천주교를 거들떠보지도 않았다. 1766년 북경 천주당에서 예수와 마리아의 그림을 보고 "아니꼽다"고 했던 담헌은 천주교에는 전혀 관심이 없었다. 이처럼 담헌은 서양의 지식을 '선택적으로' 수용하고 있었다. 자신이 신념하고 있던 정주학의 지평에서 서양의 천문학과 지구자연학을 이해하고 재구성할 필요가 있었다. 다만 서양의 천문학과 지구자연학을 이해한 결과 재래의 정주학적 천문학과 지구자연학의 논리가 상당 부분 설득력을 잃게 되었다. 따라서 그는 서양 천문학과 지구자연학의 이해 위에 다시 정주학적 천문학과 지구자연학의 일부를 소거하고 서양 천문학과 지구자연학의 논리와 조정하여 다시 구축할 필요가 있었다. 그 소거와 조정, 재구축에서 일어난 것이 담헌의 사상을 유의미하게 만들었다고 여겨진다.

관점의 전환, 인물균론

《의산문답》의 본론은 인물성동론으로 시작되는데, 그 논리는 이미 3장에서 검토한 바와 같다. 허자는 "사람은 금수보다 귀하고 초목은 금수보다 천하다"[30]고 주장했다가 "대개 대도大道를 해치는 것으로 긍심보다 더 심한 것이 없다. 사람이 사람을 귀하게 여기고 물을 천하게 여기는 것은 긍심의 근본이다"[31]라는 실옹의 반박에 승복한다. '긍심'의 비판은 여기서도 활용되고 있다. 그런데 담헌은 왜 《의산문답》의 본론 서두에서 인물성동론을 끄집어 내었을까. 앞서 언급한 바와 같이 노론 내부에서 인물성동론과 인물성이론의 논쟁이 격렬하게 전개되었지만, 그것이 다른 갈등으로 전화하지는 않았다. 인간과 물物의 동일성이 갈등을 일으킬 만한 구체적 현실로 현현하지 않았기 때문이다. 보다 근원적으로는 동론이건 이론이건, 이들은 인간의 윤리인 오상五常을 절대적 가치로 전제하여 인간을 물에 우선하여 특권화하기 때문이다.

동론이라 하더라도 기氣의 편색, 차별로 인한 인간과 물의 차이 혹은 차별성은 현실에서 그대로 존재했다. 동론을 균론으로 바꾸어도 다를 바 없다. 인물균론人物均論의 '사람'과 '물'이 균등하다는 말을 '사람'과 '물'의 동등 혹은 균등함으로 간단히 해석할 수는 없다는 것이다. 도대체 현실의 어떤 차원에서 '사람'과 '물'이 동등/균등하다는 것인가. 인간과 나무 혹은 인간과 돼지가 균등하다고 했을 때 그것은 무엇을 의미하는가? 담헌은 사람은 귀하고 물은 천하다는 허자의 생각을 공박한다. 따라서 사람과 물이 균등하다는 생각은, 인간을 특권화하는 인간중심주의에 대한 비판으로 읽을 수 있다. 그렇다 해도 인간중심주의를 비판하고 물을 인간과 동등하게 본다는 말의 현실적 의미는 여전히 확정되지 않는다. 예컨대 '인물균'의 생각은 인간과 나무, 인간과 돌, 인간과 돼지에 대해 어떤 행위를 요청하는가? 여기에 대해 담헌은 어떤 발언도 하지 않았다.

인물균론에 이어 담헌은 사람과 물이 생성된 근본을 듣고 싶다는 허자의 요청에 따라 태허太虛로부터 시작되는 장대한 천문학-자연학을 펼친다. 이 천문학-자연학은 곧 물질적 존재의 생성과 존재 양태를 해명하는 것으로 일관한다. 천체와 인간 역시 물질적 존재일 뿐이다. 다만 《의산문답》은 대부분은 천체와 물物의 존재를 해명하는 논설이고, 물의 특수한 형태로서의 인간은 맨 끝에 매달려 있는 형국이다. 물론 그렇다 해서 인간에 대한 논설이 중요하지 않은 건 아니지만! 요컨대 '인물균론'의 인간중심주의에 대한 비판은 물질적 존재에 대한 관심의 환기를 위한 전제였던 것이다. 그것은 인간과 물이 평등하다거나, 혹은 모든 인간은 평등해야만 한다는 사회적 문제를 의식한 명제가 아니다. 그것은 인간의 입장에서 자연을 보지 말라는 것, 곧 인간중심적으로 자연을 해석하지 말라는 주문이다. 따라서 《의산문답》의 인물성동론은 구체성을 확정할 수 없는 '인간과 물의 동등함'으로 해석될 것이 아니라, 자연을 보는 새로운 관점으로 전개되었다는 점이 특이하다. 담헌은 "너는 왜 하늘의 입장에서 물을 보지 않고 도리어 사람의 입장에서 물을 보느냐?"[32]라고 말한다. 사람의 입장에서 물을 본다는 것은, 사람이 일방적으로 물을 대상화한다는 것이다. 물은 일방적 해석의 입장에 놓일 뿐이다. 하늘의 입장에서 인간과 물을 보는 '이천시물以天視物'의 관점은 인간과 물을 공히 대상화한다. 이것은 물에 대한 재래의 생각을 바꾸라는 것이다. 이미 담헌은 허자에게 '고인이 전하여 기록한 말[古人傳記]'보다 '눈앞의 실경實景'을 따르라고 말한 바 있다.

인간과 물을 대상화하는 이 관점은 인간과 물의 평면적 관계를 떠난 제3의 지점을 설정한다는 점에서 3차원적이다. 이 관점은 실로 정주학의 지적 전통, 혹은 나아가 노장의 지적 전통에서도 찾기 어려운 담헌 특유의 것이고, 그 기원은 아마도 그가 몰두했던 서양 천문학의 3차원적 공간 인식에서 유래했을 터이다. 그가 수용했던 티코 브라헤의 천문학에서 천체는 3차원의 공간에 떠 있는 것이며 그것은 각각 크기와 거리, 운동으로 이해된다. 사람과 물의 관계가 2차원의 평면이라면, 하늘에서 사람과 물을 바라보는 관점은 분명 천체를 3차원의 공간에서 인식하는 방법에서 유래한 것으로 보아야 할 터이다. '이천시물'은 인간의 관점에서 사물을 재단하던 관점에서 벗어나자는 것으로 이해된다. 뒤에 검토하겠지만, 분야설과 음양오행설 등은 인간의 관점에서 일방적으로 자연을 해석한 것이었다. 인물균론을 통해 담헌은 '물'을 새롭게 조명한다. 담헌이 인간과 사물은 본질적으로 구분되지 않는다고 말하자, 허자는 다시 사람과 물의 발생론적 기원을 묻는다. 담헌은 천지가 곧 인간과 사물의 발생론적 기원이라면서 천지에 대해 논할 필요가 있다고 말한다. 담헌은 이제 자신의 득의의 영역인 장대한 천문학과 지구자연학의 세계로 허자를 끌고 들어온 것이다.

기와 천체, 물질

이제 담헌의 천문학과 지구자연학으로 들어가 보자. 담헌의 인물균론에 설득당한 허자는 사람과 물이 생성되는 근본[人物有生之本]에 대해 묻는다. 실옹 곧 담헌의 답은 이렇다.

> 사람과 물이 생겨나는 것은 천지에 근본을 두는 것이니, 내 먼저 천지의 실정에 대해 말해 보겠다. 태허는 텅 비고 고요한데, 그것을 가득 채우고 있는 것은 기氣다. 태허는 안도 없고 바깥도 없고, 시작도 없고 끝도 없다. '쌓인 기[積氣]'가 한없이 넓은 바다처럼 일렁이다가 엉기어 모이면 질質을 이루는데, 그것은 허공에 두루 퍼져서 회전하면서 한 곳에 정지해 있다. 이른바 땅과 달과 해와 별이 바로 그런 것들이다.[33]

사람과 물은 천지 곧 하늘과 땅(지구)에서 생성된다. 따라서 먼저 하늘과 땅(지구)에 대해 알아야 할 것이다. 그렇다면 하늘과 땅(지구)은 어떻게 생성된 것인가. 담헌은 먼저 태허에 대해 말한다. 태허는 '기'로 가득 차 있는, 안과 바깥, 시작도 끝도 없는 무한 공간이다. 태허와 기의 개념은 장재張載의 《정몽》에서 가져온 것이다. 담헌의 우주관은 분명 정주학의 지적 전통에 뿌리를 박고 있다. 다만 담헌의 태허와 기는 장재의 그것과 일정하게 구분된다.

장재의 태허 역시 기로 가득 차 있고, 기는 운동하여 양기와 음기로 나뉜다. 양기는 떠서 우주 바깥에서 회전운동을 한다. 이것이 하늘이다. 우주의 중심에서 음기가 응집하여 굳어진 것이 땅(지구)이다. 이후 다시 기의 운동에 따라 우주 만물이 생겨난다.[34)] 하지만, 담헌의 태허는 무한공간일 뿐이고 쌓인 기가 바닷물처럼 한없이 넘실거릴 뿐이다.

서양 천문학을 중국의 지적 전통 속에서 소개하고 있는 《천경혹문》에서 계훤揭暄은 이렇게 말한다. "하늘은 비어 있는 것 같지만 빈 것이 아니다. 빈 것[虛]이란 기가 꽉 채우고 있어, 빈틈이 없다."[35)] 이 역시 담헌의 소론과 동일한 성격이다. 서양 천문학을 섭취한 뒤에도 여전히 중국과 조선의 지적 전통에서 기론으로 우주의 생성을 설명하는 것은 담헌만이 아니었던 셈이다. 약간 벗어나는 이야기지만, 담헌이 《천경혹문》을 보았을 가능성은 여기서도 확인된다. 어쨌든 서양 천문학-자연학을 자신의 지적 전통 속에서 수용하되, 서양 지식과 전통 지식 사이에 취사선택이 일어나는 것은 매우 자연스러운 일이었다.

담헌은 태허 안에 '쌓인 기'가 한없이 넓은 바다처럼 일렁이다가[汪洋], 엉기어 모이면 질質을 이룬다고 말한다. 바로 그 질이 허공에 두루 퍼져 있으면서 회전하면서 한 곳에 머물러 있다. 이것이 땅덩이(지구)와 달과 태양과 별이다. 뒤집어 말하자면, 지구와 달, 태양, 별과 같은 천체는 '질'이다. 담헌은 〈계몽기의啓蒙記疑〉에서 이미 기가 있고 난 뒤에 질이 있어야 만물이 생성된다고 말한 바 있다.[36)] 기가 집적되어 질을 이룬다는 생각은 당연히 정주학에서 가져온 것이다.[37)] 물론 담헌은 기를 음양과 오행으로 나누는 건 부정했다. 기는 오직 단일한 기로 존재할 뿐이었다. 지구와 태양, 달, 별은 기가 응취한 질이다. 다만 이 질은 수, 토 등의 성질을 띤다. 질에도 성질이 있고 그 성질에 따라 질이 구분된다는 것이다. 담헌은 오행을 부정했지만, 여전히 오행의 성질 중 일부는 질의 속성으로 남아 있는 셈이다. 다만 담헌은 질이 각각 상이한 성질을 갖는 이유에 대해서는 말하지 않았다. 기는 보이지 않지만 질은 보이게 된다. 따라서 구체적인 형태를 의식해 말할 때는 '형질形質', 몸체(부피)를 의식해 말할 때는 '체질體質'이라고 한다.

담헌에 의하면 태허에 가득한 기의 운동성은 어떤 성질과 형태를 갖는 지구, 태양, 달, 별 등 천체를 먼저 생성한다. 이 천체들은 허공에 두루 펼쳐져 있으면서 회전[旋轉]하면서 정주停住해 있다. 여기서 회전은 곧 자전을 말한다. 담헌은 물체의 회전에 대해 "무릇 물物의 회전[轉動]은 허虛하고 실實하면서 몸 밖에 계界가 있는 것에서 비롯된다"[38]고 하면서 자전의 이유를 밝혔다. 이 문장의 정확한 의미는 알 수 없지만, 담헌이 자전의 이유까지 치밀하게 생각했음은 분명하다. 정주는 정지 곧 멈추어 있는 것이다. 담헌이 생각한 우주의 모식도模式圖는 무한하게 펼쳐진 공간의 어느 한 지점에 자전하는 천체들이 떠 있는 것이다. 그렇다면 모든 천체는 자전하면서 한 지점에 머물러 있는 것인가. 담헌은 뒤에 다시 모든 천체는 자전하면서 다른 어떤 천체를 공전한다고 말한다. 다만 그것은 경중과 둔함과 빠름에 따라 공전을 할 수도 있고 하지 않을 수도 있다. 예컨대 둔하고 무거운 땅(지구)은 자전만 하고 공전하지는 않는다.

기에서 질이 형성되고, 질은 각각 다른 성질과 형태를 띤 천체가 된다. 천체에서 물物이 생성된다. 담헌은 사람과 물이 생겨나는 것은 천지, 곧 하늘과 땅에 근본을 둔다고 했다. 그렇다면 하늘과 땅은 어떻게 구분되는가?

허虛는 하늘이다
하늘은 허기虛氣다
하늘은 청허한 기운이 한없이 가득 찬 곳이다

虛者天也, 天者虛氣, 天者淸虛之氣瀰滿無際

'하늘은 허', '하늘은 허기', '하늘은 청허한 기운이 가득한 곳'이 라는 말은, "태허는 텅 비고 고요한데, 그것을 가득 채우고 있는 것은 기다[太虛寥廓, 充塞者氣]"라는 말과 다르지 않다. 담헌이 생각한 하늘은 사실상 태허와 다르지 않다.

물物은 태허의 산물이기는 하지만, 태허의 일차적인 생성물은 아니다. 태허를 가득 채운 기가 쌓여 일렁이다가 질을 이루고 그 질이 형태와 성질을 띠면서 천체가 된다. 태허는 천체를 생성할 뿐이고 물은 생성하지 못한다. 물은 천체가 생성하는 것이다. 실옹 곧 담헌은 원회운세元會運世에 의한 세계의 생성과 소멸을 말했던 소강절, 곧 소옹邵雍을 비판하면서 이렇게 말한다.

물物로서 체질體質이 있는 것은 끝내 반드시 허물어진다. 응결하여 질을 이루었다가 녹아서 다시 기氣로 되돌아가게 마련이다. 땅(지구)에 닫히고 열림[閉闢]이 있는 것엔 본디 그런 이치가 있다.
하지만 오직 하늘은 허기虛氣이므로 한없이 넓고 커서 어떤 형상도, 어떤 조짐도 없다. 열린들 무슨 물物을 이루겠으며, 닫힌들 무슨 물을 이루겠는가? 소요부邵堯夫(소옹)는 도무지 생각이란 걸 하지 않았던 것이다.[39]

기는 응결하여 질을 이룬다. 곧 체질을 갖는 물이 생성되는 것이다. 하지만 그 물은 반드시 허물어지고 녹아서 다시 기로 돌아간다. 이 과정은 반복된다. 다만 이 과정이 반복되는 것은 땅(지구)일 뿐이다. 하늘이란 무한공간에는 허기가 그저 흩어져 있을 뿐이다. 그 기는 운동하다가 천체를 생성할 뿐이다. 광대무변한 하늘에는 천체 외에 우리가 현실에서 경험적으로 인지하는 그 어떤 물物의 생성과 소멸을 볼 수 없다. 땅(지구)은 하늘과 다르다. 식물이 싹 트고 꽃 피고 열매와 씨앗이 맺히고 지는 과정을 무한히 반복하듯 지구상의 물은 생성과 소멸을 반복한다. 땅(지구)은 천체다. 따라서 모든 천체에는 물이 생성되고 소멸될 것이다. 담헌은 모든 천체에서 물이 생성되어 산다고 생각한다. 이 점에 대해서는 후술하기로 하자.

무한공간 태허의 기가 천체를 생성하면, 천체는 태허의 일정한 공간을 점유한다. 담헌은 그것을 '계界'라고 한다. 이때 천체 자체만을 '계'라고 하는 것이 아니다. 담헌은 모든 물에는 그것을 감싸고 있는 기 곧 포기包氣란 것이 있다고 말한다. 그러니까 물物은 포기와 합쳐져서 일정한 공간 곧 계界가 된다. 별에 이런 공간의 의미를 부여하면 곧 성계星界가 된다. 하늘을 가득 채운 별들은 계 곧 성계가 아닌 것이 없다.[40] 각 성계는 모두 자전하면서 동시에 다른 성계를 공전할 수 있다.[41] 수천, 수만의 성계가 모여 하나의 거대한 고리를 이루며 공계에서 회전하는데, 그것을 그는 은하계라고 부른다.

은하란 뭇 '계'를 모아서 '계'로 만든 것으로 공계空界에서 돌며 하나의 큰 고리를 이룬 것이다. 고리 가운데에 많은 '계'들이 있는데, 그 수는 몇 천, 몇 만이나 된다. 해와 달 등 여러 '계'는 그중 하나일 뿐이다. 이것은 태허 중의 한 큰 '계'인 것이다. 비록 그러하나, 이것은 지구에서 보는 것이 이와 같은 것이고, 지구에서 보는 것 밖의 하계河界와 같은 것이 수천 수만 수억인지도 모른다. 나의 작디작은 눈에

의거해 성급하게 은하가 가장 큰 '계'라고 할 수는 없다.[42]

무수한 성계가 은하를 이룬다. 은하 또한 무한하게 존재한다. 태양과 지구도 그 은하에 포함된 성계일 뿐이다. 우주무한설은 이렇게 하여 구체성을 얻는다. 은하가 무수한 별로 이루어져 있으며, 또 그러한 은하가 무수히 존재할 수 있다는 발상은 담헌의 독창적인 생각이다. 다만 은하가 무수한 별들의 집합이라는 생각은 이익도 이미 한 바 있었다. 이익은 《성호사설》에서 《천문략天問略》(사실은 《역체략曆體略》)을 인용하여 "이른바 천하天河라는 것은 작은 별들이 빽빽하게 모인 것이기 때문에 그 몸체가 빛을 발해 서로 흰 비단처럼 연결되어 있다"라고 말한 바 있다. 이어 그는 망원경으로 관찰하여 얻은 결과라고 말한다.[43] 끝에 "그런지는 알 수 없다"는 유보를 달기는 했지만, 은하가 수많은 별의 집합이라는 것, 그것이 망원경으로 관찰하여 얻은 사실이라는 것은 이미 일부 조선 지식인들에게 알려져 있었던 셈이다. 또한 은하가 무수한 별들의 집합이고 흰 비단과 같다는 아이디어는 《천경혹문》에도 보인다.[44] 담헌은 《성호사설》을 소장하고 있었으니, 이익의 이 말을 접했을 가능성이 충분히 있다. 또 앞서 언급한 것처럼 담헌이 《천경혹문》을 읽었을 가능성도 배제할 수 없다.

담헌은 성계의 속성에 대해 깊이 생각한 것으로 보인다. 그는 성계를 '명계明界·암계暗界·온계溫界·냉계冷界'로 구분한다. 발광發光·발열發熱 여부에 의한 천체의 분류다. 예컨대 태양은 명·온계, 곧 빛과 열을 발산하는 천체에 속하고, 달과 지구는 암·냉계, 곧 빛과 열을 스스로 내지 못하는 천체다. 전자는 천체 내부의 에너지 복사로 빛과 열을 내는 항성, 후자는 스스로 빛과 열을 내지 못하고 항성의 주위를 도는 행성과 그 주위를 도는 위성이다. 발광 여부에 따른 분류 외에 무게와 속도에 따른 분류도 있다. 성계는 다른 기준으로 분류될 수 있다. 생성된 성계는 몸체에 경중이 있고, 둔함과 빠름이 있다.[45] 이에 따라 네 가지 속성의 성계가 있을 수 있다. 그중 빠르고 가벼운 성계는 자전하면서 공전하고, 무겁고 둔한 성계는 자전은 하지만 공전하지 못한다.[46] 삼위三緯(목성·화성·토성)는 지극히 가볍고 빠른 성계로 주권周圈(공전궤도)이 아주 넓다. 반면 땅(지구)과 같은 경우는 무겁고 둔하여 주권이 절면切面이 되어 공전할 수 없다.[47]

여기까지 담헌의 존재 발생론 혹은 천체론은 명쾌하고 합리적이다. 하지만 도저히 인정하기 어려운 비합리성도 대거 포함하고 있다. 예컨대 물物이 일계日界, 월계月界, 지계地界 모두에 살 수 있다고 하는 것이 그것이다. 허자는 일계에 사는 것은 화서火鼠가 불 속에서 사는 것과 같고, 월계에 사는 것은 수족水族이 물속에서 사는 것과 같다고 말하면서, 계界와 계를 옮겨 다니면서 살 수 있느냐고 묻는다.[48] 담헌은 동일한 계 안에서도 뭍과 물에 사는 것이 다르고, 온대와 한대의 사람이 서로 지역을 바꾸어 살 수 없는 것처럼 특정 계의 물이 다른 계로 옮겨 가서 살 수 없다고 반박한다.[49] 그럼에도 일계와 월계에 생명이 살고 있음은 이미 전제된 사실이다. 한걸음 더 나아가 담헌은 어떤 특정한 방법을 통해서는 계를 옮겨 사는 것이 가능하다고도 말한다. 담헌은 실옹의 입을 빌려 선가仙家의 수련법으로 신선이 될 경우엔 그것이 가능하다고 말한다. 약간 상세히 말하자면, 도가의 명상과 호흡으로 단丹을 형성하고 이것을 태아의 형태, 곧 도태道胎로 길러 몸 밖으로 내보내는데, 이것이 곧 양신陽神이다. 양신은 수련을 통해 더 키울 수 있다. 수련자는 신체를 버리고 정신을 양신으로 옮길 수 있는

데, 양신은 순식간에 무한히 먼 곳으로 이동할 수 있다. 담헌은 "저 연단鍊丹의 기술은 실로 그런 이치도 있고, 실로 그런 사람도 있다"고 말한다. 아마도 이 도가적 수련술이 가능하다고 믿었던 듯하다.[50] 하지만 담헌은 신선의 장구한 수명 역시 우주의 영원성에 비하면 요절에 불과하고, 신선이 되고자 하는 욕망 역시 이심利心이라고 비판했다.[51]

비합리적인 현상을 믿으려 들지 않았던 담헌이 신선술이 가능하다고 말하는 것은 뜻밖이다. 아마도 그는 주자의 설을 따르고 있는 게 아닌가 한다. 말년에 심한 정치적 박해에 시달리던 주희는 양생養生 기법에 관심을 보이고 내단內丹의 정전正典인《참동계參同契》에 탐닉해서 일종의 주석서인《참동계고이參同契考異》를 썼다.[52] 실제 그는 제자들의 질문에 신선이 될 수 있는 방법이 있다고 말한 바 있다.[53]

이처럼 황당하고 비합리적인 부분이 곳곳에 박혀 있지만, 그래도《의산문답》의 우주는 기본적으로 무한수無限數의 성계가 흩뿌려져 있는 물리적 공간으로 합리적인 이해가 가능한 대상이다. 계 사이의 이동 역시 그것이 물리적 공간임을 전제한 것이다. 담헌은 〈측량설測量說〉에서 천지의 체상體狀을 알려고 한다면, 의구意究와 이색理索으로는 불가능하다고 단언한다. 의구와 이색에 의해 얻는 천지의 체상에 대한 지식이란, 객관적·합리적 근거를 갖추지 않은 채 오직 일방적 상상력으로 추리한 선언적 지식일 것이다. 담헌은 천지의 체상은 기기器機로 측정해 수치를 얻고 그것을 수학적 계산법(예컨대 구고법句股法)에 의해 계산한 뒤 파악할 수 있다고 말한다.[54] 그러니까 우주의 천체는 오직 수로 파악되는 물리적 공간이다. 이 무한한 물리적 공간의 속성은 인간의 일방적 상상력이 만들어 낸 제종諸種의 우주에 대한 미신적 관념을 모두 소거한다.

천체는 인간의 길흉과 관계가 있다는 것이 종래 천문학의 신념이었다. 예컨대 전통적 천문관에서는 오위五緯는 오행의 정기精氣라고 믿어 왔다. 하지만 화성·수성·목성·금성·토성이란 명칭은 인간이 임의로 붙인 것일 뿐이다. 따라서 오위는 정주학의 말하는 다섯 원소와는 아무 상관이 없다. 또한 담헌에 의하면 천체를 이루는 근원적 질료인 기는 음양과 오행으로 분화되지 않는 단일한 것일 뿐이다. 담헌은 음양과 오행을 부정한다. 이렇게 해서 천체와 땅(지구)의 인간사를 연결시키던 미신적 관념이 소거되었다.

담헌은 나아가 분야설도 부정했다. 전국시대 이래 천문학은 천구天球의 모든 천체를 달의 공전 주기가 27.32일이란 점에 주목하여, 적도대赤道帶를 따라 28개 구역으로 나눈 것을 28수二十八宿라 명명하고, 각 수宿에서 일어나는 천문 현상의 변화를 지구 혹 인간 세상의 어떤 변화와 연관짓곤 했다. 담헌은 묘수昴宿를 예로 들어 28개 별자리의 설정을 비판한다. 묘수는 7개의 별로 이루어진 28수 중 18수에 해당하는데, 일명 좀생이 성단星團(플레이아데스 성단Pleiades cluster)으로 작은 여러 별이 오밀조밀하게 모여 있는 산개 성단散開星團이다. 그런데 담헌은 묘수가 열 몇 개의 점(별)으로 보이지만, 각각의 별들의 높고 낮은, 멀고 가까운 위치는 서로 천 리, 만 리를 넘는다고 말한다. 그것들은 하나로 엮일 필연성이 없다.[55]

별자리라는 것이 인간의 편의에 의해 구성된 임의적인 것이라면, 그 별자리가 속한 분야와 인간사 사이에는 어떤 감응의 관계도 성립할 수 없다. 별자리, 분야, 천문 현상에 대한 의인적擬人的 해석은 모두 부정된다. 또한 지구는 태허, 곧 우주 공간에서 미세한 먼지에 지나지 않고 중국은 지구 전체에서도 10분의 1에 불과하다. 이 좁은 공간에

분할된 천체, 곧 분야를 배치하고, 분야에서 일어난 천체 현상으로 인간의 재앙과 상서를 판단하는 것은 전혀 근거가 없다.[56] 이렇게 해서 분야설이 전통 천문학에서 소거되었다. 형혹성熒惑星인 화성의 순행과 역행 역시 땅(지구)이란 관측자의 위치에서 생기는 것일 뿐 그 운동에 어떤 의미도 부여할 수 없다고 담헌은 비판했다.[57]

이렇게 하여 천문 현상의 미신적 요소가 상당 부분 소거되었다. 유성流星·요성妖星·혜성彗星·패성孛星은 모두 기를 질료로 하여 만들어지되 다만 그 만들어지는 구체적 메커니즘이 다를 뿐이다. 이것들은 각각 공계空界에서 엉겨서 이루어지기도 하고, 각 계의 기가 서로 접촉해 만들어지기도 하고, 융계瀜界의 남은 기가 흘러 달아나다가 만들어진 경우도 있다. 담헌은 금성의 밝기가 시간에 따라 달라지는 것은 금성의 공전으로 인한 현상이고, 일식과 월식은 태양과 달, 땅(지구)의 위치에 따라 나타나는 현상일 뿐이라고 설명한다. 이것들은 모두 서양 천문학서에 근거한 지식으로 대단한 의미를 갖는 것은 아니다.

담헌은 천체 현상에 대한 비합리적 해석을 대부분 소거했지만, 일부에는 그것이 여전히 남아 있었다. 인간과 땅(지구)의 기운이 지극히 화평할 때 경성慶星이 만들어진다고 하거나, 그 반대로 상도常道를 잃었을 경우 혜성·패성이 출현한다고 하는 것이 그것이다. 인간의 도덕적 행위의 실천 여부가 천체의 출현에 일부 관계된다는 것이다. 아울러 담헌은 일식과 월식이 물리적 현상에 불과하다고 말하지만, 그것은 변고로서 사람은 수성修省해야 한다고 말한다. 역시 인간의 도덕적 반응이 필요하다는 것이다. 이것은 아마도 담헌이 기본적으로 실천적 정주학자라는 사실에서 비롯되었을 것이다.

이제 인간의 시각으로 확인할 수 있는 태양과 달, 땅(지구)으로 들어가 보자. 이것들은 모두 하나의 성계다. 다만 각각을 특정하여 일계, 월계, 지계라 부를 수 있다. 담헌은 각 계의 특성을 다음과 같이 정리한다.

- 해―몸체[體]는 땅(지구)보다 크다. 그 크기는 여러 배이다. 그 질質은 화火이고, 그 색깔은 붉다[赤]. 질이 화이기 때문에 그 성질은 따뜻하다[溫], 색깔이 붉기 때문에 그 빛은 밝다[明].[58]
- 달―몸체가 땅(지구)의 30분의 1 정도로 작다. 그 질質은 얼음[氷]이고, 그 빛깔은 푸르다. 질이 얼음이기 때문에 그 성性은 차고[冷], 그 빛깔이 맑기[淸] 때문에 햇빛을 받아 빛을 낸다. 해와 멀어지면 얼어붙어 거울처럼 환히 밝아지고, 해와 멀어지면 녹아 바다처럼 넓게 퍼진다.[59]
- 땅(지구)―칠정七政의 찌꺼기. 그 질質은 얼음과 흙[土]이고, 그 빛깔은 어둡고 탁하다. 질이 얼음과 흙이기 때문에 그 본성은 차갑고, 빛깔이 어둡고 탁하기 때문에 햇빛을 적게 받는다. 빛이 가까우면 따뜻함을 받아, 흙이 윤택해지고 얼음이 풀린다.[60]

이것을 간단히 정리하면 다음과 같다.

- 해[日]. 체體―땅보다 몇 배 크다. 질質―화火, 색色―붉음, 성性―온溫, 광光―명明.
- 달[月]. 체―땅(지구)의 30분의 1. 질―빙氷, 색―청淸, 성―냉冷, 광―햇빛을 받아서 빛을 냄.
- 땅(지구). 칠정의 재예滓濊. 질―빙·토土, 색―회탁晦濁·성―한寒.

광―해와 가깝다(다른 언급은 없다).

해, 달, 땅(지구)은, 기본적으로 체, 질, 색, 성性, 빛을 갖는다. 체는 질의 가시적 형태인 부피를 말한다. 체=질이다. 여기서 가장 중요한 것은 질의 속성이다. 해가 가진 질의 속성은 화火인데, 이것이 1차 속성 곧 본질적 속성이고 이하 색, 성, 빛은 2차 속성이다. 해는 질이 불[火]이기에 색이 붉고, 성이 따뜻하고 빛을 낸다. 해에 불이라는 1차 속성을 부여한 것은 말할 것도 없이 우리의 경험적 상식 곧 '뜨거운 태양'으로부터 나왔을 터이다. 달의 질이 얼음[氷]이고, 지구의 질이 얼음과 흙(토)이라고 한 것 역시 다르지 않을 것이다. 이 속성들로부터 각 계에서 생성된 물들의 성질이 다시 결정된다.

앞서 언급한 바와 같이 담헌은 하늘은 물을 생성할 수 없고 오직 땅(지구)에서 기가 질이 되어 곧 체질의 형태로 존재했다가 허물어져 다시 기로 돌아간다고 하였다. 기가 응결해 질이 되고, 질이 붕괴하여 다시 기가 되는 과정은 무한하게 반복된다. 곧 물의 생성되고 소멸했다가 다시 생성되는 것이 땅[地界]에서 가능하다면, 그것은 일계와 월계에서도 가능할 것이다. 담헌은 일계, 월계, 지계가 생성한 것들은 다음과 같은 성질을 갖는다고 말한다.

일계에서 태어난 것은 순수한 붊[純火]을 부여받았기에 그 몸체가 밝게 빛나고, 그 성性은 강렬하며, 그 지혜[知]는 밝고 투명하고, 그 기氣는 드날린다. 밤과 낮의 구분도 없고, 겨울과 여름의 기후도 없다. 저 옛날부터 불속에서 살아 왔지만, 그것이 따뜻한 줄도 모른다.[61]

월계月界에서 태어난 자는 순수한 얼음을 타고 나기 때문에 그 몸체는 투명하고, 그 본성은 정결하고, 그 지혜는 맑고, 그 기는 가볍다. 밤과 낮의 구분, 겨울과 여름의 기후는 지계地界와 같다. 저 옛날부터 얼음에 살아 왔지만, 그것이 차가운 줄도 모른다.[62]

지계에서 태어난 것은 그 몸체가 뒤얽혀 어지럽게 보이고, 그 본성이 조잡하고, 그 지혜가 우매하고, 그 기가 둔하고 막혀 있다[鈍滯]. 해가 비추면 낮이 되고, 해가 지면 밤이 된다. 해가 가까워지면 여름이 되고, 해가 멀어지면 겨울이 된다. 해의 불기운이 찌고 굽듯 하면 뭇 생명을 번식하게 하고, 형체로 교합하고 태胎로 낳아, 사람과 물物이 번성한다. 정신과 지혜는 날이 갈수록 닳히고, 작은 꾀는 날마다 자라나, 이욕利慾에 빠지고 들볶여 살고, 나고 죽는 것이 찰나에 이루어진다.[63]

각 천체에서 생성되어 존재하는 물의 속성 역시 천체 속성의 연장이다. 모든 물은 체體, 성性, 지知, 기氣를 갖는다. 그런데 원래 '기'는 태허의 '기'가 아니었던가? 태허의 기는 속성을 규정할 수 없는 '기' 자체로 존재했다. 하지만 여기서의 기는 이미 어떤 속성을 갖는다. 예컨대 일계의 기는 '드날리는[飛揚]' 속성을 갖는다. 이러한 '기'의 이중적 성격에 대해 담헌은 별로 깊이 생각하지 않았던 것으로 보인다.[64] 어쨌든 《의산문답》에서 '기'는 태허의 '기'와 천체의 '기'로 나뉘어 설정된다. 이것은 담헌 기론氣論의 모순점이다.

이상의 인용문을 간단히 정리하면 다음과 같다.

- 일계. 순화를 품부. 체體─황랑晃朗, 성性─강렬剛烈, 지知─형투烱透, 기氣─비양飛揚.

- 월계. 순빙을 품부. 체―영철瀅澈, 성―결정潔淨, 지―징명澄明, 기―경부輕浮.
- 지계. 체―방박尨駁, 성―조잡粗雜, 지―혼감昏惑, 기―둔체鈍滯.

기의 집적 혹은 응결이 질을 이룬다. 질은 가시적인 몸체[體]를 갖는다. 해의 질은 화, 달의 질은 빙, 땅(지구)의 질은 빙·토다. 그러니까 담헌이 생각한 질의 속성은 화·빙·토 셋이다. 그런데 얼음(빙)은 물[水]이므로 결국은 질의 속성은 화·수·토가 된다. 질이 어떤 특정한 형태[形體]를 띠게 되면 곧 물物로서 현현한다. 당연히 물의 속성은 질의 속성에서 연역된다. 일계와 월계의 물은 체·성·지·기를 통해서 자신의 속성을 드러낸다. 일계와 월계의 경우, 그 속성은 본질적 속성인 순화와 순빙의 연장이다. 하지만 지계는 '칠정七政의 재예滓穢'이기 때문에 순화·순빙처럼 본질적 속성을 부여하는 것이 있을 수 없다. '재예'는 찌꺼기[滓]이며, 오물[穢]이다. 땅(지구)의 물은 기본적으로 찌꺼기이자 오물이다. 따라서 체·성·지·기의 속성 역시 방박尨駁, 조잡粗雜, 혼감昏惑, 둔체鈍滯와 같은 부정적 속성을 갖는다. 바로 이것, 곧 담헌이 매우 부정적인 어휘를 사용한다는 데 주목할 필요가 있다. 그것은 위의 인용문에서 확인할 수 있듯, 인간을 포함하는 지구의 물에 대한 부정적인 인식을 낳는다. 지구의 물物은 "정신과 지혜는 날이 갈수록 닫히고, 작은 꾀는 날마다 자라나, 이욕利慾에 빠지고 들볶여 산다." 이 부정적인 인식은 지구의 불결한 속성으로부터 유래하는 듯 보이지만, 사실은 담헌이 인간에 대해 가졌던 부정적 인식을 자연학으로 정당화시킨 것으로 보인다. 인간에 대한 담헌의 부정적 인식은 뒤에 다시 다루기로 하자.

지구는 둥글다, 그리고 자전한다

무한의 공간에 가득 찬 기는 집적되어 바닷물처럼 일렁이다가 무게와 크기를 갖는 몸체를 이루고, 특정한 성질을 갖는 질質이 된다. 태허에서 그 질은 무한수의 별의 형태로 현현한다. 별은 특정한 공간을 차지하므로 성계라 부를 수 있고, 은하계는 무한수의 성계의 집합이다. 은하계 역시 무수하다. 이것이 담헌이 생각한 우주였다. 땅(지구)은 그 우주의 먼지처럼 작은 성계일 뿐이다. 하지만 땅(지구) 곧 지계地界는 인간의 유일한 생존공간이다. 담헌은 《의산문답》의 천문학-자연학 중 지계에 대해 가장 길고 자세하게 말한다. 담헌이 가장 힘주어 말한 부분은 지구가 구형球形이라는 '지원설地圓說'이다.

> 대저 땅은 물[水]과 흙[土]의 질質로 이루어져 있다. 그 몸체[體]는 정확한 원형이고, 쉬지 않고 회전하면서 공계空界의 한 곳에 떠서 머물러 있다. 온갖 물物은 그 표면에 붙어서 살 수 있다.[65]

담헌은 지구가 정원正圓, 곧 완전한 원형이라고 말한다. 지원설은 담헌이 처음 말한 것이 아니다. 서양 천문학에서 가져온 학설이다. 게다가 지원설은 이미 중국과 조선의 천문역법 곧 시헌력에 깊이 들어와 있었다. 조선 후기 일부 경화세족들이 읽은 한역 서양서는 천문학과 지구자연학을 당연히 포함하고 있었고 예외 없이 지원설을 소개했다. 지원설이 전해지기 전 중국과 조선의 지식인이 믿었던 우주 구조는 땅이 물 위에 떠 있고 물은 하늘에 감싸여 있는 주희의 혼천적渾天的 구조였으며 그것은 그들의 상식에 맞는 안락한 우주 구조였다.[66]

지원설은 주자학의 천체관을 믿었던 조선의 지식인들을 당혹케 하였다. 그 당혹스러움은 지원설의 수용에 장애로 작용했다. 18세기 초반 신유申愈(1673~1706)는 지구가 6면의 입방체이며 그 6면에 모두 사람과 사물이 존재한다는 육면세계설六面世界說을 주장했고, 그 설을 두고 호서의 노론 학자들, 예컨대 한홍조韓弘祚(1682~1712)·현상벽玄尙壁(1673~1731)과 이간李柬(1677~1727)·한원진韓元震(1682~1751) 등은 찬반 논란을 벌인 바 있다.[67] 육면체설이란 마테오 리치의《건곤체의》의 지원설을 수용하되 '천원지방天圓地方'이라는 재래의 관념을 유지한 것이었다. 육면세계설은 지원설을 오해한 변형물이었다.

육면세계설은 당시 조선 지식인들의 곤혹스러운 상황을 반영한 결과였다. 지원설을 인정할 수도, 인정하지도 않을 수 없는 상태에서 궁여지책으로 가설한 것이 육면세계설인 셈이다. 지원설을 둘러싸고 논란을 벌인 사람들은 거개 서울과 경기, 호서湖西의 사족들, 곧 경화세족이었다. 육면세계설은 허접하기 짝이 없는 논리였지만, 이를 둘러싼 논란 자체는 지원설을 확산시키는 데 기여했다. 요컨대 1603년 마테오 리치의〈곤여만국전도〉혹은《건곤체의》를 수입한 뒤로부터 150년 이상 경과하여 담헌이《의산문답》을 쓸 무렵인 18세기 후반이면 지원설은 경화세족 지식인들에게는 비교적 널리 인지되어 있었다. 물론 모두가 그것을 이해하거나 인정했다는 뜻은 아니다.

담헌은 지원설을 드러내 놓고 지지한 드문 경우인데, 정작 중요한 것은 지원설에 대한 지지 자체가 아니라 그 지지 논리다. 담헌은 일식과 월식 때 달과 지구의 그림자가 둥근 것을 증거로 지구가 원형이라고 주장한다. 아울러 '천원지방설'에 대해서도 그것은 '둥근 하늘이 모난 땅의 네 모서리를 가릴 수 없다[是四角之不相掩]'는 말일 뿐이라는 증자의 해석을 끌어오는 한편,[68] 또 그것이 땅의 형태를 지적한 것이 아니고 땅의 덕성을 지적한 것이라는 누군가의 말을 인용했다. 즉 천원지방이란 말에서 땅이 네모난 것이라는 판단을 이끌어 낼 수 없다는 것이다. 담헌 주장의 근거는 마테오 리치다. 곧 천원지방설의 '지방'이란 부분을 땅의 덕이 고요하여 움직이지 않는 본성을 말한 것이고 형체를 말하는 것은 아니라고 했던 이는 마테오 리치였다.[69] 이것만으로 천원지방설이 논파될 수는 없었다. 여전히 상식적 지구의 형상은 원형이 아니었다. 담헌은 그것을 다음과 같이 지적한다.

"만약 땅이 네모난 것이라면, 사우四隅·팔각八角·육면六面이 모두 평면이고 변두리는 담장을 세운 것처럼 깎아지른 절벽일 것이다. 너의 견해는 이런 것인가?"
"그렇습니다."
"그렇다면 강과 바다의 물과, 사람과 물物의 부류는 한 면面에만 모여 살고 있는가? 아니면 여섯 면에 두루 퍼져 살고 있느냐?"
"윗면에만 모여 삽니다. 옆면에서 가로로 살 수가 없고 밑면에서는 거꾸로 살 수가 없기 때문입니다."[70]

허자가 상상하는 지구의 형상은 정육면체다. 이것은 신유의 육면세계설이다. 담헌이 육면세계설을 인지했는지는 분명하지 않지만, 천원지방설은 논리적으로 육면체로 귀결될 수 있다. 주사위 같은 정육면체의 윗면에만 인간이 살 수 있고, 아래 면과 측면에는 인간이 살 수 없다. 인간이 추락하기 때문이다. 이것은 상식이었다. 담헌은 그 상식을 배반하고, 지구가 완전한 원형이며 인간은 그 표면에 붙어 산다고 말했다. 우리가 현재 살고 있는 지점에서만이 아니라, 대척적인 지점에서도 사람이 살고 있다는 것이다. 원형의 지구에는 상·하가 존재하지 않는다.

지구가 원형일 경우 상·하가 존재하지 않는다는 사실은 마테오 리치가 《건곤체의》에서, 그리고 알레니가 《직방외기》에서 거듭 주장한 것이었다.[71] 이 외 다수의 한역 서양서도 동일한 주장을 반복했다. 상·하란 구분이 존재하지 않는다는 것, 대척지에도 사람이 산다는 주장은 실로 받아들이기 어려운 것이었다. 이 문제를 두고 조선에선 18세기 이래 김시진金始振·남극관南克寬·이익 등 여러 지식인 사이에서 논란이 끊이지 않았다.[72] 특히 김시진은 시헌력의 시행을 비판하고 나아가 탕약망과 이마두 등 서양 선교사들이 반명反明 세력이며 사설을 퍼뜨리는 이단이라고 규정하는가 하면, 지원설도 근거 없는 것으로 단정했다.[73] 지원설은 확산되었지만 대척지의 사람과 사물이 추락하지 않는 현상의 이유, 또 지구 자체가 아래로 추락하지 않는 이유 등에 관련된 문제는 여전히 충분히 해명되지 않고 있었다.

이 문제는 뉴턴이 《자연철학의 수학적 원리 Philosophiae Naturalis Principia Mathematica》(1687)에서 공표한 만유인력의 법칙으로 해결된다. 하지만 만유인력의 법칙이 마테오 리치의 시대에 인지될 리는 없었고, 또 담헌 당시까지 서양 선교사들은 뉴턴의 법칙을 한문으로 옮기지 않았다. 만유인력은 존 허셸John Herschell의 천문학 개론서 《담천談天 Outline of Astronomy》(1849)을 이선란李善蘭(1810~?)이 1859년에 번역, 간행함으로써 비로소 동아시아에 알려졌다.[74] 물론 서양 선교사들에게 대척지와 상·하 관념에 의한 지구의 추락은 전혀 문제가 되지 않았다. 아리스토텔레스의 4원소설에 의하면, 원소는 각각 원래 존재하는 장소[本所]가 있어 무게에 따라 아래로부터 흙·물·공기·불의 순서로 존재하게 된다. 그것이 본소다. 또 모든 물체는 한가운데에 무게중심이 있는데, 가장 무거운 땅(흙)은 저절로 모든 것의 무게중심이 되어 모든 물체가 땅의 중심地心으로 향한다는 것이다.[75] 서양 천문학서는 이런 논리로 지구의 중심을 향하는 중력의 존재를 설명하려 했으나, 중국과 조선의 지식인들은 4원소설을 수용할 수 없었다. 그것은 하늘이 위, 땅이 아래라는 너무나도 자명한 상·하 관념과 모든 것은 아래로 추락한다는 상식으로는 도저히 납득이 되지 않았기 때문이다. 따라서 지구설 자체를 부정하거나 혹은 수용한다고 해도 명백한 근거보다는 천문학적 경험 증거와 경전에 지구가 둥글다는 말씀이 있다는 식으로 정당화할 수밖에 없었다.[76] 하지만 어떤 논리도 완벽하지 않았다.

담헌은 지원설을 지지하기 위해 나름의 논리를 개발할 필요가 있었다. 그는 허자에게 이렇게 묻는다.

"그렇다면, 사람과 물物처럼 미세한 것도 오히려 아래로 추락하는데, 지구처럼 큰 흙덩이는 왜 아래로 추락하지 않는 것이냐?"
"기氣로써 태우고 싣기 때문입니다."
실옹은 언성을 높여 말했다.
"군자는 도를 논하다가 이치가 딸리면 굽히고, 소인은 도를 논하다가 말이 딸리면 발뺌하는 법이다. 물과 배의 관계란, 배가 비면 물이 배를 싣고 배가 꽉 차면 물이 배를 가라앉히는 것이다. 기는 힘이 없는데 큰 땅덩이를 실을 수 있단 말이더냐? 지금 너는 옛날에 들은 것에 집착하고 승심勝心에 익어 입에서 나오는 대로 남의 말을 막고, 도를 듣기를 바라니 또한 잘못이지 않은가? 소요부는 통달한 선비였다. 그는 이치를 찾다가 깨치지 못하자 '하늘은 땅에 의지하고 땅은 하늘에 의지한다'고 하였다. 땅이 하늘에 의지한다는 것은 가능하겠지만, 하늘이 땅에 의지한다고 하면 넓디넓은 저 태허가 어찌 하나의 흙덩이에 의지할 수 있단 말이냐? 게다가 땅이 아래로 추락하지 않는 것은 본디 그런 형세가 있는 것이지 하늘과는 관계가 없다. 소요부는 그것을 알지 못하고 억지로 큰소리를 쳐서 한세상을 속였다. 이것은 소요부가 자신을 속인 것이다."[77]

모든 사물은 위에서 아래로 추락한다. 허자는 이 경험적 상식에 근거하여 대척지의 사람과 사물은 아래로 추락할 것이라고 주장했다. 담헌은 허자의 논리를 그대로 따라서, 그렇다면 무거운 지구 자체는 왜 아래로 추락하지 않느냐고 반문한다. 난감한 질문에 허자는 기氣가 지구를 싣고 있기에 지구가 추락하지 않는다고 말한다. 기가 지구를 싣고 있다는 생각은 《황제내경》의 "대기가 지구를 든다[大氣擧之]"는 말에 근거를 둔 것이다.[78] 지구가 아래로 추락하지 않는 이유로 중국 지식인들은 종종 《황제내경》의 이 구절을 인용했다.[79] 주자 역시 이 구절을 인용했다. 그는 《초사집주》의 '원즉구중圜則九重'에 대한 주석에서 천기의 회전 때문에 땅이 하늘에서 안정할 수 있다고 주장했다.[80] 주자 역시 장재의 기론을 받아들였다. 주자에 따르면, 태초에 혼돈미분混沌未分의 원초적 기가 처음부터 회전운동을 하고 있었으며, 그 회전은 바깥쪽일수록 엷어지고 빨라지는데 마치 회오리바람처럼 강경剛勁해서 천체를 실을 수 있을 정도라고 한다. 안쪽일수록 속도는 느려지고 짙어져서 기가 응집하고 응결해서 유형의 존재인 찌꺼기

[渣滓]가 되며, 결국 우주의 중심에서 고체인 땅이 생겨나게 되었다는 것이다. 이와 같이 주희의 우주론 논의에서는 기의 회전운동이라는 개념이 중요하게 부각되었는데, 그는 무거운 고체의 땅이 우주 공간에 떠 있을 수 있는 이유를 바로 기의 회전력에서 구했다.[81] 이 회전은 우주 전체의 기의 회전인데, 담헌은 하늘의 회전을 부정함으로써 이 주장을 수용하지 않는다. 회전을 거부할 뿐만 아니라, 경험상 '기'는 너무나 가볍고 무력하다고 보기까지 한다. '기'의 실재 증거로 꼽는 대기大氣, 즉 공기가 가볍다는 것은 보편적 경험이다. 담헌은 '기'는 지구와 같은 거대한 땅덩이를 실을 수가 없다고 말한다.[82] 약간 상론하면 다음과 같다.

중국 지식인들은 땅이 낙하하지 않는 이유로, 소옹의 《어초문답漁樵問答》에 나오는 "하늘은 땅에 의지하고, 땅은 하늘에 붙어 있다[天依於地, 地附於天]"는 말[83]에 기대었다. 담헌에 앞서 서양 천문학을 읽고 나름의 우주론을 제시했던 정제두鄭齊斗 역시 땅이 낙하하지 않는 근거로 소옹의 이 말을 근거로 제시했다.[84] 하지만 담헌은 이 말 자체를 비판했다. 땅이 하늘에 붙어 있다는 말은 타당하지만(아마도 땅은 광대무변한 하늘에 비해 극히 작은 존재이기 때문에), 하늘 곧 '혼혼渾渾한 태허太虛'가 한 덩어리의 작은 땅에 의지할 수는 없기 때문이다. 소옹은 《주역》에 대한 상수학적 해석을 토대로 거창한 우주론을 구성했는데, 담헌은 〈계몽기의〉에서 그 일부를 비판한 바 있었다. 이제 담헌이 《의산문답》 단계에서는 소옹의 우주관을 완전히 부정하게 된 것이다. 하지만 《황제내경》과 소옹의 논리를 변파했다 해도 지구가 아래로 추락하지 않는 이유는 여전히 해명되지 않았다. 허자는 다시 반문한다. 그렇다면 새의 깃이나 짐승의 털처럼 가벼운 것도 추락하는데, 무거운 땅덩이가 추락하지 않는 이유가 무엇인가?

　담헌은 이 질문을 기묘한 방식으로 돌파한다. 지구가 공중에 떠 있는 원형의 물체라는 사실을 수긍하기 어려운 이유는 상·하의 절대적 방향이 존재한다는 관념이었다. 만약 상·하의 관념 자체가 없다면, '추락', 즉 위에서 아래로의 운동은 존재하지 않을 것이다. 담헌은 즉각 상·하의 관념을 제거한다. 태허는 무한공간이다. 무한공간에는 절대적 중심이 존재하지 않는다. '혼혼한 태허'에는 절대적 좌표계가 존재할 수 없기에 육합六合(천·지·동·서·남·북)이란 관념 자체가 있을 수 없다. 따라서 상·하의 구분도 있을 수 없다.[85] 이제 이렇게 말할 수 있다. "대저 해와 달과 별은 하늘로 올라가도 오르는 것이 아니며 땅으로 내려와도 내려오는 것이 아니라 허공에 달리어 항상 머물러 있다. '태허'에 상·하가 없는 것은 분명한데도 세상 사람들은 일상 소견에 젖어 있어 그 까닭을 찾아보지 않는다. 진실로 그 까닭을 찾아보면 땅이 떨어지지 않는 것은 의심할 여지가 없다."[86]

　무한공간에서는 육합이 있을 수 없고, 따라서 상·하의 위치도 존재할 수 없다. 해와 달과 별 등의 천체는 그 무한공간의 한 곳에 그저 존재할 뿐이다. 물론 우주를 '무한하게 확장된 공간'으로 보는 사유, 곧 이른바 '무한우주론'은 장재의 태허 개념을 끌어온 것이다.[87] 다만 담헌이 태허를 말하는 그 시작점에서 태허는 "안도 없고, 바깥도 없고, 처음도 없고 끝도 없다"며 그 공간적·시간적 제한성을 제거하고 무한성을 주장한 것은 의미심장하다. 여기서 유의할 점은, 담헌의 무한우주가 물리적 차원에서 발견된 것이 아니라, 지구가 추락하지 않은 이유를 설명하기 위한 장치로서 장재의 태허 개념을 빌리고 있다는 것이다. 아마도 그는 뒤에 땅(지구)의 추락을 의식하여 미리 태허에 공간적 무한성을 부여해 두었던 것으로 여겨진다.

상·하 관념을 부정하고 지원설을 수용한 사람이 담헌만은 아니었다. 이광사李匡師 역시 땅은 위와 아래가 있을 수 없으며 물은 땅을 실을 수 없다는 논리로 "물이 땅 아래서 땅을 싣고 있다[地下水載說]"를 비판하였다. 그는 대지는 기로 둘러싸여 있으며, 지구상의 모든 곳은 다 하늘을 위로 하고 있다고 보았다. 따라서 나와 반대편의 사람 역시 하늘을 위로 하고 있으니, 밑으로 떨어질 리 없다는 것이다.[88] 하지만 이광사에게는 여전히 하늘은 위, 땅은 아래라는 상·하 관념이 남아 있다. 이것만으로 대척지 문제가 깔끔하게 해명되었다고 볼 수는 없을 것이다. 담헌에게는 또 다른 논리가 필요했다.

담헌은 우주를 무한하게 확장하여, 상·하, 동서남북이란 방위 자체의 설정을 아예 배제해 버림으로써 지구가 추락하지 않는 이유를 밝힐 수는 있었지만, 이 논리로 대척지에서 사람이 추락하지 않는 이유를 완전히 해명한 것은 아니었다. 곧 원형의 지구 표면에 사람과 사물이 붙어 있고, 우주 공간으로 부유하지 않는 이유는 밝히지 않았던 것이다.

대저 땅덩이는 하루에 한 번 회전한다. 땅의 둘레는 9만 리고, 하루는 12시간이다. 9만 리의 넓은 거리를 12시간에 도니, 그 운행의 속도로 말하자면 우레나 번개, 탄환보다 빠르다.
땅은 급속히 회전하며 허기虛氣와 격렬하게 부닥친다. 기는 허공에 막혀 땅으로 몰려든다. 이에 상·하의 형세가 생긴다. 이것은 지면地面의 형세다. 땅에서 멀어지면 이런 형세는 없다. 또 자석이 쇠를 잡아당기고 호박이 먼지를 끌어모으는 것은, 근본이 같은 부류가 서로 감응한 것이니, 물物의 이치가 그러하다. 그러므로 불꽃이 위로 올라가는 건 해에 근본을 둔 것이고, 조수가 위로 솟구치는 건 달에 근본을 둔 것이고, 온갖 물이 아래로 추락하는 건 땅에 근본을 둔 것이다. 지금 사람은 지면地面의 상·하를 보고서 망령되게 태허의 정해진 형세를 임의로 추측하고 땅덩이 둘레에 기가 모이는 것을 살피지 않으니, 또한 좁은 생각이로다!⁸⁹⁾

땅(지구)은 빠른 속도로 회전한다. 그는 천체는 자전하면서 공전한다고 말한 바 있다. 물론 땅(지구)은 자전만 하고 공전은 하지 않는다. 담헌은 천체가 회전하는 이유를 이렇게 밝히고 있다. "무릇 물物의 회전[轉動]은 허하고 실하면서 몸 밖에 계가 있는 것에서 비롯된다." 모든 물체는 빈 곳과 채워진 곳이 있는 상태에서 그 물체의 외부에 어떤 계가 존재할 때 회전한다는 것이다. 이 문장이 말하는 회전의 원리는 그 의미를 정확하게 알 수 없다.⁹⁰⁾ 어쨌든, 담헌이 밝힌 그 원리에 의해 지구는 스스로 회전한다.

땅(지구)이 빠른 속도로 회전하면 지구 바깥을 가득 채우고 있는 허기, 곧 태허의 기는 회전하는 지구 표면과 격렬하게 마찰하게 된다. 마찰된 태허의 기는 지구의 회전 방향과 같은 방향으로 회전하면서 밀려날 것이다. 지구의 회전으로 생긴 원심력으로 지구 표면의 물체 역시 바깥으로 튕겨 나갈 것이다. 따라서 지구의 회전으로는 물체가 위에서 아래로 추락하는 현상을 설명하지 못한다. 그런데 담헌은 지구의 회전으로 인한 기의 운동 방향은 바깥이 아니라 지구 쪽으로 이루어진다고 말한다. 곧 기는 허공에 막혀 안으로 몰려들기에 그 힘에 의해서 물체는 위에서 아래로 떨어진다는 것이다. 다만 그것은 지면 가까이에서만 발생하는 현상이고, 지면과 멀어지면 그런 위에서 아래로 추락하는 현상은 발생하지 않는다. 그냥 들으면 도저히 이해할 수 없는 말이다.

담헌은 다른 논리를 만든다. 그에 따르면 만물은 생성될 때 둘러싸는 기가 있다고 한다.[91] 곧 포기包氣다. 물체의 크기에 따라 그것을 둘러싸고 있는 '포기'에도 후厚·박薄이 있다. 포기는 허기의 것이 아니라 물체에 속한다. 곧 땅(지구)은 포기와 함께 하나의 계를 이루는 셈이다. 포기의 도입으로 이제 다른 설명이 가능하다. 지구가 회전할 때 당연히 포기도 같이 회전한다. 실제 우주 공간을 채우고 있는 허기와 마찰을 일으키는 것은 포기다. 포기와 허기의 경계면에는 마찰이 일어나고, 그 마찰은 바람을 일으킨다. 담헌은 그 바람을 술사術士들이 측정하고는 '강풍䍃風'이라 불렀다고 한다. 강풍은 높은 곳에서 부는 강력한 바람이다. 허기와 포기가 부닥치면 강풍 곧 거센 바람은 마찰면 안쪽, 곧 땅(지구) 쪽으로 몰린다. 그것은 마치 강가의 언덕에 물이 부닥쳐 격렬하게 '회보匯洑'를 만드는 것과 같다. 여기서 '회보'란 말은 담헌이 만든 것인데, 설명을 붙이지 않아 의미를 정확하게 파악하기는 어렵다. 다만 '회'는 물이 회전하는 현상을, '보'는 물이 모이는 곳, 물을 모아 놓은 곳, 혹은 물이 돌아나가는 흐름을 나타낸다. 흐르는 강물은 움직임을 보이지 않지만, 강가의 땅이나 절벽 부분에서는 물살을 일으키는 것이 보인다. 그 물살은 솟구쳐 강가의 땅으로 향한다.[92] 강물과 강가의 경계면에서 물살이 강가의 땅으로 향하듯, 담헌은 포기와 허기 사이에서 일어난 강풍을 사이에 두고 강풍의 힘으로 인해 포기의 '기'가 지구 쪽으로 쏠린다고 생각했던 것으로 보인다. 이렇게 해서 마찰면 안쪽으로 기가 쏠리자 허기와 구별되는 폐쇄계가 생겼고, 그 기가 몰려든[湊氣] 폐쇄된 공간 안에서 모든 새는 날 수 있고 구름을 펼쳤다 말렸다 할 수 있다. 대척지에 있어도 그것들은 우주 공간으로 추락하지 않는다. 그것은 마치 물고기와 용이 물속에 있는 것과 같고, 두더지가 땅속을 다니는 것과 같다.[93] 담헌의 비유는 마찰면 아래의 공간에서는 추락이란 애초부터 있을 수 없다는 말이다.

하지만 이 공간에서 물체가 아래로 향하는 이유는 아직 설명이 미진하다. 그는 다시 재래의 물류상감物類相感 원리를 끌고 온다. 자석이 쇠를 잡아당기고 호박이 먼지를 끌어모으듯,[94] 동질적인 물질 사이에는 서로 당기는 힘이 작용한다는 것이 물류상감의 논리다. 땅(지구)에서 생성된 물物과 땅(지구)은 본질적으로 동일하다. 따라서 양자 사이에는 서로 끌어당기는 힘이 작용하고, 그로 인해 물物은 지구를 향한다. 사람과 사물은 땅에 붙어 있을 수 있다. 담헌의 논리는 전통적인 물류상감의 원리를 빌린 것으로 보이지만, 동시에 한역 서양서의 영향도 분명 있다. 곧 불이 순화純火인 태양을 향하고 조수가 얼음(빙, 곧 물水)을 질質로 하는 달을 향해 솟구친다는 논리는 아리스토텔레스의 4원소설에 근거한 본소本所 관념을 참고한 것이 분명하다.

분명 담헌의 발상은 독창적이기는 하지만, 상당 부분은 전통적 사유의 차용이다. 예컨대 '강풍'은 원래 높은 허공에서 부는 거센 바람을 의미하는 도가의 문자다.[95] 하지만 그는 이 말을 주자에게서 가져왔을 것이다.[96] 또한 그의 논리는 한편으로는 견강부회의 냄새가 물씬 풍긴다. 예컨대 포기와 허기는 어떻게 다른가? 사물은 왜 생성될 때 포기를 갖게 되는가? 우주에 가득 찬 태허의 기는 사물을 둘러싸고 있는 특수한 형태의 '포기'와 어떤 관계에 있는가? 담헌은 이에 대해 어떤 언급도 남기지 않았다. '포기'는 회전하는 지구와 허기의 마찰이 가져오는 골치 아픈 문제를 해결하기 위해 방편으로 도입한 것일 뿐이다. 《의산문답》은 빈틈없는 증거와 논리의 연쇄로 이루어진 텍스트가 아니다!

　담헌의 지전설에 대해 허자는 당장 "그러나 서양 사람의 정밀하고 자세함으로 이미 '하늘은 운행하고 땅은 고요하다[天運而地靜]'고 하였고, 중국의 성인 공자께서도 또한 '하늘의 운행은 굳세다[天行健]'하였습니다. 그렇다면 그러한 말들은 모두 잘못입니까?"[97]라고 묻는다. 즉 '지전'이란 새로운 발상은 기존 서양의 천문학과 유가 경전의 천동설과 위배된다는 지적이다. 흥미로운 것은 '천운이지정天運而地靜'이라는 말이다. 서양 천문학을 전하는 책 중에서 '천운天運'과 '지정地靜'을 대비하여 나란히 쓴 문헌은 유예의 《천경혹문》이 유일하다.[98] 담헌은 《천경혹문》을 보았던 것이 아닐까? 공자의 말은 당연히 《주역》 건괘乾卦의 '천행건, 군자이자강불식天行健, 君子以自強不息.'에서 나온 것이다.

　담헌은 이어 장재의 저작에도 충분하지는 않지만 지전을 의미하는 구절이 있고, 움직이는 배와 움직이지 않는 언덕과의 관계에서 운동의 상대성을 이끌어 낸 서양인의 주행안행설舟行岸行說을 들어 지전이 곧 천동天動의 시운동을 만들어 낸다고 말한다.[99] 그것을 천운으로 이해하면 추보推步 곧 천문 계산에 편리하다는 것이다. 따라서 경험적 상식을 따라 천운, 곧 천동으로 이해하여 책력을 만들어 백성을 다스려도 아무런 상관이 없기에 그럴 뿐이라는 것이다.[100] 지구가 자전할 뿐 하늘이 돌지 못하는 이유를 담헌은 뒤에 다시 이렇게 밝히고 있다. "대저 하늘은 그 체體는 지극히 허하고 그 성性은 지극히 고요하며 그 크기는 헤아릴 수 없이 크고, 꽉 차 있어 빈틈이 없다. 아무리 회전하고자 하더라도 가능하겠느냐?"[101] 그는 이미 우주가 무한하다고 말했던 바, 무한우주의 관념을 태허에 장착했을 때 무한한 우주의 회전은 사실상 논리적으로 불가능했다.[102] 담헌은 여기에 다시 장재의 《정몽》〈삼량편參兩篇〉의 '지전'으로 해석할 가능성이 있는 문헌을 증거로 첨부했을 것이다.[103] 첨언하자면 그는 지전설로 하늘에 양극이 있다는 재래의 설도 부정했다. 허자가 하늘에 양극兩極이 있는 이유를 묻자[104] 그것은 지전을 모르기 때문이라고 답했다. 하늘의 양극은 사실상 땅(지구)의 양극이라는 것이다.

이상이 담헌의 '지전설'이다.[105] 물론 담헌만이 지전설을 주장한 것은 아니다. 알폰소 바뇨니P. A. Vagnoni는 《공제격치》에서 부정하기는 했지만 지전설을 소개했다.[106] 한역 서양서를 광범위하게 읽은 담헌이었으니 단정할 수는 없지만, 《공제격치》를 보았을 가능성도 없지는 않다. 앞서 보았듯 《공제격치》를 읽었음이 확실한 이익은 《성호사설》의 여러 논설에서 지전의 가능성을 언급했다.[107] 담헌은 《성호사설》을 소장하고 있었으니, 이익이 말한 지전 가능성을 알았을 것이다. 또 알려져 있다시피 김석문 역시 지전을 주장했으니, 담헌은 김석문의 지전설도 알았을 것이다.[108] 그렇다면 한역 서양서의 천문학인가, 성호인가, 김석문인가? 담헌은 어느 쪽을 참고한 것인가. 담헌의 지전설과 연관되어 주로 언급되는 이름은 김석문이다. 연암은 열하에서 중국 지식인 왕민호에게 지전설에 대해 길게 해설한 뒤 '선배' 김석문이 삼환부공설三丸浮空說을 주장했고 담헌이 '또' 지전론을 창안했다고 말했기 때문이다.[109] 김원행의 제자였던 황윤석에 의하면, 김창흡과 이희조가 모두 김석문의 학설에 동조했고, 황윤석은 물론 김원행도 그의 학설에 심취하고 심복하고 있었다고 한다.

18세기 후반을 대표하는 지식인인 안정복·이덕무·서유구·이희준 李羲俊 등도 모두 《역학도해》를 알고 있었다.[110] 담헌의 주행안행설은 아마도 《서양신법산서》의 《오위역지》에서 인용된 것이 아니라, 《역학도해》에서 김석문이 인용한 것을 재인용였을 터이다.[111] 그가 주행안행설을 다른 설명 없이 다 아는 듯 말한 것도 이미 《역학도해》에 실려 많은 사람이 그것을 인지하고 있다고 보았기 때문일 것이다. 담헌은 《역학도해》를 읽었을 가능성이 크다.[112] 문제는 《역학도해》가 인용하고 있는 《오위역지》가 《공제격치》처럼 잘못된 학설이라는 단서를 붙여 지전설을 소개하고 있고, 김석문은 이것을 토대로 나름의 지전설을 고안해 내었다는 것이다.[113] 곧 담헌의 지전설은 간접적으로 한역 서양서의 영향을 받은 것일 수도 있다는 사실이다. 물론 지전설의 구체적 내용은 담헌의 독창이지만!

담헌의 지전설은 20세기 이후 한국 과학사 혹은 사상사에서 대서 특필되었다. 그의 지전설이 서구의 지동설을 연상시켰기 때문이다. 아니 한국인들은 담헌의 지전설을 지동설과 동일한 것으로 보려고 했다는 게 정확한 표현이리라. 지동설은 코페르니쿠스 이래의 태양중심설太陽中心說heliocentrism이다. 태양중심설은 공전에 힘을 실은 것이었다. 지구가 중심이 아니라, 태양이 중심이라는 주장은 중세의 신학적 우주관을 정면에서 부정했기 때문이었다. 그것은 기독교의 권위에 대한 도전이었다.

하지만 동일한 논리로 지전설이 서구의 중세 신학에 상응하는 주자학에 도전한 것은 결코 아니었다. 담헌의 땅(지구)은 자전만 할 뿐 공전은 하지 않기 때문이다. 허자의 물음을 참고하자. 허자는 실옹에게 각 성계가 자전을 하면서 동시에 다른 성계를 공전하지만, 지계地

界는 단지 자전만 하고 다른 계의 주위를 회전할 수 없는 이유를 묻는다.[114] 다른 계의 주위를 회전하는 것을 주행周行이라 표현하고 있지만, 이것은 명백히 공전이다. 담헌은 성계의 몸체[體]의 경중과 성性의 둔함과 빠름[疾]에 따라 자전과 공전 여부가 결정된다고 말한다. 가볍고 빠른 것은 자전하면서 공전하지만, 무겁고 둔한 것은 자전하지만 공전하지 않는다.[115] 땅(지구)은 무겁고 둔한 경우이기 때문에 자전만 할 뿐 공전하지는 않는다.[116] 허공에 멈추어서 스스로 돌기만 하는 땅(지구)이 곧 담헌 지전설의 핵심이다. 이것은 서구의 지동설과는 판연히 다르다.

담헌의 지전설은 코페르니쿠스의 지동설처럼 조선 지식계에 큰 충격을 던진 것도 아니었다. 《의산문답》은 간행되지도 않았고 필사본 역시 거의 남아 있지 않지만,[117] 지전설만은 연암에 의해 널리 알려졌다. 이미 언급한 바와 같이 연암은 《열하일기》의 〈혹정필담鵠汀筆談〉과 〈홍덕보묘지명〉에서 지전설을 중요하게 언급하였다. 《열하일기》가 필사본으로 엄청나게 복제되고 수많은 사람에게 읽혔음은 굳이 말할 필요조차 없는 사실이다. 지전설이 넓게 인지되었던 것 역시 두말할 필요가 없다. 하지만 담헌의 지전설에 대한 반응은 없었다. 20세기 초반에 들어와서야 비로소 그 반응이 보일 뿐이다.

김택영金澤榮은 1900년 연암의 작품을 골라 엮어 《연암집》 원집을 간행하고, 다음 해인 1901년에 《연암속집》을 간행한다. 그런데 《연암속집》에 〈혹정필담〉이 실려 있다. 조긍섭曹兢燮은 김택영에게 〈홍덕보묘지명〉을 《연암집》에 수록하면서(〈홍덕보묘지명〉은 원집에 이미 실렸다) 재차 〈혹정필담〉을 수록할 필요는 없을 것이라고 충고하였다.[118] 조긍섭의 편지는 아마도 1900년 《연암집》 원집 간행 이후 보낸 것일 터이다. 《열하일기》와 연암의 산문은 조선 후기 지식인들이 가장 많이 읽었던 독서물이었고, 또 조긍섭의 말로 짐작건대 담헌의 지전설은 비교적 널리 유포되었던 것으로 보인다. 하지만 그것은 논란의 대상이 되지 않았다. 조긍섭은 이규준李圭畯이 담헌의 지전설을 비판했다는 것도 언급하고 있는데, 그것은 19세기 말에 와서야 비로소 담헌 지전설에 대한 논란이 있었다는 의미다. 담헌의 지전설은 정작 담헌 생존 시는 물론이고 이후에도 지식계에 별다른 충격을 주지 못했던 것이다.

중심 없는 세계

연암이 중국에서 왕민호 등에게 특별히 말할 자료로 삼았던 데서도 알 수 있듯 담헌의 지전설은 독특한 것이었다. 하지만 지전설은 그 자체로서 의미를 갖는 것이 아니라, 지원설을 입증하기 위해 설정된 일종의 보조이론이었다. 사실 담헌의 천문학에서 지전설보다 더 큰 의미가 있는 것은 지원설로부터 연역된 여러 주장이었다. 곧 담헌은 땅(지구)이 원형, 정확히 말해 구형球形이라는 사실에서 보다 골치 아픈 '중심의 부재'라는 담론을 연역해 내고 있었다.

(1) 땅의 측량은 하늘을 준거로 삼고 하늘의 측량은 남극과 북극에 근본을 둔다. 하늘을 측량하는 방법에는 경선經線과 위선緯線이란 것이 있다. 따라서 선을 드리우되 위로 그 직선의 도수를 측정하면 그것을 이름하여 '천정天頂'이라 하고, 극으로부터 멀고 가까운 곳을 이름하

여 '몇 위도緯度'라고 부른다.

(2) 지금 중국에서 배와 수레가 통하는 곳으로, 북쪽에 악라鄂羅(러시아)가, 남쪽에 진랍眞臘(캄보디아)이 있다. 악라의 천정은 북쪽으로 북극과 20도, 진랍의 천정은 남쪽으로 남극과 60도가 떨어져 있다. 두 천정의 상호간 거리는 90도이고, 두 지역의 상호간 거리는 2만 2,500리다. 그러므로 악라 사람은 악라를 정계正界로, 진랍을 횡계橫界로 삼고, 진랍 사람은 진랍을 정계로, 악라를 횡계로 삼는다.

(3) 또 중국은 서양과 경도 차이가 180도인데, 중국 사람은 중국을 정계로, 서양을 도계倒界로 삼고, 서양 사람은 서양을 정계로, 중국을 도계로 삼는다. 하지만 사실인즉 하늘을 머리에 이고 땅을 발로 디디는 것은 계마다 모두 같다. 횡계니 도계니 따질 것 없이 똑같이 정계인 것이다.

(4) 세상 사람은 옛날의 상식이 편안하여 그것에 익었기에 살피지 않는다. 이치가 눈앞에 있건만 도무지 추리해 보지 않고 평생 하늘을 머리에 이고 땅을 발로 디디지만 그것의 실상에 대해서는 캄캄한 것이다. 오직 서양이란 한 지역에서만은 지혜와 기술이 정밀하고 소상하여 측량에 너무나도 자세하다. 땅이 구체球體라는 것은 다시 의심할 여지가 없다.[119]

(1)은 북극 고도를 재는 방법이다. 이것은 지구가 둥글다는 것을 전제한다. 러시아와 캄보디아는 각각 북극 고도가 다르다(2). 러시아와 캄보디아의 천정은 90도 떨어져 있다. 하지만 러시아는 자신의 천정을 천정으로 알 뿐이고, 캄보디아는 자신의 천정을 천정으로 알 뿐이다. 이것은 결국 (3)에서 확인할 수 있듯, 원형의 지구에서 모든 지역

은 중심이 될 수 있다는 말이다.

'중심 없는 세계'는 지원설에서 연역된 것이었는데, 이것은 다른 차원에서도 강조된 바 있다. 지원설을 정당화하기 위한 논리 구성이 끝나고 (4)에서 (11)까지 담헌은 은하와 천체의 여러 성격에 대해 논하기 시작했다. 그중 가장 중요한 것은 (4)인데, (4) 역시 '중심의 부재'를 역설하기 때문이다. 담헌은 '무한우주론'에서 다시 우주에서 지구가 중심이 될 수 없음을 연역했다. 담헌은 허자에게 이렇게 묻는다. "세상 사람들은 천지에 대해 말하면서 '지계地界가 공계空界의 완전한 중심이고, 삼광三光(해·달·별)이 둘러싸고 있다'고 말하지 않느냐?" 경험의 상식은 천동설이다. 천체는 지구를 중심으로 회전한다. 허자 역시 칠정七政이 지구를 둘러싸고 있는 것은 관측으로 확인할 수 있기에 지구가 칠정의 중심 됨은 의심할 나위가 없다고 답한다.

허자의 논리를 반박하기 위해 담헌은 무한우주론을 좀 더 상세히 논한다.

그렇지 않다. 하늘에 가득 찬 별들은 '계'가 아님이 없다. 성계에서 본다면 지계도 역시 별이다. 한없이 큰 '계'가 공계에 흩어져 있는데, 오직 이 지계만이 교묘하게도 한가운데 있다는, 그런 이치는 있을 수 없다. 그러므로 '계'가 아닌 것이 없고 회전하지 않는 것이 없다.
뭇 '계'에서 보는 것은, 지계에서 보는 것과 동일하다. 그래서 각각 자신을 중심이라 이르니, 각각의 별은 뭇 '계'를 이루고 있는 것이다.
칠정이 지구를 둘러싸고 있는 것은, 지구에서 측정하면 정말 그러하니 지구를 칠정의 중심이라고 해도 좋다. 하지만 뭇 별들의 한가운데라고 한다면 우물 밑에 앉아 하늘을 보는 격이다. 이 때문에 칠정의 몸체는 수레바퀴처럼 자전하고 연자방아의 나귀처럼 (지구를) 둘러싸고 있다. 지구에서 본다면 지구에 가까워서 사람이 보기에 큰 것을 해와 달이라 하고, 지구에서 멀어 사람이 보기에 작은 것을 오성이라고 하지만, 사실인즉 모두 성계다.

<u>대개 오위五緯(금성·목성·수성·화성·토성)는 해를 둘러싸고 해를 중심으로 삼고, 해와 달은 지구를 둘러싸고 지구를 중심으로 삼는다.</u> 금성과 수성은 해에 가깝기 때문에 지구와 달은 그 포권包圈 밖에 있고, 삼위三緯(목성·화성·토성)는 해와 멀기 때문에 지구와 달은 그 포권 안에 있다. 금성과 수성 안의 수십 개의 작은 별들은 모두 해를 중심으로 삼고, 삼위 곁의 네댓 개의 작은 별들은 모두 각 위緯를 중심으로 삼는다. 지구에서 보는 것이 이와 같다면, 각 계界의 관점도 미루어 알 수 있다.

지구를 해와 달의 중심으로 삼을 수는 있지만, 오위의 중심으로 삼을 수는 없고, 해를 오위의 중심으로 삼을 수는 있겠지만 성계의 중심으로 삼을 수는 없다. 해도 중심이 될 수 없는데, 하물며 지구랴![120]

먼저 밑줄 친 부분을 보자. 담헌은 우주를 무한한 3차원의 입체적 공간으로 파악한다. 따라서 다른 성계, 곧 천체의 시점에서 지구를 본다면 지구 역시 하나의 별에 지나지 않는다. 따라서 무한히 펼쳐진 우주 속에서 모든 별은 스스로 중심이 될 수 있다. 이 말은 역으로 모든 성계는 중심이 될 수 없다는 말과 같다. 다만 담헌은 금·목·수·화·토성, 이른바 오위五緯는 태양을 중심으로 공전하고, 태양과 달은 지구를 중심으로 공전한다는 티코 체계(수정천동설)의 천체관을 수용했기에 지구가 칠정七政의 중심일 수는 있다. 그러나 목성·화성·토성, 곧 삼위三緯 주변의 작은 별들 또한 그 주변을 공전한다. 그 역시 하나의 중심이다. 우주무한론은 모든 천체가 중심이 될 수 있고 또 중심이 될 수 없음을 연역했다. 따라서 지구는 우주의 중심이 아니다. 하나 지적해야 할 것은, 티코의 천체관에서 지구는 여전히 우주의 중심이었다는 사실이다. 담헌은 티코의 천체관을 수용하면서도 지구와 태양과 달, 오성으로 이루어진 천체계를 우주의 중심에서 밀어 냈다. 요컨대 태허의 무한성으로 인해 지구중심설이 붕괴되었다. 코페르니쿠스 이후 지동설, 곧 태양중심설이 지구중심설을 붕괴시켰다면, 담헌의 천문학은 지전설이 아닌 무한우주론이 동일한 역할을 했던 것이다. 이제 지구의 모든 곳에서 중심은 없어졌고, 우주의 모든 곳에서 중심은 없어졌다. 20세기 이후 근대인이 보기에 담헌 천문학의 가장 큰 의의는 여기에 있을 것이다.

　지원설로부터 연역되는 '중심의 부재' 혹은 '중심의 일반화'는 마테오 리치 이래 서양 선교사들이 천문학과 세계지도를 통해 중국인에게 끊임없이 설득하고자 한 주제였다. 그것은 중국이 세계의 중심이라는 중화주의를 부정하는 것이었기 때문이다. 지원설은 중화주의 비판을 목적으로 내장하고 있었고, 그것을 통해 중국 외에 중국과 대등한 문명의 존재를 암시하고자 했다.[121] 담헌은 1766년 귀국할 때 페르비스트의 〈곤여만국전도〉를 구입해 온 한편, 〈건상곤여도乾象坤輿圖〉도 가지고 있었다. 경도와 위도가 표시된 지도 속 원형의 지구에서 그는 눈으로 지구가 둥글다는 것을 확인할 수 있었다. 중국은 중심이 아니었고, 무수한 나라가 있었고, 《곤여도설》 등의 책은 여러 대륙과 무수한 국가를 소개하고 있었다. 북경에서 서양 선교사를 목도하고 그들과 대화를 나눈 담헌에게 그것들은 실재하는 것들이었다. 이미 그에게 시각적으로 중심은 부재했다. 담헌은 지원설과 우주무한론을 통해 '중심의 부재'란 담론을 거듭 강조했을 뿐이었다. 이것이 중국중심주의 곧 중화주의를 비판, 부정하는 것으로 이어지는 것은 그리 어려운 일이 아니었을 터이다.

자연학의 조정

천문학에 대한 장대한 논설이 끝나고 실옹 곧 담헌은 지구의 자연학에 대해 언급하기 시작한다. 거기서 다루는 제재는 일관된 체계를 이루지 못하고 있어 사뭇 산만하게 보인다. 지구자연학이 다루는 내용은 앞서 정리한 바 있기에 따로 논급하지 않는다. 담헌 지구자연학의 성격을 파악하기 위해 가장 먼저 그가 언급하는 제재를 살펴보자. (c)의 (14)에서 담헌은 바람, 구름, 비, 눈, 서리, 우박, 번개, 천둥, 무지개, 햇무리, 달무리 등 기상 변화의 원인에 대해 묻는 허자에게 답한다. 이 기상 현상을 설명하는 기제는 기氣와 지전地轉, 지원地圓(=지구)이다. 요컨대 지구의 회전으로 인해 동굴과 골짜기가 요동하고 허기虛氣가 일렁여 사방으로 나가서 바람이 된다는 것이다.[122] 곧 기와 지전이 바람을 일으키는 요인이다.

(20) 밀물과 썰물 같은 바닷물의 운동 역시 그는 기와 지원설로 설명한다. 주자를 비롯한 성리학자들은 달의 운동이 조석潮汐과 관련이 있음을 알고 있었고, 양자의 관계를 음양론으로 설명하였다. 담헌은 음양론을 부정했기 때문에 전통적인 이해 방식을 전혀 언급하지 않는다. 담헌의 설명은 이렇다. 달은 물의 정기[水精]이다. 땅(지구)의 물

이 달을 만다면 당연히 반응한다. 앞서 그는 지구에서 사람이 땅에 발을 붙이고 사는 근거로 물류상감설의 동기감응同氣感應 원리를 들었다. 달의 수기와 땅(지구)의 수기는 서로 반응한다. 달이 움직이면 땅(지구)의 물이 따라서 움직인다. 담헌이 받아들인 '티코 체계'(수정천동설)에 의하면, 달은 땅(지구)의 주위를 돈다. 달이 궤도를 따라 움직이고 바닷물이 따라서 움직이는 것을, 담헌은 "달에는 일정한 길이 있고 조수에는 일정한 시기가 있다. 물결의 형세는 흔들리고 일렁이며 절로 나아가고 물러난다"[123]고 표현했다. 이어 그는 조석간만의 차이를 본물결[本潮]과의 관계로 설명한다. 본물결에 근본을 둔 경우는 밀물과 썰물이 모두 거세게 일어나고, 본물결에서 먼 경우는 모두 미약하다는 것이다.[124] 본물결이란 말은 땅(지구)이 둥글다는 것과 관련이 될 터이다. 그는 이어 바닷물의 짠맛을 언급하면서 적도 부근은 파랑波浪의 형세가 여울처럼 용솟음치고, 양극兩極 아래서는 조수潮水의 파랑이 미치지 못한다고 말하고 있다.[125] 곧 적도 부근에는 조석의 힘이 크고 북극과 남극 일대는 조석이 없다는 것이다. 이것은 달이 구형球形인 땅(지구)의 적도를 중심으로 공전하기 때문에 생기는 현상이다. 담헌이 '본물결'이라고 한 것은 아마도 적도를 중심으로 하여 거세게 일어나는 조석 현상일 것이다. 기와 아울러 지원설(=지구설)이 조석을 이해하는 가장 중요한 수단이었다.

바닷물의 염도가 다른 이유도 다르지 않다. 땅(지구)은 구형이므로 적도 부근은 태양과 가장 가깝다. 태양의 화기는 물의 수기를 증발시키므로 바닷물은 간장처럼 짜게 변한다. 하지만 북극과 남극 부근은 이와 반대이기에 염도가 낮을 수밖에 없다. 담헌의 이런 설명에 타당하지 않은 점이 있음은 물론이다. 예컨대 바닷물에 달과 태양의 인력이 동시에 작용하기 때문에 조석간만의 차이가 크게 난다는 사실을 그는 알 수 없었을 것이다. 물론 여기서 말하고자 하는 것은, 담헌이 조석과 바닷물의 염도 차이를 설명하는 데 일관되게 기와 지원설(=지구설)을 동원하고 있다는 것이다.

담헌은 단일하게 기氣만으로 혹은 지원설만으로 자연 현상을 해명한다. 앞서 바람을 기와 지원설·자전설로 설명한 데 이어 그는 다양한 기상 현상을 모두 기로 설명한다. 구름은 산천의 기가 뛰어올라 엉겨서 형성된 것,[126] 비는 수·토의 기운이 하늘로 올라가 빽빽한 구름이 되어 내리는 것,[127] 눈은 냉기가 증발한 것, 서리는 온기와 냉기가 섞인 것, 우박은 온기와 냉기가 부닥쳐 비가 되어 내리다 언 것이다.[128] 우레와 번개도 기로 설명할 수 있다. 증기가 서로 떨어진 상태로 맺혀 있다가 부닥치면 불이 일어나는데, 번개는 그 빛이고 우레는 그 소리다.[129]

다양한 지구의 자연 현상도 모두 기로 설명할 수 있다. (15)에서 태양과 달의 위치에 따른 '겉보기 크기apparent size'의 차이가 나는 것은 기가 그렇게 만든 것이라고 설명한다. 물론 이것은 대기 곧 공기를 통과할 때 빛이 굴절되어 일어나는 현상이다. 한역된 서양 천문학은 이것을 청몽기차淸蒙氣差라고 불렀다. 담헌 역시 이것을 '청몽淸蒙'이라 불렀다. 청몽은 당연히 기다. 하지만 담헌이 이해한 기로서의 청몽은 서양 천문학이 말하는 공기로서의 기가 아니라, 태허를 가득 채우고 있는 허기로서의 기일 뿐이라는 점에서 그가 공기의 굴절 현상에 대해 정확하게 파악했는지는 의문이다. 이것만이 아니다. 그는 지진과 산의 이동과 같은 지형 변화 역시 기로 설명한다. "수기·화기·풍기가 두루 운행하여 흐르다 막히면 흔들리게 되고, 그것이 격렬해지면 밀고 옮기기도 하니, 그 형세가 그런 것이다."[130] 온천과 염정 역시 수기와 화기의 부닥침으로 설명할 수 있다. 무엇이든지 기의 작용이다.[131]

기에 의한 설명이 중심이지만, 지원설(=지구설)도 강력한 설명의 준거다. 하루 중 아침과 낮의 기온 차이, 계절(여름과 겨울)과 위치(남쪽과 북쪽)에 따른 기후의 차이를 묻는 허자에게 실옹은 햇볕과 지구 표면이 이루는 경사각의 차이에 따라 결정된다고 말한다(16). 아침과 낮의 기온 차이는 태양의 고도에 따라 동일 면적이 받는 햇빛의 양이 달라지기 때문이다. 계절에 따라, 지역에 따라 기후의 차이가 나는 것은 태양이 지평에 대해 23°가 기운 황도黃道를 따라서 운행하기 때문이라고 설명한다. 이에 대해서는 앞서 언급한 바 있다. (18)의 "하늘은 서쪽과 북쪽이 가득 차지 않고 땅은 남쪽과 동쪽이 가득 차지 않는다"는 속설에 대해 반박하는데, 앞부분 곧 천구의 북극이 천정보다 낮은 위치에 있는 것을 그렇게 표현한 것이고, 후자는 우연히 지세가 그렇게 된 것일 뿐이라고 반박했다. 이것은 지구가 둥근 공처럼 생긴 것을 알지 못한 소치라는 것이다. 역시 지구설이 동원되고 있다.[132] (19)의 지역에 따라, 곧 위도에 따라 밤과 낮이 바뀌는 것과 경도에 따라 밤과 낮의 시간에 차이가 나는 것 역시 지구설을 따라 설명한다.

담헌의 지구자연학은 오직 기 위에 구축된 논리이다. 물론 지원론(=지구론)이 동원되지만, 역시 본질은 기론이다. 담헌의 기는 다분히 물질성이 있는, 감각적으로 확인할 수 있는 것에 가까웠다. 그는 아마도 이 기의 물질성을 서양의 천문학과 지구자연학을 공부함으로써 깨달았을 것이다. 단일한 기의 물질성에 입각한 자연 이해는 음양오행론을 소거한다. 이 부분을 상론해 보자. 지표면과 태양 사이의 경사각에 따라 지표면이 받는 햇볕의 양이 달라지고 이에 하루 중 아침과 낮, 1년 중 여름과 겨울, 그리고 지구상의 위치(남쪽과 북쪽)에 기온 혹은 기후가 달라진다는 실옹의 설명(17)을 허자가 음양오행론으로 반박하자, 실옹 곧 담헌은 이렇게 반박한다.

> 만물이 봄과 여름에 화생化生하는 것을 '교交'라 하고, 가을과 겨울에 거두어 저장하는 것을 '폐閉'라고 했으니, 옛사람이 입언立言한 것은 각각 그럴만한 근거가 있다. 하지만 그 근본을 연구해 보면, 실로 태양 빛의 얕고 깊음에 속한 것이고, 후세 사람의 말처럼 하늘과 땅 사이에 따로 음·양 두 기氣가 있어 때를 따라 나타났다 숨었다 하면서 조화를 주관하는 것은 아니다.[133]

음과 양은 태양빛의 다과多寡에 따라 가설된 존재에 불과하다. 곧 원래부터 음과 양이 존재했던 것이 아니다. 음과 양의 설정이 소거된다면, 거기서 연역한 오행 역시 소거된다. 담헌은 오행은 자연에 대한 임의적 추상의 여러 부류 중 하나일 뿐이라고 지적한다. 그것은 예컨대 《주역》의 8상八象[천天·지地·화火·수水·뇌雷·풍風·산山·택澤]이나, 불교의 4대四大[지地·수水·화火·풍風], 서구의 4원소설처럼 분류체계의 하나일 뿐이다.

담헌은 태양이란 물리적 존재가 생명의 유일한 근원이라고 말한다. "얼음과 흙이 서로 얼어붙어 물物이 생성할 수 없다면 어둠과 싸늘한 한 덩어리 죽음의 세계가 될 것이다. 허공의 중간에 태양빛이 단절된다면 다만 죽음의 세계가 되는 건 말할 것도 없다."[134] 허자가 이에 대해 "사람이나 물체가 생길 때에 태와 알과 뿌리와 씨[胎卵根子]가 각기 근본이 있는 것인데, 어찌 태양의 화기를 기다리겠습니까?"[135] 라고 하자, 담헌은 실옹의 입을 빌려 이렇게 답한다.

> 사람과 물物이 나고 움직이는 것은 태양빛에 근본한 것이다. 만약 하루아침에 해가 없어진다면, 냉계冷界가 되어 꽁꽁 얼어붙을 것이고 만물은 녹아 없어질 것이다. 태胎·난卵·근根·자子가 어디에 근본을 두겠는가? 그러므로 '땅은 만물의 어머니요, 해는 만물의 아버지며, 하늘은 만물의 할아비다'라고 하는 것이다.[136]

일식과 월식, 하루의 기온 변화, 계절의 변화, 각 기후대의 기후 차이 등도 모두 앞에서 이른 바와 같이 물리적인 차원에서 설명될 수 있었다. 이로써 담헌은 장재의 기론氣論에 근거하되, 그 기가 음양으로, 오행으로 분화되고 그것이 만물을 낳는다는 주돈이의《태극도설》로부터 시작되고 주자가 수용하여 발전시킨 음양오행론적 자연학을 소거하였다. 남은 것은, 오직 장재의 기론일 뿐이었다. 음양오행론을 소거한 것은 담헌만이 아니었다. 박지원은 〈호질〉에서, 정약용은 〈중용강의보中庸講義補〉에서 음양은 햇볕의 가려짐 여부에 따라 구분되는 자연 현상일 뿐, 그것을 만물의 근원이라고 볼 수 없다고 주장했다.[137] 다산은 특히 오행이 만물을 낳는 것은 말이 되지 않는다고 지적하고, 오행의 변화는 인간 양심의 도道와는 상관이 없다고 주장했다.[138]

담헌이 음양오행론을 부정했다고 해서, 그것이 정주학의 체계 전체를 부정한 것은 아니다. 서구의 천문학과 지구자연학은 정주학의 천문학, 지구자연학과 충돌했고, 후자의 일부는 자연스럽게 부정되었다. 담헌과 연암, 다산처럼 서구의 천문학과 지구자연학을 일정하게 이해한 사람들은 정주학의 특정한 이론적 전제를 소거할 수밖에 없었다. 정주학의 입장에서 그것은 '조정'을 의미하였다. 기론에 근거한 담헌의 천문학과 지구자연학은, 정주학적 천문학, 지구자연학에 비해 훨씬 설득력이 있는, 나름 합리성을 갖춘 학설로 평가할 수 있을 것이다. 하지만 그는 호흡과 명상에 의해 신선이 되어 성계를 건너다닐 수 있다고 했으니, 그의 사고는 여전히 비합리성을 강하게 내포하고 있었다.

《의산문답》의 자연학은 온천과 염정에 관한 서술로 끝난다. 그런데 이에 이어 조금 어울리지 않게 장의葬儀와 풍수에 대한 비판이 이어진다. 이에 대해 약간의 해설을 붙인다. 담헌은 유가儒家의 장의를 비판한 것으로 알려져 있지만, 기실 정확한 내용은 그것이 아니다. 담헌의 말은 당시 장례를 치를 때 베나 비단으로 지은 옷과 이불로 시신을 감싸고, 관곽棺槨과 정삽旌翣으로 외관을 꾸미는 일을 재고하기를 요청한 것뿐이다. 먼저 그는 장례에 사용된 옷과 이불, 관곽과 정삽 등은 결국 흙속에서 썩어 유해를 더럽힌다면서 그것은 효孝가 아니라고 말한다. 비단으로 염습을 하고, 관곽을 사용하고 회灰와 돌로 관곽을 보호하는 것은 죽은 신체가 흙과 닿는 것을 막아, 죽은 신체를 영원히 보존하기를 도모하기 때문이다. 하지만 흙은 그 자체로 따뜻하고 윤택하며 아름답고 깨끗하여, 유해의 보장寶藏이 된다.

담헌이 비판하고 싶은 것은 옷과 이불, 관곽과 정삽, 회와 돌을 사용하는, 유가의 '과도한' 장의다.

이 때문에 봉분도 쌓지 않고 나무도 심지 않는 것은 태고 시절에 이미 보인 정성이었고, 베로 싸고 나장裸葬하는 것은 달사達士의 괴이한 방식이었다. 다비와 사리는 불가佛家의 정법淨法이었고, 벽돌로 관을

둘러싸고 기와로 관棺을 삼은 것은 성인의 중도를 얻은 제도였다.[139]

"달사의 괴이한 방식"은 황로학黃老學에 심취한 한漢 양왕손楊王孫이 당시의 후장厚葬 습속을 비판하여 죽기 전 아들에게 자신이 죽으면 시신을 포대로 싸서 땅속에 넣은 뒤 포대를 꺼내 살이 직접 땅에 닿게 하라고 한 고사에서 나온 말이다. 나머지는 모두 옷과 이불, 정삽, 관곽, 회와 돌을 사용하지 않는 장례 방식이다. 벽돌로 관을 둘러쌓은 건 우왕 때 만든 것이고, 기와로 관을 삼은 건 순舜 때의 제도다.[140] 순과 우의 순서가 바뀌기는 하였지만, 이들은 모두 유가의 성인이다.

담헌은 옷과 이불, 정삽, 관곽, 회와 돌을 사용하지 않는 장례 방식에 가치를 부여했다. 이에 허자는 그렇다면 가장 좋은 것은 불교의 다비이고 그다음은 나장이므로, 봉분과 나무를 심는 것, 벽돌과 기와를 사용하는 것도 필요 없겠다고 말한다. 이에 대해 실옹 곧 담헌은 가치관과 구체적 상황과 지역에 따라 장례제도는 달라지는 것이기 때문에 중국의 경우는 중국에 맞는 제도를 따를 수밖에 없다고 반박했다.[141] 곧 담헌의 발언이 중국의 장례제도 전체를 부정하는 것이 아니라는 데 유의해야 한다.

담헌은 이렇게 말한다. 맹자는 묵자를 물리치기 위해 박장薄葬을 힘써 배격해 "중관重棺과 명기明器를 갖추어 흙이 피부에 닿지 않게 한다"는 주장을 펼쳤는데, 그것은 유폐가 없지 않았다는 것이다. 즉 맹자가 강조한 관곽과 명기를 갖춘 유가의 장례 방식은 묵자를 배격하기 위한 방편으로 제출되었는데, 그것이 결국은 뒷날 폐단을 낳고 말았다는 주장이다. 즉 현재 유가의 후장이란 초역사적인 것이 아니라는 말이다.

장례에 대한 담헌의 주장은 간단하다. 검소함을 숭상하고 꾸미는 것을 절제하며, 그 근본을 잊지 않되 시의時義를 참작하고, 속습俗習을 따르지 말고, 안장安葬을 길이 생각해야 할 것이라는 이야기다.[142] 요컨대 사치스러운 장례를 배격하고 검소함을 좇으며, 자신이 처한 상황에 따라 시속의 습관을 무조건 따르지 말고 유체를 편안히 모실 방도를 생각하라는 말이다.[143] 사치가 아닌 검소함을 추구하는 것은, 1765~1766년 북경의 화려한 시장에 대한 비판적 언급 이래 담헌이 줄곧 역설한 삶의 태도였다.

이어 담헌은 부모 무덤의 길흉과 자식의 화복이 상응한다는 설을 부정한다. 중죄를 지은 죄수가 혹형을 받아 고통으로 나뒹굴지만, 죄수의 자식이 악한 병에 걸렸다는 말을 들어 본 적이 없다면서, 부모와 자식 사이의 감응을 부정한다. 동일한 이유로 죽은 부모의 체백體魄은 자식의 길흉과 전혀 상관이 없다는 것이다. 담헌은 풍수설이 유행한 데에는 송대의 채원정蔡元定과 주자의 오류도 다분히 작용했다고 지적한다. 먼저 풍수지리서 〈발미론發微論〉을 써서 부모 무덤의 길흉과 자손의 화복이 서로 연결된다고 주장한 채원정을 비판한[144] 다음 주자 역시 효종의 능을 조성할 때 올린 〈산릉의장山陵儀狀〉은 전적으로 술가術家 곧 풍수학자의 말을 따른 것이라고 지적했다.[145] 곧 1194년 효종이 사망하자, 원래 그의 능을 조성하기로 한 곳의 흙이 얇고 아래에 물과 돌이 있다는 지적이 있어 다시 능 터를 찾아보자는 의견이 제시되자, 주자는 채원정에게 효종의 장지를 같이 찾아보자고 제안하는가 하면, 술사를 직접 찾아가 그 말을 듣고 임안臨安에 이르러 직접 길지를 찾으러 다녔던 것이다.[146] 〈산릉의장〉은 풍수학자의 말을 고스란히 반영하고 있고, 담헌은 바로 그 점을 비판한 것이다.

담헌의 말은 달리 특이한 것은 아니다. 이 시기 유행하여 거대한 사회 문제가 되었던 풍수학 유행에 대한 비판일 뿐이다. 정약용은 〈풍수론風水論〉[147]에서, 박제가는 《북학의》의 〈장론葬論〉[148]에서 풍수학을 여지없이 비판했다. 아울러 위백규魏伯珪 역시 정조에게 올린 〈봉사〉에서 29조의 시폐時弊를 논하면서 풍수설의 유행이 낳는 문제를 통렬하게 지적하였다.[149]

인간과 역사, 화이론의 부정

장대한 실옹의 지구자연학 강의가 끝나자, 허자는 인물의 근본, 고금의 변화, 화·이의 구분에 대해 알고 싶다고 한다.[150] 곧 인간의 본질과 역사, 화·이 구분의 타당성에 대해 묻는다. 태허에서 시작된 물음은 이제 우주와 성계, 지구를 거쳐 인간에 이르렀다. 인간은 태허의 최종적 생산물이기에 《의산문답》이 인간으로 끝나는 것은 매우 자연스럽다. 다만 담헌이 태허와 우주를 물리적 차원에서 인식하기에 그의 인간관 역시 물리적 자연관으로부터 연역된다.

　인간은 땅(지구)의 산물인 바, 땅(지구)의 속성에 의해 인간의 속성이 결정된다. 땅은 또한 해와 달과의 관계 속에서 이해된다. 담헌에 의하면, 해는 질質이 불이고 적색이며, 달은 질이 얼음[其質氷]이고 청색이다. 지구는 칠정七政의 찌꺼기[七政之滓澱]이고, 질은 얼음과 흙이고, 빛은 어둡고 흐리다! 바탕이 얼음과 흙이기 때문에 그 성질은 차고, 빛이 어둡고 흐리기 때문에 해에 비치어도 밝은 빛이 적다. 해에 가까운 데만 따뜻함을 받아 흙이 기름지고 얼음도 풀리게 된다. 위도에 따라 기후대가 다르다는 것은 앞서 말한 바 있다.

태양의 빛에 의해 지구의 속성이 결정되고, 지구의 속성에서 인간의 속성이 결정된다. 담헌의 인간관이 태양-지구의 관계에서 결정된다는 점이 매우 흥미롭다.

본계本界에서 태어난 것은 그 체질이 불순하고 그 성품이 조잡하며, 그 지혜가 어둡고 막혀 있으며, 그 기가 둔하고 막혀 있다. 해가 비추면 낮이 되고 해가 지면 밤이 된다. 해가 가까이 있으면 여름이 되고 해가 멀리 있으면 겨울이 된다. 해의 불이 타오르면 뭇 생물을 불어나게 하고, 형교形交·태산胎産으로 사람과 물이 번성하게 된다. 하지만 신지神智는 날로 닫히고 작은 꾀만 날이 갈수록 늘어나 이욕을 탐닉하고 삶과 죽음을 돌아보지도 않는다. 이것이 지계地界의 실정으로 네가 알고 있는 바다.[151]

지구가 스스로 빛을 내지 못하는 행성이라는 사실에 근거하여 담헌은 지구의 바탕이 얼음과 흙이며, 빛은 어둡고 흐리다고 말한 바 있다. 찌꺼기, 얼음과 흙, 어둡고 흐림 등은 모두 부정적 속성을 갖는다. 태양과 달이 밝고 맑고 깨끗한 것과는 대조적이다. 달은 행성도 아닌 위성이지만, 그것은 지구에서 전체상을 관찰할 수 있으며 밝고 투명하게 보인다. 따라서 긍정적인 속성으로 묘사되었다. 하지만 우주 공간의 지구는 태양과 달처럼 관찰될 수 없다. 아마 담헌이 우주 공간에서 원형의 푸른 지구를 관찰할 수 있었다면 전혀 다른 판단을 내렸을지도 모를 일이다.

인간이란 지구의 산물이기에 담헌은 지구의 성격을 규정하는 것부터 시작한다. 허자가 지진에 대해 물었을 때 실옹은 이렇게 답했다. "땅은 활물活物이다. 맥락과 영위榮衛가 실로 사람의 몸과 같다. 다만 그 몸체가 크고 무거워 사람의 몸이 뛰고 움직이는 것과 같지 않을 뿐이다."[152] 땅(지구)은 살아 있는 물物이다. 곧 생명의 메커니즘을 갖고 있는 유기체이다. 이 발언을 그는 뒤에 보다 상세히 되풀이한다. "대저 땅은 허계虛界의 활물이다. 흙은 지구의 살이고 물은 지구의 정기와 피이며, 비와 이슬은 지구의 땀이고, 바람과 물은 지구의 혼백이며 영위다. 이러므로 물과 흙은 안에서 빚어 내고 태양 화기는 밖에서 쪼이므로, 원기가 모여 온갖 물을 생산시킨다. 풀과 나무는 지구의 모발이고 사람과 짐승은 지구의 벼룩이며 이[蝨]이다."[153] 이것들의 유기적 구성을 통해 지구는 살아 있는 생명 유기체가 된다. 이 유기체의 흙과 물에 태양의 빛과 열이 쪼여 생명이 탄생한다. 담헌의 '지구 유기체설'은 지금까지 정주학의 지적 전통 속에서 볼 수 없었던 독창적인 것이다.

살아 있는 유기체로서의 지구는 사물과 인간을 낳는다. 그 방식은 '기화氣化'와 '형화形化'다.

> 바위에 뚫린 굴과 흙에 난 동굴은 기氣가 모여 바탕質을 이룬 것이니 기화氣化라 하고, 남자와 여자가 서로 느껴 형교形交·태산胎産하는 것은 형화形化라 한다.[154]

'기화'와 '형화'는 정주학의 용어다. 정자程子는 만물은 모두 기화로 시작되는데, 일단 형形이 갖추어진 뒤에는 형으로 서로 이어져 형화形化가 시작되고, 형화가 오래 지속되면 기화는 점차 소멸한다[155]고 말한 바 있다. 다만 정자는 형화와 기화만 말했을 뿐 그것에 더 이상의 의미를 부여하지는 않았다. 기화와 형화에 구체성을 부여한 것은 주자다. 주자는 주돈이의《태극도설》에 대한 해설과《주역본의》에서 '기화'와 '형화'란 용어를 사용하고 있다.[156] 《태극도설》5장은 "무극無極의 진실함과 음양오행의 순수함이 오묘하게 결합하여 응취한다. 하늘의 도는 남성을 이루고 땅의 도는 여성을 이룬다. 두 '기'가 교접하고 감응하여 만물을 변화 생성한다. 만물이 낳고 낳아 변화가 끝이 없다."[157] 이 부분에 대해 주자는 방대한 주해를 남겼는데,[158] 기본적으로 하늘이 음양오행으로 만물을 변화시키고 생성할 때, '기'로써 형체를 이루고 '리'를 또한 부여한다[159]는 논리의 부연이다. '기'에 주목하여 그 원초적 생성을 지적한 것이 '기화氣化'다. 하지만 모든 것을 기화로 설명할 수는 없다. 경험적으로 성性sex은 새로운 생명을 낳는다. 주자는 여기에 주목했고, 만물의 발생을 한편 성에 의한 생성으로 설명했다. 주자는 '기화'를 비성적非性的인 발생으로, '형화'를 성적인 발생으로 규정한다. 곧 '기화'는 애초에 어떤 한 사람이 종자 없이 저절로 생겨나는 것이고, '형화'는 그런 사람이 있고 난 뒤 낳고 낳아 끊임이 없는 것이다.[160]

주자의 제자 진식陳埴은 이를 좀 더 구체적으로 해설했다. 그는 '기화'는 어떤 종류의 생물이 있기 전에 음·양의 '기'가 결합하여 무엇을 생성하는 것, '형화'는 어떤 종류의 생물이 있고 나서 암·수의 형체가 결합하여 무엇을 생성하는 것으로 사람과 사물을 겸해서 말한 것이라고 하였다.[161] 요컨대 기화는 음양·오행에 의한 본래적 생성을, 형화는 본래적 생성 이후 암·수의 성적 결합을 통한 생성을 의미한다.[162] 하지만 담헌은 음양오행을 만물 생성의 원천으로 보지 않기

에 여기서 음양오행론을 도입하지 않는다는 점에 주목해야 한다.[163)]

담헌에 의하면 인간과 사물은 기화에 의해서도, 형화에 의해서도 생길 수 있다. 형화에 선행하는 기화의 시대는 이상적인 시대다.

(1) 상고시대에는 오로지 '기화'에 의했기 때문에 사람과 물이 번성하지 않았고, 타고난 성품이 깊고 두텁고, 신지神智가 맑고 밝았으며 행동거지도 순박했다. 양생養生은 물物에 의지하지 않았고, 기쁨과 노여움이 마음에 싹트지 않았다. 호흡과 토납吐納으로 주리지도 않고 목마르지도 않았다. 하는 일도 없고 바라는 것도 없어 더불어 즐겁게 노는 것이 일이었다. 조수鳥獸와 어별魚鼈도 각각 자기 삶을 이룰 수 있었고, 초목과 금석도 자기 자신을 보존할 수 있었다. 하늘에는 요사한 재앙이 보이지 않았고, 땅에는 무너지고 말라붙는 해로움이 없었다. 이것은 사람과 물의 근본이고, 진정한 태화太和의 시대였던 것이다.

(2) 중고中古시대가 되고부터 지기地氣가 쇠하기 시작하자 사람과 물이 나고 이루어지는 것이 점차 박잡하고 혼탁하게 되었다. 남자와 여자가 서로 모이자 정욕이 생겨났고, 정精에 감응하여 태胎를 맺자 비로소 형화形化가 있게 되었다. 형화가 있고 난 이후로 사람과 물이 번성하고 지기는 더욱 줄어들어 기화가 끊어졌다. 기화가 끊어지자 사람과 물이 태어나는 것은 전적으로 정精과 혈血에 의지하여 찌꺼기와 더러움이 점차 자라나고, 맑고 밝음은 점차 물러나게 되었다. 이것이 천지의 비운否運이요, 화란禍亂의 시초였다.[164)]

'기화'만 있었던 상고의 시대에는 인간과 물이 번성하지 않았다.

왜 기화의 시대에는 인간과 물이 번성하지 않았는지는 말하지 않는다. 어쨌든 기화의 시대는 타고난 품성이 깊고 두텁고, 정신은 맑고 지혜는 밝았다. 물론 이 말의 구체성은 없다. 또한 양생養生 곧 생을 유지하기 위한 방법은 기를 들이마시고 내뱉는 것일 뿐이다. 그것으로도 배고픔과 목마름을 느끼지 않는다. 앞서 담헌은 도가의 신선술로 중계衆界를 유력遊歷할 수 있다고 믿었는데, 여기서도 역시 도가의 수련술을 언급하고 있다. 인간은 오직 기의 호흡만으로 생명을 유지할 수 있었기에 특별히 따로 하는 일도 없고, 바라는 바도 없으며, 단지 더불어 즐겁게 노는 것이 일이었다. 인간만이 그런 것이 아니라, "조수와 어별도 모두 제 마음대로 살고 초목과 금석도 각각 제 자체를 보전하고 있었다."

여기서의 기는 태허에 가득찬, 무한한 기일 것이다. 인간과 물의 생명은 오직 기와의 관계 속에서 영위될 수 있다. 인간과 인간, 인간과 물은 서로를 대상화하지 않는다. 조수와 어별은 조수와 어별로서 생을 영위할 뿐이고, 금석은 금석으로 존재할 뿐이다. 인간을 중심으로 말하자면, 조수와 어별, 금석은 인간의 식량이나 건축물의 재료로 존재하지 않는다. 담헌은 인간이 작용하지 않는 자연 그대로의 상태, 오직 자연성만이 충만한 세계를 상고시대로 상상했던 것으로 보인다. 그런 상고시대에는 대립과 갈등, 경쟁이 없었다.

중고시대에 지기가 쇠하자 형화가 시작되고 기화는 끊어진다. 인간과 사물의 생성이 박잡하고 혼탁하게 변화했다. 왜 지기가 쇠하는지 담헌은 말하지 않는다. 아마도 인간이 불어나면서 발생한 현상을 의식하여 역으로 지기의 쇠퇴를 말했던 것이 아닌가 한다. 기화에서 형화로의 전환이 비극적이라는 발상은 정자로부터 가져왔을 터이다.

앞서 말했듯, 정자는 형화의 시대가 길어지자 기화가 점차 소멸되었다고 말한 바 있다.[165] 담헌은 형화에 인간의 타락이란 관념을 씌운 셈이다. 형화는 곧 성性 곧 섹스다. "남자와 여자가 서로 모이자 정욕이 생겨났고, 정에 감응하여 태를 맺자 비로소 형화가 있게 되었다"는 것은 남자와 여자가 만나자 성욕이 일어났고, 남자의 정액에 감응하여 여자의 자궁에 태아가 생겼다는 뜻이다. 담헌은 이것을 형화라고 하는데, 형화는 다름 아닌 섹스다. 그런데 담헌은 형화의 시작을 기화의 종언으로 말한다. 기화의 종언은 대립과 갈등이 없던 이상시대의 종말이다! 사실상 섹스의 시작으로 이상시대가 끝났다는 것은, 담헌의 독특한 생각이다. 다만 이 생각은 근거 없는 선언적인 발화일 뿐이다. 물론 여기에는 인간의 성을 극히 부정적으로 본 담헌의 성관념이 작용하고 있는 것으로 보인다. 유가는 강력한 도덕적 담론으로 성욕과 이에 대한 발화를 억제했는데, 담헌은 여기에 깊이 의식화된 경우이다. 총체적으로 담헌은 섹스에 의한 인간의 증식이 "천지의 비운否運(불행한 운수)이요, 화란의 시초"라고 판단한다. 다만 세심히 살펴야 할 것은 담헌이 형화 곧 인간의 섹스를 비극적 변화의 계기로 들고 있지만, 그 비극은 원래 태허로부터 시작된 그의 우주론에서 예정된 것이었다. 그는 앞서 땅(지구)을 부정적인 속성을 갖는 공간으로 그린 바 있었다. 땅(지구)은 체질이 순일하지 않고, 성性이 조잡하고, 지혜가 어둡고, 기氣가 둔한, 곧 부정적 속성을 갖는 공간이었다. 그는 이 부정적 속성으로 인해 인간 역시 부정적 속성을 갖는다고 말한 바 있다. 태양의 불로 뭇 생명이 불어나고 형교形交·태산胎産으로 사람과 물이 불어나지만, 신지神智는 날로 닫히고 작은 꾀만 늘어나 이욕을 탐하고 삶과 죽음을 돌아보지 않는 것이 지구의 실정이었다![166]

성에 의한 인간의 증식이 곧 자연성의 소멸이라고 판단한다는 점에서 담헌의 역사관은 대단히 부정적이고 비관적이다. 성과 지능, 결핍에 대한 공포 등으로 인해 만물은 생존을 위한 투쟁에 돌입했다.[167] 인간은 자연을 욕망의 충족을 위한 도구적 존재로 보기 시작했으니, 조수와 어별은 미식의, 초목과 금석은 주거의 재료가 되었으며, 땅도 원유와 정자, 연못을 만들기 위한 도구적 존재가 되었다. 모든 존재는 자연성을 잃기 시작한 것이다. 인간 역시 미식과 의복으로 자연성을 상실하고 신체가 나약해지는 변화를 겪는다.[168] 이것은 문명의 시작이지만, 담헌은 이로 인해 "성냄과 원망함과 저주하는 더러운 기가 오르자 하늘 재앙이 나타나게 되었다"고 말한다. 담헌은 문명을 사회계급과 국가, 전쟁의 발생으로 판단한다. 용맹하고 지혜롭고 욕심이 많은 자가 나타나 권력을 쥐자, 지배/피지배계급의 관계가 형성되고, 급기야 영토를 차지한 국가가 출현하고 전쟁이 시작된다. 전쟁을 위한 도구, 칼과 창, 활과 화살이 발명되어 잔혹한 전투가 벌어지자 시체가 들판을 메운다. 이로 인해 "생민生民의 재앙이 극도에 달한다."[169] 담헌은 문명화를 자연의 도구화, 계급의 분화, 국가의 성립과 전쟁의 출현 등 타락의 역사로 보았다.

타락의 역사를 교정하기 위해 성인이 출현했다. 중국의 기주冀州에서 복희·신농·황제·요순이 출현해 검소한 삶을 살며 백성의 생업을 마련해 주고, 먼저 공손함과 겸양, 도덕을 실천하고 백성들에게 윤리를 가르쳤다. 성인의 노력으로 지치至治의 시대가 도래했다.[170] 하지만 이것이 이상시대 곧 '상고'의 재현은 아니었다.

시대를 따르고 습속에 순응하는 것이 성인의 권도요, 정치의 기술이다. 대저 태화太和와 순박함을 성인이 바라지 않는 것은 아니지만, 시대가 바뀌고 습속이 이루어지면 금지하고 막는 게 이루어지지 않는다. 거슬러 막으려 한다면 그 어지러움이 더욱더 심해질 것이니, 성인의 힘으로도 어쩔 수 없을 터이다. 그러므로 '지금 시대를 살면서 옛날의 도로 돌아가고자 한다면 재앙이 몸에 닥칠 것'이라고 하는 것이다.[171]

성인의 정치 기술은, 시대의 변화를 따르고 풍속의 변화에 순응하는 것이다. 성인 역시 이상시대의 재현을 원하지만, 시간의 흐름에 따른 변화를 무시하고 과거로 회귀할 수는 없다. 담헌이 김종후와 논쟁할 때 동원했던 논리의 반복이다. 변화를 무시하는 복고는 혼란을 초래할 뿐이다. 성인조차 변화한 현실을 무시하고 복고를 주장할 수 없다는 논리는, 북경에서 선왕의 복색과 정치를 희구했던 담헌의 젊은 날과 분명 달라진 것이다. "지금 세상에 살면서 옛 도를 회복시키려고 하면 재앙이 반드시 자신에게 미친다"라고 쓸 때 그는 아마도 자신의 젊은 날과 김종후를 떠올렸을 것이다.

성인이 만든 제도는 모두 변화한 현실을 고려한 것이다. 예컨대 인간의 정욕을 금할 수가 없게 되자 성인은 결혼제도를 만들어 음란함을 금했다. 그 밖의 주택·음식·의복 등에 대해서도 예악과 제도를 만들어 무절제한 욕망의 분출을 막았다.[172] 하지만 담헌은 성욕의 뿌리를 뽑아 내지 않고 이욕의 근원을 막지 않는다면, 마치 제방이 터지듯 욕망이 터져 나올 것을 성인은 이미 알고 있었다고 한다. 인간의 욕망은 본질적으로 막을 수 있는 성질의 것이 아니라고 말함으로써 담헌은 자신의 부정적·비관적 인간관을 드러내었다.

성인의 역사, 곧 전설의 제왕들인 복희씨·신농씨·황제·요·순의 시대가 끝나고, 왕조가 시작되자, 인간의 본격적인 '타락의 역사'가 시작된다. 우禹가 아들 계啓에게 왕위를 물려주자, 백성들은 자기 집안의 이익에 열중하기 시작했고, 은의 탕왕과 주의 무왕이 하의 걸과 상의 주를 추방하고 죽이자, 백성들은 윗사람에게 대들기 시작했다. 유가의 성인인 탕왕과 무왕의 혁명을 하극상의 시초로 본 것이다. 담헌은 1776년 10월 다시 등사민, 손유의에게 보낸 편지에서 자신의 이단관을 수정하면서 "선양禪讓의 폐단은 찬탈이 되었고, 방벌放伐의 폐단은 시역이 되었고, 제작制作의 폐단은 사치가 되었고, 역빙歷聘의 폐단은 유세遊說가 되었다"고 말한 바 있었다. 요가 순에게 왕위를 물려준 선양과, 탕왕과 무왕이 걸왕과 주왕을 축출하고 죽인 방벌의 부정적 효과를 말한 바 있었다. 역사의 이면을 지적한 것이다.

  같은 논리로 그는 주周의 무왕과 주공이 천명을 구실로 상商을 멸망시킨 건 사실 상을 대신해 천하를 차지하려는 욕망이 없지 않았을 것이라고 말한다. 상 곧 은殷을 멸망시킨 뒤 주공은 상의 서울인 은에 주왕紂王의 서형庶兄인 미자微子·기자箕子를 봉하지 않고 아들 무경武庚으로 하여금 다스리게 하고, 자신의 형인 관숙管叔과 아우 채숙蔡叔·곽숙霍叔을 그 주변에 봉하여 상의 재기를 철저히 봉쇄했다. 성왕이 즉위한 뒤 주공이 섭정이 되자 관숙·채숙·곽숙은 무경과 연합하여 반란을 일으켰고, 주공은 이를 평정하는 데 3년을 소모한다. 담헌은 관숙·무경의 반란과 주공이 3년 동안 어렵게 이들을 평정한 사실은, 상에서 주로의 이행에 상의 유민이 격렬하게 저항했던 증거로 파악하고, 이에 근거하여 주가 상을 대신한 데에는 천하를 차지하려는 속내가 있었다고 말한다.

유가 경전이 일방적으로 긍정한 역사적 사실에 대해서 담헌은 냉정하게 그 이면을 바라본다. 예컨대 담헌은 맹자가 백성과 공유하는 곳이었다고 말한 문왕의 영대靈臺와 구정九鼎·옥로玉輅·주면朱冕은 모두 제왕의 유흥과 권위, 사치를 위한 것으로, 구빈九嬪과 어첩御妾은 아름다운 여성을 빼앗은 것으로 보았다. 아울러 낙읍洛邑과 호경鎬京에 번다했던 토목공사는 뒷날 진시황과 한나라 무제가 벌였던 토목공사, 곧 학정虐政의 모델이 되었다고 비판했다. 유가의 성인들을 비판하는 이 사고는 일차적으로 그의 발본적 사고에서 비롯된 것일 터이다.

젊은 담헌은 〈논어문의〉에서 하극상의 쿠데타를 일으킨 자에게 협력하려는 공자의 행동을 비판한 바 있었고, 아울러 스승 김원행에게 노론과 송시열을 맹렬히 비판한 바 있었다. 담헌의 사유를 관통하는 것은 "큰 의심이 없는 자는 큰 깨달음이 없다"는 말이었다. 타협하지 않고 근본을 파고드는 그의 발본적 성격은 자신의 경험과 독서에 바탕하여 도달할 수 있었던 극한까지 자기 사유를 밀어붙인 것으로 보인다. 발본적 사고를 통해 성인의 행위를 모순이 없다고 합리화하지 않았고, 그 행위를 합리화하는 해석에도 무조건 찬동하지 않았으니, 그 발본적 의심의 태도를 여기서도 과격하게 드러낸 것이다. 물론 이 과격함에도 불구하고 그가 유교적 근본주의 혹은 실천적 정주학자라는 본령을 포기한 건 아닐 터이다. 아니, 그것의 연장일 수 있다. 예컨대 주자는 사공학파 진량에게 보낸 편지에서 한漢·당唐 이래 1,500년간은 다만 인욕이 행해진 시대라고 주장했고, 1, 2천 년 동안의 크고 작은 봉건 군왕을 죄다 인의를 가장하여 사사로움을 행한 인욕의 황제로 보았다. 이것은 황제와 군주에 대한 허망한 신성성의 환상을 타파한 것이나 다름없는 말이었다.[173] 담헌은 주자의 말을 근거로 자신의 사고를 확장했을 가능성도 배제할 수 없다.

좀 더 눈여겨보아야 할 것은 담헌의 성인관이다. 담헌은 앞서의 문왕의 영대靈臺 등에 대한 발언에 이어 공자를 인용한다. 공자는 순舜의 덕을 평가하여 '성인'이라 부르고 무왕에 대해서는 "천하의 좋은 이름을 잃지 않았다"고 상대적으로 낮추어 평가했으며, 태백泰伯은 '지극한 덕'이라고 평가한 반면 무왕에 대해서는 "진선盡善하지는 않다"고 평가했다는 것이다.[174] 곧 담헌은 유가의 성인에게도 등급이 있으며, 그 등급은 시간이 흐를수록 떨어진다고 말한다. 이것은 기화에서 형화로의 이행에 따르는 부정적 변화와 상응하는 것이다. 즉 역사는 필연적으로 쇠퇴하거나 타락한다! 앞서 담헌은 우가 아들 계에게 왕위를 물려주자 백성들은 자기 집안의 이익에 열중하기 시작했고, 탕왕과 무왕이 각각 걸桀과 주紂를 추방하고 죽이자 백성들은 윗사람을 대들기 시작했다고 말한 뒤, 이것은 이들 몇몇 왕의 과오 때문이 아니라 지치至治 이후 쇠란해지기 마련인 역사의 필연 때문이라고 말했다.[175] 담헌의 역사는 쇠퇴와 타락의 역사다.

이제 주周 이후 역사에 대한 담헌의 평가를 보자.

⑴ 주 이래로 왕도는 날로 상실되고 패도霸道가 횡행하여 인仁을 가장한 자가 제帝가 되고, 군대가 강한 자가 왕이 되고, 지모를 쓰는 자가 귀한 자가 되고, 아첨을 잘하는 자가 영화롭게 되었다. 임금이 신하를 부릴 적에는 총애와 녹봉으로 하고, 신하가 임금을 섬길 때는 권모술수로 낚았다. 반면半面으로 뜻이 맞는 것을 같이하고, 외눈으로 환란을 막는 것처럼 하여, 위와 아래가 서로 버티며 그 사욕을 이루었다.

⑵ 아아, 슬프다! 천하는 이심利心을 품고 만나는 사람들로 득실거린

다. 비용을 절약하고 세금을 깎아 주는 것은 백성을 위한 것이 아니고, 어진 사람을 높이고 유능한 사람을 등용하는 것은 나라를 위한 것이 아니고, 반역자를 치고 죄 있는 자를 벌하는 것이 폭력을 금하려는 것이 아니고, 멀리 보내는 물건은 후하게 하고 가져오는 물건을 박하게 하라는 것은 먼 지방의 사람을 회유하려는 것이 아니었다. 오로지 이루어진 나라를 지키고 왕위를 보존하여, 자신이 죽을 때까지 영화를 누리다가 2대, 3대는 물론 영원토록 물려주는 것이었으니, 이것이 이른바 현명한 군주의 능사요, 충신의 아름다운 계책이었던 것이다.

(3) 어떤 사람은 "나무와 돌의 재앙은 유소씨有巢氏에게서 시작되었고, 짐승의 화는 포희씨包犧氏로부터 일어났으며, 굶주림의 걱정은 수인씨燧人氏에게서 비롯되었고, 교사巧詐의 잔꾀와 화려하게 꾸미는 짓거리는 창힐蒼頡이 처음 만든 것이었다. 봉액縫掖으로 용모를 거룩하게 꾸미는 것은 좌임左衽의 편리한 것만 못하고, 읍양揖讓의 허례는 막배膜拜의 진솔함만 못하다. 문장의 공언空言은 기사騎射의 실용만 못하고, 따뜻한 옷, 불에 익힌 음식은 몸과 뼈가 무르고 약하게 되어, 털가죽 천막에서 소젖을 마시는 것만 못하다" 한다. 이것은 혹 너무 지나친 주장일 수도 있겠지만, 중국이 떨치지 못한 이유는 여기에 있을 것이다.

(4) 혼돈混沌이 뚫리자 대박大樸이 흩어지고, 문치文治가 승하자 무력이 쇠하였고, 처사處士의 횡의橫議에 주周의 도가 날이 갈수록 위축되었다. 진시황이 서적을 불사른 뒤 한漢나라 왕업이 소강小康을 누렸고, 석거각石渠閣에서의 분쟁이 신新나라 왕망王莽의 찬탈로 이어졌다. 정현鄭玄·마융馬融이 경전을 풀이하자 삼국이 분열했고, 진씨晉氏

의 청담淸談에 신주神州가 망했다.[176]

담헌에게 주나라 이후 정치는 쇠퇴와 타락의 정치다. 왕도는 없어지고 가인假仁과 무력을 통한 패자만이 왕권을 잡았다. 오로지 사욕을 추구하기 때문에 지모와 아첨, 총애와 녹봉, 권모權謀로 권력이 유지된다. 정치가 사욕을 충족시키는 도구가 되자, 원래의 순수한 동기를 상실한다. 비용의 절약, 조세의 감면, 도덕적이고 유능한 자의 등용, 반역자를 치는 것, 관대한 외교 등등은 원래의 선량한 목적과는 무관한 행위가 된다. 그조차 권력을 독점하여 향유하고 세습시키고자 하는 목적에서 나왔기 때문이다. 이런 생각은 1766년 북경에서 창춘원暢春園을 보았을 때 이미 싹터 있었다. 그는 이렇게 말하지 않았던가? "3대(하·은·주) 이후로 천하의 임금이 된 자는 모두 자신의 거처를 다투어 사치스럽게 만들었다. 이른바 남면지락南面之樂이란 것은 본디 궁실의 아름다움과 수레·말·휘장으로 받드는 걸 벗어나지 않았다. 자신에 대한 천하 사람들의 비평이 두려운 나머지 밖으로 절검節儉하는 체했지만, 그 속마음은 숨길 수가 없었다."[177] 곧 담헌의 이런 역사관은 젊은 시절 내장한 씨앗에서 발아한 것이다.

(3)에서 담헌은 그 타락의 원인을 검토한다. 타락은 문명화의 결과가 아닌가. 유소씨는 건축술을, 포희씨는 어획과 수렵의 방법을, 수인씨는 불을 이용한 음식물의 조리 기술을 가르쳤고, 창힐은 문자를 처음 만들었다. 유소씨의 건축술은 나무와 돌에게, 포희씨의 어렵술은 온갖 짐승에게 재앙이 되었고, 수인씨의 화식火食은 생식을 포기하게 만들어 도리어 기근을 낳았다. 창힐이 문자를 발명함으로 인해 교묘한 지혜와 화려한 언사가 생겨났다. 이것은 곧 중국 문명화의 과정이

다. 하지만 담헌은 그 문명화의 부정적 성격에 깊이 주목한다.

　이런 점에서 담헌이 중국 문명의 상징적 장치들을 오랑캐의 비문명과 대조적으로 배치한 것은 눈여겨볼 만하다. 그는 고대 중국의 유자들이 입었던 큰 소매의 짧은 옷인 봉액縫掖[178]의 위용이 옷깃을 왼쪽으로 여미는 사이四夷의 복색인 좌임左衽[179]의 편리함만 못하고, 읍양揖讓의 허례가 오랑캐의 예배禮拜 방식인 모배膜拜[180]만 못하며, 문장의 빈말, 지배층이 공허한 문장을 익히는 데 골몰하는 것은, 오랑캐가 실용적인 기마와 사격을 익히는 것만 못하다고 말한다. 문명화는 단적으로 인간의 유약을 초래한다. 따뜻한 옷과 불에 익힌 음식은 신체와 뼈를 연약하게 만들기 때문에, 털가죽 천막에서 우유를 마시고 살며 근골이 억세고 강한 것만 못하다. 이 부분에는 담헌이 목도했던 몽골인의 생활이 녹아 있을 것이다. 담헌은 1766년 1월 4일 북경에서 몽골 추장을 만나 금수와 별로 다르지 않다고 평가했지만, 배고픔과 추위를 견뎌 내는 그 강인함은 두려워할 만한 것이라 평가했고, 1775년 3월 29일 세손익위사 시직으로 서연에 참여했을 때 몽골인에 대해 묻는 정조에게 그들의 강인함을 거듭 강조한 바 있었다. 이것은 중국의 지나친 문명화와 대조되는 것이었다. 곧 담헌은 역으로 중국의 쇠약은 지나친 문명화가 초래했다고 말한다. 북경의 시장에 흘러넘쳤던 사치스러운 물품들은 그가 보기에는 과잉 문명의 결과물이었다. 곧 그 경험 자체가 그에게 문명의 과잉에 대한 비판적 사고를 촉발시켰을 것이다.

　담헌은 역사에서 자신의 주장을 입증할 증거를 찾는다. 초야에 있는 선비들이 제멋대로 자기주장을 펼치자, 주나라의 도가 날이 갈수록 위축되었다. 하지만 진시황이 서적을 태워 버리자 그로 인해 이후 한나라가 소강小康을 이룰 수 있었다. 기원전 51년 석거각에서 《춘추공양전》과 《춘추곡량전》의 이동異同을 논의한 것[181]이 왕망이 제위를 찬탈하는 계기가 되었고, 정현과 마융의 경전 주해가 삼국 분열의 단초가 되었다고 말한다. 아울러 진晉은 청담사상으로 멸망했다는 것이다. 경학의 발달이 왕망의 찬탈, 삼국 분열의 기초가 되었는지 단언할 수는 없지만, 담헌이 지식의 존재를 부정적으로 보는 건 부인할 수 없는 사실이다. 앞서 검토했던 바와 같이 그는 기회가 있을 때마다 경전에 대한 주석을 비판하였다. 《의례경전통해》의 주해를 둘러싸고 벌인 김종후와의 2차 논쟁은 그 비판적 논리의 정점이었다. 그가 진시황의 분서로 인해 한이 소강을 이룰 수 있었다고 하는 것은 문명–지식을 부정적으로 판단하고 있다는 증거다. 1775년 8월 26일 정조와의 대화에서 "진시황이 잡서를 태우지 않았다면, 세상에 도움이 되지 않는 제자백가의 말들이 한갓 이목만 어지럽혔을 뿐이니, 태운들 무슨 해가 될 것이 있었겠습니까?"라고 말했듯, 그는 지식의 과잉, 아니 어쩌면 지식 자체를 경멸하고 있었다. 거기다 등사민과 주고받은 편지에서 풍도가 발명한 목판 인쇄술로 서적이 범람하게 된 것을 비판하지 않았던가. 그에게 보다 많은 책은 무용한 지식의 범람일 뿐이었다. 이런 비판적 태도가 문명–지식에 대한 근원적인 부정으로 나타났다.

문명–지식은 결국 중국의 유약화를 초래했고 마침내 중국은 오랑캐처럼 변했다.

6조六朝는 강좌江左의 부용국이 되고, 5호五胡는 완락宛洛을 급습해 쳐부수었고, 탁발씨拓跋氏는 북조北朝에서 정위正位했으며, 서량西凉은 당唐에 통합되었다. 요遼와 금金은 번갈아 주인이 되었다가 송막松

漢에서 합쳐졌고, 주씨朱氏가 왕통을 잃자 천하가 치발薙髮하게 되었다. 남풍南風은 활기가 없어지고, 오랑캐의 운수가 날로 장구해지니, 이것은 인사人事의 감응이자, 천시天時의 필연이었다.[182]

6조가 강좌의 부용이 되었다는 것은, 남북조시대의 남조南朝[송宋·남제南齊·양梁·진陳]가 강좌(지금의 강소성江蘇省 일대)를 근거로 삼아 건국하고 건업建業(지금의 남경)에 도읍한 사실을 말한다. 원래 건업은 삼국시대 오吳와 동진東晉의 수도이기도 했다. 원래 진晉, 곧 서진西晉은 낙양을 수도로 삼았으나, 5호16국에 밀려 낙양을 빼앗기고 강좌로 밀려나 동진이 된 뒤 건업을 수도로 삼았고, 이것이 이후 송·남제·양·진으로 이어졌다. 5호가 완락宛洛(남양南陽과 낙양洛陽)을 쳐부수었다는 것은 바로 이 역사적 사실을 두고 한 말이다. 6조는 동진·송·남제·양·진에 원래 건업을 수도로 삼았던 삼국시대의 오吳를 포함한다. 대체로 담헌은 중국이 이적에 밀려 중원을 포기했던 역사를 말하고 있다.

탁발이 북조에서 정위正位했다는 것은, 선비족의 일파인 탁발부拓拔部가 화북 지방에 북위北魏를 세운 것을 말한다. 북위는 북제北齊·북주北周로 이어지는 북조를 열었다. 이 역시 이적이 중국을 차지한 역사적 전례다. 서량西凉이 당唐으로 통합되었다는 것은, 당의 고조高祖 이연李淵이 서량의 건국자 이고李暠의 8대손임을 자처한 것을 두고 한 말이다. 오랑캐 왕조인 서량의 후예가 당을 건국했으니, 당 역시 오랑캐 왕조의 연장이라는 시각이다(정작 이고는 한족이었지만!). 요와 금이 번갈아 주인이 되었다가 송막에서 합쳐졌다는 것은, 요와 금이 번갈아 일어나 결국은 원元으로 통합되었다는 말이다. 송막은 지금 내몽고자치주 일대인 커스커텅기克什克騰旗를 가리키기 때문이다. 주씨朱氏,

곧 명은 왕통을 상실하고 천하는 이적 청의 수중에 들어갔다. 이렇게 역사를 읽는다면, 이적의 중국 지배는 비정상이 아니라, 역사의 일반적 현상이다.

담헌은 〈사평〉에서 삼국시대 말에서 위진남북조의 역사를 비평한 바 있는데, 거기서 그는 당연히 화이론의 입장에 서 있었지만, 그 화이론은 이적의 중국 지배를 인정하는 미묘한 변화가 감지되고 있었다. 이제 그 변화는 발전하여 이적의 중국 지배는 변수가 아니라 상수로 파악된다. 담헌은 이적의 중국 지배를 상수로 두고 그것을 초래한 인사, 즉 인간 행위의 결과—말하자면 중국인 쪽의—이기도 하지만, 동시에 그것은 '천시의 필연', 즉 역사적 필연이기도 하다고 말한다. 즉 이적의 중국 지배는 비정상이 아니라, 역사적 필연이다. 되돌아가서 부연하자면, 그것은 중국의 문명화—여기에는 분명 '과잉'의 뉘앙스가 있다—로 인한 역사의 필연인 것이다.

이런 논리는 현재 이적인 청의 중국 지배를 필연으로 보는 것으로 귀결된다. 담헌은 바로 이 말을 하고 싶었던 것이다. 청의 중국 지배를 역사의 필연으로 본다면, 젊은 날 그가 붙들고 있었던 화이론, 노론의 국시였던 대명 의리는 존립할 수 없게 된다. 허자가 반발하는 것은 당연하다. "공자가 《춘추》를 쓰면서 중국을 안으로, 사이四夷는 밖으로 설정하였습니다. 중국과 오랑캐의 구별이 이와 같이 엄격한데, 지금 당신은 '인사人事에 감응한 것이기도 하지만 천시天時에 따른 필연이기도 하다'고 귀착하니, 이것은 불가한 것이 아닙니까?"[183] 담헌은 다시 답한다.

중국과 사이의 위계는 공자란 성인과 《춘추》란 경전의 권위에서 나온다. 그 권위를 인정한다면, 화이론은 부정할 수 없는 담론이 된다.

담헌은 경전을 재해석하는 방법을 택하지 않고, 경전의 외부에서 화이론을 부정하는 논리를 구성한다.

> 실옹이 말했다. "하늘이 낳고 땅이 길러 주니, 무릇 혈기가 있는 자는 다 같은 사람이며, 여럿 중에 뛰어나 한 나라를 맡아 다스리는 자는 모두 군왕이며, 문을 여러 겹 만들고 해자를 깊이 파서 강토를 조심하여 지키는 것은 다 같은 방국邦國이다. 장보章甫이건 위모委貌건 문신文身이건 조제雕題건 간에 모두 다 같은 자기들의 습속인 것이다. 하늘에서 본다면 어찌 안과 밖의 구별이 있겠느냐?[184]

중국과 이적이란 평면적 차원이 아니라, 하늘의 차원, 곧 3차원의 공간적 인식으로, 즉 '이천시물'의 관점에서 중국과 이적을 보면 그것은 위계적 관계에 있지 않다. 인간은 하늘과 땅이 길러 내는 동등한 인간일 뿐이다. 모든 왕은 동등한 왕이며, 모든 국가는 동등한 국가다. 은나라 때의 예관禮官인 장보나 관용, 주나라의 관용官用 관인 위모가 굳이 문명일 수 없고, 몸에 문신을 새기는 풍습이나 이마에 단청을 새기는 조제雕題가 이적의 야만이라 할 수는 없다. 양자 사이에는 '중화'와 '이적'이란 문명적 가치의 위계가 존재하지 않는다. 오직 다른 풍습일 뿐이다. 따라서 모든 나라 사람들은 각기 자기 나라 사람을 피붙이처럼 친하게 여기고, 자신의 임금을 받들고 자신의 나라를 지키고 자신의 풍속을 편안히 여긴다. 그것은 중화나 이적이나 동일하다.[185] 1766년 2월 12일 담헌이 월나라 같은 야만인에게는 문명국의 의관이 필요 없다는 뜻으로 반정균에게 "월인越人은 장보章甫를 쓸 일이 없다"고 했던 것과 귀국 이후 엄성과 손유의 등에게 편지를 보내어 중국의 의복제도에 대해 알려 달라고 했던 것을 생각한다면, 그는 완전히 입장을 바꾼 셈이다.

중화와 이적의 분별은 중화를 주체로, 이적을 타자로 보는 것이다. 그 분별은 인물의 번성, 곧 인구의 증가와 관련된다. 일정 규모 이상의 인구 집단은 분리되어 주체와 타자의 분별이 시작된다. 비유컨대 오장육부와 사지는 신체의, 나의 신체와 처·자식은 한 집안의, 형제와 친척은 한 문중의, 이웃 마을과 사방의 국경 지역은 한 나라 안의, 같은 문화권의 국가와 문화권 바깥의 국가는 천지의, 안과 바깥의 관계, 즉 주체와 타자의 관계에 놓인다. 하지만 주체와 타자는 고정된 게 아니고 상대적일 뿐이다.

이것을 담헌은 중국의 역사에 적용한다. 그에 의하면, 자신의 소유가 아닌데도 취하는 것을 '도盜', 죄가 없는데도 죽이는 것을 '적賊', 사이四夷가 중국을 침범하는 것을 '구寇', 중국이 사이에게 무력을 함부로 쓰는 것을 '적賊'이라 한다. 하지만 이것은 상대적인 개념일 뿐이다. "서로 '구'하고 서로 '적'하니, 그 뜻은 같은 것"이기 때문이다. 담헌은 최후로 공자와 《춘추》를 불러 낸다. 공자는 주나라 사람으로 주 왕실의 권위는 날로 추락하고 제후들이 쇠약해지자, 오吳와 초楚—이들은 '이적'으로 취급받았다—가 '구'와 '적'으로서 끊임없이 활동하던 시대를 살았다. 《춘추》는 기본적으로 주나라 사람인 공자가 쓴 주나라의 책 '주서周書'다. 따라서 공자가 안과 바깥의 구분을 엄격히 하는 것, 즉 주를 주체로 보고, 오와 초를 타자로 보는 것은 마땅한 일이다.[186] 담헌은 《춘추》는 주나라 사람이 주나라 입장에서 자신을 주체로, 오와 초를 타자, 곧 이적으로 말한 것은 논리적으로 당연한 귀결이라 말한다.

담헌은 공자가 구이九夷의 땅에 살고 싶다고 한 말[187]을 인용하여 이렇게 말한다. "공자가 바다를 건너 구이에 와서 살며 중국의 문화로 구이의 문화를 변화시키고 주나라의 도를 역외域外에서 일으켰다면, 안과 밖의 구분, 존양하는 의리에는 저절로 마땅히 역외의 《춘추》가 있었을 것이다."[188] 곧 공자가 구이에 살았다면 평소 신념대로 중국의 문명으로 이적의 풍습을 바꾸고, 주나라의 도를 중국 외부-역외에서 실현했을 것이다. 그렇다면 논리적으로 안과 바깥의 분별, 즉 주체와 타자의 분별에서 역외가 주체가 되었을 것이다. 존왕양이尊王攘夷의 의리도 역외의 《춘추》에 있었을 것이다. 그것은 만약에 이적이 주의 문명을 받아들여 중화화中華化했다면, 그들이 중화적인 주체가 되었을 것이라는 말이다. 담헌은 "이것이 공자가 성인이 된 이유다"란 말로 문장을 맺는다.[189] 그것은 아마도 공자로 인한 오랑캐의 중화화를 의미할 것이다.

담헌은 무엇을 말하고자 했던가? 《의산문답》 최후의 장면에서도 여전히 '중국의 문화'는 남아 있고, '역외의 춘추' 역시 춘추의리를 그대로 담지한다. 그것은 중국 문명의 보편성을 그대로 인정한다는 것이다. 다만 이 말은 현실적 맥락에서 해독되어야 한다. 그 중국 문명의 보편성을 청이 구현한다면 청은 곧 중화가 되는 것이고, 조선이 구현한다면 곧 조선이 중화가 된다. 과거 조선의 '소중화'는 이런 논리에서 가능한 것이었다. 조선이 중화일 수 있다면 청 역시 중화일 수 있다. 조선과 청은 모두 원래 이적이기 때문이다. 담헌의 화이론 부정은 이런 의미에서의 부정이다.

담헌은 왜 화이론의 부정으로 결론을 맺었던 것인가? 담헌이 화·이를 구분하는 담론을 이토록 강력하게 비판했던 건 그의 연행 경험과 김종후와의 논쟁에서 비롯되었다고 보인다. 담헌은 김종후의 논리, 즉 화이론을 반박하기 위해서 고심했을 것이다. 천문학 연구와 이미 있었던 화이론, 그리고 중국 체험 등이 기초가 되었을 테고, 그의 엄밀한 성격, 경전에 대한 주석을 거부하며 경전 자체를 직접 해석하려는 태도 위에 오랫동안 사색을 거친 결과 천문학에 의한 깨달음, 지구는 우주의 중심이 아니라는 것에서 제3의 시각을 얻은 것이 아닌가 한다. 곧 이천시물以天視物의 관점이 생긴 것이다. 하지만 화이론이란 담론 자체를 부정하는 것은 매우 위험한 일이었다. 이런 이유로 해서 《의산문답》은 그의 생전에 공개되지 않았던 것으로 보인다. 하지만 담헌이 자신의 주변 사람들에게 화이론을 부정하는 말을 했던 것만은 분명하다. 뒤에 따로 언급하겠지만 김이안이 화이론을 회의하는 담헌의 발언을 전해 듣고 〈화이변華夷辨〉[190]이란 논문을 써서 반박한 것을 보면, 담헌의 생각이 외부로 유출되었음은 두말할 필요가 없다.

화이론을 부정하는 것은 담헌의 시대에는 엄청난 일이었지만, 그것을 과도하게 평가할 수는 없다. 중화란 중심을 설정할 수 없다는 것이 조선을 중심으로 설정하려는 의도에서 나온 것은 아니다. 중심과 주변이란 관계의 설정 자체를 부정하기 위한 것이었지, 조선이란 중심을 다시 설정하기 위한 것은 아니라는 말이다. 따라서 중심이 존재하지 않는다는 담헌의 발언은 제한적으로 이해되어야 한다. 이것으로부터 '민족의 주체성'을 끄집어 내는 것은 결코 온당하지 않다.

《의산문답》은 천문학과 지구자연학이 줄기를 이루지만, 그것 자체가 목적은 아니다. 《의산문답》은 허자를 등장시킨 뒤 그를 일관되게 공박하고, 허자의 생각을 전복하고 교정하려고 한다. 천문학과 지구자연학은 그 교정 수단이다. 다만 이 수단 자체는 워낙 거창하여, 그 자체로 하나의 장대한 지식을 이룬다. 곧 담헌은 자신이 깨달은 천문학과 지구자연학의 지식을 전하는 동시에 허자의 생각을 전복하고 교정하려 했다.

그렇다면 실옹 곧 담헌은 왜 그토록 허자의 생각을 전복하고 교정하려 했을까? 그 이면에는 그의 개인적 경험이 있을 것이다. 김종후와의 1차 논쟁 때 김종후는 엄성을 오랑캐의 조정에 벼슬하려는 인간으로 몰아붙였다. 담헌은 엄성과 반정균, 육비 등과의 우정을 자기 생애 최고의 가치로 여기고 있었다. 김종후는 그들을 오랑캐의 조정에 자발적으로 벼슬하려는 타락한 인간으로 폄하했다. 이것은 담헌 자체를 부정하는 것과 다르지 않았다. 하지만 담헌 역시 화이론을 신념하기는 마찬가지였다. 그는 화이론에 문명성을 도입하기는 했지만, 그럼에도 '화'와 '이'의 구분은 여전히 견지하고 있었고, 따라서 화이론의 설정 자체는 부정하지 않았다. 담헌은 결국 김종후가 북벌에 나서면 자신이 따르겠노라며 꼬리를 내리고 항복의 의사를 표현했다. 그 패배를 견딜 수 없었던 담헌은 1777년 10월 등사민에게 편지를 보내면서 김종후와 벌인 2차 논쟁의 편지를 첨부해 보내기까지 했다.

담헌은 자신이 가장 가치 있게 여겼던 엄성과의 우정을 살리기 위해서 김종후의 논리를 격퇴해야만 했다. 김종후가 근거하고 있었던, 그리고 담헌 자신도 신념했던 화이론을 해체하지 않고는 김종후의 논리를 격퇴하기란 불가능하였다. 《의산문답》의 도저한 천문학과 지구자연학이 마지막에 가서 인간의 영역으로 전환하고, 최후로 화·이의 구분 자체가 무의미하다는 의미심장한 말로 끝난 것은 이 때문이다. 그는 화·이의 구분을 부정함으로써 그가 설정한 최고의 가치, 엄성과의 우정을 살리고 싶었던 것이다.

통제된 이상국가 ― 〈임하경륜〉

《의산문답》과 함께 담헌 사유의 한 봉우리를 이루는 것이 〈임하경륜〉이다. '임하'는 재야在野의 뜻이니, 재야에서 생각한 국가경영의 경륜이란 뜻이다. 〈임하경륜〉은《담헌서》중 유일하게 국가와 사회 문제에 대한 개혁안을 직접 서술한 것이다. 또한 〈임하경륜〉 속의 국가·사회 개혁 아이디어들은《담헌서》의 다른 곳에서는 전혀 찾을 수 없다. 이 점을 생각한다면, 〈임하경륜〉은 담헌이 남긴 글 중에서 사뭇 이질적이다.

앞에서 검토한 바와 같이 담헌은, 젊어서는 경전과 성리학에, 나경적을 만난 뒤부터 수학과 천문학, 지구자연학에 집중했다. 북경을 여행하고 돌아온 뒤 그가 이 새로운 분야에 골몰했다는 것은 황윤석 등의 증언으로도 충분히 짐작할 수 있다. 다만 그가 국가와 사회 개혁에 대한 관심의 끈을 놓치지 않았던 흔적 역시 어느 정도 더듬어 볼 수는 있다.

첫째, 김종후와의 논쟁에서 율력과 산수, 전곡과 갑병의 문제를 예보다 더 중요하다고 역설한 것, 둘째, 연암과 어울리던 시절 그가 연암과 이용후생과 경제명물을 주제로 고금의 치란, 흥망의 까닭, 고인의 출처의 대절大節, 제도의 연혁, 농공農工의 이병利病, 화식貨殖·조적糴糶과, 산천·관방關防·역상曆象·악률樂律로부터 초목·조수, 육서六書·산수算數까지 깊이 담토談討했다는 것을 들 수 있다. 하지만 이것만으로 담헌이 당대 국가 및 사회의 모순적 문제에 대해 어느 정도 깊이 성찰했는지를 짐작하기는 어렵다. 박지원이나 박제가의 경우,《열하일기》와《연암집》,《북학의》등의 저작을 통해 그 노력의 정도를 측정하기란 어렵지 않지만, 담헌의 경우 짧은 〈임하경륜〉을 제외하고《담헌서》어디에도 그 둘의 개혁책에 상응하는 논술은 보이지 않는다. 아마도 이 문제에 관한 한 담헌이 기울인 관심의 폭과 깊이는 그리 크지 않았을 것이다.

〈임하경륜〉은 담헌이 생각한 국가·사회의 개혁안을 확인할 수 있는 유일한 문헌이다. 하지만 사족 체제가 노정한 모순을 해결하기 위한 한편 방대하고 한편 정교한 방안을 경화세족 스스로 이미 제출했거나 하고 있었음을 상기한다면 〈임하경륜〉은 별달리 희귀한 것도 아니다. 담헌에 앞서 유형원은《반계수록》을, 유수원柳壽垣은《우서迂書》와 같은 개혁책을 담은 전문서를 지은 바 있고, 이익은 방대한 분량의《성호사설》에서 다양한 개혁책을 제시하였다.《반계수록》은 담헌 자신이 조선의 책 중에서 율곡의《성학집요》와 함께 경세하는 데 있어 유용한 학문[191]이라고 평가한 바 있었고,《성호사설》은 담헌이 필사본으로 소장하고 있는 책이기도 했다. 또한 그와 가까웠던 박지원과 박제가 역시 중요한 개혁책을 제시한 바 있었다. 이런 저작들에 비해 〈임하경륜〉은 매우 왜소하다. 20세기 이후《의산문답》의 지전설에 과도한 의미가 부여된 것처럼 〈임하경륜〉 역시 대단한 수준의 개혁론으로 평가되었다. 이제 담헌이 살았던 조선 후기의 사회적 맥락에서 이 텍스트를 냉정하게 읽을 필요가 있다.

먼저 〈임하경륜〉의 자료적 성격을 살펴볼 필요가 있다. 〈임하경륜〉은《담헌서》내집 4권 '보유'에《의산문답》과 함께 실려 있다. 이 글은 아마도 담헌 생전에 외부로 유출되지 않고 집안에 간직되어 있다가《담헌서》를 엮을 때 같이 편집되었을 것이다. 이 글이 지금의 형태로 완성되어 있었는지 아니면 단편들의 형태로 존재했는지는 알 수가 없

다. 이런 질문을 던지는 것은, 현재 이 글이 정제된 형태가 아니기 때문이다.[192]

〈임하경륜〉은 원문이 200자 원고자 30장이 채 되지 않는 짧은 글이다. 정리하면 대개 다음과 같다.

(1) 국가 행정조직의 재편

(2) 토지제도

(3) 최소 행정단위에서의 백성의 일상적 역할, 세금

(4) 중앙의 관료조직

(5) 지방의 조직(사실상 군사조직이다)

(6) 교육제도

(7) 능력에 따른 직업의 부여

(8) 거주 이전의 제한 등 백성에 대한 통제

(9) 양반에 대한 비판

(10) 사치 금지

(11) 백성에 대한 통제와 처벌 방법

(12) 축성술·수성술 등 성과 관련된 논의

(13) 통치자론

(14) 전쟁론·장수론·병법 등에 관련된 논의

(15) 전쟁 비판(전쟁은 하지 않는 것이 최선이다)

(16) 조선의 군사제도와 그 개혁 필요성의 여부

거칠게 요약해 묶은 것인데, 주목할 점은 한데 묶일 수 있는 성격의 (12), (14), (15)가 전체 분량의 절반을 차지한다는 것이다. 그런데

(5)의 '지방조직'이 사실상 군사조직에 관한 장황한 서술이라는 점을 고려하면, 〈임하경륜〉은 사실상 군정軍政이 서술의 절반 이상을 차지한다. (2)의 '토지제도'는 담헌 당대 조선 사회의 최대 문제였던 바, 보다 상세한 서술이 있어야 할 터인데도 그 내용은 몇 줄에 지나지 않는다. 그가 지방관으로서 여러 곳을 전전했으니, 토지제도의 모순에 대한 심각한 인식을 보일 만도 하지만 《담헌서》 어디에도 지방관으로서의 경험을 다룬 글은 보이지 않는다. 연암이 자신의 지방관 경험을 토대로 한전론限田論을 〈한민명전의〉에서 치밀하게 주장한 것과 아주 대조적이다. (14)~(16)도 치밀한 구성이 아니라, 생각의 단편들을 엮어 놓은 것에 불과하다. 이런 서술의 불균형은 〈임하경륜〉 전체에 일관된다.

서술 순서에도 상당한 문제가 있다. (11)의 '백성에 대한 통제와 처벌 방법' 뒤에 (12) 축성술이 이어지다가 갑자기 (13)의 통치자론이 불쑥 끼어든다. 곧 남을 다스리는 자는 먼저 자신을 다스려야 한다는 것, '인'과 '의'에 의한 정치가 가장 훌륭하다는 주장을 펼치는 것이다. 아무리 보아도 (13)의 통치자론은 여기에 배치될 성격이 아니다. 굳이 두자면 (13)은 〈임하경륜〉의 서두에 배치되어야 할 것이다. (15)의 '전쟁 비판' 역시 (14) 앞으로 가거나 아니면 (16) 뒤로 배치되어야 할 전쟁에 대한 총론이다. 이뿐만 아니다. (14) 역시 서술이 대단히 어지럽다. (14)의 중간 부분을 보자.

(a) 여등呂鄧의 일은 과연 손무孫武의 말과 맞아떨어졌으니, 이것이 병가兵家의 요지要旨다.

(b) '역逆으로 취하고 순順으로 지킨다'는 것은 도를 아는 사람의 말

이 아니다. 지극한 인仁으로 지극한 불인不仁을 치는 법이니, 이것이 천하의 대순大順이 아니겠는가? 탕왕·무왕도 걸왕·주왕이 아니었다면 치는 것이 옳지 않았을 터이다.

(c) 손자의 말이 꼭 주周의 제도에서 나온 건 아닐 터이다. 관중管仲과 공명孔明의 경우 또한 임시적인 권도權道를 한때 승리를 거두기 위한 방법으로 삼았을 뿐이다. 어찌 선왕의 제도에 모두 꼭 들어맞는 것이 었겠는가?

(d) 정전제井田制를 시행하기 어려운 것은 선배들이 이미 말한 바 있다. 그렇기는 하지만, 전지를 나눠 주고 생계 방법을 마련해 주는 법 없이 그 나라를 잘 다스릴 방법이란 모두 구차할 따름이다. 지금 세상에서 비록 옛 도로 완전히 돌아갈 수는 없겠지만, 나랏일을 잘 도모하는 사람은 반드시 변통하는 제도가 있어야 할 것이다. 산천이 좁고 지세地勢가 높고 낮은 것은 걱정할 바가 아닌 것이다. 그러나 이것이 어찌 천박한 식견으로 함부로 논할 수 있는 것이겠는가?

(e) 삼대三代 때 융거戎車제도를 지금 살펴보면 아주 엉성하다. 인심이 교묘해지고, 기구가 편리해진 것에서 또한 쇠퇴하고 야박한 말세의 모습을 충분히 알 수 있을 것이다. 무강武剛·편상扁箱 등의 제도는 융거戎車·사개駟介의 번거로움이 없고도 싸우고 지키는 데 있어 그 편리함을 얻은 것이다. 이것은 전쟁에 대해 말하는 사람들이 마땅히 강론해 마지않아야 할 것이다.[193]

(a), (b), (c), (e)는 넓게 보아, 병법 혹은 군사학에 관한 글이다. 물론 이것들은 서로 긴밀한 상호 연관성이 없는 생각의 단편들을 엮어 놓은 것이다. 그런데 이 가운데서도 (d)는 갑자기 정전법에 대해 말한

다. 맥락에 맞지 않다. 이런 사례로 보아 〈임하경륜〉은 정제된 글이 아니고, 생각의 단편을 거칠게 엮어 놓은 것이다. 깐깐한 성격의 담헌이 어쩌다 자신의 '경륜'을 이렇게 엉성하게 묶었는지 모를 일이다. 담헌이 〈임하경륜〉이란 제목 아래 국가와 사회의 개혁에 관한 생각을 틈틈이 메모해 둔 것을 《담헌서》를 편집할 때 그대로 집어넣은 것이 아닌가 한다. 이 점을 고려하고 담헌의 개혁안을 읽어 보자.

〈임하경륜〉의 개혁안은 국토를 9도로 나누고 행정단위와 그 장을 재조직하는 것으로 시작한다.

- 9도─경도京都와 8도. 도의 장관은 정2품 도백道伯. 일반 행정과 군정을 맡는다. 3년마다 근무성적을 평가한다. 업무 수행이 양호하면 종신토록 맡을 수 있다. 목수牧守의 평가도 동일한 방식을 취한다.
- 9군郡─백영伯營과 8군. 장관은 종3품 군수.
- 9현縣─수치守治와 8현. 장관은 종5품 현감.
- 9사司─감치監治와 8사. 장관은 종7품 사장司長.
- 9면面─사치司治와 9면. 장관은 종9품 면임面任.

행정단위는 '국→도→군→현→사→면'이란 일련의 위계적 조직으로 이루어진다. 하위 단위는 상위 단위의 장관의 명령을 들어야만 한다. 담헌의 구상은 기존의 행정조직과 본질적으로 다르지 않다. 조선의 지방행정제도는 도→부→대도호부→목→도호부→군→현으로 이루어졌고, 현 아래 면·리가 있었다. 행정 장관은 위의 행정제도에 상응하여 관찰사·부윤府尹(종2품)·대도호부사(정3품)·목사牧使(정3품)·부사(종3품)·군수郡守(종4품)·현령縣令(종5품) 또는 현감縣監(종6품)으로 이루어졌

412

다. 담헌의 행정제도는 위의 제도를 약간 간단하게 한 것이다.

이 지방행정조직은 군사조직과 겹쳐진다. 담헌은 경도, 곧 서울과 8도를 군사조직으로 만들어야 한다고 주장한다. 먼저 서울의 군사조직을 보자.

- 대隊. 9명의 병사와 1명의 대장隊長. 대장이 병사를 통솔. 모두 10명.
- 기旗. 9명의 대장隊長과 1명의 기총旗摠. 기총이 대장을 통솔. 모두 100명.
- 교校. 9명의 기총旗摠과 1명의 교위校尉, 교위가 기총을 통솔. 모두 1,000명.
- 장將. 9명의 교위校尉와 1명의 장군將軍. 장군이 교위를 통솔. 모두 1만 명.
- 대장大將. 9명의 장군將軍과 1명의 대장군大將軍. 대장군이 대장을 통솔. 모두 10만 명.

지방에도 꼭 같은 조직을 둔다. 곧 도백이 대장군, 군수가 장군, 현감이 교위校尉, 사장司長이 기총旗摠, 면임이 대장이 된다. 도는 아홉이 있기 때문에 전체 군사는 모두 90만 명이고, 여기에 서울의 10만 명을 합하면 모두 100만 명의 군사가 된다.[194]

중앙의 행정제도 역시 조정 대상이다. 담헌은 중앙 관직에 9경卿을 두고, 각 경에는 9낭郞, 각 낭에는 9좌佐, 각 좌에는 9이吏, 각 이에는 9예隸를 소속시킨다고 한다. 그리고 급하지 않은 관직은 혁파하고, 없앨 수 없는 것은 경卿에 소속시켜야 한다고 말한다. 담헌은 내외의 관원이 자신의 휘하에 두고 부릴 요속僚屬을 스스로 선택할 수 있도록 하자고 제안하고 있다. 이에 의하면 왕은 삼공三公을, 공公은 경卿을, 경은 낭郎을, 낭은 이吏를, 이는 예隸를 선택할 수 있다. 관원마다 하급 관료의 선발권을 주는 것이 특이한데, 어쨌건 담헌은 왕—삼공—경—낭—이—예라는 수직적 관료체계를 상상했다. 하지만 이것은 왕—3의정—6판서—낭관—서리—하예下隸라는 기존의 조직을 약간 변형한 것에 지나지 않는다. 지방관의 경우도 같다. 삼공이 도백을 선택하고, 도백 이하 역시 중앙의 선발 방식을 그대로 따른다.

이와 아울러 혁파해야 할 제도나 관직에 대해서도 간단히 언급하였다. 담헌은 왕의 사유재산인 내수사 토지와 궁방전을 모두 혁파해서 호조 관할로 옮겨야 한다고 주장한다. 담헌은 또 양사가 탄핵권을 독점하는 것을 비판하여, 10여 명에 불과한 양사의 소수 관원이 정부 각 부처의 전문적 분야를 완전하게 파악할 수 없음에도 탄핵권을 독점하는 건 비합리적이라고 주장한다. 양사를 혁파하고 각 부처, 혹은 부서의 전문 분야를 소상히 파악하고 있는 공경 이하 서리와 하예까지, 환관에서 농민까지 모두 소회를 아뢸 제도를 마련해야 한다고 주장한다. 내수사와 왕실의 특권 면세지를 혁파하자는 주장은 수없이 제기되었던 것이다. 대간이 언론을 독점하는 권한을 조정하자는 주장 역시 유수원柳壽垣이 제출한 바 있다.[195] 하지만 대간의 언론 독점은 시정되지 않았고, 궁방전 역시 1729년(영조 5) 일시 면세가 철회되기도 했지만, 결국 면세 궁방전은 조선 말기까지 계속 확대되었다.

담헌의 개혁안은 이색적이고 독창적인 게 아니다. 담헌은 대개 이 시기 지식인들의 화제를 옮기고 있을 뿐이다. 냉정하게 평가한다면 담헌의 개혁책은 내용도 빈약하고 구체성도 박약하다. 예컨대 그는 중앙관직제도를 전반적으로 재조직하자고 주장하지만, 왜 '9경'이어야 하는지, 9경의 소관 업무가 어떤 것인지는 전혀 밝히지 않는다. 지방제도 개혁안은 약간 유의미한 것으로 보이지만, 조선 후기 관료와 학자들 역시 동일한 주장을 종종 펼쳤다. 예컨대 유형원·이익·정약용·최성환崔星煥 등이 동일하게 지방제도 개편을 주장했다. 따라서 담헌의 주장이 특이할 것은 없다. 게다가 개혁안을 제출한 맥락은 전혀 언급하지 않는다. 현재 지방행정 단위의 설정에 어떤 심각한 문제, 모순이 있는지는 전혀 밝히지 않고 있다. 담헌이 왜 하급관료의 선발권을 상급관료에게 주자고 했는지도 이해하기 어렵다. 공公이 경卿을 사적 인맥을 통해 선발한다면 그 이하 관료군 전체가 사적 인맥으로 채워질 가능성이 크다. 이것은 담헌 당대에 소수의 경화벌열과 노론이 정치권력을 독점하고 있는 상황을 반복하게 될 것이다. 따라서 담헌식의 인사 개혁은 결코 유효한 것이 될 수 없었다.

담헌이 행정조직의 개혁을 주장하면서 9군, 9현, 9사, 9면 등 '9'라는 특정한 수에 집착하는 것도 주목거리다. 모든 행정조직이 아홉일 필요는 없다. 이것은 현실을 면밀하게 관찰하고 난 뒤 그 문제를 해결하기 위해 제안된 개혁 방안이 아니라, 《주례周禮》 같은 유가의 이상국가론에서 볼 수 있는 국가제도의 외견적 정제성整齊性을 참고하여 차용한 것이 아닌가 한다.

담헌은 지방행정제도와 중앙의 관직제도를 개혁하면서 교육과 관료의 선발제도까지 개혁할 것을 구상한다. 담헌은 먼저 학교의 설치에 관해 말한다. 서울은 9부에, 지방은 도에서 면까지 단위마다 학교를 세운다. 각 학교에는 교관敎官이 있다. 가장 낮은 단위인 면에 설치한 학교는 특별히 '재齋'라고 하고 재에는 재장齋長을 둔다. 면의 거주민 중 8세 이상의 자제들을 '재'에 모아 가르친다. 교육 내용은 '효제충신孝悌忠信'의 윤리 교육과 활쏘기·말타기·글씨 쓰기·셈하기 같은 기예다. 전형적인 유가의 윤리와 육예六藝(예禮·악樂·사射·어御·서書·수數)를 중심으로 한 기예 교육이다. 그는 유학 외에는 아마 상상해 본 적이 없을 것이다.

'재'에서 우수한 학생은 '사司'로, '사'에서 우수한 학생은 '태학'으로 보낸다. 태학의 교육과 시험 결과 학식과 재능이 우월한 학생은 매년 1월 조정에 천거하여 관료로 임명한다. 이것도 사실 담헌의 독창적 생각은 아니다. 이미 유형원이《반계수록》의〈학교사목學校事目〉과〈공거사목貢舉事目〉에서 더할 수 없이 치밀하게 고찰한 바 있었다.[196] 담헌의 생각도 근본적으로 다르지 않다. 아마 그는《반계수록》을 읽고 그 아이디어를 요약한 것일 터이다. 또 이것은 유형원이나 담헌만의 생각도 아니었다. 교육제도를 개혁하고 그것을 관료 선발과 어떤 방식으로든지 간에 연결해야 한다는 아이디어는 생각이 있는 지식인이라면 누구나 할 수 있었다. 예컨대 유수원이《우서》에서 펼친 생각도 근본적으로 여기서 벗어나지 않았다.[197]

시험에 의한 선발을 대체할 현실적인 대안은 그 외에는 있을 수 없었다. 하지만 과거제의 폐단과 그것의 폐지에 따르는 복잡한 문제들에 대해서 담헌은 어떤 발언도 남기지 않았다. 특히 그가 과거가 진정한 학문을 해치는 것이라 생각하고 과거를 스스로 포기했음을 떠올린다면 이는 예상치 못한 것이다. 아울러 담헌 당시 많은 개혁적 지식인들이 과거의 폐해에 대해 신랄하고 치밀하게 비판했던 것을 생각하면 더더욱 그렇다. 아마도 담헌은 개인적으로 과거를 포기하기는 했지만, 그의 가문이 당대 최고의 경화세족으로서 과거에 의해 특혜를 보고 있었기 때문은 아닐까?

〈임하경륜〉에서 후대 사람들에게 가장 크게 주목을 받았던 건 아마도 다음 부분일 것이다.

(A) 무릇 인품에는 고하가 있고 재주에는 장단이 있다. 고하에 따라 단점을 버리고 장점만 쓴다면 완전히 버려야 할 재주란 천하에 없을 것이다. 면 단위의 교육에서 그 뜻이 높고 재주가 많은 자는 위로 올려 조정에서 써야 할 것이다. 그 재질이 둔하고 용렬한 사람은 아래로 돌려 전야田野에서 써야 할 것이다. 생각이 공교하고 손이 재빠른 자는 수공업으로 돌려야 할 것이고, 이문을 따지는 데 능하고 재물을 좋아하는 자는 상업으로 돌려야 할 것이다. 좋은 계책을 묻기를 좋아하고 용기가 있는 자는 무반武班으로 돌리고, 장님은 점치는 일로, 고자는 문지기로 돌리고, 벙어리와 귀머거리·앉은뱅이까지 모두 일정하게 하는 일이 없으면 안 될 것이다. 유의유식遊衣遊食하는 자는 임금과 관장官長이 처벌하고, 향당鄕黨에서도 내쳐야 할 것이다.[198]

담헌은 인간의 재능과 능력에 따라 적합한 직업을 부여해야 한다고 주장한다. 장애인까지 모두 직업을 가질 것을 요구한다. 유의유식하는 자는 국가가 처벌하고 향리에서 추방해야 할 것이다. 장애인에게 직업을 주는 건, 그들을 배려해서가 아니라, 유의유식하는 자가 없어야 하기 때문이다. 재능과 능력에 따른 직업의 분배는 아래 인용과 관련하여 신분제 철폐로 종종 해석되었다.

(B) 우리나라는 본디 명분을 중히 여긴다. 양반들은 아무리 가난하고

굶주린다 해도 팔짱을 끼고 편안히 앉아 있을 뿐 손에 농기구를 쥐지 않는다. 간혹 직업을 가져 실제 부지런히 힘써 천한 일을 달게 여기는 사람이 있으면, 무리를 지어 비웃고 노예처럼 보니, 유민遊民은 많아지고 생산하는 사람은 적어지는 것이다. 재물이 어찌 궁하지 않을 수 있고, 백성이 어찌 가난해지지 않을 수 있으랴?

마땅히 엄하게 과조科條를 세워 사민四民(사농공상士農工商)에 관계없이 놀면서 입고 먹는 자에게는 관에서 일정한 형벌을 주고 세상의 큰 죄인이 되게 해야 할 것이다. 재능과 학문이 있다면 농부나 장사꾼의 자식이 낭묘廊廟의 자리에 앉아도 참람되게 여기지 않을 것이고, 재능과 학문이 없다면 공경公卿의 자제가 여대輿儓로 돌아간다 해도 한스럽게 여길 것이 없다. 위와 아래가 힘을 합쳐 자기 직분을 다해야 할 것이고, 그 부지런하고 게으름을 조사해 분명하게 상과 벌을 베풀어야 할 것이다.[199)]

담헌은 (A)의 끝에서 유의유식하는 자는 국가에서 처벌하고 향촌 공동체에서 추방해야 한다고 주장한 바 있는데, 그것은 사실상 (B)의 사족이 야기한 문제이기도 했다. 요컨대 노동을 천시하는, 노동하지 않는 사족의 존재는 노동력이 감소되고 상대적으로 소비가 증가하기에 사회가 빈곤해진다는 논리다. 여기서 반드시 지적해야 할 점은 담헌시대 유식 사족의 절대다수는 생계에 필요한 토지를 보유한 자들이 아니었다는 것이다. 조선 후기 토지의 증가는 인구 증가를 따라잡지 못했고, 인구 구성비에서 사족의 비율은 계속 높아지고 있었다. 이로 인한 소수의 토지 집적, 곧 겸병으로 농민은 물론 사족들까지 생계에 필요한 적정 규모의 토지를 갖지 못하는 경우가 속출하였다. 유식 사족은 과거장으로 몰려들었고, 과객이 되어 전국을 떠돌았다. 그런가 하면 서원을 중심으로 모여 조정의 정치에 대해 비평을 늘어놓았다. 경제적으로 몰락하거나 불안정한 유식 사족이 사회적 불만 세력으로 존재하는 것은 국가적인 불안요소가 아닐 수 없었다.

유식 사족의 문제는 이 시기 이미 상식이 되어 있었다. 1775년 3월 29일이 담헌이 시직으로 입참한 서연에서도 유민遊民이 문제가 된 적이 있었다. 담헌은 그때 유민과 관직을 요행으로 여기는 자에 대해 깊이 생각해야 할 것이라는 원칙론을 제시한 바 있었다. 아니, 그 원칙론 외에 달리 제시할 구체적인 방법이 없었을 것이다. 유민은 이후에도 계속 문제가 되었다. 1780년 4년 6월 9일 주강晝講에서 《대학》의 전傳 10장의 '생재유대도生材有大道',²⁰⁰⁾ 이하의 문장에 대해 토론하면서 정조와 강관들 사이에서 유식 사족의 문제가 논란이 되었다. 시독관 김경일金敬一과 동지사 서유녕徐有寧은 이렇게 말한다.

> 아조我朝는 용관冗官이 먹는 녹祿은 비록 많지 않지만, 유의유식遊衣遊食하는 자는 또한 대단히 많습니다. 그들을 근본에 힘쓰게 한다면(농사를 짓게 한다면), 생재生財의 방도가 될 수 있을 것입니다(김경일).

> 우리나라로 말하자면, 용관이 많은 것이 아니라, 유의유식하는 자가 이루 다 헤아릴 수가 없을 정도입니다²⁰¹⁾ (서유녕).

하지만 이것은 제대로 된 해결책이 아니었다. 그들에게 농사를 짓게 한다면 생산량을 늘릴 수 있을 것이라는 말은 하나마나 한 말이었다. 박제가도 〈병오소회丙午所懷〉에서 유식 사족을 국가의 좀벌레라고 신랄하게 비판하고 사족에게 상업에 종사할 수 있는 길을 열어 주어야 한다고 주장했다.202) 이 역시 해결책은 아니었다. 해결책은 상업에 종사하는 길을 만들어 그 길로 유도하거나 강제하는 '구체적인 방법'에 있었다. 그러나 그 구체적인 방법은 아무도 모색하지 않았다.

 1779년(정조 3) 8월 25일 정조는 전 충청도 관찰사 이명식李命植을 불러 유식 사족에 대한 대책을 물었다. 이명식은 이렇게 답했다. "사士·농農·공工·고賈는 곧 사민四民입니다만, 우리나라는 단지 문벌만 취하기 때문에 만약 사족이 한번 공·고의 이름이 있게 되면, 자손들에게 영원히 누가 됩니다. 그래서 거지반 사족인 호서湖西의 백성들은 빈한하고 곤궁한 나머지 굶어 죽을 지경이 되어도 농·공·고를 하려고 들지를 않습니다."203) 요지는 사족이 한 번이라도 농·공·상에 종사하면 자손들이 사족에서 배제되기에, 굶어 죽을지언정 농·공·상에 종사하지 않는다는 것이다. 이명식은 빈궁한 사족이 농·공·상에 종사하더라도 자손에게 누가 되지 않게 하는 법을 제정하자고 제안했지만, 사실 실행이 불가능한 일이었다. 이명식의 말은 말로 끝났고 법령은 제정되지 않았다. 제정하려는 시도조차 없었다.204)

 이 문제는 사족의 특권으로 인해 얻을 수 있는 이익, 예컨대 군역 면제, 사회적 위세, 우월감 등등의 가치가 빈곤의 고통을 상쇄하고도 남는다는 것을 의미했다. 이 이익보다 더 큰 이익이나 폭력적 강제 없이는 사족 스스로 그 특권으로 얻는 이익을 포기할 수 없음을 의미했다. 연암이 〈허생전〉에서 창조한 인물인 허생은 상업에 뛰어들어 거대한 이익을 남겼음에도 불구하고 끝내 상인이 되지 않고 곤궁한 지식인 곧 사족으로 되돌아갔다. 다산은 〈전론田論〉에서 마을공동체가 토지를 소유하고 공동으로 경작, 분배하는 여전론閭田論을 구상했다.

그런데 흥미로운 것은 사士의 역할이다. 다산은 공동체의 모든 사람에게 경작노동 곧 육체노동을 부과하지만, 사는 애초 그것이 불가능한 사람으로 정의하고 사에게는 지식을 수단으로 하는 경작과 분배의 관리를 담당하게 한다. 다산으로서도 사의 특권적 지위를 포기할 수 없었던 것이다. 동일하게 사족이었던, 그것도 당대 최고의 경화세족 출신이었던 담헌 스스로 사士의 특권을 포기했을 것으로 보이지 않는다.

담헌이 남긴 앞의 발언 (A), (B)는 신분제의 완전한 해체를 정면으로 주장한 것이라 보기도 하지만, 실제 구체성이 너무나 박약하다. 무엇보다 담헌은 노비제에 대한 생각을 전혀 남기지 않았다. 〈임하경륜〉은 물론이거니와 《담헌서》 전체에 걸쳐 조선의 노비에 대한 언급 자체가 거의 없을 뿐만 아니라, 노비제를 문제삼은 적도 없다. 조선 후기에는 신분 귀속제도의 완화, 신공身貢의 감축, 추쇄 작업의 간소화, 노비제 폐지 등을 둘러싸고 구체적인 담론들이 여럿 제출되어 있었다.[205] 담헌이 높이 평가했던 유형원의 《반계수록》이 노비를 연민의 시선으로 바라보면서 제도적 개혁을 통해 소멸되어야 마땅한 것으로 인식했음을 떠올린다면, 담헌의 노비제에 대한 침묵은 납득하기 어렵다. 이런 점을 고려하면 (B)의 공경의 자식도 여대輿儓가 될 수 있다고 했을 때의 '여대'는 노비라기보다 관서에서 천한 일을 하는 하인으로 보아야 할 것이다. 만약 여대를 노비로 본다면, 조선시대의 맥락상 한 번 노비가 되면 그 자신은 물론 대를 이어 노비가 되기 때문에 신분적 이동성은 생각할 수 없게 된다. 따라서 담헌이 여대를 노비라는 의미로 생각했다면, 신분제를 없애려고 했다는 해석은 불가능하다.[206] 따라서 (A), (B)를 신분제 해체로 이해할 수는 없다. 공경의 자식이 여대가 될 수 있다는 것은, 사람을 신분에 지나치게 구애받지 말고 능력에 따라 적재적소에 배치하자는 의지의 표현으로 보아야 맞다. 또한 담헌의 발언이 "한스럽게 여길 것이 없다"는 다분히 감정적인 어조로 끝나는 것에도 유의할 필요가 있다.

(B)를 신분제의 해체, 모든 인간의 평등을 주장하는 언설로 이해한다고 해도 문제는 여전히 남는다. 거듭 말하지만, 중요한 것은 개혁해야 한다는 말이 아니라 그 개혁의 아이디어를 실행할 방법이었다. 앞서 이명식은 법을 세워 사족이 농업·수공업·상업을 할 수 있게 하자고 제안했다. 이것이 자연스러운 사회 현상이 된다면, 강고한 신분제는 사실상 와해될 것이다. 하지만 이명식의 말은 그렇게 되면 좋을 것이라는, 다분히 무책임한 발언이었다. 사족의 농업과 수공업, 상업으로의 직무 전환은 토지의 분배, 수공업과 상업을 천시하는 관념을 불식하는 법과 제도로 구체화되어야 했고, 이것들을 현실화할 수 있는 권력적 강제가 있어야만 했다. 또한 이런 정책을 만들고 추진하는 정치권력 곧 경화세족 집단이 자신의 기득권, 예컨대 소유하고 있는 토지와 노비를 스스로 포기해야만 한다는 걸 의미하였다. 이것은 당연히 저항을 초래할 것이었다.

요컨대 문제는 개혁의 아이디어를 실행할 방법의 모색에 있었고, 기득권을 갖는 사족의 저항을 어떻게 넘어가느냐 하는 데 있었다. 18세기 사족 체제가 당면한 문제에 대해 치밀하고 구체적인 개혁안을 제출한 유수원이 《우서》 첫머리에서 스스로 "이 책의 내용이 세상에 실천될 수 있을까?"라고 묻고, "미쳐서 실성한 사람이 아니라면, 어떻게 실천할 수 없다는 것을 모르겠는가?"[207]라고 한 것은 그 저항을 의식한 표현일 터이다. 그러니 담헌의 발언을 신분제 해체를 의미한다고 해석한다 해도, 그것은 하나의 아이디어일 뿐 구체적 실천 방법을 결여하고 있다는 점에서 대서특필할 정도로 높이 평가할 것이 아니다.

또한 담헌이 말한 정도의 개혁안은 무슨 대단한 수준도 아니었다. 신분 처지가 담헌과는 대척적인 지점에 있었던 사람들이 훨씬 구체적이고 대담한 개혁안을 제시하는 경우도 엄연히 있었다. 황해도 지방의 광한적獷悍賊으로 호란을 틈타 유민을 모아 군도집단을 이룬 뒤 강원도로 옮겨, 철원·평강 일대에 출몰하며 살략殺掠을 자행하다가 체포되어 1629년 2월 사형을 당한, 평민·천민으로 구성된 명화적 이충경李忠景·한성길韓成吉·계춘戒春·막동莫同 등은 서울을 점령하고 15개 조의 사회 개혁안을 실행하려 했다.[208] 다음은 그들이 세운 대담하고 혁신적인 개혁안의 일부다.[209]

- 노비를 양인으로 할 것,
- 3정승, 6판서도 양·천민 중에서 골고루 담당하게 할 것,
- 유학幼學·교생校生·무학武學 등 한유閑遊한 양반들에게 군역을 부과할 것,
- 궁방과 권세가의 농장을 몰수하고 이를 상급할 것,
- 원부세 이외의 각종 잡역을 금지할 것,
- 노비 노동에 대신하여 고공제雇工制를 도입할 것,
- 형벌제도를 완화할 것 등

사족 체제를 그대로 유지하되, 노비의 해방, 국가의 최상층부 권력을 양·천민에게 개방할 것, 양반들에게 군역을 부과할 것, 궁방과 권세가의 토지를 몰수할 것이란 과격한 개혁안을 주장한다. 담헌의 '재능과 학문이 있다면' 이하의 문장에 나타나는 개혁 아이디어는 위 명

화적 집단의 개혁안에 훨씬 미치지 못한다. 그렇다면 담헌의 이 발언은 어떤 맥락에서 나온 것인가? 담헌이 북경으로 가던 도중 사하에서 만난 음식점 주인 곽생은 과거에 응시한 적이 있는 지식인으로 음식점을 경영하면서도 독서를 그치지 않았다. 담헌이 1766년 북경에서 돌아오는 길에서 만나 뒷날 편지를 주고받았던 등사민은 과거를 준비하던 중 병으로 인해 공부를 중단하고, 생계를 이유로 친구 두어 사람과 소금가게를 열어 생업으로 삼고 있었다. 그런가 하면 반정균은 가난을 해결하는 방책으로 김재행에게 상인이 되기를 권하기도 했다. 물론 담헌은 격렬하게 반발했지만 말이다.

이처럼 담헌의 시대에는 사·농·공·상에 대한 사회적 차별이 희박했던 중국의 사정이 잘 알려져 있었다. 1732년 사은겸진하사의 부사로 북경에 파견된 조최수趙最壽는 9월 12일 초구하草溝河에서 한둔할 때 상인 왕경王經을 불러 대화를 하였다. 왕경은 사족士族의 교양을 갖춘 사람으로 그의 '삼촌숙三寸叔'은 현재 형부시랑으로 재직 중이라 하였다. 조최수가 "너는 사족이면서 어찌하여 장사를 생업으로 삼고 있느냐?"라고 묻자, 왕경은 "사士·농農·공工·상商은 같은 것입니다"라고 대답하였다. 이어지는 대화에서 조최수는 왕경이 사족으로서의 가치관과 생활태도와 예법禮法를 지키고 있는 사람임을 확인했다. 조최수가 다시 "너는 비록 사족이기는 하지만, 장사하는 것을 생업으로 삼고 있으니, 혼인하는 데 방해가 되지 않느냐?"라고 물었지만, 왕경은 "비록 벼슬을 하고 있는 사람이라고 할지라도 장사하는 것을 나쁜 일로 여기지 않습니다. 같은 사족이라면 그냥 결혼을 합니다"라고 답했다.[210] 중국은 사족의 특권이 없는 사·농·공·상이 평등한 사회였던 것이다. 1734년 서장관으로 북경에 파견되었던 황자黃梓는 중국 상인에 대해 이렇게 말하고 있다. "상인은 사민四民의 하나다. 예로부터 장사를 업으로 삼는 사람이 꼭 비천한 것은 아니었다. 지금 전포塵鋪에 앉아 있는 사람들은 거개 용렬한 무리가 아니다. 그중에는 높은 벼슬아치 집안 사람도 있다. 이런 까닭에 사람들은 장사치라고 하여 업신여기지 않는다." 황자는 정세태鄭世泰의 예를 든다. 정세태는 조선에 비단을 독점적으로 수출하는 상인이었다. 무역으로 부를 쌓아 올린 정세태의 자질子姪들 중에는 과거에 합격한 사람도 있어 그의 집 문앞에 '괴원魁元(장원급제)'이란 현판까지 걸어 놓았다. 황자는 이런 까닭에 중국에는 상인을 천시하는 풍조가 없다고 말한다.[211]

1777년 동지사 부사로 북경에 갔던 이갑李岬은 중국의 수공업 제품이 정교하고 아름답다고 평가하고 그 제작자인 수공업자를 이렇게 말했다. "수공업자들도 모두 우리나라의 천류賤類와 같지 않다. 사민士民의 하나로 대우하고, 조정의 벼슬아치들도 비천하게 여기지 않으므로 그 직업이 널리 전해진다. 더러는 유식한 사람도 수공업자를 많이 거느리고 기술서적을 시렁 가득히 채워 두고 있다. 야금술만 하더라도, 대장간을 경영해 얻는 이익과 쇠를 녹이고 불리고 연마하는 기술을 모두 철저하게 궁리한다. 이런 까닭에 물리物理를 따져 알아 내는 일과 물건을 정교하게 만드는 기술이 오묘한 경지에 이른 것이다. 이로 보건대, 우리나라 수공업자처럼 멍청하고 거칠고 형편없는 솜씨는 천하에 다시 없을 것이다."[212] 수공업자는 조선처럼 천대받는 대상이 아니었던 것이다. 18세기의 맥락에서 생각하건대, 담헌의 신분제에 대한 생각의 구체성은 아마도 중국의 경우와 유사한 정도가 아니었는가 한다. 물론 이 역시 실현 방법을 결여하고 있었지만.

담헌이 이상적으로 구상한 사회, 혹은 인간의 삶은 구체적으로 어떤 모습이었을까?

> 9도道의 전지田地를 균등하게 나누고 10분의 1의 세금을 받는다. 아내가 있는 남자는 각각 2결結을 받는다(그 사람에게 한정하여 주고, 죽으면 3년 뒤에 다른 사람에게 옮겨 준다).
> 과수원·채마밭 담장 아래 뽕나무와 삼을 심는다. 심지 않는 자는 처벌한다. 포布로 세금을 내게 하는데, 3명의 부녀자는 포 1필, 5명의 부녀자는 비단 1필이다. 15세 이상에게만 받고, 50세 이상이 되면 내지 않는다.
> 험하고 견고한 곳을 가려서 치소治所로 삼는다. 성을 높이 쌓고 해자를 깊이 판다. 중춘仲春이면 전야田野의 집에 나가 지내고 여자는 누에치기를 부지런히 한다. 그 여가에는 효제孝悌의 도리를 공부하고, 치고 찌르는 훈련도 한다.
> 서리가 내린 뒤 곡식을 거두면 소와 말에 싣고 성城에 모두 모여 공가公家의 세금을 바치는데, 수입을 헤아려 지출한다.
> 50세를 넘겨야 비단옷을 입고 고기를 먹을 수 있다. 남는 것을 모아서 큰물과 가뭄에 대비하고 군사를 점고하여 기예를 겨루게 하고는 상과 벌을 밝힌다. 혹은 흩어져 그 재주를 시험하기도 하고, 혹은 모여서 진법을 익히기도 한다. 혹은 성안에서 훈련하고 혹은 들에서 연습한다. 무기를 수선하고 날카롭게 벼려서 평상시에도 마치 경보警報가 있는 것처럼 한다.[213]

결혼한 남자 농부 1인이 2결의 농토를 분배받고, 죽으면 3년 뒤 그 농토를 다른 사람에게 준다. 험준하고 견고한 곳을 치소로 삼고 성을 높이 쌓고 깊은 해자를 판다. 남자는 경작, 여자는 직조를 자기 일로 삼는다. 여가에 윤리 교육과 군사 훈련을 한다. 앞에서 말했듯 담헌은 병농일치의 사회를 구상했던 것이다. 담헌이 〈임하경륜〉 후반부에서 군사학을 방불케 할 정도로 전쟁, 군대의 운용, 축성술, 공성술 등을 상세히 논한 것도 병농일치를 전제한 결과이다.

기실 병농일치는 많은 개혁가들이 주장한 바였다. 임진왜란 이후 오위五衛 체제에서 오군영五軍營 체제로의 전환은 곧 직업군인을 양성하는 것이었고, 그 양성 비용은 고스란히 농민에게 지워졌다. 농민 정남丁男은 병역 대신 16세부터 60세까지 군포를 납부했던 바, 그것은 오군영 유지는 물론 일반회계의 한 축을 담당하게 되었다. 군포 역시 비총법比摠法에 의해 징수했으니, 이것은 중앙정부가 군포의 총량을 정한 뒤 그 징수권을 지방관과 향촌 지배 세력[鄕吏]에게 떠넘긴 것과 다름없었다. 이로써 중앙과 지방에 이중으로 지배되는 농민에 대한 광범위하고 가혹한 착취가 가능해졌다. 이것은 농민에게 엄청난 부담을 지우는 것이었기 때문에 군역 문제, 나아가 군사제도 문제는 개혁가들에게는 초미의 관심사였다. 예컨대 이익은 〈논병제論兵制〉의 '균전제' 위에서, 다산은 〈전론〉의 '여전제' 위에서, 박지원은 〈한민명전의〉의 '한전제' 위에서 병농일치제도를 도입할 수 있다고 주장했다.

다만 병농일치가 가능하려면 먼저 농민을 토지에 안착시켜야 하고, 농민을 토지에 안착시키려면 토지가 분배되어야 했다. 토지 겸병을 막고 어떤 방법을 통해서든 토지가 경작하는 농민에게 분배되어야 한다는 것은 조정이나 개혁가들의 공통된 생각이었다. 담헌은 토지제를 어떻게 개혁하려고 했던 것인가? 담헌은 정전제를 복구하지 않으면 왕도는 끝내 실현될 수 없을 것[214]이라고 할 정도로 '정전제'를 토지 분배의 원칙으로 여겼다. 하지만 정전제는 현실에서 실행할 수 없는 것이기도 하였다.

> 정전제를 시행하기 어렵다는 것은 선배들이 이미 말한 바 있다. 하지만 전지田地를 나누고 산업을 만들어 주는 법이 없는데도 그 나라를 잘 다스린다는 것은 모두 구차할 뿐이다. 지금 세상에 살면서 옛 도를 깡그리 복구할 수는 없겠지만, 나라를 잘 다스리려고 계획하는 사람에게는 반드시 변통하는 제도가 있을 것이다. 산천이 좁고 지세의 높고 낮음은 마땅히 우려할 바가 아니다. 그러나 이것이 어찌 얕은 식견으로 망령되게 논할 바이겠는가?[215]

담헌은 정전제 시행이 사실상 불가능함을 알고 있었다. 하지만 그것이 토지 분배 필요성의 소거를 뜻하는 것은 아니다. 그는 정전제를 시행할 수 있는 모종의 방안을 모색해야 한다고 주장한다. 정전제의 시행 불가능성을 말하는 논자들은 조선의 지형이 중국과 달리 산지가 많아 평활하지 않다는 점을 꼽았는데, 담헌은 그럼에도 불구하고 정전제를 시행할 방법을 모색해야 한다고 주장했다. 하지만 담헌 자신은 여기서 생각을 멈춘다. 이 점을 이해할 수 없다. "식견이 얕아서 함부로 논할 수 없다"는 말이 만약 의례적인 겸사라면, 그의 문집 전반에 토지제도에 대한 언급이 어떻게든 있어야 할 것이지만, 어느 곳에도 토지제도에 관해 언급한 글은 없다.

사실 담헌의 시대에 토지 소유와 분배를 둘러싼 역사적 제도는 충분히 알려져 있었다. 정전·균전均田·한전限田·명전名田 등의 명사를 둘러싸고 지속적인 논란이 있었다. 예컨대 유형원은 《반계수록》의 약

3분의 1에 해당하는 장대한 분량으로 토지 소유의 현황과 문제점을 치밀하게 고찰하고, 공전제公田制에 입각한 토지의 균분을 주장했다. 담헌과 가까웠던 박지원은 1799년(정조 23) 농서를 구하는 정조의 명에 따라 〈과농소초課農小抄〉를 지어 올리고, 여기에 앞서 여러 번 언급한 〈한민명전의〉를 첨부하여 토지의 사적 소유를 허락하되 상한선을 두는 한전론을 주장한다. 그런가 하면 정약용은 〈전론田論〉에서 농촌공동체가 토지를 공유하는 여전론閭田論을 주장했고, 이익은 〈논균전論均田〉 등의 논문에서 일관되게 균전론을 주장했다.

일반 백성이 한전론을 구체적으로 주장하는 경우도 있었다. 1791년 백성 박필관朴弼寬은 신문고를 쳐서 이吏·민民의 결계結契, 상천商賤이 족보를 위조하는 것, 소를 함부로 도살하는 것, 생소나무를 남벌하는 것을 금할 것과 세력가가 겸병하는 것을 금하기 위해 노비를 30구, 장토庄土를 30결 이상 소유하지 못하게 할 것(한전론限田論)과, 군포를 20자 이상 거두지 말게 할 것을 요청했다.[216] 박필관은 아마도 농민일 것이다. 농민은 체험적 정보를 가장 많이 소유하고 있었고 개혁의 필요도 가장 깊이 느끼고 있었지만, 그것을 표현할 언어가 부재했다. 그가 한전론이란 명사를 쓰지 않고 토지와 노비의 소유 상한을 정하자고 한 것이나, 글이 아닌 신문고를 쳐서 말로 요청한 것도 그 때문일 것이다. 이처럼 다양한 토지제도 개혁안이 백가쟁명식으로 배출되고 있었으나, 담헌은 이 문제의 중요성을 역설하면서도 구체적인 실현 방안은 침묵하고 있을 뿐이다. 담헌의 〈임하경륜〉이 정밀하지 못한 메모 수준임을 여기서도 확인할 수 있다.

구체적 실천 방법은 제시할 수 없었지만, 담헌이 토지의 균등한 분배를 지향했던 것만은 사실이다. 토지의 균분 위에서 담헌은 '최소의 경제'라 부를 수 있는 경제를 지향한다. 다른 것이 아니라, 사치를 지양하고 검소함을 지향하는 유가의 전통적인 경제 관념이다. 그는 이렇게 말한다.

> 가정과 나라에서 사치보다 더 흉한 것은 없을 것이다. 무릇 가옥과 살림살이는 소박하고 꼼꼼하고 여문 것에 힘써서 사용하는 데 알맞게 하고, 재물만 낭비하고 사용하는 데 무익한 것은 일체 금해야 할 것이다.
> 무릇 명령을 내려 금지하려면 반드시 위에서부터 시작해야 할 것이다. 금과 은이 궁궐의 장식에 사용되지 않는다면 공경公卿의 집에서 감히 산조山藻를 그리지 않을 것이고, 수놓은 비단옷을 비빈妃嬪이 입지 않는다면 사서인士庶人의 아내가 감히 명주옷을 입지 않을 것이다. 자신이 직접 실천한 뒤 명령하고, 자신을 다스린 뒤에 법을 신칙한다면 백성들이 누가 따르지 않으랴?[217]

건물과 모든 소비품은 본래 용도에 부합하는 내구성과 청결함을 갖출 뿐, 그 외의 비본질적 장식적 요소는 모두 제거되어야 한다는 것이다. 담헌은 연행 이전 〈자경설〉에서부터 검소한 삶을 주장했다. 또 북경을 여행하면서 중국 문명의 장대함과 화려함에 감탄하면서도 유리창 등에서 본 소비재들을 '단지 교묘한 재주를 부려 만든 음란하고 사치스러운, 사람의 본성을 해치는 도구'라며 이런 물건 때문에 선비들의 기풍이 날로 방탕해지며 중국이 떨치지 못하게 되었다고 비판했던 것과 동일한 생각이다. 담헌은 소비를 줄이는 최소한의 경제를 지향했다고 할 것인데, 그런 점에서 담헌은 박제가와 판연히 달랐다. 박제가는 조선은 사치로 망하는 것이 아니라, 검소함으로 망한다고 주장했다. 박제가는 중국과 북경의 풍요를 보고서 조선도 생산 기술을 개선하고, 국내의 유통을 자극하는 한편, 일본·중국과의 무역을 통해 빈곤에서 벗어날 수 있다고 주장했다. 또한 그런 수공업과 상업의 발달은 자연히 유식층의 고용을 가능하게 할 수 있을 것이었다. 담헌 역시 중국과 북경의 물질문명을 관찰하고 합리성·편리함을 《연기》에서 꼼꼼하게 서술했다. 하지만 이를 과도한 문명화, 불필요한 사치라고 판단했다. 박제가나 연암과 달리 담헌은 이를 배워야 한다고 말하지 않았다. 그가 보기에 이것은 자연스레 수공업과 상업의 발달을 저해할 것이었다. 그는 중국인 등사민 등에게 보내는 편지에서 그들의 상업은 어디까지나 최소한이어야 한다고 강조한 바 있었다.

〈임하경륜〉에서 담헌은 다른 경제, 사치를 억압하고 검소함을 지향하는 최소한의 경제를 지향했다. 그것은 오직 농업으로 이루어지는 경제였을 뿐이다. 구체성은 결여하고 있지만, 농민들이 일정한 토지를 분배받아 경작해 세금을 납부하고, 경작과 아울러 병사가 되어 자기의 향리를 방어하는 향촌 사회가 담헌이 이상적으로 여겼던 사회의 모습이다. 하지만 이 사회는 강력한 국가권력에 의해 통제되는 것이었다. 담헌은 국가권력이 농민, 곧 백성을 완벽하게 통제해야 한다고 주장한다.

> 사람이 태어나 여덟 살이 되는 즉시 팔뚝에 그 이름을 검은 물감으로 새긴다면, 호패를 사용하지 않아도 간사한 백성이 이름을 숨기고 달아날 수 없을 것이다.[218]

위조가 가능한 호패 대신 개인의 신체에 정보를 문신으로 새겨 넣는다면, 그 개인을 완벽하게 파악하고 통제할 수 있다. 문신은 지울 수 없을 것이다. 지울 경우 지운 이유를 추궁받고 처벌될 것이다. 문신이 있는 팔뚝을 잘라 내면 잘라 낸 이유를 추궁받고 역시 처벌될 것이다. 담헌은 이 잔혹한 통제의 기술을 태연하게 내뱉는다. 국가의 통제가 완벽하게 관철되기 위해서는 거주 이전의 자유도 허락하지 않는다.

대개 백성은 각각 전리田里를 지켜야 하니, 죽거나 이사를 해도 향리를 벗어나는 일이 없다. 부득이한 경우가 있다면 관에 보고하여 문서를 받은 뒤 본적에서 베어 낸다. 살 곳에 도착하면 역시 관에 보고하고 호적에 이름을 올린 뒤 전지를 받는다. 고하지 않고 마음대로 이사하는 자는 형벌에 처하고 다시 원래 살던 곳으로 보낸다. 관에서 발급한 문서 없이 거주를 허락한 경우, 면임面任을 처벌한다.[219]

담헌이 구상한 이상사회의 백성은 원칙적으로 거주 이전의 자유가 없다. 부득이한 경우 거주의 이전이 허락되지만, 그 역시 철저한 관官, 즉 국가의 통제하에서 이루어진다. 국가의 허락이 있어야 농민은 거주를 이전할 수 있고, 또 농토를 분배받을 수 있다. 임의로 거주를 이전하는 자는 당연히 처벌을 받고, 책임자 역시 처벌을 받는다.

국가는 백성의 거주 이전의 자유를 근원적으로 제한하기에 여행의 자유 역시 제한한다.

무릇 도로에는 모두 정원亭院을 설치하여 길 가는 여행자를 대접한다. 또한 장長을 두어 간사하고 포악한 짓을 기찰하게 한다. 어떤 일로 어디까지 가든지 각각 여행증명서가 있다. 증명서 없이 법을 어기면 통과를 허락하지 않는다. 5리 간격으로 분기점에 각각 표지판(동쪽 길에서 아무 곳까지는 몇 리, 서쪽 길에서 아무 곳까지는 몇 리 따위다)을 세우되, 관로거나 산길이거나, 크거나 작거나 빼먹는 일이 없게 하여 길을 오고 갈 때 그것을 참고 삼게 해서 사람들이 길을 잃지 않게 한다.[220]

도로에 정원이란 국영 여관을 두고 여행자를 묵게 한다. 여행자는 반드시 관에서 발행한 여행 허가 증명서를 지참해야 하며, 이것은 5리마다 설치된 검문소에 제출하고 검문을 받아야 한다. 당연히 정원과 검문소는 여행자의 편의를 위한 것만은 아니다. 국영 여관의 장과 검문소는 여행자 중 범죄자를 색출하는 임무를 맡고 있기 때문이다.
  국가의 권력으로 통제된 사회에서는 범죄자 처벌 역시 매우 혹독하고 강력하다.

무릇 도둑을 다스릴 때 죄상이 죽을 경우에 이르지 않았다면, 그의 이름을 왼뺨에 문신으로 새기고 풀어 준다. 그래도 뉘우치지 않으면 다시 오른뺨에 문신을 새긴다. 세 번 뉘우치지 않으면 죽인다.[221]

절도의 경우 얼굴의 한쪽 뺨에 자자형刺字刑을 가하고, 재범일 경우 나머지 뺨에 자자형을 가하며, 3범이면 사형에 처한다. 혹독한 처벌이다.
  담헌에게 백성은 오직 통치 대상일 뿐이었다. 앞서《의산문답》에서 담헌은 실옹의 입을 빌려 "백성은 따라오게 할 뿐이고 알게 할 수는 없다[民可使由之, 不可使知之]'라는 《논어》의 말을 인용하고, 군자가 습속을 따라 가르침을 베풀고 지혜로운 자가 마땅함을 따라 말을 세운다고 말했다.[222] 여전히 담헌은 사—민의 지배-피지배의 사회적 관계를 전제하고 있었고, 백성은 오직 통치 대상일 뿐이었다.

사농공상 어느 직역에도 종사하지 않는 자를 국가에서 처벌할 것을 주장한 데서도 알 수 있듯, 담헌은 권력을 강력하게 집행할 수 있는 국가를 상상했다. 곧 담헌의 개혁안이 구상한 사회는 국가권력이 백성에게 강력하게 집행되는, 고도로 통제되는 사회였다.

앞서 인용한 (A)와 (B)는 종종 '신분제의 해체'로 이해되었다. 그 이해의 선의는 신분제 해체가 제도적 강제로 구속된 인간을 해방시킨다는 의미가 있기 때문이었다. 하지만 정작 담헌은 신체 정보를 담은 문신을 개인에게 새기고 이동의 자유를 박탈하고 국가의 강력하고 엄혹한 통제로 이루어지는 사회를 구상하였다. 연암은 〈허생전〉에 등장하는 '허생의 섬'에서 국가의 강압적 권력이 부재하는 아나키즘적 공동체를 구상했고, 다산은 '여전론'에서 토지가 풍부한 지역을 찾아다니는 자유로운 농민을 상정했다. 그들과 달리 담헌은 국가의 권력으로 인간을 엄혹하게 통제하는, 전혀 이질적인 사회를 꿈꾸었다.

〈임하경륜〉의 절반은 담헌이 김종후와 논쟁할 때 말한 '갑병甲兵'에 해당한다. 《주해수용》에서 군사, 군대의 운용과 관련된 계산의 문제를 다루었다면, 그는 여기서 전쟁론, 병법, 장수론, 축성술과 공성술 등 군사학 일반에 대해 거론하고 있다. 그 내용을 압축하면 다음과 같다.

(12) (a) 축성술, (b) 양마장羊馬墻, (c) 성 외곽에는 주거를 금지하고,

시계視界를 가리는 숲을 없앨 것, (d) 성의 요체는 견고하고 작은 데 있음.

(13) 통치자론(통치자는 자신의 마음을 먼저 다스려야 함).

(14) (a) 전쟁론(전쟁을 하지 않아야 할 여러 이유), (b) 장수론, (c) 조선에서는 융거戎車를 쓸 수 없음, (d) 적을 공격하는 완급에 따른 논의, (e) 여러 종류의 파성술坡城術, (f) 전쟁 중에는 민가에서 숙영하지 말 것, (g) 유군遊軍과 척후斥堠, (h) 복병, (i) 전쟁론(전쟁은 하지 않는 것이 최선이다).

(15) 조선 군사제도와 그 개혁 필요성의 여부.

군사학에 관련된 주장이 잡다하게 나열되고 있다. 예컨대 (12) 축성술과 (14) 전쟁론 사이에는 통치자가 가져야 할 통치 원칙은 자신의 마음을 먼저 다스리는 것이란 주장이 삽입되어 있다. 전혀 맥락에 닿지 않는다. 그런가 하면 (13)의 (c) 앞에는 한마디로 요약할 수 없는 몇 개의 단편들이 나열되어 있는데, 그중 가장 맥락에 닿지 않는 것은 위에서 인용했던 정전제 서술이다. (14)의 (e) 여러 종류의 파성술坡城術은 (12)에서 서술되어야 할 것이고, (14)의 (i)의 전쟁론은 (14)의 (a)와 같이 서술되어야 할 것이다. 이런 것으로 보아 《의산문답》의 후반부는 군사학에 관련된 잡다한 지식의 단편을 별 체계 없이 뒤섞어 열거한 것일 뿐이다. 그 지식의 단편들은 귀담아들을 만한 게 없지 않지만, 담헌 당대의 군사학에 관한 전문적 저작, 예컨대 송규빈宋奎斌의 《풍천유향風泉遺響》[223)과 같은 저작에 비하면 매우 낮은 수준이다.

이 중 약간의 의미를 부여할 수 있는 대목은, (14) (a), (i)의 전쟁론이다. (a)에서 그는 전쟁으로 인한 경제적 손실, 국토의 상실, 인민의 죽음을 들면서 전쟁은 하지 않는 것이 옳고, "인의가 나라 안에 행해지고 적국도 밖에서 쉬게 되어 싸우지 않고 남의 군사를 굴복시키는 것은 곧 성인의 사람 살리는 도구이며 용병으로서의 최선"[224]이라고 말한다. 전쟁을 하지 않는 것이 최선이라는 말은 전형적인 유가의 전쟁론이지만, 담헌의 이 발언은 북벌론과 관련하여 의미를 갖는다. 담헌은 젊은 날 쓴 〈한중유에게 답하는 편지[答韓仲由書]〉에선 대명 의리를 주장하는 강경한 북벌론자였다. 정조는 1774년 12월 15일 서연에서 송시열이 〈기축봉사〉에서 주장한 "5~6년 혹은 10~20년 동안 힘을 길러 북벌을 하든지, 그것이 불가능할 경우 청과의 외교적 관계를 끊고 청에 대한 굴욕적 항복 조약을 무효화할 수 있을 것"이란 말을 공언空言이라 말한 바 있다. 이에 대해 담헌은 강경한 어조로 그것은 공언이 아니라고 반박했다. 하지만 담헌은 전쟁은 아예 하지 않는 것이 최선이라는 입장으로 후퇴했다.

담헌은 〈임하경륜〉의 끝부분에서 이렇게 말한다.

옛것을 말하기는 어렵지 않고, 지금 일을 잘 아는 것이 어렵다. 빈말이 귀한 것이 아니라 적용하는 것이 귀하다. 우리나라 군정軍政을 한번 논해 본다면 군사를 선발하는 데는 속오법束伍法이 있고, 부部를 나누는 데는 진관鎭管의 설치가 있다. 군사를 기르기 위해 양역良役의 포布가 있고, 가르치기 위해 《병학지남兵學指南》이 있다. 군기軍器에는 무기고가 있어 병장기와 갑옷이 넉넉하고, 조적糶糴을 맡는 정책이 있어 군량이 갖추어져 있다. 훈국訓局의 5천 명 건장한 군사는 나라의 위세를 씩씩하게 드러내고, 금어영禁御營의 수만 명 향병鄕兵은 번을 나누어 숙위宿衛한다. 이노吏奴를 모두 작대作隊하게 하여 백성들 중에 남은 장정이 없고, 중들도 또한 총섭總攝이 있어 나라에 노는 백성이 없다. 이것은 모두 선왕의 좋은 법이다. 하지만 시행한 지 오래되어 폐단이 따라 발생하여 퇴락하고 어설프게 된 것이 이처럼 심하게 되었다. 오늘날의 계책으로 말하자면 마땅히 옛 법을 따라 거듭 밝혀야 하겠는가? 마땅히 전의 법을 한번 고쳐서 경장更張해야 하겠는가?[225]

"공언이 귀한 것이 아니라 적용하는 것이 귀한 것"이라는 센텐스 속의 '공언'은 정조가 공언이라 했던 송시열의 말이다. 여기서 공언이 아니라 실천이 중요하다는 말은, 과거 정조에게 송시열의 말이 공언이 아니라고 반박했을 때와 완전히 뉘앙스가 달라졌다. 그것은 송시열의 발언이 사실상 실천성이 없다는 비판이다. 또 그 이하는 실천이 되어야 한다면, 그 전제조건은 어떤 것이어야 하는지를 검토한다.

담헌은 자기 시대의 군정으로, 임진왜란 이후 양인과 공사 천민을 대상으로 하는 지방 군인의 선발법[속오법束伍法], 지방의 군대 편제법[진관법鎭管法], 군인 양성 비용을 조달하는 법[군포], 군사의 조련법(《병학지남》), 무기를 제작하는 관청[군기시], 군량을 마련하는 법(환곡법을 이용함), 훈련도감의 정병, 향병鄕兵이 교대로 번상하는 금위영과 어영청의 존재, 지방 군현의 아전과 노비, 역노까지 군인으로 편성하는 이노작대법吏奴作隊法, 승려를 군사에 편제하는 승병제 등을 들며 법과 제도는 이미 완비되어 있다고 말한다. 하지만 그 '법과 제도'는 담헌의 지적처럼 허다한 모순을 노정하고 있었다. 담헌은 기존의 법과 제도를 철저하게 실천하는 방법과 법과 제도를 변혁하는 방법 사이에서 어느 쪽에도 확신을 갖지 못하고 망설였던 것으로 보인다.

희한하게도 담헌의 사유 속에는 '민'에 대한 관찰과 고민, 민의 고통에 대한 공감이 철저히 결여되어 있었다. 같은 시대를 살았다고 할 수 있는 이익의 경우 민의 궁핍, 민에 대한 관(국가)과 사족의 수탈에 대한 통절한 인식, 그리고 민의 고통에 대한 절절한 공감이 있었다. 담헌보다 약간 뒤 시대를 살았던 정약용의 경우는 더더욱 말할 것이 없다. 박제가는 사회 모순에 대한 분노에 가까운 감정으로 《북학의》를 썼고 〈진소본북학의〉를 정조에게 제출했다. 사실 백성에 대한 강력한 통제와 처벌은 법가法家에 가깝다. 신분제에 대한 성찰도 성호의 경우, 노비제도의 모순을 구체적으로 지적하고 그것을 없앨 구체적인 프로그램을 제시했다. 하지만 담헌의 경우에는 그런 것이 없다.

다시 말해 담헌은 국가의 강력한 권력으로 통제하는 사회를 구상했지만, 정작 그것을 성취하는 방법은 결여하고 있다. 담헌이 율곡의 《성학집요》와 함께 경세의 책으로 꼽았던 유형원의 《반계수록》은 현실에 대한 치밀한 분석과 풍부하고도 구체적인 개혁책을 제출했다. 하지만 담헌은 자기류의 현실 분석과 구체적인 개혁안을 결여했다. 이것은 담헌이 최고의 경화세족 가문 출신이자, 부유한 지주로서의 삶을 누리고 있던 그의 계급적 속성에서 기인하는 게 아닌가 한다.

〈임하경륜〉(위)과 《의산문답》(아래).

05.
담헌의 죽음과 그가 일으킨 파란

담헌의 죽음

1783년 1월 담헌은 휴가를 받아 서울에 올라와 있었다. 하지만 어머니의 병이 위중하다는 이유로 영천군수에 복귀하려 하지 않았다.[1] 보고를 들은 정조는 어머니의 병이 어떤지는 모르지만, 칙교飭敎를 했는데도 지체하는 것은 말이 되지 않는다면서 즉각 복귀를 명했다. 이튿날 담헌은 내려가겠다는 의사를 밝혔다.[2] 담헌은 그로부터 약 9개월 뒤인 10월 23일 사망한다. 연암은 담헌이 "10월 23일 유시酉時에 일어나지 못했다"며 그의 죽음을 에둘러 표현했다. 이어 평소 병이 없었는데, 갑자기 중풍으로 입이 비틀리고 혀가 굳어 말을 하지 못하다가 순식간에 죽음을 맞이했다고 하였다. 증세로 보아 담헌은 갑자기 뇌졸중으로 사망한 것이다. 그의 나이 53세였다.[3]

황윤석은 담헌이 죽고 두 달 뒤 이렇게 말하고 있다. "홍대용 덕보가 태인현감에서 영천군수로 옮긴 뒤 치성治聲이 날마다 들리더니, 불행하게도 세상을 떴다."[4] 담헌이 지방관으로서 상당한 치적을 쌓았다고 평가한 것이다. 그런데 1년 뒤 황윤석은 담헌의 죽음에 대해 전혀 다른 자료를 남기고 있다. 1784년 8월 6일 조 《이재난고》를 보자.

박 군[박광순朴光淳]이 "홍영천 대용 덕보가 영천에서 벼슬이 갈려 서울 집으로 돌아와 지난해인 계묘년 여름 갑자기 죽었다. 대개 들으니, 영천군에 있을 때 순사巡使 이병모李秉模에게 진재賑財 1천 석을 얻기를 청해, 반은 백성의 구휼에 쓰고, 반은 1석을 2석으로 바꾸어[翻作] 민간에 풀고 이방에게 거두어들이게 했다. 하지만 돌아와 보니, 민간에서는 단지 본색本色인 1석만을 바치고 억세게 버텼다. 일이 순영巡營에 알려지자, 이 일 때문에 고민하다가 병이 나서 마침내 구하지 못하게 되었다" 했다.

영남 백성이 억센 것이야 응당 그러하지만, 또한 그가 일에 서툴렀다고 하겠다. 만약 진재곡의 절반을 떼어 내 1석을 2석으로 만든 것으로 말하자면, 본색을 돈으로 바꾼 뒤 나누어 준 것을 취했다면, 1석은 절로 2석이 되고도 남았을 터인데, 이렇게 하지 않고 일을 아주 어긋나게 만들었던 것이다. 박 군의 말이 이와 같기에 일단 기록해 두고, 다른 확실한 소식을 기다린다.[5]

이병모가 경상도 관찰사에 임명된 것은 1782년 11월 6일이었다. 이병모는 1783년 2월 13일 진휼곡 3만 석을 요청했고, 정조는 허락했다. 담헌이 받아 낸 진휼곡은 아마도 여기서 나온 것이겠다. 그런데 《이재난고》는 담헌이 진휼곡 1천 석 중 500석은 원래 목적대로 진휼에 쓰고, 나머지 500석은 1천 석으로 쳐서 민간에 빌려주었다고 전한다. 1천 석 전부를 쓰지 않고 500석을 사적으로 착복한 뒤 그것에 100퍼센트 이자를 붙여 궁핍한 백성들에게 빌려준 것이었다. 이 말을 전한 박광순이란 사람은 황윤석과 담헌 두 사람을 잘 아는 것으로 여겨진다. 그런데 이 사람은 이 사건에 연루된 사람이 아니었고, 단지 소문을 전한 사람일 뿐이니 그가 전한 말이 날조된 것일 수는 없다. 또 담헌의 행위가 아주 구체적으로 그려져 있는 것으로 보아 담헌이 백성을 수탈하려 했음은 분명한 사실이다.

연암은 〈홍덕보묘지명〉에서 "영천군수로 승진하여 몇 해 만에 어머니가 연로하다는 이유로 사직하고 돌아왔다"[6]고 말하고 있는데 (사직은 5월에 있었던 것으로 알려져 있다)[7], 이병모가 진휼곡을 요청한 게 2월 13일이니, 정조의 허락을 받고 진휼곡을 경상도 관찰사가 배부할 때까지는 상당한 시간이 걸렸을 것이다. 담헌이 진휼곡을 받은 건 그해 봄이었을 것이다. 그는 착복한 진휼곡 500석을 백성들에게 '빌려준' 다음 사직하고 서울로 돌아왔는데, 같은 해 가을 추수가 끝난 뒤 영천군 백성들에게 빌려준 500석을 1천 석으로 되돌려 받으려 했을 것이다. 하지만 백성들 입장에서는 이미 떠난 전임 군수에게 1석을 2석으로 갚을 이유가 없었고 끝내 1석만 갚았다. 구체적인 진행 과정을 정확하게 파악할 수는 없지만, 추측해 보면 대개 이러했을 것이다. 담헌이 아마도 죽지 않았다면, 아버지 홍역이 처벌을 받았던 《속대전》 호전戶典 '창고' 조의 "창고에 남겨 둔 절반 가운데서 그 반을 분급分給한 자는 3년을 한도로 도배徒配한다"는 법에 의거해 같은 처벌을 받았을 것이다. 다만 500석을 더 받는 행위가 이루어지지 않았다는 사실이 처벌을 애매하게 만들었을 터이다. 서울에 와 있는 동안 담헌의 주변에서는 그가 처벌받지 않도록 은밀히 움직였던 듯하다.

황윤석은 담헌이 1석을 주고 2석을 받으려 했던 것이 미숙한 수단이라고 말하고, 만약 곡식 값이 비쌀 때 1석을 돈으로 환산하여 빌려준 뒤 곡식 값이 떨어졌을 때 빌려준 돈에 해당하는 곡식을 받았으면, 아무 문제가 없었을 것이라고 말한다. 이것은 당시 지방관들이 관곡官穀을 백성들에게 빌려주면서 흔히 사용하는 부정축재 방법이었다. 담헌의 아버지 홍역 역시 동일한 종류의 부정을 저지르지 않았던가. 자신의 부정이 드러나자 담헌은 엄청난 스트레스를 받았을 것이다. 그는 유가의 경전을 입으로 외기만 하는 자들을 혹독하게 비판했고, 정주학의 윤리를 실천해야 한다고 끊임없이 말한 사람이었다. 그런 그가 정작 백성을 더러운 방법으로 수탈하려 했으니, 그것은 자신의 도덕적 태도와 신념을 스스로 송두리째 부정한 일이었다. 거기에 그 부정이 외부에 알려지는 건 더할 수 없는 치욕이었을 것이다. 격심한 스트레스가 있었을 것이고, 그것이 뇌졸중을 일으키는 결정적인 계기가 되었으리라.

황윤석은 담헌의 부정이 뜻밖의 일이었던 듯 '확실한 소식'을 기다린다고 하였다. 이후 황윤석은 일기 곧 《이재난고》에 담헌과 관련된 자료를 상당수 남기고 있다. 그는 1784년(정조 8) 11월 17일 담헌의 아들 홍원洪薳으로부터 자신이 보낸 위로 편지에 대한 답신을 받았다.[8] 그런가 하면 2년 뒤에는 박제가로부터 홍원이 상을 마치고 서울로 올라와 인성부치仁城府峙의 옛 병사兵使 이한응李漢膺의 집에 살고 있다는 소식을 듣기도 했다.[9] 또 1786년(정조 10) 7월 27일 담헌의 서제庶弟 홍대정으로부터 담헌의 소장인이 찍혀 있는 《조야휘언朝野彙言》과 담헌이 필사한 《노가재연행일기》, 나경훈羅景燻(나경적)이 만든 윤종輪鐘을 빌리기도 했다.[10] 같은 해 10월 1일에는 담헌 어머니의 사망 소식을 기록하고 있다.[11] 이처럼 황윤석은 계속 담헌 집안의 소식을 듣고 있었고 또 접촉하기도 했다. 담헌의 부정이 사실이 아니라는 정보가 있었다면 반드시 기록했을 것이다. 하지만 어디에도 그런 자료는 보이지 않는다. 담헌의 진휼곡을 이용한 부정부패는 부정할 수 없는 사실로 보인다.

'실천적 정주학자' 담헌의 죽음은 이렇게 허망했다. 담헌의 장례를 주관한 사람은 연암이었다. 담헌은 생전에 연암에게 자신의 상사喪事를 점검해 달라고 부탁했다. 담헌은 평소 상례喪禮의 반함飯含(시신 입 안에 쌀과 구슬을 넣는 일)은 반드시 할 것이 없다고 생각했고, 그 사실을 연암으로부터 들은 아들 홍원은 그대로 따랐다. 그래서 증贈은 하고['贈'은 죽은 사람을 전송하는 의미에서 광壙 속에 넣는 물건], 반함은 하지 않았다. 담헌이 죽고 3일 뒤 북경으로 가는 동지사행이 있었다. 연암은 동지사를 따라 북경에 가는 사람에게 부탁해서 삼하현 손유의에게 담헌의 사망 소식을 알리고, 그로 하여금 항주에 사는 엄성의 형 엄과와 아들 엄앙 등 담헌을 기억하는 사람들에게도 전하게 했다. 편지를 보내고 연암은 엄성 등 중국인 벗들의 서화와 편지, 시문 등 10권을 담헌의 관 옆에 늘어놓고 통곡했다.

담헌이 죽은 뒤 그가 연구했던 천문학과 수학은 금세 잊히고 농수각의 천문의기들이 흩어지기 시작했다. 황윤석의 기록에 의하면, 홍대용의 조카 홍서洪墅는 홍대용이 소장했던 《율력연원》 2질과 《역상고성 후편》을 홍원이 1786년 봄·여름 사이에 50냥에 권세가에 팔아 버렸고,[12] 집안의 책은 모두 서울의 적질嫡侄이 가져갔다고 이야기했다.[13] 황윤석은 홍원에게 편지를 보내어 값을 더 얹어 주고서라도 서쾌書儈를 동원해서 자신이 그 책들을 다시 사고 싶다고 말하고 있다.[14]

담헌이 열었던 길이 막히다

담헌은 이른 나이에 급작스럽게 죽었지만, 그는 생전에 이미 경화세족 사회에 큰 영향력을 행사하고 있었다. 북경에서 육비와 엄성, 반정균 등 지식인들과 우정을 나누었던 것, 귀국 후 편지를 주고받은 것은 전에 없던 사건이었다. 그는 조선과 중국 지식인의 '적극적 교유의 길'을 열었다. 그가 연 길을 따라 유금·이덕무·유득공·박제가·박지원 등이 북경을 찾았고, 새로운 눈길로 중국을 관찰했다. 박제가는 3차례나 더 중국을 방문하여 18세기 후반 최고의 중국통이 된다. 조선 후기 문학사의 빼어난 성과인 박지원의 《열하일기》, 국제통상론을 주창한 박제가의 《북학의》 역시 담헌의 북경행이 촉발한 것이었다.

이들의 북경행과 교유가, 다른 경화세족을 자극했던 것은 물론이다. 홍양호洪良浩는 1782년 동지사 부사로 북경에 파견되었을 때 한림 대구형戴衢亨에게 자신의 저작 《육서묘계六書妙契》를 보냈고, 대구형은 그에게 답장과 장시 한 편을 보내어 격려해 마지않았다. 본격적으로 조선과 청 사이에 학술적 교류가 시작된 것이다. 서호수는 1790년 건륭제의 팔순 만수절에 참여하기 위해 열하로 갔을 때 예부시랑 철보鐵保에게 《열하시熱河詩》 한 권을 증정받고, 자신도 《혼개도설집전渾蓋圖說集箋》 2권을 증정한다. 서호수는 당시 《사고전서》 편찬 책임을 맡고 있던 당대 최고의 학자 기윤紀昀과 훗날 위대한 고증학자가 되는 옹방강翁方綱을 만나 천문도수에 관해 토론한다. 서호수의 북경행에 유득공과 박제가가 동행했는데 이들은 기윤은 물론 19세기 최고의 학자가 되는 완원阮元과도 사귀게 된다. 이로 인해 이 시기 북경의 중국 지식인들 사이에는 조선 사람을 친구로 안다는 것을 퍽 자랑스러워하는 분위기까지 있을 정도였다.

담헌의 연행 이후 40여 년 뒤인 1809~1810년, 김정희가 북경 학계의 핵심에 접근하여 완원과 옹방강 등을 만날 수 있었던 것도 담헌이 연 길을 따라서였다. 1766년 2월 담헌이 엄성·반정균·육비를 만나 국경을 초월한 우정을 쌓았던 것은 결과적으로 조선과 중국 지식인의 본격적인 교류의 장을 열었던 것이다. 담헌이 북경에서 의도하지 않게 가져왔던 것도 있었다. 담헌은 북경에서 《시경》〈소서〉의 준신 여부를 두고 엄성·육비 등과 토론한 바 있는데, 그것은 모기령의 학설이었다. 담헌은 그것을 서울의 자기 주변 사람들에게 전하였고, 그것을 계기로 조선에 모기령의 경학이 본격적으로 수입된 것 같다. 이내 조선 지식인 사이에 명·청의 최신 학술 동향이 알려지고 급기야 주자학에 대한 비판적 학문들이 수입된 것으로 보인다. 특히 정조가 사망하는 1800년까지 문학과 경학, 자연학 등의 분야에 나타나는 다양성은 담헌이 연 길과 무관하지 않을 것이다.

하지만 담헌의 길에 반하는 움직임도 분명히 있었다. 김종후와의 논쟁이 그렇거니와 실제 담헌이 중국 벗들과 사귄 일을 부정적으로 보는 시각도 도처에 있었다. 홍원섭이 쓴 제문의 일부를 보자.

> 중국은 모두 동포이고
> 물성物性은 거짓이 없네.
> 오랑캐에 나아가고 명분을 물리치니
> 뭇 사람들 무리 지어 떠들어 댔지.
> 내가 바깥의 모욕을 막으려 하여

힘을 쏟아 입술이 바싹 타들어 갔네.
이것을 지지至知라 이르니
공을 적게 여기지 마소서[15]

중국도 모두 동포라는 것은 담헌이 화이론을 부정한 일을 말하는 것이고, 물성物性은 거짓이 없다는 건 아마도 인물성동론을 지적한 것으로 보인다. 이것은 당연히 비난을 불러일으켰으니, "오랑캐에 나아가고 명분을 물리치자 많은 사람들이 시끄럽게 떠들어 댔다"는 것은 바로 그것을 가리킨다. 이 부분은 김종후와의 논쟁에만 제한되지는 않을 것이다. 앞서 간단히 언급했듯, 담헌의 벗이자 스승 김원행의 아들인 김이안은 〈화이변〉을 써서 담헌을 비판했다. 그는 누군가 듣고 전한 담헌의 말에 대한 반론의 형식을 취하고 있다. 과연 그 말을 전한 사람이 있었는지 아니면 가설인지는 확인하기 어렵지만, 화·이를 부정하는 담헌의 논리가 일부 지식인들 사이에 전파되었던 것만은 분명한 사실이다.

담헌의 주장은 셋으로 요약된다. 첫째 화와 이의 구분은 문명성의 습득과 관계된 것일 뿐이다. "여기에 어떤 오랑캐[夷]가 있어 그 퇴결魋結(북상투)을 버리고 우리의 관대를 착용하고, 예의를 지키며 인륜을 숭상하고, 선왕의 가르침을 순순히 따라 중국에 들어와 주인 노릇을 한다고 하면 군자는 그것을 인정하겠는가?"[16] 요약하자면, 오랑캐가 자신의 문화를 버리고 유교를 믿고 중국에 들어와 주인노릇을 한다 치면 그래도 여전히 오랑캐인 것인가? 담헌은 오랑캐의 본질적 속성은 혈통에 있는가 아니면 문명에 있는가를 물었던 것이다. 만약 문명에 있다면 오랑캐는 본질적으로 존재하지 않는다는 결론에 도달하게 된다. 곧 이적과 중화의 구분은 문명성이다. 이것은 문명의 소유 여부에 따라 이적과 중화가 구분될 뿐이라는 논리다. 둘째, 성인인 순舜 역시 동이족이었다.[17] 담헌은 순은 동이 사람이고, 문왕文王은 서이西夷 사람이었다는 맹자의 말[18]을 끌어와 유가의 중요한 두 성인조차 이적 출신이었음을 입증하고자 했다. 혈통이 이적성을 결정할 수 없다는 것이었다.

김이안의 반박 논리는 이러하다. 이적이 오랑캐로서의 습성을 버리면 선량하다고 말할 수 있을 것이고 또 선량하다면 감히 중국을 간범奸犯하지 않을 터이다. 하지만 만약 중국을 간범한다면, 그 선량함은 저절로 소멸될 것이다. 청이 아무리 문명을 표방한다 하더라도 중국을 침범했으니 선량한 존재일 수 없다는 것, 즉 이적은 이적으로서의 습성을 버릴 수 없다는 주장이다.[19] 담헌이 인용한, 순이 동이지인東夷之人이라고 했던 《맹자》의 구절에 대해서는 그것은 살았던 지역을 지적한 것일 뿐이고 순은 황제黃帝의, 문왕은 직稷의 후손으로서 신성한 혈통이라고 반박했다.[20] 김이안은 '동이지인'이라 했을 때 '동이'는 혈통과 상관없는 일시적인 거주지로 보았던 것이다.

김이안은 이적을 결정짓는 것은 혈통이라고 주장한다. 그에게 이적은 사람과 가깝기는 하지만, 그 형태와 성행, 음식과 욕망은 금수와 거의 구분되지 않는 존재다.[21] 김이안의 주장은 이적은 인간도 아니고 금수도 아닌 중간적 존재라는 주자의 정의에서 크게 벗어나지 않는다. 이적은 이처럼 혈통으로 결정되기 때문에 비록 선량해진다 할지라도 결코 인간은 될 수 없다.[22] 김이안은 담헌이 원元 조정에 벼슬했던 주자학자 오징吳澄이 되려는 것인가 묻는다.[23] 담헌의 말을 전한 혹자는 청이 중국을 통치하는 것은 원래 청의 의도가 아니었음을 상기시켰다. 즉 명은 이자성이 멸망시킨 것이고 청이 의도적으로 중국을 간범한 건 아니라는 것이다.[24] 이에 대해 김이안은 그것은 강도가 재물을 빼앗기 위해 살인을 하자, 강도의 자식이 그 재물을 그대로 차지한 경우라고 논박했다. 그 자식은 그 재물을 두고 달아나는 게 옳았을 것이다.[25]

김이안의 논리를 따라 이적이 생물학적 혈통으로 결정되는 것이라면, 조선 역시 이적에서 벗어날 수 없다. 조선은 동이족이 아닌가.[26] 김이안은 조선이 동이로 불린 것은 사실이지만, 중국과 지리적으로 가깝고 그로 인해 중국과 운기運氣가 서로 엮여 있으며, 산천·기후·인물 등이 거의 동일한 점, 성인의 예악과 문물을 따랐다는 것 등을 꼽으며 조선은 보통의 이적과 다르니, 중국과 사실상 차별성이 없다고 주장했다.[27] 나아가 김이안은 과거에는 사는 지역에 따라 이적과 중국을 구분했지만 지금은 지역으로 이적과 중국을 구분할 수 없다고 주장한다. 이적이 중국을 지배하면서 중국의 백성은 이적의 왕을 왕으로 섬기고, 이적의 풍속에 동화되고, 혼인을 통해 종족이 서로 뒤섞였기 때문이다. 따라서 지역으로 이적과 중국을 구분할 수 없다. 이것은 청의 지배하에 있는 중국은 중국일 수 없다는 논리다. 그렇다면 중국은 어디에 있는가? 바로 조선이 중국-중화다.[28]

김이안의 주장은 불완전한 논리 위에 서 있다. 그는 순이 동이족이 아님을 주장할 때는 '지역'을 배제하다가 뒤에는 지역이 중화와 이적을 판별하는 요소라고 주장한다. 조선이 중국과 지역적으로 가깝기 때문에 중국과 다름이 없다는 주장은, 또한 생물학적 혈통성을 배제한다. 중국이 청의 지배하에 들어갔기 때문에 중화의 정통성을 잃고 조선이 그 정통성을 갖게 되었다는 주장은 그야말로 선언적 차원의 진술일 뿐 당연히 진실은 아니다. 또 김이안은 담헌의 지구설이 화·이의 부정으로 이어짐을 감지한 것 같지는 않다. 지구설이 화이론의 부정으로 이어질 수 있음을 확인한 것은 1863년 이항로李恒老의 〈벽사록변闢邪錄辨〉에 와서였다. 이항로는 지구설로 대표되는 서양 과학 지식에는 전통적인 화·이의 구분을 부정함으로써 중화적 세계질서를 교란하는 세계관적 함의가 있다고 간파했다.[29]

홍원섭이 쓴 제문, 김이안의 〈화이변〉, 그리고 거슬러 올라가 김종후와의 논쟁까지 포함한다면, 담헌이 북경에서 엄성 등과 나눈 우정, 화이론의 부정 등은 경화세족 사회에 제법 알려진 것으로 보인다. 물론 그가 《의산문답》에서 천문학을 중심으로 해서 전개한 논리는 널리 알려진 것 같지는 않다.[30] 하지만 담헌의 화이론 부정에 대해 당시의 보수파들이 민감하게 반응했음은 두말할 필요가 없다.

담헌의 북경행에 자극받아 1778년 북경에 갔던 이덕무는 자신과 가까이 지냈던 조연귀趙衍龜(1726~?)에게 답하는 편지에서 이렇게 말한다. 아마도 조연귀는 이덕무가 중국인과 편지를 주고받은 일이 있는 것으로 안다며 그것을 그만두라 충고했다고 여겨진다. 이덕무는 신라, 고려 때는 중국인과 교분을 맺어 편지가 빈번했지만 지금은 나라에서 법으로 금하여 그런 일이 있을 수 없다 하고, 60년 이래 김창업과 이기지가 중국 사람을 친구로 사귄 이래 중국인과의 교유는 들어본 적이 없다고 말한다. 자신은 편지를 주고받은 적이 없고, 하고 싶었지만 감히 하지 못했다면서, 자신이 편지를 주고받았다는 건 오전誤傳이라고 말한다. 하지만 이어지는 부분에서 이덕무는 특출한 지식인이라면서 엄성과 오서림吳西林을 언급하며 "천하에 이 같은 사람이 얼마나 있는지 알 수 없는데, 우리나라 사람은 아는 것도 없으면서 걸핏하면 '중국에는 사람이 없다' 하니, 어찌 그리도 안목이 좁을까요?"라고 말한다.

　엄성이 이미 죽었다고 말하고 있으니, 이 편지는 아마도 1768년 이후에 쓴 것일 터이다. 아마도 담헌에게 동조하는 이덕무를 비롯한 연암 그룹의 인물들도 북경의 지식인들과 편지를 주고받는 것으로 소문이 나고 비난의 대상이 되었던 듯하다. 맨 마지막 편지에서 이덕무는 약간 거친 언사를 사용한다.

　　세속의 소견은 아무것도 가진 것이 없으면서도 망령되게 대론大論만 내니, 결국 자신과 남을 속이는 데로 돌아갈 것입니다. 단지 중국이 몰락했다는 것만 알 뿐 중국의 선비 중 명백하게 한 알의 좋은 구슬이 저 가죽 주머니 속에 감추어져 있다는 것은 알지 못한 채, 단지 혼자서 종알거리며 '노인虜人'이니 '이인夷人'이니 하고 있으니 그 얼마나 옹졸합니까? 그 노인도 이인도 아닌 사람은 행실과 식견이 과연 중국 사람과 같은지요, 아닌지요?
　　비루한 저는 감히 집사의 사업과 학문의 조예를 엿보지 못합니다. 하지만 유독 중원을 사모하는 한 가지 마음만은 해동의 인걸이 되기에 충분합니다. 왜이겠습니까? 오서림吳西林과 엄철교嚴鐵橋를 '선생'으로 일컬으시기 때문입니다. 어찌 그리도 진실하며 어찌 그리도 장하신지요? 오직 담헌 홍대용만이 흉금을 털어놓고 정직한 마음으로 옛날 북경에 갔을 때 철교를 만나 학문을 논하고 우정을 맺어 필담과 수찰을 남기고 있습니다. 진실로 당세의 통유通儒로서 주자를 배신하지 않은 사람은 오서림입니다.[31)]

이덕무의 언급을 통해 담헌에 반하는 비판이 광범위하게 형성되어 있었음을 짐작할 수 있다. 그것은 아마도 연암의 《열하일기》를 '노호지고虜號之藁'라 불렀던 그 사람들의 것일 터이다.

이런 보수적인 기류는 실제 중국 지식인과의 교류를 법으로 막고, 북경으로부터 유입되는 서적을 차단하는 정책으로 발전한다. 담헌이 죽은 지 3년이 되는 해인 1786년 1월 22일 정조는 인정문에서 조참朝參을 거행하고, "재상과 시종은 앞으로 나와 일을 아뢰게 하고, 보통 관료 이하에게는 소회를 글로 써서 아뢰라"고 명하였던 바, 이것이 그 유명한 '병오소회丙午所懷'다. 여기서 18세기 후반 보수와 개혁의 두 흐름이 충돌하는 양상을 확인할 수 있다. 대사헌 김이소金履素는 이런 내용의 글을 올렸다.

> 근래 연경에서 사 오는 책자는 모두 우리 유가의 문자가 아니며, 거개가 불경한 서적들입니다. 좌도左道가 번성하여 사설邪說이 횡행하는 것은 바로 여기에서 비롯되니, 작년에 이미 드러난 일을 보더라도 알 수가 있습니다. 이것을 금하지 않으면 심술이 어긋나고 세도를 해치는 것에 어찌 한정이 있겠습니까? 만부灣府에 따로 신칙하여 마땅히 사 오지 말아야 할 서책을 사 오는 자는 살펴서 엄금하게 하소서. 만약 몰래 사 오다가 발각될 경우, 사신과 만윤灣尹(의주부윤)은 무겁게 논감論勘하고, 해당 역관은 법에 의거해 엄하게 다스리게 하소서.[32]

작년의 일이란, 곧 '을사 추조秋曹 적발 사건'을 말한다. 을사년(1785)에 천주교를 믿던 이승훈·이벽·권일신 등 남인 명문가의 자제들이 중인 김범우의 집에서 집회를 갖다가 발각된 사건을 말한다. 김이소는 이단적 사유들의 근원이 북경에 있다고 지적한 것이고, 정조는 이 말에 "아뢴 바가 심히 좋다"면서 "아뢴 대로 하라" 하고, 비변사에 따로 금령을 마련하라고 지시한다. 북경이 이단적 문학과 사상의 근원이라는 발상이 이제 사대부 체제 내에서 본격적으로 문제가 된 것이다.

대사간 심풍지沈豐之는 조선 사신과 중국 지식인과의 교유를 문제 삼았다.

> 신하는 개인적으로 외교를 하는 법이 없다는 예禮의 뜻이 아주 엄합니다. 하물며 지금 대국의 우리나라에 대한 방한防閑이 각별하니, 사신과 관계된 일과 물화를 교역하는 것 외에는 마땅히 털끝만큼도 관계되는 바가 없어야 마땅합니다.
> 그런데 근래에 듣자니, 우리나라 사신이 저 나라에 도착했을 때에 우리나라 사람이 그곳 인사를 찾아가 필담을 하기도 하며, 시를 주고받기도 하고, 심지어 책의 서문을 써 달라 청하기도 하며, 귀국한 뒤에는 서찰을 주고받고 향이나 차를 선물하는 일이 잦다고 합니다.
> 이런데도 금지하지 않으면 뒷날의 폐단을 막기 어려울 것입니다. 지금부디 사행이 왕래힐 때 금지조목을 만들어 따로 철저히 금하고, 만약 법을 무시하고 범할 경우 중률重律로 다스리고, 사신 또한 논죄하게 하소서.[33]

심풍지는 담헌 이래 박제가·이덕무·박지원 등의 중국 지식인과의 친교를 분명 문제삼고 있다. 박지원의 《열하일기》가 독서계를 풍미하자, '오랑캐의 연호를 쓴 글[虜胡之藁]'이란 비난이 가해졌던 것은 모두 경화세족 내부에 등장한 보수적 의식의 결과물인 것이다. 정조는 "금단할 뿐만 아니라 원래 상률常律이 있으니, 묘당으로 하여금 말을 만들어 품처하게 하겠다"고 동의한다.

비변사에서는 심풍지가 열거한 행위들이 경쟁적으로 이루어지고 있다고 지적하며 구체적인 사목을 정하기를 건의했고, 정조는 김이소의 서적에 관한 요청과 함께 사목을 만들라고 지시한다. 이때 만들어진 금지사목은 8조목인데, 서적의 수입을 막고, 사신단의 구성원이 물자 교역이나 비용을 주고받는 것 외에는 중국인을 만나지 못하게 막을 것, 필담을 금지시킬 것, 귀국 후 선물을 주고받는 일을 금할 것, 이런 사실들을 사전에 예고하고 선물과 편지의 교환을 매개하는 역관을 처벌할 것, 서적은 경사자집經史子集 외의 "어긋나거나 요망한" 이단서적을 구입한 것이 발각될 경우, 역관과 삼사三使를 막론하고 즉시 불태우고 처벌할 것 등이다. 이것이 최초의 서적 수입 금지령이었다.

김이소, 심풍지의 소회가 있던 그날 박제가 역시 소회를 올렸다. 박제가의 〈병오소회〉는 《북학의》를 압축한 것이었으며, 그는 중국과의 교역, 그리고 서양 선교사를 초빙하여 서양의 선진적인 과학 기술을 배울 것을 주장한다. 김이소와 심풍지, 정조가 외부와의 소통을 막아야 한다고 주장했다면, 박제가는 외부와의 소통이 유일한 살길이라고 주장한 것이다. 박제가는 하루의 휴가를 주고 자신의 글을 받아 쓸 사람 10명을 주면 폐부에 담긴 생각을 모두 쏟아 내겠다고 했지만, 정조는 "여러 조목으로 진달한 내용을 보니 그대의 식견과 뜻을 볼 수 있다"고만 답했을 뿐, 김이지와 심풍지의 상소에 대한 것처럼 소회 내용을 구체화할 수 있는 대책을 지시하지는 않았다. 정조는 사실상 박제가의 생각을 거부한 셈이다. 그것은 곧 담헌이 걸었던 길에 반대하는 길을 걷겠다는 뜻이었다. 사실 1791년 진산 사건이 일어난 뒤 서교에 대한 반감이 일면서 천주당 방문은 기피 대상이 되었다. 1798년에 연행했던 서유문은 《무오연행록》에서 근래에 천주당에 가는 조선인이 없다고 밝히고 있다.[34]

홍대용의 묘소.

에필로그 — '담헌 신화'를 다시 생각한다

담헌의 생애는 1766년 2월 3일 북경 간정동에서 엄성과 반정균과의 만남 전후로 나뉜다. 의미 있는 것은 물론 후반부다. 같은 해 4월 11일 압록강을 건너 조선으로 돌아온 뒤 담헌의 고개는 항상 중국 땅을 향해 있었다. 한인 지식인들과 담헌의 국경을 초월한 우정은 분명 찬탄할 만하다. 하지만 오로지 북경과 항주를 향해 있었던 그의 자세는 도리어 조선의 현실에 대한 관심을 옅게 만든 것은 아니었을까?

북경 체험은 담헌의 사고에 당연히 변화를 가져왔다. 하지만 그 변화가 정주학을 근저에서 비판한 것이었을까. 담헌은 정주학의 진리성을 부정한 적이 없었다. 그에 의하면 인간은 정주학의 윤리에 의해 통제되어야 할 존재였다. 정주학의 사고를 담은 책 외의 무수한 책과 지식은 무의미했고, 그런 차원에서 진시황의 분서는 정당한 것이라고 믿었다. 경전의 의미를 이해하기 위해 주해를 더하는 것 역시 무의미한 행위였다. 그는 기본적으로 실천적 정주학자의 범위를 벗어나지 않았다.

담헌이 남긴 문자 중에서 가장 중요한 텍스트는 당연히 《의산문답》이다. 《의산문답》에서 담헌은 자신이 평생을 연구한 천문학과 지구자연학을 정리해 설파했다. 담헌의 의도와는 상관없이 그의 발언에는 20세기 이후 한국인들이 존재하기를 바라마지 않았던 생각들이 포함되어 있었다. 이 생각들로 인해 담헌은 실학자, 북학파, 과학자, 전근대를 넘어가려는 사회사상가로 규정되었다. 이제 다시 실천적 정주학자 담헌에게 이런 새로운 정체성이 씌워지는 과정과 이유를 검토해 보자.

담헌은 《의산문답》에서 서양 천문학-자연학 중 부정할 수 없을 정도로 명료한 부분을 수용하면서 성리학자 장재의 기학 위에 천문학과 자연학을 다시 구성하였다. 그 과정에서 음양오행론과 소옹의 원세운회설, 분야설 등을 소거하였다. 20세기 이후 연구자들은 이것을 중세 사상을 넘는 변곡점으로 이해하고 열광하였다. 하지만 담헌의 천문학-자연학은 여전히 정주학의 전제 위에 구성되고 있었다. 태허太虛의 기氣의 운동으로 기가 질質이 되고 질이 형태와 체적을 갖춘 형체로 가시화된다는 건 여전히 정주학적 자연관을 따른 것이었다. 음양오행을 소거했지만 담헌의 기는 여전히 화·수·토·기의 속성을 갖고 있다. 이것이 음양오행을 대체했을 뿐이었다.

이것은 과학이 아니었다. 여전히 정주학의 전통 위에 구축된 자연학이었다. 그는 천문 현상은 자의적이고 관념적인 사색에 의해서가 아니라, 관측과 수학에 의거해 이해해야 한다고 말했다. 대단히 합리적인 다시 말해 과학적인 것처럼 들리지만, 정작 그의 말은 《의산문답》에 온전히 적용되지 않았다. 그의 천문학과 지구자연학은 기론氣論에 입각한 선언적 상상력으로 구성되었다. 물류상감설과 같은 재래의 동기감응설을 끌어오는가 하면 도가의 수련을 통해 천체 사이를 돌아다닐 수 있다는 황당한 말까지 태연히 늘어놓았다.

총체적으로 평가하자면 《의산문답》의 천문학과 지구자연학은, 서양의 천문학과 지구자연학을 정주학의 지평에서 수용하려 한 결과로 보인다. 중국에서도 똑같은 과정이 있었음은 이미 언급한 바 있다. 다만 그 과정에서 정주학의 일부 전제들이 소거되었다. 그런 소거는 의미 있지만, 그것이 정주학 자체를 부정하거나 대체한 것은 당연히 아니었다. 만약 담헌의 천문학과 지구자연학의 논리를 계속 확장할 경우, 정주학의 심성설心性說과 윤리관에 변화를 일으킬 가능성이 없는 건 아닐 터이다. 하지만 적어도 《의산문답》에서는 우주와 천체, 지구의 자연 현상을 과거와 달리 이해하는 것이 정주학적 윤리관에 변화를 일으킬 가능성에 대해서는 전혀 언급하지 않았다. 담헌은 53세에 죽었고 더 이상 이런 문제에 대해 언급할 수 없었다. 그는 실천적 정주학자로서 죽었다. 담헌이 말하지 않은 것에 대해 우리가 말할 수는 없다! 어떻게 보면, 그의 사상은 완결된 게 아니라 미완의 형태로 남은 것일지도 모르겠다.

　《의산문답》의 천문학-자연학 중에서 가장 독특한 것은 말할 것도 없이 지전설이다. 그가 말한 지구의 자전은 코페르니쿠스와 갈릴레이의 지동설(=태양중심설)과 동일시되어 한국사에 대서특필되었다. 하지만 담헌의 지전설은 지구와 태양, 달, 5성으로 구성되는 천체계를 지동설(=태양중심설)처럼 재구성하지 않았다. 담헌은 시헌력이 기초하고 있는 티코 브라헤의 천체계 모델, 곧 수정된 천동설을 따르고 있었다. 그러므로 담헌의 지전설은 지동설(=태양중심설)과는 아무런 관련이 없는 것이었다. 그의 지전설은 서양 천문학의 지원설地圓說(=지구설地球說)에서 필수적으로 제기되는 대척지對蹠地 문제를 해결하는 수단으로 고안되었다. 지구가 스스로 회전한다는 발상은 매우 독창적으로 보이지만, 의외로 그 논리는 매우 허술했다. 무엇보다 지전으로 발생하는 원심력은 사물을 밖으로 튕겨 낼 것이라는 자체 모순이 있었다. 이 모순을 해결하기 위해 담헌은 모든 물物은 포기包氣와 함께 생성된다고 말했다. 물을 둘러싸고 있는, 물에 귀속되는 포기는 지구가 회전할 때 같이 회전하면서, 우주의 허기虛氣와 마찰을 일으킨다. 그 마찰면 아래에 폐쇄계가 형성되어 그 속에서 물物은 물고기나 새처럼 유동할 수 있다고 하였다. 대척지의 사람은 일단 아래로 추락하지 않는다. 사람이 땅에 발을 딛고 서 있을 수 있는 이유를 그는 물류상감의 원리로 설명했다. 요컨대 지전설은 곧 회전하는 포기와 허기의 마찰면을 만들고, 그 마찰면 아래에 지구 쪽의 폐쇄계를 설정하기 위해 고안한 설일 뿐이다. 이것은 서양의 지동설(=태양중심설)과는 그 맥락도 내용도 성격도 판연히 달랐다. 이 점은 그동안 냉정하고 치밀하게 지적되지 않았다. 어슴푸레한 안개 속에서 지전설은 지동설과 비슷한 것 혹은 동일한 것으로 착각하도록 방치되었다.

《의산문답》이 화이론의 부정으로 끝나는 것은 꽤나 뜻밖이다. 담헌의 화이론 부정에 대해 한국학중앙연구원에서 간행한 《한국민족문화대백과사전》은 〈홍대용〉 항목에서 "화華·이夷의 구분을 부정하여 민족의 주체성을 강조했다"고 평가하고 있다. 그렇다면 역의 질문도 가능할 것이다. 담헌은 민족의 주체성을 강조하기 위해 화·이의 구분을 부정하였는가? 답은 선뜻 나오지 않을 것이다. 담헌의 개인사 속에서 그가 '민족의 주체성'에 대해 고민한 흔적은 전혀 찾을 수 없다. 다시 말해 '민족의 주체성'을 위해 화·이의 구분을 부정할 만한 현실적 동기가 담헌에게 없다는 것이다.

화이론은 조선 전기에 그리 무겁지 않은 하나의 이야기로만 존재했다. 조선이 청에 무릎을 꿇고 명·청이 교체되자, 화이론은 비로소 조선 지식계에서 현실적 구속력을 갖는 담론이 되었다. 하지만 그것은 현실을 부정하기 위해 만들어 낸 망상일 뿐이었다. 지배계급 특히 서인-노론은 픽션일 뿐인 그 망상에 강박적으로 집착했다. 담헌 역시 그 강박적 망상에 세뇌되어 있었다. 조선 지식인들은 화이론이란 허구에 집착했지만, 정작 중국의 사정은 판이하였다. 담헌이 중국에서 만난 엄성과 반정균, 육비 등 한인漢人 지식인들은 청 체제를 인정하고 있었다. 화이론을 몰랐던 것은 아니겠지만, 그들에게 그것은 그다지 큰 의미가 없었다. 현실에서도 크게 의식되지 않고 있었다. 조선의 화이론은 명에 대한 충절의식을 내장하고 있었다. 하지만 엄성 등은 거의 200년 전 임진왜란 때 명이 조선을 도와준 은혜를 들먹이며 그 충절의식을 표출한 담헌을 멀뚱히 바라보았다. 담헌과 조선 사신단의 구성원들이 그렇게 자랑스러워했던, 화와 이를 구분하는 표지인 조선인의 복색 곧 선왕의 법복法服은 중국인들로부터 중의 옷이냐는 조롱을 받았다. 담헌이 귀국길에서 만난 희원외는 모든 것은 변한다는 간단한 논리로 복색을 들먹이면서 화와 이를 구분하려는 담헌의 생각을 간단히 돌파했다.

귀국 후 김종후와의 논쟁이 없었다면 담헌은 그 픽션을 계속 믿었을 것이다. 김종후가 엄성 등을 오랑캐의 조정에 벼슬하고자 하는 비루한 자로 몰아붙이지 않았더라면, 또 논쟁의 끝에 가서 담헌이 김종후에게 무릎을 꿇지 않았더라면, 그는 화이론에 대해 깊이 생각하지 않았을 것이다. 담헌은 일생 동안 엄성 등 중국인 벗들과의 우정에 가장 큰 가치와 의미를 부여하였다. 화이론에 근거해 김종후가 이들을 명에 대한 충절의식도 없는, 오랑캐 조정에 벼슬하려는 비루한 인간이라고 혹독하게 비판했으니, 이 비판을 넘어서는 길은 화이론 자체를 부정하는 데 있었다. 담헌이 《의산문답》에서 김종후를 허자로 형상화하고, 이 장대한 천문학과 지구자연학으로 화·이의 구분이 그저 픽션임을 역설한 데는 이와 같은 개인적으로 절실한 동기가 있었다. 담헌이 말한 건 화·이의 구분이란 존재할 수 없다는 것일 뿐이었다. 따라서 화이론 부정을 '민족의 주체성'으로 해석한 것은 초점을 벗어나도 한참 벗어난 말이다. 아울러 담헌이 화·이의 구분을 부정했을 때의 '이'는 허다할 것이지만, 이 맥락에서는 청을 우선 지칭한다고 이해하는 게 온당할 것이다. 청이 이적이 아니어야 엄성 등 한인 지식인들이 이적의 조정에 벼슬하려 하는 비루한 인간이란 비난을 면할 수 있기 때문이다.

또한 담헌이 화이론을 비판했다고 해서 그것이 현실에서 무슨 대단한 변화를 가져올 것도 아니었다. 현실은 화이론에 대한 신념과 상관없이 굴러가고 있었기 때문이었다. 화이론을 강력하게 신념한다 해서, 청에 사대事大를 하지 않는 것도 아니었고 공물을 바치지 않는 것도 아니었다. 화이론 비판은 그저 홀로 만든 망상에서 벗어나는 것 외에는 아무것도 아니었다.

담헌의 화이론 비판은 천문학-자연학을 배경으로 가능한 것이었다. 여기에는 지전설이 아닌 지원설이 결정적인 역할을 하였다. 다시 말해 담헌의 천문학에서 무거운 의미를 갖는 것은 지전설이 아니라 지원설이었다. 지전설은 《열하일기》에 실렸다. 《열하일기》는 필사본으로 전사되면서 당대의 어떤 텍스트보다 널리 읽혔다. 지전설 역시 《열하일기》가 읽힌 만큼 알려졌을 것이다. 하지만 지전설에 대해 반응하는 사람은 없었다. 물론 여기에는 조선 후기 학계가 활력과 창조성을 상실하고 있었다는 이유도 작용했을 것이다. 사실 영향력이 있었다면 지전설이 납득시키고자 했던 서양 천문학의 지원설 그 자체였다. 지원설은 담헌이 《의산문답》에서 악라鄂羅와 진랍眞臘의 천정天頂 각도와 거리를 수치로 들면서 말한 것처럼 세계에 중심이 존재하지 않는다는 사실을 말하고 있었다. 중국도 당연히 중심이 아니었다. 중심의 부재는 물론 우주무한설도 일정하게 기여했겠지만, 가시적 차원에서 보다 설득력이 있는 것은 지원설이었다. 지원설은 담헌의 독창이 아니었고, 중국이 세계의 중심이 아니라는 것은 마테오 리치와 이후의 서양 선교사들이 세계지도와 지리서를 통해 역설한 바였다. 담헌은 이 알려진 그 지식을 늦게서야 사실로 수용한 것일 뿐이었다.

《의산문답》 못지않게 높이 평가된 텍스트는 〈임하경륜〉이었다. "사회의 계급과 신분적 차별에 반대했다"《민족문화대백과사전》는 곧 〈임하경륜)의 사민四民에 대한 발언에서 연역된 것이었다. 이로 인해 담헌은 20세기 이후 신분제의 타파를 주장한 사상가로 평가받았다. 사민에 대한 발언은 원래 유식 사족을 비판하는 장면에서 나온 것이었다. 그런데 유식 사족은 사족에서 나왔고, 그 기본 속성은 '노동하지 않는다'는 것, 곧 유식성遊食性이 사족의 기본 속성이었다. 곧 비난의 대상이 되었던 유식 사족의 행동은 사족적 속성의 연장이었던 것이다. 담헌은 유의유식하는 사족을 맹렬히 비난했지만, 그 역시 유의유식하는 사람의 일원이었다. 그는 논과 밭에서 노동하는 사람도, 상인도 수공업자도 아니었다. 여느 사족처럼 과거 준비에 매달린 사람도 아니었다. 1774년 세손익위사 시직으로 일하기 전까지 담헌은 유식하는 사람 그 자체였다. 동일한 유식성을 갖고 있었던 담헌이 유식 사족을 맹렬히 비판한 것은 모순이 아닐 수 없다.

담헌이 유식 사족을 비판한 것은, 자신이 그들과 다른 범주에 속한다고 생각했기 때문이었다. 담헌은 청주와 서울에 각각 집을 두었고, 충청도 일대에 토지를 풍부하게 소유한 지주였으며 또 노비를 거느린 노비주였다. 관리할 수 없어 포기하기는 했지만, 당시 경화세족이 흔히 누렸던 것처럼 북한산 복호동에 별서를 마련할 여유도 있었다. 이런 경제력을 바탕으로 김재행과의 논쟁에서 담헌은 사족은 노동을 해서는 안 된다고 강변할 수 있었다. 담헌은 최고 경화세족 가문의 일원으로 그의 가문은 역시 최고 가문과 통혼하고 있었다. 안동 김씨 벌열의 수장이었던 김원행은 그의 종고모부이자 스승이었다. 담헌은 과거를 경멸했다. 과거에 응시했지만 그 사실을 말하기 꺼렸다. 과거를 경멸했다면 관직도 경멸했어야만 마땅할 것이다. 하지만 그는 음직이 주어지자 기다렸다는 듯이 달려갔다. 유식 사족 대부분에게 과거 합격과 입사入仕가 현실적으로 불가능했음을 생각한다면, 담헌의 음직은 극소수 명문 경화세족에게만 주어지는 특권이었다.

담헌은 자신이 누리는 경제력과 기회가 극소수 특권계급이 누리는 예외라고 생각하지 않았고 자신과 유식 사족을 유별類別했던 것이다. 그 유별화가 곧 자신의 특권화와 동일하다는 사실을 그는 의식조차 못했을 것이다. 따라서 담헌이 사민四民에 소속되지 않는 유식 사족을 맹렬히 비난하면서 재능과 학문의 소유 여부를 기준으로 농부나 장사꾼의 자식이 조정의 고위직에 오를 수 있고, 공경의 자제가 관청의 하인이 되어도 무방하다는 말은 그의 직정적 성격이 쏟아 낸 수사적 표현에 가깝다. 진실성 혹은 실천성을 갖는 것으로 보기는 어렵다는 말이다.

신분제의 해체로까지 해석되었던 담헌의 발언이 민의 입장에서 제기된 게 아니라는 것도 주목해야 할 지점이다. 담헌이 존중했던 유형원은 노비제의 모순을 구체적으로 지적하고, 노비의 고통에 공감하면서 노비제가 혁파되어야 한다고 주장했다. 다만 급진적인 혁파가 불가능한 현실을 고려하여 실천 가능한 점진적인 계획을 제시했던 것이다. 유형원의 아이디어를 따라 노비제가 혁파된다면 신분제는 결정적인 타격을 입을 것이다. 담헌의 경우,《담헌서》와《을병연행록》,《연항척독》 등 그가 남긴 모든 글에서 민에 대한 언급은 찾아보기 어렵다. 심상하게 보아넘길 일이 아니다. 특히 1766년 이후 그의 주된 관심사는 연암이 약간 비난이 섞인 어조로 말한 것처럼 오직 북경과 항주에 사는 중국인 벗들과의 교신交信에 있었다. 민의 현실적 처지와 그로부터 발생하는 사회 문제는 그의 관심 밖이었던 것이다.

 태인현감과 영천군수로 재직 중 그는 민과 접촉할 기회가 있었다. 하지만 그는 손유의와 등사민에게 보내는 편지에서 지방관의 자질구레한 업무가 너무 많아 고통스럽다면서 원래 자신이 누렸던 한가한 삶으로 복귀하고 싶다는 말을 거듭 내뱉었다. 내심 지방관으로서의 행정이 사뭇 귀찮았던 것이다. 이 말 외에는 태인과 영천에서 지방관으로 있으며 겪은 경험은 전혀 언급하지 않았다. 같은 시대를 살았던 다산의 경우는 민의 현실적 처지에 대한 치밀하고 사실적인 관찰이 차고 넘친다. 다산은 자신의 관찰을 기초로 하여 구체적이고 다양한 개혁책을 제출했다. 다산까지 가지 않는다 하더라도 담헌과 가장 가까웠던 연암의 경우도 마찬가지다. 연암은 면천군수로 있을 때 면천의 토지와 인구, 수확량, 지대, 조세 등을 꼼꼼하게 계산한 뒤 민이 유민流民으로 전락하여 아사할 상황에 이르렀다는 것을 진지하게 설득한다. 토지 소유를 제한하자는 그의 한전론은 민의 삶에 대한 구체적이고 정확한 파악을 전제하고 있는 논리다. 이렇듯 다산이나 연암의 개혁책은 민에 대한 관찰로부터 출발했지만 담헌의 경우 민 자체에 대한 언급이 없다. 민이 수탈당하는 사회 모순에 대해 말하기는커

녕 영천군수로 있을 때 진휼곡 500식을 착복하고 그것을 군민에게 빌려주어 갑절인 1천 석을 받아 내려 했던 것을 상기한다면, 민에 대한 그의 기본적인 시각을 짐작할 수 있을 것이다. 이런 그가 과연 신분제의 모순을 통찰, 절감하고 신분제의 해체를 주장했다고 단언할 수 있을까? 담헌이 박제가와 생각을 달리했던 것이나, 스스로 연암과 이덕무는 좋아하고 숭상하는 바가 같지 않다고 말한 건 민중의 처지에 대한 이해의 차이도 포함하는 것일 터이다.

담헌의 토지 분배에 대한 발언 역시 마찬가지다. 소수가 토지를 점유한 결과 상민은 물론 사족들까지 빈곤의 나락으로 떨어져 있다는 것, 그것이 담헌이 비난해 마지않았던 유식 사족을 발생시킨다는 것은 누구나 알고 있는 상식이었다. 어떤 해결책이 있어야 한다는 것, 그 제도적 해결책으로 토지 소유를 제한하는 다양한 제도가 제출된 것도 특별한 일이 아니었다. 현실에 대한 관찰과 역사와 고전의 전례를 참고하여 정전·균전·공전公田·한전·여전제 등 수많은 토지 소유제가 제출되었다. 심지어 박필관과 같은 농민도 30결 이상을 소유하지 못하게 하는 한전론을 주장하지 않았던가. 그런데 담헌은 정전제를 해야 한다고 말했을 뿐 자신만의 토지 소유제를 제출하지 않았다. 그의 개혁안이 다산에 비해 왜소하다는 위당의 평가는 아마도 이런 것을 두고 한 말일 것이다.

제출된 다양한 토지 소유제는 이미 널리 알려진 것들이었다. 이런 제도를 누가 말했다는 것만으로 대단한 평가를 받을 수는 없다. 정작 중요한 것은 그 제도를 강제할 권력과 실행에 옮길 구체적인 프로그램이었다. 이것은 앞서 지적한 유식 사족의 문제와 같은 성격의 문제였다. 유식 사족을 없애야 한다는 것은 당시 왕을 위시한 지배계급의 고민이었다. 정조와 이명식의 대화에서 보듯, 유식 사족을 농·공·상에 종사하도록 법을 제정하는 것이 최선의 대안이었지만 그것은 실행되지 않았다. 유식 사족을 비난하는 것은 누구나 할 수 있는 일이었다. 문제는 비난에 있는 것이 아니라, 유식을 가능하게 하는 원인을 파악하고, 그들을 농·공·상에 종사하도록 유인할 수단과 그것을 강제할 권력, 그리고 그 실행 방법을 마련하는 데 있었다. 토지제도 역시 누구나 말할 수 있었다. 하지만 제출된 토지 소유제를 실현할 방법에 대해서는 일관되게 침묵했다. 냉정히 말해 그것은 아이디어를 제출함으로써 책임을 면하려는 의도가 없지 않았을 것이다. 더욱 중요한 것은 개혁책을 주장한 사람들의 성격이었다. 유형원과 유수원, 이익, 박지원, 정약용은 모두 지주였다. 담헌 역시 거대한 전장을 가진 지주였다. 이들의 토지 소유제가 만약 현실화된다면, 그들은 모두 지주로서의 지위를 상실하게 될 것이었다. 혹 그 개인은 자신의 토지 상실에 찬성할지 몰라도 이들은 유교적 가부장제에 입각한 친족의 일원이었다. 개인은 가문의 일원으로 존재했다. 개인은 몰라도 가문 전체가 토지를 상실한다면 그 구성원이 찬성할 수 있을 것인가? 이 지점까지 사고하지 않는다면, 그 다양한 토지 소유제는 그야말로 실현 가능성이 없는 공상에 가까울 뿐이었다. 그나마 담헌은 그 공상의 설계

도마저 제출하지 않았다.

담헌과 그가 남긴 텍스트에 대한 재래의 해석은 이 책의 해석과는 사뭇 다를 것이다. 그것은 일종의 과장이자 편향성을 갖고 있는 것으로 보인다. 이제 물음을 바꿀 필요가 있다. 그렇다면 왜 이런 해석이 주류적 해석이 되었냐는 것이다. 왜 실천적 정주학자 담헌은 실학자, 북학파, 과학자, 사회사상가가 되었던 것인가?

담헌이 죽고 150년이 지나 1939년, 담헌의 문집《담헌서》가 간행되었다. 부요한 담헌가湛軒家에서 왜 그동안 담헌의 문집을 간행하지 않았는지 알 길이 없다. 또 1939년 인쇄본의 대본인 필사본《담헌서》를 누가 편집했는지, 편집에 어떤 원칙이 적용되었는지에 대해서도 알려진 바 없다. 어쨌든 담헌의 5대손 홍영선洪榮善이 편집하고 '후학' 홍명희가 교정을 맡아 본 1939년의 신조선사新朝鮮社 인쇄본《담헌서》가 세상에 나옴으로써 담헌의 사상은 본격적으로 알려지기 시작했다.

《담헌서》의 서문은 위당 정인보가 썼다. 이 서문은 이후 담헌 연구에서 결정적으로 중요한 것이었다. 위당은 담헌의 학문적·사상적 위상을 이렇게 규정했다.

> 선생은 영조·정조 연간의 사람이다. 영조 계해년에 나서 정조 계묘년에 죽었다. 이재頤齋 황윤석과 함께 미호渼湖 문경공文敬公 김원행을 스승으로 섬겼다.

이때는 성호 이익이 죽기 전이라, 자손과 문하 제자들이 거개 실용을 높이 평가하고 또 그것에 힘썼으므로 많은 신진들이 찾아가 의지하였다. 비록 문호는 막혀 있었지만, 성기聲氣는 서로 통하는 법이라, 성기가 같은 사람은 서로 호응하였다.
그래서 선생이 친하게 지냈던 연암 박지원·초정 박제가는 모두 《성호사설》을 일찍부터 읽었고, 모두 석치石癡 정철조와 친하게 지냈다. 초정은 또 다산과 친하였다. 선생의 학문이 안으로는 실로 성호에게 영향을 받았고, 위로 반계로까지 거슬러 올라갔다는 것을 알겠다.[1]

위당은 담헌을 이익과 연결한 뒤 다시 유형원까지 묶는다. 증거와 논리는 말할 수 없이 허접하다. 이익의 학문이 실용을 추구했기에 신진들이 찾아가 의지했다고 말하는 것은 이익과 담헌을 연결시키기 위한 설정이다. 이익은 남인이고 담헌은 노론이다. 당연히 연암이 〈회우록서〉에서 말했듯 교류가 있을 수 없다. 문호가 막힌 것이다. 위당은 이것을 뛰어넘기 위해 성기聲氣가 같은 사람은 호응한다고 말한다.[2] 이 지점에서 성기는 '학문적 지향' 쯤으로 의역될 수 있다. 곧 학문적 지향이 같기에 당파를 초월하여 연결이 가능하다는 말이다. 위당은 담헌과 가까웠던 연암과 박제가가 《성호사설》을 읽었던 사실에, 두 사람이 부인 정철조와 친했고, 특히 박제가가 다산과 친했다고 말하는데, 이는 이들이 당파를 초월하여 동일한 학문적 지향을 가지며 영향의 수수관계에 있다고 '말하고 싶었기' 때문이다. 최종적으로는 담헌이 동일한 학문적 지향의 원류인 유형원, 동시대의 거창한 산맥인 이익과 연결되어 있다고 말하고 싶었던 것이다.

위당의 말은 여러 각도에서 비판할 수 있다. 무엇보다 담헌이 결정적으로 영향을 받았던 그의 스승 김원행을 언급에서 배제한 것이다. 정직하게 말하자면 의도적으로 배제한 것이다. 김원행은 순수한 정주학자이니까! 또 어떤 책을 읽었다고 해서 동일한 학문적 지향을 가졌다고 단언할 수 없다. 따라서 담헌의 친구였던 연암과 박제가가《성호사설》을 읽었다는 단순한 사실만으로 담헌을 이익과 연결시킬 수는 없을 것이다. 사실 담헌은《성호사설》을 소장하고 있었으니, 당연히 읽었을 것이다. 하지만 담헌은 어디에서도 이익에 관계된 말을 꺼내지 않았고, 뚜렷한 영향의 흔적도 찾기 어렵다. 위당은 담헌이《성호사설》을 소장했고 읽었다는 사실도 몰랐을 것이다. 박제가가 다산과 어느 정도 친했는지 알 수 없지만, 그것은 서로의 존재를 알거나 저작물 일부를 읽었던 것이지(당시 다산의 저작이 공간되지 않았다는 데 주목할 것!), 박제가가 연암 그룹과 어울린 것처럼 다산과 어울린 것은 아닐 터이다. 좁은 경화세족 내부에서 이들은 서로의 존재를 익히 알고 있었을 터이나, 그렇다고 해서 학문적 지향이 동일하다고 말할 수는 없다. 더욱이 담헌은 스스로 친숙하게 어울린 연암 그룹 구성원과 사상적 지향이 다르다고 말하지 않았던가 말이다.

위당이 당파를 넘어 서로 학문적 지향이 동일하다는 이유로 구성한 인적 집합의 의미는 무엇인가? 《담헌서》의 서문을 쓰고 3년 뒤 위당은 이기李沂의 문집 《해학유서海鶴遺書》의 편차를 마치고 서문[3]을 쓴다. 이 서문에서 위당은 이기의 사상사적 위치를 유형원·김육·이이명·유수원·이익·정상기鄭尙驥·정약용·홍대용과 같은 라인에 배치하였다. 물론 여기서 중요한 사람은 이기가 아니라 담헌이다. 한편 위당은 《의산문답》의 내용을 이익, 이면백李勉伯, 정상기, 정약용의 저술과 대비한다.[4] 위당이 구성한 이 인물 집합의 속성을 오늘의 우리는 잘 알고 있다. 이른바 '실학자'들이고 이들이 동일하게 지향했던 학문은 '실학'이다. 물론 이이명이 실학자인가 아닌가 하는 것은 논란이 있을 수 있다. 하지만 여기서 중요한 것은 실학을 구성하려는 위당의 의도다. 그것은 이들의 학문과 사상이 실학이란 컨텍스트에 입각해 해석되어야 한다는 것이다. 실학은 해석의 유일한 준거가 되었고, 담헌 역시 그 준거의 강제를 벗어날 수 없게 된 것이다.

위당은 《주해수용》과 〈임하경륜〉을 이렇게 평가한다.

> 지금 선생의 글 중에 가장 중요한 것으로 《주해수용》과 〈임하경륜〉이 있다. 혹은 기하와 산수에 정통하고, 혹은 정치와 법률에 깊이 마음을 쓴 것으로 모두 백성을 돕는[佐民] 학문이다.[5]

위당은 《담헌서》에서 주목해야 할 텍스트로 먼저 《주해수용》과 〈임하경륜〉을 꼽았다. 그런데 위당은 《주해수용》을 꼼꼼히 읽지 않았을 것이다. 그것이 대부분 범상한 전통 수학이라는 것, 그중 일부가《수리정온》에서 온 것이라는 사실은 몰랐을 것이다. 아마도 위당은《주해수용》을 꼼꼼하게 읽지 않았을 것이다. 위당이《주해수용》에 주목했던 것은 보통의 사족 지식인들에게서 볼 수 없는 내용이며 또 그것이 무언가 과학적 뉘앙스를 갖고 있었기 때문이었을 것이다.

"백성을 돕는 학문"이라고 했는데, 위당은 〈임하경륜〉을 선입견 없이 공정하게 읽은 것은 아닌 것으로 보인다. 그는 백성의 팔에 개인 정보를 문신으로 새기고, 거주 이전의 자유를 박탈하고, 엄혹한 신체형으로 백성을 억압하고자 했던 사실은 왜 말하지 않은 것인가?《의산문답》의 천문학-자연학에서 연역된 담헌의 인간관은 인간의 행위에 대한 깊은 불신이 깔려 있는 바, 그 불신에 근거해 조성된 엄혹한 통치는 왜 지적하지 않았는가? 토지의 분배에 대해서는 슬쩍 말을 흐리면서 사치를 금한다는 명분으로 수공업과 상업을 극도로 억제하고자 했다는 건 왜 거론하지 않은 것인가. 위당은 〈임하경륜〉에서 사민四民의 평등, 전 국민의 군인화, 유식遊食의 금지, 축성법의 개량을 이끌어 냈지만,[6] 그것이 실행 프로그램을 결여한 구호에 가깝다는 것은 왜 말하지 않았을까? 그것은 당시 다양한 신분과 계급에서 다양한 경로로 제출했던 수많은 프로그램 속에서 평가받아야만 한다는 사실을 위당은 결코 알 수 없었을 것이다.

위당의 다음 평가도 주목을 요한다. "임금이 재상을 택하고, 재상 이하는 각각 요속을 택하는 것은 근세의 책임내각제에 거의 합치되는 것이다."⁷⁾ 정말 납득하기 어렵다. 〈임하경륜〉의 한 구절을 난데없이 정당과 의회제도를 전제하는 책임내각제와 동일시하는 이 발상은 너무나도 터무니없다. 그런데 이런 사고는 위당만의 것이 아니다. 《담헌서》가 간행되기 5년 전인 1934년, 4인의 지식인이 '반도의 영걸英傑'에 대해 토론하는 자리에서 민세民世 안재홍安在鴻(1891~1965)은 학자 부분을 맡아 '4천 년 동안 사상史上에 빛나는 학자' 여섯 사람을 꼽았다. 정약용·박지원·이익·유형원·홍대용·신경준申景濬이었다. 이 구성은 위당의 것과 사실상 동일하다. 안재홍은 담헌에 대해 이렇게 말한다.

> 나는 또 담헌 홍대용 선생을 심히 존경합니다. 이분의 〈임하경륜〉이란 저서를 보셨겠지만, 그 〈임하경륜〉이란 플라토(Platon)의 《이상국理想國》와 앞의 글이었어요. 지금 말로 하자면 입헌공화주의라 할까요? 이상가理想家 플라토가 미래의 완전한 국가의 기구를 그 《이상국》이란 저술 속에 담듯이 담헌 선생이 또한 미래의 국가조직을 설시說示하였는데, 예를 들면 제왕은 인민이 공선共選하고 총리대신은 왕이 임명하고 평대신平大臣은 총리대신이 임명하여 행정조직을 완성하고, 그리고 그 밖에 정치, 경제, 군사 등 각 항에 나누어 말하였는데, 그의 이상이 지금의 '소시얼리즘'이었던 모양입니다. 수백 년 전 옛날 이러한 사상가들이 배출하였던가 하면 참으로 무릎을 치며 삼탄三嘆할 일이 아니겠습니까?⁸⁾

안재홍은 홍대용을 플라톤, 〈임하경륜〉을 그의 《국가 The Republic》와 등치한다. 파편적 생각을 거칠게 엮은 〈임하경륜〉를 체계적이고 장대한 《국가》와 등치하는 것 자체가 납득하기 어렵다. 그는 《국가》를 읽지 않았을 것이고, 〈임하경륜〉도 정확하게 읽지 않았을 것이다. 〈임하경륜〉 어디에도 "인민이 제왕을 공선共選한다"는 말은 찾을 수 없는데, 태연히 "제왕은 인민이 공선하고"라고 말한다. 이어 그는 담헌의 이상이 "지금의 소시얼리즘 곧 사회주의였던 모양"이라고 말한다. 고대 그리스와 근대의 입헌공화주의, 사회주의가 담헌을 이해하는 데 동시에 동원되는 기묘한 풍경이 만들어졌다. 각각의 텍스트와 제도는 각각의 역사와 사회, 문화의 맥락에서 생산된 것이기에 모종의 유보와 전제 없이 비교와 등치가 불가능한데, 위당과 안재홍은 그것을 간단히 생략했다.

위당과 안재홍이 담헌을 배치한 인물 집합은 실학자의 계보다. 담헌은 실학이란 구성된, 아니 가공된 컨텍스트 위에 일차적으로 놓였다. 이 가공된 컨텍스트는 서구사西歐史와 근대를 뼈대로 내장하고 있었다. 다만 그것은 은폐되어야 마땅하였다. 하지만 천진난만했던 위당과 안재홍은 순간 자신도 모르게 그 뼈대를 노출했다. 담헌은 실학-서구사란 컨텍스트 위에서 해석되었다. 담헌이 남긴 텍스트들에서 그의 성격과 계급, 개인사, 실재했던 조선 후기 사족 사회, 특히 경화세족과 그들의 문화란 컨텍스트가 완전히 소거되었다. 대신 담헌의 생애와 그의 텍스트들은 원래 있던 곳에서 강제로 뜯겨 나왔고, 이어 깔끔한 편집 과정이 있었다. 잘라 낸 언술들, 예컨대 인물성동론, 북경 체험, 지전설, 우주무한론, 음양오행론 부정, 유식 사족에 대한 비판, 화이론 비판 등은 긴밀하게 상관되어, 완결된 새 텍스트가 구성되었다. 담헌은 이 재구성된 텍스트 안에서만 해독되었다. 해독의 결과 담헌은 실학자, 북학파, 탁월한 과학사상가, 평등을 주장한 사회사상가, 민족의 주체성을 최초로 발언한 인물로 선언되었고, 담헌 신화가 만들어졌다. 그 과정에서 실재했던 것들은 은폐되고 축소되고 비틀렸다. 예컨대 지구의 속성에 근거하는 인간 자체에 대한 깊은 불신, 부정적이고 비판적인 역사관 등은 거론조차 되지 않았다. 그가 경화세족으로서 특권계급의 사고를 충만히 가지고 있었다는 사실도, 그의 가문과 담헌 자신의 부패도 깡그리 잊혔다.

담헌은 동시대에 큰 영향력을 행사한 사상가도 아니었다. 단 하나 영향력이 있었다면 화이론 비판이었다. 그것이 18세기 말 담헌이 살았던 시공간에 일순간 파란을 일으킨 것은 사실이다. 하지만 그 작은 파란은 이내 잠잠해졌고 잊혔다. 무엇보다 《의산문답》이 간행되지 않았다. 저자가 자신의 저작물을 생전에 간행하는 것은 조선의 출판문화에는 없던 일이었다. 그보다 더욱 중요한 것은 19세기 조선 학계가 활력을 상실하고 있었다는 점이다. 출판되지 않은 원고는 전파될 수 없었다. 지원설 자체도 1863년에 와서야 겨우 문제가 된 정도였다. 20세기가 되어서야 근대인에 의해 담헌이 발견되었다. 그로써 담헌은 사실이 아닌 신화가 되었다. 신화이기에 현재는 물론 앞으로도 오랫동안 전승될 것이다.

담헌 관계 자료 간략 해제

담헌이 남긴 자료와 담헌에 관한 자료(예컨대 중국인 벗들이 담헌에게 보낸 편지)는 여러 종류가 남아 있다. 이것들은 하나의 전집으로 묶이지도 않았고 또 엄밀한 비평을 통해 정본으로 만들어진 것도 아니기 때문에 이용하기가 어렵다. 이하 담헌에 관계되는 자료에 대해 간단하게 언급해 둔다.

● 문집

현재 가장 널리 이용되는 담헌의 문집 《담헌서》는 원래 15권으로 편집되어 있던 필사본[9]을 1939년에 신조선사에서 간행한 것이다. 현재는 이 책을 대본으로 한 한국고전번역원의 영인본이 널리 이용된다. 신조선사 간행본은 그 편집 체제가 독특하다. 보통의 문집은 상당량의 시가 맨 앞에 나오고 이어 각 산문의 장르가 실리는 법인데, 《담헌서》의 경우 문집 전체를 내집과 외집으로 나누고 내집 1권부터 성리설과 경학에 대한 논란을 싣는 등 기성의 문집과는 아주 다른 체제를 취하고 있다.

《담헌서》의 독특한 체제 때문에 《담헌서》의 〈해제〉(고전번역원의 한국문집총간 영인본의 해제를 말한다)에서는 담헌이 생전에 자신의 문집을 편찬한 것으로 본다. 하지만 담헌이 스스로 정리했다고 보기에는 《담헌서》가 너무나 부실하다. 일례로 《담헌서》의 〈항전척독杭傳尺牘〉

은 왕복 편지의 일부만을 수록한 것이다. 원본 그대로 싣지 않은 편지도 있는가 하면 배열 순서가 잘못된 경우도 있다. 〈항전척독〉이 담헌의 꼼꼼한 손길을 거친 것이라면, 이런 탈락과 오류가 있을 리 없다.

담헌은 원래 시 짓는 걸 의식적으로 기피한 인물이지만, 귀국 후 손유의·등사민과 편지를 주고받는 과정에서 쓴 시와 또 그가 1773년 7월 등사민에게 보낸 12수의 시 역시 대부분 문집에 넣지 않았다. 담헌의 절친한 벗이었던 연암은 《연암집》에 담헌에게 답하는 편지 5통을 남기고 있지만, 담헌 쪽은 연암에게 보내는 편지를 전혀 남기고 있지 않다. 한시 1수를 제외하면 《담헌서》에 연암과 관련된 시문은 전혀 없다. 박제가와 이덕무 역시 외집 부록의 〈건곤일초정제영乾坤一草亭題詠〉에 차운한 시가 각 1편씩 실려 있을 뿐, 《담헌서》 본문에는 그들에 관한 어떤 기록도 없다. 중국에서 돌아온 뒤 담헌 스스로 가장 가까이 지냈다는 연암 그룹의 구성원이 정작 담헌의 문집에 아무런 흔적을 남기지 않았던 것이다. 그가 심혈을 기울여 저술한 수학서 《주해수용》도 6권은 외편 하만 있고 외편 상이 없다.

《담헌서》에는 아버지 홍역洪櫟의 비문만 한 편 있을 뿐, 다른 비지문碑誌文도 일체 없다. 대개의 경우 비지문을 통해 문집 저자가 사족 사회에서 어떤 인적 맥락을 갖고 있었는지를 추적할 수 있지만, 담헌의 경우에는 어떤 비지문도 남기지 않았다. 제문도 일반 문집에는 흔한 장르지만, 담헌의 경우 7편에 불과하다. 그와 편지를 주고받은 사람도 중국인 친구들을 제외하면, 1750년 아버지 홍역이 문경현감이 되었을 때 따라가 그쪽의 남인들과 당론을 주제로 주고받은 편지 3통, 스승인 김원행에게 올리는 편지 1통, 김종후와 논쟁을 벌인 편지 5통, 이 논쟁과 관련하여 고종사촌형인 김치익(고故 남원쉬南原倅 김노金魯의 아들)에게 보내는 편지 1통, 유헌주兪憲柱·한중유韓仲由(仲由는 자인 듯)에게 보내는 편지 1통, 그리고 수신인이 밝혀지지 않은 편지 3통이 전부다. 다 합해 봤자 편지를 주고받은 인물은 11명에 불과하다. 확실하게 신원이 파악되는 알 만한 인물은 김원행과 김종후뿐이다. 이런 현상은 담헌이 의외로 인간관계의 폭이 좁았음을 의미할 터이고 또 한편으로는 그가 이런 류의 시문을 별로 많이 짓지 않았다는 사실을 의미할 것이다. 그나마 지은 것도 제대로 수습하고 정리하지 않았던 모양이다. 담헌은 1783년 53세의 나이로 급작스레 죽었으니, 이 이른 죽음이 그의 문집을 제대로 수습할 기회를 거두어 간 것은 아닐까? 어쨌든 담헌의 평전을 작성하는 데 있어 《담헌서》는 그리 풍요로운 자료는 못 된다.

- **연행록**

연행록은 대체로 일기 형식을 취한다. 일기로 담을 수 없는 것은 특정한 주제를 설정하거나 혹은 제재를 따라 따로 쓴다. 《열하일기》가 그런 경우로 날짜에 따라 일정을 서술해 나가다가 따로 특정한 주제의 글을 써서 붙인다. 예컨대 〈도강록渡江錄〉은 6월 24일부터 7월 9일까지의 일기다. 그런데 일정 안에 따로 쓴 〈구요동기舊遼東記〉, 〈관제묘

기關帝廟記〉, 〈요동백탑기遼東白塔記〉, 〈광우사기廣祐寺記〉가 붙어 있는 것이다. 〈허생전許生傳〉이 포함된 〈옥갑야화玉匣夜話〉도 동일한 성격의 것이다. 그런가 하면 〈심세편審勢篇〉과 같은, 강력한 주제의 논문에 가까운 글을 쓰기도 한다.

《담헌서》는 내집 4권과 외집 10권으로 구성되어 있다. 연행록인 《연기》는 외집 7~10권에 실려 있다. 그런데 《연기》는 일기 형식이 아니다. 인물이나 인물과의 만남과 대화, 관서, 건물, 문화, 풍속 등을 제재 혹은 주제로 삼은 글들을 엮은 것이다. 이것은 말하자면 《열하일기》의 〈구요동기〉나 〈옥갑야화〉, 〈심세편〉과 같은 것이다. 《연기》는 담헌이 귀국 직후의 메모를 정리한 책으로 보아야 할 것이다. 또 《연기》는 전체를 통어하는 서문과 발문이 없다. 《을병연행록》처럼 수미일관한 저작으로 완성된 건 아닌 셈이다.

담헌은 한문으로는 일기체 연행록을 쓰지 않았고, 대신 국문 일기체로 《을병연행록》[10]을 썼다. 국문으로 따로 연행기를 쓴 것은, 한문을 모르는 독자를 의식한 것이다. 곧 《을병연행록》은 어머니와 누이와 같은 집안의 여성을 독자로 상정하여 쓴 것이다.[11] 《을병연행록》은 《연기》와 달리 서울에서 북경에 이르는 기간 일정의 여행을 소상히 적고, 또 한문을 모르는 여성을 대상으로 하여 집필한 것인 만큼 한문으로 쓰인 《연기》와는 내용과 표현을 달리하는 곳이 적지 않다.[12] 말하자면 두 텍스트는 상호 보완적인 관계에 있다. 담헌의 연행을 이해하자면, 이 두 텍스트를 비교해 가면서 꼼꼼히 읽어야 할 것이다.

《연기》와 《을병연행록》은 이루 말할 수 없을 정도로 치밀한 관찰, 정교한 서술로 다른 연행록과 구분된다. 어떤 차원에서는 《열하일기》보다 낫다. 《열하일기》는 공안파公安派 원굉도袁宏道의 창작론과 김성탄金聖歎 《수호지》의 문체를 원용하여, 어지러울 정도로 다양한 문체를 실험한다. 하지만 담헌의 연행록은 담백하고 진솔한 문체로 자신의 경험을 서술하고 있다. 이 점은 도리어 연암보다 낫다고 말할 수 있다.

- **필담록**

담헌은 귀국 후 중국인 벗들과의 필담을 정리했다. 최초의 필담록은 《간정동회우록》이다. 이후 담헌은 《간정동회우록》을 개정했고 그것은 여러 형태의 버전으로 남아 있다. 이제까지 가장 널리 사용된 자료는 《담헌서》에 실려 있는 《간정동필담》이다. 먼저 《담헌서》 외집 1, 2, 3권의 목차명을 보자.

- 외집 1권

  〈회우록서〉 2편(박지원, 민백순閔百順)

  '항전척독'

- 외집 2권

  '항전척독' (간정동필담)

- 외집 3권

  '항전척독' (간정동필담, 간정동후어)

외집 1권 서두에 박지원과 민백순의 〈회우록서〉 2편이 있는데, 《간정동회우록》이란 책의 잔영이 이 두 서문의 제목에 남아 있는 것이다. 1권은 '항전척독'이란 제명에 맞게 편지를 모은 것이지만, 2, 3권은 제명과는 상관없는 필담이다. 바로 이 《간정동필담》이 이제까지 담헌 연구에 주로 사용된 텍스트다. 이 외에 규장각을 위시한 국내외 도서관에 《간정필담》이란 제목의 비교적 정제된 필담록이 소장되어 있다. 다만 《간정동필담》이 약 6만 4,000자인데 비하여 《간정필담》은 5만 5,000자. 약 12퍼센트가 적은 것이다.[13]

《간정필담》과 《간정동필담》은 숭실대학교 한국기독교박물관에 소장되어 있는 《간정록》을 근거로 하여 만들어졌다. 《간정록》은 담헌이 원본에 교정을 본 책으로 전체 3책 중 1책만 전한다. 담헌의 교정 의도를 살린 쪽이 《간정필담》이 되고, 담헌이 지워 버린 것을 홍영선이 《담헌서》를 간행할 때 되살린 것이 《간정동필담》이다. 이 세 텍스트의 관계에 대해 밝힌 후마 스스무는 《간정동필담》이 《간정필담》에 비해 '내용은 많지만 굉장히 엉성한 편찬물'이라고 평가했다.[14] '엉성한 편찬물'이란 말을 이 텍스트의 가치를 일괄적으로 부정하는 것으로 이해할 필요는 없다. 몇 곳에 필사 누락 같은 오류가 있기는 하지만, 그것을 제외하면 담헌을 이해하는 데 있어 빼놓을 수 없는 중요한 텍스트다. 세 텍스트의 편찬 과정에 대한 이해와 각 텍스트에 대한 평가는 논자에 따라 조금씩 다르다.[15] 하나는 교정본이고, 나머지 둘은 그 교정본을 근거로 만들어진 것이기 때문에 편차가 있을 수밖에 없다. 그 편차를 밝히는 것은 당연히 의미 있는 일이다. 하지만 그 편차로 인해 담헌이란 사람과 사상의 이해에 엄청난 변화를 가져오는 건 아닐 터이다. 예컨대 《간정록》에서 지운 부분을 읽을 수 있는 데까지 읽어 보면, 지워진 내용들이 무슨 대단한 비밀이나 내용을 감추고 있는 것도 아니다. 또 세 텍스트를 비교해서 차이를 확인해 보아도 기존 텍스트의 이해와 다른, 유의미한 결과를 선명하게 얻을 수 있는 것도 아니다. 요컨대 이들 세 텍스트에 차이가 있다는 사실만 강조할 것이 아니라, 세 텍스트가 담헌의 이해에 모두 필요한 텍스트라는 평범한 사실에서 출발하여 정밀하게 읽을 필요가 있다는 것이다.

이 외에 담헌이 직접 《간정동회우록》을 발췌하여 엮은 《철교화鐵橋話》와 《철교유타鐵橋遺唾》, 이덕무의 편집본인 《천애지기서天涯知己書》가 있으나, 그 내용이 위 세 텍스트를 벗어나는 것이 아님은 두말할 필요도 없다.[16] 담헌이 중국인 친구들과 나눈 대화는 국문 일기인 《을병연행록》에도 실려 있는데, 어떤 경우 《을병연행록》이 더 자세하다. 곧 담헌과 중국인 친구들과의 대화에 대한 연구는 《을병연행록》도 반드시 참고해야만 할 것이다.

• 서한집

문집, 연행록, 필담록 외에 담헌 연구에서 무엇보다 중요한 자료는 육비·엄성·반정균, 손유의·등사민·조욱종과 주고받은 편지다. 널리 알려진 것은 앞에서 언급한 《담헌서》의 〈항전척독〉이지만,[17] 전체 편지의 일부에 불과하다. 2018년 숭실대학교 한국기독교박물관에서《간정후편乾淨後編》과《간정부편乾淨附編》을 영인하여 간행하기 전 담헌과 중국인 벗들과의 편지를 가장 많이 싣고 있는 서한집은《연항시독燕杭詩牘》이었다.[18] 이 중《간정후편》과《간정부편》은 압도적으로 많은 편지를 정제된 형태로 싣고 있어, 담헌과 중국인 벗들과의 교유 및 그의 생애와 사상 이해에 있어 결정적으로 중요하다. 편지의 수는 많지 않지만《간정후편》과《간정부편》못지않게 중요한 것은 2016년 숭실대학교 한국기독교박물관에서 영인, 간행한《중사기홍대용수찰첩中士寄洪大容手札帖》이다. 중국 쪽 인사가 보낸 편지를 원본 그대로 모은 간찰첩이다.[19] 편수는 많지 않지만 원본이라는 점에서 중요하다.《간정후편》과《간정부편》은 그런 경우가 덜하지만,〈항전척독〉과《연항시독》의 경우 편지 원본과는 편차가 적지 않다. 이용할 때 주의를 요한다. 이외에도《계남척독薊南尺牘》,《일하제금집日下題襟集》,《진신적독搢紳赤牘》등의 서한집이 있는데, 수록된 편지들은 대부분 서로 겹친다.

　이상의 여러 서한집은 편지를 보내고 받은 연대가 적지 않게 착종되어 실제 이용하기에는 대단히 불편하다. 편지를 일목요연하게 정리하고 상호간 편차를 지적할 필요가 있다. 김명호 교수는 8종의 서한집 속 편지를 담헌이 발송하거나 수신한 시기를 기준으로 삼고 연대별로 정리하여 긴 리스트를 만들었다.[20] 이 리스트에 의하면 편지의 총수는 134편이다. 이 중《간정후편》에 실린 것이 34편,《간정부편》에 실린 것이 84편으로 합하면 118편이다. 대부분의 편지는《후편》과

《부편》으로 해결된다. 〈항전척독〉에만 실린 것이 6편,《중사》에만 실린 것은 3편이다. 모두 합하여 127편이다. 여기에 포함되지 않는 것은 7편인데, 예컨대 양혼의 편지는《계남척독》에만 실려 있다. 사실상 담헌이 보내거나 받은 편지는《간정후편》,《간정부편》만 있어도 대개의 내용을 파악할 수 있다.

담헌의 자료는 1939년 신조선사의 신연 활자본《담헌서》외에는 모두 필사본으로 전한다. 동일한 텍스트지만 필사본 상호간의 글자나 어구語句의 이동異同이 적지 않다. 물론 신조선사 간행본《담헌서》도 완전히 신뢰할 수 없다. 읽고 이용하기에 너무나 불편하다. 담헌은 한국 학계에서 적지 않게 중요한 인물, 아니 떠받드는 인물인데, 그가 남긴 자료가 이런 상태로 존재한다는 것은 정말 한심한 일이다. 누가 하든, 남아 있는 자료를 깡그리 모아 비평하고 안심하고 읽고 이용할 수 있는《홍대용 전집》이 나왔으면 한다.

주

01. 연암 그룹과 첫 벼슬

1) 洪元燮, 〈祭湛軒文〉, 《太湖集》;《韓國文集叢刊》b100, 485면. "湛軒往遊金剛, 以其徒奇而狹隘無可觀, 敗意徑還."
2) 자는 무백茂伯, 호는 노초老樵, 스스로는 서림西林이라 하는 경우가 많았다.
3) 李淞, 〈湛軒洪德保墓表〉, 《湛軒書》, 321면. "周遊山海間, 寢食言譚不相捨, 顧不強爲唯諾, 而觀其意無所忤, 自是凡有遊覽, 二人必偕.."
4) 박종채·김윤조 역, 《역주 과정록》, 태학사, 1997, 74면, 주 185).
5) 《頤齋亂藁》3, 575면, 1771년 3월 13일. "子敬曰, '此則固然, 將如之何?' 因言, '當世, 惟洪大容, 高潔淹博, 不入場屋, 留心古學. 如樂律尤精. 常居淸州, 近聞入城, 在於紵廛洞後谷, 實有一見之願而未及見耳.' 余曰, '此君吾亦聞名而未之見矣.'"
6) 김명호, 《박지원 문학 연구》, 성균관대학교 대동문화연구원, 2001, 275면.
7) 이들의 관계 형성, 이른바 '백탑동인白塔同人'의 형성에 대해서는 金允朝, 《《四家詩集》研究》(1), 《민족문화》15, 전국문화단체총연합회, 1992에 상세하다.
8) 朴齊家, 〈與徐觀軒常修〉, 《貞蕤閣集》;《韓國文集叢刊》a261, 661~662면. "會友記送去耳. 僕常時非不甚慕中原也, 及見此書, 乃復忽忽如狂, 飯而忘匙, 盥而忘洗. 嗟乎! 此誠何地也? 朝鮮耶? 吾則浙江也, 西湖也. 彼竪高橫濶, 不計道里, 浩浩蕩蕩…… 夫吾與惠

輩則其天性乃能自好中原. 又其所爲略略暗合. 此誰敎而孰傳之? 若以我爲勉强學之而然, 豈眞知者哉? 嗟乎! 吾東三百年使价相接, 不見一名士而歸耳. 今湛軒先生一朝結天涯知己. 風流文墨, 極其翩翩. 其人者皆依依焉往日卷中之人也, 其言者皆歷歷焉吾輩心頭之言, 則彼雖漠然不知相隔於此千里之外, 吾安得不憐之愛之, 感泣而投合也哉"

9) 朴齊家, 〈題洪湛軒所藏潘舍人 庭筠 墨蹟〉, 앞의 책, 461면. "南海何時竭, 楚岸連平地. 相逢潘秀才, 應話前生事."

10) 成大中, 〈李懋官哀辭〉, 《靑城集》; 《韓國文集叢刊》a248, 548면. "與交一時名勝, 無不重其文章而樂從之遊, 得其評批, 珍於金璧. 洪湛軒大容·朴燕巖趾源, 最其得意交也."

11) 이 시는 앞서 제목과 출처를 소개한 바 있다. 시는 다음과 같다. 228면, 〈與申念齋賦贈朴燕巖趾源〉; 229~231면, 〈贈人次原韻〉, 〈和念齋賽詩韻〉, 〈次念齋韻〉, 〈步韻戲呈念齋〉; 231~232면, 〈送人之三山〉; 232~238면, 〈雜詠〉; 238~239면, 〈聖殿分韻得水字〉; 239면, 〈西溪淸節祠分韻得緣字〉; 240~241면, 〈和寄趙梅軒煜宗 見上〉(*〈和寄趙梅軒煜宗 見上〉은 지우라는 표시 있음); 241~242면, 〈柳藥隱重臨軐〉藥隱은 柳重臨이다; 243~244면, 〈和洪太和南皐行韻〉. 이 중 〈和念齋賽詩韻〉, 〈次念齋韻〉, 〈步韻 戲呈念齋〉는 신광직의 원시原詩에 화답하여 지은 장편 고시이고, 〈申念齋賦贈朴燕巖趾源〉은 신광직의 친구인 박지원에게 증정한 시이고, 〈贈人次原韻〉은 신광직의 친구인 민낭경閔朗卿(이름 미상)에게 증정한 시이며, 〈送人之三山〉은 신광직의 형 신광온申光蘊에게 증정한 시이다. 〈和洪太和南皐行韻〉은 홍원섭洪元燮의 〈南皐行〉에 화답하여 지은 작품인데, 홍대용이 홍원섭·신광직과 한양의 남산 아래에서 가까운 이웃으로 지내며 우정을 나누던 모습을 노래한 장편 칠언고시이다. 이상은 김명호, 〈淸朝 문인과의 왕복 서신을 통해 본 홍대용의 사상〉, 《한국기독교박물관지》 14, 2018.2, 106면에 의한 것이다.

12) 김명호, 앞의 글, 같은 곳.

13) 《湛軒書》, 76면. 《담헌서》의 원래 제목은 〈次申念齋先直韻〉으로 이름이 光直이 아닌 先直으로 되어 있다. 그런데 그의 형제의 이름이 '光蘊', '光溥', '光遜', '光素'로 '光' 자를 쓰는 것으로 보아, '先直'은 '光直'의 오자일 것이다. 그래서 본문에서 '先直'을 '光直'으로 바꾸었다.

14) 《湛軒書》, 76~77면.

15) 〈祭渼湖金先生文〉, 《湛軒書》, 83면. "竊嘗聞問學在實心, 施爲在實事, 以實心做實事, 過

可寡而業可成. 從今以往, 努力桑楡, 隨分躋攀, 庶報恩育之萬一."

16) 朴齊家, 〈同湛軒·燕嵒·炯庵, 登僧伽寺. 炯庵先歸, 以歸路會普通亭, 而歷北漢遊曹溪, 再合觀·炯庵宿. 紀行之什〉, 앞의 책, 451면.

17) 李德懋, 〈洪湛軒大容園亭〉, 《靑莊館全書》; 《韓國文集叢刊》a257, 178면. "高人秉潔操, 耿介中林廬. 獨彈歌邂琴, 淸商滿太虛. 匪直寄遐想, 幽憂自不除. 所思遙難卽, 漫把折杭書. 溫溫嚴夫子, 素心雅而疏. 磊砢陸孝廉, 燕吳遍名譽. 文藻潘香祖, 燦燦氣筠疏. 天涯結知己, 存沒多悲噓. 賤子側聽歎, 慰君聊虛徐. 東方一士高, 只可予友予." 이 시는 《湛軒書》의 부록 〈乾坤一草亭題詠〉에 수록되어 있다.

18) "獨彈歌邂琴, 淸商滿太虛."

19) 柳得恭, 〈初秋湛軒居士園亭〉, 《泠齋集》; 《韓國文集叢刊》a260, 16면. "過認爲嘉客, 謙稱有弊廬. 塔西敢邊上, 席左驚徒虛. 波炯詡窺井, 沙晴惜啑除. 鐵琴閒自弄, 金管鬱仍噓. 斜照穿簾乍, 微風拂磬疎. 圃應非所問, 樹是眞堪譽. 與俗分鑣早, 臨名攬轡徐. 優游以卒歲, 倡和還同予." 이 시는 《湛軒書》의 부록 〈乾坤一草亭題詠〉에 수록되어 있는데 약간씩 글자가 다른 곳이 있다. 朴齊家, 〈洪湛軒 大容 茅亭次原韻〉, 《貞蕤閣集》; 《韓國文集叢刊》a261, 450d면. "端正治園木, 蕭閒結草廬. 數弓秋逕細, 一笠午簷虛. 汲綆時鳴院, 風萱自弄除. 未聞招隱操, 空著絶交書. 身入中原闊, 心於世俗疎. 願逢知己死, 不受每人譽. 偃蹇眠被褐, 婆娑飯帶蔬. 壯懷天際薄, 奇氣屋中噓. 客去關門早, 詩成倚杖徐. 襄裹今歲暮, 臭味孰同余." 이 시는 《湛軒書》의 부록 〈乾坤一草亭題詠〉에 수록되어 있다.

20) 朴趾源, 〈搜山海圖歌〉, 《燕巖集》; 《韓國文集叢刊》a252, 90면.

21) 李德懋, 〈題湛軒藏杭士墨戲帖. 陸篠飮飛, 字起潛, 浙工仁和人. 潘蘭坨庭筠, 字香祖, 浙江錢塘人. 與洪湛軒有舊, 其書畵多在湛軒所. 名杭士墨戲帖〉, 앞의 책, "不願中書不願仙, 孤懷偏側井疊天. 生堪美湛軒老, 海潘江獨遡沿. 海, 起潛, 江, 指香祖."

22) 朴齊家, 〈題洪湛軒所藏潘舍人 庭筠 墨蹟〉, 앞의 책, 461면.

23) 夫馬進, 〈홍대용의 《乾淨衕會友錄》과 그 改變〉, 《한문학보》 26, 우리한문학회, 2012, 202면.

24) 장경남, 〈홍대용의 연행 필담집 《간정동회우록》, 《간정필담》, 《간정동필담》에 대하여〉, 《국학연구》 38, 한국국학진흥원, 2019, 385면.

25) 李德懋, 《淸脾錄》, 앞의 책, 35면. "湛軒編坥·嚴·潘三公筆談書尺爲會友錄. 又於錄中抄

鐵橋語及詩若干首, 使余校勘, 藏于家. 柳惠風又輯三人詩爲巾衍外集."

26) 《鐵橋話》에 보다 자세한 내용은 다음 논문을 참고할 것. 안대회, 〈洪大容 후손가 소장 李德懋 필사본 3종 연구〉, 《古典文學研究》 42, 한국고전문학회, 2012.

27) 《青莊館全書》 권63에 실려 있다. 李德懋, 《天涯知己書》, 《青莊館全書》; 《韓國文集叢刊》 a259, 123~137면.

28) 黃胤錫, 〈與柳甥 元彬 書 己亥〉, 《頤齋遺藁》; 《韓國文集叢刊》 a246, 210b면. "朝家方議修改掌樂院樂器樂章, 而一提調金丈用謙·二提調(缺)(缺)(缺)方幷擧泰仁洪矦大容德保及此身, 言必及之, 將以啓薦."

29) 朴趾源, 〈夏夜讌記〉, 앞의 책, 62~63면. "二十二日, 與麯翁步至湛軒, 風舞夜至. 湛軒爲瑟, 風舞琴而和之, 麯翁不冠而歌. 夜深流雲四繞, 暑氣乍退, 絃聲益清, 左右靜默, 如丹家之內觀臟神, 定僧之頓悟前生. 夫自反而直, 三軍必往, 麯翁當其歌時, 解衣磅礡, 旁若無人者. 梅宕管見簷間, 老蛛布網, 喜而謂余曰, '妙哉! 有時遲疑若有思也, 有時揮霍若有得也, 如時麥之踵, 如按琴之指.' 今湛軒與風舞相和也, 吾得老蛛之解矣. 去年夏, 余嘗至湛軒, 湛軒方與師延論琴, 時天欲雨, 東方天際雲色如墨, 一雷則可以龍矣. 旣而長雷去天, 湛軒謂延曰, '此屬何聲?' 遂援琴而諧之. 余遂作天雷操."

30) 成海應, 〈題丹室閔公玉簫詩後〉, 《研經齋全集》; 《韓國文集叢刊》 a273, 442면. "京山公嘗携簫過湛軒洪氏之竹舍, 爲數弄, 湛軒故善琴而與之爲耦."

31) 〈祭延益成文〉, 《湛軒書》, 83면. "湛軒以酒一壺燭一雙錢三兩, 遙訣于延師之靈. 君其死乎, 以君之虛脆, 得年五十三, 不可謂不幸也. 雖終身食貧而肆志於聲色之場, 亦足以樂君之生矣, 亦復何恨? 身處伶官而抗志如高士, 跡近俳優而潔性如秋水. 嗟君之賢, 惟余知之. 惜乎! 人琴俱亡, 吾誰與操音, 三十年情好, 從此而訣矣. 一字一涕, 君其來鑑."

32) 成大中, 〈記留春塢樂會〉, 《青城集》; 《韓國文集叢刊》 a248, 466면. "洪湛軒大容置伽倻琴, 洪聖景景性操玄琴, 李京山漢鎭袖洞簫, 金檍挈西洋琴, 樂院工普安亦國手也. 奏笙簧, 會于湛軒之留春塢. 兪聖習學中, 侑之以歌. 嘐嘐金公用謙, 以年德臨高坐, 芳酒微釂, 衆樂交作, 園深晝靜, 落花盈階, 宮羽遞進, 調入幽眇. 金公忽下席而拜, 衆皆驚起避之. 公曰, '諸君勿怪, 禹拜昌言. 此勻天廣樂也, 老夫何惜一拜.' 洪太和元燮亦與其會, 爲余道之如此, 湛軒捨世之翌年, 記."

33) 洪元燮, 〈答成士執書〉, 《太湖集》; 《韓國文集叢刊》 b100, 436면. "春辱惠書, 兼示春塢樂

주 491

會小記. 不佞時西遊, 得之行路鞍馬之間, 卒卒未有復. 繼又得四月晦日書因金君至者, 前後聯簡累牘, 皆紋離合之感, 道盛衰之因, 委曲繾綣, 如往而復. 其紀樂文又文少而旨曠, 聲簡而氣暢, 一唱三歎, 嫋嫋如有餘思. 噫! 湛軒不可復作, 湛軒之樂, 其不亡於是矣. 又可悲也."

34) 洪元燮, 〈書金生畫後〉, 앞의 책, 453면. "右畫一幅, 布床而瑟者湛軒也. 對瑟而琴者金生也. 並瑟而踞, 側耳聽于彝尊之旁者太和也."

35) 〈大東風謠序〉, 《湛軒書》, 72~72면.

36) 《頤齋亂藁》6, 54면. 1779년 7월 29일. "但洪君雖通曆數二學, 而律家則似通俗樂耳."

37) 박종채, 김윤조 역, 《역주 과정록》, 태학사, 1997, 43~51면.

38) 朴趾源, 〈笠聯句〉, 앞의 책, 91면; 李德懋, 〈笠聯句〉, 앞의 책, 162~163면; 柳得恭, 〈笠聯句〉, 앞의 책, 4면. "庚寅春, 集蟬橘堂. 同朴燕巖·李懋官盡未韻"

39) 〈乾淨衕筆談〉, 《湛軒書》, 151면. "中國衣冠之變, 已百餘年矣. 今天下惟吾東方, 略存舊制, 而其入中國也. 無識之輩莫不笑之. 嗚呼! 其忘本也. 見帽帶則謂之類場戲, 見頭髮則謂之類婦人, 見大袖衣則謂之類和尚, 豈不痛惜乎!"

40) 李德懋, 〈論諸笠〉, 《盎葉記》, 《青莊館全書》; 《韓國文集叢刊》a259, 94면. "洪湛軒大容遊燕, 道袍革帶, 著笠而行, 人皆指點爲乞僧, 自稱禮義之服, 只博乞僧之名, 寧不慨嘆."

41) 朴趾源, 〈銅蘭涉筆〉, 《熱河日記》. "與卜醫觀海, 入玉田一舖, 則數十人圍觀, 爭閱吾輩布袍, 詳察其製樣而大疑之. 私相謂曰, '這個化齋的那地來哩?' 或戱答云, '從舍衛國給孤園來哩.' 非不知我爲朝鮮人, 而見袍笠, 譏其類乞僧也." 단국대학교 동양학연구원 편, 《연민문고 소장 연암 박지원 작품필사본 총서》4, 《熱河日記(亨)》, 문예원, 2012, 126면. "洪湛軒之入燕也, 以道袍, 已招乞僧之名. 余之入燕也, 著緇布冠, 序班初見笑曰, '這道士, 眷屬何在?' 盖道士常率妻子而往也. 我國士夫, 辟夷俗而侮僧風. 然男著比丘之袍, 女戴蒙古之鬐, 巍然自處以華人, 未知其何由也. 僧袍非方領, 領端不斜偃耳." 이 이야기는 이규경李圭景의 《五洲衍文長箋散稿》에도 실려 있다. 李圭景, 〈道袍辨證說〉, 《五洲衍文長箋散稿》. "洪湛軒大容遊燕, 道袍革帶, 著笠而行, 人皆指點爲乞僧. 自稱禮義之服, 只博乞僧之名, 寧不慨歎!"

42) 朴齊家, 〈市井〉, 《北學議》; 《貞蕤閣全集》下, 驪江出版社, 1986, 391면. "見中國之宮室·車馬·丹靑·錦繡之盛, 則曰, '奢侈已甚.' 夫中國固以奢而望, 吾邦必以儉而衰, 何

也?'

43) 鄧師閔,〈汶軒答書〉,《乾淨附編》, 127~132면.
44) 孫有義,〈蓉洲答書〉,《乾淨附編》, 132~133면.
45) 孫有義, 앞의 글, 앞의 책, 132면. "及開讀華翰, 知近履綏和, 歷官在卽, 欣慰奚似. 吾兄實學素優, 一經筮仕, 自必宏此遠謨. 然而君民交責, 兢兢以期不負者, 正無涯涘. 在足下固有出人頭地之想, 弟亦甚欲以達道望之也." 손유의는 아마도 '歷官'을 잘못 이해한 것 같다. '歷官'은 '先後連任官職'를 의미한다.
46) 趙煜宗,〈梅軒答書〉,《乾淨附編》, 133~136면;《中士》, 50~51면(원문), 80~81면(탈초·번역).
47)〈與秋庫書〉,《乾淨後編》, 267~269면.
48)〈與秋庫書〉, 앞의 책, 268~269면. "秋庫墨戲, 吾輩愛之如拱璧, 何不仍便賜敎? 零璣亂渲, 皆爲至寶, 不必佳綃與細筆也. 前來書畫, 幷卽成粧, 不遺點墨. 每逢會心人, 必焚香展觀, 無不釋手. 使兄想得此種情景, 應不以弟之矇瞽而終慙徵也."
49)〈與篠飮書〉,《乾淨後編》, 269~270면.
50)〈與汶軒書〉,《乾淨附編》, 136~138면.
51) '후세의 子雲'은 자신을 알아줄 사람을 지칭하는 말이다. 자운은 한漢나라 양웅揚雄의 자다. 양웅이《太玄經》을 지어 놓고 '후세에 나 자운子雲 같은 학자가 나오면 이 책의 가치를 알아줄 것이다'라고 한 데서 온 말이다.
52)〈與蓉洲書〉,《乾淨附編》, 138~140면.
53)〈與梅軒書〉,《乾淨附編》, 140~149면.
54)《頤齋亂藁》 3, 429면. 1770년 10월 24일.
55) 孫有義,〈蓉洲書〉,《乾淨附編》, 149~150면(1771년 4월 홍대용 수신).
56) 鹽店,〈鹽店書〉,《乾淨附編》, 150면(1771년 4월 홍대용 수신).
57) 洪大容,〈與蓉洲書〉,《乾淨附編》, 150~152면.
58) 洪大容,〈答鹽店書〉,《乾淨附編》, 152면.
59) 洪大容,〈與秋루書〉,《乾淨後編》, 271~272면.
60) 이 부분의 원문은 '昨年附信, 値計行, 未及入都.'(271면)인데, 의미가 불명확하다. '작년에 편지를 보냈지만, 계행을 만나 미처 都城(북경)에 들어가지 못했다'고 번역되는데,

주 493

'計行'의 의미를 알 수 없다. 어쨌든 편지를 보내기는 했지만, 어떤 이유로 사신단이 북경에 들어가지 못했다는 말로 이해된다.

61) 洪大容, 〈與蓉洲書〉, 《乾淨附編》, 157~158면.
62) 洪大容, 〈與梅軒書〉, 《乾淨後編》, 159~161면.
63) 洪大容, 〈與汶軒書〉, 《乾淨後編》, 163~167면(1771년 10월 동지사 편에 보낸 편지). 이 편지의 161~163면은 중복이다. 영인할 때 착오가 난 것이다.
64) 홍대용, 앞의 글, 앞의 책, 164~165면. "邇來, 尚住隆平店中, 生意益能旺殖否? 農商生財之方, 實爲貧家事育之資. 古來不遇者何嘗無素飡之誡哉! 惟顧我之衷, 想形之鬢髮亦已蒼蒼而白矣, 猶未免服賈他方, 役心於刀錐之細, 每一念之, 不能無傷哉之歎也. 念足下之宅中, 旣解婚嫁之累, 八口契活, 不待積金而足充腹蔽體之餘, 盖係身外之尤贅. 若不安於苟完粗足而憧憧於豊約之間, (165면)達人知命者, 必不然也. 未知足下自反果如何? 吾輩年逾四十, 人生已太半矣. 過此以往, 數十年光陰不啻若石火電光, 一朝遽然就木. 想來平生求榮求利, 萬千商量, 豈非佛氏所謂幻且妄者耶. 惟生無聞死無稱, 不免爲蜉蝣之起滅, 最是可哀也."
65) 孫有義, 〈蓉洲書〉, 《乾淨附編》, 153~157면.
66) 孫有義, 앞의 글, 앞의 책, 155~156면. "秋㢜潘公已於會試後, 相見. 靜觀其品, 誠有如足下所云者. 雖春闈屢屈, 而已得授中書, 座間談及尊兄才德之優, 互相感歎, 而以未得重晤爲恨. 其待弟氣誼亦覺甚殷, 絶非拒我者, 然何圖歸後寄信贈詩俱不之答. 且仲秋兩次往謁彼, 閽者皆以出辭而彼亦未嘗一爲回顧, 殊令人不解其故. 玆尊兄所寄之書, 弟於十月初旬, 作札告以李公素取回信之期, 總封付去, 兼懇敝友往索回書, 今據敝友云, 曾兩次赴彼, 而閽人總覆以入直內廷, 尙未及寫等語, 迄於今一月餘矣. 猶屬杳然, 不識終有與否, 亦祗可俟來歲奉問矣."
67) 李德懋, '潘秋㢜'〈淸脾錄〉 3, 《靑莊館全書》; 《韓國文集叢刊》 a258, 50면. "丁酉春, 柳幾何琴入燕, 遇李史部調元, 問知潘生否. 李曰, '潘與吾寂相好. 辛卯會試, 已定會元, 旣而以同號人襲其文, 遂皆點落, 天下惜之'"
68) 張撝之 等 主編, 《中國歷代人名大辭典》 下, 上海古籍出版社, 1999, 2527면. "乾隆間以擧人授內閣中書, 四十三年成進士, 入翰林."
69) 孫有義, 〈寄秋㢜七十四韻〉, 앞의 책, 177면. "己丑抵京師, 尋君正邐迤. 忽遇知君者(則

鼎隆號, 金姓), 略擧君行止. 春闈雖下第, 旋得天顔喜. 薇省列芳名, 乞假今旋里."

70) 孫有義, 〈蓉洲書〉, 《乾淨附編》, 157면. "湛兄之札, 收到謝謝. 尙未有答簡, 俟續奇奉, 于此中別有委折, 非筆能罄總之. 身依樞密之地, 尋常茶話, 便虞失檢, 前此獲譴者, 不一其人, 而意外之事, 更有不可知者, 高明何以敎之. 萬里素心, 緘札殊艱, 思之悵然, 臨楮爲之, 不歡云云."

71) 洪大容, 〈與蓉洲書〉, 《乾淨附編》, 167~170면.

72) 洪大容, 앞의 글, 앞의 책, 168~169면. "潘公卽在近密, 宜其慮之至此. 惟以一短札道其意以絶之, 庶乎彼此無憾. 今不出此, 終漠然不相聞, 棄余如遺珠爲慨恨. 弟遇潘公時, 有陸篠飮飛·嚴鐵橋誠兩人, 俱係杭府擧人, 幷與訂交. 歸後聞嚴君已夭沒, 萬里相思, 遂成死(169면)別. 弟實傷痛如喪同胞, 曾以一書慰其兄嚴九峯果者, 要得鐵橋影像及遺集, 幷托潘公附去. 今已四載, 茫無回信. 潘公之不肯通書, 其勢則然矣. 惟討九峯一書傳遞于蓉洲, 此一擧手勞耳, 亦不肯焉, 則不情之甚矣. 望蓉洲如見潘公, 煩致此意, 無令遠人抱終身之憾, 在潘公豈非盛德事耶?"

73) 洪大容, 〈與梅軒書〉, 《乾淨附編》, 170~171면.

74) 洪大容, 〈與鹽店書〉, 《乾淨附編》, 171면과 174면. 중간의 172면과 173면은 손유의의 편지다. 172면과 173면은 1773년 4월 손유의가 담헌에게 보낸 편지〈蓉洲答書〉에 들어가야 한다. 다음 각주를 보시오.

75) 孫有義, 〈蓉洲答書〉, 《乾淨附編》, 174, 175, 172, 173, 176, 177, 178, 179, 180, 181면: 《燕杭詩牘》, 45장 뒷면~46장 뒷면. 페이지의 순서에 주의하기 바란다. 172면과 173면은 원래 바로 앞의 〈與鹽店書〉의 171면과 174면 사이에 들어있는 것이다. 또 〈蓉洲答書〉의 본문은 174, 175, 172, 173면 8행에서 끝나고, 173면 9행부터 끝까지와 176, 177, 178, 179면은 〈寄秋庫七十四韻〉이란 제목의 반정균에게 주는 장시長詩다. 이 시 뒤 180, 181면에는 손유의가 지은 〈愛吾廬八詠〉이 실려 있다. 《燕杭詩牘》, 45장 뒷면~46장 뒷면의 편지에는 반정균에게 주는 장시와 〈愛吾廬八詠〉이 실려 있지 않다.

76) 孫有義, 〈寄秋庫七十四韻〉, 앞의 책 177면. "己丑抵京師, 尋君正邐迤. 忽遇知君者(則鼎隆號, 金姓), 略擧君行止. 春闈雖下第, 旋得天顔喜. 薇省列芳名, 乞假今旋里."

77) 鄧師閔, 〈汶軒答書〉, 《乾淨附編》, 182~192면.

78) 趙煜宗,〈梅軒答書〉,《乾淨附編》, 192~200면.
79) 洪大容,〈與九峯書〉,《乾淨後編》, 272~274면.
80) 洪大容, 앞의 글, 앞의 책, 273면. "某聞鐵橋死後, 苦痛貫心, 忽忽惘惘, 實無人世之樂. 願得其影像與遺集, 晨夕寓慕以卒餘年, 區區血忱, 亦足下之所當矜念也. 惟足下圖之."
81) 洪大容,〈與蓉洲書〉,《乾淨附編》, 201~211면.
82) 洪大容, 앞의 글, 앞의 책, 같은 곳. "蓉洲足下, 某年已四十三矣. 雖生長小邦, 自幼服習經史, 愛好人倫, 出於天性. 域內交遊, 亦不爲不多矣. 但學人矜高而自亢, 墨容藻麗而小實, 貴冑狃於驕逸, 寒門習於卑順. 純其心者鬐其識, 富其材者廣其行. 由是而半世交遊, 其能推至性終始不替者, 蓋無幾人."
83) 앞의 글, 앞의 책, 202면. "向來都門之行, 實欲陰求天下奇士, 幸遇杭之三人, 大有才情."
84) 앞의 글, 같은 곳. "又得足下與梅軒, 藻華雖若小遜, 德性溫重, 尤所慕悅, 某實樂之以爲奇遇也."
85) 앞의 글, 같은 곳. "不意數年之間, 三人者或死或絶, 已落落無其跡. 獨足下與梅軒始交, 頗似尋常, 年來轉益深造, 執德之忠順, 辭令之溫厚, 某之受益于足下已不少矣. 得於未死之前, 永以爲好, 某之願也."
86) 죽동은 중구 을지로 2가·을지로 3가·수표동·장교동·저동 2가에 걸쳐 있었다. 대나무와 대그릇을 파는 죽전이 있어 '대전골'이라고 했다. 죽동은 대전골을 한자로 표기한 것이다. 이동은 중구 저동 1가, 충무로 2가, 명동 1가, 2가, 을지로 2가, 장교동에 걸쳐 있어 죽동과 겹친다. 담헌이 이동 혹은 죽동이라 한 것은 이 때문이다.
87) 이 외에 이정호李鼎祜란 인물도 시를 쓰고 있다. 이정호는 〈愛吾廬八詠〉도 쓰고 있는데, 《湛軒書》외의 다른 문헌에는 전혀 등장하지 않는 인물이다.
88) 《杜少陵詩集》권18.
89) 〈小引〉,《湛軒書》, 326~327면. "大秋毫而小泰山, 莊周氏之激也. 今余視乾坤爲一草, 余將爲莊周氏之學乎?"
90) 《莊子》〈齊物論〉. "天下莫大於秋毫之末而太山爲小."
91) 〈小引〉, 앞의 책, 326~327면. "大秋毫而小泰山, 莊周氏之激也. 今余視乾坤爲一草, 余將爲莊周氏之學乎? 三十年讀聖人書, 余豈逃儒而入墨哉! 處衰俗而閱喪威, 蒿目傷心之極也."

92) 洪大容, 〈與梅軒書〉, 《乾淨附編》, 211~213면.
93) 洪大容, 앞의 글, 앞의 책, 212면. "家貧親老, 菽水屢空, 孝子之心, 安得晏然, 旣不能躬耕服賈, 仕不擇官, 古人所不免. 目下計將安出? 惟干謁權門, 沽丐攀援, 墦間醉飽, 可爲代羞. 此卽非所慮於梅軒也."
94) 洪大容, 앞의 글, 같은 곳. "弟釋褰衣以來, 髮白視昏, 衰象日催至矣. 此生無復四方志矣. 所幸家人産業, 差供事育, 偃息亭廬, 隨分諷誦, 時從一二韻士, 焚香啜茗, 商確千古, 天所以厚吾生, 斯已足矣."
95) 洪大容, 〈與文軒書〉, 《乾淨附編》, 213~254면; 〈與鄧文軒師閔書〉, 杭傳尺牘, 《湛軒書》, 118면. '杭傳尺牘' 쪽은 《乾淨附編》에 실린 편지의 일부에 불과하다.
96) 〈繪聲園詩跋〉, 《湛軒書》, 74면.
97) 李光葵, 〈先考積城縣監府君年譜上〉, 李德懋, 《靑莊館全書》; 《韓國文集叢刊》a259, 283면. "癸巳. 公三十三歲. 六月二十六日, 評繪聲園詩稿. 先是, 洪湛軒大容遊燕京, 遇堯都鄧蹇如, 與之交. 鄧子寄其友郭執桓封圭詩繪聲園稿一冊. 封圭, 平何人也, 時年二十四. 詩品精妙, 湛軒托公評之, 凡一百六十餘段, 又有序."
98) 〈繪聲園詩跋〉, 앞의 책, 같은 곳. "澹園承先大夫富有之業, 吟放於池臺水竹之間."
99) 앞의 글, 같은 곳. "今見其詩而想其人, 氷月之姿, 秋水之神. 固吾願言, 則於澹園不待交臂而已犂然心會矣." 이 원문에서 '固吾願言'이란 부분은 의미가 선명하지 않다. 앞의 '想其人, 氷月之姿, 秋水之神'은 '그 사람은 氷月之姿, 秋水之神인 것으로 상상한다'는 뜻이다. 그런데 이어지는 '固吾願言'은 '정말로 나는 말하기를 원한다'이다. 이 문장은 이어지는 '담원에 대해서 交臂하기를 기다리지 않고 벌써 犂然하게 마음이 통했다'는 문장과 순조롭게 이어지지 않는다. '固吾願言'을 뒤의 '則'과 관련하여 '본디 내가 말하기를 원한다면'으로 번역해도, '본디 내가 말하기를 원했으니'라고 번역해도 뜻이 순조롭게 통하지 않는다. 문장 자체에 문제가 있는 게 아닌가 한다. 대개의 뜻은 본문에서 옮긴 바와 같을 것이다.
100) 앞의 글, 같은 곳. "將友之矣, 旣友之矣. 將愛重之矣, 旣愛重之矣. 將不願其益進於道乎."
101) 앞의 글, 같은 곳. "以澹園之才, 早耽詞律, 用心良苦, 非不美且盛矣. 吾恐其沾沾於小道而終泥於致遠也. 夫辭章吾所不能, 誅說吾所不忍. 愛之勉以身心, 重之進以孔周. 惟

[102] 朴趾源, 〈繪聲園集跋〉, 《燕巖集》; 《韓國文集叢刊》 a252, 70면.

[103] 박지원은 1780년 중국에 갔을 때 열하熱河 피서산장避暑山莊에서 쓴 에세이 〈避暑錄〉에서 곽집환의 시에 대한 언급을 남겼다. 물론 〈피서록〉에 실린 것도 별 내용은 아니다. 유리창 육일재에서 유세기兪世琦를 만나 신간 《繪聲園集》의 간행 여부를 묻고 구입하려 했으나 구입하지 못했다는 이야기다. 나머지는 《淸脾錄》에 실린 곽집환에 대한 정보를 옮기고 자신이 지은 〈澹園八詠〉과 곽집환의 시 3수를 옮겨 놓은 데 불과하다.

[104] 李光葵, 〈先考積城縣監府君年譜(上)〉; 李德懋, 《靑莊館全書》, 《韓國文集叢刊》 a259, 283면. "六月二十六日, 評繪聲園詩稿. 先是, 洪湛軒大容, 遊燕京, 遇堯都鄧騫如, 與之交. 鄧子寄其友郭執桓封圭詩繪聲園稿一冊. 封圭, 平何人也. 時年二十四, 詩品精妙. 湛軒托公評之, 凡一百六十餘段, 又有序."

[105] 李德懋, 〈郭封圭〉, 《淸脾錄》, 《靑莊館全書》; 《韓國文集叢刊》 a258, 55면. "盖淸虛洒脫, 學李供奉者也."

[106] 朴趾源, 〈澹園八詠〉, 앞의 책, 91~92면. 李德懋, 〈澹園八咏爲平河郭封圭執桓作〉, 《靑莊館全書》; 《韓國文集叢刊》 a257, 175면. 柳得恭, 〈澹園八詠〉, 《泠齋集》; 《韓國文集叢刊》 a260, 15면. 李書九는 '八詠'이 아닌 '四詠'을 지었다. 李書九, 〈澹園四詠 爲洪丈(大容)〉, 《惕齋集》; 《韓國文集叢刊》 a270, 6면. 유득공은 1776년 자신의 숙부 유금이 북경에 갈 때 기념으로 지은 시에서 특별히 곽집환을 언급하기도 하였다. 柳得恭, 〈恭呈家叔父游燕 六首〉, 앞의 책, 30면. 여섯 번째 시. "有簡詩人郭執桓, 澹園聯唱遍東韓. 至今三載無消息, 汾水悠悠入夢寒."

[107] 朴齊家, 〈與郭澹園 執桓〉, 《貞蕤閣集》; 《文集叢刊》 a261, 662면.

[108] 郭執桓, 〈郭澹園答楚亭書〉, 《乾淨附編》, 358~360면(《貞蕤閣集》의 〈與郭澹園 執桓〉 뒤에도 실려 있다). 이 편지는 1773년 8월 2일 박제가가 보낸 편지에 대한 답장으로 같은 해 11월 上浣에 쓴 것이다. 그런데 이 편지에 이어 짧은 편지가, 이어 8월 1일에 쓴 짧은 편지가 덧붙어 있다. 어느 해에 썼는지는 미상이다. 두 편지 모두 1776년 10월 담헌이 손유의에게 보낸 편지 다음에 실린 것이다. 시기가 꽤 차이 나는데, 그 이유를 알 수가 없다.

109) 洪大容, 〈與汶軒書〉, 앞의 책, 215면. "二首詩, 鐵橋臨死前一月在福州所寄. 其人畧可想也. 附聞."

110) 洪大容, 앞의 글, 앞의 책, 226~228면. "澹園詩序及八詠, 托諸友, 共賦. 幷以附去諸友年長少, 業有精疎, 總是海外才士. 如李洛書(李書九), 年卄一. 李潛夫, 年十八, 已藻雅博識, 亦奇才也. 但諸子以八景命題多未詳, 所賦不稱意爲恨. 蟬橘, 李炯菴堂號. 朴燕巖所作記文, 願得澹園墨跡, 扁揭寓慕. 李洛書兄弟六扁額, 燕巖煙湘閣額, 皆願得澹園書. 如任公或他名士亦可. 第八詠詩章篆體, 友人代筆. 澹園詩, 炯菴序, 朴在先筆, 燕巖書, 李洛書筆……李炯菴所求堂額, 幷原札附去, 可發一笑. 季父官守有嫌, 澹詩序, 不敢奉敎, 惟有玩賞而已. 三一子猾介絶俗, 弟之畏友. 詩學頗高, 年來盡焚其稿, 不願有詩名. 八詠亦强而後率成, 故非得其意也. 燕巖·炯菴相得如弟兄. 兩人與弟, 好尙雖不同, 淸妙疎曠, 亦所愛重. 以此交好甚篤."

111) 이잠부는 누구인지 미상이다. 유득공은 이서구, 이잠부와 같이 산영루山映樓에 올라 지은 시를 남기고 있다. 柳得恭, 〈與薑山及李潛夫, 登山映樓〉, 《冷齋集》;《韓國文集叢刊》 a260, 10면. 삼일자는 전혀 내력을 알 수 없는 인물이다.

112) 洪大容, 앞의 글, 앞의 책, 244면, "右幾首庚寅(1770)·辛卯(1771)間作, 蕪拙如此, 果蒙勤敎, 不敢掩醜, 幸尊兄敎之."

113) 앞의 글, 앞의 책, 245~246면, 〈繪聲園詩跋〉(《湛軒書》에 실려 있다). 246~248면, 〈澹園八詠〉(《湛軒書》에 없는 것); 248~250면, 〈余因鄧文軒語次……〉(《湛軒書》에 실려 있다); 250~251면, 〈右倣騷體成三章寄意〉(《湛軒書》에 없다); 251~254면, 〈皇考毅齋府君墓誌〉(《湛軒書》에 실려 있다. 洪櫟의 墓誌다).

114) 洪大容, 〈與蓉洲書〉,《乾淨附編》, 255~257면.

115) 洪大容, 〈與梅軒書〉,《乾淨附編》, 257면.

116) 洪大容, 〈與汶軒書〉,《乾淨附編》, 258~260면.

117) 洪大容, 〈與蓉洲書〉, 앞의 책, 256면. "敝友有號炯菴李德懋者, 願得堂額如此, 不必遠求名手, 只尊兄自書亦其所願也. 炯菴博雅好古, 每玩足下詩札, 愛慕不置. 得足下點劃, 將捧之如拱璧矣."

118) 洪大容, 〈與梅軒書〉,《乾淨附編》, 256면. "藝術如樂律·算數·星象·兵機之學, 亦儒者所當講也. 尊兄亦甞究索而有得, 則幸勿鄙外略示其槩. 弟實願學有年, 而偏邦孤陋, 苦

119) 洪大容, 〈與蓉洲書〉, 《乾淨附編》, 257면. "弟素有癖好, 頗留心於儀象·算數之術. 如規矩·比例尺兩種. 最其械器之精要, 累憑貢使求之欽天監·天主堂兩處, 而終不得. 聞尊兄近住都下, 或能爲之訪得否."

120) 洪大容, 〈與汶軒書〉, 《乾淨附編》, 258면. "如律曆·儀象·算術·兵機等藝術末業, 勿論生熟淺深, 卽能心篤好而實用功者, 乃弟之所願聞而願學者. 尊兄敎之. 妄意, 吾儒實學本不局於訓詁一途, 半生呻佔, 頗有氾濫, 偏邦謏聞, 積蘊悱憤, 苟有大方高識, 矜其愚誠, 許以文字(260면)質其疑難, 理象之精蘊, 學術之偏正, 身心之切實, 藝術之博奧, 萬里尺牘, 遙相印證, 則君子育才之樂, 不害爲遠方之朋來而同胞之義, 宜無間於華夷矣. 如何?"

121) 孫有義, 〈蓉洲答書〉, 《乾淨附編》, 268면, "承示諸作, 風味不減晉人. 然間有傷時之語, 似亦宜爲避忌. 鄙見若此, 不識高明爲何如耶?"

122) 李淞, 〈湛軒洪德保墓表〉; 洪大容, 〈湛軒書〉, 321면. "甲午春, 與余東出海上. 至襄陽洛山寺. 海天相拍, 夕月流光. 德保援琴彈數調. 忽有京曹隷. 扣禪扉致除書. 以德保爲繕工監監役. 明日德保先歸."

123) 《승정원일기》 영조 50년(1774) 2월 23일(17/22). "有政, 吏批, 行判書朴相德進, 參判鄭尙淳進, 參議洪檢式暇, 同副承旨金魯淳進……以洪大容爲敦寧參奉."

124) 《승정원일기》 영조 50년(1774) 3월 16일(13/27). "洪樂純以吏曹言啓曰, '敦寧府參奉洪大容呈狀內, 〈新除本職, 無敦寧, 照例遞改〉云. 旣無敦寧, 則揆以格例, 不可仍置, 今姑改差, 何如?' 傳曰, '允.'"

125) 孫有義, 〈蓉洲答書〉, 《乾淨附編》, 270~290면.

126) 앞의 글, 앞의 책, 271면. "前書云, 已就齋杏之職, 則是大駕得以重來, 再圖良晤, 實爲萬幸. 第不知定在何年, 均布于後札, 示知是囑."

127) 앞의 글, 같은 곳. "至於心身性情之學, 弟交游無幾, 卽門有著作, 亦不過撫拾古人之餘, 何堪寄諸足下. 竊謂求之于今, 終不若求之于古也."

128) 앞의 글, 271~272면. "若夫藝術之學, 固亦儒者所宜講. 但弟惟涉獵以資對策, 以實未嘗究心也. 其探索而有得者, 相好中亦罕其人. 今姑以平日所閱之策, 錄呈一二, 未審有

500

129) 앞의 글, 273~275면, 〈七政聚舍〉; 275~276면, 〈周漢唐宋明星聚附考〉; 276~278면, 〈訓練〉; 278~282면, 〈曆法〉; 282~288면, 〈律曆〉; 288~290면, 〈鐘律〉.
130) 앞의 글, 271면. "外附格言數條, 擇善而從當, 亦有所裨益."
131) 趙煜宗, 〈梅軒答書〉, 《乾淨附編》, 290~292면.
132) 鄧師閔, 〈汶軒答書〉, 《乾淨附編》, 292~294면; 《中士》, 158~162면(원문), 187~189면(탈초, 번역).
133) 鄧師閔, 〈汶軒答書〉, 《乾淨附編》, 293~294면. "然自訂交以來, 統觀前後所言, 每於不平之中, 稍露牢騷之言. 盛世無冤民, 萬祈吾兄愼之."
134) 洪大容, 〈與蓉洲書〉, 《乾淨附編》, 295~304면; 〈與孫蓉洲書〉, 杭傳尺牘, 《湛軒書》, 124~127면; 《中士》(3), 192~209면. '杭傳尺牘'의 〈與孫蓉洲書〉 역시 각 물음 아래에 손유의의 답을 싣고 있다.
135) 洪大容, 앞의 글, 앞의 책, 295~296면. "容素不喜聲詩, 年來病中無聊, 偶見昭明選詩, 始欣然慕之. 不惟才思卑劣, 性本狷滯, 語多躁妄. 且窮居排欝, 時逞慎慨, 不能安分養精. 此其本源病根, 不特爲詩學之疵而已. 承此批敎, 敢不益自警省耶? 盖詩貴沖遠, 寧拙無巧, 又必本之以溫厚文心, 如寄來亭廬諸作是也. 心服心服."
136) 앞의 글, 앞의 책, 296면. "出仕, 期在何年? 寄信一道, 切所豫圖. 抑身已仕進, 外交有嫌, 亦宜一言示知. 不當徒然遐棄如秋旱爲也."
137) 앞의 글, 앞의 책, 296~297면. "寄來格言三頁, 俱係身心良法, 拜服佳誨. 其直爲文墨之寶玩而已耶? 其治家訓一篇, 尤是日用之指南. 但語或傷淺促, 絶不類大賢口氣, 盛意何如?" 손유의가 따로 격언을 써서 보낸 것은 확실하지만, 앞서 언급한 바와 같이 현재 남아 있는 편지에는 그 격언이 실려 있지 않다. 아마도 이것은 뒤에 언급할 〈朱子家訓〉일 것이다.
138) 앞의 글, 앞의 책, 297면. "律曆諸策, 亦聞所未聞, 甚資記覽. 但考據雖博而終鮮切實見解. 公車文字類多如此, 亦可嘆也."
139) 洪大容, 〈與梅軒書〉, 《乾淨附編》, 304~305면.
140) 洪大容, 〈與汶軒書〉, 《乾淨附編》, 305~314면: 〈與汶軒書〉, '杭傳尺牘', 《湛軒書》, 127면. 이 편지는 서두가 《乾淨附編》과 '杭傳尺牘'이 다르다. 《乾淨附編》 쪽은 "客臘自臨

141) 洪大容, 〈與梅軒書〉, 앞의 책, 306면. "臨汾想是仙鄕, 已歸尋松菊, 不復爲僑寓殖貨之計耶?"

142) 洪大容, 〈與文軒書〉, 《湛軒書》, 127면. "臨汾想是仙庄, 果已尋松菊, 不復爲僑寓之計耶?" '鄕'이 '庄'으로, '已歸尋'이 '果已'로 바뀌었고, '殖貨'란 말이 빠졌다.

143) 洪大容, 〈與文軒書〉, 《乾淨附編》, 306면. "貧者雖曰士之常, 亦人生之至不幸耳. 許魯齋敎學者先務治生, 深有意見. 雖身稼服賈之中, 苟爲先義而後利, 何往而非學也. 長貧賤說仁義而竟不能康濟身家, 君子不如是也. 惟志於富厚則不可耳."

144) 司馬遷, 〈貨殖列傳〉 제69, 《史記》 권129. "今治生, 不待危身取給, 則賢人勉焉. 是故本富爲上, 末富次之, 奸富最下. 無巖處奇士之行而長貧賤好語仁義, 亦足羞也."

145) 洪大容, 〈與文軒書〉, 앞의 책, 306~307면. "容自十數歲, 有志於古學, 誓不爲章句迂儒, 而兼慕軍國經濟之業, 累擧不中. 三十七歲, 奄罹荼毒, 三年之後, 精神消落, 志慮摧剉, 望絶名途, 廢棄擧業. 將欲洗心守靜, 不復遊心榮利世網."('榮利'는 《乾淨附編》에만 있음.)

146) 洪大容, 앞의 글, 앞의 책, 307면. "惟其半生, 期會卒未融釋. 雖杜門琴書, 時政不騰口, 除目不剽耳. 自他人觀之, 非不澹且寂也. 夷考其中, 或不禁愁憤薰心. 以此其發之詩句, 强作閑淡之套語, 未掩劫谿之眞情. 乃蒙尊兄慧眼一照, 獲出眞贓, 敎戒至此, 頂門一針, 五內感刻." '杭傳尺牘'에는 '時政不騰口, 除目不剽耳'가 '時政不騰口, 不除目不剽耳'로 되어 불필요한 '不'가 더 있다(不除目不剽耳).

147) 《乾淨附編》, 309면. "再別紙質問, 望賜條答." 이 표현은 담헌이 손유의에게 22개 조목의 문목을 보내면서 쓴 표현과 같다. 〈與蓉洲書〉, 《乾淨附編》, 298면. "再別紙質問, 望賜條覆." '答' 자가 '覆' 자로 바뀌었을 뿐이다. 따로 쓴 별지의 질문에 조목조목 답을 해 달라는 부탁이다.

148) 《승정원일기》 영조 50년(1774) 11월 28일(9/15). "兵批, 判書趙曮進, 參判未載禧病, 參議黃榦入直進, 參知李敬倫病, 左副承知金思穆進……洪大容爲侍直."

149) 《승정원일기》 영조 51년(1775) 11월 13일(20/20). "上曰, '洪大容, 果誰也?' 翼謩, '宰臣

150) 《頤齋亂藁》 6, 129면. 1779년 10월 25일. "及英宗丙申(1776), 聖上在東宮代理, 學問緝熙, 臣民延頸, 而桂坊諸僚, 又特旨峻選也. 盖金侯履安·李侯運永·洪侯大容·沈侯定鎭及安侯, 信眉目一時, 而不俟無狀亦猥蒙蹔攢, 視安侯爲右, 庶幾一遂覯止, 而母年七十七, 不欲遠離, 遲回而遞, 則安侯之側, 竟無由一穢爾.

151) 《승정원일기》 영조 51(1775) 3월 27일(16/36).

152) 《승정원일기》 영조 51년(1775) 11월 13일(20/20).

153) 〈桂坊日記〉의 〈與韓完咨〉는 오류다.

154) 〈桂坊日記〉의 〈與周丞相書〉는 오류다.

155) 〈桂坊日記〉에는 〈與江文通〉으로 되어 있다.

156) 홍국영이 사직을 청할 때 1772년(9월 26일)에 처음 정조를 만났다 함.《정조실록》 3년 (1779) 9월 26일(1).

157) 《영조실록》 49년(1773) 4월 5일(1).

158) 《승정원일기》 영조 49년(1773) 12월 22일(21/23).

159) 《승정원일기》 영조 51(1775) 1월 6일(14/26). "李敬倫, 以侍講院言啓曰, '本院新除授兼司書洪國榮, 卽爲牌招察任, 何如?' 傳曰, '允.'"

160) 朱熹, 〈中庸章句序〉, 《中庸章句》; 《四書章句集注》, 14면. "蓋嘗論之, 心之虛靈知覺, 一而已矣. 而以爲有人心道心之異者, 則以其或生於形氣之私, 或原於性命之正, 而所以爲知覺者不同. 是以或危殆而不安, 或微妙而難見耳. 然人莫不有是形, 故雖上智, 不能無人心, 亦莫不有是性. 故雖下愚, 不能無道心. 二者雜於方寸之間, 而不知所以治之, 則危者愈危, 微者愈微, 而天理之公卒無以勝夫人欲之私矣. 精則察夫二者之間而不雜也, 一則守其本心之正而不離也. 從事於斯, 無少間斷, 必使道心常爲一身之主, 而人心每聽命焉, 則危者安, 微者著, 而動靜云爲自無過不及之差矣."

161) 〈桂坊日記〉, 《湛軒書》, 45면. "令曰, '中庸率性之謂道, 此率字何意?' 臣對曰, '此率字極難言, 泛看則似涉入工夫, 但前輩皆不云然.' 令曰, '此率字, 實不當以功夫言也. 如云遵大路兮, 只是依性而行, 是謂道云爾.' 臣對曰, '臣所聞於先輩者, 亦如睿敎所謂依性而行也.'"

162) 앞의 글, 앞의 책, 46면. "君子之於小人, 及其惡之未著, 則包容之使革心. 其惡之已著, 則必深惡痛絶, 不可小緩. 況外示忠厚之意而陰濟自全之私者耶?"
163) 앞의 글, 같은 곳. "涵養無功, 則致知必不精, 致知旣不精, 處事安能盡善乎? 大抵問學與事業, 必以涵養爲本."
164) 주희, 〈答袁機仲〉, 《晦庵集》 권38. "不若自此閉口不談, 各守其說, 以俟羲·文之出而質政焉."
165) 〈桂坊日記〉, 앞의 책, 47면. "古雖無此言, 亦何傷乎?"
166) 앞의 글, 같은 곳. "睿敎至當. 且說經者, 徒役心於訓詁, 終無融釋之理. 摠是切實體認, 方有實效, 且曉得親切."
167) 앞의 글, 같은 곳. "古人行之爲貴, 如孔顔之樂. 體仁不息, 自有其樂. 若謂之樂道, 是道與身爲二也, 不足以知孔顔之樂也."
168) 〈계방일기〉에는 〈與周丞相書〉로 되어 있는데, 〈答周益公必大〉의 오류다.
169) 〈桂坊日記〉, 앞의 책, 같은 곳. "夷簡之罪, 不待言矣. 未稍補過, 亦非悔悟. 只其爲人, 優於智數, 故收范公爲家國俱利之計. 比之遂非長惡, 則固可謂善於補過. 若論其心之不善, 則始終一也. 朱子所以許其功而誅其心也."
170) 앞의 글, 같은 곳. "誅心云云, 誠是矣. 君子論人, 雖厚於厚處, 疾惡亦未嘗不嚴也."
171) 앞의 글, 같은 곳. "此桂坊雖新入, 能文而多聞博識, 可備顧問."
172) 앞의 글, 같은 곳. "素無鑑識, 不敢曰知人. 但數次見之, 已知其爲可人矣. 讀書之人, 儘有別也. 惟看書不能會疑, 無以問難矣."
173) 앞의 글, 앞의 책, 48면. "臣別無可達, 而下書所論, 專在格致. 此時象山之學方盛, 故朱子每於格致之功, 申複不已, 其勢然矣. 但由此而未學之失, 偏於訓詁, 則弊甚於陸學而反悖於朱子. 後之學朱子者必先務格致而繼之以涵養踐履之功, 必知行之兩偏, 然後爲不失朱子旨訣."
174) 앞의 글, 같은 곳. "臣對曰, '…… 且以如此道學, 如此忠厚, 終不得展布於當世, 儘是千古之恨也.' 令曰, '果然, 此時此言, 實若迂闊, 賢者之心, 益可見矣.'"
175) 앞의 글, 같은 곳. "此等人成就如此, 皆以其實心實學也. 苟不實踐而徒務空言, 則當時無所成其業, 後世無所垂其名, 非所謂學也."
176) 원래의 출처는 동중서董仲舒의 《春秋繁露》 6권, 〈俞序第十七〉다. 《春秋繁露》에는 '空

言不如行事博深切明'으로 되어 있어 정조의 '空言不如行事之深切著明也'란 표현과는 끝부분이 다르다. 정조의 말은 원元 이존李存의 《俟菴集》 16권 〈贈張擧之宣城後序〉에 그대로 나온다. 정조가 어떤 책을 보았는지 알 수 없다.

177) 〈桂坊日記〉, 앞의 책, 49면. "誠然. 孔子亦云空言不如行事之深切著明也. 但空言亦有不可廢之時. 如云行之十年而無成, 則阴關絶約可也, 此等空言, 亦以明大義於後世, 至今賴之."

178) 앞의 글, 같은 곳. "此則非空言也."

179) 宋時烈, 〈己丑封事〉, 《宋子大全》; 《韓國文集叢刊》 a108, 201면. "伏願殿下, 堅定於心曰, ' 此虜者君父之大讎, 矢不忍共戴一天' 蓄憾積怨, 忍痛含冤; 卑辭之中, 忿怒愈蘊; 金幣之中, 薪膽愈切; 樞機之密, 鬼神莫窺. 志氣之堅, 賁·育莫奪. 期以五年七年, 以至於十年二十年而不解, 視吾力之強弱, 觀彼勢之盛衰, 則縱未能提戈問罪, 掃淸中原, 以報我神宗皇帝罔極之恩, 猶或有阴關絶約, 正名明理, 以守吾義之便矣. 假使成敗利鈍, 不可逆睹, 然吾於君臣父子之間, 旣已無憾, 則其賢於屈辱而苟存, 不亦遠乎?"

180) 朱熹, 〈答魏元履〉, 《晦庵集》 권39. "論語中看得有味, 餘經迎刃而解."

181) 〈桂坊日記〉, 앞의 책, 49면. "如論語一書, 人孰不讀, 而能使諸經迎刃而解者, 未之聞也. 讀書不能如是, 實無益也. 豈惟論語哉? 凡讀書必求如是, 然後可謂眞讀書也."

182) 朱熹, 앞의 글, 앞의 책, 같은 곳. "若讀書而先有立說之心, 則此一念已外馳矣. 若何以有味耶?"

183) 〈桂坊日記〉, 앞의 책, 50면. "盖著書本非初學之事, 而纔着此心, 未免於外馳, 亦當爲讀書之戒."

184) '各言爲政之本'은 《聖學輯要》에는 '右言爲政之根本'이라고 되어 있다. '右' 자가 조판본에는 '名'으로, 번역본에는 '各'이라 되어 있는데, 모두 오류다.

185) 朱熹, 〈戊申封事〉, 앞의 책, 권11. "后妃有關雎之德, 後宮無盛色之譏."

186) 〈桂坊日記〉, 앞의 책, 51면. "女寵之害, 不可勝言. 女色誠不可近."

187) 朱熹, 〈答程允夫〉, 앞의 책, 권41. "身有死生而性無死生, 故鬼神之情, 人之情也(程洵). 死生鬼神之理, 非窮理之至未易及. 如此所論, 恐墮於釋氏之說. 性固無死生, 然性字須子細理會, 不可將精神知覺做性字看也(朱熹)."

188) 〈桂坊日記〉, 앞의 책, 52면. "佛家所謂性者, 指心而言, 其論槩言人死而性不死, 輪回不

189) 앞의 글, 같은 곳. "固然而亦何可捨知覺而言性乎?"
190) 앞의 글, 같은 곳. "吾意果主於不相離, 而乃云兼知覺爲性, 則不免語病矣, 若理氣先後, 當云何如?"
191) 앞의 글, 앞의 책, 53면. "臣則以爲有則俱有, 本不可分先後."
192) 앞의 글, 같은 곳. "此非臣之創見, 卽朱子說也."
193) 앞의 글, 같은 곳. "睿敎甚當. 日用當行之事, 切問而近思, 隨事體行, 則性理亦非別物, 卽散在於日用. 及其知行並進, 則一原大本, 性與天道, 可以豁然貫通. 初學之坐談性命, 非徒無益而又害之."
194) 앞의 글, 같은 곳. "此言極是. 以子貢之穎悟, 晚年始聞性道, 則初學儘不可躐等, 桂坊之言甚當. 觀此言則桂坊似不爲固滯之論."
195) 앞의 글, 같은 곳. "理氣之論, 終未見緊切. 此桂坊曾云理氣之辨, 非初學急務, 其言甚好."
196) 앞의 글, 앞의 책, 53~54면. "琉璃廠有六七書肆, 果往見之. 而周設板架, 牙籤秩然, 各有標題. 一舖所藏, 已不啻累萬本矣."
197) 앞의 글, 54면. "令曰, '見暢春園圓明園乎?' 臣曰, '臣見暢春園而知康熙眞近古英傑之君也, 其享六十年太平, 有以也.' 令曰, '何故?' 臣曰, '暢春園墻高不過二丈, 循墻而行, 不見峻甍, 當門窺望, 制度極其陋朴. 夫捨皇城壯麗之居而遜處于荒野之中, 宮室之卑隘如此, 民到于今稱以聖君, 可知其爲英傑也.' 令曰, '圓明園比暢春園何如?' 臣曰, '宏侈奢華, 不啻百倍. 若西山則又十倍於圓明. 卽此宮室之奢儉, 其君之賢否, 世運之升降, 可卜. 且西山樓閣臺樹, 沿河四十里, 屬于京城之西. 其位置結構, 窮其巧妙而實同兒戲. 竭生民之膏血, 惟供無益之玩戲. 斂怨於當時, 貽笑於後世, 可爲千古之鑑戒. 而沿河樓閣, 近頻剝落, 想亦意闌不復游衍也.'"
198) 앞의 글, 같은 곳. "城池之險, 固不足恃也. 但勢均力敵, 則攻之實未易也."
199) 金昌業, 〈山川風俗總錄〉, 《燕行日記》 권1. "淸人貌豐偉, 爲人少文少文, 故淳實者多. 漢人反是. 南方人尤輕薄狡詐. 然或不盡然. 淸人亦入中國久, 皇帝又崇文, 故其俗寢衰矣."
200) 〈桂坊日記〉, 앞의 책, 54면. "聞近來經費每患不足, 此果何故也?"
201) 앞의 글, 같은 곳. "民結雜頉過半, 則正供旣大縮矣. 用道從以益繁, 其勢然矣."

202) 앞의 글, 같은 곳. "都下小民, 不農不商, 得以糊口而聊生者, 盖緣此等厚俸流出羨剩, 何莫非國家化澤?"
203) 앞의 글, 같은 곳. "生者衆食者寡, 理國之大經. 所謂游民倖位耗國病民, 宜深加睿念也."
204) 《大學章句》;《四書章句集注》, 12면, "生財有大道, 生之者衆, 食之者寡, 爲之者疾, 用之者舒, 則恒足矣."
205) 앞의 책, 같은 곳. "國無遊民, 則生者衆矣;朝無幸位, 則食者寡矣."
206) 〈桂坊日記〉, 앞의 책, 55면. "人之氣剛變而爲柔易, 柔變而爲剛難. 雖以閭巷之, 兒輩溫順者, 到長鮮有成就, 居家多骨者, 立朝多樹風節."
207) 앞의 글, 같은 곳. "臣誠不意員數之至此多也. 無或乎經費之不足也."
208) 앞의 글, 앞의 책, 56면. "凡異端之學, 亦必明其所以然, 然後可以排闢. 不然, 何以服其心乎?"
209) 朱熹, 〈答程正思〉,《晦庵集》권50. "祝汀州(祝㮛, 필자 주)見責之意, 敢不敬承. 蓋緣舊日曾學禪宗, 故於彼說雖知其非, 而不免有私嗜之意."
210) 〈桂坊日記〉, 앞의 책, 56면. "省試得失, 想不復置胸中也."
211) 앞의 글, 앞의 책, 57면. "列國先秦時雜書, 想已多矣. 無惟乎秦皇焚書之弊."
212) 앞의 글, 같은 곳. "此事言之難矣. 若誤傳以秦皇焚書爲當然云爾, 則豈成說乎?"
213) 앞의 글, 같은 곳. "使秦皇不焚雜書, 則其諸子百家之語, 無補於世, 徒亂耳目者, 焚滅何妨?"
214) 洪大容, 〈與蓉洲書〉,《乾淨附編》, 315면. "去冬, 猥忝仕籍, 爲翊衛司侍直. 秩是八品職, 是東宮官屬, 爵雖卑微, 橫經昵侍, 頗稱淸榮. 容年已向衰, 久絶仕進之念, 忽此無望, 雖不足道, 差慰老親之心. 日時蒙筵對以經史爲職, 猶不失學究本色. 但學術未精, 不足仰承顧問爲愧."
215) 洪大容, 〈與汶軒書〉,《乾淨附編》, 316~317면.
216) 앞의 글, 앞의 책, 316면. "容於去冬, 猥通仕籍, 自顧衰白, 本不足營營於斗祿. 惟差慰親心, 不能無奉檄之喜."
217) 앞의 글, 같은 곳. "數年勤仕, 或得十室, 令長努力, 軍民之責, 如中國知縣而已."
218) 앞의 글, 317면. "弟官命侍直, 是東宮官屬, 密邇冑筵, 橫經賁難, 秩雖卑微, 職稱榮選. 惟愧學未知方, 不足以贊襄顧問也. 附聞."

219) 鄧師閔, 〈汶軒答書〉, 《乾淨附編》, 317~319면; 《중사》, 164~166면(원문), 190~192면; 《燕杭詩牘》(39), 55장 앞면~56장 앞면. 이 편지는 1774년 12월 8일에 쓴 것이다.

220) 孫有義, 〈蓉洲答書〉, 《乾淨附編》, 319~336면; 《燕杭詩牘》(35), 46장 뒷면~48장 뒷면; 《中士》, 167~179면(원문), 192~209면(탈초, 번역).

221) 《乾淨附編》의 〈蓉洲答書〉는 319~321면은 편지의 본문, 321~336면은 담헌의 질문에 대한 답이다. '杭傳尺牘'에 실린 홍대용이 손유의에게 보낸 편지(〈與孫蓉洲書〉, 《湛軒書》, 124~127면)는 문목 바로 아래에도 이 답이 그대로 실려 있다. 《燕杭詩牘》에는 '八股之制……于難以一格論也' '印色以茶子油爲最……加其內者' '周將代殷……嘉靖十三年聚營室'로 시작되는 답이 3개만 실려 있다.

222) 손유의는 〈八景詩〉의 과도한 칭찬에 대해 다음과 같이 말하고 있다. 〈蓉洲答書〉, 《乾淨附編》, 319~320면. "弟之不善於詩, 久經洞鑑, 八景之作, 實出不得已而應命, 乃蒙謬愛, 付刊益增惶愧. 顧拙筆既刊而發來, 則宛如原紙, 遍示同人, 莫揣其故, 伏願明以教我."

223) 趙煜宗, 〈梅軒答書〉, 《乾淨附編》, 336~338면.

224) 《中士》, 167~179면(원문), 192~209면(탈초·번역). 孫有義, 〈蓉洲答書〉, 《乾淨附編》, 319~336면.

225) 〈又〉(答湛軒), 《燕杭詩牘》, 46장 뒷면~48장 뒷면.

226) 〈與孫蓉洲書〉, 《湛軒書》, 124~127면.

227) 《담헌서》를 간행할 때 편집 과정에서 실수로 누락된 것으로 보인다.

228) 《湛軒書》, 125면. "本朝爵秩. 宗人府, 有親王·郡王·輔國公之位. 聞是親屬之疎密而品號異稱. 雖有大功德, 公不得爲王, 郡不得爲親, 然否? 卽親·郡王·公之分, 親屬之限, 當有定制, 願聞之."

229) 《湛軒書》, 125면. "郡王·親王·輔國公之秩, 實由親屬之疎密. 故雖有大功德, 不得越例而封之, 誠有如足下所云者. 盖親王, 非嫡子嫡弟兄, 不封. 皆得世承其爵. 郡王則于堂弟兄封之. 輔國公及貝子貝勒, 則以漸而殺之, 亦皆世襲者也." 《中士》, 195~196면.

230) 구범진, 《청나라, 키메라의 제국》, 민음사, 2012, 29~30면.

231) 《湛軒書》, 126면. "張天師後裔, 藉符呪而祈雨除妖, 頗有神驗, 固非無裨于民生者也."

232) 《湛軒書》, 126면. "縫織, 婦人之職也. 庶民家貧, 汲水野饁, 亦非男子之事. 如郤缺之妻,

相敬如賓;鮑宣之妻, 提甕出汲, 古事可考. 見直隷以東, 女紅止於鞋底而他不與焉. 此何故也?"

233) 李宜顯, 〈庚子燕行雜識〉, 《陶谷集》; 《文集叢刊》 a181, 495~496면. "凡大小事役, 男子悉任其勞. 驅車耕田負薪之外, 運水·春米·種粟, 以至織布·裁衣等事, 亦皆男子爲之. 女子則罕出門外. 其所爲不過縫鞋底而已. 村女則簸穀·炊飯等事, 或自爲之."

234) 《湛軒書》, 126면. "縫織·紡績·茶飯·烹調, 何莫非婦人之職. 第家有貧富之分, 居有城鄕之別. 富家有婢僕任其勞, 雖紡績諸事, 亦無庸也. 貧則女紅之外, 不得不兼事汲舂. 城居者, 讀書之外, 多托業工商及吏役兵丁, 無所用其舂也. 鄕居則務農者多, 故不無汲舂之勞. 至云直隷以東所見惟鞋底, 亦其分内事耳. 適需用而爲之固, 不特直隷以東爲然也."

235) 《湛軒書》, 126면. "泰西人之學雖極力闢佛而其言則出於佛敎之下乘. 近聞中國多崇其學, 害甚異端. 若其算術儀象之巧, 實是中國之所未發. 大方評議云何?"

236) 정태식, 〈중국에서의 전례논쟁과 가톨릭 박해에 대한 일고찰〉, 《현상과 인식》 102, 2007 가을, 208면.

237) 《中士》, 207면; 《湛軒書》, 126면. "喇嘛之號, 起于本朝. 在前則曰胡僧, 曰西藩僧. 來中國者, 皆有道行, 非若今之驕悍全無山人氣者比也. 今則皆邊外之蒙古人爲之, 亦有四方無賴之徒充之者, 然其間有大喇嘛號爲活佛, 能知過去未來之事, 則又不可以尋常論也."

238) 孫有義, 〈蓉洲答書〉, 《乾淨附編》, 338~340면.

239) 洪大容, 〈與鄧文軒書〉, 《乾淨附編》, 341면. "四月中, 信織東來, 弟卽發書, 招諸君, 秉燭環坐而坼其封. 惟楚亭奉札雀躍, 餘皆憮然相覷. 各擧題贈詩文, 檢其語句, 恐有觸忌諱而獲罪也. 雖弟, 亦不能不悵悵爾也."

240) 洪大容, 〈與孫蓉洲書〉, 《乾淨附編》, 343면. "九峯竟無回音, 何其久也. 必有以也. 雖然, 盡吾心而已, 於彼何哉. 浙人輕譽少信, 西湖志書可考也. 不能不爲之慨然也."

241) 洪大容, 〈與趙梅軒書〉, 《乾淨附編》, 344~345면.

242) 앞의 글, 앞의 책, 345면. "弟於昨冬, 猥忝微官, 宿衛東宮, 兼參講筵. 數年之後, 或知一縣, 得以便養老親, 願望已足. 年向衰矣, 豈有餘念耶?"

243) 《頤齋亂藁》 4, 385면. 1776년 8월 4일. "轉訪洪監察大容德保(自桂坊特敎陞六)于大貞

洞. 盖余與此君同門而不及一識. 今故相訪而不遇, 可歎!" 대정동은 지금의 정동貞洞 일대인데, 담헌의 집은 신전골 혹은 모시전골에 있었다. 담헌이 이사를 한 것인지는 알 수 없다. 황윤석은 뒤에도 다시 대정동으로 담헌을 찾아가는 일이 있었다. 한편 김선민金善民(1772~1813)은 전동磚洞에서 담헌으로부터 반정균의 이야기를 물리도록 들었다고 하였다. 金善民, 《觀燕錄》 권下, 1805년 1월 23일. "二十三日, 晴. 與靑流·南伯畢往見玉水. 余於磚洞主家(卽洪山水), 飫聞潘秋庘名字(潘秋庘, 名庭筠. 洪山水大人卽湛軒. 湛軒燕行時, 嘗與潘秋庘與嚴鐵橋交契敦密." 전동은 지금의 수송동 일대다. 대정동과는 떨어져 있는 다른 동네다. 담헌은 아마도 신전골에서 대정동, 수송동으로 이사를 한 것이 아닌가 한다.

244) 《頤齋亂藁》 4, 386면. 1776년 8월 5일. "此實平生所願講者, 而無人可與開口. 老兄春間之行, 事不偶然, 而乍來旋遞, 已極可恨. 今則春·桂二坊俱罷矣. 若幸猶有公論, 知老兄尙在八耋慈侍之下而爲之率復入京, 則豈惟世道之慰, 亦老兄爲養之喜, 而如弟謏見尤可有所講磨矣."

245) 앞의 책, 같은 곳. "又有泰西乾象坤輿圖. 其乾象圖則星躔已差五六度云."

246) 《頤齋亂藁》 4, 393면. 1776년 8월 7일. "是日, 洪監察大容德保來訪, 再論易範象數之說. 因言, '明日夕間, 若肯來臨, 則地近闕下, 便於赴預散班. 謹當供飯秣馬, 以爲一夕穩話也.' 余曰, '吾於平日京中士大夫家, 未嘗遽許留宿. 今於見同門友也, 敢不如敎.'"

247) 《頤齋亂藁》 4, 394면. 1776년 8월 8일. "夕後, 赴大貞洞洪德保家, 將以明曉, 進參卒哭闕外哭班, 卽德保不相約故也. ○旣至德保家, 則李生德懋適來相話, 而朴生趾源(故都正大源丈族弟)·朴生齊家(故參判琋叔兄之後)亦至. 三君皆潛夫, 而多聞博識, 可與言者"

248) 《頤齋亂藁》, 4책 22권 395면. 1776년 8월 9일 49세. "是日, 觀德保所藏曆象攷成上下後編及數理精蘊, 幷八線對數表·對數闡微表. 又觀泰西坤輿全圖, 康熙甲寅西士南懷仁所增修者, 共八疊, 爲圖者二. 各列赤道, 半天爲一圖."

249) 〈與金正郞正禮書〉, 《頤齋亂藁》 4, 395~396면: 1776년 8월 10일. "洪德保項始一識相往來, 今行亦不虛矣."

250) 孫有義, 〈蓉洲答書〉, 《乾淨附編》, 346~349면.

251) 〈與鄧汶軒書〉, 《乾淨附編》, 351~352면.

252) 앞의 글, 앞의 책, 351면. "弟早衰, 已成暮春, 不能不爲故人憂也. 弊邦無祿, 今年三月, 奄權巨恤, 嗣王繼明, 哀慶幷集. 弟已於夏季陞遷爲司憲府監察, 糾整朝儀, 古殿中御史也. 位望(352면)不輕, 弟實非其任也. 惟早晩一縣, 庶可努力軍民, 酬報恩遇, 兼籍邑俸, 以供瀚隨. 且得其紙墨之資, 亦將記述聞見, 以俟後人. 假我二十年, 卒成此事, 志願畢矣."

253) 원문의 '洵城'은 잘못 쓴 것이다. '泃城'이 맞다.

254) 杜甫,〈衡州送李大夫七丈赴廣州〉,《杜詩詳註》권22. "斧鉞下青冥, 樓船過洞庭. 北風隨爽氣, 南斗避文星. 日月籠中鳥, 乾坤水上萍. 王孫丈人行, 垂老見飄零."

255) 〈與孫蓉洲書〉,《湛軒書》, 127면;《中士》, 136면. "孟子距楊墨, 韓子排佛老, 朱子闢陳陸, 儒者之於異端, 如此其嚴也. 若孔子師老氏, 友原壤與狂簡, 只云, '攻乎異端, 斯害也已.' 又曰, '後世有述焉, 吾不爲之矣.' 此其語, 比諸子, 不啻緩矣. 此將何說?'

256) 《孔子家語》제3권 11편 觀周.

257) 〈憲問〉,《論語集注》;《四書章句集注》, 160면. "原壤夷俟. 子曰: '幼而不孫弟, 長而無述焉, 老而不死, 是爲賊' 以杖叩其脛."

258) 〈公冶長〉,《論語集注》;《四書章句集注》, 81면. "子在陳, 曰: '歸與! 歸與! 吾黨之小子狂簡, 斐然成章, 不知所以裁之.'" '狂簡'에 대한 주석은 '志大而略於事也', 곧 뜻은 크지만 일의 실천에는 소략한 것이다. 주자는 이 부분을 공자가 뜻을 펼치지 못하자, 고향으로 돌아가 차라리 뜻이 고원高遠한 광사狂士를 가르치고자 했다고 이해한다. 광사는 중도를 벗어나 정도를 잃어 이단에 빠질까 염려하여 바로잡고자 했다는 것이다.

259) 〈爲政〉,《論語集注》;《四書章句集注》, 57면. "攻乎異端, 斯害也已."

260) 《中庸章句》;《四書章句集注》, 21면. "素隱行怪, 後世有述焉. 吾弗爲之矣."

261) 〈與孫蓉洲書〉,《湛軒書》, 128면;《中士》, 137면. "楊氏爲我, 巢許沮溺之流也. 淸高絶俗, 足以廉頑. 墨氏兼愛, 勤儉節用, 備世之急, 上可以救世, 下可以忘私, 亦賢於人遠矣. 此二氏之道, 爲之太過, 或獨行, 或勞形, 人必不堪. 無慮其易天下也, 禽獸之斥, 無乃或過耶?"

262) 〈與孫蓉洲書〉,《湛軒書》, 128면;《中士》, 138면. "老氏糟粕, 足爲文·景之治, 禪家上乘, 不害王·陸之高. 治如文·景, 去衰亂遠矣, 高如王·陸, 去流俗遠矣. 異學之行, 固何損

於世乎?"

263) 《宋名臣言行錄》外集 권12, 〈朱熹晦菴先生徽國文公〉. "淳熙 十一年……又答陳亮書箴, 其義利雙行王伯並用之說, 先生嘗曰, '海內學術之弊不過兩說, 江西頓悟, 永康事功, 若不極力爭辨, 此道無由得明.'"

264) 〈與孫蓉洲書〉,《湛軒書》, 128면;《中士》, 138면. "江西頓悟, 永康事功, 異端則然矣. 惟明義理之辨, 足以淑世;懷討復之策, 足以撥亂."

265) 〈與孫蓉洲書〉,《湛軒書》, 128면;《中士》, 138면. "視世儒號爲正學, 依樣塗轍而竟無實用者, 五穀之不熟, 何如稊稗也?"

266) 〈與孫蓉洲書〉,《湛軒書》, 128면;《中士》, 139~140면. "今之闢異端者, 未嘗不以流弊爲說, 然天下事, 曷嘗無流弊. 禪讓之流, 其弊也篡, 放殺之流, 其弊也弑, 制作之流, 其弊也侈, 歷聘之流, 其弊也遊說. 以聖人之大中至正, 小人之假冒猶如此, 異學之流弊, 亦何足說哉. 是以, 淸談崇虛, 老氏之讒賊;福田輪回, 禪家之外魔, 今去晴曇而爲道德, 舍福田而見心性, 文景於衰亂之際, 王陸於流俗之中, 不已奇且賢乎?"

267) 〈與孫蓉洲書〉,《湛軒書》, 128면;《中士》, 140면. "是以, 異學雖多端, 其澄心救世, 歸於修己治人, 則一也. 在我則從吾所好, 在彼則與其爲善, 顧何傷乎. 難齊者物, 而心爲甚, 人刻有好尙, 孰能一之, 然則刻修其善, 刻效其能, 要以袪私而善俗, 則何害於大同乎?"

268) 《中士》, 140면. "世儒有志於學者, 必以闢異端爲入道之權輿. 容於此, 積蘊悱憤, 玆以奉質於大方, 乞賜條破. 大容拜." 이 부분은《담헌서》에는 없다.

269) 〈日東藻雅跋〉,《湛軒書》, 74면. "然彼伊物之學, 雖未詳其說, 要以修身而濟民, 則是亦聖人之徒也. 因其學而治之, 不亦可乎? 況妄談性命, 漫闢佛老, 假眞售僞, 莫利於吾學, 豈若彼稊稗之熟, 猶足以救荒歟? 玄翁之明正學息邪說, 不可謂急先務也."

02. 항주에서 편지가 오다

1) 《韓客巾衍集》은 1777년 중국에서 간행되었다.
2) 李德懋, '李雨村'〈淸脾錄〉,《靑莊館全書》;《韓國文集叢刊》a258, 57면. "彈素, 奇士也. 欲一交天下文章博洽之士, 嘗於端門外, 見蕘堂, 儀容甚朋雅, 直持其襟請交, 遂盡博書

其姓名及字, 蔡堂一見投契, 稱其名字之甚奇, 彈素屢造其室."

3) 李調元, 〈韓客巾衍集序〉; 朴長馣 編, 《縞紵集》, 李佑成 編, 《楚亭全書》下, 아세아문화사, 1992, 185면.

4) 李德懋, '潘秋庫'〈淸脾錄〉, 《靑莊館全書》;《韓國文集叢刊》a258, 50면. "丁酉春, 柳幾何琴入燕, 遇李吏部調元, 問知潘生否. 李曰, '潘與吾寂相好. 辛卯會試, 已定會元, 旣而以同號人襲其文, 遂皆點落, 天下惜之."

5) 이덕무는 이조원李調元이 《看雲樓集》, 《井蛙雜記》, 《制科讕言》, 《尾蕉軒閒談》, 《五代詩討》, 《蜀詩選》, 《蜀巢》 등의 호한한 저작을 남긴 학자라고 평가하고 있다. '李雨村'〈淸脾錄〉, 앞의 책, 57면.

6) 1777년 3월에 받은 등사민의 편지다. 《乾淨附編》과 《燕杭詩牘》, 《中士》에 실려 있는데, 《乾淨附編》의 것이 내용이 가장 길고 풍부하다. 이 세 텍스트의 관계에 대해 간단히 언급해 둔다. 《乾淨附編》과 《燕杭詩牘》의 쪽수는 다음과 같다. 鄧師閔, 〈汶軒答書〉, 《乾淨附編》, 361~373면; 《燕杭詩牘》, 56장 앞면~57장 뒷면. 다음은 《乾淨附編》에 실린 것들을 간단히 구분한 것이다.

　　(1) 361~363면 9행까지—편지 본문

　　(2) 363면 10~11행/ 去年兄有一札 ……

　　(3) 364면 1~5행/ 弟家世農商, 親代並無顯者 ……

　　(4) 364면 6, 7행/ 東邦嗣君奉立, 制度維新, 正吾兄 ……

　　(5) 364면 8행/ 東邦取士之法, 其詳可得聞乎? ……

　　(6) 354면 9행~365면 3행/ 中國, 食器用磁, 箸用木, 或象牙 ……

　　(7) 365면 4~10행/ 詩言性情, 三百篇之後, 漢晉爲高 ……

　　(8) 356면 11행~368면 7행 /讀書者初應童子試, 謂之童生, 應縣試, 次應州府 ……

　　(9) 368면 8행~369면 3행/ 貢生有拔貢·優貢·副榜貢·歲貢·捐貢五樣名目 ……

　　(10) 369면 4, 5행/ 監生或由秀才, 或由童生 ……

　　(11) 369면 6행~370면 2행/ 孔子堅白之質, 無可無不可, 諸子拒之, 雖嚴 ……

　　(12) 370면 3행~371면 2행/ 古人, 書字以刀, 載字以竹, 至今猶有靑史之語. 靑者竹之色也, ……

　　(13) 371면 4, 5행/ 印色油係大麻子所爲 ……

(14) 371면 5행~372면 11행(《愛吾廬 題詠》)

(15) 373면 1~3행/ 聞東邦王瓜最好, 其籽粒可梢數個……

《燕杭詩牘》은 위의 15가지 중 (1), (2), (3), (4), (15)만 싣고 있다.

《乾淨附編》과《中士》도 비교할 필요가 있다.《中士》, 182~185면(원문), 210~214면(탈초·번역)은 위의 15가지 중 (1)~(7)를 싣고 있다. 그리고 뚝 떨어져 224~230(원문), 241~248면(탈초·번역)에 (8)~(15)를 싣고 있다. 다만 (14)와 (15) 사이에 "古人几席, 後易棕椅. 弟亦欲求其始制之時, 奈竟史絶不言及. 想來事由漸興, 故無特書也."가 삽입되어 있다(《中士》, 230면(원문), 248면(탈초·번역)).《中士》는《乾淨附編》을 모두 포함하고 있는 것이다. '古人几席 ……'만 제외하면 사실상 일치한다.

이와 약간 달리 고찰해야 할 필요가 있는 부분이 있다.《中士》, 100~105면(원문), 123~135면(탈초·번역)에 담헌의 22개 문목과 그에 대한 등사민의 답이 있다. 이것은 원래 담헌이 보낸 편지다. 곧 편지의 행간과 본문 바깥 여백에 등사민이 답을 써서 담헌에게 다시 보낸 것이다. 그런데 3번 질문, 공거법의 동생童生, 공생, 수재, 거인의 구별, 인원 수, 팔고문에 대해 묻자, 등사민은 짧게 답한 뒤, '另有條答' 곧 따로 조목별로 답해 주겠다고 한다. 그런데 위《乾淨附編》의 (8)~(10)이 바로 이 따로 조목별로 답한 것에 해당한다. 따라서 앞의 22조목에 대한 문답에 이어 135면 끝에서부터 142면 첫머리까지 실린, 이단에 대한 담헌의 질문(손유의에게 보낸 것과 같은 질문)과 등사민의 답 역시 1777년 3월에 받은 등사민의 편지에 실린 것이다.

1776년 10월에는 자신의 변화한 이단관에 대한 반응을 묻는 7개의 문목을 손유의와 등사민에게 동시에 보냈다. 이 7개 문목에 대한 등사민의 답이《中士》, 106~109면(원문), 135~142면(탈초·번역)에 실려 있다. 이 역시 담헌이 보낸 편지(문목)의 행간과 본문 바깥 여백에 등사민이 답을 써서 다시 담헌에게 돌려보낸 것이다. 1774년 10월에 보낸 편지와 1776년 10월에 보낸 두 편지에 답을 써서 등사민은 한꺼번에 보낸 것이고, 담헌은 이것을 1777년 3월에 받은 것이다. 편지는 2년의 시차를 두고 보냈는데, 답장을 한꺼번에 받았으므로《중사》에 편지가 이어 실려 있다.

7)《中士》, 211면. "所詢諸項, 分註原紙, 話長者另有條答, 伏祈鑑閱, 如有不合, 仍祈示下."
8)《中士》, 같은 곳. "朋友相聯以心, 相合以義, 若一味頌美, 便非交誼, 亦辜負上天使我兩人巧遇之美意也. 來札稍有不如意者, 輒直筆批答, 諒當不怪, 倘與義有乖, 仍祈示下, 如

9) 앞서 말했듯《中士》, 100~105면(원문), 123~135면(탈초·번역)에 실려 있다.
10) 역시 앞서 말했듯《간정부편》, 363~371면에 실려 있다.
11) 《中士》, 124면. "弟係草莽交鮮達人, 以上二條, 知之不甚眞確, 不能妄答."
12) 《中士》, 124면. "回部, 卽回紇之流. 其入中國, 盛于唐太宗之時, 觀史便知."
13) 《中士》, 127면. "無此法. 惟塘報預刻活字, 隨時砌印. 盖木字, 非鐵字也.刻板之費, 每一字約艮(銀)二三分, 尤不等價, 亦極貴. 非巨富及書坊, 貧人不能刻書成部也." 이 답은 '杭傳尺牘' 속 손유의에게 보내는 편지의 문목에 답으로 들어있다. 다만《中士》의 '艮'은 '銀'의 오자다.
14) 《中士》, 131면. "市居者不事饋餉, 鄕居者常操井臼, 亦無地異."
15) 《中士》, 132면. "是此."
16) 《中士》, 133면. "水牛, 産自南方."
17) 《中士》, 134면. "無此說. 喇嘛, 則本朝北地之和尙也. 不是."
18) 《中士》, 133면. "知之不確."
19) 《中士》, 134면. "卜地之法, 近京之地, 尙不甚重. 山西·河南·兩江之地, 極好講究. 此確是實理, 前賢著有成法, 則弟亦好此道."
20) 《中士》, 135면. "小兒初學, 大約先讀·論語·孟子·庸·學, 資質好者讀六經, 否則專讀一經."
21) 《乾淨附編》, 370~371면;《中士》, 245~246면. "迨五代馮道制以雕字, 棗梨木板, 一印萬張. 學人免手書之勞, 而天下少筆記之學. 書籍汗牛充棟, 有不可勝計之慮焉. 近來有錢之家, 剽竊隻字片語, 便刻板印書, 逢人炫售, 以及稗官·野史·閭謠·俚詞. 惡亂詩文無不如之, 浮詞愈多, 正理愈掩. 始則糠多米少, 久恐有糠而無米矣. 豈非木版作之俑哉. 弟嘗謂馬道, 不惟無臣道, 又實文字之罪人也. 因吾兄木板之詢, 偶而嘆及. 不知吾兄以爲何如?"
22) 《中士》, 138면. "高高是是, 極高."
23) 《中士》, 139면. "此語, 前賢曾道過."
24) 《中士》, 140면. "巢許之流, 避世絶俗, 恐無治人之心也."
25) 《中士》, 140면. "說人短者, 未必自己能長, 嘗見庸醫炫己抑人, 無所不至. 有識者從傍冷

주 515

笑, 吾兄則此 竟也高."

26) 《中士》, 141~142면. "異端聖學, 差毫釐而謬千里, 其辨不容不嚴. 故前賢甚有惡之如猛獸毒蛇者, 蓋恐其始治不嚴, 其流弊將有不可勝言也. 其實今日緇衣之流, 崇奉佛氏, 而佛氏有妻有子, 固非和尙. 亂臣賊子, 應觀往史, 大半從讀書成名. 聖人亦豈敎人作亂臣賊子乎? 之噲借名揖讓, 曹操妄擬周文, 莽卓敢曰征伐, 其餘一切假聖學之名, 以是天下士者, 指不勝屈. 看來聖人經書, 竟成此輩, 欺世盜名者資矣. 言及于此 學聖人者, 拒之不可勝拒, 絶之不可勝絶. 又何暇傍于于學異端者乎? 總要立定根脚, 如吾兄所云. 從修己治人上用功, 雖不近爲盡善, 斷不致于大差也. 小在閔拜質." 김동석 선생은 편지 원문을 탈초하면서 '以是天下士者'에 '爲' 자를 첨가하였다. 곧 '以是(爲)天下士者'가 된 것이다. 문맥상 필요에 의해 넣은 것이라 한다.

27) 姚廷亮(禮門), 〈姚禮門與鄧汶軒書〉, 《乾淨附編》, 373면; 《中士》, 231면(원문), 248~249면(탈초, 번역).

28) 嚴果, 〈嚴九峯與鄧汶軒書〉, 《乾淨附編》, 373~374면; 〈嚴九峯與鄧汶軒書〉, 《乾淨後編》, 274면; 《중사》, 232~233면(원문), 250~251면(탈초·번역). 《乾淨後編》의 것은, '丁酉 九月'로 되어 있으나 오류인 듯함.

29) 鹽店, 〈鹽店答書〉, 《乾淨附編》, 374~375면; 《中士》, 9면右(원문), 251면(탈초·번역).

30) 徐忠, 〈徐忠書〉, 《乾淨附編》, 375면; 《中士》, 9면左(원문), 251~252면(탈초·번역)..

31) 〈潘秋庫韓國巾衍集跋〉, 《乾淨附編》, 375~377면. 375면. 원래의 책 제목은 《韓客巾衍集》인데, 반정균은 《韓國巾衍集》이라 하고 있다. '客'과 '國'의 차이인데, 어디서 착오가 생겼는지는 알 수 없다.

32) 〈潘秋庫炯菴園亭詩評〉, 《乾淨附編》, 377면. "湛軒, 東方高士, 一別十年, 終身不可再見. 鐵橋宿草已久, 讀此詩數過, 悲從中來, 不自知涕泗之交流也."

33) 〈與蓉洲書〉, 《乾淨附編》, 377~379면.

34) 《乾淨附編》, 379면. "秋庫不復相見否? 頃行有携詩卷因人受批于秋루者. 其小引及評尾, 語及於弟, 情悃懇惻, 舊誼戀戀."

35) 〈與徐忠書〉, 《乾淨附編》, 379면.

36) 李德懋, 〈李雨邨 調元〉, 《雅亭遺稿》, 《靑莊館全書》; 《韓國文集叢刊》 a257, 266~267면.

37) 세 번째 편지는 1778년 북경에서 이조원에게 남긴 편지다. 당시 이조원은 광동학정廣

東學政으로 나가 있어 만날 수 없었다.
38) 李德懋, 〈潘秋庫廷筠〉, 앞의 책, 262~264면. 〈潘秋庫廷筠〉는 모두 3통의 편지로 이루어져 있다. 앞의 2통은 북경 가기 전에 보낸 것이다. 마지막 편지는 북경에 가서 반정균을 만나고 돌아와 보낸 편지다.
39) 이 편지는 전해지지 않는다. 그러나 이덕무가 보낸 두 번째 편지 서두에 "初夏修書以後, 翹首西雲, 日夕馳想, 荏苒秋冬, 尤難爲懷, 故人情緘來從天外"라고 하는 부분을 통해 반정균이 편지를 보낸 사실을 알 수 있다.
40) 李德懋, 〈潘秋庫廷筠〉, 앞의 책, 264~265면.
41) 朴齊家, 〈與李羹堂 調元〉, 《貞蕤閣集》; 《韓國文集叢刊》 a261, 663면. "則于斯時也, 身爲屬國之布衣, 名托上都之龍門, 不朽之榮, 比它尤當萬萬. 雖然, 齊家庶幾天察其衷, 得隨歲貢, 備馬前一小卒, 使得縱觀山川人物之壯, 宮室車船之制與夫耕農百工技藝之倫, 所以願學而願見者, 一一筆之於書, 面質之於先生之前, 然後雖歸死田間, 不恨也. 先生以爲如何?"
42) 위의 〈與李羹堂調元〉에 이어 664면에 이조원이 '정유(1777) 칠월 초4일'에 써서 보낸 답장이 실려 있다. 이조원은 박제가에게 나이 스물일곱에 성취가 이와 같으니, 반드시 후세에 전해질 것이라고 하며 중국과 외국은 차이가 없다고 말하고 있다.
43) 이 편지는 《縞紵集》; 앞의 책, 33면의 끝에서 넷째 줄 '先君答雨邨書曰……'부터 38면 첫째 줄 '…… 寄秋庫札望轉'까지 인용되어 있다.
44) 〈與潘秋庫廷筠〉, 《貞蕤閣集》; 《韓國文集叢刊》 a261, 664~665면. 665면에는 반정균의 답서가 실려 있다.
45) 〈朴楚亭先生書〉, 《縞紵集》: 앞의 책, 192~194면. 이 편지는 1777년 7월 4일에 쓴 것이다. 이조원의 편지와 쓴 날짜가 같다.
46) 《승정원일기》 정조 원년(1777) 7월 3일(21/25).
47) 李光葵, 〈先考府君遺事〉; 李德懋, 《雅亭遺稿》, 附錄. "嘗與洪湛軒大容有雅契, 及湛軒出宰湖南, 邀之甚懇先君辭曰: '與其寄食公門, 何如高臥吾廬?' 終不赴."
48) 《乾淨附編》, 380면에 '丁酉十月'이라 쓰고, 그 다음에 〈蓉洲書〉라고 편지가 시작되기 때문에 10월에 받은 것이라고 한 것이다. 10월이면 동지사의 회환 편도 아니고, 황력재자관의 회환 편도 아니다. 따라서 10월에 편지를 받았다는 것은 매우 이례적이다.

담헌이 어떤 루트로 이 편지를 받았는지는 알 수 없다. 가능성이 있다면 별사別使인데, 《실록》과 《승정원일기》 등의 연대기에 10월에 회환하는 별사를 보냈다는 자료, 혹은 10월에 별사가 돌아왔다는 자료는 보이지 않는다. 그런데 담헌이 손유의에게 답장을 쓰면서 담헌이 뒤에 쓴 답장에는 공사貢使의 회환 편에 편지 두 통을 받았다고 하였다. 공사라면 동지사를 말한다. 동지사는 보통 4월이나 5월에 회환한다. 10월이라고 한 것은 이것과 또 어긋난다. 어디서 착오가 생긴 것이 틀림없다.

49) 孫有義, 〈蓉洲書〉, 《乾淨附編》, 380~386면; 《中士》, 143~147면. 《中士》는 《乾淨附編》, 383~386면에 해당한다. 《乾淨附編》 380~382면의 편지 본문은 《中士》에 없다.

50) 《乾淨附編》, 383~386면; 《中士》, 143~147면.

51) '率性之謂道'로 시작하는 손유의의 이단 비평론(《乾淨附編》, 383~386면)은 《中士》, 143면 하단~147면 하단에 실려 있다. 그런데 바로 앞의 142면 상단~143면 상단에 "귀국에서 선비를 뽑을 때 대과大科·소과小科라고 부르는 방법이 있다고 들었습니다[貴邦取士, 有大小科之號]"라고 시작한다. 이 부분의 앞부분이 있었지만 어디론가 사라진 것이다. 이 편지 본문은 조금 더 계속되어 "2월 13일, 사령沙嶺 요산재樂山齋에서 씁니다[二月十三日, 沙嶺樂山齋字]"로 끝난다(143면 상단). 다른 편지의 일부가 삽입된 것인데, 이 삽입된 부분은 1777년 10월에 받은 편지(이단론이 실린 편지. 〈蓉洲書〉, 《乾淨附編》, 380~386면)에 이어 〈又書〉란 제목으로 실린 편지의 일부다(《乾淨附編》, 389면 3행~390면 6행). 다만 《中士》는 "二月十三日, 沙嶺樂山齋字"(143면)으로 끝나는데, 《乾淨附編》 쪽은 이 편지를 쓴 날짜가 없다.

52) 孫有義, 〈又書〉, 《乾淨附編》, 387~390면.

53) 孫有義, 앞의 글, 앞의 책, 387~388면. "九峯覆鄧公札, 道及弟處, 可知前者囑寄兩信. 已有一到. 第謂甲午初冬, 則不識浮沈于誰氏之手矣."

54) 앞의 글, 앞의 책, 391면. "弟於初秋蒙恩, 授泰仁縣監, 縣在京南六百里, 專城以養親, 路過家鄉, 省掃先楸, 榮感之極. 惟民事重寄, 夙夜憂兢, 殆寢食不甘. 數月之間, 鬚髮盡白. 半生麋鹿之蹤, 恐不可鬱鬱久居也."

55) 앞의 글, 같은 곳. "別紙回敎, 門路純正, 持論平實, 敢不拜服."

56) 앞의 글, 393면. "別紙奉質, 條答勒摯, 開破聾瞽, 進益不鮮."

57) 《湛軒書》, 128면. "邊聞噩報, 令人氣短, 九原何可作也."

58) 孫有義, 앞의 글, 앞의 책, 394면. "遽聞此報, 不覺失聲相弔也."
59) 앞의 글, 395~396면. "中古以來, 書愈多而學愈下. 疲於記覽, 捨本趣末, 誤盡天下英才, 今奉盛論, 甚愜鄙意. 且欲誅馮道以文字之罪, 則持論高遠, 迥非俗儒所及(밑줄 친 부분은 앞의 〈항전척독〉의 맨 끝에 실려 있다). 惟滔滔川流, 莫之障廻, 其不推波而助瀾, 則斯可爾. 弟曾有與人書, 僭論著書之弊, 書在別錄, 另賜斤示."
60) 앞의 글, 396면. "八詠詩, 寄意淸遠, 弊廬得此, 頓生輝光. 但穀壇下兩句, 武乙射天, 擬議不倫, 恐合改定. 以此不敢遽入扁刻. 望更寫一通, 比前稍加繕楷, 俾便拙工, 模刻尤妙."
61) 潘庭筠, 〈湛軒大兄先生書〉, 《燕杭詩牘》, 29장 뒷면~32장 앞면; 《中士》, 218~223면(원문), 237~238면(탈초·번역).
62) 潘庭筠, 앞의 글, 앞의 책, 30장 앞면~30장 뒷면. "弟家居時, 涉獵二氏之書, 於釋典略有所瀋. 於自性切緊處, 頗覺有門可入, 所謂第一義者在此. 回觀聖人之書, 其精微處, 同一義諦, 始知世儒紛紛爭辨, 皆屬頁高我慢, 客氣好名, 殊未嘗沿洄性海, 一切所學, 當大事現前, 全靠不著也. 未知足下以爲何如? 亦頗以弟所知解爲然否?"
63) 앞의 글, 30장 뒷면~3장 앞면. "又委覓天學初函一書, 後得半部. 其中算指水法天文略數種, 稍可存. 至其言超性處, 語多不經. 至耶蘇事蹟, 又多荒誕, 而西人之遍遊諸國者, 無非欲傳耶蘇之學. 倘從其說, 必須盡棄所學, 而彼得以陰行其叵測之心, 如呂宋之被兼倂, 日本之成仇讐, 皆傳聞所最確者. 是以我國雖有其人, 不過令其觀象算候而已, 至其邪說, 有厲禁焉. 人不敢習, 亦無人信之也. 東方, 君子沐浴於箕聖之化, 禮樂法度無不修明, 邪說無由而入. 足下欲覓其書, 亦不過資博聞供游藝而已. 而弟之鰓鰓焉及此者, 亦聊以自獻所疑耳."
64) 潘庭筠, 앞의 글, 앞의 책, 31장 뒷면~32장 앞면. "巾衍集四君子之作, 弟草草一讀, 因迫於一夕, 未得盡領其妙, 所綴序跋, 忽忽未爲有當, 頃蒙懋官·楚亭兩先生, 枉以手書, 意甚勤重, 可感也. 但未免過於推許, 益增慚恧, 此間如弟者, 車載斗量, 而諸公許可若此, 殆因弟爲足下之交, 所謂愛其人而及屋上之烏耳."
65) 《頤齋亂藁》5, 72면. 1778년 6월 18일. "錦山郡守金履安, 上;泰仁縣監洪大容, 上. 並無文. 萬頃縣令禹禎圭, 政不如初, 客又招怨, 下……木川縣監安鼎福, 民安乎惠, 胡久其曠, 中."

66) 李圭景,〈日月星辰各有一世界辨證說〉,《五洲衍文長箋散稿》. "先輩有洪湛軒先生甞云, '日月星辰中, 各有一世界. 與中原人士, 頗有論難.' 然此非湛軒之自創也. 胡寅《永寧院輪藏記》, 佛氏論世界則謂:'天之上有堂, 地之下有獄, 日月之中有宮闕, 星辰之域有里數.' 湛軒或未見此而自以爲創說也. 我王考入燕時, 適擧此說, 則諸名士皆以爲:'中原人更有此論.' 與湛軒不謀同云. 究其實則不甚神異也." 이 자료에 대해서는 문중양,〈창조적 일탈의 상상: 19세기 초 이규경의 하늘과 땅에 대한 사유〉,《한국문화》59, 규장각한국학연구소, 2012, 218~222면을 볼 것.
67) 鄧師閔,《中士》, 116~117면(원문), 147~151면(탈초·번역).
68) 《中士》, 117면(원문), 149면(탈초·번역). "其穀壇射鵠末二句堪笑商武乙, 彎弓只射天, 謂武乙有弓而不善用耳, 非比也, 亦非擬也."
69) 《中士》, 118면(원문), 150면(탈초·번역). "與友書兩篇, 反覆數百言, 具見重本抑末. 眞實本領, 眞實學問, 其精文相生, 浴浴不盡, 則韓柳遺派也. 嗣當另錄細批奉上."
70) 엄과→등사민, 구봉 선생으로부터 온 편지〈九峯先生內札〉(전사轉寫),《中士》, 120~121면(원문), 151~153면(탈초·번역). 이 편지를 전사한 글씨는 손유의의 것으로 추정한다.
71) "今洪公來教云, '卽此傳札之人, 還附答札, 不患無便.'"
72) 《中士》, 120면(원문), 153~154면(탈초·번역)에 엄과에게 보내는 편지가 있는데, 위의〈九峯先生內札〉(轉寫)와 동일한 글씨체다. 손유의가 쓴 편지로 추정한다.
73) 《中士》, 121면(원문), 154면(탈초·번역). "初冬已從三河縣某處, 覓寄弟簡, 以秋間詣都, 親訪致覆. 今尊札雖不無破損, 幸無遺失, 而足下與洪公, 數載未由通問者, 實弟之未甞特赴都城故也. 寸衷負疚, 莫可言喩. 所寄布函, 非初冬則明春, 定可加封附去. 倘洪公有書奉覆, 亦必遵教, 仍由鼎隆店轉致文几也."
74) 《中士》, 같은 곳. "'乃如之人, 何至于斯, 寸衷蘊結, 莫可名言, 然舌在, 不愁遭困躓, 終應復見元亨.' 此聯, 乃先師徐雪晴夫子贈弟者, 今則爲斯人轉贈耳."
75) 《頤齋亂藁》5, 215면. 1778년 7월 10일.
76) 朱文藻,〈朱朗齋書〉,《乾淨後編》, 285~291면 :《中士》, 382~389면(원문), 415~419면(탈초·번역).《乾淨後編》의 맨 끝에〈追次鐵橋二兄韻奉寄湛軒先生〉이란 제목의 시 2수가 실려 있는데,《中士》에는 381면에 실려 있다.
77) 朱文藻, 앞의 글, 앞의 책, 288면. "鐵橋作書, 方九月, 時已病劇. 足下觀其文字, 有似不

78) 앞의 글, 같은 곳. "疾革之夕, 文藻坐床側, 被中出足下書, 令讀之. 讀竟淚下. 又被中索得足下所惠墨, 愛其古香, 取而臭之. 仍藏之被中. 而其時已手戰氣逆, 目閉口斜, 不能支矣. 嗚呼! 其彌留之精深如此."

79) 이에 대한 보다 상세한 내용은 다음 논문을 보시오. 朴現圭, 〈朝鮮·淸朝人의 燕京 交遊集—《日下題襟合集》의 발굴과 소개〉, 《韓國漢文學硏究》 23, 韓國漢文學會, 1999.

80) 朱文藻, 앞의 글, 앞의 책, 291면. "足下盛年, 德業日富, 自無所慮, 然細味從前書意及官鐵橋所畵小像, 亦似胸有悒鬱, 而體患孱弱者, 守身之道, 不可不愼, 爲道自愛之言, 量有味也. 區區之忱如是而已."

81) 嚴果, 〈九峯書〉, 《乾淨後編》, 278~285면; 《中士》, 364~380면(원문), 407~414면(탈초·번역).

82) 《철교유조책鐵橋遺照冊》은 유홍준 교수가 인사동 고서점에서 구입했다고 한다. 유홍준, 《완당평전》 1, 학고재, 2002, 70~71면. 설명을 약간 덧붙인다. 엄성은 원래 거울을 보고 자신의 초상을 그리려 했으나 때를 놓쳐 완성하지 못했고, 그 뒤 화가를 불러 그리게 했으나 원래 살찐 자신의 모습과 달리 수척하게 그렸다고 하였다. 뒷날 이 화가의 그림을 모본으로 삼아 해강이 다시 그린 것이 원래 엄성의 모습과 똑같았다고 한다. 자세한 것은 박현규, 〈《日下題襟集》의 편찬과 판본〉, 《韓國漢文學硏究》 47, 韓國漢文學會, 2011, 674면을 볼 것.

83) 嚴果, 앞의 글, 앞의 책, 282면. "洵皆讀書有識之言."

84) 嚴果, 〈追次鐵橋原韻, 寄湛軒〉, 앞의 책, 285면.

85) 嚴果, 〈九峯書〉, 《乾淨後編》, 292~295면; 《中士》, 390~398면(원문), 419~423면(탈초·번역).

86) 嚴果, 앞의 글, 앞의 책, 293면. "雖然, 計自丙戌至今, 將逾十年, 中間郵書屈指無幾, 而果所織書, 遲留數年, 屢寄屢阻, 終難一達, 則自今以往, 果與足下, 年齒就衰, 日月易邁, 如前之十年光陰, 又不知更得幾度音耗之接, 其疏與數, 其難與易, 殆或有幸不幸焉. 信乎難可預料矣. 輿言及此, 不禁投筆浩歎. 嗟乎, 有便寄書, 無便懷德, 賢弟此言, 果當終身佩之, 不能望也."

87) 嚴昂, 〈嚴千里書〉, 《乾淨後編》, 295~296면; 《中士》, 424~426면, 399~404면(원문).

88) 〈答鄧汶軒書〉, 《湛軒書》, 121면.
89) 앞의 글, 같은 곳. "弟居官已周歲矣."
90) 물론 7월의 황력재자관 편으로 보냈을 수도 있다. 다만 담헌은 주로 10월 동지사 편으로 편지를 보냈다.
91) 〈答鄧汶軒書〉, 앞의 책, 같은 곳. "弟居官已周歲矣. 數萬石糴糶, 累千頃科賦, 庸調之泉布, 濬築之商功, 造士之教, 待暴之備, 八千戶民命苦樂, 擔着一身. 每當水旱·訟獄·催科·役民之際, 痛心疾首, 實欲逃遁而不可得, 則始信古之高人逸士甘心窮賤而桎梏軒冕, 良有以也. 蓋棫題方丈聲伎畋獵之娛, 皆我所不爲, 則夫焦竭心思, 胼胝手足, 脛無毛而席不煖者, 不幾近於鶩遠忽近捨身而施人哉! 幸汶軒爲我一言. 但汶軒未試爲吏, 不涉眞境, 則必不以弟言爲然也."
92) 《頤齋亂藁》 5, 307면. 1778년 10월 23일. "泰仁使洪君大容, 亦爲之 半年功買鍮物 幷助婚具. 余旣竝答書以去. 而洪使君書言: '二十四日, 當托捧糴赴笠城, 故余以前約請訪金士謙, 因又依覓送曆象考成後編全匣'" 김사겸金士謙은 진사 김익휴金益休, 김인후金麟厚의 후손이다.
93) 〈追答泰仁使君洪德保大容書〉, 《頤齋亂藁》 4, 499면. 1777년 11월 26일. "十數日間, 獲拜八月十三下訊, 開緘疾讀, 重愧不敏. 矧審板輿榮奉, 政候增衛, 區區仰德, 無可喩者. 錦山之會, 聞更奇絶, 不知讎劣, 又何見念於其間也……曆像後編, 固知惠借之良厚, 而因循汔今, 不及入細思量, 其中線角對假諸表, 又無一不相交關, 而得此遺彼, 尤不成頭緖. 若使前編並入於官度移來之中, 則或可隨便更借以資參考耶?"
94) 《頤齋亂藁》 4, 515면. 1778년 2월 13일. "又至泰仁, 見本倅洪германcha保, 晦間當入京, 訪余于西泮或司僕寺. 余旣握敍草草, 旋又告別, 回念渼上舊游, 已勝愴然."
95) 《頤齋亂藁》 4, 534면. 1778년 2월 23일. "送泰仁洪使君小札于孝敬橋南開川邊山林井洞朴書房景豫家, 使覓洪使君所借數理精蘊全槩, 則朴生所送以本國活字印本精蘊, 而不以洪使君所借唐本精蘊, 故余乃不得已作書, 更送于朴生. 朴生書至, 自言: '曾在洪使君家, 見余有所㑒作, 謂泰仁必置唐本於他處而忘之, 誤以置渠家鄕本認, 作唐本矣.' 因要余以渠札入泰仁遞書中相質. 蓋此鄕本, 攷其印章, 卽亡友李顯直子敬所借之金氏家藏也. 更審朴札, 此卽丙申八月於泰仁本家所遇朴生齊家一夜聯話者之前後改名者耳." 이 자료의 끝부분을 보면, 이 조선본《수리정온》은 원래 황윤석의 친구인 이현직李顯直이

김씨 집안에서 빌린 것이고, 그 김씨는 1776년 8월 황윤석이 담헌의 집에서 만난 박제가가 하룻밤 내내 이야기했던 사람으로서, 전후로 개명한 사람이라고 한다. 말이 애매하여 누구인지 알 길이 없다.

96) 《頤齋亂藁》 5, 318면. 1778년 11월 2일. "附泰仁洪使君大容德保 與其内兄金致益(故南原倅魯子)書. '黃都事胤錫, 執事之曾所聞名而願見者. 欲借見數曆全函, 幸出借勿疑, 待其還而藏之, 如何?'"

97) 《頤齋亂藁》 5, 327~328면. 1778년 11월 7일.

98) 《頤齋亂藁》 6, 34면. 1779년 7월 15일.

99) 《頤齋亂藁》 5, 66면. 1778년 6월 15일. "中部朴奉事知源追至, 偶從容言, '吾卽鄭楊州婦弟也. 已因姊兄聞左右盛名. 而亦遇泰仁倅洪大容於都監時, 相話多日. 語及左右, 洪輒娓娓不已曰:〈吾輩生長京師, 自謂頗觀希罕之書, 而尙不及於此人之在鄕者. 蓋其淹博一節, 亦出人遠甚, 卽我羨上同門耳〉.'"

100) 〈答孫蓉洲書〉, 《湛軒書》, 123~124면.

101) 앞의 글, 앞의 책, 124면. "浙信, 幸賴足下, 勤贄鐵橋遺像·遺稿, 慰此積年縈懷, 欣幸曷喩. 西湖三公才情學術, 儘是超詣, 向來遭遇, 亦屬奇緣. 如弟者, 特以異域殊俗, 矜其愚昧, 謬加提獎, 豈敢自詡以旗鼓相當耶? 至若鐵橋之生死恩愛, 無異天倫. 觀題襟集, 叙其臨沒留戀, 如是悱惻, 足下見之, 當亦爲之愴心, 如弟之蒙此知愛者, 其將何以爲情耶?"

102) 〈答朱朗齋文藻書〉, 《湛軒書》, 123면.

103) 앞의 글, 같은 곳. "又因朗齋, 得聞彌留情事, 如是悱惻. 嗟呼朗齋, 我心非石, 其可頑然而已耶? 入則繞壁, 出則呼天, 觸目悲酸, 死而後已, 慘慘我懷, 尙忍多言? 惟此遺像·遺稿, 如捀拱璧, 曩夕瞻依, 少伸幽欝. 且敬其兄如敬吾之兄, 愛其弟如愛吾之弟, 終身懷往, 不敢遺忘. 嗟吾賢弟, 可以諒此心也."

104) 앞의 글, 같은 곳. "人生窮達, 自有定命, 兼善獨善, 隨處盡分, 吾儒實學, 自來如, 若必開門授徒, 排闢異己, 陰逞勝心, 傲然有惟我獨存之意者, 近世道學知度, 誠甚可厭. 惟其實心實事, 日踏實地, 先有此眞實本領, 然後凡主敬致知修己治人之術, 方有所措置而不歸於虛影. 朗齋平生學術, 願聞定論."

105) 〈與嚴九峯書〉, 杭傳尺牘, 《湛軒書》, 121~122면.

106) 앞의 글, 앞의 책, 121면. "驚喜愴感, 無以爲心."

107) 앞의 글, 같은 곳. "鐵橋之亡, 倏已十三歲. 荒原露草, 居然千古. 雖其方生方死固有定命, 少壽少殀, 不足欣戚, 而情之所鍾, 正屬我輩, 湖海相思尙結寸腸, 幽明一隔, 音容日遠, 此豈人理之可堪耶? 想其血性至好, 臨沒必有留神, 所以前書致問其治亂顧言. 今見朗齋書及題襟集序, 不覺怛然摧腸, 聲淚俱下. 嗚呼! 弟何人斯, 乃能得此心於鐵橋哉!"

108) 앞의 글, 같은 곳. "白描傳神, 最難得眞. 今此帖影驟看, 未見其肖. 摩挲日久, 典型漸親. 奇俊之姿, 秀潔之格, 坦直之味, 峻嶒之氣, 開卷怳惚, 如承警咳, 藐玆之素未識面, 豈筆力之乃爾. 吾知鐵橋之靈必有陰助, 籍以歸神於東方也. 是耶非耶? 焄蒿悽愴, 眞有其理耶? 其有其無, 吾不得以知之. 惟設龕以妥之, 茶酒以酹之, 專靜以事之, 優然肅然必將如有見而如有聞矣. 從此一二十年間, 洗心歸依, 可以效弟兄之情, 可以全始終之交. 且生旣同心, 死當同歸. 神理不爽, 或其成是願乎!"

109) 앞의 글, 같은 곳. "縣在王京南六百里, 專城養親, 粗效寸草, 謹拙守法, 幸免撓敗, 惟編戶八千, 地處衝繁, 簿書鞅掌, 甚違素計, 早晚解綬, 可以歸老于愛吾廬中."

110) 앞의 글, 앞의 책, 122면. "夫儒釋之爭, 自來紛紛, 弟與鐵橋, 亦嘗略費論辨, 時蒙印可. 而以今思之, 客氣好勝, 猶是講學窠臼. 卽弟年來閱歷世故, 頗有悟解. 盖各從所好, 要歸於澄心而救世, 則勿論儒釋, 俱不害爲賢豪君子. 惟不至於絶倫逃空, 則是亦聖人之徒也."

111) 앞의 글, 같은 곳. "但說心說性, 釋氏妙悟, 在儒書固自不乏, 玩繹服用, 精蘊無涯, 舍而他求, 或不免於好高而好新, 則卽此心地, 受病不小, 不惟爲儒門之異端, 亦歸於禪家之外魔. 九峰自顧如何? 其入頭門路, 用功簡度, 不妨略示梗槩, 以啓孤陋也."

112) 〈與嚴昂書〉, 《湛軒書》, 122면.

113) 앞의 글, 앞의 책, 같은 곳. "僕臣遊他方, 視昏髮白, 奄成衰象, 志業荒墜, 孤負知愛. 惟時展影帖, 靜坐爐薰, 攝心定性, 永矢歸依, 他何所說? 萬里寄音, 再便靡期, 惟對時自愛, 不宣."

114) 《頤齋亂藁》 6, 75면. 1779년 8월 23일. "過泰仁邑內大店, 聞主倅洪候大容赴完營未歸. 同福安生處仁留徊 卽故羅景壎弟子 而亦能工製輪鍾者也."

115) 《頤齋亂藁》 6, 75면. 1779년 8월 29일. "曉前, 慈氏, 食高敵蜜柿微滯, 思服蜜水, 而四求不得, 乃送書于泰仁洪倅大容, 請定價買蜜一升." 《頤齋亂藁》 6, 71면. 1779년 8월 30

일. "奴來自泰仁得洪倅答書及蜜一升·燒酒一鐥·牛脯一帖"
116) 《頤齋亂藁》6, 81면. 1779년 9월 1일. "午後, 又行至泰仁縣. 鄕廳金君光復與其同任李宅俊迎接. 因招吏, 通刺于主倅洪侯大容, 則洪侯答語以爲民亦木川丘墓民也. 亟來見余而去."
117) 박종채, 김윤조 역, 《역주 과정록》, 태학사, 1997, 72면.
118) 朴趾源, 〈答洪德保書〉, 《燕巖集》; 《韓國文集叢刊》a252, 7면. "今承別幅垂勉, 不覺愧汗被面, 聊此云云."
119) 〈答洪德保書(第二)〉, 앞의 책, 77면. "念兄於友朋一事, 知有血性, 而至於九峯諸人, 天涯地角, 間關寄書, 可謂千古奇事. 然此生此世, 不可復逢, 則無異夢境, 實鮮眞趣. 庶幾一見於方域之中, 無相閱諱, 亦不難千里命駕, 未知吾兄亦未之有見耶? 抑黷此念於胷中否也, 往日談屑之際, 未甞及此, 今適因一段悠鬱, 聊以奉質焉."
120) 金善民, 《觀燕錄》 권下, 1805년 1월 23일. "二十三日, 晴. 與靑流·南伯罦往見玉水. 余於磚洞主家(卽洪山水), 飫聞潘秋庫名字(潘秋庫, 名庭筠. 洪山水大人卽湛軒. 湛軒燕行時, 甞與潘秋庫及嚴鐵橋交契敦密)."
121) 朴趾源, 〈答洪德保書(第三)〉, 앞의 책, 같은 곳. "第其東還以來, 心目益高, 百無可意, 眉眼之間, 時露鋒穎奇遊一段."
122) 《尋院錄》 12, 86면. "完山李養鼎[稚和. 乙未. 辛丑(1781)五月二十二日. 以承旨受命致祭. 禮成後瞻拜], 星山李碩九[成汝. 辛丑. 同日以祭官祇謁], 南陽洪大容[德保. 辛亥. 同日以執事官祇謁.]"
123) 〈與孫蓉洲書〉, 《湛軒書》, 124면.
124) 앞의 글, 앞의 책, 같은 곳. "'天下一家, 四海兄弟, 義有可據, 跡無可嫌, 同心之交, 麗澤之樂, 其可以徒然而舍之乎. 惟人之多言, 亦可畏也.' 謹密之敎, 甚善甚善."

03. 천문학과 수학

1) 《國朝寶鑑》 제35권, 仁祖朝 2, 9년.
2) 전용훈, 〈조선 후기 서양 천문학과 전통 천문학의 갈등과 융화〉, 서울대학교 이학 박사

학위 논문, 2004, 49~50면.
3) 정두원이 가져온 서양 서적에 대해 보다 상세한 내용은 전용훈, 앞의 글, 49~52면을 볼 것.
4) 이용범, 《중세 서양과학의 조선 전래》, 동국대학교출판부, 1988, 130~131면. 이영후 李榮後는 로드리게스에게 편지를 보내 서양 천문학과 세계지도에 대해 질문을 던진다. 이영후는 〈곤여만국전도〉에 중국이 중심에 그려져 있는 것을 두고, 중국이 세계문화의 중심지, 원천이라고 하자, 로드리게스는 "명明을 중심에 둔 것은 보기 편리하도록 한 것이다. 만약 지구적 차원에서 말한다면, 나라마다 세계의 중심이 될 수 있다"고 반박한다. 중국 중심설이 무너지는 순간이었다. 《중세 서양과학의 조선 전래》, 145면.
5) 전용훈, 앞의 글, 20면.
6) 조선이 시헌력법을 습득하는 과정에 대해서는 전용훈, 앞의 글의 제1부 '서양 천문학 지식의 전래와 이해'에 자세하게 밝혀져 있다. 이하 서술도 주로 이 논문을 참고한 것이다.
7) 실제 강희제가 성친왕成親王 윤지允祉에게 다음과 같은 상유上諭를 내린 것은 1714년 4월이다. "古曆規模甚好, 但其數目, 歲丘不合. 今修書, 宜依古曆規模, 用今之數目, 算之." 藪內淸, 兪景老 編譯, 《中國의 天文學》, 電波科學社, 1985, 189면.
8) 《역상고성》은 《신법산서新法算書》《서양신법역서》)와 다르지 않음. 황적대거黃赤大距(적도의 황도에 대한 경각傾角)만 2분 감소하여, 23도 29초로 바꾼 것이 《신법산서》와 다를 뿐이다. 藪內淸, 앞의 책, 190면.
9) 일관日官 이세징李世澄이 사재로 사 온 것이었다. 《승정원일기》 영조 6년(1730) 3월 3일 (20/24). "自彼中曆法改正之後, 去上年, 使譯官貿來所用方書, 則多有闕漏, 不可以成曆, 故今番謝恩使之行, 定送監官員李世澄, 使之求覓以來, 則御製曆象考成全秩[全帙]眞本, 及數理精蘊·律呂正義, 並七十三冊, 以六十二兩銀子貿得, 其殫心周旋, 盡得禁物秘書, 效勞誠爲不少. 此外欽定選擇十冊, 交食稿·七政稿, 各七本, 及御定三元甲子萬年曆一冊, 御定新法七政四解, 萬年曆一冊等, 皆是曆家緊要之法, 而此則渠以私財貿來, 尤爲可嘉."
10) 문중양, 〈18세기 조선 실학자의 자연 지식의 성격〉, 《한국과학사학회지》 제21권 1호, 한국과학사학회, 1999, 42면.

11) 문중양, 앞의 글, 같은 곳.
12) 임종태, 〈'道理'의 형이상학과 '形氣'의 기술〉, 《한국과학사학회지》 제21권 1호, 한국과학사학회, 1999, 64면.
13) 지구설을 둘러싼 찬·반과 논쟁에 대해서는 구만옥, 《조선 후기 과학사상사 연구 1》, 혜안, 2004, 189~196면에 자세히 정리되어 있다. 한역漢譯 서양서를 연구하고 서양 천문학과 수학에 상당한 관심과 소양을 갖추고 있었던 황윤석은 원래 호남 출신이다. 황윤석의 경우를 들어 서양 천문학과 수학 등 서양학이 지방으로 널리 확산되었다고 보는 것은 타당하지 않다. 황윤석은 호남의 지주계급으로 서울에서 서양학을 접한 희귀한 사례로 보아야 할 것이다.
14) 이상 성리학의 자연 이해에 대한 서술은 문중양, 〈조선 후기 실학자들의 과학 담론, 그 연속과 단절의 역사〉, 《정신문화연구》 93, 한국정신문화연구원, 2003 겨울호. 30면에 의함.
15) 문중양, 〈조선 후기 자연 지식의 변화 패턴〉, 《대동문화연구》 38, 성균관대학교 대동문화연구원, 2001, 316면.
16) 문중양, 앞의 글, 302~303면.
17) 이에 대한 자세한 논의는 문중양, 〈18세기 조선 실학자의 자연 지식의 성격〉, 《한국과학사학회지》 제21권 1호, 한국과학사학회, 1999, 31~39면을 볼 것.
18) 전용훈, 앞의 글, 58면.
19) 앞의 글, 59면.
20) 尹鑴, 〈辛巳孟冬書〉, 《白湖全書》 中, 白湖先生文集刊行會, 慶北大學校 出版部, 1974, 1382면. 이 글의 제목은 '신사년(1641)에 쓴 것'이라고 하지만, 맨 마지막 글은 '갑진년(1664) 일기에서 나온 것'이라고 끝에 작은 주를 달고 있다. 아마도 마지막 글만은 1664년에 쓴 것으로 보인다.
21) 전용훈, 앞의 글, 59면.
22) 《頤齋亂藁》 1, 545면. 1776년 3월 15일. "信乎! 人不可不居京華也."
23) 황윤석에 의하면 홍양해洪量海(?~1778)는 원래 서울 사람으로 참판 홍헌洪憲의 손자다. 온 가족이 모두 홍주洪州로 내려갔다고 한다.
24) 황윤석은 또 서씨 부자가 홍양해와 아주 친밀하다고 하였다. 〈答李君顯直子敬算學八

25) 問〉,《頤齋亂藁》3, 96면. 1770년 3월 17일.
26) 《頤齋亂藁》5, 346면. 1778년 11월 16일. "李德懋言, '近日京中, 以西學數理專門者, 徐命膺及子浩修, 而又有李蘗, 卽武人格之弟也.'"
27) 《頤齋亂藁》2, 226면. 1768년 8월 23일.
28) 구만옥, 〈頤齋 黃胤錫의 算學 연구〉,《한국사상사학》33, 한국사상사학회, 2009, 229면.
29) 《頤齋亂藁》2, 365면. 1769년 3월 23일.
30) 19세기 최고의 경화세족이었던 홍길주洪吉周는《수리정온》을 연구해서〈幾何新說〉,〈弧角演例〉(《숙수염孰遂念》소재) 등의 수학서를 남겼다. 홍성사·홍영희,〈洪吉周의 代數學〉,《한국수학사학회지》제21권 4호, 한국수학사학회, 2008. 11. 이상의 경화세족 수학자들에 대해서는 구만옥,〈마테오 리치利瑪竇 이후 서양 수학에 대한 조선 지식인의 반응〉,《한국실학연구》20, 한국실학학회, 2010을 볼 것.
31) 《頤齋亂藁》2, 299면. 1768년 11월 13일.
32) 《頤齋亂藁》4, 386면. 1776년 8월 5일. "此實平生所願講者, 而無人可與開口. 老兄春間之行, 事不偶然, 而乍來旋遞 已極可恨."
33) 崔錫鼎,〈西洋乾象坤輿圖二屛總序〉,《明谷集》;《韓國文集叢刊》a153, 584~585면. 최석정은〈乾象坤輿圖〉가 말하는 지구설과 지리적 공간 설정이 황당하다고 평가했다." 其說宏闊矯誕, 涉於無稽不經." 韓永浩,〈서양 기하학의 조선 전래와 홍대용의《주해수용》〉,《역사학보》170, 역사학회, 2001, 70면.
34) 《頤齋亂藁》4, 395면. 1776년 8월 9일. "旣縻一官, 便違良會, 誠可惜也. 尊兄此去, 南北便杳然, 若幸復職, 庶可再遇. 而事未易如意, 奈何奈何?"
35) 앞의 책, 같은 곳. "共八疊, 爲圖者二, 各列赤道, 半天爲一圖."
36) 조규익·소재영,〈《湛軒燕行錄》연구〉,《東方學志》97, 연세대학교 국학연구원, 1997, 198면.
37) 韓永浩,〈서양 기하학의 조선 전래와 홍대용의《주해수용》〉,《역사학보》170, 역사학회, 2001, 70면.
38) 〈籌解需用序〉,《湛軒書》, 176면. "孔子嘗爲委吏矣, 曰會計當而已矣. 當會計者, 舍算數奚以哉! 史氏言孔門諸子之盛, 以身通六藝稱之, 古人之務實用也如此, 孔氏之所以敎

者, 其可知已. 算法祖於九章, 歷代演之, 其術亦多矣, 病其各自爲書, 詳略不一, 往往呈奇衒隱, 殆有近於迷藏之戱者. 齋居無事, 謹采其宜於今而適於用者, 間附己意, 錄爲一冊. 其斛斗段匹之率, 幷以時法通之, 庶得其實用而當於會計也. 習是法者, 其潛心攝慮, 足以養性, 探賾鉤深, 足以益智, 此其功豈異於琴瑟簡編哉? 嗚呼, 天有萬化而不外乎陰陽, 易有萬變而不外乎剛柔, 算有萬術而不外乎乘除. 陰陽正位而不亂, 剛柔迭用而成章, 正位法乎天, 迭用則乎易者, 其乘除之術乎! 若由是而引而伸之, 觀小道而悟大德者, 存乎其人."

38) 김영식, 《유가전통과 과학》, 혜안, 2013, 136~137면.
39) 이에 대해서는 구만옥, 앞의 글, 324면을 볼 것.
40) 서양 수학의 연역적 성격과 그것이 《기하원본》에서 제대로 옮겨지지 않은 데 대한 지적은 김문용, 〈조선 후기 서양 수학의 영향과 수리 관념의 변화〉, 《한국실학연구》 24, 한국실학학회, 2012, 409~411면. 安大玉, 《明末西洋科學東傳史―《天學初函》器編の聯句》, 日本 知泉書館, 2007, 88~89면을 볼 것.
41) 金容雲·金容局, 《中國數學史》, 民音社, 1996, 242~248면.
42) 金容雲·金容局, 앞의 책, 273~275면.
43) 《산학원본》에 대해서는 김영욱·홍성사·홍영희, 〈朴繘의 算學原本〉, 《한국수학사학회지》, 한국수학사학회, 2005에 자세히 밝혀져 있다.
44) 예컨대 원주율은 고율인 3을 사용하고 있고, 구의 부피는 《구장산술》처럼 $(9/16)d^3$(d는 구의 지름)를 이용하고 있다. 李章周, 〈籌解需用의 이해와 수학교육적 의의〉, 단국대학교, 박사학위 논문, 2007, 30면.
45) 이장주, 앞의 글, 36면.
43) 이장주, 앞의 글, 37면.
46) 주세걸, 허민 옮김, 《산학계몽》 하, 소명출판, 2008, 225면.
47) '四率法' 〈籌解需用〉, 《湛軒書》, 184면. "四率法者, 西學之比例也. 其用浩博, 令凡貿易小數, 以資恒用. 所謂異乘同除是也."
48) 앞의 글, 앞의 책, 185면. "一率一十萬, 欲作相連比例率. 使一率幷四率之數, 與二率三倍之數適等. 問二率三率四率各爲數幾何?(益實歸除法)."
49) 앞의 글, 같은 곳. "一率一十萬, 欲作相連比例率. 使一率幷四率之數, 與兩二率幷三率之

數適等. 問二率三率四率各爲數幾何?"

50) 앞의 글, 앞의 책, 186면. "連比例首率一十萬, 欲分爲中末兩率. 問各爲數幾何?(理分中末線)"

51) 淸 聖祖 勅編, 王雲五 主編, 國學基本叢書, 《數理精蘊(6)》, 臺灣商務印書館, 1968, 715~753면. (7) 〈新增按分作相連比例四率法〉. "設如以十萬爲一率, 作相連比例四率, 使一率與四率相加, 與二率三倍等. 問二率三率四率各幾何?" (8) 〈按分作相連比例四率又法〉. "設如以十萬爲一率, 作相連比例四率, 使一率與四率相加, 與二率兩倍再加一三率之數等. 問二率三率四率各幾何?" (9) 〈理分中末線〉. "設如以十萬爲首率, 作相連比例三率. 使中率末率相加與首率等. 求中率末率各幾何?" 이하 《數理精蘊》의 인용은 서지사항을 생략하고 권수와 면수만을 밝힌다.

53) 《수리정온》은 상편(권3)의 《기하원본幾何原本》 권6《수리정온》 1, 77~89면)에서 정식으로 비례를 기하학적으로 다루고 있고 연비례율도 여기서 처음으로 언급하지만, 기하학을 다루고 있는 《기하원본》의 특성상 구체적인 문제에 대한 대수적代數的 해법을 제시한 것은 아니었다.

54) 〈測圓海鏡提要〉, 《四庫全書》. "立天元一法見於宋秦九韶九章大衍術中, 厥後授時草及四元玉鑑等書, 皆屢見之, 而此書言之獨詳其法, 關乎數學者甚大."

55) 2차 방정식은 (8)에서 (21), (23)에서 (26). 3차 방정식은 (28), (29), 4차 방정식은 (22), (27), (30), (31), (32), (33), (34).

56) 장혜원, 《청소년을 위한 동양수학사》, 두리미디어, 2004, 98면.

57) 《數理精蘊》 9, 1234면.

58) 이 예는 홍영희, 〈朝鮮 算學과 數理精蘊〉, 《한국수학사학회지》 제19권 제2호, 한국수학사학회, 2006, 5, 37면에서 가져온 것임.

59) 黃胤錫, 〈天元一術〉, 《算學本源》, 《理藪新編》 권23(국립중앙도서관 소장본). "算學啓蒙之天元一, 數理精蘊借根方, 異名而實同也."

60) '勾股總率' 〈籌解需用〉, 《湛軒書》, 206면. "勾股者出於九章, 卽西法之直角三角形"

61) '三角總率' 앞의 글, 앞의 책, 207면. "是以其角小者對比角者, 其線必短;其線長者對比線者, 其角必大. 線角相對, 角有定分, 互相比例, 其數可得. 盖一角有八線, 比例且四率. 凡三角三線, 但知其三, 其餘可求(只知三角則三線無準推法不行, 或所知角在所知兩線

之間, 線角無對則以夾角率推之. 總以對所知爲一率, 對所求爲二率, 所知爲三率, 所求爲四率. 則凡物之高深廣遠, 天地之形體, 七政之躔度, 可坐而致矣. 總其求術, 爲三角總率."

(62) 두 가지 방법이 있다. 첫 번째 '新增按分作相連比例四律法'의 첫 문제는 10만을 1율로 하여 연비례사율을 만들되, 1율과 4율을 더한 것이 2율의 3배와 같다고 한다면, 2율, 3율, 4율을 구하는 방법을 논한다. 곧 10만:a=a:b=b:c에서 10+c=3a일 때 a b, c를 구하는 문제다. 이어 (2)와 (3)은 지름을 20만으로 할 때 18변형과 9변형의 1변의 길이를 구하는 문제다. 두 번째는 '按分作相連比例四律又法'인데, 첫 번째 문제는 10만을 1율로 하여 연비례사율을 만들되, 1율과 4율을 합한 것이 2율을 2배로 하고 거기에 1율과 3율을 합한 수와 같을 때 2율, 3율, 4율의 값을 구하는 것이다. 이어 두 번째, 세 번째 문제는, 지름을 20만으로 할 때 원에 내접하는 14변형과 7변형의 1변의 길이를 구하는 것이다.

(63) 한영호, 84면. "구하고자 하는 3분호의 정현의 배 2sin²를 B, 주어진 정현의 배 2sinθ를 K로 치환하면 이 식은 B³−3B+K=0의 3차방정식이 된다.《주해수용》내편 상, '4율법'에 이 식의 해법인 익실귀제법益實歸除法이 언급되어 있다." 36°의 정현이 58778일 때 여현이 되는 54°의 정현①, 36°의 정현이 58778(여현은 80901)일 때 그 배가 되는 72°의 정현과 여현②, 45°의 정현이 70711(여현 역시 70711)일 때 그 절반이 되는 반호 22°30분의 정현③을 구하는 문제. 이어 36°의 여현이 80901일 때 72°의 여현과, 45°의 여현이 70701일 때 반호 22°30분의 여현을 구하는 문제가 실려 있고, 마지막으로 36도의 정현이 58778일 때 그 3분의 1인 12°의 정현을 구하는 문제가 실려 있다.

$\frac{\theta}{3}$

(64) "1. 45°의 정현은 70701이고 여현 또한 70701이다. 또 24°의 정현이 40672이고 여현이 91345일 때 두 호를 더한 69도의 정현과 두 호를 상감相減한 21°의 정현은 각각 얼마인가? 2. 84°의 호弧는 60°의 호와 24° 떨어져 있고 그 정현은 99452이고, 또 36°의 호는 60°의 호와는 24° 떨어져 있는데 그 정현은 58778이다. 떨어진 호 24°의 정현은 얼마인가?"

(65) ⑴ △abc에서 ∠b=90°, ∠c=57°, bc=5장일 때 ab의 길이는? ⑵ △abc에서 ∠b=90°, ∠c=23°35′, ab=32장일 때, bc의 길이는? ⑶ △abc에서 ∠b=90°, ∠c=43°37′, bc=21척일 때, ac의 길이는? ⑷ △abc에서 ∠b=90°, ∠c=51°51′, ac=89장 2촌 2푼일 때, ab와

cb의 길이는? ⑸ △abc에서 ∠b=90°, ab=20장, bc=34장 6척 4촌 1푼일 때, ∠a와 ∠c의 크기는? ⑹ △abc에서 ∠b=90°, ab=60척, cb=32척일 때, ac의 길이는? ⑺ △abc에서 ∠b=90°, ac=102장 2척, cb=48장일 때, ∠a와 ∠c의 크기는?

66) ⑻. △abc(예각)에서 cb=32장, ∠b=60°, ∠c=46°일 때, ab와 ac의 길이는? ⑼. △abc(예각)에서 ∠a=50°, ∠b=70°, bc=9장 7척 8촌일 때, ∠c의 크기와 ab, ac의 길이는? ⑽ △abc(둔각)에서 ∠b=24°, ∠c=36°30′, bc=79장 1촌일 때. ab와 ac의 길이는? ⑾. △abc(둔각)에서 ∠b=33°38′40″이고 ∠c=55°53′, bc=16장일 때, ∠a의 크기와 ab, ac의 길이는?(이 문제의 풀이법은 2개인데, 《중화서국》 표점본, 773~774면에 문제와 첫 번째 풀이법의 앞부분이 실려 있고, 정식으로 문제와 풀이법 2가지가 다시 나온다. 아마도 착오가 있었던 것 같다). ⑿ △abc(예각)에서 ∠a60°, ab=40장, ac=26장 1척 8푼일 때, ∠b, ∠c의 크기와 bc의 길이는? ⒀ △abc(둔각)에서 ∠a=119°34′, ab=54척, ac=36척 9촌일 때, ∠b, ∠c의 크기와 bc의 길이는? ⒁ △abc(예각)에서 ∠b=60°, ab=80장, ac=70장 3척 4촌일 때, ∠a, ∠b의 크기와 bc의 길이는? ⒂ △abc(둔각)에서 ∠b=110°, ab=22장 5척 5촌, ac=12장일 때, ∠a, ∠b의 크기와 bc의 길이는? ⒃ △abc(예각)에서 ab=122척, ac=112척, bc=150일 때 ∠a, ∠b, ∠c의 크기는?

67) '三角總率', 〈籌解需用〉, 《湛軒書》, 207면. "半底爲勾, 一腰爲弦推股."

68) 앞의 글, 같은 곳. "又半底自乘, 又三因之開方, 亦得.."

69) 앞의 글, 같은 곳. "底爲一率, 併兩腰爲二率, 兩腰相減爲三率, 推得四率爲底較. 反減底餘折半爲勾, 小腰爲弦推股."

70) 앞의 글, 같은 곳. "又兩腰幂相減, 餘以底除之爲底較, 反減底餘折半爲勾, 小腰爲弦推股, 亦得."

71) ⑷ "3각형의 중심(외심)에서 3변에 내린 수선의 길이를 구하라[三角求中心, 至三線垂線]." 이 문제의 출처는 '삼각형'에서 찾을 수 없다. "삼각형변선각도상구'를 변형한 것인가?

72) ⑴ 정삼각형 또는 2등변 삼각형의 한 변의 길이를 알고 그 수선의 길이를 구하라(삼각형-1).

⑵ 예각삼각형의 각변의 길이를 알고 수선을 구하라(삼각형-2).

⑶ 둔각삼각형을 사립斜立시켜 둔각 외의 다른 꼭지점에서 대변에 내린 수선의 길이

를 구하라(삼각형-4).

(4) 3각형의 중심(외심)에서 3변에 내린 수선의 길이를 구하라.

(5) 정삼각형의 한 변의 길이를 알고 그 면적을 구하라(2등변 예각삼각형(삼각형-5)이나 둔각삼각형(삼각형-6)의 경우도 모두 같다)(삼각형-5, 6).

(6) 둔각삼각형 속에 들어 있는 정사각형의 한 변의 길이를 구하라(삼각형-7).

(7) 정삼각형 속에 들어 있는 원의 지름을 구하라(삼각형-8).

(8) 정3각형의 외접원의 지름을 구하라(삼각형-9).

(9) 예각삼각형 속에 들어 있는 원의 지름을 구하라(삼각형-10).

(10) 예각삼각형의 외접원의 지름을 구하여라(삼각형-11, 12).

(11) 둔각삼각형에 있어서 둔각을 낀 양변을 구하라(3각이 주어져 있다)(三角形邊線角度相求-12).

(12) 양변과 그 낀각[夾角]을 알고 나머지 각을 구하라(三角形邊線角度相求-15).

(13) 예각삼각형에서 예각을 알고 나머지 2각을 구하라(三角形邊線角度相求-15).

(14) 둔각삼각형에서 둔각을 알고 양각을 구하라(三角形邊線角度相求-16).

[73] '八線摠率', 〈籌解需用〉, 《湛軒書》, 208면. "經曰, '圓出於方, 方出於矩. 矩者, 勾股也.' 蓋圜弧之勢, 屢變難測, 必方以度之, 然後其數可得. 其術亦簡, 割圜八線, 乃以直線而配 圜弧, 同歸於勾股. 其正弦‧通弦, 互求相消, 餘線可得. 六宗‧三要‧二簡諸術, 該悉推法, 立表精審, 檢用不渴, 良工苦心, 嘉惠弘深. 今取其成法, 爲八線摠率(凡八線表, 取簡則 以十萬爲半徑, 取精則以千萬爲半徑, 但務其至精密, 合則必以割圜本法, 多取小餘, 庶 無□差." □는 판독 불능.

[74] 45분의 정현을 그 1/3씩 체감하여 생각하면 15분의 정현, 5분의 정현을 점차로 구할 수 있다. 곧 60도의 내외의 정현을 구한 다음에 5분 정현으로서 그 반호를 구하면 2분 30초 정현을 얻는다. 다시 1/3호를 구하여 그때 얻은 호를 1율로 하고 50초의 현을 2율, 1분의 호를 60초로 바꾸어서 3율로 하면 1분 50초의 정현을 얻는다. 곧 50초의 정현으로 다시 이간법二簡法으로 이것을 구하면 매도每度 매분每分의 정현을 얻는다. 1분의 정현을 비례로서 이것을 구하면 매초의 8선을 모두 얻는다.

[75] 정현正弦을 알고 7선七線을 구하여라. 여현을 구하려면 반지름을 현으로 하고 정현을 고股로 한다. 정시正矢를 구하려면 반지름에서 여현餘弦을 빼면 된다. 여시餘矢를 구하

려면 반지름에서 정현을 빼면 된다. 정절正切을 구하려면 정현과 반지름을 곱한 결과를 여현으로 나눈다. 여절餘切을 구하려면 정현과 반지름을 곱한 결과를 정현으로 나눈다. 정할正割을 구하려면 반지름을 제곱한 결과를 여현으로 나눈다. 또 본호本弧의 정절正切과 여호餘弧의 절반의 정절을 합한다. 여할餘割을 구하려면 반지름을 제곱한 결과를 정현으로 나눈다. 또 본호本弧의 정절과 본호의 절반의 정절을 합한다.

76) '測量說', 〈籌解需用〉, 《湛軒書》, 223면. "蓋天者, 萬物之祖;日者, 萬物之父;地者, 萬物之母;星月者, 萬物之諸父也. 絪縕孕毓, 恩莫大焉;响濡涵育, 澤莫厚焉. 乃終身戴履而不識天地之體狀, 是猶終身怙恃而不識父母之年貌, 豈可乎哉! 若曰, '天吾知其高且遠而已, 地吾知其厚且博而已.' 則是何異於曰父吾知其爲男子而已, 母吾知其爲女子而已者哉? 故欲識天地之體狀, 不可意究, 不可以理索, 唯製器以窺之, 籌數以推之. 窺器多製而不出於句圜, 推數多術而莫要於句股. 其窺推之序, 必先辨方, 其次定尺. 辨方以量極, 定尺以度地. 先測地球, 次及諸天. 凡天地之體狀, 可得其梗槩矣."

77) 예컨대 다음 자료를 보라. 《性理大全書》 권27, 理氣二, 天文, 日月. "程子曰, '日月之爲物, 陰陽發見之尤盛者也.'" "邵康節謂:'日, 太陽也;月, 太陰也;星, 少陽也;辰, 少陰也;辰, 非星也.'" "張子曰, '五緯, 五行之精氣也.'"

78) 利瑪竇, 〈地球比九重天之星遠且大幾何〉, 《乾坤體義》; 朱維錚 主編, 《利瑪竇中文著譯集》, 復旦大學出版社, 2001, 520~522면.

79) '測管儀'〈籠水閣儀器志〉, 《湛軒書》, 248~234면. "儀器以覘之, 算數以度之, 天地之萬象無餘蘊矣."

80) 徐光啟 等 撰, 〈造小象限法〉, 《測量全義》 권3;《新法算書》 권89.

81) 원문에는 "一矩當角設表, 一規爲句股."로 되어 있는데, '一規'는 '一矩'가 아닌가 한다. 規는 콤파스이니 여기에 콤파스가 나올 리 만무하기 때문이다.

82) '測管儀', 〈籌解需用〉, 《湛軒書》, 234면. "惟其器數巧密, 工費劇繁, 下國匹庶, 靡力及此, 亦嘗一到燕都, 質于天官, 并瞻臺儀, 終未得其詳."

83) '渾象儀', 〈籌解需用〉, 《湛軒書》, 233~234면. "銅絲懸珠, 以象日月, 銀河起沒, 幷合天象. 轉而望之, 若人之身昇九霄俯臨天體也."

84) 한영호, 앞의 글, 21면. 이것은 당나라 개원開元 이래의 전통이라고 한다.

85) 이상은 한영호, 앞의 글, 22~23면에 의함.

86) 이하 측관의測管儀에 대한 모든 서술은 韓永浩·李載孝·李文揆·徐文浩·南文鉉, 〈洪大容의 測管儀 연구〉, 《歷史學報》 164, 歷史學會, 1999를 요약한 것이다.
87) 韓永浩 등, 앞의 논문, 138면에 실린 것이다.
88) 간평의는 놋쇠로 된 두 개의 원반을 가운데 축을 끼워 함께 돌릴 수 있는 형태로 되어 있다. 상, 지반地盤—지심地心을 중심으로 세로로 적도선을, 가로로 극선極線을 표시함. 양 끝은 남극, 북극이 된다. 적도선의 좌우로 그은 6개의 직선이 절기선節氣線이다. 극선의 상하로 그은 12개의 곡선이 시각선時刻線이다. 상반에서 중심을 지나는 직선이 천정선天頂線이고, 횡선이 지평선이다. 지평선 양 끝에 세운 작은 기둥이 규표窺表이다. 반 중심에 이어서 아래로 늘어뜨려 반의 둘레에 이르게 한 것이 추선錘線인데, 상·하반의 둘레를 모두 360으로 나누었다.

하, 천반天盤—별자리와 적도, 황도선 등을 새김. 지반의 반이 뚫어져 두 반을 같이 볼 수 있게 되어 있고, 가운데 축[樞細]을 끼워서 돌 수 있게 했다. 사용할 때는 그 관측지의 북극고도에 따라 두 반을 고정시키면, 천반에 의한 태양의 적도경위도赤道經緯度와 지반의 지평경위도地平經緯度의 교차가 분명해진다. 간평의로는 태양의 고도高孤度, 각 절후의 적도위도赤道緯度, 태양의 정오고호도正午高孤度, 북극출지도北極出地度, 각 절후의 주야의 장단 등 13가지의 값을 측정할 수 있다. 관측지의 북극 고도에 따라 두 반을 고정시키면, 절기에 따른 각 지방의 일출과 일몰 시각, 낮과 밤의 길이 변화 등을 관측하고 계산할 수 있도록 되어 있다.

89) 한영호 등, 앞의 글, 144~147면.
90) 17세기 이래 중국에 소개된 서양식 천문관측 의기는 웅삼발熊三拔 Sabbathinys de Ursis의 《簡平儀說》(1611년경)에 소개된 '간평의'와 이지조李之藻의 《渾盖通憲圖說》(1607)에 소개된 '혼개통헌의'가 있다. 그런데 이 두 가지 천문의기는 모두 16, 7세기 유럽에서 제작되어 사용되던 Rojas형 Universal Astrolabe, 그리고 평면구형平面球形 Astrolabe과 각각 거의 동일하다. 그중 평면구형 Astrolabe은 유럽에서 널리 제작되어 사용되던 것으로 《혼개통헌도설》에서 소개되었을 뿐 아니라, 청나라의 강희 연간(특히 1681년경)에 제작되기도 할 정도로 중국에서는 이것을 일러 간평의簡平儀라 불렀다. 그런데 홍대용의 측관의測管儀는 그것과는 약간 다른 Rojas형 Universal Astrolabe과 동일한 웅삼발의 간평의 전통에 속한다는 것이다. 또한 이러한 전통에 속하는 간평의로는 남병철의

91) 《儀器圖說》의 〈간평의설〉에 소개된 것, 그리고 현재 국립민속박물관에 소장되어 있는 석제石製 절기표판節氣表板이 바로 홍대용의 측관의와 유사한 웅삼발 간평의의 전통에 속하는 것이라고 할 수 있다. 이상은 문중양, 〈회고와 전망〉(과학사), 《역사학보》 167, 역사학회, 2000, 431~432면에서 인용한 것임.

91) '圭儀銘' 〈籠水閣儀器志〉, 《湛軒書》, 237면. "西叟運智匠之哲, 一圜渾渾妙奧泄." 西叟 는 서양인이다.

92) 黃胤錫, 〈與柳玏 元彬 書 己亥〉, 《頤齋遺藁》; 《韓國文集叢刊》 a246, 210면. "大抵律呂 之學, 今世東儒無人留意者, 如性理大全所載律呂新書一卷, 豈非朱夫子蔡西山所共定 者乎?"

93) 마테오 리치는 《幾何原本》〈譯幾何原本引〉에서 음악과 수학의 관계를 논하고 있는데, 마테오 리치의 이런 주장은 클라비우스로부터 유래한 것이라고 한다. 클라비우스는 당시 유럽의 4학예(산술, 기하, 음악, 천문)가 수량에 대한 연구를 공통점으로 삼으며, 그런 점에서 모두 수학과 관련되는 것으로 보았다. 김문용, 〈조선 후기 서양 수학의 영향과 수리 관념의 변화〉, 《한국실학연구》 24, 한국실학학회, 2012, 409~410면. 담헌도 다분히 여기에서 영향을 받은 것이 아닌가 한다.

94) 〈樂記〉, 《禮記》. "是故審聲以知音, 審音以知樂, 審樂以知政, 而治道備矣."

95) "曾子曰, '陰陽偏則風, 俱則雷.' 夫黃鍾之始, 陰消陽升則求之於陰陽之偏, 可乎? 實爲呂 之首, 則求之於陰陽之俱感, 可乎?"

96) 《增補文獻備考》 91권, 〈樂考〉 2, 〈候氣〉; 《譯註增補文獻備考》(樂考, 上), 國立國樂院, 1994, 70~72면. 이 자료는 명明의 한방기韓邦奇의 것이라 한다.

97) "然地勢有高下, 土性有疎密, 則所候者亦隨而不同."

98) 담헌이 들고 있는 이유는 다음 다섯 가지다. 첫째, 사이즈를 확정할 수 없다(시대마다 편종의 크기가 달랐다). 둘째, 종의 소리는 장단만 고려했을 뿐이다(높낮이는 고려하지 않았다). 셋째, 편종 만드는 방법의 문제(현재 조선에서는 동일한 모양의 종 16개를 만들고 속을 깎아가면서 율을 정한다고 한다. 따라서 종의 길이와 무게는 고려하지 않고 있다. 곧 삼분손익법을 적용하지 않고 있다). 넷째, 현재 통용하는 종의 형태에는 일정한 법이 적용되어 있지 않다. 다섯째, 삼분손익법을 정확하게 적용할 수 없다.

99) 박성래, 《한국수학사》, 1977, 260면.

04. 담헌 사유의 도착지, 《의산문답》과 〈임하경륜〉

1) 조규익·소재영, 《湛軒燕行錄》 연구〉, 《東方學志》 97, 연세대학교 국학연구원, 1997, 198면.
2) 〈계방일기桂坊日記〉에는 〈與工文通〉으로 되어 있다.
3) 朴趾源, 〈太學留館錄〉, 《熱河日記》; 《韓國文集叢刊》 252, 219면. "余曰, '敝友未嘗著書. 先輩金錫文, 先有三丸浮空之說, 敝友特演說以自滑稽, 亦非見得委實如是. 又不曾要人委實信他.'"
4) 朴趾源, 〈鵠汀筆談〉, 앞의 책, 259면. "鵠汀曰, '金先生字號並有著書幾篇?' 余曰, '其字號並不記憶, 亦未曾有所著. 洪亦未曾著書, 鄙人嘗信他地轉無疑, 亦嘗勸我代爲著說. 鄙人在國時, 卒卒未果.'"
5) 朴趾源, 〈洪德保墓誌銘〉, 앞의 책, 53면. "始泰西人諭地球而不言地轉, 德保嘗論地一轉爲一日. 其說渺微玄奧, 顧未及著書. 然其晩歲益自信地轉無疑."
6) 임종태, 〈무한우주의 우화〉, 《역사비평》 71, 역사비평사, 2005 여름, 275면
7) 〈醫山問答〉, 《湛軒書》, 90면. "崇周·孔之業, 習程·朱之言, 扶正學斥邪說, 仁以救世, 哲以保身, 此儒門所謂賢者也."
8) 앞의 글, 같은 곳. "吾固知爾有道術之惑. 嗚呼哀哉! 道術之亡久矣. 孔子之喪, 諸子亂之; 朱門之末, 諸儒汨之. 崇其業而忘其眞, 習其言而失其意. 正學之扶, 實由矜心; 邪說之斥, 實由勝心; 救世之仁, 實由權心; 保身之哲, 實由利心. 四心相仍, 眞意日亡, 天下滔滔, 日趨於虛."
9) 《을병연행록》 2, 45면.
10) 앞의 책, 296면.
11) 〈醫山問答〉, 앞의 책, 91면. "今爾膠於舊聞, 狃於勝心, 率口而禦人, 求以聞道, 不亦左乎? ……膠舊聞者, 不可與語道; 狃勝心者, 不可與爭口. 爾欲聞道, 灌爾舊聞, 祛爾勝心, 虛爾中慤爾口."
12) 앞의 글, 앞의 책, 89면. "飾讓以僞恭, 專以虛與人."
13) 앞의 글, 90면. "少讀聖賢之書, 長習詩禮之業, 探陰陽之變, 測人物之理, 存心以忠敬, 作事以誠敏, 經濟本於周官, 出處擬於伊呂, 傍及藝術·星曆·兵器·籩豆·數律, 博學無

方, 其歸則會通於六經, 折衷於程·朱."

14) 앞의 글, 같은 곳. "今吾將語爾以大道, 必將先之以本源."

15) 구만옥, 〈조선 후기 천문역산학의 주요 쟁점: 黃胤錫의《頤齋亂藁》를 중심으로〉,《한국과학사학회지》제31권 제1호, 한국과학사학회, 2009. 6. 78면. '암허'라는 용어는 장형 張衡(78~139)의《영헌靈憲》에 등장하는데, 주희는 그 본래의 뜻과는 다른 의미에서 암허라는 용어를 차용해서 월식의 이치를 설명했다. 태양 안에는 어두운 부분(=암허)이 있는데, 달이 보름 때 태양과 정면으로 마주하게 되면 바로 이 부분의 영향을 받아서 월식이 일어난다는 주장이었다. 원출전은 구만옥, 〈조선 후기 日月蝕論의 變化〉,《한국사상사학》19, 한국사상사학회, 2000, 193~194면.

16)《朱子語類》권1, 理氣 上, 太極天地上; 권2, 理氣 下, 天地 下;《性理大全書》권27, 理氣 2, 天文.

17) 알폰소 바뇨니, 이종란 옮김,《공제격치》, 한길사, 2012, 12~13면.

18) 문중양, 〈전근대라는 이름의 덫에 물린 19세기 조선 과학의 역사성〉,《한국문화》54, 규장각 한국학연구소, 2011. 6, 114~115면.

19) 전용훈, 앞의 글, 71면.

20) 문중양, 앞의 글, 114~115면.

21) 熊三拔 撰, 〈水法或問〉,《泰西水法》권5,《天學初函》3.

22) '朴趾源,〈鵠汀筆談〉, 앞의 책, 261면. "鵠汀曰, '吾儒近世頗信地球之說. 夫方圓動靜, 吾儒命脈而泰西人亂之. 先生何從也?'"

23) 方以智,《物理小識》권1.

〔天類〕象數理氣徵幾論 天象原理, 气暎差(대기의 굴절), 光論, 轉光, 聲論, 聲異, 隔聲, 律呂, 五音七調, 樂節, 中聲, 高下定聲之數, 天地人聲, 四行五行說, 水, 火, 木, 種仁皮心之理, 土, 水火本一, 水火南北位, 金土,

〔曆類〕圜體, 黃赤道, 九重, 三際, 歲差乃星度與日周差而歲實無差, 光肥影瘦之論可以破日大于地百十六餘倍之疑, 左右一旋說, 兩種定極, 日月行度, 宿天, 日月食, 五星遲留伏逆, 四餘, 出沒異, 晝夜異, 節气異, 曆元, 開闢紀年, 節度定紀, 南極諸星圖, 占最高法, 天地大小皆有環列應機分野非泥說也.

方以智,《物理小識》권2

[風雷雨暘類] 風徵, 風行遠近, 南北風寒溫之異, 雨徵, 雨異, 祈雨占法, 雷說, 雹, 霜雪, 天漢, 凍成花鳥草木之形, 虹霓, 彗, 黑子, 已疾諸火, 死性之火, 貯火油與滅火法, 石竹火, 續火, 火異, 陰火潛然, 野火塔光, 空中取火法.

[地類] 陽气生地脈, 水患說, 水忽淸忽變, 弱水死海, 地生毛, 水行沴勢, 水齧山立水斷地湧色變之異, 潮汐, 水圓, 沸珠泉, 水味不同, 烹水法, 貯水洗水法, 澄水, 試井, 水能駐顔, 水益气已疾, 治水開支河, 水激成瀑法, 過漉法, 安水土法, 水寶, 已疾諸土, 土化物, 地游地動也(지진 포함), 地中多空, 西北與東南之土異, 洛無冰, 作冰法, 冰透碗外, 鍼化雪部水, 暑極生涼法, 冰異, 風土, 海市山市, 陽燄水影旱浪, 脂流, 煖谷溫泉地中陽气所結砂硫礬礐未確也, 醴泉甘露有數說本以甘而立名也, 沙異, 立土橫土各有崖文, 渾河鹵地有宜.

[占候類] 占幾, 藏智于物, 貞悔, 觸幾惟變所適, 以數表幾而像亦類之, 雨占, 南北方暘之異, 歲候.

24) 李瀷, 〈日月蝕辨〉, 《星湖全集》; 《韓國文集叢刊》 a199, 279면. "朱子語類出於門人之雜記, 未必皆得其實, 而或一時偶言未及照管者, 學者不可不勘以正之."

25) 주자의 일식·월식론은 《朱子語類》 권2, 理氣 下 天地 下에 실려 있다.

26) 李瀷, 〈跋天問略〉, 《星湖全集》; 《韓國文集叢刊》 a199, 517면.

27) 〈毉山問答〉. "夫天圓而地方者, 或言其德也. 且爾與其信古人傳記之言, 豈若從現前日訂之實境也."

28) 이덕무의 저작에 방이지의 《물리소지》, 방중리의 《고금석의》가 인용된다. 물론 그 내용에 대해 깊이 주목하지는 않았다. 이에 대한 자세한 논의는 문중양, 〈19세기 조선의 자연 지식과 과학 담론: 명말청초 중국 우주론의 늦은 유입과 그 영향〉, 《다산학》 13, 다산학술문화재단, 2008, 19~20면.

29) 2권과 3권의 목차는 다음과 같다.

《天經或問》 권2, 閩中 游藝 撰

天體, 地體, 黃赤道, 南北極, 子午規, 地平規, 太陽, 太陰, 日食, 交食, 朔望弦晦, 氣盈朔虛閏餘, 月見遲疾, 日月右行, 天行過一度, 五星遲疾伏退, 四餘羅計氣孛.

《天經或問》 권3, 閩中 游藝 撰

歲差, 經星名位, 恒星多寡, 大星位分, 太陽出入赤道度分, 經星東移, 觜宿古今測異, 七曜各麗天, 恒星天, 宗動天, 常静天, 七曜離地, 日體大小, 金水伏見, 天漢, 經星伏見, 度分宮舍, 度分廣狹, 度屬不同, 星動爍耀, 游氣, 星座, 晝夜長短, 晨昏長短.

30) 〈醫山問答〉, 앞의 책, 90면. "人貴於禽獸, 草木賤於禽獸."
31) 앞의 글, 같은 곳. "夫大道之害, 莫甚於矜心, 人之所以貴人而賤物, 矜心之本也."
32) 앞의 글, 앞의 책, 91면. "今爾曷不以天視物, 而猶以人視物也?"
33) 앞의 글, 같은 곳. "人物之生, 本於天地. 吾將先言天地之情. 太虛寥廓, 充塞者氣也. 無內無外, 無始無終, 積氣汪洋, 凝聚成質, 周布虛空, 旋轉停住, 所謂地月日星是也."
34) 문중양, 〈조선 후기 실학자들의 과학 담론, 그 연속과 단절의 역사〉, 《정신문화연구》 93, 한국정신문화연구원, 2003 겨울호, 31면.
35) 游藝, 〈地體〉, 《天經或問》 권2, "揭子曰, '天之虛, 非虛也. 虛者, 氣塞滿之, 無有空隙.'"
36) 〈啓蒙記疑〉, 《湛軒書》, 30면. "萬物之生, 必先有氣而後有質, 所以天生而地成."
37) 〈五行〉, 《性理大全》 卷27. "蓋質則陰陽交錯凝合而成, 氣則陰陽兩端循環不已." 朱熹, 〈答黃商伯〉, 《朱子大全》 권46. "一曰水 二曰火 三曰木 四曰金 五曰土, 竊謂氣之初溫而已, 溫則蒸溽, 蒸溽則條達, 條達則堅凝, 堅凝則有形質, 五者雖一有俱有, 然推其先後之序, 理或如此." 이것은 황상백黃商伯의 물음이다. 다만 기가 단단하게 뭉쳐서 형질形質을 이룬다는 생각은 정주학파程朱學派에서 공유하고 있는 것이었다.
38) 원문은 다음과 같다. "凡物之轉動(a), 由於虛實而身外有界耳(b)." 이 문장은 번역부터 곤란하다. 주어는 당연히 '物之轉動'이고 술어는 '由於虛實而身外有界'이다. 여기서 '由於'는 동사+개사介詞이고, '虛實而身外有界'는 개사 '於'의 빈어賓語다. 따라서 번역은 '물물의 전동轉動은 허虛하고 실實하면서 몸 밖에 계界가 있는 것에서 비롯된다'로 할 수밖에 없다. 물론 '虛實而'에서 '而'는 앞의 '虛實'을 상어狀語(부사어)로 만들어 주는 구실을 한다. 하지만 허와 실, 몸 밖의 계가 왜 회전운동을 가능하게 하는지는 알 수 없다.
39) 〈醫山問答〉, 앞의 책, 93면. "物之有體質者, 終必有壞. 凝以成質, 融以反氣. 地之有閉闢, 其理固也. 惟天者虛氣, 蕩蕩灝灝, 無形無眹, 開成何物, 閉成何物, 不思甚矣."
40) 앞의 글, 92면. "滿天星宿, 無非界也."
41) 앞의 글, 94면. "敢問各界俱轉, 亦能周包他界. 獨此地界, 只能自轉, 不能周行, 何也?"
42) 앞의 글, 93면. "銀河者, 叢衆界以爲界, 旋規於空界, 成一大環. 環中多界, 千萬其數,

43) 李瀷,〈首尾吟坤〉,《星湖僿説》권1, 天地門. "天問略云, '所謂天河者小星稠密, 故其體光顯相連若白練.' 西國有視遠鏡, 能察如此也. 未知然否." 그런데 이익은《天問略》을 출처로 밝히고 있지만, 사실은《曆體略》이 그 출처다. 王英明,〈經宿〉,《曆體略》卷下. "若今所謂天漢者, 則小星稠密光顯相聯, 若白練然, 非白氣也."

44) 游藝,〈天漢〉,《天經或問》前集, 권3. "其實不然, 以遠鏡窺之, 天河實是小星之隱而不現者, 然微而甚多, 攢聚一帶. 盖因天體通明映徹, 受諸星之光, 并合為一直白練焉, 故名為天河."

45) 〈醫山問答〉, 앞의 책, 94면. "衆界之成, 體有輕重, 性有鈍疾."

46) 앞의 글, 같은 곳. "輕而疾者, 轉而能周; 重而鈍者, 轉而不周."

47) 앞의 글, 같은 곳. "輕疾之極, 周圈極闊, 三緯之類也. 重鈍之極, 周圈切面, 地界之類也." 이 문장에서 '周圈切面'의 의미는 분명하지 않다. 앞의 '周圈極闊'는 '周圈이 지극히 넓다'로 번역된다. '周圈'이 주어이고, '極闊'이 술어다. 마찬가지로 '周圈切面'에서 주어는 '周圈'이 주어이고 '切面'이 술어다. 번역은 '周圈이 切面이다.' 혹은 '周圈이 面을 자른다'라고 번역된다. 하지만 '잘린 면', '면을 자른다'는 것이 무슨 뜻인지 잘 알 수 없다.

48) 앞의 글, 93면. "虛子曰, '居日界者, 如火鼠之居火; 居月界者, 如水族之居水, 其理然也. 敢問兩界之生, 可通其遊歷歟?'"

49) 앞의 글, 같은 곳. "實翁曰, '何言之愚也, 陸居者入水則窒死, 水居者出陸則喘死. 南人不耐寒, 北人不耐暑. 一界之中, 尙不能通. 各界之生, 形氣絶異, 有如水火. 水火之同器, 豈有其理乎?'"

50) 앞의 글, 같은 곳. "十年胎息, 丹成脫殼, 法身靈變, 超越雲霄. 不焦於火, 不濡於水, 遊歷衆界, 永享淸快."

51) 앞의 글, 94면. "原其發願, 實由利心, 而卒無其利. 巧而實拙, 黠而實愚. 爾欲學道, 而乃有是願, 不亦惑乎?"

52) 김영식,《정약용의 문제들》, 혜안, 2014, 28면.

53) 《朱子語類》권4. "問, '神仙之説有之乎?' 曰, '誰人説無? 誠有此理. 只是他那工夫大段難

做. 除非百事棄下, 辦得那般工夫方做得."《朱子語類》권125.〈論修養〉. "人言仙人不死. 不是不死, 但只是漸漸銷融了, 不覺耳. 蓋他能煉其形氣, 使查滓都銷融了, 惟有那些清虛之氣, 故能升騰變化. 漢書有云:'學神仙尸解銷化之術.' 看得來也是好則劇, 然久後亦須散了. 且如秦漢問所說仙人, 後來都不見了. 國初說鍾離·權呂洞賓之屬, 後來亦不見了. 近來人又說劉高尚, 過幾時也則休也."

54) 〈測量說〉,《籌解需用外編》(下),《湛軒書》;《韓國文集叢刊》a248, 223면. "故欲識天地之體狀, 不可意究, 不可以理索. 唯製器以窺之, 籌數以推之. 窺器多製而不出於方圓, 推數多術而莫要於勾股."

55) "五星之體, 各有其德, 五行之分屬, 術家之陋也. 且自地界觀之, 繁星連絡, 如昴宿之叢萃, 類居羣聚. 其實十數點之中, 高下遠近, 不啻千萬其里. 自彼界觀之, 日月地三點, 耿耿如連珠, 今以日月地, 舍爲一物而命之以三星, 可乎?" 담헌의 이 아이디어는 《원경설 遠鏡說》에서 가져왔을 가능성이 있다. 湯若望,《遠鏡說》. 徐光啟 等 撰,《新法算書》권23. "用以觀宿天諸星, 較之平時, 不啻多數十倍, 而且界限甚明也. 即如昴宿數不止於七, 而有三十多. 鬼宿中積尸氣, 觜宿中北星, 天河中諸小星, 皆難見者, 用鏡則瞭然矣. 又如尾宿中距星及神宮北斗中開陽及輔星, 皆難分者, 用鏡則見相去甚遠焉. 是宿天諸星, 借鏡驗之算之, 相去幾何, 絲毫不爽" 묘수가 7개가 아니라 30개도 넘는다는 것, 망원경을 사용하면 별들의 거리가 아주 멀다고 말하고 있다. 담헌은 아마도《의산문답》을 쓸 무렵《원경설》을 읽었을 것이다.

56) 〈毉山問答〉, 앞의 책, 94면. "大地界之於太虛, 不啻微塵爾;中國之於地界, 十數分之一爾. 以周地之界, 分屬宿度, 猶或有說. 以九州之偏, 硬配衆界, 分合傅會, 窺覘災瑞, 妄而又妄, 不足道也."

57) 앞의 글, 앞의 책, 같은 곳. "若熒惑之行, 時有包旋, 留守進退, 緣於地觀."

58) 앞의 글, 앞의 책, 93면. "日者, 體大於地, 其數多倍. 其質火, 其色赤. 質火故其性溫, 色赤故其光明."

59) 앞의 글, 같은 곳. "月者, 體小於地, 三十居一. 其質氷, 其色淸. 質氷故其性冷, 色淸故暎日發光, 遠日則凝, 空明如鏡, 近日則融, 汪洋如海."

60) 앞의 글, 같은 곳. "地者, 七政之滓穢. 其質氷土, 其色晦濁. 質氷土故其性寒, 色晦濁故映日少. 光近而受溫, 土潤氷解."

61) 앞의 글, 같은 곳. "生於本界者, 禀受純火, 其體晃朗, 其性剛烈, 其知烱透, 其氣飛揚. 無晝夜之分, 無冬夏之候, 終古居火而不覺其溫也."
62) 앞의 글, 같은 곳. "生於本界者, 禀受純氷, 其體淫澈, 其性潔淨, 其知澄明, 其氣輕浮, 晝夜之分, 冬夏之候, 與地界同, 終古居氷而不覺其冷也."
63) 앞의 글, 같은 곳. "生於本界者, 其體尨駁, 其性粗雜, 其知昏憃, 其氣鈍滯. 日照而爲晝, 日隱而爲夜. 日近而爲夏, 日遠而爲冬. 日火蒸炙, 滋産衆生, 形交胎産, 人物繁衆. 神智日閉, 小慧日長, 利慾淫熬, 生滅芒忽. 此地界之情狀而爾之所知也."
64) 담헌은 원래 기氣가 질질이 되고 그 질질이 천체가 되었다고 말한 바 있는데, 체體·성性·지知·기氣에서 다시 '기'를 설정했다. 두 기가 어떻게 다른지에 대해서 담헌은 침묵한다. 억지로 이해하자면, 해의 형체를 이루었을 때의 속성으로 인해 태양의 기가 다시 어떤 속성을 띠게 된 것을 말하는 게 아닌가 한다.
65) 《醫山問答》, 앞의 책, 91면. "夫地者, 水土之質也. 其體正圓, 旋轉不休, 浮浮空界, 萬物得以依附於其面也."
66) 전용훈, 앞의 글, 226면.
67) 육면세계설六面世界說에 대해서는 具萬玉, 《朝鮮 後期 科學思想史 硏究 1》, 혜안, 2004, 272~277면과 임종태, 〈우주적 소통의 꿈〉—18세기 초반 湖西 老論 학자들의 六面世界說과 人性物性論〉, 《韓國史硏究》 138, 한국사연구회, 2007을 볼 것.
68) 이것은 《大戴禮記》, 〈曾子天圓〉에 실린 것이다. 이에 대한 상세한 논의는 임종태, 《17, 18세기 중국과 조선의 서구 지리학 이해》, 창비, 2012, 90~91면을 볼 것.
69) 임종태, 앞의 책, 37면. 알레니艾儒略의 《職方外紀》, 〈五大洲總圖界度解〉에도 나온다. "天圓地方, 乃語其動靜之德, 非以形論也. 地旣圓形, 則無處非中, 東西南北之分, 不過就人所居立名, 初無定準."
70) 《醫山問答》, 앞의 책, 91면. "'苟地之方也, 四隅八角六面均平, 邊際斗絶, 如立墻壁, 爾見如此.' 虛子曰, '然.' 實翁曰, '然則河海之水, 人物之類, 萃居一面歟? 抑布居六面歟?' 虛子曰, '萃居上面爾, 盖旁面不可橫居, 下面不可倒居也."
71) 利瑪竇(마테오 리치), 《乾坤體義》: 朱維錚 主編 《利瑪竇中文著譯集》, 復旦大學出版社, 2001, 519면. "夫地厚二萬八千六百三十六里零三十六丈, 上下四方皆生齒所居, 渾淪一球, 原無上下. 盖在天之內, 何瞻非天? 總六合內, 凡足所竚卽爲下, 凡首所向卽爲上,

주 543

其專以身之所居分上下者, 未然也." 艾儒略(알레니),《職方外紀》:《天學初函》3, 출판사 불명, 발행연도 불명, 1312면. "地旣圓形, 則武處非中. 所謂東西南北之分, 不過就人所居立名, 初無定準."

72) 김시진과 남극관에 대해서는 전용훈, 앞의 글, 125~133면에 잘 정리되어 있다.

73) 전용훈, 앞의 글, 129면.

74) 이현구,〈최한기의 기학과 근대과학〉,《계간 과학사상》, 1999 가을, 83면.

75) 웅삼발의《表度설圖說》, 전용훈, 앞의 글, 221면.

76) 전용훈, 앞의 글, 224~229면에 이런 입장들이 요약되어 있다.

77)〈醫山問答〉, 앞의 책, 91면. "實翁曰, '然則人物之微, 尙已墜下, 大塊之重, 何不墜下?' 虛子曰, '氣以乘載也.' 實翁厲聲曰, '君子論道, 理屈則服;小人論道, 辭屈則遁. 水之於舟也, 虛則載, 實則臭. 氣之無力也, 能載大塊乎? 今爾膠於舊聞, 狃於勝心, 率口而禦人, 求以聞道, 不亦左乎? 邵堯夫, 達士也. 求其理而不得, 乃曰天依於地, 地附於天. 曰地附於天則可, 曰天依於地則渾渾太虛, 其依於一土塊乎? 且地之不墜, 自有其勢, 不係於天. 堯夫知不及此, 則强爲大言, 以欺一世, 是堯夫之自欺也.'"

78)《晉書》, 志第一,〈天文〉上, '天體' "天表裏有水, 天地各乘氣而立, 載水而行."《黃帝內經》,〈素問〉권9,〈五運行大論篇〉, "帝曰, '地之爲下否乎?' 歧伯曰, '地爲人之下太虛之中者也.' 帝曰, '馮乎?' 歧伯曰, '大氣擧之也.'" 지구가 추락하지 않고 있는 근거로 '大氣擧之'는 일반적으로 선택되는 해결책이었다. 남극관南克寬은 역시 '大氣擧之'를 인용했다. 보다 자세한 것은 임종태, 앞의 책, 229~231면을 볼 것.

79) 방이지方以智·강영江永 등은 지구가 공중에 떠 있는 근거로 '大氣擧之'를 인용했다. 전용훈, 앞의 글, 230면. 다만 담헌이 방이지를 알고 있었는지는 알 수 없다. 조선에서는 정제두가 '大氣擧之'를 지구가 추락하지 않는 근거로 제시했다. 전용훈, 앞의 글, 233면.

80) 임종태,《17, 18세기 중국과 조선의 서구 지리학 이해》, 창비, 2012, 233면.

81) 문중양,〈조선 후기 실학자들의 과학 담론, 그 연속과 단절의 역사〉,《정신문화연구》93, 한국정신문화연구원, 2003 겨울호, 32~33면. 원래의 참고서는 山田慶兒,《주자의 자연학》, 통나무, 1991, 193~196·174~176면이라고 함.

82)〈醫山問答〉, 앞의 책, 같은 곳. "水之於舟也, 虛則載, 實則臭, 氣之無力也, 能載大塊

予?' 청清의 장옹경張雍敬은 기氣가 땅을 들어 올릴 수 없다고 했다. 보다 자세한 것은 임종태, 앞의 책, 236면을 볼 것.

83) 《性理大全》 권13; 邵雍, 《皇極經世書》 7, 外書, 〈漁樵問對〉. "樵者問漁者曰: '天何依?' 曰, '依乎地.' '地何附?' 曰, '附乎天.'" 또 이 구절은 주자의 《초사집주》 권3, 〈천문〉 권3 의 주해에도 나온다. "邵子曰, '天何依?' 曰, '依乎地.' '地何附?' 曰, '附乎天.'" 담헌은 이런 책들에서 이 부분을 인용했을 것이다.

84) 전용훈, 앞의 글, 233면.

85) 〈醫山問答〉, 앞의 책, 같은 곳. "夫渾渾太虛, 六合無分, 豈有上下之勢哉!"

86) 앞의 글, 같은 곳. "夫日月星, 升天而不登, 降地而不崩, 懸空而長留. 太虛之無上下, 其跡甚著. 世人習於常見. 不求其故. 苟求其故. 地之不墜. 不足疑也."

87) 박성래 선생은 담헌의 우주무한론에 대해 "우주가 무한하고, 그 가운데 지구 비슷한 천체들이 따로 그 나름의 세계를 만들고 있으리라는 생각은 17세기를 전후해 서양에서 널리 퍼지기 시작한 주장이었다"고 하였다. 朴星來, 〈洪大容《湛軒書》의 西洋科學 발견〉, 《震檀學報》 79, 震檀學會, 1995, 259면. 하지만 구체적인 전거는 밝히지 않았다. 이보다는 태허 개념이 담헌에게 훨씬 설득력이 있었던 게 아닌가 한다. 한편 장형張衡은 "우宇의 겉은 끝이 없고, 주宙의 끝은 다함이 없다(宇之表無極, 宙之端無窮)"고 하여 무한우주론을 말했다. 劉文英, 李祥麟·姜宗妊·金洪水 共譯, 〈중국 고대의 시공 관념〉(2), 《중국어문학역총》 26, 영남대학교 중국문학연구실, 2007.5, 431면. 이 글은 방이지의 사유 속에 우주무한론으로 볼 수 있는 요소가 있음을 지적하고 있다. 같은 논문, 434면.

88) 具萬玉, 《朝鮮後期 科學思想史 研究 1》, 혜안, 2004, 403~404면.

89) 《의산문답》, 앞의 책, 91~92면. "夫地塊旋轉, 一日一周, 地周九萬里, 一日十二時. 以九萬之濶, 趁十二之限, 其行之疾, 亟於震電, 急於炮丸. 地旣疾轉, 虛氣激薄, 閡於空而湊於地. 於是有上下之勢, 此地面之勢也. 遠於地則無是勢也. 且磁石吸鐵, 琥珀引芥, 本類相感, 物之理也. 是以火之上炎, 本於日也; 潮之上湧, 本於月也; 萬物之下墜, 本於地也. 今人見地面之上下, 妄意太虛之定勢而不察周地之拱湊, 不亦陋乎!"

90) 원문은 다음과 같다. "凡物之轉動(a), 由於虛實而身外有界耳(b)." 이 문장은 번역부터 곤란하다. 주어는 당연히 '物之轉動'이고 술어는 '由於虛實而身外有界'이다. 여기서 '由

91) '於'는 동사+개사介詞이고, '虛實而身外有界'는 개사 '於'의 빈어賓語다. 따라서 번역은 '물物의 전동轉動은 허虛하고 실實하면서 몸 밖에 계界가 있는 것에서 비롯된다'로 할 수밖에 없다. 물론 '虛實而'에서 '而'는 앞의 '虛實'을 상어狀語(부사어)로 만들어 주는 구실을 한다. 하지만 허와 실, 몸 밖의 계가 왜 회전운동을 가능하게 하는지는 알 수 없다.

92) 〈醫山問答〉, 앞의 책, 92면. "萬物之生, 各有氣以包之."

93) '물살이 솟구쳐 강가의 땅으로 향한다'는 이해는 문중양, 〈조선 후기 실학자들의 과학 담론, 그 연속과 단절의 역사〉, 《정신문화연구》 93, 한국정신문화연구원, 2003 겨울, 40면에서 가져온 것이다.

94) 〈醫山問答〉, 앞의 책, 같은 곳. "萬物之生, 各有氣以包之. 體有小大, 包有厚薄, 有如鳥卵, 黃白相附. 地體旣大, 包氣亦厚. 籠絡經持, 搏成一丸, 旋轉于空, 磨盪虛氣. 兩氣之際, 激薄颷疾, 術士測之, 認以罡風. 過此以外, 渾渾淸靜."

95) 이것은 소식蘇軾의 《물류상감지物類相感志》에 실려 있는 것이라 한다. 蘇軾, 〈總論〉, 《物類相感志》; 陶宗儀, 《說郛》 권22하. "磁石引針, 琥珀拾芥." 하지만 소식이 《물류상감지》를 썼다는 설은 근거가 없다.

96) 《漢語大詞典》. "道敎謂高空之風. 後亦泛指勁風."

97) 朱熹, 《朱子語類》 권2. "道家有高處有萬里剛風之說."

98) 앞의 글, 앞의 책, 92면. "雖然, 西洋之精詳, 旣云天運而地靜. 孔子, 中國之聖人也, 亦曰天行健. 然則彼皆非歟?"

99) 游藝, 《天經或問》 前集 권1. "天運旋於外, 地靜處居中." 권2. "天動不息地靜永寧."

100) 〈醫山問答〉, 앞의 책, 같은 곳. "在宋張子厚微發此義. 洋人亦有以舟行岸行, 推說甚辨. 及其測候, 專主天運, 便於推步也." 이것은 《오위력지五緯曆指》에 근거한 것이다. 주행舟行·안행岸行의 운동의 상대성의 비유는 원래 갈릴레이가 사용한 비유다. '갈릴레이의 상대성Galilean relativity'을 보여 주는 이 예는 일정한 속도로 움직이는 체계 속에서는 그것이 자신이 운동해서 일어나는 것인지 아니면 대상이 운동해서 일어나는 현상인지 판별할 수 없다는 것을 보여 준다고 한다. 朴星來, 〈洪大容《湛軒書》의 西洋科學 발견〉, 《震檀學報》 79, 震檀學會, 1995, 257~258면.

101) 〈醫山問答〉, 앞의 책, 92면. "實翁曰, '善哉! 問. 民可使由之, 不可使知之. 君子從俗而

設教, 智者從宜而立言. 地靜天運, 人之常見也. 無害於民義, 無乖於授時. 因以制治, 不亦可乎?"

湯若望,〈渾天儀之原〉《渾天儀說》;《新法算書》권16. "今天之旋行, 雖各遲速不同, 尚不至為異類, 無可止限. 又左右並行若相反, 而不害其為異. 盖緣黃赤二極不一, 故今依赤極左旋, 此在下諸天所同. 必二十四小時一周, 乃下以從上者, 正如舟行水面並渡, 所載之人, 使之與岸遠ม. 又依黃極右旋, 各天遲速不等, 故曰本行乃因下以逆上者. 正如舟本順流而行, 而所載之人, 則自舟首至尾, 為退行耳. 試以玻璃瓶注水, 其中令在內之水右旋而却轉瓶左旋則必見水隨瓶轉而實已右旋矣. 是瓶其宗動之西, 行而水本向東者, 乃亦隨而西耳."

羅雅谷Giacomo Rho,〈周天各曜序次〉,《五緯曆指》권1;《新法算書》권36. "盖星無晝夜一周之行, 而地及氣火通為一球, 自西徂東日一周耳. 如人行船見岸樹等, 不覺已行, 而覺岸行. 地以上人見諸星之西行, 理亦如此. 是則以地之一行, 免天上之多行, 以地之小周, 免天上之大周也. 然古今諸士, 又以為實, 非正解. 盖地為諸天之心, 心如樞軸, 定是不動. 且在船如見岸行, 曷不許在岸者得見船行乎? 其所取譬仍非確證." 이 자료에 대한 소상한 해설은 金永植,〈조선 후기의 지전설 재검토〉,《동방학지》133, 연세대학교 국학연구원, 2006을 보시오. 小川晴久,〈지전(동)설에서 우주무한론으로〉,《동방학지》, 연세대 출판부, 1979도 참고할 수 있다.

101)〈醫山問答〉, 앞의 책, 95면. "今夫天者其體至虛, 其性至靜, 其大無量, 其塞無間, 雖欲轉動, 得乎?"

102) 임종태,〈무한우주의 우화—홍대용의 과학과 문명론〉,《역사비평》71, 2005 여름, 275면.

103)《性理大全》, 권5,〈正蒙〉, 參兩篇 제2. "凡圜轉之物動, 必有機. 既謂之機, 則動非自外也. 古今謂天左旋, 此直至粗之論耳, 不考日月出没, 恒星昏曉之變. 愚謂在天而運者, 惟七曜而已. 恒星所以為晝夜者, 直以地氣乘機左旋於中, 故使恒星河漢因北而南, 日月因天隱見. 太虛無體, 則無以驗其遷動於外也." 야마다 게이지는 문장을 완전한 지동설로 해석하고 있다. 山田慶兒, 김석근 역,《주자의 자연학》, 통나무, 1991, 61~63면을 볼 것. 이상은 문중양,〈조선 후기 자연지식의 변화 패턴〉,《대동문화연구》38, 성균관대학교 대동문화연구원, 2001, 307~308면. 하지만 이것은 사실상 지전론의 증

거로 볼 수 없다고 한다. 자세한 것은, 김영식, 《유가전통과 과학》, 222~225면을 보시오.

104) 〈醫山問答〉, 앞의 책, 94면. "虛子曰:'敢問天之有兩極, 何也?'"
105) 담헌은 지원설을 입증하기 위해 지전을 동원했지만, 지원설은 남김없이 해명되지 않았다. 허자가 말하는 경험의 상식에 의하면 땅은 평면이다. 원리상 높은 곳에 올라가면 땅 전체를 조감할 수 있다. 다만 인간 시력의 한계로 전체를 보지 못할 뿐이다. 담헌은 하늘과 맞닿은 바다와 막힘이 없는 들에서 해와 달이 뜨고 지는 것을 눈으로 볼 수 있으므로, 인간 시력의 한계가 땅 전체를 모두 볼 수 없는 이유는 될 수 없다고 말한다. 곧 땅의 모습 전체를 볼 수 없는 것은 그것이 구형이기 때문이라는 것이다.
106) 알폰소 바뇨니, 이종란 옮김, 《공제격치》, 한길사, 2012, 147면. "上古或擬地浮水中猶舟. 然或又憶:'地恒運旋, 天恒寧靜, 而居民不覺, 反謬爲天旋地靜矣.' 中士又有曰, '地有四遊升降.' 然諸說者之謬, 一剖自明." 원문 앞에 이종란의 번역이 있는데, 이해하기가 어렵다. 참고로 다시 번역해 둔다. "상고에는 혹 땅이 물 가운데 배처럼 떠 있다고 생각하기도 하였다. 그러나 어떤 이는 또 이렇게 생각했다. '땅은 항상 움직여 회전하고 하늘은 항상 고요히 정지해 있으나 (땅에서) 사는 사람들이 알아차리지 못하고 도리어 그릇되게도 하늘이 돌고 땅이 고요히 정지해 있다고 한다.' 중국 선비는 또 이렇게 말한다. '땅은 사방으로 떠돌며 올라갔다 내려갔다 한다.' 그러나 제설諸說의 오류는 한 번의 분석으로 저절로 명백해진다."
107) 이익 역시 거대한 하늘이 하루에 한 바퀴를 도는 것은 어려운 일이므로 땅이 도는 것이 아닌가라고 의문을 제기했다. 《성호사설》 권3, 천지문, 〈천행건天行健〉, 〈담천담天〉, 〈천수지전天隨地轉〉, 〈천문천대天問天對〉 등에서 그렇게 말했다. 여기에 대해서는 김영식, 《유가전통과 과학》, 예문서원, 2013, 208~212면을 볼 것.]
108) 담헌은 《성호사설》을 소장하고 있었다. 담헌의 서제庶弟 홍대정洪大定은 담헌 사후 충청도 향제鄕第에 《성호사설》 20권이 남아 있다고 말하고 있다. 이것은 담헌이 읽었던 책일 것이다. 《頤齋亂藁》 7, 386면. 1786년 7월 18일. "初昏洪大有(改名大定), 納名來見, 卽故人洪德保庶弟也. 多識可語. 自言, '家間書冊盡歸京中嫡姪, 而只餘星湖翁僿說二十卷. 又有栗谷全書而亡其若干卷. 又有洪啓禧所刊永憲經書(南漢板)及七書大全及他冊若干'云."

109) 朴趾源,〈鵠汀筆談〉, 앞의 책, 261면. "余曰, '吾東近世先輩有金錫文, 爲三大丸浮空之說. 敝友洪大容又刱地轉之論.'"

110) 閔永珪,〈十七世紀 李朝學人의 地動說〉,《東方學志》16, 1975, 연세대학교 국학연구원, 10~14면. 구체적인 자료는 다음과 같다.〈與金持平宗澤書〉乙巳. "金大谷錫文, 卽淸城相國族弟也. 居抱川, 官止通川倅, 有所撰易學二十四圖解五·六卷, 未及刊行. 而其易學之發前人未發, 一洗千古之謬者. 不但爲三淵·芝村之所大許, 雖以鄙見論之, 當與康節伯仲, 而東國花潭以下所不論也. 我先生亦嘗談及此老深致慕(11면)焉, 弟大爲之心醉, 而其著策新法, 又破京郭之陋 ……."

111) "김석문은 지륜설의 정당성을 위해 서양 신부들이 전도의 술책으로 고수하던 천동설을 혹평했다." 이용범,〈김석문의 지전론과 그 사상적 배경〉,《진단학보》41, 진단학회, 1976, 95면. 김석문은 장재張載와 나아곡의《오위역지》에 보이는 지전설을 인용했다.

112) 물론 이 역시 추정일 뿐이다. 담헌이《역학도해》를 읽은 것이 아니라는 주장도 있다. 小川晴久는 홍대용 등이 김석문의《역학이십사도해易學二十四圖解》를 읽지 않았고 삼대환부공설三大丸浮空說로 대표되는 전승의 형태로 그 설을 이해하고 있었다고 주장한다. 小川晴久,〈지전(동)설에서 우주무한론으로〉,《동방학지》, 연세대출판부, 1979, 87면.

113) 임종태,〈무한우주의 우화—홍대용의 과학과 문명론〉,《역사비평》71, 2005, 역사비평사, 274면. Park Seong-Rae,〈Hong Tae-yong's Idea of the Rotating Earth〉,《한국과학사학회지》1(1), 1979, 39~40면.

114)〈醫山問答〉, 앞의 책, 94면. "敢問, '各界俱轉, 亦能周包他界. 獨此地界, 只能自轉, 不能周行, 何也?'"

115) 앞의 글, 같은 곳. "實翁曰, '衆界之成, 體有輕重, 性有鈍疾. 輕而疾者, 轉而能周;重而鈍者, 轉而不周.'"

116) 이어 담헌은 지극히 가볍고 빠르면 주권周圈 곧 공전궤도가 아주 넓지만, 지극히 무겁고 둔하면 주권이 절면切面이 된다고 말한다. '절면'의 의미는 분명하지 않다. 이에 대해서는 이미 언급한 바 있다.

117) 채송화,《《의산문답》이본 연구〉,《민족문학사연구》69, 민족문학사연구소, 2019. 이

주 549

논문을 통해 박규수朴珪壽와 이정관李正觀이 《의산문답》을 읽었던 사실을 알 수 있다. 이 논문에 의하면 《의산문답》의 필사본 이본은 전남대, 숭실대(이상은 필사본 《담헌서》 소재), 고려대(단독 필사본)에 소장되어 있다. 《의산문답》의 영향력이 거의 없었다는 걸 확인할 수 있을 것이다.

118) 曹兢燮, 〈答金滄江〉, 《巖棲集》; 《韓國文集叢刊》 a350, 113면. "地轉說自洪德保發之, 誠亦一奇. 然洪誌中已見其說, 鵠汀筆談乃是丐其餘藩者, 恐不必更收之. 此間有李石谷老人, 博極象物, 天文·地理·禮樂·醫算, 無不窮到, 而於地轉說尤痛闢之, 其言端的有據. 世界大公案, 從有歸決之日. 彼顚倒不經之論, 豈足留以爲口實耶?"

119) 《醫山問答》, 앞의 책, 92면. "量地準於測天, 測天本於兩極. 測天之術, 有經有緯. 是以垂線而仰, 測其直線之度, 命之曰天頂. 距極近遠, 命之曰幾何緯度. 今中國舟車之通, 北有鄂羅, 南有眞臘. 鄂羅之天頂, 北距北極爲二十度; 眞臘之天頂, 南距南極爲六十度. 兩頂相距爲九十度, 兩地相距爲二萬二千五百里. 是以鄂羅之人, 以鄂羅爲正界, 以眞臘爲橫界; 眞臘之人, 以眞臘爲正界, 以鄂羅爲橫界. 且中國之於西洋, 經度之差, 至于一百八十, 中國之人, 以中國爲正界, 以西洋爲倒界, 西洋之人, 以西洋爲正界, 以中國爲倒界, 其實戴天履地, 隨界皆然, 無橫無倒, 均是正界. 世之人, 安於故常, 習而不察, 理在目前, 不曾推索, 終身戴履, 昧其情狀. 惟西洋一域, 慧術精詳, 測量該悉, 地球之說, 更無餘疑."

120) 앞의 글, 같은 곳. "不然. 滿天星宿, 無非界也. 自星界觀之, 地界亦星也. 無量之界, 散處空界, 惟此地界, 巧居正中, 無有是理. 是以無非界也, 無非轉也. 衆界之觀, 同於地觀, 各自謂中, 各星衆界. 若七政包地, 地測固然. 以地謂七政之中則可, 謂之衆星之正中則坐井之見也. 是以七政之體, 自轉如車輪, 周包如磨驢. 自地界觀之, 近地而人見大者, 謂之日·月; 遠地而人見小者, 謂之五星. 其實俱星界也. 盖五緯包日而以日爲心, 日·月包地而以地爲心. 金·水近於日, 故地月在包圈之外; 三緯遠於日, 故地月在包圈之內. 金·水之內, 數十小星, 並心於日, 三緯之旁, 四五小星, 並心於各緯. 地觀如是, 各界之觀, 可類而推. 以地爲兩曜之中而不得爲五緯之中, 日爲五緯之中而不得爲衆星之正中. 日且不得爲正中, 況於地乎!"

121) 임종태, 앞의 책, 78~81면. 알레니도 〈서방답문西方答問〉에서 중국중심설을 비판하고 있다. "그는 중국인들에게 유럽 기독교 문명을 소개하기에 앞서 화이의 구분을 상

대화함으로써 열린 눈으로 또 다른 고상한 문명세계를 바라볼 마음의 준비를 시키고 있었던 셈이다."

122) 〈醫山問答〉, 앞의 책, 95면. "風者生於地角. 地之轉也, 不能無掀搖. 山嶺之高, 隧壑之深, 不能無激盪. 故虛氣簸漾, 四出而爲風."
123) 앞의 글, 앞의 책, 97면. "月有常道, 潮有常期. 浪勢簸掀, 自成進退."
124) 앞의 글, 같은 곳. "近於本浪者, 進退俱猛, 遠於本浪者, 進退俱微. 其益遠者, 浪勢不及, 不成潮汐也."
125) 앞의 글, 같은 곳. "近於赤道,……浪湧如灘水……若兩極之下,……而潮浪不及, 則亦有氷海."
126) 앞의 글, 95면. "雲者, 山川之氣騰結而成形."
127) 앞의 글, 같은 곳. "雨者, 甑露之勢也. 水土之氣, 蒸騰于空, 鬱于密雲, 無所泄而凝成. 氣蒸而雲不密則不成雨. 雲密而氣不蒸則亦不成雨."
128) 앞의 글, 같은 곳. "雪者, 冷氣之蒸也. 霜者, 溫冷之襮也. 雹者, 溫冷相薄, 急雨之凍也."
129) 앞의 글, 같은 곳. "雷者, 蒸氣隔鬱, 相撞發火. 電者其光也, 雷者其聲也."
130) 앞의 글, 앞의 책, 97면. "其實, 水火風氣, 周行流注, 閟而成震, 激而推遷, 其勢然也."
131) 앞의 글, 같은 곳. "夫溫泉·鹽井, 水火之相盪也."
132) 앞의 글, 같은 곳. "此中國之野言也. 見北極之低旋, 則疑天之不滿; 見江河之東注, 則疑地之不滿. 泥於地勢之適然, 不察環面之異觀, 不亦愚乎?"
133) 앞의 글, 앞의 책, 96면. "萬物化生於春夏則謂之交, 萬物收藏於秋冬則謂之閉, 古人立言, 各有爲也. 究其本則實屬於日火之淺深, 非謂天地之間別有陰陽二氣隨時生伏主張造化, 如後人之說也."
134) 앞의 글, 같은 곳. "氷土相結, 物不生成, 暗冷混沌, 成一死界. 虛空之中, 絶遠日火, 徒成死界, 奚啻千萬."
135) 앞의 글, 같은 곳. "人物之生, 胎卵根子, 各有其本, 何待於日火乎?"
136) 앞의 글, 같은 곳. "人物之生動, 本於日火. 使一朝無日, 冷界凌兢, 萬品融消, 胎卵根子, 將安所本? 故曰 : '地者萬物之母, 日者萬物之父, 天者萬物之祖也.'"
137) 金仁圭, 〈性理學派와 實學派의 陰陽五行에 관한 인식〉, 《東洋古典硏究》 1, 東洋古典學會, 1993, 204~205면.

138) 이에 대해서는 金泳鎬, 〈丁茶山의 科學技術思想〉, 《東洋學》 19, 檀國大學校 東洋學研究所, 1989를 볼 것.
139) 〈醫山問答〉, 앞의 책, 98면. "是以不封不樹, 太古之已慤也; 包布裸葬, 達士之弔詭也, 茶毗舍利, 佛氏之淨法也; 聖周瓦棺, 聖人之中制也."
140) 〈檀弓上〉, 《禮記》. "有虞氏, 瓦棺; 夏后氏, 堲周; 殷人, 棺椁; 周人牆置翣. 周人以殷人之棺椁葬長殤, 以夏后氏之堲周葬中殤下殤, 以有虞氏之瓦棺葬無服之殤." 有虞氏는 舜이고, 夏后氏는 禹다.
141) 〈醫山問答〉, 앞의 책, 98면. "葬師主義, 葬親主恩. 西竺之敎, 割恩而立義; 中國之敎, 屈義而伸恩. 王孫裸葬, 矯俗之激也. 生于中國, 自有其義."
142) 앞의 글, 같은 곳. "崇其儉, 節其文, 不忘其本, 參以時義, 勿循俗習, 永思安厝."
143) 앞의 글, 같은 곳. "孟氏距墨, 力排薄葬. '重棺明器之具, 無土親膚'之論 不能無流弊也."
144) 앞의 글, 같은 곳. "蔡季通之得罪也, 悔遷人墓. 夫無故改葬, 宜其罪悔, 惟崇信左術, 實爲罪悔之本."
145) 앞의 글, 같은 곳. "況紫陽之山陵議狀, 專主術說甚矣. 臺史言出, 儒宗, 人不敢議."
146) 채원정은 풍수지리와 술수에 정통하였다. 《장서葬書》를 편정하고, 풍수지리설을 집대성한 술가術家의 책인 《옥수진경玉髓眞經》에 주를 달기도 하였다. 주희는 채원정에게 효종의 장지를 같이 찾아보자고 제안하기도 했다. 수징난, 김태완 옮김, 《주자평전》 상, 역사비평사, 2015, 677~168면.
147) 丁若鏞, 〈風水論〉 1–5, 《與猶堂全書》; 《韓國文集叢刊》 a281, 246~247면.
148) 朴齊家, 〈葬論〉, 《北學議》; 《貞蕤閣全集》 下, 驪江出版社, 1986, 460~463면.
149) 魏伯珪, 〈封事, 代黃司諫䎙〉, 《存齋集》; 《韓國文集叢刊》 a243, 37~58면.
150) 〈醫山問答〉, 앞의 책, 98면. "天地之體形情狀, 旣聞命矣. 請卒聞人物之本, 古今之變, 華夷之分."
151) 앞의 글, 앞의 책, 93면. "生於本界者, 其體厖駁, 其性粗雜, 其知昏惷, 其氣鈍滯. 日照而爲晝, 日隱而爲夜, 日近而爲夏, 日遠而爲冬. 日火蒸炙, 滋産衆生, 形交胎産, 人物繁衆, 神智日閉, 小慧日長, 利慾淫熬, 生滅芒忽. 此地界之情狀而爾之所知也."
152) 앞의 글, 앞의 책, 97면. "實翁曰, '地者活物也. 脉絡榮衛, 實同人身. 特其體大持重, 不如人身之跳動.'"

153) 앞의 글, 같은 곳. "夫地者虛界之活物也. 土者, 其膚肉也; 水者, 其精血也; 雨露者其涕汗也, 風火者, 其魂魄榮衛也. 是以水土釀於內, 日火熏於外, 元氣湊集, 滋生衆物. 草木者, 地之毛髮也; 人·獸者地之蚤蝨也."

154) 앞의 글, 앞의 책, 98면. "巖洞土窟, 氣聚成質, 謂之氣化; 男女相感, 形交胎産, 謂之形化."

155) 宋, 朱子 編,《二程遺書》권5. "萬物之始, 皆氣化. 既形, 然後以形相禪, 有形化. 形化長, 則氣化漸消."

156) 이것은 주자학의 존재 발생론이었다. 주자는《주역본의周易本義》에서〈繫辭下傳〉의 "天地의 기운이 얽히고설킴에 만물이 화하여 엉기고, 남녀가 정精을 맺음에 만물이 화생化生한다[天地絪縕, 萬物化醇; 男女構精, 萬物化生]"는 부분에 대한 주석에서 "인온絪縕은 사귀기를 친밀하게 하는 모양이다. 순醇은 후후하여 엉김을 이르니 기화氣化를 말한 것이요, 화생化生은 형화形化하는 것이다[絪縕, 交密之狀. 醇, 謂厚而凝也, 言氣化者也. 化生, 形化者也]"라고 말한 바 있다.

157) 주희, 곽신환·윤원현·추기연 옮김,《태극해의》, 소명출판, 2009, 203면;《性理大全》권1. "無極之眞, 二·五之精, 妙合而凝. 乾道成男, 坤道成女. 二氣交感, 化生萬物. 萬物生生, 而變化無窮焉."

158) 예컨대 다음을 보라. 朱熹,《朱子語類》권94. "太極所說, 乃生物之初, 陰陽之精, 自凝結成兩箇, 後來方漸漸生去. 萬物皆然. 如牛羊草木, 皆有牝牡, 一爲陽, 一爲陰. 萬物有生之初, 亦各自有兩箇. 故曰:'二五之精, 妙合而凝.' 陰陽二氣更無停息. 如金木水火土, 是五行分了, 又三屬陽, 二屬陰. 然而各又有一陰一陽. 如甲便是木之陽, 乙便是木之陰; 丙便是火之陽, 丁便是火之陰. 只這箇陰陽, 更無休息. 形質屬陰, 其氣屬陽. 金銀坑有金礦銀礦, 便是陰, 其光氣爲陽."

159)《中庸章句》;《四書章句集注》, 17면. "天以陰陽五行化生萬物, 氣以成形, 而理亦賦焉".

160)《朱子語類》94권. "氣化, 是當初一箇人無種後, 自生出來底. 形生, 却是有此一箇人後, 乃生生不窮底."

161) 陳埴 撰,《木鍾集》권10,〈近思雜問附〉. "氣化, 謂未有種類之初, 以陰陽之氣合而生. 形化, 謂既有種類之後, 以牝牡之形合而生. 皆兼人物言之."

162) 이 과정을 진덕수眞德秀는 다음과 같이 말하고 있다. 진덕수는 주돈이周敦頤의《태극

도설太極圖說》5장 "無極之眞, 二五之精妙合而凝, 乾道成男, 坤道成女. 二氣交感, 化生萬物. 萬物生生而變化無窮焉"에 대한 해설에서 "盖性為之主而陰陽五行為之經緯錯綜, 又各以類凝聚而成形焉. 陽而健者成男, 則父之道也. 陰而順者成女, 則母之道也. 是人物之始以氣化而生者也. 氣聚成形, 則形交氣, 感遂以形化而人物生生, 變化無窮矣"라고 말하고 있다. 곧 기가 응취하여 형체를 이루고, 그 형체가 다시 기와 교제, 감응하고 형화하여 인간과 사물이 끊임없이 발생한다는 것이다. 宋 眞德秀 撰,《西山讀書記》권1. 天命之性.

163) 다만 담헌이 전자의 경우로 암동巖洞과 토굴土窟을 기화氣化의 실례로 든 것은 이해하기 어렵다. 이 부분이 담헌의 독창인지 아니면 어떤 자료적 근거를 갖고 있는지는 미상이다.

164)〈醫山問答〉, 앞의 책, 98면. "邃古之時, 專於氣化, 人物不繁, 鍾禀深厚, 神智淸明, 動止純厖. 養生不資於物, 喜怒不萌於心, 呼吸吐納, 不飢不渴, 無營無欲, 遊戲于于. 鳥獸魚鼈, 咸遂其生, 草木金石, 各葆其體, 天無淫沴沴之灾, 地無崩竭之害, 此人物之本, 眞太和之世也. 降自中古, 地氣始衰, 人物生成, 轉就駁濁, 男女相聚, 乃生情欲, 感精結胎, 始有形化. 自有形化, 人物繁衍, 地氣益泄而氣化絶矣. 氣化絶則人物之生, 專禀精血, 滓穢漸長, 淸明漸退. 此天地之否運, 禍亂之權輿也."

165) 朱子 編,《二程遺書》권5. "萬物之始皆氣化, 既形, 然後以形相禪有形化, 形化長則氣化漸消."

166)〈醫山問答〉, 앞의 책, 93면. "日火蒸炙, 滋産衆生, 形交胎産, 人物繁緊. 神智日閉, 小慧日長, 利慾淫熬, 生滅芒忽. 此地界之情狀而爾之所知也."

167) 앞의 글, 같은 곳, 98면. "男女形交, 精血耗渴, 機巧攻心, 神火焦熬. 內有飢渴之患, 外有寒暑之苦. 囓草飲水, 以充飢渴;巢居穴處, 以御寒暑. 於是萬物各私其身而民始爭矣."

168) 앞의 글, 같은 곳. "草水之薄而檻以佃漁, 鳥獸魚鼈, 不得遂其生矣;巢穴之陋而侈以棟宇, 草木金石, 不得葆其體矣. 膏粱適其口而臟腑脆矣, 布帛暖其體而支節解矣. 園囿臺榭陂塘之役作而地力損矣, 忿怒怨詛淫穢之氣昇而天灾現矣."

169) 앞의 글, 앞의 책, 98~99면. "於是勇智多欲者生於其間, 驅率同心, 各占雄長, 弱者服其勞, 强者享其利. 割裂疆界, 睢盱兼幷, 治兵格鬪, 張拳肉薄, 民始傷其生矣. 巧者運

技, 挑發殺氣, 鍊金剡木, 凶器作矣, 刀戈之銳, 弧矢之毒, 爭城爭地, 伏尸原野, 盖生民之禍至此而極矣."

170) 앞의 글, 99면. "冀方千里, 號稱中國, 負山臨海, 風水渾厚, 日月淸照, 寒暑適宜, 河嶽鍾靈, 篤生善良. 大伏羲·神農·黃帝·堯·舜氏作而茅茨土階, 身先儉德, 以制民産;欽文恭讓, 躬行明德, 以敷民彝, 文教洋溢, 天下熙皥, 此中國所謂聖人之功化至治之世也."

171) 앞의 글, 같은 곳. "因時順俗, 聖人之權, 制治之術也. 夫太和純厖, 聖人非不願也, 時移俗成, 禁防不行, 逆而遏之, 其亂滋甚, 則聖人之力, 實有不逮也. 故曰居今之世, 欲反故之道, 烖及其身."

172) 앞의 글, 같은 곳. "情欲之感, 旣不可禁, 則婚姻之禮, 夫婦定偶, 禁其淫而已;宮室之居, 旣不可禁, 則蔀屋蓬蓽, 不甃不斲, 禁其華而已;魚肉之食, 旣不可禁, 則釣而不網, 厲禁山澤, 禁其濫而已;布帛之服, 旣不可禁, 則老少異制, 上下有章, 禁其侈而已."

173) 수징난, 김태현 옮김, 《주자평전》하, 역사비평사, 2015, 31면. 담헌의 역대 제왕에 대한 비판적 사유가 주자에게서 비롯되었을 가능성은 김명호, 《홍대용과 항주의 세 선비》, 돌베개, 2020, 256면에서 최초로 지적되었다.

174) 앞의 글, 같은 곳. "孔子贊舜以德爲聖人, 及武王則曰, '不失天下之令名.' 稱泰伯以至德, 語武則曰, '未盡善也.' 孔子之意, 大可見也."

175) 앞의 글, 같은 곳. "非數君之過也. 至治之餘, 衰亂之漸, 時勢然矣."

176) 앞의 글, 같은 곳. "自周以來, 王道日喪, 霸術橫行, 假仁者帝, 兵彊者王, 用智者貴, 善媚者榮. 君之御臣, 啗以寵祿;臣之事君, 餂以權謀. 半面合契, 隻眼防患, 上下掎角, 共成其私. 嗟呼, 咄哉! 天下穰穰, 懷利以相接. 儓儂蠲租, 非以爲民也;尊賢使能, 非以爲國也;討叛伐罪, 非以禁暴也;厚往薄來, 不寶遠物, 非以柔遠也. 惟守成保位, 沒身尊榮, 二世三世傳之無窮, 此所謂賢主之能事, 忠臣之嘉猷也. 或曰, '木石之災, 肇於有巢;鳥獸之禍, 創於包羲;飢饉之憂, 由於燧人;巧僞之智, 華靡之習, 本於蒼頡. 縫掖之偉容, 不如左袵之便易;揖讓之虛禮, 不如膜拜之眞率;文章之空言, 不如騎射之實用;暖衣火食, 體骨脆軟, 不如毳幕湩酪, 筋脉勁悍. 此或是過甚之論, 而中國之不振則所由來者漸矣. 混沌鑿而大樸散, 文治勝而武力衰. 處士橫議, 周道日蹙;秦皇焚書, 漢業少康;石渠分爭, 新莽簒位;鄭馬演經, 三國分裂;晉氏淸談, 神州陸沈."

177) '暢春園', 〈燕記〉, 《湛軒書》, 294~295면. "三代以後, 君天下者競侈其居, 所謂南面之

주 555

樂, 固不出於宮室之美, 輿馬帷帳之奉也. 雖畏天下議己, 外示節儉, 其心志嗜慾, 不可諱也.

178) 《禮記》,〈儒行〉. "孔子曰, '丘少居魯, 衣逢掖之衣.'" 정현鄭玄은 이에 대해 "逢猶大也. 大掖之衣, 大袂單衣也"라고 했다.

179) 〈畢命〉,《書經》. "四夷左衽, 罔不咸賴";〈憲問〉,《論語》. "微管仲, 吾其被髮左衽矣."

180) 《漢語大詞典》. "合掌加額, 長跪而拜. 表示尊敬或畏服的禮式. 亦專指禮拜神佛."《穆天子傳》권2. "吾乃膜拜而受. 郭璞注, '今之胡人禮佛, 舉手加頭, 稱南膜拜者, 即此類也.'"

181) 자세한 것은, 이세동,〈石渠閣 經學會議에 대한 一考察〉,《중국어문학》43, 영남중국어문학회, 2004.6을 보시오.

182) 〈毉山問答〉, 앞의 책, 99면. "六朝附庸於江左, 五胡跳盪於宛洛, 拓跋正位於北朝, 西涼一統於唐祚, 遼·金迭主, 合於松漠;朱氏失統, 天下薙髮, 夫南風之不競, 胡運之日長, 乃人事之感召, 天時之必然也."

183) 앞의 글, 같은 곳. "虛子曰:"孔子作春秋, 內中國而外四夷. 夫華夷之分如是其嚴, 今夫子歸之於人事之感召, 天時之必然, 無乃不可乎?""

184) 앞의 글, 같은 곳. "實翁曰, '天之所生地之所養, 凡有血氣均是人也, 出類拔萃制治一方, 均是君王也, 重門深濠謹守封疆, 均是邦國也, 章甫委貌文身雕題, 均是習俗也. 自天視之豈有內外之分哉?'"

185) 앞의 글, 같은 곳. "是以各親其人, 各尊其君, 各守其國, 各安其俗, 華夷一也."

186) 앞의 글, 앞의 책, 100면. "孔子, 周人也. 王室日卑, 諸侯衰弱, 吳楚滑夏, 寇賊無厭. 春秋者周書也, 內外之嚴, 不亦宜乎?"

187) 〈子罕〉,《論語集注》;《四書章句集注》, 113면. "子欲居九夷. 或曰, '陋如之何?' 子曰, '君子居之, 何陋之有?'"〈公冶長〉,《論語集注》;《四書章句集注》, 77면. "子曰, '道不行, 乘桴, 浮于海, 從我者, 其由與!'"〈公冶長〉의 뗏목을 타고 바다를 건너고 싶다는 부분을 구이九夷의 땅으로 가고자 한 것이라고 해석하는 경우도 있다.

188) 〈毉山問答〉, 앞의 책, 100면. "使孔子浮于海. 居九夷, 用夏變夷, 興周道於域外, 則內外之分·尊攘之義, 自當有域外春秋."

189) 앞의 글, 같은 곳. "此孔子之所以爲聖人也."

190) 金履安,〈華夷辨〉上·下,《三山齋集》;《韓國文集叢刊》a238. 503면.
191) 洪大應,〈從兄湛軒先生遺事〉,《湛軒書》;《韓國文集叢刊》a248, 323면. "東人著書中, 以聖學輯要·磻溪隨錄爲經世有用之學."
192) 숭실대학교 한국기독교박물관에 소장되어 있는 필사본《담헌서》에도〈임하경륜〉이 실려 있는데, 그 순서와 내용이 완전히 동일하다.《湛軒書》, 숭실대학교 한국기독교박물관, 2020, 162~184면. 그러니까 1939년 신조선사新朝鮮社에서 간행한 활자본《담헌서》도〈임하경륜〉을 수정 없이 그대로 실은 것이다. 하지만 현재 우리가 보는〈임하경륜〉의 구성이 담헌의 손끝에서 나온 것인지는 여전히 의심스럽다. 필사본《담헌서》에 대한 자세한 내용은 앞의 책, 7~24면에 실린 장경남,〈필사본《湛軒書》의 특징과 가치〉를 보시오.
193) 〈林下經綸〉,《湛軒書》, 87면. "呂·鄧之事, 果與孫武之說合. 此兵家之要旨也. 逆取順守, 非知道者之言. 以至仁伐至不仁, 此非天下之大順乎? 湯武亦非桀紂, 不可也. 孫子之說, 未必出於周制. 管仲·孔明則亦臨時權宜, 爲一時制勝之方而已, 豈盡合於先王之制哉! 井田之難行, 先輩固已言之. 雖然, 無分田制產之法而能治其國者, 皆苟而已. 居今之世, 雖不能盡反古道, 而善謀國者必有通變之制矣. 至若山川狹窄, 地勢高低, 非所當憂也. 然此豈膚淺之所可妄論者耶? 三代戎車之制, 以今考之, 其迂疎甚矣. 人心之機巧, 器具之便利, 亦可見叔季衰薄之驗也. 若武剛扁·箱等制, 無戎車·駟介之煩, 而以戰以守, 俱得其便. 此談兵者之所講而不置者也."
194) 하나 의문인 것은, "경군은 9명의 장군을 통솔한다(8명은 도에 있고, 1명은 왕도王都에 있다)[京統九將軍, 八在其道, 一在王都]"는 부분이다. 이해가 되지 않는다.
195) 柳壽垣,〈論兩司謬例〉,〈論臺啓直勘律名之弊〉,《迂書》권4.〈論彈劾〉, 앞의 책, 권5에서 대간의 권한 축소와 잘못된 규례의 수정을 제안하고 있다.
196) 柳馨遠,〈學校事目〉, 敎選之制(上),《磻溪隨錄》권9.〈貢擧事目〉, 앞의 책, 권10.
197) 유수원柳壽垣은 교육과 관료 선발 방법의 개혁에 대해《迂書》권2의〈論學校〉,〈論學校選補之制〉,〈論擧人格例〉,〈論科擧條例〉,〈論科貢蔭三塗格例〉,〈論恩蔭銓敍事宜〉,〈總論選擧貢蔭事理〉에서 치밀하게 다루고 있다.
198) 〈林下經綸〉, 앞의 책, 85면. "凡人品有高下, 材有長短. 因其高下而舍短而用長, 則天下無全棄之才. 面中之敎, 其志高而才多者, 升之於上而用於朝;其質鈍而庸鄙者, 歸之於

주 557

199) 下而用於野; 其巧思而敏手者, 歸之於工; 其通利而好貨者, 歸之於賈; 問其好謀而有勇者, 歸之於武. 瞽者以卜, 宮者以閽. 以至於喑聾跛躄, 莫不各有所事. 其遊衣遊食不事行業者, 君長罰之, 鄕黨棄之."

199) 앞의 글, 앞의 책, 86면. "我國素重名分, 兩班之屬, 雖顚連窮餓, 拱手安坐, 不執耒耟. 或有務實勤業, 躬сь卑賤者, 羣譏衆笑, 視若奴隷, 遊民多而生之者少矣. 財安得不窮而民安得不貧也? 當嚴立科條, 其不係四民而遊衣遊食者, 官有常刑, 爲世大蠹. 有才有學, 則農賈之子坐於廊廟而不以爲僣; 無才無學, 則公卿之子歸於輿儓而不以爲恨. 上下戮力, 共修其職, 考其勤慢, 明施賞罰."

200) "生財有大道. 生之者衆, 食之者寡; 爲之者疾, 用之者舒, 則財恒足矣."

201) 《승정원일기》 정조 4년(1780) 6월 9일(28/29). "至于我朝, 冗官祿食, 雖不多, 而遊衣遊食者, 亦夥然, 苟能盡歸於農, 使之務本, 則亦可爲生財之道矣." "以我國言之, 非有許多冗官, 而游食游衣者, 不勝其多."

202) 朴齊家, 〈丙午正月二十二日朝參時, 典設署別提朴齊家所懷〉, 《貞蕤閣集》; 《韓國文集叢刊》 a261, 655면. "夫游食者, 國之大蠹也. 游食之日滋, 士族之日繁也. 此其爲徒, 殆遍國中, 非一條科宦所盡羈縻也. 必有所以處之之術, 然後浮言不作, 國法可行. 臣請凡水陸交通販貿之事, 悉許士族入籍, 或資裝以假之, 設廛以居之, 顯擢以勸之. 使之日趨於利, 以漸殺其游食之勢, 開其樂業之心, 而消其豪強之權, 此又轉移之一助也."

203) 《승정원일기》 정조 3년(1779) 8월 25일(19/21). "士農工賈, 是爲四民, 而我國則只取門閥, 故若以士夫之族, 一有農工賈之名, 則至其子孫, 永爲累焉. 故湖西之民, 強半是士夫之族, 而貧寒困窮, 雖至餓死之境, 猶不屑爲農·工·賈."

204) "命植曰, '今若定爲令甲, 士族之貧窮者, 雖爲農工賈, 其子孫則少無爲累之事, 則此輩必爲農爲賈, 無不樂從. 所謂士族, 旣皆如此, 則閑散小民, 亦必化之, 如是則民無失業之嘆, 而庶爲制産之道矣.' 尙喆曰, '朝耕夜讀, 何以責望於此輩乎?' 上曰, '誠如卿言爲之, 則必有不變之效乎?' 命植曰, '定爲令甲, 曉諭士族, 則豈有不從之理乎?'"

205) 노비제 개혁을 둘러싼 정파별, 개인별 주장의 차이는 김성윤, 《조선 후기 탕평정치 연구》, 지식산업사, 1997, 226~241면의 '토지제·노비제 개혁 논의'를 보시오.

206) 담헌이 만약 신분제 해체를 주장한 것이 사실이라면, 이 경우 노비제를 인정하는 것이기 때문에 모순이 발생한다. 따라서 (B) 전체를 노비제의 해체를 주장하는 것으로

판단한다면, '노비의 존재를 인정하는 문장'과 모순이 될 수밖에 없다.

207) 柳壽垣,〈記論譔本旨〉,《迂書》권1. "或曰, '子之爲此書也. 果以爲可行於世乎?' 答曰, '若非病風失性之人, 豈不自知其不可行也.'"

208) 《인조실록》 7년(1629) 2월 27일(3).

209) 정석종,《조선 후기의 정치와 사상》, 한길사, 1994, 121~122면.

210) 趙㝡壽,《壬子燕行日記》(단국대 퇴계기념도서관 소장), 9월 12일. "朝霧晩晴, 早發, 衝霧而行山野中, 到草溝河, 臨溪上設幕, 朝飯. 書狀招一商胡, 問其居住姓名. 余觀其人, 則不是蠢蠢者流. 使首譯詳問, 則姓名卽王經, 而鳳城人也. 問其士族與否, 則曰: '其三寸叔方爲刑部侍郎, 從宦于北京.' 問侍郎之名, 則不以口言而以王國櫟三字, 書於首譯之手, 盖以父兄之名故也. 余問: '以汝旣士族, 則何以商賈爲業耶?' 答曰: '士·農·工·商, 一也.' 又問: '以父母喪, 能行三年之制耶?' 答曰: '行三年之制矣.' 又問以祭服與否, 則曰: '雖不能衣祭服如明制, 以素服行三年之制, 祭服期大功細矣.' 又問: '三年內不近肉色耶?' 答曰: '雖不得行素, 不近色矣.' 問以昏姻之禮, 則答曰: '嫁娶以醮爲禮.' 又問以: '汝旣世族, 則居家動守禮法乎?' 答以一依古禮行拜跪上塚之節. 又問: '敎子何方?' 答曰: '四子中一人向學, 入於秀才之選.' 又問以: '汝雖士族, 旣以商賈爲業, 則不妨於婚娶耶?' 答曰: '雖仕宦者, 不以商賈爲嫌, 而同是士族, 則爲昏娶矣.'"

211) 黃梓,〈聞見別錄〉,《甲寅燕行別錄》권2. "商者, 四民之一. 自古業販貨者, 固不必卑人賤者, 而見今坐廛舖之中者, 類非庸碌之輩, 或是簪纓之族. 是而人不以市兒賈竪以薄之也. 如鄭世泰者, 燕市大賈也. 一歲所轉用, 不下累十萬金. 亞國員譯一行包銀幾至十萬兩, 而都歸之鄭哥. 綾緞物種件件取入, 隨意買居, 年年作例, 我國人所相知者, 獨此人耳. 此外又未知有幾人, 易豈無低視此人者乎? 鄭之子姪, 有成進士名者, 門額揭而魁元二字矣."

212) 李岬,〈聞見雜記〉,《燕行記事》雜記. "凡工匠非盡如我國之賤類, 故待之以四民之一. 立朝仕宦者, 亦不爲鄒. 是以其業廣傳, 間有有識之人. 多置工匠方書, 往往盈架. 雖以冶法言之, 古今爐冶之利, 鑄鍊淬礪之術, 靡不講究. 他工亦然. 所以物理之卜識, 製造之精巧, 莫不盡其妙. 以此觀之, 天下之鹵莽蠡劣, 未有甚於我國之工匠也."

213) 〈林下經綸〉, 앞의 책, 84면. "均九道之田, 什而取一. 男子有室以上, 各受二結限其身, 死則三年之後, 移授他人). 園圃墻下, 樹以桑麻, 不毛者罰, 以布常征, 三婦布一疋, 五

주 559

婦帛一疋. 取十五歲以上, 五十則不征. 擇險固爲治, 高其城而深其溝. 仲春則出處于田間之宅, 男力于農, 女勤于蠶. 以其暇日講孝悌習擊刺. 霜露旣降, 禾黍旣穫, 載以牛馬, 咸聚于城, 納稅于公, 量入以出. 五十然後衣帛食肉, 儲其贏餘, 以備水旱, 閱旅較藝, 明其賞罰. 或散以試其才, 或聚以習其陣, 或練於城, 或習於野, 繕甲厲兵, 常若有警."

214) 洪大應,〈從兄湛軒先生遺事〉,《湛軒書》;《韓國文集叢刊》a248, 323면. "嘗曰, '後世無以復井田, 則王道終不可行矣.'"

215) 〈林下經綸〉, 앞의 책, 87면. "井田之難行, 先輩固已言之. 雖然, 無分田制産之法而能治其國者, 皆苟而已. 居今之世, 雖不能盡反古道, 而善謀國者, 必由通變之制矣. 至若山川狹窄, 地勢高低, 非所當憂也. 然此豈膚淺之所可妄論者耶?"

216) 《승정원일기》 정조 15년(1791) 1월 22일(21/25).

217) 〈林下經綸〉, 앞의 책, 86면. "家國之匃, 毋過於奢侈. 凡第宅器用, 敦朴精緻, 惟務適用, 其惟財之費, 而無益於用者, 一切禁之. 凡令行禁止, 必自上始, 金銀之飾, 不入於宮闕, 則公卿之堂, 不敢爲山藻之畵, 錦繡之服, 不及於妃嬪, 則士庶之婦, 不敢爲紬帛之衣. 躬行然後發令, 自治然後勅法, 民誰有不從者乎?"

218) 앞의 글, 같은 곳. "人生八歲, 卽涅其名於臂, 不用戶牌而奸民无所逃其名矣."

219) 앞의 글, 앞의 책, 85~86면. "凡民各守田里, 死徒無出鄕. 若有不得已, 則告官受狀, 割其本籍. 至于所居, 亦卽告官. 入籍受田, 不告擅移者, 刑之而復其居. 無官狀而許其居者, 罰其面任."

220) 앞의 글, 앞의 책, 86면. "凡道路皆設亭院, 以待行旅, 亦有其長以譏奸暴. 某幹某處, 各有行狀. 無驗違法, 不聽過去, 必有埃人, 間以五里, 其於分歧, 各有指別(東路往某處幾里, 西路往某處幾里之類. 官途山徑, 小大不遺, 往來考驗, 俾人不迷)."

221) 앞의 글, 같은 곳. "凡治盜, 情罪不至於死, 則顯其名於左頰而放之. 猶不悛則復黥於右, 三不悛而誅之."

222) 〈毉山問答〉, 앞의 책, 92면. "實翁曰, '善哉! 問. 民可使由之, 不可使知之. 君子從俗而設敎, 智者從宜而立言. 地靜天運, 人之常見也. 無害於民義, 無乖於授時. 因以制治, 不亦可乎?"

223) 宋奎斌,《風泉遺響》, 규장각 소장(규, 1490). 송규빈은 출신 내력은 분명하지 않으나, 대개 경아전과 기술직 중인이 중추를 이루는 여항인에 속한 사람이었다. 즉 당시의

고급 사족이 아니라는 말이다. 송규빈과 《풍천유향》에 대해서는 이재범, 〈宋奎斌의 生涯와 그의 都城死守論〉, 《향토서울》 58, 서울특별시사편찬위원회. 1998을 보시오. 《풍천유향》은 국방부전사편찬위원회(1990)에서 번역본을 간행한 바 있다.

224) 앞의 글, 앞의 책, 87면. "仁義成於內而敵國息於外, 不戰而屈人之兵者, 乃聖人所以生人之具而兵之善之善者也."

225) 앞의 글, 같은 곳. "語古非難而通於今之爲難, 空言非貴而適於用之爲貴. 試論我國軍政, 則選兵而有束伍之法, 分部而有鎭管之設, 養馬而有良役之布, 敎馬而有指南之書. 軍器有庫而兵甲足矣, 糶糴有政而粮備矣. 訓局之五千健兒, 用壯國威; 禁御之數萬鄕兵, 分番宿衛. 吏奴皆令作隊而民無餘丁, 緇流亦有摠攝而國無遊民. 此皆先王之良法. 雖然, 行之旣久, 弊仍隨之, 凌遲疎畧, 如此之甚也. 爲今之計, 當率由舊章而申明之耶? 當一變前法而更張之耶?"

05. 담헌의 죽음과 그가 일으킨 파란

1) 《승정원일기》 정조 7년(1783) 1월 19일(33/36). "趙鼎鎭以吏曹言啓曰, '受由上京守令, 下送後, 草記事, 命下矣.……而其中榮川郡守洪大容, 以其親病之沈重, 屢度催促, 無意還官, 雖曰情理之難强, 揆以事體, 殊甚未安. 本曹請推之外, 無他可施之罰, 何以爲之? 敢稟.' 傳曰, '知道. 雖未知親病之如何, 飭敎之下, 何可遲滯? 更加催促下送.'"

2) 《승정원일기》 정조 7년(1783) 1월 20일(27/34). "吳載純 以吏曹言啓曰, '榮川郡守洪大容, 依傳敎更爲催促, 纔已下去之意, 敢啓.' 傳曰, '知道.'"

3) 朴趾源, 〈洪德保墓誌銘〉, 《燕巖集》; 《韓國文集叢刊》 a252, 53면. "敝邦前任榮川郡守南陽洪湛軒諱大容字德保, 以本年十月廿三日酉時不起, 平昔無恙, 忽風喎噤瘖, 須臾至此, 得年五十三."

4) 《頤齋亂藁》 6, 501면. 1783년 12월 22일. "頃因金應卿, 聞洪大容德保, 自泰仁旣移榮川, 治聲日聞, 不幸下世."

5) 《頤齋亂藁》 6, 593면. 1784년 8월 6일. "朴君言, '洪榮川大容德保, 自榮川遞歸京第, 以昨年癸卯夏暴逝. 蓋聞在郡請得賑財千石于巡使李秉模, 半用于賑, 半則逐石翻作二石,

發之民間, 付吏房收殺. 旣歸則民間只納本色 一石, 抵賴之甚, 事發于巡營, 以此憂悶成病, 竟不救.' 云, 嶺民之梗强應然, 而亦其疏於事故也. 若以其半逐石作二石者, 用本色作錢取分, 則一石自可成二石有餘, 而不此之爲, 以致大乖. 朴君之言如此, 故記之, 以俟其的報耳."

6) 朴趾源, 〈洪德保墓誌銘〉, 《燕巖集》; 《韓國文集叢刊》 a252, 53면. "出爲泰仁縣監, 陞榮川郡守, 數年以母老辭歸."

7) 《韓國文集叢刊》에 실린 《담헌서》의 해제에 "5월, 모친의 노환을 이유로 정사呈辭하였다가 계파啓罷되다"라 하고 있다. 어떤 문헌에 근거한 것인지는 모른다. 《승정원일기》에도 담헌이 영천현감을 그만둔 것에 대해서는 전혀 자료가 남아 있지 않다.

8) 《頤齋亂藁》 6, 639면. 1784년 11월 17일. "又得洪榮川德保之子洪哀蘧十月八日答慰疏(自稱侍生孤子)."

9) 《頤齋亂藁》 7, 328면. 1786년 6월 10일. "朴自言, '中經湖西一察訪, 近又以檢書官出入奎閣, 無可小暇相敍. 家在敦化門外新校書舘後.' 因問羅兄璧天消息. 又言, '洪榮川大容子蘧畢喪, 近入京, 移居仁城府峙故兵使李漢膺家.'"

10) 《頤齋亂藁》 7, 401면. 1786년 7월 27일.

11) 《頤齋亂藁》 7, 461면. 1786년 10월 1일. "洪榮川大容大夫人 九月十八別世訃至."

12) 《頤齋亂藁》 7, 529~530면. 1786년 12월 12일.

13) 《頤齋亂藁》 7, 386면. 1786년 7월 18일.

14) 《頤齋亂藁》 7, 536~537면. 1786년 12월 17일.

15) 洪元燮, 〈祭湛軒文〉, 《太湖輯》; 《韓國文集叢刊》 b100, 485면. "諸夏同胞, 物我無僞. 進夷黜名, 衆咻群呶. 我禦外侮, 力張脣焦. 是謂知至, 毋少于公."

16) 金履安, 〈華夷辨〉 上, 《三山齋集》; 《韓國文集叢刊》 a238, 502면. "客有稱洪子之言者曰, '有夷於此, 棄其魋結, 襲我冠帶, 服禮義, 崇人倫, 順先王之敎, 而進主乎中國, 君子其予之哉?'"

17) 앞의 글, 같은 곳. "曰, 所惡於夷者, 爲其習於夷而不可與爲人也, 誠反其爲而不已於絶, 其於與善不以吝乎, 且洪子引舜文王, 以爲證也."

18) 《孟子》, 〈離婁章句〉 下. "孟子曰, '舜生於諸馮, 遷於負夏, 卒於鳴條, 東夷之人也. 文王生於岐周, 卒於畢郢, 西夷之人也.'"

19) 金履安, 앞의 글, 같은 곳. "余曰, '洪子爲設疑耳也. 夫夷而去其夷則賢也. 賢必不敢奸中國. 苟其奸焉, 其賢則亡矣. 又何予焉?'"

20) 앞의 글, 같은 곳. "曰, '噫! 洪子信以舜文王而夷邪? 昔孟子以地云爾也. 舜祖黃帝, 而文王祖稷, 神聖之世也. 如之何其夷之?'"

21) 앞의 글, 같은 곳. "且吾聞聖人作春秋, 其義莫大於攘夷, 非惡夫行之醜而已也, 乃所以辨族類也. 凡生有血氣而附於人者, 其類有二. 夷狄也禽獸也. 夷雖近於人哉! 北方之夷, 有犬若狼而種者;南方之夷, 有槃瓠而種者. 其形貌性行, 飲食嗜欲, 異於禽獸者幾希, 皆非族也. 故聖王順天意而爲之政, 處禽獸於藪澤, 而不使其雜乎人;處夷狄於四裔, 而不使其亂於中國. 猶不羅網刃, 供蒐狩以優於禽獸. 然終不設君長以治之, 犯則逐, 去則已, 待之亦同而已. 其爲辨不已嚴乎哉?"

22) 앞의 글, 같은 곳. "今謂其賢也而進之中國, 吾見其夷狄不已至於禽獸, 禽獸夷狄肆而人之類亂矣. 亂人類逆天意悖先王之政, 而賊春秋之義, 烏見其可也."

23) 앞의 글, 같은 곳. "洪子將爲吳澄哉? 澄也仕於元, 彼以爲賢耳. 君子罪其失身焉, 故賢不賢, 不足論也."

24) 앞의 글, 같은 곳. "曰, '今之主中國者, 非身之所自爲也. 則如之何?'"

25) 앞의 글, 같은 곳. "曰, '彼猶盜殺人于貨, 而其子仍據焉者也. 籍其所盜而屬諸其隣里, 空其室而逃也, 則有司勿殺焉可也.'"

26) 金履安, 〈華夷辨〉下, 앞의 책, 503면. "或曰, '子之辨華夷, 其說蔽矣. 抑何以處東國也.'"

27) 앞의 글, 같은 곳. "曰, '古者, 謂夷也. 然東者, 生之方也. 風氣殊焉, 我又近中國, 說者謂與燕同析木之次, 故其運氣常與中國相關, 而其山川節候土物大較皆同, 即其生人可知也. 及聖人設敎禮樂文物, 彬彬如也, 歷代尙之, 號爲禮義之邦. 夫稽乎星紀而同, 稽乎山川節候土物而同, 稽乎人而禮樂文物彬彬之敎同, 同乎此則異乎彼矣. 然終不易夷名, 蓋先王之愼也.'"

28) 앞의 글, 같은 곳. "今則又異焉, 何也? 古者以地辨華夷. 某某地之東曰東夷, 某地之西曰西夷, 某地之南北曰南北夷, 中曰中國, 各有界限, 無相踰也. 故我得爲夷也. 今也戎狄入中國, 中國之民, 君其君, 俗其俗, 婚嫁相媾, 種類相化, 於是地不足辨之而論其人也. 然則當今之世, 不歸我中華而誰也? 此所謂異者也. 然吾方僕僕然自以爲夷, 而名彼中國. 嗚呼! 吾言非邪?"

29) 임종태, 〈'도리'의 형이상학과 '형기'의 기술〉, 《한국과학사학회지》 제21권 제1호, 한국과학사학회, 1999, 62면.

30) 채송화, 《《의산문답》 이본 연구〉, 《민족문학사연구》 69, 민족문학사연구소, 2019. 이 논문에 의하면 《의산문답》은 겨우 3종의 필사본만 남아 있을 뿐이다. 또한 담헌 이후 《의산문답》의 내용을 언급하는 문헌도 찾을 수 없다.

31) 李德懋, 〈趙敬菴衍龜〉, 《青莊館全書》; 《韓國文集叢刊》 a257, 256면. "世俗所見, 只坐無挾自持, 妄生大論, 終歸自欺欺人之地. 只知中州之陸沉, 不知中州之士多有明明白白的一顆好珠, 藏在袋皮子, 只獨自喃喃曰虜人夷人, 何其自少乃尒. 其爲不虜不夷人者, 行識見識, 果如中州人乎不也? 鄙人不敢窺執事學業之造詣, 而獨此慕中原一段, 足爲海東人豪, 何者〉 稱吳西林 嚴鐵橋曰先生, 何其眞也! 何其壯乎? 獨有洪湛軒大容, 胸次坦直, 往者游燕, 得見鐵橋, 論學定交, 多有筆談手札, 眞當世通儒, 而不倍朱子者, 西林也."

32) 《日省錄》 1786년 1월 22일. "近來燕購册子, 皆非吾儒文字, 率多不經書籍. 左道之熾盛邪說之流行, 職由於此. 觀於昨年已現露者, 亦可知也. 此而不禁, 其爲乖心術而害世道, 容有極哉? 請另飭灣府, 書册之不當購, 而購來者照察嚴禁. 如或潛自出來, 有所理發, 則使臣及灣尹從重論勘, 當該譯官照法嚴繩."

33) 《日省錄》 1786년 1월 22일. "人臣無外交, 禮意甚嚴, 而況今大國之於我國, 防限自別. 使事關係, 物貨交易之外, 宜無一毫干涉. 而近聞我國使行, 到彼時, 我人尋訪彼中人士, 或筆談, 或唱和, 至求弁卷之文. 及夫出來之後, 書札之往復, 香茶之贈遺, 頻頻有之云. 此而不禁, 後弊難防. 請自今以後, 使行往來時, 設爲禁條, 另加痛斷. 如或冒犯, 繩以重律. 使臣亦爲論勘."

34) 노대환, 〈조선 후기 서학 유입과 서기 수용론〉, 《진단학보》 83, 진단학회, 1997, 130면.

에필로그

1) 鄭寅普, 〈湛軒書序〉,《湛軒書》, 3면. "先生, 英正間人. 英祖癸亥生, 正祖癸卯卒. 與黃頤齋胤錫, 俱師事渼湖金文敬. 而是時, 星湖猶未沒, 子孫門弟多崇寔致用, 爲新進所依歸. 雖門戶有閡, 聲氣互流, 同焉者應. 故先生所善朴燕巖趾源·朴楚亭齊家, 皆夙擔星湖僿說, 而皆善鄭石癡喆祚. 楚亭又善茶山. 知先生之學, 內實漸漬星湖, 以上溯磻溪."
2) '聲氣'는《주역》의 건괘乾卦〈文言〉의 "같은 소리끼리는 서로 응하고, 같은 기운끼리는 서로 찾는다[同聲相應 同氣相求]"에서 가져온 말이다.
3) 鄭寅普, 〈李海鶴遺書序〉; 李沂,《李海鶴遺書》;《韓國文集叢刊》a347, 3면. "若柳磻溪馨遠·金潛谷堉·李疎齋頤命·柳聾菴壽垣·李星湖瀷·鄭農圃尙驥·丁茶山若鏞·洪湛軒大容先後起, 皆言政."
4) 鄭寅普, 〈湛軒書〉(朝鮮古書解題),《薝園 鄭寅普全集》2, 연세대출판부, 1983, 26면. 위당의 이 해제는 사실 대단히 흥미로운 것이다. 이후 담헌 사상에 대한 해석은 위당의 이 글에 의해 결정된 느낌이 있다. 예컨대《의산문답》조차 "北學의 提唱을 隱映한 것"(24면)이라고 말한다. "지전설 같은 것은 泰西의 것을 보기 전에 自創한 것"이라고 하여 한편 서구를 기준으로 삼으며, 지전설=지동설로 착각하고 있다. 위당은 이후 담헌에 대한 해석과 평가를 미리 규정한 셈이다.
5) 鄭寅普, 앞의 글, 앞의 책, 같은 곳. "今先生之書, 其最要者, 有曰籌解需用, 有曰林下經綸. 或精幾何算數, 或動心政法, 皆佐民之學. 而又有曰毉山問答, 則專以嚴本剽而析人己, 在當時所僅見者. 嗚呼, 豈非豪傑之士哉."
6) 鄭寅普, 앞의 글, 앞의 책, 같은 곳. "視林下經綸, 平四民, 兵全國, 禁遊手, 改城法, 皆不可易."
7) 앞의 글, 같은 곳. "其論君擇相, 相以下各擇其屬, 幾合於近世責任內閣之制."
8) 〈'半島英傑'을 論함–史上의 著名한 英主, 學者, 名將들– 대담·좌담〉,《삼천리》제6권 제11호, 1934년 11월 1일.
9) 이 필사본은 15권 15책의 완질 형태로 현재 연세대학교 국학자료실 위당문고에 소장되어 있다. 이에 대해서는 임미정, 〈연세대학교 국학자료실 소장 위당문고 자료의 성격과 가치 (1)—《여유당집與猶堂集》과《담헌서湛軒書》를 중심으로〉,《東方學志》195, 연

주 565

세대학교 국학연구원, 2021을 보시오. 위당문고본 외에 다른 필사본도 있다. 숭실대학교 한국기독교박물관에 권2·3·4만 남아 있는 낙질본《담헌서》가 소장되어 있는데, 그 내용은 신조선사新朝鮮社 간행본《담헌서》에 모두 포함되는 것이다. 이에 대해서는 장경남, 〈필사본《湛軒書》의 특징과 가치〉, 숭실대학교 한국기독교박물관,《湛軒書》, 2020, 7~24면을 보시오. 장경남의 논문을 싣고 있는《담헌서》는 필사본《담헌서》를 영인한 것이다.

10) 《을병연행록》은 숭실대학 본(10권 10책)과 장서각 본(20권 20책) 등 2가지 필사본이 있는데, 전자는 표지 제목이《담헌연록湛軒燕錄》, 후자는《연행록》이다. 두 책 사이에 주목할 만한 차이는 없다. 정훈식 역,《을병연행록》1·2, 경진, 2012은 장서각본을 대본으로 하고, 숭실대본을 교감본으로 삼은 것이다. 1775년 담헌이 세손익위사 시직으로 서연에 참여했을 때 연행의 경험을 적은 일기가 있느냐는 세손(정조)의 물음에 없다고 대답하고 있으니, 그때까지 일기체로 쓴 연행록은 없었던 것으로 보인다. 담헌의 성격상 군주가 될 사람에게 거짓말을 했을 가능성은 희박하다고 보아야 한다. 조심스럽지만,《을병연행록》의 저술 시기는 1775년 이후가 아닌가 한다. 앞으로 보다 엄밀한 연구를 기다린다.

11) 다음 논문이 이에 대해 자세히 밝히고 있다. 채송화, 〈을병연행록과 여성 독자〉,《민족문학사연구》55, 민족문학사연구소, 2014. 한편 최익한은《을병연행록》은 원래 담헌이 어머니를 위해 직접 쓴 것으로 딸이 그것을 필사하고 다시 담헌이 감수했다고 지적했다. 崔益翰, 〈담헌 洪大容의 諺文 燕行錄〉,《동아일보》1940년 5월 18·19일 기사.

12) 채송화의 앞의 논문에서 이 점에 대해 상세히 밝히고 있다.

13) 夫馬進, 〈홍대용의《乾淨衕會友錄》과 그 改變〉,《한문학보》26, 우리한문학회, 2012, 205면.

14) 夫馬進, 앞의 글, 197~198면. "후자에는 엉성한 오류가 현저하게 많이 발견되었지만" "확실히《乾淨筆譚》에 비하면 내용은 많지만 굉장히 엉성한 편찬물이다."

15) 夫馬進의 논문이 나온 이후《간정록》과《간정필담》,《간정동회우록》의 텍스트에 관한 연구가 이어졌다. 다음 논문들이 참고가 된다. 劉婧, 〈洪大容 所編 乾淨衕 筆譚 異本 研究〉,《洌上古典研究》66, 열상고전연구회, 2018. 채송화, 〈홍대용의 간정필담乾淨筆譚 이본고異本考〉,《국문학연구 37》, 국문학회, 2018. 장경남, 〈홍대용 연행 필담집『간

정동회우록乾淨衙會友錄」, 『간정필담乾淨筆譚』, 『간정동필담乾淨衙筆談』에 대하여〉, 《국학연구》 38, 한국국학진흥원, 2019. 장경남, 〈숭실대 한국기독교박물관 소장 홍대용 연행 기록 연구〉, 한국기독교박물관지 14집, 숭실대 한국기독교박물관, 2018. 劉婧, 〈洪大容編纂《乾淨附編》和《乾淨後編》文本研究〉, 《中國語文學誌》 69, 중국어문학회, 2019.

16) 담헌의 필담집과 《鐵橋話》, 《鐵橋遺唾》, 《天涯知己書》, 《日下題襟集》 등 텍스트의 성격과 상호 관계에 대해서는 다음 논문을 참고하시오. 안대회, 〈홍대용 후손가 소장 李德懋 筆寫本 3종 연구〉, 《古典文學研究》 42집, 韓國古典文學會, 2012. 최식, 〈韓中 知識人 交流와 記錄(홍대용과 엄성을 중심으로)〉, 《泮橋語文研究》 40, 반교어문학회, 2015 최식, 〈洪大容 筆談集의 상호 텍스트성 연구〉, 《民族文化》 66, 한국고전번역원, 2024.

17) 숭실대 한국기독교박물관에서 영인해 발간한 《담헌외서》는 《항전척독》의 필사본이다. 수록한 편지는 《담헌서》(간행본)와 같다. 이 필사본에 대한 보다 상세한 내용은 장경남, 〈필사본 《담헌외서》의 자료적 가치〉, 숭실대학교 한국기독교박물관, 《담헌외서》, 2021면을 보시오. 장경남, 〈홍대용의 척독집 '杭傳尺牘' 연구〉, 《東方學志》 202, 연세대학교 국학연구원, 2023도 동일한 내용의 논문이다.

18) 《燕杭詩牘》은 하버드대학 옌칭도서관에 1종, 서울대 규장각에 2종이 있다. 내용은 모두 동일하다. 각 이본에 대한 사항은 허경진·천금매, 〈洪大容 집안에서 편집한 《燕杭詩牘》〉, 《洌上古典研究》 27, 洌上古典硏究會, 2008을 참고할 것.

19) 《中土寄洪大容手札帖》에 대해서는 정민, 〈자료해제: 中土寄洪大容手札帖 6책의 성격과 자료 가치〉, 《中土寄洪大容手札帖》, 숭실대 한국기독교박물관, 2016을 보시오.

20) 김명호, 〈淸朝 문인과의 왕복 서신을 통해 본 홍대용의 사상—乾淨後編과 乾淨附編을 중심으로〉, 한국기독교박물관지 14집, 숭실대 한국기독교박물관, 2018.

찾아보기

[ㄱ]

가톨릭 230
《간정동회우록乾淨衕會友錄》 19, 483, 485
《간정동필담乾淨衕筆談》 222, 484
《간정록》 19, 484, 485
《간정부편乾淨附編》 56, 81, 128, 168, 177
　～180, 486, 487
《간정필담》 19, 208, 209, 484
《간정후편乾淨後編》 486, 487
간평의 300
《간평의설簡平儀說》 300, 301
갈릴레오 233, 234
갑병甲兵 434
〈강영에게 답한 편지〉 317, 322, 323
강희제 38
개방법 256
〈건곤일초정乾坤一草〉 49, 76, 81, 124
〈건곤일초정제영乾坤一草亭題詠〉 14, 83, 85

《건곤체의乾坤體義》 231, 232, 237, 290,
　355
건륭제 45
〈건상곤여도乾象坤輿圖〉 245, 374
계훤揭暄 341
격팔상생법隔八相生法 308
《경국대전》 252, 258
경방京房 305
경선징慶善徵 253
《경자연행잡지庚子燕行雜識》 134
경제명물 26
경화세족 21, 26, 27, 71, 85, 86, 194,
　239, 240, 242, 315, 334, 354, 408,
　415, 416, 421, 438, 446, 451, 466,
　467, 473, 477, 478
《계남척독薊南尺牘》 486, 487
〈계몽기의啓蒙記疑〉 341, 360

〈계방일기桂坊日記〉 85, 89, 98, 122
《곤여도설》 374
〈곤여만국전도〉 230, 355, 374
〈공거사목貢擧事目〉 416
공성술 427, 434
공안파公安派 155
공자 164, 249, 321, 395, 403, 404
《공자가어孔子家語》 146
공전제 429
《공제격치空際格致》 331, 332, 336~368
과거제도 163
〈과농소초〉 429
곽생 424
곽집환 31, 35, 52, 62, 63, 65, 68, 124, 168, 179
〈관상대〉 298
9중천설九重天說 231, 237
구고법(설) 249, 347
〈구고의勾股義〉 247, 292, 294, 297
〈구고현도도설勾股弦度圖說〉 292
〈구단사곡毬壇射鵠〉 180, 189
구면삼각법 234, 312
홍길주 312
《구장대연술九章大衍術》 261
《구장산술》 249, 250, 253, 255, 256
《국가The Republic》 477
국가경영론 229
군사학 80, 135, 410, 427, 435
군영개방법 257
규의 247
〈규의명〉 297, 301
〈기기도설奇器圖說〉 27

기론 381, 460
《기상학Meteorologica》 332
〈기유춘오악회記留春塢樂會〉 23
기윤紀昀 446
기의 회전운동 360
기일원론적 자연 이해 238
〈기추루칠십사운寄秋㶊七十四韻〉 44, 50
〈기축봉사〉 436
기풍액奇豊額 318
〈기하실기幾何室記〉 157
《기하요법幾何要法》 233
《기하원본》 157, 240~242, 250, 251
기하학 157
기학氣學 330, 460
기한의紀限儀 234
기화 386, 387, 388, 389, 395
김만중 237
김보은 243
김석문 229, 237, 238, 239, 367
김선민 221
김선행 242
김시진 237, 357
김억 21, 23
김용겸 20, 21, 23
김원행 14, 18, 58, 86, 242, 320, 322, 367, 394, 448, 466, 473, 481
김육 234, 239, 474
김이소 453, 454, 455
김이안 187, 449, 450, 451
김이지 456
김재행 171, 466
김정희 447

김종후 70, 155, 180, 190, 210, 213, 242, 322, 324, 328, 392, 405~407, 434, 447, 448, 451, 463, 464, 481
김종후와 2차 논쟁 242, 322, 399
김창업 451
김창협 214
김창흡 214, 367
김치익 205, 206, 481
김치인 206
김택영 369

[ㄴ~ㅁ]

나경적 37, 218, 230, 407, 444
나경훈 444
나아곡羅雅谷 232, 238, 301
남극관 237, 357
남회인南懷仁 246
내재적 근대 316
내재적 민족주의 316
《노가재연행일기》 115, 444
노비제 421, 467
노장老莊 145, 146, 152, 174, 182, 339
〈논균전론均田〉 429
〈논병제論兵制〉 427
《논어》 104, 105, 175, 434
〈논어문의〉 394
〈농수각기〉 34, 140, 244
〈농수각의기지籠水閣儀器志〉 24, 247, 253, 292, 297, 301, 311
《농암잡지》 198
다산 정약용 204, 237, 239, 380, 415,

420, 427, 429, 438, 468, 470, 473, 474, 476
〈담원팔영澹園八詠〉 31, 63, 77
《담천談天》 357
담헌 사상의 '실천설' 311
담헌 신화 478
〈담헌기湛軒記〉 40
《담헌서》 13, 19, 56, 128, 131, 407, 408, 410, 412, 421, 467, 471, 474, 479, 482, 483, 487
담헌의 개혁안 414
담헌의 성관념 390
담헌의 성인관 395
담헌의 수학과 천문학 246, 309, 312
담헌의 실심·실천 사상 250
담헌의 역사관 391
담헌의 우주관 188, 340
담헌의 월식론 329
담헌의 인간관 475
담헌의 존재 발생론 346
담헌의 지구자연학 378
담헌이 생각한 국가·사회의 개혁안 408
〈답홍덕보서答洪德保書〉 219
당낙우唐樂宇 187
《대동풍요大東風謠》 24
〈대동풍요서大東風謠序〉 24
대명 의리 401
〈대서곤여전도〉 316
《대수천미표對數闡微表》 141, 246
《대측大測》 233
대통력大統曆 232
《대학》 117, 118, 419

도가道家 151, 389
도교 161
〈도화동〉 320
〈독서부결〉 52, 218
《동국문헌비고》 236, 237
《동문산지同文算指》 184, 240
동아시아 전통 수학 265
동아시아 천문학 237
동양의 과학 전통 313
동이족 450
등사민 30, 35, 36, 39, 40, 42, 51, 53, 59, 63, 64, 67, 68, 70, 71, 79, 81, 201, 203, 212, 123, 124, 125, 133, 137, 143, 145, 150, 153, 159, 161, 164, 167, 174, 177, 189~192, 205, 317, 399, 406, 424, 431, 468
등옥함鄧玉函 232
라마 164
마방진 252
마테오 리치 230, 231, 241, 290, 301, 355, 356, 357, 374, 465
〈만리전도萬里全圖〉 231
만세력 235
만유인력의 법칙 357
매각성梅殻成 235
《맹자》 174, 382, 449
맹주 165
면적접 256
모기령 172
몽골 162, 398
《무오연행록》 456
무한우주론 328, 361, 372, 374

《묵사집嘿思集》 253
묵자 148, 382
묵적墨翟 145, 147, 148, 165, 174
문광도 241
문명성 449
《문선文選》 79
물류상감物類相感 365, 376, 462
《물리소지物理小識》 333
민백순 484
민족의 주체성 405, 462, 463

[ㅂ~ㅅ]

박율 253
박제가 15, 17, 19, 25, 64, 70, 126, 141, 154, 158, 159, 172, 187, 189, 193, 218, 222~225, 317, 407, 419, 430, 431, 438, 444, 446, 455, 472, 473
박종채 219
《반계수록》 106, 408, 416, 421, 428, 438
반정균 16, 32~34, 39, 40, 43, 45~50, 55, 57, 79, 112, 145, 158, 159, 168, 170~172, 181, 182, 184~186, 189, 194, 195, 199, 207, 209, 215, 216, 218, 221, 222, 224, 225, 242, 322, 402, 406, 424, 446, 447, 459, 463
〈반추루한국건연집발潘秋庐韓國巾衍集跋〉 180
〈반추루형암원정시평潘秋庐炯菴園亭詩評〉 180
〈발미론發微論〉 383

방이지方以智 333
〈벌목伐木〉 20
《법산취용본말法算取用本末》 251, 252
〈변율〉 297, 301~304
병농일치제도 427
〈병오소회丙午所懷〉 419, 455, 453
〈부잡법〉 297, 301
북경 111, 112, 114, 115, 119, 120, 123, 124, 171
북경 천주당 234, 336
《북경진신편람北京縉紳便覽》 119
북곽 선생 324
북벌론 114, 317, 406, 436
《북학의》 29, 407, 438 , 455
분야설 309, 339, 348, 349, 460
불교 80, 109, 121, 146, 151, 164, 174, 182, 186, 216, 217, 382
《비례규해比例規解》 233, 301
4원소설四元素說 231, 331, 332, 333, 357, 358, 365, 379
《사고전서》 169
사공학 152
사단칠정론四端七情論 330
사우레즈 239
《사원옥감四元玉鑑》 261
4율법 296, 303, 310
사족 체제 138
〈사평〉 399
사회사상 229
〈산릉의장山陵儀狀〉 383
《산법통변본말》 251
《산학계몽算學啓蒙》 252, 258, 261, 262, 311
《산학원본算學原本》 253
《산학통종算學統宗》 241, 242
삼각비 265
《삼각비례》 240
삼각함수 296, 310
《삼연잡록》 198
삼환부공설三丸浮空說 367
《상명산법詳明算法》 242, 252, 258
《상명수결詳明數訣》 252, 253
상산학 148
상수학 238, 239
상수학적象數學的 자연학 238, 330
〈상위고象緯考〉 236, 237
상한의象限儀 234
《서경》 298
서광계 232, 250
서구 천문학 290, 380
서명응 237, 239, 241
서상수 15, 19, 172
《서양국공헌신위대경소西洋國貢獻神威大鏡疏》 231
서양 기하학 231, 234
서양 수학 241, 251, 264, 265
서양 역법 234, 240
서양 중세의 기상학 332
서양 천문학 232, 234, 237, 238, 239, 242, 313, 328, 336, 339, 341, 354, 360, 366, 377
서양 천문학서 232, 349, 358
〈서양건상곤여도이병총서西洋乾象坤輿圖二屛總序〉 245

《서양국풍속기西洋國風俗記》 231
서양식 천문도 232
《서양신법산서》 368
《서양신법역서西洋新法曆書》 233, 234, 238~240
서양의 기하학 313
서양의 역상지학 241
서양의 우주론 234
서양의 천문학과 수학 230
서유구 157, 367
서유문 456
《서포만필西浦漫筆》 239
서형수 157
서호수 237, 239~241, 446
석실서원 14
〈선귤당기蟬橘堂記〉 171
《선귤당농소》 16, 171
선기옥형 298
성대중 21, 23
《성리대전性理大全》 302, 330, 331
성리학 238, 330, 407
성리학적 자연 인식 239
〈주한당송명성취부고周漢唐宋明星聚附考〉 75
《성학집요》 88, 105, 106, 198, 408, 438
《성호사설》 334, 335, 345, 367, 408, 472, 473
세손익위사 86, 124, 125, 136, 160, 317, 398, 466
소강절 341
소옹邵雍 238, 360
〈소인小引〉 72, 77, 83, 124

《소자전서》 183
《소청량실유고》 196, 200
소현세자 234
《속고적기산법續古適奇算法》 252
손유의 30, 31, 32, 36, 38~40, 43, 45~48, 52, 55, 57, 67, 68, 70, 71, 73, 74, 78~80, 84, 123, 125, 126, 132, 135, 136, 137, 138, 142, 143, 144, 145, 153, 168, 170, 174, 175, 176, 177, 181, 187, 189, 191~193, 199, 207, 211, 214, 218, 224~226, 317, 402, 435, 445, 468
송규빈宋奎斌 435
《송사》 241
송시열 100, 102, 103, 322, 394, 436, 437
쇠퇴와 타락의 역사 395
수기치인 152, 167
《수리정온》 38, 141, 205, 206, 235, 236, 240~243, 246, 251, 252, 253, 259, 263, 264, 266, 267, 269, 272, 276, 281~288, 310, 311
《수법전서數法全書》 252, 253
《수시초授時草》 261
《수원數原》 252, 253
수정천동설 329, 373, 376
〈수필평서手筆評序〉 171
《수학계몽數學啓蒙》 252
《수학통종數學統宗》 252
《숭정역서崇禎曆書》 232, 233
승심勝心 322, 323
《승제통변본말乘除通變本末》 251

《승제통변산보》 251
《시경》 20, 163, 447
시헌력 234, 235, 236, 237, 461
《시헌력법》 238
신경준 476
신광직 67
《신법산서新法算書》 233~236, 292
《신법역인新法曆引》 233
신분제 316, 417, 421, 422, 425, 434, 466, 469
신선술 347, 389
〈신염재 광직의 운을 따서 짓다〉 17
신유 355, 356
《신편직지산법통종新編直指算法統宗》 252
신학적 우주관 368
실심實心 102
실심사상 320
실옹實翁 321, 324, 325, 337, 368, 379, 380, 386, 406, 433
실천적 정주학자 210, 317, 394, 445, 459, 460, 471
실학實學 68, 102, 474
심성설心性說 461
심영산沈暎山 212
심풍지沈豐之 454, 455, 456
12중천설 233, 237

[ㅇ]

아담 샬 234, 238, 245
아리스토텔레스 331, 332, 357, 365
《아정유고》 170

안여지安汝止 38
안재홍 476, 477
안정복 332, 367
안휘석 243
알폰소 바뇨니 331, 332
암허설暗虛說 329
〈애오려팔영〉 13, 20, 40, 47, 48, 49, 51, 52, 58, 60, 77, 84, 126, 127, 138, 160, 164, 178, 180, 189, 190, 205, 216
양금洋琴 308
양마락陽瑪諾 232, 334
양명학 148, 154, 216
양전법 256
양주 147, 148, 165, 174
《양휘산법》 251, 252, 258
〈철교를 아는 벗이 시를 지어 슬퍼했는데, 그 시의 운을 따라 짓는다〉 65
《어초문답漁樵問答》 360
엄과 32, 33, 35, 39, 52, 56, 74, 112, 159, 160, 175, 177, 181, 187, 189, 190, 194~203, 207, 211, 212, 215, 216, 225, 445
엄성 35, 40, 48, 58, 64, 79, 145, 146, 154, 155, 160, 191, 202, 207, 208, 209, 211, 212, 213, 215, 216, 218, 221, 224, 322, 328, 402, 406, 445~447, 452, 459, 463, 464
엄앙 39, 194, 197, 201, 202, 217, 218, 224, 445
〈여름 날 밤의 잔치〉 21
〈여손용주서與孫蓉洲書〉 128

〈여전론閭田論〉 420
〈역법曆法〉 75
《역법서전曆法西傳》 233, 240
《역상고성》 141, 205, 206, 235, 236, 240, 241, 246, 248, 291, 295, 309, 312, 316, 329, 235
《역상고성 후편曆象考成 後編》 140, 205, 236, 237, 240, 242, 244, 445
《역체략曆體略》 345
《역학도해易學圖解》 238, 367
〈연강피우도烟江避雨圖〉 216
《연기》 113, 188, 298, 320, 431, 482, 483
연암 박지원 15, 19, 63, 66, 141, 204, 219, 224~226, 243, 244, 318, 367, 380, 407, 420, 407, 427, 429, 434, 441, 443, 446, 455, 468, 470, 472, 476, 484
연암 그룹 18, 28, 29, 65, 188, 244, 369, 452, 473
《연암속집》 369
《연암집》 62, 219, 369, 407, 480
《연항시독燕杭詩牘》 128, 486
《연항척독》 467, 468
〈연행기〉 188
《열하일기》 29, 369, 370, 407, 446, 453, 455, 465, 481, 483
염점 39, 47, 53, 71, 193
예수 184
오군영五軍營 체제 427
오규 소라이荻生徂徠 154
오랑캐의 중화화 404
오서림 451

《오위역지五緯曆指》 233, 238, 368
《오위표五緯表》 233
《오주연문장전산고五洲衍文長箋散稿》 188
오징吳澄 449
오행설 332
온실수溫室樹의 혐의 46, 181
《올력연원》 241, 242, 243, 244, 248
옹방강翁方綱 446, 447
완원阮元 446, 447
왕경王經 424
왕민호王民皥 318, 367, 370
왕안석 107
왕양명 151, 174
요예문姚禮文 159, 167, 212
《용촌집榕村集》 237
《우암집》 101
우정 220
우정론 208
〈우조와 계면조의 다른 점〉 24, 297, 302, 308
우주론 313, 360, 360, 390
우주무한론 309, 315, 316, 328, 330, 341, 365, 374, 478
우주의 모식도模式圖 341
웅삼발熊三拔 300, 332
《원경설遠鏡說》 231, 233, 238
원중거 154
《월이역지月離曆指》 233
《월이표月離表》 233
위당 정인보 471, 472, 474, 476, 477
위아爲我 148
유교 216, 217

찾아보기 575

유교적 근본주의 394
유금 15, 157, 158, 170~172, 181, 185, 187, 218, 223, 224, 446
유득공 15, 17, 25, 28, 63, 70, 158, 222, 223, 243, 446
유리창 112, 430
유수원 408, 414, 416, 422, 470, 474
유식 사족 419, 420
유춘오 23
유학 324
유헌주俞憲柱 481
유형원 408, 415, 416, 421, 428, 438, 470, 474, 476
유희 237, 239
육가서陸稼書 171
육구연 149
육면세계설 355, 356
육비陸飛 32~34, 39, 145, 154, 194, 195, 198, 201, 209, 211, 215, 406, 446, 447, 463
육상산陸象山 99, 145, 149, 151, 174
《육서묘계六書妙契》 446
육약한陸若漢 231
육왕학 152
윤동복 332
윤휴 240
율관 306
〈율관해律管解〉 24, 297, 301~304
《율려신서律呂新書》 302
〈율력律曆〉 75
《율력연원》 140, 235, 240, 241, 244, 246, 252, 263, 264, 315, 316, 445

《율력정의》 235, 236, 240
《을병연행록》 113, 188, 320, 467, 482, 483, 485
을사 추조秋曹 적발 사건 453
음양오행론 339, 379, 380, 388, 478, 380
《의례경전통해》 399
의무려산 319, 320
《의산문답》 28, 75, 115, 134, 136, 155, 184, 213, 229, 246, 309, 311, 313, 315~319, 322, 324, 325, 328, 330~333, 335~338, 347, 352, 354, 360, 366, 369, 381, 384, 404~406, 433, 451, 465, 459~462, 474, 475, 478
《의상지》 242
《의상질의儀象質疑》 239
이가환 237, 241
이갑 425
이광사李匡師 362
이광지李光地 237
이규경 187, 188, 239, 250
이규준 370
이기론理氣論 111
이기지 451
이길환 241
이단관 139, 149, 164, 174, 178, 210, 317
이단잡서異端雜書 122
이덕무 15, 16, 17, 19, 25, 28, 63, 66, 68, 70, 137, 141, 142, 154, 158, 159, 170~172, 180, 181, 187, 193, 194, 207, 218, 222, 224, 223, 226, 241,

243, 245, 317, 367, 446, 451, 452
이마두利瑪竇 357
《이마두천문서利瑪竇天文書》 231
이만운 194
이맹휴 241
이면백 474
이명식 420, 422, 470
이백석 39, 171, 176, 224
이벽 241
이서구 15, 24, 63, 66, 70, 158, 243
이선란李善蘭 357
이세징李世澄 235
이송李淞 13, 16
《이수신편》 253
이용촌李榕村 171
이용후생 26
이의현 134
이이 214
이이명 239, 474
이익 237, 239, 332, 334, 341, 357, 408, 415, 427, 429, 438, 470, 474, 476
이잠부 66
《이재난고》 14, 38, 186, 244, 441, 442, 444
이조원李調元 158, 159, 170, 171, 172, 181, 187, 189
이중분말선 276
이지조李之藻 232, 301
이천시물以天視物 339, 402, 405
이토 진사이伊藤仁齋 154
이하진 334
이한진 22, 23

이항로 451
이현직 14
이황 250
이희조 367
이희준 367
인간중심주의 338
인물균론 337~339, 340
인물성동론 337, 338, 448, 477
인물성이론 337
인재 선발제도 163
〈일동조아발日東藻雅跋〉 153
《일동조아日東藻雅》 153
〈일식과 월식에 대한 변증〉 334
《일전력지日躔曆指》 233
《일하제금집日下題襟集》 196, 200, 209, 200, 214, 486
〈임하경륜林下經綸〉 115, 229, 315, 316, 407~410, 412, 416, 421, 427, 429, 431, 434, 436, 465, 474~477

[ㅈ]

〈자경설〉 430
자론 380
자명종 218, 230, 262
자생적 근대 229
《자연철학의 수학적 원리》 357
《장자》 318, 319
장재張載 237, 238, 330, 340, 359, 361, 367, 380, 460
《적기수법摘奇數法》 251, 252
전곡과 갑병 313

전곡과 갑병의 문제 407
전대흔 70 -
〈전론田論〉 420, 427, 429
《전무비류승제첩법田畝比類乘除捷法》 252
전쟁론 435
전통 수학 256
전통 천문학 348, 349
정경순 241
정동기 241
정동유 241
정두원 231, 232
정륭점鼎隆店 192, 193
《정몽正蒙》 330, 340, 367
정상기 474
정약전 239, 332
정자程子 386, 389, 390
정전법 410
정전제 427, 428, 435, 469
정제두 237, 239, 360
정조 85, 89, 90, 92, 94, 95, 96, 101, 103, 110, 114, 115, 119, 120, 121, 163, 172, 317, 322, 399, 419, 420, 436~438, 441, 447, 454, 455, 470
정주학程朱學 26, 81, 150, 154, 155, 182, 324, 336, 339, 340, 348, 380, 386, 444, 459~461
정주학적 자연관 460
정주학적 천문 336
정철조 24, 26, 70, 241, 243, 472
정후조 241
조긍섭 369, 370
조명회 176

조선의 '소중화' 404
조선의 서학 수용 230
조선의 수학서 258
조선의 실용수학 242
조선의 역법 234
조선의 천문역산학 237
조선인의 복색 463
《조야휘언朝野彙言》 444
조연귀 451
조영순 50
조욱종 30, 32, 36, 39, 40, 46~49, 52, 53, 58, 67, 70, 71, 76, 80, 125, 127, 137, 138, 142, 170, 174, 176, 202, 225
조인숙 240
조최수趙最壽 424
존 허셸 357
〈종률鐘律〉 75
《주례周禮》 415
주문조 187, 194, 196~199, 202, 203, 207~211, 216, 224, 323
《주비산경》 249
《주산籌算》 233
《주역》 245, 305, 360, 366, 379
《주역본의》 387
주자 174, 249, 321, 359, 365, 383, 387, 394
〈주자가훈〉 79, 126
《주자대전》 108, 111, 120
《주자사절요》 88, 108, 119, 120
《주자어류》 330, 331, 335
주자학 330, 355, 368, 447

〈주한당송명성취부고周漢唐末明星聚附考〉 75
《주해수용》 242, 246, 247, 248, 250, 251, 254, 255, 260, 261, 281, 284, 287, 288, 295, 297, 309, 310, 311, 434, 474
주행안행설舟行岸行說 366
주희 238
주희의 우주론 360
주희의 자연 인식 237
중국 문명의 상징적 장치 398
중국 문명화의 과정 397
중국 불교 135
중국 수학서 265
중국과 조선 천문학 312
중국의 문명화 399
중국의 역법 232
《중사中士》 135, 161
《중사기홍대용수찰첩中士寄洪大容手札帖》 486
중심 없는 세계 372
중심의 부재 370, 374, 375
〈중용강의보中庸講義補〉 380
《중용장구》 174
중화주의 374, 375
증승개방법增乘開方法 263
증자 356
지구 유기체설 386
《지구고증地球考證》 239
지구설 234, 378, 451
지구자연학 328, 330, 331, 336, 337, 340, 375, 378, 380, 381, 405~407, 460

지구중심설 374
지동설 368, 369
지방제도 개혁안 415
《지봉유설》 230
지원설地圓說 237, 309, 325, 328, 354, 355, 358, 370, 372, 375~378, 461~478
지전설 189, 229, 238, 316, 318, 330, 366~370, 374, 377, 461, 462, 465, 478
《직방외기職方外記》 231, 232, 357
진산 사건 456
〈진소본북학의〉 438
진식 387
《진신적독搢紳赤牘》 486

[ㅊ~ㅍ]

〈차문헌운次汶軒韻〉 64
〈차용주기추루시운次蓉洲寄秋루시韻〉 57
《참동계고이參同契考異》 347
《참동계參同契》 347
《천경혹문天經或問》 319, 335, 336, 341, 345, 366
천동설 372, 461
《천리경설千里鏡說》 231, 232
천문 현상의 미신적 요소 349
〈천문광수天文廣數〉 231
〈천문도남북극天文圖南北極〉 231, 232
《천문략天文略》 184, 231, 232, 301, 319, 334, 345,

찾아보기 579

천문역산학 236, 241
《천문유함》 183
천문학 80, 188, 243
《천애지기서天涯知己書》 485
천원지방설天圓地方說 333, 355, 356
천주교 135, 184
《천주실의天主實義》 319
천주학 135
천체구조론 233
천체론 346, 373
〈천측〉 311
《천학초함天學初函》 183, 184, 239, 240, 242, 253, 292, 301, 315, 319
〈철교를 아는 벗이 시를 지어 슬퍼했는데, 그 시의 운을 따라 짓는다〉 65
〈철교에게 준 편지〉 195
《철교유조책鐵橋遺照册》 198, 199
《철교유집》 200, 209
《철교유타鐵橋遺唾》 198, 485
《철교전집鐵橋全集》 198
《철교회鐵橋話》 20
철혼의鐵渾儀 37
《청장관집》 171
〈청장관집서〉 172
《초사집주》 359
최석정 240
최성환 415
최한기 239
축성술 410, 427, 434, 435, 475
《춘추》 401, 403, 404
춘추의리 404
〈측관의測觀儀〉 247, 297~299

《측량법의測量法義》 292
〈측량설測量說〉 288, 347, 311
《측량전의測量全義》 233, 292
《측식략測食畧》 233
《측원해경測圓海鏡》 261
《치력연기治曆緣起》 231
《칠요표》 240
《칠정역지七政曆指》 238
〈칠정취사七政聚舍〉 75
카시니 236
코페르니쿠스 233, 234, 368, 374, 461
쾨글러 239
타락의 역사 391, 393
탐헌 기론 352
탕약망 232, 357
탕잠암湯潛菴 171
태극 개념에 근거를 둔 자연 이해 238
《태극도설》 380, 387
〈태서건상곤여도泰西乾象坤輿圖〉 141
〈태서곤여전도〉 141, 242, 246
《태서수법泰西水法》 184, 319, 332, 336
태양중심설 368, 461, 462
토지제도 428
통천의統天儀 247, 262, 299
〈통천의〉 297
통치자론 410
티코 브라헤 233, 234, 235, 236, 237, 238, 329, 333, 339, 461
티코 체계 329, 373, 376
티코의 천체관 374
〈팔경시〉 126
《팔선대수표八線對數表》 141, 246

《팔선진수八線眞數》 240
페르비스트 374
〈표도설〉 301
풍도 165
풍수지리학 162, 383, 384
《풍천유향風泉遺響》 435
프톨레마이오스 233, 234
플라톤 477
피타고라스 정리 264, 265, 267, 291, 296, 301

[ㅎ]

하군석 235
〈학교사목學校事目〉 416
《한객건연집韓客巾衍集》 158, 168, 170, 171, 180, 185, 186, 218
〈한객건연집발〉 170
〈한민명전의限民名田議〉 30, 410, 427, 429
한역 서양 과학사 334
한역 서양서 230, 324, 329, 333~335, 367, 368
한유 174
한전론限田論 410, 429, 469
〈한중유에게 답하는 편지〉 436
한중유韓仲由 481
한홍일 234, 236
《항성역지恒星曆指》 233, 238
《항성출몰표恒星出沒表》 233
《항성표恒星表》 233
〈항전척독杭傳尺牘〉 16, 58, 177, 178, 179, 201, 202, 480, 485(꺽쇠), 486, 487
항주 48, 49
해부법 256
행성운동이론 234
〈허생전〉 28, 420, 434
허원 235
허자虛子 213, 320~323, 325, 338, 340, 356, 358~360, 367, 368, 372, 379, 386, 405, 406
《현상신법세초류휘玄象新法世草類彙》 235
형화 386, 387, 388, 389, 390, 395
《호각연례弧角演例》 311
호시의弧矢儀 234
〈호질〉 28, 324, 380
〈혹정필담鵠汀筆談〉 369
《혼개통헌渾盖通憲》 252, 253
《혼개통헌도설渾盖通憲圖說》 253, 292, 301
혼상의渾象儀 298, 247, 298, 299
〈혼상의〉 297
혼천의 34, 244, 298, 299
홍경성 23
홍계희 241
홍국영 88, 89, 107, 187
홍대응 89
홍대정 444
〈홍덕보묘지명〉 318, 369, 443
〈홍덕보에게 답함〉 220
홍명희 471
〈홍백능에게 주는 설〉 88
홍서 445
홍양해 241

홍양호 446
홍억 66, 185
홍역 14, 58, 77, 197, 443, 444, 480
홍영선 471, 484
홍원 445
홍원섭 23, 447
홍원섭 451
〈홍이포제본紅夷砲題本〉 231
홍재 86
홍주원 234
〈화건곤일초정시和乾坤一草亭詩〉 72
화이관 315, 316
화이론 115, 225, 316, 317, 328, 330, 336, 399, 402, 404~406, 447, 451, 462~464, 478
〈화이변華夷辨〉 405, 448, 451
〈환희선도歡喜仙圖〉 205
《황극경세서皇極經世書》 330
황윤석 14, 37, 139, 140, 141, 186, 205, 206, 218, 219, 237, 240~242, 244, 302, 309, 367, 407, 441~444
황자黃梓 424
《황제내경》 359, 360
〈황종고금이동지의黃鐘古今異同之疑〉 24, 297, 301, 302
황종관 305, 306
황종음 308
《황화집皇華集》 158
회보匯洑 364
《회성원시繪聲園詩》 51, 62
〈회성원시발繪聲園詩跋〉 60, 67
《회성원집》 63

〈회성원집발繪聲園集跋〉 62
〈회성원팔영繪聲園八詠〉 31
《회우록》 16
〈회우록서〉 334, 472, 484
후마 스스무 484
〈훈련訓練〉 75

홍대용 평전 2
— 실천적 정주학자程朱學者

2025년 10월 27일 1판 1쇄 인쇄
2025년 10월 29일 1판 1쇄 발행

지은이	강명관
펴낸이	박혜숙
디자인	이보용 김진
펴낸곳	도서출판 푸른역사
	우) 03044 서울시 종로구 자하문로8길 13
	전화: 02)720−8921(편집부) 02)720−8920(영업부)
	팩스: 02)720−9887
	전자우편: 2013history@naver.com
	등록: 1997년 2월 14일 제13−483호

ⓒ 강명관, 2025

ISBN 979−11−5612−307−1 94900
   979−11−5612−305−7 94900 (세트)

· 잘못 만들어진 책은 교환해드립니다.